Maecenata Stiftungsführer
2005

Maecenata Stiftungsführer 2005

MAECENATA VERLAG

Maecenata Stiftungsführer

ISBN 3-935975-44-9

Redaktion	Thomas Ebermann
Layout:	Florian Hopf
Buchumschlag:	etuipop, Berlin
Druck:	Buch- und Offsetdruckerei H. Heenemenn, Berlin
Vertrieb:	MAECENATA VERLAG
	Albrechtstraße 22
	10117 Berlin
	Fax +49-30-28 38 79 10
	e-mail: mv@maecenata.de

Mit freundlicher Unterstützung der

Zur Rechtschreibung: Wir schließen uns keiner der gegensätzlichen Positionen für oder gegen die neue Rechtschreibung an. Sprache verändert sich aus sich heraus, Rechtschreibregeln sollten daher nicht staatlich diktiert werden. Wir denken, dass verschiedene Varianten zeitgleich existieren können. Aus diesem Grunde haben wir uns dagegen entschieden, in unseren Publikationen stets Einheitlichkeit bei der Rechtschreibung herzustellen. Allen Autoren wird die Wahl der alten oder neuen Rechtschreibregeln überlassen, und wir werden diese Wahl respektieren

Das Werk einschließlich aller seiner Teile ist urheberrechtlich geschützt. Jede Verwertung außerhalb der engen Grenzen des Urheberrechtsgesetzes ist ohne Zustimmung des Verlages unzulässig. Das gilt insbesondere für Vervielfältigungen, Übersetzungen, Mikroverfilmungen und Einspeicherungen in elektronische Systeme.

Copyright 2005 MAECENATA VERLAG, Berlin

Inhalt

Vorwort 7
Hinweise für die Benutzung 10
Was ist eine Stiftung – Relevante Strukturelemente des deutschen Stiftungswesens 12
20 Tipps für die Gewinnung von Stiftungen als Förderer ... 17
Interessenvertretung und Fachorganisationen 21
Stiftungsverzeichnisse im Internet 26
Stiftungsverwaltungen 30
Haupteintrag 33
Sachregister 407
Maecenata Datenbanken 482
Maecenata Institut für Philanthropie und Zivilgesellschaft an der Humboldt-Universität zu Berlin 483

Vorwort

Wir freuen uns, Ihnen die 5. Auflage des Maecenata Stiftungsführers vorstellen zu können. Unsere Annahme, ein Werk dieser Art hätte sich im Zeitalter des Internet überlebt, erwies sich als falsch. Zahlreiche Anfragen zu der längst vergriffenen und überholten 4. Auflage haben uns überzeugt, dass an einem gedruckten, handlichen und benutzerfreundlichen Verzeichnis wichtiger deutscher Stiftungen nach wie vor Bedarf besteht, obwohl inzwischen die dahinter stehende Datenbank auf der Website des Maecenata Instituts verfügbar ist, zahlreiche andere elektronische Verzeichnisse meist regional Auskunft geben und ein viel umfangreicheres Verzeichnis regelmäßig in Buchform erscheint.

Woran mag dies liegen? Zum einen ist der Maecenata Stiftungsführer bei Verbänden und Vereinen, Hochschulen und Studenten, Initiativen und Künstlern seit 1994 eingeführt und bekannt. Sie wollen, so scheint es, auch in der Zukunft nicht auf diese preiswerte Informationsquelle verzichten.

Zum zweiten bietet er mehr als die Verzeichnisse im Internet. Die Informationen zu den einzelnen Stiftungen sind umfangreicher und dank der Register und Kennbuchstaben leichter zugänglich.

Schließlich erleichtert die getroffene Auswahl die Suche nach den Stiftungen, die vielleicht für eine Projektpartnerschaft in Frage kommen.

Diese Auswahl war schon immer die größte Herausforderung für Herausgeber und Redaktion. Die Bereitschaft der Stiftungen, an der Verifizierung der Angaben mitzuwirken, ist erfreulich gestiegen. Stiftungen, die eine Aufnahme in den Stiftungsführer ausdrücklich nicht wünschen, gibt es kaum noch. Viel häufiger sind inzwischen solche, die sich um eine Aufnahme ausdrücklich bemühen. Dennoch: die Angaben bleiben lückenhaft, denn keine Stiftung ist zur Veröffentlichung irgendwelcher Informationen verpflichtet; viele machen daher von der Möglichkeit Gebrauch, nur partielle Angaben anzubieten oder zu gestatten. Solche Einschränkungen werden von jeher respektiert. Die Einträge in diesem Stiftungsführer sind unter Zuhilfenahme aller öffentlich zugänglichen Quellen gründlich recherchiert und nach Möglichkeit mit den jeweiligen Stiftungsverwaltungen abgestimmt. Die Herausgeber können aber nach wie vor keine Gewähr für die Vollständigkeit oder Richtigkeit der Angaben übernehmen.

Einer anderen Schwierigkeit sah sich die Redaktion bei dieser Ausgabe erstmals gegenüber. Wurden in den 1990er Jahren jährlich rd. 200 neue Stiftungen gegründet, entstehen in den letzten Jahren allein rd. 800 neue rechtsfähige Stiftungen pro Jahr; eine nirgendwo erfasste Zahl nicht rechtsfähiger Stiftungen kommt hinzu. Die Stiftungslandschaft ist, so muss man feststellen, nicht nur gewachsen, sondern vor allem unübersichtlicher geworden. In Verbindung mit der schon erwähnten Möglichkeit, keinerlei Auskünfte zu erteilen, weiß man heute über die bestehenden Stiftungen insgesamt weniger als vor zehn Jahren. Der Anspruch, alle deutschen Stiftungen zu kennen, kann daher von niemandem erhoben werden. Schon gar nicht beansprucht der hier vorgelegte Stiftungsführer, alle Stiftungen einer bestimmten Größe systematisch oder vollständig zu erfassen. Er bietet eine Auswahl, von der die Redaktion annimmt, dass sie bei den Nutzern auf besonderes Interesse stößt.

Erstmals liegt der Schwerpunkt des Stiftungsführers auf den in den letzten 5 Jahren neu gegründeten Stiftungen. Neben den größten und bekanntesten, die man selbstverständlich in einer solchen Auswahl erwarten kann, bilden sie den Hauptteil der Einträge. Auf die Wiederaufnahme vieler älterer Stiftungen wurde hingegen verzichtet, um den Gesamtumfang, der sich als handhabbar und zweckmäßig erwiesen hat, nicht zu sprengen und eine vertretbare Preiskalkulation zu ermöglichen.

Neu ist auch ein erweiterter Textteil. Er soll dem Leser, der erstmals mit der Welt der Stiftungen in Berührung kommt, das Verständnis erleichtern und Möglichkeiten einer intensiveren Beschäftigung aufzeigen. Denn nach wie vor gilt: einer erfolgreiche Zusammenarbeit mit einer Stiftung bei der Durchführung oder Finanzierung eines Projekts geht eine intensive und oft mühselige Vorbereitungsphase voraus. Schnelle Erfolge sind allenfalls seltene Ausnahmen von dieser Regel. Daher kommen präzise öffentlich zugängliche Angaben über Arbeits- und Förderschwerpunkte, regionale und finanzielle Begrenzungen und andere Aspekte des Stifterwillens und der Stiftungspraxis besonders den Stiftungen selbst entgegen, die dadurch vor sinnlosen Anfragen bewahrt werden.

Die Stiftungsdatenbank des Maecenata Instituts ist erheblich umfangreicher als der Stiftungsführer, sowohl hinsichtlich der Zahl der erfassten Stiftungen – sie liegt zur Zeit bei 12.027– als auch hinsichtlich des Umfangs der einzelnen Einträge. Weit über den Stiftungsführer dient sie der Durchführung von Einzelrecherchen, die von jedermann in Auftrag gegeben werden können, und der empirischen Forschung zum Stiftungswesen, wofür sie zu entsprechenden Forschungsvorhaben genutzt werden kann. Mit Hilfe der Datenbank veröffentlicht das Institut beispielsweise regelmäßig statistische Auswertungen und Übersichten. Die Datenbank kann jedoch stets nur so gut sein wie die Summe der Eingaben. Für Hinweise jedweder Art, die in erfreulichem Umfang auch kontinuierlich eingehen, sind wir daher stets dankbar.

Alle zur Aufnahme in den Stiftungsführer vorgesehenen Stiftungen erhielten die Möglichkeit, ihren Eintrag zu korrigieren, zu ergänzen oder in anderer Form dazu Stellung zu nehmen. Herausgeber und Redaktion sind den vielen Stiftungen zu besonderem Dank verpflichtet, die sich aktiv an der Vorbereitung des Stiftungsführers beteiligt haben. Auch für die zahlreichen Anregungen von Fachkollegen und Nutzern sind wir dankbar.

Der Stiftungsführer ist im Rahmen des Arbeitsbereichs Öffentliche Information, dem sich das Maecenata Institut für Philanthropie und Zivilgesellschaft an der Humboldt Universität zu Berlin neben Forschung, Lehre und Politikberatung verschrieben hat, seit vielen Jahren ein zentrales Projekt. Das Institut dankt der Redaktion unter Leitung von Thomas Ebermann, der erstmals die Verantwortung dafür trug, sowie Florian Hopf, der nun zum fünften Mal das Layout besorgte.

Berlin, im Oktober 2005

Rupert Graf Strachwitz
Direktor

Hinweise für die Benutzung

Die Stiftungen sind im Haupteintrag alphabetisch nach dem 1. Buchstaben ihres vollständigen Namens aufgeführt. Im Sachregister erscheinen alle Stiftungen, gruppenweise nach den unten aufgelisteten Stiftungszwecken in der gleichen Reihenfolge.
Der Zweck jeder Stiftung ist im Haupteintrag rechts neben dem Stiftungsnamen mit einem Buchstabenkürzel wie folgt hervorgehoben:

Familienangehörige des Stifters	A
Bildung / Ausbildung / Erziehung	B
Bürger / Verbraucherinteressen	D
Wissenschaft / Forschung	F
Gesundheit	G
Kunst / Kultur / Denkmalpflege	K
Sport / Freizeit / Erholung	M
Umwelt-/Natur-/Landschaftsschutz	N
Politik	P
Religion	R
Soziale Aufgaben	S
Wohnungswesen	T
Unterstützungsfonds / Betriebsangehörige	U
Völkerverständigung	V
Wirtschaft / Beschäftigung	W
Sonstiges	X

Jeder Stiftungseintrag enthält einen Einzelzweck. In diesem Einzelzweck beschreibt die Stiftung ihren Tätigkeitsbereich. In Klammern ist ggf. die Art der Verwirklichung des Zweckes dargestellt. Falls nichts angegeben ist die Art der Verwirklichung nicht bekannt. Stiftungen, die in ihrem Eintrag die Bezeichnung „auch operativ tätig" enthalten sind fördernd und operativ tätig. Stiftungen, die in ihrem Eintrag die Bezeichnung „nur operativ tätig" haben, geben keine finanziellen Mittel an Dritte. Sie wurden aber wegen der Möglichkeit des Austausches von Informationen in diesen Stiftungsführer aufgenommen.

In den Hinweisen finden sich Zusatzinformationen zum Stiftungszweck (z.B. örtliche oder andere Beschränkungen, Hinweise zum Antragsverfahren).

Die Rubrik Anträge beschreibt, wo notwendig, das von der Stiftung verwendete Antragsverfahren.

Zu ihren Ausgaben machen knapp die Hälfte der Stiftungen keine Angaben. Sie sind dazu auch nicht verpflichtet. Die Ausgaben entsprechen nicht immer dem Fördervolumen. In Klammern ist die Jahresangabe zu den Ausgaben vermerkt, sofern sie bekannt ist.

Bei der Anschrift sind, soweit bekannt bzw. datenschutzrechtlich zulässig, die Namen von Ansprechpartnern hinzugefügt.

Das Wort ‚Stiftung' sagt nichts über die Rechtsform aus. Der begriff ist auch nicht gesetzlich geschützt. Gängige Rechtsformen sind:
- die nicht rechtsfähige Stiftung, auch rechtlich unselbständige, treuhänderische oder fiduziarische Stiftung genannt;
- die rechtsfähige Stiftung bürgerlichen Rechts, in manchen Bundesländern, sofern sie im weitesten Sinne der Allgemeinheit dient, rechtsfähige öffentliche Stiftung bürgerlichen Rechts genannt
- die Stiftung in der Rechtsform einer Kapitalgesellschaft (Stiftung GmbH)
- die Stiftung in der Rechtsform eines eingetragenen Vereins (Stiftung e.V.)
- die Stiftung öffentlichen Rechts
- die Stiftung kirchlichen Rechts

Als gemeinnützigen, mildtätigen oder kirchlichen Zwecken dienend sind mit sehr wenigen Ausnahmen alle in diesem Buch erscheinenden Stiftungen. Dazu erfolgt kein besonderer Vermerk.

Alle Angaben in diesem Buch beruhen ausschließlich auf freiwilligen Angaben der Stiftungen und öffentlich zugänglichen Quellen. Der Herausgeber übernimmt keine Gewähr für die Richtigkeit der Angaben.

Was ist eine Stiftung - Relevante Strukturelemente des deutschen Stiftungswesens

Im Folgenden werden jene qualitativen und quantitativen Aspekte des Stiftungswesens in Deutschland dargestellt, die für den Versuch, eine strategisch langfristig angelegte Partnerschaft zu deutschen Stiftungen aufzubauen, relevant sind. Vorab ist der im Folgenden zugrunde gelegte Stiftungsbegriff zu klären.

Begriff der Stiftung

Als Stiftung wird vom Maecenata Institut jede Institution angesehen, die sich selbst als Stiftung bezeichnet und für die die Bindung an einen ursprünglichen, niedergelegten Stifterwillen gilt. Die Stiftung ist dabei das Ergebnis der Übertragung von Vermögenswerten an eine mit eigener Satzung ausgestattete Körperschaft, welches so gestaltet ist, dass diese Satzung die Verwalter der Körperschaft bezüglich der Erhaltung und Verwendung des Vermögens dauerhaft bindet.

Mit dieser weiten Definition reagiert das Maecenata Institut auf den Sachverhalt, dass stifterisches Handeln und rechtliche Präzisierung in Deutschland auseinander fallen. Wie das Beispiel großer Förderstiftungen wie die Robert Bosch Stiftung GmbH oder die Klaus Tschira Stiftung gGmbH zeigen, können weder die häufig gebrauchte Rechtsform der rechtsfähigen Stiftung bürgerlichen Rechts, noch die Form der unselbständigen Stiftung beanspruchen, alleiniges oder gar bestes Werkzeug zur Verwirklichung von Stiftungsideen zu sein.

Rechtsform

Das Maecenata Institut schätzt die Anzahl von Stiftungen auf ca. 18.000. Der überwiegende Teil davon sind rechtsfähige Stiftungen des bürgerlichen Rechts. Die Kirchen- und Kirchenpfründestiftungen, deren Zahl auf etwa 100.000 geschätzt wird, werden vom Maecenata Institut in der Regel nicht erfasst, da die Datenlage meist unzureichend ist.

Von den geschätzten 18.000 Stiftungen sind 12.000 in der Datenbank des Instituts erfasst.

Die Hauptdunkelziffer in Höhe von ca. 2.500 betrifft unselbständige Stiftungen in kommunaler oder universitärer Trägerschaft. Hierbei handelt es sich in der Regel um ältere Stiftungen, vornehmlich im sozialen Bereich mit lokaler Ausrichtung bzw. im wissenschaftlichen Bereich mit spezieller Widmung für eine Universität, für ein Institut an einer Universität oder für eine andere Bildungseinrichtung.

Auch auf Basis des Handelsrechts ist die Errichtung einer Stiftung in Form einer GmbH möglich. Die Vertrautheit mit dem Handelsrecht lässt viele Unternehmer und Unternehmen diese Rechtsform für eine Stiftungserrichtung wählen.

Auf Basis anderer Rechtsformen wie z.B. e.V. kann ebenfalls ein stiftungsähnliches Gebilde errichtet werden. So gibt es beispielsweise eine Reihe von eingetragenen Vereinen, die das Wort Stiftung im Namen führen. Diese Organisationen wollen unter anderem das Ansehen der Stiftungen, insbesondere für eine verbesserte Spendenakquisition nutzen.

Stiftungszwecke

Der Stifterwille bildet die Grundlage für jede Stiftung. Aus ihm leitet sich der für die Stiftungstätigkeit unabdingbare in der Satzung festgeschriebene Stiftungszweck ab. Der Stiftungszweck ist das primäre Kriterium dafür, dass die Stiftung von Ertrags- und Vermögenssteuern freigestellt wird. (sog. Steuerbegünstigung : s. Abgabenordnung §§51ff.). In Deutschland sind ca. 97% aller Stiftungen als steuerbegünstigt anerkannt.

Zweckverwirklichung

Die klassische Unterteilung zwischen fördernden und operativen Stiftungen ist nur begrenzt tauglich, wie Untersuchungen des Maecenata Instituts ausführlich belegen.[1] Einige wesentliche Differenzierungen sind notwendig, wenn es im Rahmen einer strategischen Ausrichtung mit einer mittel- oder langfristigen Perspektive um die Begründung von auch finanziell interessanten Partnerschaften geht.

1) Förderstiftungen lassen sich zunächst danach unterscheiden, ob die Destinatäre im einzelnen bereits durch die Satzung bestimmt oder ob sie von den Stiftungsorganen zu bestimmen sind. Stiftungen mit festen Destinatären sind solche, die schon in ihrem Stiftungszweck einen oder mehrere Destinatäre, in der Regel bestimmte Institutionen, als Empfänger der erwirtschafteten Mittel definitiv festlegen. Diese sind im Hinblick auf die Einwerbung ergänzender Mittel offensichtlich für Dritte bedeutungslos. Frei fördernde Stiftungen sind demgegenüber solche, die ihren Stiftungszweck grundsätzlich dadurch verwirklichen, dass sie, an nicht von vornherein festgelegte Dritte, Stiftungsmittel ausreichen.

---

[1] s. Sprengel, Rainer, Statistiken zum deutschen Stiftungswesen 2001, Berlin. Adloff, Frank (Hrsg.) Untersuchungen zum Stiftungswesen 2000-2002. Berlin

Eine Zwischenstellung nehmen solche Stiftungen ein, die ausdrücklich besondere Institutionen paradigmatisch als bevorzugte Destinatäre nennen, ohne darauf festgelegt zu sein.

2) Allerdings wäre es ein Missverständnis zu glauben, dass deshalb frei fördernde Stiftungen auf eingehende Anträge warten und nach Antragslage entscheiden. Natürlich gibt es solche Stiftungen. Gleichwohl betreiben aber viele frei fördernde Stiftungen einen mehr oder weniger großen operativen Aufwand, indem
- mehrjährige Förder- und Rahmenprogramme definiert werden,
- aktiv nach Partnern gesucht wird, die als geeignet erscheinen, Ideen der Stiftung optimal umzusetzen,
- die Umsetzung des Projekts aktiv begleitet wird.

Nicht zuletzt größere Stiftungen mit hauptamtlichen Mitarbeitern tendieren dazu, ihre Förderpolitik operativ auszugestalten. Die Ausgestaltung solcher Programme und Ziele vollzieht sich nicht im luftleeren Raum, sondern ist immer auch Resultat der Netzwerke und Erfahrungen, in denen die entsprechenden Verantwortlichen stehen. Daraus ergibt sich die Bedeutsamkeit des Aufbaus langfristiger und stabiler Beziehungen.

3) Operative Stiftungen scheinen nur auf den ersten Blick als interessante Partner für eine Förderung auszuscheiden. Bei näherer Betrachtung muss dieses Bild revidiert werden. Tatsächlich gibt es zwei sehr unterschiedliche Formen operativer Stiftungen: zum einen den Typus der Anstaltsträgerstiftung, der in der Tat in diesem Zusammenhang nicht von großer Bedeutung ist; zum anderen gibt es den Typus der operativen Projektstiftung, der nach eigenem Verständnis ausschließlich selbst initiierte Projekte durchführt. Tatsächlich werden viele dieser Eigenprojekte in enger Kooperation mit Dritten durchgeführt, wobei diese Dritten schon bei der Entwicklung des Projekts beteiligt sein können. Die im Rahmen solcher Projekte fließenden Mittel haben aus der Sicht solcher Partner den gleichen Charakter, als ob ihnen eine Förderstiftung Mittel zur Verfügung stellt, d.h. sie tragen zur Finanzierung von Sachkosten, Personalkosten etc. bei. Der wesentliche und stets zu beachtende Unterschied zu frei fördernden Stiftungen besteht allerdings darin, dass die Worte Förderung und Förderantrag stets zu einer abwehrenden Haltung und den Verweis auf den operativen Charakter der Stiftung führen.

4) Nicht einzugehen ist hier auf die Stiftungen, die ihren Zweck vorrangig oder ausschließlich als Eigentümer (z.B. von Kunstwerken) erfüllen.

Wirtschaftliche Verhältnisse

Angaben zu Vermögen und Ausgaben werden von vielen Stiftungen als hochsensible Information eingestuft. Nur etwa 30% der Stiftungen bieten der Maecenata Stiftungsdatenbank Angaben zu Vermögen und/oder Ausgaben an. Bedeutende Vermögenswerte (z.B. Unternehmensbeteiligungen) sind in den Veröffentlichungen regelmäßig als Buchwerte dargestellt, von denen die tatsächlichen Werte erheblich abweichen können. Als weiteres Problem kommt hinzu, dass die Angaben zu Vermögen und Ausgaben aus unterschiedlichen Jahren stammen, und somit schwer zu vergleichen sind.

Aus den Angaben zum Vermögen kann nicht auf das Fördervolumen geschlossen werden. Dieses wird vielfach durch Spenden und gelegentlich auch öffentliche Zuschüsse mitbestimmt

Nach den Statistiken des Maecenata Instituts ergibt sich folgendes Bild:

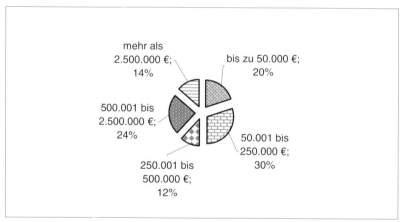

Stiftungen und Vermögensgröße in Klassen (n=1079); Quelle: Rainer Sprengel, Statistiken zum Deutschen Stiftungswesen 2001.

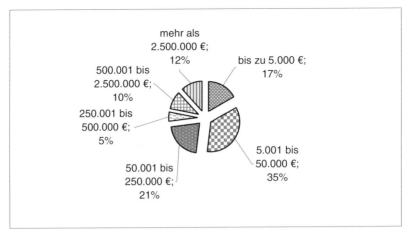

Stiftungen und Ausgaben in Klassen (n=2891); Quelle: Rainer Sprengel, Statistiken zum Deutschen Stiftungswesen 2001.

Das deutsche Stiftungswesen wird nach wie vor wesentlich durch Stiftungen mit kleinem Vermögen bestimmt. Etwa die Hälfte der Stiftungen verfügen über ein Vermögen von unter 250.000 €. Etwa 73% der Stiftungen werden dem Ausgabenbereich unterhalb 250.000 € zugeordnet.

Weiterführende Literatur (Auswahl):

Frank Adloff / Schwertmann, Philipp / Sprengel, Rainer / Strachwitz, Rupert Graf. (Hrsg.) (2004): Visions and Roles of Foundations in Europe. The German Report, Berlin

Nährlich, Stefan / Strachwitz, Rupert Graf / Hinterhuber, Eva Maria / Müller, Karin (Hrsg.) (2005): Bürgerstiftungen in Deutschland. Bilanz und Perspektiven, Wiesbaden

Sprengel, Rainer (2001) Statistiken zum deutschen Stiftungswesen, Berlin

Strachwitz, Rupert Graf / Mercker, Florian (Hrsg.) (2005): Stiftungen in Theorie, Recht und Praxis: Handbuch für ein modernes Stiftungswesen, Berlin.

Timmer, Karsten (2005): Stiften in Deutschland. Die Ergebnisse der Stifterstudie, Gütersloh.

20 Tipps für die Gewinnung von Stiftungen als Förderer

Die Zusammenarbeit mit einer Stiftung erfordert eine professionelle Herangehensweise, gründliche Vorbereitungen, Beharrlichkeit und oft langwierige Verhandlungen. Spontane Zusagen bei Tisch-, Spitzen- oder Zufallsgesprächen sind seltene Ausnahmen, die nur die Regel bestätigen. Nachfolgend sind Hinweise zusammengefasst, die den Einstieg in diesen Teil des Fundraising erleichtern sollen.
 1. Stiftung ist nicht gleich Stiftung. Die rd. 18.000 deutschen Stiftungen haben unterschiedliche Rechtsformen, sind groß oder klein, alt oder jung, erfahren oder unerfahren, aktiv oder passiv, konservativ oder progressiv. Viele empfinden sich als verantwortliche Agenten in der Zivilgesellschaft, andere eher als Ergänzungen staatlichen Handelns. Sie wollen staatliches Handeln unterstützen, während andere bewußt eine eigene Agenda entwickeln. Manche wollen mit anderen kooperieren, andere sind Einzelgänger. Manche sehen sich wirklich nur dem allgemeinen Wohl und ihrem Satzungsauftrag verpflichtet, andere haben weitere Ziele im Auge. Manche arbeiten professionell, manche weniger.
 2. Stiftungen sind selbständig handelnde Körperschaften, gleich, ob sie nun eine eigene Verwaltung unterhalten oder ob diese – wie bei über 80 % der Stiftungen – von ehrenamtlichen Stiftungsverwaltern oder einer professionellen externen Verwaltung wahrgenommen wird. Grundsätze, die für eine Stiftung oder gar für eine Behörde gelten, gelten daher nicht für andere. Jeder Stiftungsverwalter ist jedoch an Recht und Gesetz, an den Stifterwillen, an die Satzung und an die Beschlüsse der zuständigen Organe gebunden.
 3. Jeder Stifter ist in der Regelung der Stiftungsverwaltung und der Bezeichnung der Organe und sonstigen Gremien völlig frei. Zwar hat sich ‚Vorstand' für das Exekutivorgan und ‚Stiftungsrat' für das Legislativorgan eingebürgert; es gibt jedoch zahlreiche Ausnahmen. Sich rechtzeitig Gewissheit zu verschaffen, wer welche Funktion ausübt bzw. wer tatsächlich was zu entscheiden hat, ist daher unerlässlich. Es lohnt sich auch, die handelnden Personen genauer zu recherchieren, um festzustellen, zu wem ein Kontakt besteht oder aufgebaut werden kann. Nicht überall, aber auch nicht selten helfen solche Kontakte, wenn sie in eine Unterstützung des Antrags münden.
 4. Stiftungen spenden nicht und sponsern nicht. Nur für die Verwirklichung ihrer in der Satzung verankerten Zwecke können sie Geld ausgeben. Daher haben Anträge, und mögen sie noch so schön sein, nur dann Aussicht auf Erfolg, wenn sie sich auf diese

Zwecke beziehen. Nicht alle Förderstiftungen haben überhaupt eine Wahl; viele haben feststehende Destinatäre.

5. Nicht jede Stiftung ist eine Förderstiftung. Bei operativen Stiftungen Anträge zu stellen, ist aussichtslos. Jedoch lassen sich mit operativen Stiftungen unter Umständen auch gemeinsame Projekte entwickeln. Es gibt Stiftungen, die sowohl operativ als auch fördernd tätig sind.

6. Jede Stiftung hat ihre eigenen Regeln für das Antrags- und Förderverfahren. Einige veröffentlichen Richtlinien und Formulare. Viele Förderstiftungen lassen gar keine Anträge zu, sondern suchen selbst ihre Förderprojekte.

7. Wenig sinnvoll sind breit gestreute Anfragen, schon gar, wenn sie allgemein gehalten, maschinell erstellt oder von Hilfskräften unterschrieben werden. Jede Stiftung will zuallererst erkennen, dass die Anfrage bewusst an sie gerichtet ist und dass die Führung der antragstellenden Organisation dahinter steht.

8. Stiftungen können Fördermittel in der Regel nur an öffentliche, und nur für deren steuerbegünstigte Zwecke, oder an privatrechtliche steuerbegünstigte (z.b. gemeinnützige) Körperschaften vergeben. Gewerbliche Unternehmen können mit ganz geringen Ausnahmen keine Fördermittel erhalten, natürliche Personen nur in Form von mildtätiger Hilfe bei persönlicher Bedürftigkeit, als Stipendien oder als Preise.

9. Es lohnt sich, Stiftungszwecke mit dem eigenen Projekt kreativ abzugleichen. Z.B. ist nicht jedes Kulturprojekt nur ein Kulturprojekt; es könnte, vielleicht teilweise, auch ein Bildungs- oder Wissenschaftsprojekt sein oder in die regionale Begrenzung einer Stiftung mit vielen Zwecken passen. Manches Projekt lässt sich portionieren oder auch ein wenig verändern, damit es passt.

10. Stiftungen fördern fast immer lieber einzelne Projekte als Organisationen im allgemeinen. Je präziser daher ein Antrag ist, desto aussichtsreicher ist er. Auch fördern Stiftungen fast nie auf unbegrenzte Zeit. Vor Eintritt in die Förderung sind die Förder- oder Bewilligungsbedingungen immer zu prüfen.

11. Kenntnisse über bisher geförderte Projekte sind wichtig. Denn jede Stiftung muss innerhalb ihres vorgegebenen Zwecks Schwerpunkte bilden und entwickelt mit der Zeit eine spezifische Förderpolitik und Fördertradition. Zusätzlich können die Entstehungsgeschichte der Stiftung und die Natur der Stifter Hinweise liefern, was und wie genau gefördert wird. Große Stiftungen haben in der Regel Förderschwerpunkte und Programme definiert, kleinere handeln oft spontaner und emotionaler.

12. Wie ein Antrag bearbeitet wird, ist nicht leicht vorherzusagen. Manche Stiftungen befassen sich nur mit vollständigen Anträgen, die manchmal sehr umfangreich sein müssen. Andere schätzen Voranfragen und/oder verhandeln mit ihren Antragstellern über alle Einzelheiten, bevor der endgültige Antrag zur Vorlage bei dem Entscheidungsgremium erstellt wird. Auch externe Begutachtung ist weit verbreitet.

13. Viele Stiftungen haben eine „Gnadenspendermentalität". Sie erwarten, dass der Antragsteller sie bittet und ihnen dankt. Einige greifen in die Projektgestaltung ein oder nutzen ihre verliehene Macht, um eigene Vorstellungen durchzusetzen.

14. Bei vielen Stiftungen müssen längere Bearbeitungszeiten des Antrags eingeplant werden. Das Nachfordern von Informationen und Unterlagen ist ebenso möglich wie lange Wartezeiten vor einer Entscheidung, was allerdings auch an den Terminen der Sitzungen eines ehrenamtlichen Entscheidungsorgans liegen kann.

15. In den USA verhandeln Stiftungen relativ gern mit Beratern, da sie den professionellen Verhandlungspartner schätzen. In Deutschland ist dies nach wie vor nicht so. Stiftungen wollen überwiegend unmittelbar von dem „Betroffenen" angesprochen werden. Daher empfiehlt sich zwar einerseits bei größeren Vorhaben eine Beratung; sie sollte aber im Hintergrund bleiben.

16. Bei den Stiftungsverwaltern ist der Grad an Vertrautheit mit einzelnen Themen unterschiedlich. Während manche Antragsteller Überraschungen erleben, wenn sie unterstellen, die Stiftung verstünde die Einzelheiten ihres Projekts nicht, lassen sich andere Stiftungsvorstände vor allem vom gesunden Menschenverstand, oft aber auch von vorgefaßten Meinungen, Einflüsterungen oder sachfremden Argumenten leiten.

17. Jede Stiftung ist verpflichtet, aussagefähige Unterlagen über ihre Partner einzufordern. Sie hat schon vor der Bewilligung Anspruch auf die Vorlage der Satzung, der letzten Bescheinigung über die Steuerbegünstigung, des letzten Jahresberichts usw. Im Rahmen einer Fördervereinbarung wird sie in der Regel vorschreiben, wann welche Berichte vorzulegen sind. Das Minimum ist jedenfalls ein Finanz- und ein Sachbericht, der kurz nach dem Ende des Förderzeitraums abzugeben ist. Darüber hinaus ist dringend dazu zu raten, während des Förderzeitraums einen guten Kontakt zu pflegen, Zwischenberichte zu übersenden, die Mitglieder der Stiftungsorgane und die zuständigen Mitarbeiter einzuladen usw. Der Phantasie sind keine Grenzen gesetzt, wie das Verhältnis intensiviert werden kann. Manche Stiftungen lieben langjährige Partnerschaften und sind gegenüber Antragstellern, die sie kennen und schätzen gelernt haben,

aufgeschlossen. Andere allerdings haben sich den Grundsatz zu eigen gemacht, immer nur kurzfristig (2-3 Jahre) und möglichst ‚anstoßend' zu fördern. Dies ist meist nicht sachgerecht, muss aber bei der Akquisition einkalkuliert werden.

18. Stiftungen sind nach geltendem Recht zu Auskünften oder zur Veröffentlichung von Satzungen, Jahresberichten usw. nicht verpflichtet. Es steht ihnen völlig frei, diese zu verweigern. Zwar steigt die Zahl der Stiftungen, die auf Anfrage Informationen übersenden, sie ins Internet stellen oder den Stellen zugänglich machen, die Datenbanken unterhalten oder Verzeichnisse herausgeben. Oft bleiben diese Informationen jedoch lückenhaft, beschränken sich auf Teilbereiche oder sind veraltet.

19. Um einen Antrag gut vorzubereiten, ist ein systematisches Vorgehen unerlässlich. Von der ersten Recherche, die langwierig sein kann und in der Regel vom Antragsteller selbst gemacht und nur in Ausnahmefällen in Auftrag gegeben werden kann, über die allmähliche Verkürzung der Liste möglicher Ansprechpartner durch weitere Recherchen bis zur Vervollständigung der Dossiers über die Stiftungen, mit denen man tatsächlich in Kontakt treten möchte, ist ein weiter Weg. Es folgt dann die sorgfältige Formulierung der einzelnen je spezifischen Anträge oder Anfragen und ggf. die Zusammenstellung der mitzuschickenden Unterlagen.

20. Um die Partnerschaft mit einer Stiftung richtig pflegen zu können, sollte man sich auch ein Minimum an Wissen über das Stiftungswesen aneignen.

Interessenvertretung und Fachorganisationen

Abbe-Institut für Stiftungswesen
an der Friedrich-Schiller-Universität Jena
Carl-Zeiss-Straße 3
07743 Jena
Tel: 03641-942520 Fax: 03641-942522
Internet: www.abbe-institut.de

Akademie für Ehrenamtlichkeit Deutschland (fjs e.V.) Comeniushof
Gubener Str. 47
10243 Berlin
Tel.: 030-2754938 Fax: 030-2790126
Internet: www.ehrenamt.de

Aktive Bürgerschaft e.V.
Albrechtstrasse 22
D-10117 Berlin-Mitte
Tel.: 030–2400088-0 Fax 030–2400088-9
E-Mail: info@aktive-buergerschaft.de
Internet: www.aktive-buergerschaft.de

Arbeitsgemeinschaft Augsburger Stiftungen
Eva-Maria Müller M. A.
Hinterer Lech 15
86150 Augsburg
Tel.: 0821-155843 Fax: 0821-155843
Email: eva.mueller@gmx.net

Bertelsmann-Stiftung
Carl-Bertelsmann-Straße 256
D-33311 Gütersloh
Tel: 05241-810 Fax: 05241-81681396
E-Mail: info@bertelsmann-stiftung.de
Internet: http://www.bertelsmann-stiftung.de/

Deutscher Fundraising Verband e.V.
Emil-von-Behring-Str. 3
60439 Frankfurt
Tel. 069-95733070 Fax: 069-95733071
E-Mail: info@sozialmarketing.de
Internet: www.sozialmarketing.de

Bucerius Law School
Institut für Stiftungsrecht und das Recht der Non-Profit-Organisationen
Jungiusstraße 6
20355 Hamburg
Tel.: 040-3 0706-271 Fax: 040-30706-275
Internet: www.lawschool.de/stiftungsrecht/

Bundesarbeitsgemeinschaft der Freiwilligenagenturen e.v. bagfa
Torstr. 231
10115 Berlin
Tel.: 030-20453366 Fax: 030-28094699
E-Mail: bagfa@bagfa.de
Internet: www.bagfa.de

Bundesverband Deutscher Stiftungen
Haus Deutscher Stiftungen
Mauerstr. 93
10117 Berlin
Tel.: 030-8979470 Fax: 030-89794711
E-Mail: bundesverband@stiftungen.org
Internet: www.stiftungen.org

Initiative Frankfurter Stiftungen e. V.
Eschenheimer Anlage 31a
60318 Frankfurt am Main
Tel.: 069-1568020 Fax: 069-1568 0224
Email: Info@frankfurter-stiftungen.de
Internet: www.frankfurter-stiftungen.de

DZI - Deutsches Zentralinstitut für soziale Fragen
Wissenschaftliches Dokumentationszentrum
Ansprechpartner: Burkhard Wilke
Bernadottestraße 94
14195 Berlin
Tel.: 030-8390010 Fax: 030-834750
E-Mail: sozialinfo@dzi.de
Internet: www.dzi.de

Initiativkreis "Anstiften"
Im Langenfeld 21
61350 Bad Homburg
Tel.: 06172-390998 Fax: 06172-3909 98
E-Mail: webmaster@anstiften.de
Internet: www.anstiften.de

Initiativkreis der Stiftungen in der Region Hannover
Landeshauptstadt Hannover
Büro des Oberbürgermeisters
Theda Minthe
Trammplatz 2
30159 Hannover
Tel.: 0511-168462 51 Fax: 0551-16844025

Initiativkreis Hamburger Stiftungen
Patriotische Gesellschaft von 1765
Trostbrücke 4-6
20457 Hamburg
Tel.: 040-37501823 Fax. 040-378094
E-Mail: info@patriotische-gesellschaft.de

Initiativkreis Stuttgarter Stiftungen
Dr. Susanne Dieterich
Nadlerstraße 4
70173 Stuttgart
Tel.: 0711-2166262
E-Mail: susanne.dieterich@stuttgart.de
Internet: www.domino1.stuttgart.de/stiftungen/index.nsf

Kompetenzkreis Stiftungen Ansprechpartner: Christoph Sochart Stiftung Pro Ausbildung Achenbachstraße 28 40237 Düsseldorf Tel.: 0211-6690812 Fax: 0211-6690830 Internet: www.kompetenzkreis-stiftungen.de

Maecenata Institut für Philanthropie und Zivilgesellschaft an der Humboldt-Universität zu Berlin Albrechtstr. 22 10117 Berlin Tel: 030-28387909 Fax: 030-28387910 E-Mail: mi@maecenata.de Internet: www.maecenata.de

Privates Institut für Stiftungsrecht e. V. Maximiliansplatz 12/III 80333 München Tel.: 089-25542060 Fax: 089-255420 66 E-Mail: vorstand@stiftungsrecht.org Internet: www.stiftungsrecht.org

Stifterverband für die Deutsche Wissenschaft e.V. Barkhovenallee 1 45239 Essen Tel.: 0201-8401–0 Fax: 0201-8401–3 01 E-Mail: mail@stifterverband.de Internet: www.stifterverband.org

Stiftung Fundraising & Fundraising Akademie Postfach 50 05 50 60394 Frankfurt am Main Tel.: 069-58098-124 Fax: 069-58098-271 Internet: www.nonprofit.de/fundraisingakademie/akademie.htm

Stiftung Schleswig-Holsteiner Stiftungstag
Dr. Michael Eckstein
Nachtigallenweg 8
22926 Ahrensburg
Tel.: 04102-678489 Fax. 04102-678489
Email: stiftungstag@schleswig-holstein.de
Internet: www.stiftungstag-schleswig-holstein.de

Stiftungsnetzwerk der Stadt Freiburg i. Br.
Stadt Freiburg i. Br.
Ansprechpartner: Bernd Mutter
Koordinations- und Regionalstelle
Rathausplatz 2-4
79095 Freiburg
Tel.: 0761-2 011062 Fax: 0761-2011099
E-Mail: koordination@stadt.freiburg.de
Internet: www.freiburg.de

Wegweiser Bürgergesellschaft
Stiftung Mitarbeit
Bundesgeschäftsstelle
Bornheimer Str. 37
D-53111 Bonn
Tel.: 0228-60424–0 Fax: 0228-60424–22
Internet: www.wegweiser-buergergesellschaft.de

Stiftungsverzeichnisse im Internet

Überregional

Bundesverband Deutscher Stiftungen
Stiftungswesen, Stiftungsindex
www.stiftungen.org, www.stiftungsindex.de

Maecenata Institut für Philanthropie und Zivilgesellschaft an der Humboldt-Universität zu Berlin.
Informationscentrum: Stiftungsdatenbank, Stipendiendatenbank, Bibliothekskatalog; Publikationen; Links.
www.maecenata.de

regional

Arnsberg
Stiftungsverzeichnis der Bezirksregierung Arnsberg / Bezirksregierung Arnsberg.
www.bezreg-arnsberg.nrw.de/

Bayern
Bayrisches Landesamt für Statistik und Datenverarbeitung. Stiftungsverzeichnis
www.stiftungen.bayern.de

Berlin
Senatsverwaltung für Justiz – Stiftungsaufsicht. Stiftungen und Stiftungsaufsicht. Stiftungsverzeichnis.
www.berlin.de/senjust/kontakt/abt_ii/stiftung/index.html

Brandenburg
Stiftungen im Land Brandenburg. Ministerium des Inneren Brandenburg (MI). Stiftungsverzeichnis und Informationen zum Stiftungswesen.
www.brandenburg.de/

Braunschweig
Bezirksregierung Braunschweig. Stiftungsverzeichnis und Informationen zum Stiftungswesen.
http://cdl.niedersachsen.de/blob/images/C8279247_L20.pdf

Bremen
Der Senator für Inneres, Kultur und Sport. Stiftungsverzeichnis
http://www2.bremen.de/innensenator/Kap7/Pdf/Stiftungsverzeichnis5.pdf

Düsseldorf
Bezirksregierung Düsseldorf. Stiftungen, Vereine, Fiskuserbschaft, Datenschutz. Stiftungsangelegenheiten.
www.brd.nrw.de/

Frankfurt
Initiative Frankfurter Stiftungen e.V. Stiftungswesen. Stiftungen A-Z
www.frankfurter-stiftungen.de/

Freiburg
Regierungspräsidium Freiburg Stiftungen.
http://www.rp.baden-wuerttemberg.de/servlet/PB/menu/1110468/index.htm

Hamburg
Justizbehörde – Justizverwaltungsamt. Hamburger Stiftungsdatenbank. Informationen zur Stiftungserrichtung.
http://fhh.hamburg.de/

Hannover
Bezirksregierung Hannover. Stiftungsverzeichnis.
http://cdl.niedersachsen.de/blob/images/C12530104_L20.pdf

Hessen
Hessische Staatskanzlei. Ehrenamtskampagne Gemeinsam Aktiv. Stiftungsverzeichnis als download verfügbar
http://www.gemeinsam-aktiv.de/publikationen.cfm

Karlsruhe
Regierungspräsidium Karlsruhe. Stiftungen
http://www.rp.baden-wuerttemberg.de/servlet/PB/menu/1111574/index.htm

Kassel
Regierungspräsidium Kassel. Stiftungsverzeichnis und Informationen zum Stiftungswesen.
www.rp-kassel.de/

Lüneburg
Bezirksregierung Lüneburg. Stiftungsverzeichnis und Informationen zum Stiftungswesen.
http://cdl.niedersachsen.de/blob/images/C10682335_L20.pdf

Münster
Bezirksregierung Münster. Stiftungen.
www.bezreg-muenster.nrw.de/

Nordrhein-Westfalen
Innenministerium Nordrhein-Westfalen. Stiften in NRW. Stiftungsverzeichnis. Informationen zum Stiftungswesen.
http://www.im.nrw.de/stiftungsverzeichnis

Oldenburg
Regierungsvertretung Oldenburg. Stiftungsverzeichnis
http://cdl.niedersachsen.de/blob/images/C12973916_L20.pdf

Rheinland-Pfalz
Aufsichts- und Dienstleistungsredaktion. Stiftungsverzeichnis
http://addinter.service24.rlp.de/cgi-bin-inter/stiftung1.mbr/auswahl

Sachsen
Freistaat Sachsen Stiftungsverzeichnis
http://www.sachsen.de/de/bf/staatsregierung/ministerien/smi/smi/upload/Gesamtverzeichnis_-_Stiftungen_im_FSN.pdf

Sachsen-Anhalt
Stiftungen in Sachsen-Anhalt.
http://www.sachsen-anhalt.de/

Schleswig-Holstein
schleswig-holstein.de. Stiftungen helfen! - Machen Sie mit.
http://www.wir.schleswig-holstein.de/

Stuttgart
Regierungspräsidium Stuttgart. Stiftungen
http://www.nomos-online.de/nomoline/stiftung/stift_start.lasso

Tübingen
Regierungspräsidium Tübingen. Stiftungen
www.rp.baden-wuerttemberg.de/servlet/PB/menu/1029180/index.html

Stiftungsverwaltungen

Dresdner Bank – Stiftungsmanagment

Serviceleistungen: Beratung zur Stiftungsgründung (in Zusammarbeit mit erfahrenen Rechtsanwälten und ggf. Steuerberatern), Neueinrichtung und Verwaltung von Stiftungen, Vermögensverwaltung für Stiftungen

Geschäftsführung: Herr Ass. Jur. Knut Mikoleit als Leiter Stiftungsmanagement

Kontakt: Dresdner Bank AG, Stiftungsmanagement, Gallusanlage 7, 60301 Frankfurt am Main, Tel: 069-26357289, Fax: 069-26317005, stiftungsmanagement@dresdner-bank.com, knut.mikoleit@dresdner-bank.com

DSZ-Deutsches Stiftungszentrum

Serviceleistungen: Stiftungsberatung (Konzeption, Stiftungstyp, Spezialaspekte des Stiftungs- und Steuerrechts, Satzungen, Programm und Projekte), Stiftungsmanagement (Vermögensverwaltung, Rechnungswesen und Berichterstattung, Projektverwaltung und Geschäftsführung, Spendenverwaltung, Testamentsvollstreckung)

Geschäftsführung: Dr. Ambros Schindler (GF), Peter Anders (GF), Erich Steinsdörfer (Prokurist)

Kontakt: c/o Stifterverband für die Deutsche Wissenschaft e.V. Barkhovenallee 1, 45239 Essen, Tel: 0201-8401-168, Fax: 0201/8401-255, dz-info@stifterverband.de, www.stiften.info

DT Deutsche Stiftungstreuhand AG

Serviceleistungen: Beratung von Kommunen, Sparkassen, Verbänden und Privatpersonen zu allen stiftungsrelevanten Themen; Verwaltung von Stiftungsvermögen für Sparkassen, Kommunen und Privatpersonen; Konzeption und Verwaltung kommunaler PPP-Projekte (Kultur-, Schul- und Sportbereich) unter Einbeziehung gemeinnütziger Stiftungen als Projektträger

Geschäftsführung: RA Horst Ohlmann, RA Reinhold Preißler

Kontakt: Alexanderstr. 26, 90762 Fürth, info@stiftungstreuhand.com, www.stiftungstreuhand.com

Maecenata Management GmbH

Serviceleistungen: Beratung, Neueinrichtung, Verwaltung von Nonprofit-Organisationen aller Art, darunter auch Stiftungen, Beratung im Bereich Corporate Citizenship, Optimierung von Spendenetats, Projektmanagement, Spendenverwaltung, Fortbildung

Geschäftsführung: Rupert Graf Strachwitz

Kontakt: Herzogstr.60, 80803 München, Tel: 089-284452, Fax: 089-283774
mm@maeceanata-management.de / www.maecenata-management.de

Stiftungs- und Fördergemeinschaft Modellprojekte GmbH

Serviceleistungen: Beratung, Neueinrichtung, Verwaltung, Projektmanagement, Spendenverwaltung

Geschäftsführung: Günther Schweigkofler

Kontakt: Römerstr. 18, 69115 Heidelberg, Tel: 06221-600085, Fax: 06221-20320, fgm-schweigkofler@t-online.de, www.sfgm.de

Stiftungsverwaltung der Landeshauptstadt München, Sozialreferat

Serviceleistungen: Beratung potentieller Stifter, Errichtung und Verwaltung von Stiftungen

Geschäftsführung: Katharina Knäusl

Kontakt: Orleansplatz 11, 81667 München, Tel: 089-23325646, Fax: 089-23322610, stiftungsverwaltung.soz@muenchen.de, www.muenchen.de

Bemerkungen: Förderung beschränkt auf das Stadtgebiet München

Stiftungszentrum.de Servicegesellschaft mbH

Serviceleistungen: Beratung zur Stiftungsgründung (keine Steuerberatung), Verwaltung von Spenden und Vermögen (keine Anlageberatung), Projektmanagement, Kommunikation (Inhalte und Medien) und Fortbildung für rechtsfähige Stiftungen und Treuhandstiftungen

Geschäftsführung: Philipp Hof

Kontakt: Sollner Straße 43, 81479 München, Tel: 089-744200210, Fax: 089-744200300, info@stiftungszentrum.de, www.stiftungszentrum.de

Haupteintrag

A.S. Création Tapeten-Stiftung   F*K*N*S
Die Stiftung fördert das Bewusstsein des kulturellen Wertes und der kulturellen Bedeutung der Tapete sowie des Tapetendesigns und die Erforschung der Historie der Tapete. Sie unterstützt die Forschung und die Entwicklung im Hinblick auf die Technik, das Material und die Umweltverträglichkeit der Tapetenherstellung. Sie unterstützt die Ausbildung in den Bereichen des Tapetendesigns, der Tapetenherstellung und der Tapetenverarbeitung. (fördernd tätig)
Anträge: schriftlich formlos
Anschrift: Franz-Jürgen Schneider, Südstraße 47, D-51645 Gummersbach
Tel: 02261-542 341
Fax: 02261- 55883
email: franz-juergen.schneider@t-online.de
Internet: www.tapetenstiftung.de
(2001)

Abba-Stiftung   R*S
Förderung des Wohlfahrtswesens durch soziale Hilfestellung sowie Jugend- und Altenhilfe, die Betreuung und Förderung von Kindern, Jugendlichen und Erwachsenen im lebendigen Glauben an Jesus Christus sowie der Verbreitung des Evangeliums auf vielfältige Weise (operativ tätig)
Anträge: keine Antragsmöglichkeit
Anschrift: J. Häusleschmid, Mayerhofen 2, D-84529 Tittmoning
Tel: 08683-8970 20
Fax: 08683-8970-50
email: info@abba-stiftung.de
Internet: www.abba-stiftung.de
(2002)

Achim-Brandes-Stiftung   K
Zweck der Stiftung ist die Förderung von Kunst und Kultur, insbesondere der Instrumentalmusik an der TU Braunschweig und in der Region Braunschweig. Sie fördert das Interesse und die Aufgeschlossenheit für aktive instrumentale musikalische Betätigung, insbesondere die Blasmusik. Hierzu gehört im Hinblick auf die Nachwuchsförderung auch die Förderung von aktiver musikalischer Betätigung an den Schulen der Region. Diese Ziele werden insbesondere verwirklicht durch die ideelle und finanzielle Förderung der Akademischen Bläservereinigung an der Technischen Universität Braunschweig (AKA-BLAS), durch Unterstützung der Mitglieder dieser Vereinigung bei der Erfüllung ihrer kulturellen und musischen Aufgaben, durch Unterstützung oder Durchführung von Konzertaufführungen, Konzertfahrten, Veröffentlichungen und Ausstellungen in der Region Braunschweig und darüber hinaus durch Unterstützung der musikalischen Betätigung an den Schulen der Region, durch Pflege und Unterstützung der Verbindungen zu anderen Institutionen oder Vereinigungen mit ähnlicher Zielsetzung. (fördernd tätig)
Anträge: schriftlich formlos
Ausgaben: 20.000 € , (2005)

Anschrift: RA Jörg Goltermann, Wilhelmstraße 56-58, D-38100 Braunschweig
Tel: 05311-6018708
Fax: 0531- 4811374
email: JoergGoltermann@web.de
(2004) Rechtsfähige Stiftung des bürgerlichen Rechts

action medeor-Stiftung G*S

Förderung von Entwicklungshilfe, des öffentlichen Gesundheitswesens / Krankenhäuser (fördernd tätig)
Anträge: schriftlich formlos
Ausgaben: 10.000 € , (2004)
Anschrift: c/o Deutsches Medikamenten-Hilfswerk "action medeor" e.V., Heinz-Josef Vogt, St. Töniser Strasse 21, D-47918 Tönisvorst-Vorst
(2001)

Adalbert-Bob-Stiftung: X
Schwäbischwerder Kindertag

Förderung des alljährlich gefeierten historischen "Schwäbischwerder Kindertag" in Donauwörth und die Belebung dieses Historien - Festspieles mit neuen Impulsen
Anschrift: Neurieder Weg 7, D-86609 Donauwörth
(2002)

Adele-Pleines-Hilfe-Stiftung B*K*S

1) Die Stiftung dient der Förderung von Bildung und Erziehung, von Kultur und Kunst, der Jugendhilfe, der Altenhilfe sowie der Musik. 2) Die Stiftung verfolgt ihre Ziele insbesondere durch a) Begabtenförderung von Schülerinnen und Schülern der Integrierten Gesamtschule 57577 Hamm (Sieg), insbesondere der Musikerziehung in der/den Klasse/n für Musik b) Förderung der Bläsergruppe der Evangelischen Kirchengemeinde, 57577 Hamm (Sieg) c) Stundenhilfe für hauswirtschaftliche Hilfsdienste für alleinlebende, kranke und alte Menschen innerhalb der Verbandsgemeinde Hamm (Sieg) d) Besucherdienste bei alleinstehenden Senioren/innen; Aufstellen und Hilfe bei Betreuungsprogrammen. Unterstützungsdienste bei Behinderten, insbesondere bei Transporten. (operativ tätig)
Anträge: keine Antragsmöglichkeit
Anschrift: c/o VGV Verwaltung Hamm, Schillerstraße 35, D-57577 Hamm (Sieg)
Tel: 02682-952231
Fax: 02682-952276
email: rathaus@hamm-sieg.de
(2004)

Adi Dassler Gedächtnis-Stiftung F
Förderung von Wissenschaft und Forschung
Anschrift: Engelstraße 10, D-91054 Erlangen
(2001)

Adolf und Erna Angrüner Stiftung K*M
Förderung von Jugend, Sport und Kultur in der Marktgemeinde Bad Abbach. (fördernd tätig)
Hinweise: Bad Abbach
Anträge: schriftlich formlos
Anschrift: Kalkofenring 32, D-93077 Bad Abbach
Tel: 09405-2623
(2002)

Adolphi-Stiftung der Evangelischen S
Kirche
Förderung von Mildtätigen Zwecken, Kinder-/Jugendhilfe, Waisen, Altenhilfe (einschl. Altenheime)
Anschrift: Dipl.-Betriebswirt Dirk Gersie, Obere Fuhr 42, D-45136 Essen
Internet: www.adolphi-stiftung.de
(2002)

ADUMED - Stiftung F
Förderung von Wissenschaft und Forschung auf dem Gebiet der Humanmedizin
Anschrift: c/o Dresdner Bank Stiftungsmanagement, Gallusanlage 7, D-60301 Frankfurt am Main
(2005)

Agnes Poll-Stiftung S
Förderun von Altenhilfe (einschl. Altenheime), Kinder-/Jugendhilfe, Waisen (fördernd tätig)
Anschrift: c/o Commerzbank AG, Zentrales Geschäftsfeld Private Kunden, Erb- und Stiftungsangelegenheiten, Herrn H.-Peter Vlatten, D-60261 Frankfurt am Main
(2001)

Aktion Niere Stiftung des G*S
Dialysepatienten Deutschlands e. V.
Zweck der Stiftung ist, die Lebensqualität für Menschen mit chronischem Nierenversagen und deren Angehörige zu erforschen, zu fördern, zu unterstützen und präventiv zu wirken. Dies erfolgt z. B. durch a) Unterstützung von Selbsthilfeorganisationen b) Forschung zur Lebensqualität c) Rehabilitation d) Seminare und Veranstaltungen e) Förderung/Unterstützung der Mobilität bedürftiger Personen f) Unterstützung von Sport und Bewegung g) Ernährungsschulung und -beratung h) Schulungen i) Veröffentlichungen und Handreichungen.

Anschrift: Weberstraße 2, D-55130 Mainz
(2002)

Albert und Maria Malthaner Stiftung R*S
Übernahme von Aufwendungen für den Besuch und der psychischen und sozialen Betreuung alleinstehender und vereinsamter Alter, Schwerkranker und Sterbender in Krankenhäusern, Heimen oder ihrer Wohnung durch ehrenamtlichen Mitarbeiter des örtlichen Hospizvereins, der örtlichen ökumenischen Nachbarschaftshilfe und anderer örtlicher Sozialeinrichtungen
Anschrift: Zinngießergasse 37, D-85570 Markt Schwaben
(2002)

Albert-Eckstein-Stiftung K
Förderung von begabten jungen Streichinstrumentalisten
Anschrift: Nersinger Straße 10, D-89275 Elchingen
Internet: www.albert-eckstein-stiftung.de
(2005)

Albert-Hintzen-Stiftung S
Förderung von Mildtätigen Zwecken, Kinder-/Jugendhilfe, Waisen
Anschrift: Große Kamp 8, D-59063 Hamm
(2002)

Albertinen-Stiftung G*S
Zweck der Stiftung ist die Förderung der Diakonie, der Bildung und Erziehung, der Völkerverständigung sowie der Wohlfahrtspflege jeglicher Art. Der Stiftungszweck wird insbesondere durch Beschaffung und Zuwendung von Mitteln für die satzungsgemäße Arbeit des Vereins "Albertinen-Diakoniewerk e.V." mit Sitz in Hamburg verwirklicht.
Anträge: keine Antragsmöglichkeit
Anschrift: Katharina Seiler-Neufert, Süntelstraße 11 a, D-22457 Hamburg
Tel: 040-55 88 23 48
Fax: 040-55 88 24 47
email: Katharina.Seiler-Neufert@albertinen.de
Internet: www.albertinen.de
(2004) Rechtsfähige Stiftung des bürgerlichen Rechts

Alexander Glasunow-Stiftung K*R
Erhaltung des Werks und des Andenkens an den Komponisten Alexander Glasunow für die Nachwelt, Förderung von Kunst und Kultur, der Studentenhilfe, Unterstützung bedürftiger Personen sowie die Förderung der russisch-orthodoxen Religion
Anschrift: Am Perlacher Forst 190, D-81545 München
(2001)

Alexander Tutsek - Stiftung F*K*S
Förderung der Glaskunst, insbesondere in den Bereichen Studioglas und Design, Förderung der Forschung und Lehre in den Ingenieurwissenschaften bezogen auf die Bereiche Steine, Erden, Glas und Keramik sowie die Förderung von interdisziplinären Projekten zwischen Ingenieur-, Wirtschafts- und Geisteswissenschaften sowie die Beschaffung von Mitteln für die Verwirklichung der steuerbegünstigten Zwecke einer anderen Körperschaft oder für die Verwirklichung steuerbegünstigter Zwecke durch eine Körperschaft des öffentlichen Rechts.
Anschrift: Karl-Theodor-Str. 27, D-80803 München
(2000)

Alexander von Humboldt-Stiftung AvH F
Die Humboldt-Stiftung fördert den internationalen Wissenschaftleraustausch. Zweck der Stiftung ist es, hoch qualifizierten Wissenschaftlerinnen und Wissenschaftlern aus allen Ländern und allen Fächern durch die Gewährung von Forschungsstipendien und Forschungspreisen die Möglichkeit zu geben, ein Forschungsvorhaben in der Bundesrepublik Deutschland durchzuführen, und die sich ergebenden wissenschaftlichen Verbindungen zu erhalten. (fördernd tätig)
Hinweise: 6 - 12 Monate, Verlängerung möglich; Wissenschaftler
Anträge: Merkblatt-Begutachtung-schriftlich
Ausgaben: 50.000.000 € , (2004)
Anschrift: Herrn Dr. Manfred Osten, Jean-Paul-Straße 12, D-53173 Bonn
Tel: 0228-833 0
Fax: 0228-833 199
email: info@avh.de
Internet: www.humboldt-foundation.de
(1953) Rechtsfähige Stiftung des bürgerlichen Rechts

Alexander-Karl-Stiftung F
Förderung der Wissenschaft und Forschung auf den Gebieten der Betriebswirtschaftslehre, Ingenieurwissenschaften, Medizin; Förderung von konkreten Projekten der jeweiligen Fakultäten im Bereich von Automobilwirtschaft, -technik, insbesondere der Johannes-Gutenberg-Universität (Unterstützung der Lehr- und Forschungseinrichtungen, Förderung von Forschungsvorhaben, wissenschaftliche Arbeiten und Veröffentlichung; Beihilfen zu Forschungs- und Studienreisen); Zuwendungen an gemeinnützige Organisationen, die die oben genannten Aufgaben erfüllen.
Anschrift: Herr Alexander Reinhold Karl, Alte Mainzer Straße 121, D-55129 Mainz
Tel: 06131-830612
Fax: 06131-830688
(2000)

Alexander-Lüderitz-Stiftung B
Förderung von Stipendien / Hochschule / Erwachsenenbildung

Anschrift: Prof. Dr. Heinz-Peter Mansel, Kellerhardtsweg 12, D-51503 Rösrath
(2002)

Alexandra Lang-Stiftung für Patientenrechte   D

Zweck der Stiftung ist die Förderung von Verbraucherberatung und Verbraucherschutz im Zusammenhang mit ärztlichen Behandlungsfehlern, Arzneimittelschäden und Medizinproduktschäden (Patientenrechte und Patientenschutz). Die Stiftung verfolgt Ihre Zwecke insbesondere durch Unterstützung der Patienten bei der Begutachtung und der Dokumentation der jeweiligen Fallkonstellation zur Vorbereitung von Schadenersatzansprüchen, Vermittlung medizinischer Gutachter mit einer auf den jeweiligen Einzelfall bezogenen Fachkompetenz. Das beinhaltet auch die Übernahme der ggf. entstehenden Gutachterkosten, gezielte Öffentlichkeitsarbeit als Teil vorbeugenden Patientenschutzes, Unterstützung von Projekten und/oder anderer gemeinnütziger Organisationen im Bereich des Verbraucher- und Patientenschutzes.
Anschrift: c/o Jakob Müller Verwaltungsgesellschaft mbH, Ohlmannstraße 24, D-55606 Kirn
(2003)

Alfred Kärcher-Förderstiftung   F

Zweck der Stiftung ist die Förderung von Wissenschaft und Forschung, vornehmlich auf dem Gebiet der Mechanisierung und Automation von manueller Arbeit, der Hygiene sowie der Systeme zur Pflege, Erhaltung und Reinhaltung der Umwelt sowie die Förderung der interdisziplinären Forschung in den vorgenannten Bereichen.
Anschrift: c/o Alfred Kärcher GmbH & Co., Alfred-Kärcher-Str. 28-40, D-71364 Winnenden
(2001)

Alfred Toepfer Stiftung F.V.S   B*F*K*P*V

Förderung von beispielhaft geistig schöpferischen Arbeiten von Einzelnen, Gemeinschaften und damit auch von jungen Begabungen auf den Gebieten: Kultur-, Sozial- und Friedenspolitik, besonders im Dienste der europäischen Einheit; Kunst, Wissenschaft und Schrifttum; Naturschutz, Landes-, Heimat- und Denkmalpflege; Erziehung, Jugendwohlfahrt und Wandern; Land- und Forstwirtschaft im Umbruch der Zeit, insbesondere durch Förderbeiträge, Preise, Stipendien, Publikationen und Schaffung oder Unterhaltung besonderer Einrichtungen; Förderung des deutschen und der übrigen Kulturbereiche in Europa und damit gleichzeitig des Zusammengehörigkeitsgefühls aller Europäer (auch operativ tätig)
Hinweise: Deutschland, Europa
Anträge: keine Antragsmöglichkeit
Ausgaben: 20.000.000 € , (2004)
Anschrift: Herr Ansgar Wimmer, Georgsplatz 10, D-20099 Hamburg
Tel: 040-33402 13
Fax: 040-335860

email: mail@toepfer-fvs.de
Internet: www.toepfer-fvs.de
(1931) Rechtsfähige Stiftung des Bürgerlichen Rechts

Alfred und Barbara Demmler-Wohltätigkeitsstiftung S

Förderung der Jugendhilfe, der Altenhilfe und des Wohlfahrtswesens.
Anschrift: Eduard Jörg, Schwaighauser Weg 9, D-87435 Kempten (Allgäu)
(2000) Öffentliche Stiftung des bürgerlichen Rechts (Bayern)

Alfred und Justine Bauer Stiftung F

Förderung der wissenschaftlichen Ausbildung der Studentinnen und Studenten im Fachbereich der Elektrotechnik und Informationstechnik an der Fachhochschule München. (fördernd tätig)
Anträge: schriftlich formlos
Ausgaben: 2.000 € , (2000)
Anschrift: Justine Bauer, Vintschgauerstrasse 7, D-81547 München
Tel: 089-6421936
Fax: 089-6421936
email: justi@gmx.net
(2000) Öffentliche Stiftung des bürgerlichen Rechts (Bayern)

Alfred-Welter-Stiftung B

Anerkennung besonderer Leistungen junger Menschen auf ihrem Bildungsgang; Kreativität der Jugendlichen beitragen (Alfred-Welter-Preis für Abiturienten für Mathematik/Naturwissenschaften; Förderung für Wettbewerb "Jugend forscht - Schüler experimentieren"; Unterstützung von Forschungsvorhaben und Hilfsprojekten für Verbesserung der menschlichen Lebensqualität)
Anschrift: Georg Ballod, Bergstraße 17, D-67297 Marnheim
Tel: 06352-5444
Fax: 06352-740807
(2002)

Allgemeine Blinden- und Sehbehindertenstiftung S

Zweck der Stiftung ist die Hilfe für Blinde und Sehbehinderte (fördernd tätig)
Anschrift: Heinz-Josef Gossen, Brökerstrasse 29, D-52538 Gangelt
Tel: 02454-6515
Fax: 02454-969246
email: h.j.gossen@web.de
(2001)

Allianz Kulturstiftung   B*K*V
Förderung von Kunst und Kultur und insbesondere Förderung der Jugend im Geist der europäischen Integration
Hinweise: Deutschland
Anträge: schriftlich formlos-Begutachtung
Anschrift: Herr Ludger Huennekens, Maria-Theresia-Straße 4a, D-81675 München
Tel: 089-4107303
Fax: 089-41073040
email: kulturstiftung@allianz.de
Internet: www.allianz-kulturstiftung.de
(2000) Öffentliche Stiftung des bürgerlichen Rechts (Bayern)

Allianz Umweltstiftung   F*N
Zweck der Stiftung ist es mitzuwirken, ein lebenswertes Dasein in einer sicheren Zukunft zu gewährleisten. Die Stiftung ist gegenwärtig ausschließlich im Bereich Umwelt-, Natur- und Landschaftsschutz tätig. Sie fördert mit Schwerpunkt unmittelbar wirksame Maßnahmen im Natur- und Landschaftsschutz. Damit soll ein Beitrag zur Schaffung, Erhaltung und Verbesserung lebensgerechter Umweltbedingungen für Menschen, Tiere und Pflanzen geleistet werden (auch operativ tätig).
Anträge: schriftlich formlos
Ausgaben: 20.000.000 €
Anschrift: Dr.Lutz Spandau, Maria-Theresia-Straße 4a, D-81675 München
Tel: 089-410733 6
Fax: 089-410733 70
email: info@allianz-umweltstiftung.de
Internet: www.allianz-stiftung.de/
(1989) Öffentliche Stiftung des bürgerlichen Rechts (Bayern)

Alma-Ihnen-Stiftung   K
Zu zwei Dritteln Förderung der kulturellen Arbeit auf dem Gebiet der Gemeinde Südbrookmerland, insbesondere Bestand, Erhalt und gegebenenfalls Ausbau des Moormuseums Moordorf sowie die Unterstützung und regelmäßige Förderung der mit dem "Gulhof Ihnen" zur Zeit durch den Verein Gulhof Ihnen e.V. verfolgten Ziele durch Wiederaufbau und Betreiben des "Gulhofes Ihnen" in Engerhafe, insbesondere Förderung und Pflege der Kunst und Kultur in Südbrookmerland sowie Bereitstellung der Räumlichkeiten an örtliche Theatergruppen, Gesangvereine, Volkstanzgruppen und Freizeitkünstler für Übungsstunden, Aufführungen und Ausstellungen, sowie zu einem Drittel Unterstützung der Alten- und Krankenarbeit der Kirchengemeinde Engerhafe. (fördernd tätig)
Hinweise: Moordorf, Engerhafe
Anträge: schriftlich formlos-Begutachtung
Ausgaben: 8.000 € , (2004)

Anschrift: Peter Schallmeier, Wieselweg 3, D-26624 Südbrockmerland
Tel: 04941-8440
email: peter.schallmaier@ewetel.net
(2004) Rechtsfähige Stiftung des bürgerlichen Rechts

Aloisa Schmid-Stiftung S

Förderung von schwerkranken und bedürftigen Kindern in München (fördernd tätig)
Hinweise: München
Anträge: schriftlich
Anschrift: Katharina Knäusl, Orleansplatz 11, D-81667 München
Tel: 089-23325646
Fax: 089-23322610
email: stiftungsverband.soz@muenchen.de
Internet: www.muenchen.de
(2002) Nicht rechtsfähige Stiftung

Alt und Jung im Dialog - Wohnen - S*T
Begegnen - Betreuen - Pflegen

Förderung der Altenhilfe durch Unterstützung der Altenhilfearbeit im Bereich der Samtgemeinde Sögel, insbesondere Förderung des Dialogs und der Begegnung zwischen jungen und älteren Menschen sowie Verbesserung der Wohnsitutation, Betreuung und Pflege der Bürgerinnen und Bürger der Gemeinde Sögel
Anschrift: Albert-Trautmann-Str. 69, D-49751 Sögel
(2000)

Altern in Würde - Stiftung Altenhilfe S
des Kurhessischen
Diakonissenhauses Kassel

Altenhilfe
Anschrift: Pfr. Karl Leonhäuser, Goethestraße 85, D-34119 Kassel
Tel: 0561-1002-422
email: k.leonhaeuser@diakonissenhaus-kassel.de
(2004)

Altonaer Kaviar Import Haus Stiftung S

Förderung der Jugendhilfe in Form der Unterstützung bedüftiger Jugendlicher in Hamburg. Der Zweck wird verwirklicht in Form der ideellen und materiellen Förderung des "Deutscher Kinderschutzbund Landesverband Hamburg e.V." sowie weiterer steuerbegünstigter Körperschaften oder Körperschaften des öffentlichen Rechts, indem diesen insbesondere Geld- und Sachmittel zur ausschließlichen und unmittelbaren Verfolgung des vorgenannten Zwecks zugewendet werden.
Anschrift: Schmarjestraße 44, D-22767 Hamburg

Fax: 040-387973
(2000)

Altonaer Stiftung für philosophische Grundlagenforschung   F

Förderung von Wissenschaft und Forschung. Gefördert werden soll insbesondere die interdisziplinäre Grundlagenforschung zur Dialektik in Logik, Epistemologie, Mathematik, Metaphysik, angewandter Ethik und Recht.
Anschrift: Frau Ulrike Horway, Ehrenbergstr. 27, D-22767 Hamburg
Tel: 040-87874045
Fax: 040-87874046
email: info@asfpg.de
Internet: www.asfpg.de
(2004)

Alwin und Martha Heinz Stiftung   S

Betreuung und Unterstützung von geistig und körperlich behinderten Menschen
Anschrift: Hauptstr. 59, D-95364 Ludwigschorgast
(2002)

Amandi Stiftung Musik hilft Kindern   K

Förderung der musikalischen Bildung von Kindern und Jugendlichen;Förderung und Durchführung von Konzerten für Kinder,Jugendliche und Familien;sonstige Förderung des gemeinsamen Musizierens von Kindern und Jugendlichen unabhängig von Nationalität, Rasse, Religion und sozialer Herkunft
Anschrift: Pembaurstrasse 11a, D-81243 München
(2003)

Amberger Bürgerstiftung   B*K*M*N*S*V

Förderung von Bildung und Erziehung,Kunst und Kultur, des Heimatgedankens, des Brauchtums, des Umwelt-, Landschafts- und Denkmalschutzes, der Kleingärtnerei, der Jugendhilfe, der Altenhilfe und des Wohlfahrtswesens, des öffentlichen Gesundheitswesens, des Sports und der Völkerverständigung
Anschrift: OB Wolfgang Dandorfer, Postfach 2155, D-92211 Amberg
(2000)

Andrea von Braun Stiftung   F*K

Förderung der Wissenschaft und Forschung, der Kunst und Kultur. Dabei geht es in erster Linie um die grenzüberschreitende Zusammenarbeit und gegenseitige Befruchtung unterschiedlicher Fach- und Wissensgebiete (auch operativ tätig)
Anschrift: Dr. Christoph-Friedrich von Braun MSc, Mauerkircherstr.12, D-81679 München

Tel: 089-98109969
Fax: 089-9827185
email: vorstand@arbstiftung.de
Internet: www.avbstiftung.de
(2001)

Andreas Felger Kulturstiftung   K
Kunst und Kultur
Anträge: keine Antragsmöglichkeit
Anschrift: Mathias Korn, Gnadenthal, D-65597 Hünfelden
Tel: 06438-81129
Fax: 06438-81129
email: info@af-kulturstiftung.de
Internet: www.af-kulturstiftung.de
(2002) Rechtsfähige Stiftung des bürgerlichen Rechts

Andreas M. Hofweber-Stiftung   N
Förderung des Tierschutzes (fördernd tätig)
Anträge: schriftlich formlos
Anschrift: Andreas M. Hofweber, Grütznerstraße 2, D-81667 München
Tel: 0700-44488888
Fax: 089-488988
email: andreas.hofweber@gmx.net
(2004)

Andreas Tippner Stiftung   S
Förderung von bedürftigen Kindern und Jugendlichen Förderung von alten Mitmenschen
Anschrift: Pappelstr. 44, D-85579 Neubiberg
(2001)

animus-Stiftung für Kinder und   S
Jugendliche
Hilfe, Förderung u. Betreuung v. Kindern, Jugendlichen und Familien auf direkte sowie indirekte Art sowohl im In-als auch im Ausland. Forschung auf diesem Gebiet gefördert werden.
Anschrift: Frau Barbara Kantwein-Pabst, Bonselstraße 20, D-81925 München
(2004)

Anlagetest.de Stiftung der Vendura   D
Verbesser. Verbraucherschutz, insb. Anlegerschutzes d. Bereitstellg. v. a. Markt verfügbaren Analysen/ Presseartikel zu Kapitalanlagen (operativ tätig)
Anträge: keine Antragsmöglichkeit

Anschrift: Ulrich Silberberger / Andreas Döz, Schönchenstraße 27, D-81545
München
Tel: 01805-160061
Fax: 01805-161861
email: info@anlagetest.de
Internet: www.anlagetest.de
(2004)

Anna Birkholz Stiftung B*S
Förderung von Bildung, Erziehung, Ausbildung sowie der Kinder-/Jugendhilfe, Waisen
Anschrift: Wilfried Zahlmann, Bahnhofstrasse 2a, D-51379 Leverkusen
(2001)

Anna Elise Stiftung G*S
Förderung von Altenhilfe (einschl. Altenheime), des öffentlichen Gesundheitswesens / Krankenhäuser, Mildtätigen Zwecken (auch operativ tätig)
Anschrift: c/o Gemeinschaftsstiftung Diakonie, Walter Fuchs-Stratmann, Kartäusergasse 9-11, D-50678 Köln
(2002)

Anna und Konrad Schäfer Stiftung K*X
Förderung kultureller Veranstaltungen und sonstiger kultureller Zwecke in Sugenheim sowie die Errichtung einer Friedhofskapelle/Aussegnungshalle auf dem Sugenheimer Friedhof
Hinweise: Sugenheim
Anschrift: Markt Sugenheim, Kirchstrasse 17, D-91484 Sugenheim
(2003) Rechtsfähige Stiftung des bürgerlichen Rechts

Anna Zschenderlein Stiftung G
Förderung des Klinikums Fichtelgebirge in Marktredwitz
Anschrift: Am Schillerhain 1-8, D-95615 Marktredwitz
(2001)

Anna-Einhauser-Stiftung S
Hilfe für hilfsbedürftige Kinder, insbesondere geistig und körperlich behinderte oder kranke Kinder zur Verbesserung ihrer Situation (fördernd tätig)
Anschrift: Graf-Konrad-Str. 16, D-85368 Moosburg
Tel: 08761-61821
Fax: 08761-753785
(2005) Rechtsfähige Stiftung des bürgerlichen Rechts

Anna-Maria und Bruno Döllner- S
Stiftung
Förderung bedürftiger Seniorinnen und Senioren un München (fördernd tätig)

Hinweise: München
Anträge: schriftlich
Anschrift: Katharina Knäusl, Orleansplatz 11, D-81667 München
Tel: 089-23325646
Fax: 089-23322610
email: stiftungsverband.soz@muenchen.de
Internet: www.muenchen.de
(2004) Nicht rechtsfähige Stiftung

Anne-Fischer-Stiftung K
Förderung von Kunst und Kultur (fördernd tätig)
Anschrift: Arneckestrasse 69, D-44139 Dortmund
(2001)

Annegret und Theo Lechtenböhmer- G*S
Grawe-Stiftung
Förderung Sonstiger Sozialer Zwecke, des öffentlichen Gesundheitswesens /Krankenhäuser, Kinder-/Jugendhilfe, Waisen
Anschrift: c/o Gut St. Legra, Annegret Lechtenbähmer gen. Grawe, Kampstrasse 6, D-59348 Lüdinghausen
(2000)

Anne-Liese Dohrmann Stiftung K*N
Förderung der Denkmalpflege, insbs. des Bremer Doms, Förderung der Kunst, insbs. der Bremer Kunsthalle, Förderung von Umwelt- und Naturschutz, insbs. die Erhaltung des Bürgerparks Bremen
Anschrift: c/o Dresdner Bank AG - Stiftungsmanagement, Gallusanlage 7, D-60301 Frankfurt am Main
Tel: 069-26355464
(2000)

Anneliese Speith-Stiftung K
Zweck der Stiftung ist die Förderung der Kunst und Kultur durch Mittelbeschaffung für die Herzog August Bibliothek Wolfenbüttel, insbesondere für den Erhalt der kostbaren Buch- und Handschriftenbestände der Herzog August Bibliothek
Anschrift: c/o Deutsche Bank AG - Nachlass- und Stiftungsmanagement -, Postfach 17 40, D-55007 Mainz
(2002) Rechtsfähige Stiftung des bürgerlichen Rechts

Anneliese und Dr. Wolfgang Schieren- B*F*K
Stiftung
Förderung von Wissenschaft und Forschung, Bildung, Kunst und Kultur

Anschrift: Fr. Anneliese Schieren, Pienzenauer Str. 83, D-81925 München
(2001)

Anneliese und Hans Imhof Stiftung S
Unterstützung von Menschen mit einer persönlichen Hilfsbedürftigkeit aufgrund einer geistigen Behinderung, die ihren Wohnsitz in der Stadt oder im Landkreis Aschaffenburg haben
Anschrift: Fabrikstraße 20, D-63739 Aschaffenburg
(2005)

Anneliese-Lehmann-Stiftung, Stiftung zur Förderung von Bildung und Gesundheit für Kinder in Not B*G
Förderung von Bildung und Gesundheit für Kinder in Not, insbesondere durch Unterstützung von Projekten in Entwicklungsländern, die der Bildung und Gesundheit von Kindern dienen, vorrangig durch Förderung des Projektes Sherpa Schule Bamti/Bhandar/Nepal.
Anschrift: Grabenstraße 90, D-97295 Waldbrunn
(2004)

Annemarie Dose-Stiftung S
Beschaffung von Mitteln zur Unterstützung hilfsbedürftiger Personen durch eine andere steuerbegünstigte Körperschaft oder durch eine Körperschaft des öffentlichen Rechts. Die Mittel der Stiftung sind in erster Linie zur Förderung des Vereins Hamburger Tafel e. V. zu verwenden.
Anschrift: Annemarie Dose, Beim Schlump 84, D-20144 Hamburg
Tel: 040-443646
Fax: 040-443676
email: info@hamburger-tafel.de
Internet: www.hamburger-tafel.de
(2002)

Annette und Wolfgang Haupt Stiftung F*K*S
Förderung von Kunst und Kultur, Kinder-/Jugendhilfe, Waisen, Wissenschaft und Forschung
Anschrift: Wolfgang Haupt, Im Diepental 10, D-40497 Düsseldorf
(2001)

Anni Iftner Stiftung S
Förderung und Unterstützung hilfsbedürftiger Personen, insbesondere von Kindern und krebskranken Menschen
Anschrift: c/o HypoVereinsbank GB Bayern Nord Private Banking Stiftungen, Lorenzer Platz 21, D-90402 Nürnberg
(2004)

Anti-Gewalt-Stiftung P*S
Förderung des Demokratischen Staatswesens, Gesellschaftskunde, Kinder-/Jugendhilfe, Waisen
Anschrift: c/o Deutsche Bank AG, Private Banking, Nachlaß- und Stiftungsmanagement, Dr. Gisela Baumgarte, Postfach 17 40, D-55007 Mainz
(2001)

Anton Hörmann-Stiftung B*S
Unterstützung von Armen und Minderbemittelten sowie die Vergabe von Zuschüssen für die Ausbildung von Kindern
Anschrift: Herrn Anton Seidl, Hermann-Stockmann-Strasse 18, D-85221 Dachau
(2002)

Anton Neumann Stiftung S*T
Förderung alter Menschen, vorrangig aus Papenburg, durch Verschaffung der Gelegenheit zu einem betreuten Wohnen, insbesondere durch Erwerb und Vorhalten von Wohnungen mit der Möglichkeit zur Betreuung von Seniorinnen und Senioren, vorrangig für Papenburger Bürgerinnen und Bürgern, durch Förderung der Aktiväten von Seniorinnen, Senioren und Seniorengruppen, durch aktive Beschäftigung von Seniorinnen und Senioren und Förderung deren Beschäftigung sowie durch Zuschüsse für betreutes Wohnen betagter Bürgerinnen und Bürger der Gemeinde Papenburg, wenn dies im Einzelfall erforderlich ist.
Anschrift: Flachsmeerstr. 25, D-26871 Papenburg
(2002) Rechtsfähige Stiftung des bürgerlichen Rechts

Anton Schrobenhauser Stiftung Kids to Life S
Unterstützung von Kindern und Jugendlichen, die infolge ihres geistigen oder seelischen Zustandes auf die Hilfe anderer angewiesen oder wirtschaftlich hilfsbedürftig sind;Förderung der Jugendhilfe einschließlich der Jugendpflege und Jugendfürsorge
Anschrift: Prager Strasse 1, D-82008 Unterhaching
(2002)

Antonia Berning-Stiftung zur Förderung der Kunst K
Die Stiftung verfolgt ausschließlich und unmittelbar gemeinnützige Zwecke im Sinne des Abschnitts "Steuerbegünstigte Zwecke" im Sinne der Abgabenordnung. Zweck der Stiftung ist es, das künstlerische Werk der Stifterin zu erhalten und zu pflegen sowie die Förderung der Kunst in Rheinland-Pfalz. Dieser Zweck wird insbesondere verwirklicht durch die Einrichtung eines das Werk der Stifterin repräsentierenden Museums auf den der Stiftung übertragenen Liegen-

schaften in Weißenseifen und durch Ausstellungen des Werkes der Stifterin oder anderer Künstler.
Anschrift: Am Keltenhügel, D-54597 Weißenseifen
(2003)

Antonius-Holling-Stiftung B*R*S
Zweck der Stiftung ist die materielle und ideelle Unterstützung der Arbeit der Kirchengemeinden und kirchlichen Einrichtungen, insbesondere in der Stadt Wolfsburg und in ihrem Umland. Der Stiftungszweck wird verwirklicht zum Beispiel durch Förderung und Unterstützung in den Bereichen Unterhalt von Kirchen und kirchlichen Gebäuden, pastorale und caritative Projekte, kirchlich-kulturelle Angebote, katholische Kindertagesstätten und Schulen, Jugendarbeit und Jugendaustausch, Familien- und Senioren-Arbeit, Erwachsenenbildung, wissenschaftliche Begleitung kirchlicher Arbeit, Diaspora und Mission, kirchliche Arbeit im Ausland. Der Zweck wird erfüllt durch eigene Aktivitäten der Stiftung wie auch durch die Förderung und Unterstützung von Initiativen und Maßnahmen anderer Träger und Institutionen, die die genannten Stiftungszwecke verfolgen.
Anschrift: c/o Katholische Kirchengemeinde St. Christophorus, Antonius-Holling-Weg 15, D-38440 Wolfsburg
(2004) Rechtsfähige Stiftung des bürgerlichen Rechts

Anton-Loth-Stiftung B*F*G*K*M*N
Förderung von Wissenschaft und Forschung, Bildung und Erziehung, Kunst und Kultur, der Landschaftspflege und des Denkmalschutzes, des Heimatgedankens, der Jugend- und Altenpflege, des öffentlichen Gesundheitswesens, des Sports sowie der Geschichte und Archäologie
Anschrift: Kleinhartpenning 5, D-83607 Holzkirchen
(2002)

API-Schönblick Gemeinschafts- und R
Treuhand-Stiftung
Zweck der Stiftung ist die gemeinnützig religiöse und mildtätige Arbeit im Sinne der Ziele christlicher landeskirchlicher Gemeinschaften und anderer christlicher Gemeinden und Werke. (fördernd tätig)
Anschrift: c/o API-Schönblick Gemeinschafts- und Treuhand-Stiftung z. Hd. Werner Kübler, Werner Kübler, Otto-Linck-Str. 2/5, D-74363 Güglingen
Tel: 07135-961335
(2001)

Appel-Seitz-Stiftung K*S
Förderung und Erhaltung des kulturellen und sozialen Lebens im Ortsteil Schwaig der Stadt Neusadt a. d. Donau, insbesondere auch im Bereich der Jugend und Seniorenbetreuung. Erhaltung und Pflege der Familiengrabstätte der Stifterin Anna Seitz (fördernd tätig)

Hinweise: Schwaig
Anträge: schriftlich formlos
Anschrift: Johann Bauer, Neuweg 16 Schwaig, D-93333 Neustadt a. d. Donau
Tel: 08402-504
Fax: 08402-504
(2000) Öffentliche Stiftung des bürgerlichen Rechts (Bayern)

ARCHE-Stiftung für Christliche Missions-, Medien- und Gemeindearbeit B*G*R*S*V

Förderung und Verbreitung des Evangeliums, mildtätiger Zwecke, der Entwicklungshilfe, der öffentlichen Gesundheitspflege und der Bildung.

Anschrift: Herr Hugo Kleinknecht, Doerriesweg 7, D-22525 Hamburg
Fax: 040-54705299
email: info@arche-stiftung.de
Internet: www.arche-stiftung.de
(2002)

Arnim-Züsedom Stiftung M*S*X

Förderung der Feuerwehr des Ortes Züsedom, Kiche und Kirchhof Züsedom, Aktivitäten der Dorfgemeinschaft Züsedom, Sport, Pflege der Gräber des Stifters (fördernd tätig)

Anträge: schriftlich formlos-mündlich
Ausgaben: 11.000 € , (2004)
Anschrift: Claus von Arnim, Hauptstr.91, D-26452 Sande
Tel: 04422-1078
Fax: 04422-1078
(2003) Rechtsfähige Stiftung des bürgerlichen Rechts

Arno Pagel-Stiftung R*S

Jugendhilfe, Religion; Förderung der missionarischen Arbeit an Kindern und Jugendlichen (fördernd tätig)

Anträge: keine Antragsmöglichkeit
Ausgaben: 60.000 €
Anschrift: Rolf Trauernicht, Leuschnerstr. 72a-74, D-34134 Kassel
Tel: 0561-4095101
Fax: 0561-4095112
email: rolf.trauernicht.dr@ec-Jugend.de
Internet: www.ec-jugend.de
(2000) Rechtsfähige Stiftung des bürgerlichen Rechts

Arnold-Liebster-Stiftung B
Bildung und Erziehung; Förderung der Volksbildung
Anschrift: Uwe Klages, Hanauer Str. 24, D-61184 Karben
Tel: 06039-9382277
Fax: 06039-9382288
email: alst@ALSt.org
Internet: www.ALSt.org
(2002)

Aucotras Stiftung G*M*S
Der Zweck der Stiftung ist die Förderung des öffentlichen Gesundheitswesens, der Kultur, des Sports, des Wohlfahrtswesens; Unterstützung von Personen, die infolge ihres körperlichen, geistigen oder seelischen Zustandes auf Hilfe anderer angewiesen sind Förderung wissenschaftlicher Erkenntnisse und Erfahrungen, insbesondere Förderung/Durchführung von Projekten/Maßnahmen im Bereich des Stiftungszwecks (schwerpunktmäßig Projekte, die die Unterstützung bedürftiger Personen, Personengruppen sowie die Beteiligung an Selbsthilfebestrebungen und sozialen Aktionen dieser Gruppen zum Gegenstand haben) Förderung der Kooperation zwischen Organisationen und Einrichtungen auf den o. g. Gebieten Unterstützung von steuerbegünstigten Einrichtungen (§ 58 Nr. 2 AO) durch Maßnahmen nach § 58 Nr. 1 AO. (auch operativ tätig)
Anträge: keine Antragsmöglichkeit
Anschrift: Herr Johannes Thiel, Am Alten Flugplatz 5, D-54294 Trier
Tel: 0651-998900
Fax: 0651-9989016
(2002) Rechtsfähige Stiftung des bürgerlichen Rechts

Auerbach Stiftung F*K*S
Soziale und mildtätige Förderung von und für Menschen sowie die Förderung der Wissenschaft und Forschung und der Kultur. (auch operativ tätig)
Anschrift: Lina-Ammon-Straße 19 a, D-90471 Nürnberg
Tel: 0911-900 90 15
Fax: 0911-900 90 18
email: info@auerbach-stiftung.de
Internet: www.auerbach-stiftung.de
(2005)

August Harms Stiftung K*S
Unterstützung hilfsbedürftiger Personen im Rahmen der Grenzen der §§ 55 und 58 der AO zum Unterhalt und einer etwaigen Berufsausbildung. Förderung der demokratischen Staatswesen innerhalb der Europäischen Union sowie Förderung demokratisch organisierter und steuerbegünstigter Vereinigungen sowie Körperschaften des öffentlichen Rechts, die sich die Erhaltung christlich-abendländischer Kultur und deren Werte zum Ziel gesetzt haben.

Anschrift: Lorenz S. Harms, Mönckebergstraße 17, D-20095 Hamburg
Tel: 040-325544-0
Fax: 040-32554499
email: Stiftung@AUGUSTHarms.de
(2003)

August Kürten-Stiftung G

Förderung der Erforschung der Ursachen und der Behandlungsmethoden urologischer und nephrologischer Erkrankungen. (fördernd tätig)
Anträge: schriftlich formlos
Anschrift: c/o Hypo Vereinsbank AG, Stiftungsmanagement, Frank Schneider, Alter Wall 22, D-20457 Hamburg
Tel: 040-3692-3966
Fax: 040-3692-4795
email: frank.schneider@hvb.de
(2001) Rechtsfähige Stiftung des bürgerlichen Rechts

Auguste Steinfelder Stiftung S

Unterstützung von Personen, die in Folge ihres körperlichen, geistigen, seelischen Zustandes oder aufgrund einer wirtschaftlichen Notlage auf die Hilfe anderer angewiesen sind .
Anschrift: c/o Dresdner Bank AG Stiftungsmanagement, Gallusanlage 7, D-60329 Frankfurt
(2004)

Ausgleichsstiftung Landwirtschaft und Umwelt F*N

1) Zweck der Stiftung ist die Förderung von wissenschaftlicher Forschung zum Ausgleich zwischen Landwirtschaft und Umwelt. Darunter fallen Unterstützungen von Institutionen oder Projekten, die sich mit naturwissenschaftlicher Forschung, Lehre und Anwendung der Forschung befassen. Im Vordergrund steht dabei die Stabilisierung von umweltrelevanten Entwicklungen, die Einfluss auf die Landwirtschaft haben können, wie z.B. Klimawandel. 2) Die Stiftung verfolgt ihre Ziele insbesondere durch - Förderung von Diplomarbeiten oder Dissertationen an deutschen Hochschulen, die das Thema "Landwirtschaft und Umwelt" insbesondere im Hinblick auf Entwicklungsländer bearbeiten Förderung von Forschungsprojekten an Instituten der Consultative Group on International Agricultural Research (CGIAR) (fördernd tätig)
Anträge: schriftlich formlos
Anschrift: Frau Dr. Marlene Diekmann, In der Anbrück 72, D-53489 Sinzig
Tel: 0228-2434865
Fax: 0228-2434861
email: marlene.diekmann@gtz.de
(2005)

Aventis Foundation F*K*P*W
Die Aventis Foundation dient der Förderung von Musik, Theater, Kunst und Literatur (Fine Arts), von gesellschaftlichen Projekten mit dem Schwerpunkt Gesundheitswesen (Civil Society) sowie von Wissenschaft, Forschung und Lehre (Science) (fördernd tätig)
Anträge: schriftlich formlos
Ausgaben: 2.500.000 € , (2000)
Anschrift: Eugen Müller, Industriepark Höchst, D-65929 Frankfurt am Main
Tel: 069-3057256
Fax: 069-30580554
email: eugen.müller@aventis foundation.org
Internet: www.aventis-foundation.org
(1996) Rechtsfähige Stiftung des bürgerlichen Rechts

AWD-Stiftung Kinderhilfe G*S
Hilfe für Kinder, die in ihren Entwicklungschancen nachhaltig beeinträchtigt sind (auch operativ tätig)
Anträge: schriftlich formlos-Begutachtung
Ausgaben: 813.465 € , (1999)
Anschrift: Manfred I. Washausen, AWD Platz 1, D-30659 Hannover
Tel: 0511-902052-69
Fax: 0511-902052-50
email: stiftung.kinderhilfe@awd.de
Internet: www.awd-stiftung-kinderhilfe.de
(1991) Rechtsfähige Stiftung des Bürgerlichen Rechts

AWO-Duisburg-Stiftung S
Förderung von Altenhilfe (einschl. Altenheime), Kinder-/Jugendhilfe, Waisen und sonstiger sozialer Zwecke
Anschrift: Manfred Dietrich, Pulverweg 23, D-47051 Duisburg
(2000)

AWO-Stiftung Soziales Engagement in Fürth S
Förderung der freien Wohlfahrtspflege (fördernd tätig)
Anschrift: Karl-Heinz Wurst, Postfach 1143, D-90762 Fürth
Tel: 0911-89101601
Fax: 0911- 89 10 16 42
email: gf@awo-fuerth.de
(2001) Öffentliche Stiftung des bürgerlichen Rechts (Bayern)

Bad Harzburg-Stiftung   B*F*K*M*N*S
Die Stiftung hat die Zwecke, a) Gesundheit und mildtätige Zwecke b) Bildung und Erziehung c) Kunst, Kultur und Denkmalschutz d) Altenhilfe, Jugend und Sport e) Wissenschaft und Forschung f) Umweltschutz und Naturschutz g) Heimatpflege und Völkerverständigung zum Wohle der in der Stadt Bad Harzburg lebenden Menschen selbstlos zu fördern und zu entwickeln.
Anschrift: Dorothea Homann, Wichernstraße 17, D-38667 Bad Harzburg
(2004) Rechtsfähige Stiftung des bürgerlichen Rechts

Bad Nauheimer Tierschutzstiftung
Natur- und Tierschutz; Förderung des Tierschutzes
Anschrift: Wilhelm Bock, Usinger Str. 6, D-61231 Bad Nauheim
Tel: 06034-7664
(2002) Rechtsfähige Stiftung des bürgerlichen Rechts

Bad Schwalbacher Kur-, Stadt- und   B
Apothekenmuseum
Förderung der kulturellen Identifizierung, Information und Bewußtseinsbildung der Bürger über die Geschichte ihrer Heimatstadt. Trägerschaft des Museums (operativ tätig)
Anträge: keine Antragsmöglichkeit
Anschrift: Dr. Martina Bleymehl-Eiler, Pestalozzistr. 16, D-65307 Bad
             Schwalbach
Tel: 06124-72376 0
Fax: 06124-72376 66
email: info@museum-bad-schwalbach.de
(2000) Rechtsfähige Stiftung des bürgerlichen Rechts

Balgheimer Dorf-Stiftung
Förderung der dörflichen Lebensgemeinschaft; insbesondere Beratung, Betreuung, und Ausbildung von Kindern und Jugendlichen; des sozialen Lebens und dörflicher Kulturprojekte; der Erhaltung von Bausubstanz und Bodendenkmälern
Anschrift: Herrn Ewald Kühlinger, Am Bug 11, D-86753 Möttingen
(2002)

Ball-Stiftung   S
Förderung von alten, bedürftigen Menschen sowie jungen bedürftigen Menschen jeweils im In- und Ausland
Anschrift: Marienstraße 12, D-82327 Tutzing
(2003)

Bankhaus Wölbern Stiftung   B*F*K*W
Förderung junger Menschen zu Persönlichkeiten für Wirtschaft und Gesellschaft durch die Förderung der Bildung, Wissenschaft, Kunst und Kultur, der Völkerverständigung sowie der Ju-

gendhilfe, insbesondere durch die Vergabe von Preisen und Stipendien an Einzelpersonen und Projekte. Die Stiftung kann ihre Mittel auch anderen steuerbegünstigten Körperschaften oder Körperschaften des öffentlichen Rechts zur Verfügung stellen. (auch operativ tätig)

Anträge: schriftlich
Anschrift: Dr. Antonia Küper / Nils Fiebig, Am Sandtorkai 54, D-20459 Hamburg
Tel: 040-376 08-157
Fax: 040-37608-11157
email: n.fiebig@woelbern.de
Internet: www.woelbern.de
(2004)

Banss Stiftung N

Wissenschaft und Forschung; Förderung der Forschung und Lehre auf dem Gebiet der Humanmedizin, insbes. Krebsforschung u. Behandlung, der Tiermedizin sowie des Umweltschutzes (fördernd tätig)

Anträge: schriftlich formlos-Begutachtung
Ausgaben: 130.000 €
Anschrift: RA Theodor Weigel, Steinplatz 23, D-60322 Frankfurt am Main
Tel: 069-5961430
Fax: 069-5961430
(2000) Rechtsfähige Stiftung des bürgerlichen Rechts

Barbara Rauck Stiftung Comeback Querschnittgelähmter S

Zweck der Stiftung ist es, die Rückkehr Querschnittsgelähmter zu selbstbestimmtem Alltagsleben und Berufsleben (hier "Comeback" genannt) zu fördern. (auch operativ tätig)

Anträge: schriftlich formlos
Anschrift: Barbara Wiedenmann, Oberanger 6, D-80331 München
Tel: 089-23001951
email: info@comeback-stiftung@org
(2005) Öffentliche Stiftung des bürgerlichen Rechts (Bayern)

Barbara und Rudi Müller Stiftung K

Mitfinanzierung des Ausbaus eines Theaterraumes im zurzeit im Umbau befindlichen Haus des Gastes in Bad Kreuznach. Bauherr: Stadt Bad Kreuznach. Nach Fertigstellung (etwa Oktober 2002) Beteiligung an Kosten für künstlerische Veranstaltungen. (auch operativ tätig)

Anträge: keine Antragsmöglichkeit
Ausgaben: 30.000 €
Anschrift: Herr Dipl. Ing. Rudi Müller, Im Hag 24, D-55559 Bretzenheim/Nahe
Tel: 0671-30914
Fax: 0671-30914

(2000) Öffentliche Stiftung des bürgerlichen Rechts (Bayern)

Barbara Wengeler Stiftung F

Ausschließlicher und unmittelbarer Zweck der Stiftung ist es, den wissenschaftlichen Nachwuchs im Bereich der Vernetzung und des Austauschs zwischen Neurologie, Neurophysiologie, Neuropsychologie und Philosophie zu fördern.

Anschrift: Dr. Martin Miebach, Pacellistr. 4, D-80333 München

(2005)

Barbara-Stiftung des Aachener Reviers B*S

Förderung von Mildtätigen Zwecken, Ausbildungsförderung, Altenhilfe (einschl. Altenheime), Kinder-/Jugendhilfe, Waisen

Anschrift: Wolfgang Bujak, Roermonder Straße 63, D-52134 Herzogenrath

(2001)

Bärenherz Stiftung S

Förderung der Kinder- und Jugendhilfe, insbesondere die Förderung und Unterstützung von Projekten und Einrichtungen für schwerstkranke und -behinderte Kinder und Jugendliche sowie die Einrichtung und der Betrieb von Kinderhospizen. (fördernd tätig)

Anträge: schriftlich formlos
Anschrift: Gabriele Orth, Ehrengartstrasse 15, D- 65201 Wiesbaden
Tel: 0611-1828384
Fax: 0611-1 82 83 - 65
email: info@baerenherz.de
Internet: www.baerenherz.de

(2003) Rechtsfähige Stiftung des bürgerlichen Rechts

Bau AG-Stiftung M*S

(1) Zweck der Stiftung ist die Förderung von Sport und Sozialem. Schwerpunkt im sportlichen Bereich ist die Förderung des Breitensports durch Unterstützung aller Sportarten. Der Schwerpunkt im sozialen Bereich liegt in der Kinder-, Jugend- und Altenfürsorge. (2) Die Stiftung erfüllt ihren Zweck a) durch die Unterstützung von Sportvereinen in der Stadt Kaiserslautern mit dem Ziel, insbesondere Jugendliche für den Sport und für das integrationsfördernde Vereinsleben zu motivieren b) ferner durch die Förderung sozialer Maßnahmen der Kinder-, Jugend- und Altenfürsorge, insbesondere die Unterstützung von Projekten, welche der Desorientierung und der Zukunftsangst von jungen Menschen entgegenwirken sowie c) durch die Gewährung von Zuwendungen an andere, steuerbegünstigte Körperschaften des öffentlichen Rechts zur Verwendung zu den vorbezeichneten, steuerbegünstigten Zwecken. (fördernd tätig)

Anträge: schriftlich formlos
Anschrift: Vorsitzender des Vorstandes der Gemeinnützigen Baugesellschaft Kaiserslautern AG, Fischerstraße 25, D-67663 Kaiserslautern

Tel: 0631-3640 280
(2001) Rechtsfähige Stiftung des bürgerlichen Rechts

Bauer Stiftung B*F*K*N*R*S

Förderung von Kunst, Kultur, Brauchtum, Religion, Wissenschaft und Forschung; Förderung von Bildung und Weiterbildung; Unterstützung von sozialen steuerbefreiten Einrichtungen,Hilfe an in Not geratene Personen, Unterstützung von Jugendarbeit,Förderung des Naturschutzes; Förderung der Hochschulen und Universitäten in Bayern
Anschrift: Wittelsbacher Str. 5, D-86529 Schrobenhausen
(2004)

Bayerisches Rotes Kreuz - Passauer Rot-Kreuz-Stiftung S

Förderung der öffentlichen Gesundheitspflege und der Altenhilfe in der Stadt und im Landkreis Passau (fördernd tätig)
Hinweise: Landkreis Passau
Anträge: keine Antragsmöglichkeit
Anschrift: c/o BRK Kreisverband Passau, Bernhard Pappenberger, Rotkreuzstr.1, D-94032 Passau
Tel: 0851-9598922
Fax: 0851-9598928
email: pappenberger@kvpassau.brk.de
(2004) Öffentliche Stiftung des bürgerlichen Rechts (Bayern)

Beatrice Nolte Stiftung für Natur- und Umweltschutz N

Förderung des Natur- und Umweltschutzes mit dem Ziel, eine lebensfreundliche Umwelt für Menschen, Tiere und Pflanzen zu schaffen und/oder zu erhalten sowie die Förderung von Bildung und Erziehung auf diesem Gebiet durch die eigene Durchführung sowie Unterstützung von Projekten zum Schutze der natürlichen Lebensräume und zur Minimierung von schädlichen anthropogenen Umwelteinflüssen sowie durch die Herstellung oder Förderung der Herstellung entsprechender Erziehungs- und Bildungsmaterialien; Vergabe eines Beatrice Nolte-Preises für besondere Leistungen auf dem Gebiet des Umwelt- und Naturschutzes; Zuwendungen an andere steuerbegünstigte Körperschaften. (auch operativ tätig)
Anträge: schriftlich formlos
Ausgaben: 19.940 €
Anschrift: Bodo Fabian, Isestraße 141, D-20149 Hamburg
email: Bodo.Fabian@t-online.de
(2002)

Beatrice und Rochus Mummert-Stiftung   F

Förderung von Bildung und Wissenschaft, insbes.der Wirtschafts- u. Ingenieurwissenschaften, Wirtschaftsingenieurwesen.
Anschrift: c/o Commerzbank AG Nachlass u. Stiftungsmanagement, Kaiserstr. 16, D-60311 Frankfurt
(2001) Öffentliche Stiftung des bürgerlichen Rechts (Bayern)

Behinderten-Hilfe vorrangig für Kinder   S

Unterstützung körperlich und geistig behinderter Menschen, vorrangig Kinder, sowie die Hilfe für Kinder in Not.
Anschrift: Herr Dr. Leo Buch, Soinweg 13, D-83126 Flintsbach
(2000)

Behrendt-Stiftung   X

Förderung der Denkmalpflege
Anschrift: c/o Historisches Zentrum Hagen, Frau Hobein, Eilper Straße 71 - 75, D-58091 Hagen
(2000)

Belegschaftshilfe DATEV-Stiftung   S*U

Unterstützung ehemaliger Mitarbeiter der DATEV eG sowie deren Angehörige in aktuellen Notlagen (operativ tätig)
Hinweise: ehemalige Mitarbeiter und deren Angehörige
Anträge: keine Antragsmöglichkeit
Anschrift: c/o DATEV eG, Herr Walter Przibilla, Paumgartnerstraße 6-14, D-90429 Nürnberg
Tel: 0911-2762667
Fax: 0911- 14701682
email: walter.przibilla@datev.de
(2003) Rechtsfähige Stiftung des bürgerlichen Rechts

Berlin-Will-Stiftung   B*F*S

Förderung von Wissenschaft und Forschung, Bildung und Erziehung, der Jugendhilfe sowie Unterstützung von hilfsbedürftigen Personen.
Ausgaben: 35.790 €
Anschrift: c/o KPMG, H. P. Wüst, Ludwig-Erhard-Straße 11-17, D-20459 Hamburg
Tel: 040-32015-5222
Fax: 040-32015-5223
email: hwuest@kpmg.com
(2001)

Bernd Artin Wessels Krebsstiftung G
Förderung der Ausgaben und Ziele der gemeinnützigen Krebsgesellschaft e.V. Landesverband der dt. Krebsgesellschaft
Anschrift: Breitenweg 29-33, D-28195 Bremen
Tel: 0421-3092209
(2001)

Bernd-Stephan-Tierschutz-Stiftung N*X
Tierschutz (auch operativ tätig)
Anträge: schriftlich formlos
Ausgaben: 874.657 € , (2004)
Anschrift: Bernd Stephan, Kaiser-Friedrich-Promenade 82, D-61348 Bad Homburg
Tel: 06172-1388026
Fax: 06172-23691
(2001) Rechtsfähige Stiftung des bürgerlichen Rechts

Bernhard Ehl-Stiftung S
Die Stiftung verfolgt gemeinnützige Ziele. Im Vordergrund stehen insbesondere mildtätige und besonders förderwürdige Zwecke für Kultur und Kinder. (auch operativ tätig)
Anträge: keine Antragsmöglichkeit
Ausgaben: 5.000 € , (2005)
Anschrift: Herr Ehl, Im Klosterfeld 6, D-56182 Urbar
Tel: 0261-9637193
Fax: 0261-96 37 27 1
email: info@ehlgmbh.de
Internet: www.ehlgmbh.de
(2004) Rechtsfähige Stiftung des bürgerlichen Rechts

Bernhard Gehrken Stiftung S
Förderung von Kinder-/Jugendhilfe, Waisen. Stiftungszweck ist die Ausbildung und Ernährung von Jugendlichen und Kindern in Südamerika (fördernd tätig)
Anträge: keine Antragsmöglichkeit
Anschrift: Heiko Tecklenberg, Rosenowstraße 20, D-44141 Dortmund
Tel: 02364-167723
email: heikotecklenburg@12move.de
(2001)

Bernhard Langer-Stiftung R*S
Förderung von Personen im In- und Ausland, die infolge ihres körperlichen, geistigen oder seelischen Zustands auf die Hilfe anderer angewiesen sind sowie die Förderung kirchlicher Zwecke und der christlichen Religion

Anschrift: Bernhard Langer-Stiftung, Hausener Straße 29, D-86420 Diedorf
(2003)

Bernhard Riepl Stiftung K*R

Förderung kirchlicher, kultureller - insbesondere künstlerischer - Zwecke, der Bildung und Hilfe für notleidende Menschen
Anschrift: Herrn Dipl.-Bw. Bernhard Riepl, Taubenbergstr. 5, D-83627 Warngau
(2001)

Berta und Bruno Selwat-Stiftung K*N

Förderung von Kultur und Heimatpflege in der Großgemeinde Rottenburg a.d.L. (auch operativ tätig)
Hinweise: Großgemeinde Rottenburg
Anträge: schriftlich formlos
Ausgaben: 48.102 € , (2004)
Anschrift: Gerhard Badelt, Birkenweg 10, D-84056 Rottenburg an der Laaber
Tel: 08781-2740
(2000) Öffentliche Stiftung des bürgerlichen Rechts (Bayern)

Bertelsmann Stiftung B*F*G*K*P*V*W*X

Zeitlich begrenzte Förderungen praxisorientierter und anwendungsbezogener Projekte in den Bereichen Politik, Staat und Verwaltung, Wirtschaft, Medien, Öffentliche Bibliotheken, Medizin, Kultur: Projekte zur Förderung der Leistungsfähigkeit öffentlicher Verwaltungen, Hochschulen und Bibliotheken; Projekte zu Unternehmenskultur, Weiterentwicklung der Sozialen Marktwirtschaft und Bekämpfung der Arbeitslosigkeit; Projekte zu den Schwerpunkten "Medien und Gesellschaft", "Medienkultur und Medienforschung", "Medien und Bildung", und "Fortbildung"; Seminare für Autoren, Lektoren, Übersetzer, Journalisten, Kritiker, Bibliothekare und Buchhändler; Projekte zur europäischen Integration, zur Zukunft der transatlantischen Beziehungen, zur Geistigen Orientierung; Internationaler Gesangswettbewerb "Neue Stimmen"; Verleihung des Carl Bertelsmann-Preises
Anträge: keine Antragsmöglichkeit
Ausgaben: 69.611.000 € , (2004)
Anschrift: Prof. Dr. Dr.h.c.mult. Heribert Meffert, Carl-Bertelsmann-Straße 256, D-33311 Gütersloh
Tel: 05241-817-0
Fax: 05241-819558
email: info@bertelsmann-stiftung.de
Internet: www.bertelsmann-stiftung.de
(1977) Rechtsfähige Stiftung des bürgerlichen Rechts

Bethesda-Stiftung   F*G*S
Förderung von Wissenschaft und Forschung, Mildtätigen Zwecken, Sonstigen Sozialen Zwecken, des öffentlichen Gesundheitswesens / Krankenhäuser (fördernd tätig)
Hinweise: Gefördert wird die "Evangelisches Krankenhaus BETHESDA zu Duisburg gGmbG" bzw. ihre verbundenen steuerbegünstigten Körperschaften
Anträge: keine Antragsmöglichkeit
Ausgaben: 16.765 € , (2005)
Anschrift: Herr F. K. Oberbeckmann, Heerstrasse 219, D-47053 Duisburg
Tel: 0203-6008-2000
Fax: 0203-6008-2009
email: gschmidt@bethesda.de
(2002)

Betreuer-Stiftung Jever   S
Selbstlose Unterstützung von Personen auf materiellem, geistigem und sittlichem Gebiet zum Wohle der Allgemeinheit über den rechtlichen Bereich der Betreuung hinaus vornehmlich im Amtsgerichtsbezirk Jever, insbesondere durch Unterstützung von Personen, die wegen ihrer geistigen, körperlichen oder seelischen Gebrechen dauernd auf fremde Hilfe angewiesen sind sowie durch Unterstützung anderer benachteiligter Personen und deren Angehörigen, die wegen eines Unglücksfalles vorübergehender schneller Hilfe bedürfen. In Einzelfällen kann die Stiftung auch in den an den Amtsgerichtsbezirk Jever angrenzenden Amtsgerichtsbezirk fördernd tätig werden, wenn der zur Verfügung stehende Förderungsbeitrag dies zuläßt. (fördernd tätig)
Anträge: schriftlich formlos-mündlich
Ausgaben: 3.800 € , (2004)
Anschrift: Eberhard Möhwald, Schloßstr. 1, D-26441 Jever
Tel: 04461-945259
Fax: 04461-945250
email: kontakt@betreuer-stiftung-jever.de
Internet: www.betreuer-stiftung-jever.de
(2000) Rechtsfähige Stiftung des bürgerlichen Rechts

Bewegungsstiftung - Anstöße für   X
soziale Bewegungen
Fördert Kampagnen und Projekte für gesellschaftlichen Wandel (fördernd tätig)
Anträge: Merkblatt-schriftlich formlos
Ausgaben: 60.000 € , (2005)
Anschrift: Jörg Rohwedder Geschäftsführer , Artilleriestr. 6, D-27283 Verden
Tel: 04231-957540
Fax: 04231-957541

Internet: www.bewegungsstiftung.de
(2002) Nicht rechtsfähige Stiftung

Bildungsstiftung Butzbach B*F
Bildung und Erziehung; Förderung der beruflichen Bildung (fördernd tätig)
Anträge: keine Antragsmöglichkeit
Anschrift: Dieter Geiss, Emil-Vogt-Str. 8, D-35510 Butzbach
Tel: 06033-9246030
Fax: 06033-9246077
email: tsb.gs@web.de
(2001) Rechtsfähige Stiftung des bürgerlichen Rechts

Bildungsstiftung Schleswig Holstein B
Solange das Stiftungsvermögen nicht 500.000 Euro erreicht hat, ist alleiniger Satzungszweck die Mittelbeschaffung für andere steuerbegünstigte Körperschaften oder Körperschaften des öffentlichen Rechts, die diese Mittel ausschließlich und unmittelbar für Zwecke der Förderung von Wissenschaft, Forschung sowie der Bildung und Erziehung zu verwenden haben. Sobald das Stiftungsvermögen 500.000 EURO erreicht hat, ist Stiftungszweck die Förderung von Wissenschaft , Forschung sowie der Bildung und Erziehung. (auch operativ tätig)
Anschrift: Albert Benning, Ginsterbusch 4, D-24107 Quarnbek
Tel: 04340-1720
Fax: 04340-1725
email: info@bildungsstiftung.de
Internet: www.bildungsstiftung.de
(2002) Rechtsfähige Stiftung des bürgerlichen Rechts

Bischof-Michael-Wittmann-Stiftung S
Unterstützung der Arbeit des Sozialdienstes Katholischer Frauen (SkF) e.V. mit Sitz in Amberg (fördernd tätig)
Hinweise: Schwerpunkt Aktion Moses, Adoptionsvermittlung
Anträge: keine Antragsmöglichkeit
Ausgaben: 2.500 €
Anschrift: Sebastian-Kneipp-Straße 33, D-92224 Amberg
Tel: 09621-81203
(2000) Öffentliche Stiftung des bürgerlichen Rechts (Bayern)

Bischof-Reinkens-Stiftung R*S
Förderung von Religion, kirchlichen Zwecken, Sonstigen Sozialen Zwecken, Kinder-/Jugendhilfe, Waisen Altenhilfe (einschl. Altenheime)
Anschrift: Diethard Schwarz, Obere Hofäcker 20, D-74673 Muflingen
(2002)

Bleib Gesund Stiftung   F*G
Wissenschaft und Forschung, Medizin und öffentliches Gesundheitswesen; Förderung von Wissenschaft und Forschung auf den Gebieten des öffentlichen Gesundheits- und Wohlfahrtswesens (fördernd tätig)
Anträge: schriftlich formlos
Anschrift: Dorothée Finé, Siemensstr. 6, D-61352 Bad Homburg
Tel: 06172-670-264
Fax: 06172-670-496
email: Oskar-Kuhn-Preis@wdv.de
Internet: www.oskar-kuhn-preis.de
(2001) Rechtsfähige Stiftung des bürgerlichen Rechts

Blinden- und Sehbehindertenstiftung Bayern   B*S
Unterstützung der sozialen und beruflichen Eingliederung sowie der kulturellen Förderung blinder und sehbehinderter Menschen in Bayern
Hinweise: Bayern; Blinde- und Sehbehinderte
Anschrift: c/o Bayer. Blinden- und Sehbehindertenbund e.V. / Landesgeschäftsstelle, Arnulfstraße 22, D-80335 München
(2000) Öffentliche Stiftung des bürgerlichen Rechts (Bayern)

Blumberg Stiftung   B*S*V
Förderung von Mildtätigen Zwecken, Völkerverständigung, Ausbildungsförderung, Bildung, Erziehung, Ausbildung, Kinder-/Jugendhilfe, Waisen
Anschrift: Birgid Blumberg, Kalkumer Strasse 71, D-40885 Ratingen
Tel: 02102-9327-30
Fax: 02102-9327-32
email: info@blumberg-stiftung.de
Internet: www.blumberg-stiftung.de
(2001)

Bodo-Witte-Stiftung   B*R
Unterstützung von evangelischen Einrichtungen in der Region Rastede, insbesondere des Sozialfonds der Kirchengemeinde Rastede, durch Geldzuwendungen für den Bestand, die Weiterentwicklung und Projekte der Evangelischen Heimvolkshochschule Rastede (20 % des Stiftungserlöses), für dem Stiftungszweck entsprechende Projekte der evangelischen Gemeinde Rastede
Anschrift: c/o Ev.-Luth. Kirchengemeinde Rastede, Denkmalsplatz 2, D-26180 Rastede
(2003) Rechtsfähige Stiftung des bürgerlichen Rechts

Bohne-Junius-Stiftung F*G*S
Förderung von Wissenschaft und Forschung, Kinder-/Jugendhilfe, Waisen, des öffentlichen Gesundheitswesens /Krankenhäuser, Mildtätigen Zwecken
Anschrift: c/o Deutsche Bank AG Private Wealth Management Stiftungsmanagement, Jürgen Lau, Mainzer Landstrasse 178-190, D-60327 Frankfurt am Main
(2001)

Bramenkamp Stiftung F*K
Förderung von Kunst und Kultur und des Denkmalschutzes in Deutschland
Anschrift: Oberes Buchet 7, D-94405 Landau a.d.Isar
(2000) Öffentliche Stiftung des bürgerlichen Rechts (Bayern)

Brauchtums-Stiftung Freilassing S
Pflege und Förderung des heimatlichen Brauchtums auf örtlicher Ebene.
Anschrift: c/o Stadt Freilassing, Stiftungsverwaltung, Brauchtums-Stiftung Freilassing, Postfach 1620, D-83395 Freilassing
(2002)

Breast Health Institute Deutschland Stiftung G
Förderung der Gesundheitsvorsorge durch Gewinnung von wissenschaftlichen und praktischen Erkenntnissen, insbesondere zur Früherkennung der Tumorerkrankungen Brust-und Prostatakrebs, und durch Umsetzung dieser Erkenntnisse
Anschrift: c/o PSP, Peters, Schönberger & Partner, Schackstraße 2, D-80539 München
(2005)

Bremer Schuloffensive gemeinnützige Stiftung B
Unterstützung, Förderung und Begleitung der Arbeit der Schulen in der freien Hansestadt Bremen zusätzlich und außerhalb der staatlichen Bildungsaufgabe (fördernd tätig)
Anträge: schriftlich formlos
Ausgaben: 15.000 € , (2005)
Anschrift: c/o Bremer Stiftungshaus, Veronika Hantop, Bürgermeister Smidt-Str. 72, D-28195 Bremen
Tel: 0421-1653182
Fax: 0421-1653196
email: bremer-schuloffensive@ged.bremen.de
(2002) Rechtsfähige Stiftung des bürgerlichen Rechts

Bremische Kinder und Jugend Stiftung S
Jugendhilfe
Anschrift: c/o Senator für Arbeit, Frauen, Soziales und Jugend, Bahnhofsplatz 29, D-28195 Bremen
Tel: 0421-361-2623
(2001)

Bremische Volksbank eG Stiftung S
Förderung von Kunst und Kultur, Bildung und Erziehung, Wissenschaft und Forschung sowie Unterstützung sozialer Einrichtungen (fördernd tätig)
Hinweise: Geschäftsgebiet der Bremische Volksbank eG
Anträge: schriftlich formlos
Ausgaben: 8.360 €
Anschrift: Herr Kröger, Domsheide 14, D-28195 Bremen
Tel: 0421-3682-225
Fax: 0421-3682-501
email: info@bremischevb.de
Internet: www.bremischevolksbank-Stiftung.de
(2001) Rechtsfähige Stiftung des bürgerlichen Rechts

Brennscheidt-Stiftung zur Förderung von Kunst und Kultur K
Förderung von Denkmalpflege
Anschrift: Einern 105, D-42279 Wuppertal
(2003)

Brigitte Berkenhoff Stiftung B*S
Förderung der Gleichberechtigung von Männern und Frauen, der Bildung insbesondere durch die Unterstützung von Frauen, die aufgrund ihres Geschlechts benachteiligt sind
Anschrift: Frau Dr.-Ing. Karin Haese, Weddeler Straße 2c, D-38104 Braunschweig
Tel: 0531-363384
email: info@brigitte-berkenhoff-stiftung.org
Internet: www.brigitte-berkenhoff-stiftung.org
(2003)

Brigitte und Friedrich Vollmann-Schulstiftung B
Die Stiftung bezweckt im Rahmen der Förderung von Bildung und Erziehung die finanzielle Unterstützung von Schülern in der Stadt Bad Lauterberg im Harz (z.B. mit Unterrichtsmaterial, Lernhilfen, Anerkennung für den besonderen Einsatz in der Klassen- und Schulgemeinschaft).

Anschrift: c/o Herrn Stadtdirektor Otto Matzenauer, Bruneärmel 2, D-37431
Bad Lauterberg im Harz
(2001) Rechtsfähige Stiftung des bürgerlichen Rechts

Brigitte und Wolfram Gedek-Stiftung F

Förderung von Forschung und Fortbildung auf den Fachgebieten der Mikroökologie und Mykotoxinologie (fördernd tätig)
Anschrift: Bergstr. 8, D-85737 Ismaning
(2005)

Briloner Eisenberg und Gewerke - K
Stadtmuseum Brilon

Zweck der Stiftung ist das Gebäude Haus Hövener als Baudenkmal zu erhalten und als Museum auszubauen und zu betreiben. In diesem Rahmen erfolgt die Erforschung und Vermittlung der Regionalgeschichte (mit dem Schwerpunkt Bergbau und Hüttenwesen). (operativ tätig)
Anträge: keine Antragsmöglichkeit
Anschrift: Wolfgang Nickolay, Am Markt 14, D-59929 Brilon
(2000)

Brodmerkel-Stiftung Utting S

Unterstützung und Förderung hilfsbedürftiger Personen mit Wohnsitz im Landkreis Landsberg am Lech (fördernd tätig)
Hinweise: Landkreis Landsberg am Lech
Anträge: keine Antragsmöglichkeit
Ausgaben: 5.000 € , (2004)
Anschrift: Hans-Achaz Frhr. von Lindenfels, Ignaz-Kögler-Str. 7b, D-86899
Landsberg
Tel: 08191-308421
Fax: 08191-308423
(2001) Rechtsfähige Stiftung des bürgerlichen Rechts

Brot gegen Not. Die Heiner Kamps B*G*S
Stiftung

Förderung von Bildung, Erziehung, Ausbildung, Sonstige Soziale Zwecke, öffentliches Gesundheitswesen /Krankenhäuser, Entwicklungshilfe, Kinder-/Jugendhilfe, Waisen
Anschrift: Karl-Heinz Wehe, Kaistraße 18, D-40221 Düsseldorf
Tel: 0211-310627-27
Fax: 0211-310627-11
email: info@brotgegennot.de
Internet: www.brotgegennot.de
(2000)

Bruno Kümmerle Stiftung   B*F*N
Die Stiftung verfolgt folgende Zwecke: Förderung von Wissenschaft und Forschung, Bildung und Erziehung, kulturelle Vorhaben und kulturelle Einrichtungen sowie des Umweltschutzes.
Anschrift: Benzstr. 2, D-72649 Wolfschlugen
(2002)

Bruno Zach Stiftung   S
Förderung der Jugend- und Altenhilfe vorwiegend in München (fördernd tätig)
Hinweise: München
Anschrift: Katharina Knäusl, Orleansplatz 11, D-81667 München
Tel: 089-23325646
Fax: 089-23322610
email: stiftungsverband.soz@muenchen.de
Internet: www.muenchen.de
(2002)

Bürgerstiftung Feldkirchen   B*K*M*S
Die Stiftung fördert unmittelbar oder mittelbar Vorhaben, die im Interesse der Gemeinde Feldkirchen und ihrer Bürgerinnen und Bürger liegen, insbesondere soziale, kulturelle, sportliche sowie brauchtums- und heimatpflegerische Belange, die nicht zu den originären Pflichtaufgaben der öffentlichen Hand gehören. (auch operativ tätig)
Anträge: schriftlich formlos-Begutachtung-mündlich
Anschrift: c/o Rathaus, Leonhard Baumann, Rathausplatz 1, D-85622 Feldkirchen
Tel: 089-909974 53
Fax: 089-90997446
email: rathaus@feldkirchen.de
(2003) Öffentliche Stiftung des bürgerlichen Rechts (Bayern)

BUND NRW Naturschutzstiftung   N
Zweck der Stiftung ist die Förderung des Natur- und Umweltschutzes. Die Stiftung dient in diesem Sinne dem Schutz, der Pflege und Entwicklung von Natur und naturgemäßer Umwelt zur Erhaltung und Wiederherstellung der naturbedingten Einheit von Leben und Umwelt.
Anschrift: c/o Landesverband BUND, Klaus Brunsmeier, Merowingerstrasse 88, D-40225 Düsseldorf
Internet: www.bund-nrw-naturschutzstiftung.de
(2002) Rechtsfähige Stiftung des bürgerlichen Rechts

Bundenthaler Stiftung   B*G*M*N*S*V
Förderung von Bildung, Ausbildung, Erziehung, Völkerverständigung, Umweltschutz, Landschaftsschutz, Naturschutz, Tierschutz, Denkmalschutz, Heimatgedanke, Altenhilfe, Jugendhilfe, öffentliches Gesundheitswesen und Sport (fördernd tätig)

Anträge: schriftlich formlos
Ausgaben: 2.000 € , (2004)
Anschrift: Herr Karl Sarter, Finsternheimer Strasse 563, D-76891 Bundenthal
Tel: 06391-406132
Fax: 06391-406199
(2000)

Bürger- und Unternehmensstiftung Hünfeld K*M

Förderung kultureller Zwecke, insbesondere auch der Kunst; - Förderung des Sports (jeweils vorrangig an Körperschaften im Gebiet der Stadt Hünfeld) (fördernd tätig)
Hinweise: Hünfeld
Anträge: schriftlich formlos
Ausgaben: 3.382 € , (2004)
Anschrift: Stefan Schubert, Konrad-Adenauer-Platz 1, D-36088 Hünfeld
Tel: 06652-180 120
Fax: 06552-180 197
email: stefan.schubert@huenfeld.de
(2003) Rechtsfähige Stiftung des bürgerlichen Rechts

Bürgermeister Gillich Stiftung zur Förderung von Tradition, Kultur und Brauchtum K

Erhaltung und Pflege geschichtlicher, kultureller und brauchtumsbedeutsamer Einrichtungen und Veranstaltungen. Insbesondere kulturelle Förderung der Kinder- und Jugendarbeit , Förderung des Bewusstseins für Geschichte und Brauchtum , Pflege und Unterhaltung der öffentlichen Brunnenanlagen. Der Wirkungsbereich ist in erster Linie auf die Stadt Deidesheim beschränkt.
Anschrift: Herr Bürgermeister a. D. Stefan Gillich, Platanenweg 3, D-67146 Deidesheim
Tel: 06326-5316
Fax: 06326-980568
(2002)

Bürgermeister-Schmutzer-Sozialstiftung S

Unterstützung bedürftiger Gemeindebürger (fördernd tätig)
Hinweise: St. Oswald
Anträge: keine Antragsmöglichkeit
Anschrift: c/o Gemeinde Sankt Oswald-Riedlhütte, Paul Hopf, Lusenstr. 2, D-94568 St. Oswald

Tel: 08552-961120
Fax: 08552-961111
email: paul.hopf@sankt-oswald-riedlhuette.de
(2001)

Bürgerstiftung Aichacher Jahrtausendweg G*S

selbstlose Unterstützung von Bürgern des "Aichacher Landes", Förderung der Jugend- und Altenhilfe, des öffentlichen Gesundheitswesens usw.
Anschrift: c/o Mayer & Söhne GmbH, Oberbernbacher Weg 7, D-86551 Aichach
(2000)

Bürgerstiftung Augsburg B*K*M*N*S*V

Förderung in den Bereichen Jugend und Alter, Bildung und Völkerverständigung, mildtätige Zwecke und öffentliche Gesundheit, Kriminal- und Suchtprävention, Sport, Natur- und Umweltschutz, Wissenschaft und Forschung sowie Kunst und Kultur; Förderung und Stärkung des Gemeinsinns und des Engagements der Bürgerinnen und Bürger in Augsburg (auch operativ tätig)
Anschrift: Ute Conrad ; Dr. Walter Conradi, Philippine Welser Str. 5a, D-86150 Augsburg
Tel: 0821-45042210
Fax: 0821-45042215
email: info@buergerstiftung-augsbutrg.de
Internet: www.buergerstiftung-augsburg.de
(2002)

Bürgerstiftung Augsburger Land B*F*G*K*M*N*S

Förderung von Wissenschaft und Forschung, Bildung und Erziehung, Kunst und Kultur, des Umwelt- und Landschaftsschutzes, der Heimat und Denkmalpflege, der Jugend- und Altenhilfe, des öffentlichen Gesundheits- und Wohlfahrtswesens sowie des Sports (fördernd tätig)
Ausgaben: 150.000 € , (2004)
Anschrift: Martin Seitz, Prinzregentenplatz 4, D-86150 Augsburg
Tel: 0821-3102-203
Fax: 0821-3102-299
email: Martin.seitz@era-a.bayern.de
(2004) Öffentliche Stiftung des bürgerlichen Rechts (Bayern)

Bürgerstiftung Bad Aibling und Mangfalltal B*G*K*M*N*S*V

Förderung der Jugend- und Altenhilfe, der Kunst und Kultur, des Denkmalschutzes, des öffentlichen Gesundheitswesens, von mildtätigen Zwecken, der Bildung und Erziehung, des Umwelt-

und Naturschutzes, des Brauchtums und der Heimatpflege, des Sports und der Völkerverständigung im Bereich der Stadt Bad Aibling und der Region Mangfalltal
Anschrift: c/o Dr. Werner Keitz, Glonnanger 6, D-83043 Bad Aibling
(2003)

Bürgerstiftung Berchtesgadener Land B*F*K*M*N*S
Zweck der Stiftung ist die Förderung von Wissenschaft und Forschung, Bildung und Erziehung, Kunst und Kultur, Umweltschutz, Naturschutz und Landschaftspflege, Jugendhilfe und Altenhilfe, des Denkmalschutzes, von mildtätigen Zwecken, des Brauchtums und der Heimatpflege, des Sports zum Gemeinwohl der in der Region lebenden Bürger.
Anschrift: Münchner Allee 2, D-83435 Bad Reichenhall
(2004)

Bürgerstiftung Bonn B*F*G*K*M*N*S*V
Förderung von Sport, Völkerverständigung, Naturschutz, Umweltschutz, Denkmalpflege, Wissenschaft und Forschung, Kunst und Kultur, Bildung, Erziehung, Ausbildung, Sozialem, Jugend- und Altenhilfe, Bildung und Erziehung, Wissenschaft und Forschung, Kunst und Kultur, Umwelt und Naturschutz, Landschafts- und Denkmalschutz, Sport, öffentliches Gesundheitswesen, Völkerverständigung, sowie die Förderung von ehrenamtlichem Engagement in allen Bereichen (auch operativ tätig)
Ausgaben: 43.092 €
Anschrift: c/o Sparkasse Köln-Bonn, Jürgen Reske, Friedensplatz 1, D-53111 Bonn
Tel: 0228-606-1166
Fax: 0228-606-1170
email: info@buergerstiftung-bonn.de
Internet: www.buergerstiftung-bonn.de
(2001) Rechtsfähige Stiftung des bürgerlichen Rechts

Bürgerstiftung Bovenden B*K*M*N*S
Zweck der Stiftung ist die Förderung in den Bereichen Jugend, Sport, Bildung, Soziales, Kultur, Heimatpflege, Natur und Umwelt im Gemeindegebiet des Flecken Bovenden. Die Stiftung übernimmt keine Aufgaben, die zu den Pflichtaufgaben des Flecken Bovenden gemäß der Niedersächsischen Gemeindeordnung gehören (auch operativ tätig)
Anträge: schriftlich formlos
Ausgaben: 2.500 € , (2005)
Anschrift: c/o Flecken Bovenden, Horst-Dieter Müller, Rathausplatz 1, D-37120 Bovenden
Tel: 0551-8862
Fax: 0551-8862
email: mueller-bovenden@t-online.de
Internet: www.buergerstiftung-bovenden.de
(2004) Rechtsfähige Stiftung des bürgerlichen Rechts

Bürgerstiftung Braunschweig   B*F*G*K*M*N*S*V

Die Stiftung hat die Zwecke Bildung und Erziehung, Jugendhilfe und Altenhilfe, Kunst, Kultur und Denkmalschutz, Wissenschaft und Forschung, Umweltschutz und Naturschutz, Heimatpflege und Völkerverständigung, Sport und Gesundheit, zum Wohl der in der Stadt Braunschweig lebenden Menschen nachhaltig selbstlos zu fördern und zu entwickeln. Im Einzelfall können die Zwecke auch außerhalb der Stadt Braunschweig, insbesondere in den an die Stadt Braunschweig angrenzenden Landkreisen und Städten, gefördert werden. Diese Stiftungszwecke werden insbesondere verwirklicht durch die Schaffung und Förderung von Einrichtungen und Projekten, die Unterstützung und Errichtung von anderen steuerbegünstigten Körperschaften im Sinne von § 58 Nr. 2 AO, die die vorgenannten Zwecke fördern und verfolgen, die Förderung der Kooperation zwischen Organisationen und Einrichtungen, die ebenfalls diese Zwecke verfolgen, die Förderung des Meinungsaustausches und der Meinungsbildung bzw. öffentlicher Veranstaltungen, um die Stiftungszwecke und den Stiftungsgedanken in der Bevölkerung zu verankern, die Vergabe von Stipendien, Beihilfen oder ähnlichen Zuwendungen zur Förderung der Fort- und Ausbildung, insbesondere von Jugendlichen auf den Gebieten der Stiftungszwecke (auch operativ tätig)

Anträge: Merkblatt-Begutachtung-schriftlich
Ausgaben: 28.060 € , (2004)
Anschrift: Ulrich E. Deissner, Bruchtorwall 6, D-38100 Braunschweig
Tel: 0531- 480 398 39
Fax: 0531- 244 10 44
email: info@buergerstiftung-braunschweig.de
Internet: www.buergerstiftung-braunschweig.de
(2003) Rechtsfähige Stiftung des bürgerlichen Rechts

Bürgerstiftung Bremen   B*F*G*K*M*N*S*V*X

Förderung von Bildung, Erziehung, Jugend- Altenhilfe, Kultur und Kunst, Wissenschaft und Forschung, Umwelt- Naturschutz, Landschafts- Denkmalschutz, Sport, öffentliche Gesundheitswesen, Völkervertsändigung, demokratisches Staatswesen, mildtätige Zwecke (auch operativ tätig)

Anträge: Merkblatt-schriftlich formlos-schriftlich
Ausgaben: 35.075 € , (2004)
Anschrift: c/o Bremer Heimstiftung, Dr. Hans-Christoph Hoppensack, Marcusallee 39, D-28359 Bremen
Tel: 0421-445567
email: buergerstiftung-bremen@bremer-heimstiftung.de
Internet: www.buergerstiftung-bremen.de
(2002) Rechtsfähige Stiftung des bürgerlichen Rechts

Bürgerstiftung Büren   F*G*K*N*S*V

Förderung von Bildung, Erziehung und Völkerverständigung, der Kunst und Kultur, von Wissenschaft und Forschung, Jugend- und Altenhilfe, des öffentlichen Gesundheitswesens,Umwelt-

und Naturschutz, Heimatpflege in der Stadt Büren und umliegender Regionen (auch operativ tätig)
Anträge: schriftlich formlos-schriftlich
Ausgaben: 27.150 € , (2004)
Anschrift: Bärbel Olfermann, Charentoner Straße 22, D-33142 Büren
email: info@buergerstiftung-bueren.de
Internet: www.buergerstiftung-bueren.de
(2000) Rechtsfähige Stiftung des bürgerlichen Rechts

Bürgerstiftung Burghaun B*K*N*S*V

Bildung und Erziehung, maßgeblich der Vereinbarkeit von Familie und Beruf; der Jugend und Altenhilfe; der Unterstützung heimischer Vereine und Organisationen zur Stärkung des Ehrenamtes; der Kunst und Kultur und des heimischen Brauchtums; der Heimatpflege; des Umwelt-, Landschafts-, Natur- und Denkmalschutzes; der Völkerverständigung im Gemeindegebiet von Burghaun und dessen Umgebung. Im Einzelfall können die Zwecke auch außerhalb dieser Region gefördert werden.
Anschrift: Wolfgang Heil, Schloßstr. 15, D-36151 Burghaun
Tel: 06652-960116
email: heil@burghaun.de
(2004) Rechtsfähige Stiftung des bürgerlichen Rechts

Bürgerstiftung der Sparkasse Dinslaken-Voerde-Hünxe K*M*N*S

Förderung von , Sport, Tierschutz, Naturschutz, Umweltschutz, Denkmalpflege, Kunst und Kultur, Kinder-/Jugendhilfe, Waisen, Altenhilfe,Wohlfahrtspflege, Heimatpflege und Heimatkunde (fördernd tätig)
Anträge: schriftlich
Anschrift: Norbert Bienarz, Postfach 10 05 60, D-46525 Dinslaken
Tel: 02064-415 205
Fax: 02064-415 344
(2001) Rechtsfähige Stiftung des bürgerlichen Rechts

Bürgerstiftung der Sparkasse Lüdenscheid S

Förderung Mildtätiger Zwecke und Kinder-/Jugendhilfe, Waisen
Anschrift: Udo Lütteken, Sauerfelder Straße 7 - 11, D-58511 Lüdenscheid
Internet: www.sparkasse-luedenscheid.de
(2000)

Bürgerstiftung der Sparkasse Melle B*G*K*M*N*S

Förderung von Maßnahmen in den Bereichen Kunst und Kultur, Bildung und Erziehung, Sport, Naturschutz im Sinne des Bundesnaturschutzgesetzes und der Naturschutzgesetze der Län-

der, Gesundheit, Jugend- und Altenhilfe, Heimatpflege und Heimatkunde, Denkmalpflege (d.h. Erhaltung und Wiederherstellung von Bau- und Baudenkmälern, die nach den jeweiligen landesrechtlichen Vorschriften anerkannt sind) grundsätzlich im Gebiet der Stadt Melle.
Anschrift: c/o Kreissparkasse Melle, Herr Frank Finkmann, Mühlenstr. 28, D-49324 Melle
(2003) Rechtsfähige Stiftung des bürgerlichen Rechts

Bürgerstiftung der Sparkasse Südliche Weinstraße in Landau F*K*M*N*S

1) Zweck der Stiftung ist die Förderung gemeinnütziger Zwecke, insbesondere die Förderung von Kunst und Kultur, Denkmal- und Heimatpflege, Natur- und Umweltschutz, Jugend-, Gesundheits- und Altenpflege, sozialer und wohlfahrtspflegerischer Maßnahmen, Jugend- und Breitensport, Wissenschaft und Forschung. Es können alle gemeinnützigen Zwecke im Sinne der Anlage 7 der EStRL gefördert werden. (2) Die Stiftung soll insbesondere Privatpersonen und juristischen Personen eine Möglichkeit bieten, im Rahmen dieser Stiftung als Zustifter und/oder als Zuwender ihre gemeinnützigen Ziele verwirklichen zu können.
Anschrift: c/o Sparkasse Südliche Weinstraße, Herr Manfred Wollenschläger, Frau Beate Gauer, Marie-Curie-Straße 5, D-76825 Landau in der Pfalz
Tel: 06341-18-0
Fax: 06341-18-7090
email: info@buergerstiftung-suew.de
Internet: www.buergerstiftung-suew.de
(2000)

Bürgerstiftung der Stadtsparkasse Porta Westfalica B*F*K*M*N*S

Förderung von Kunst und Kultur, Brauchtum und Heimatgedanke/ -geschichte, Denkmalpflege, Naturschutz, Umweltschutz, Mildtätigen Zwecken, Wissenschaft und Forschung, Bildung, Erziehung, Ausbildung, Sport, Kinder-/Jugendhilfe, Waisen
Anschrift: Stephan Böhme, Kirchsiek 5, D-32457 Porta Westfalica
(2001)

Bürgerstiftung Dinkelsbühl B*G*K*M*N*S

Förderung von Kunst und Kultur, Bildung und Erziehung, Natur- und Denkmalschutz, Alten- und Jugendhilfe, öffentlicher Gesundheits- und Wohlfahrtspflege sowie des Sports zum Wohl der Bürger Dinkelsbühls (fördernd tätig)
Hinweise: Dinkelsbühl
Anschrift: Dr. Christoph Glenk, Weinmarkt 14, D-91550 Dinkelsbühl
Tel: 09851-5801000
Fax: 09851-5801111
(2004) Öffentliche Stiftung des bürgerlichen Rechts (Bayern)

Bürgerstiftung Dülmen   F*K*S*V

Förderung von Wissenschaft und Forschung, Völkerverständigung, Kunst und Kultur, Kinder-/Jugendhilfe, Waisen, Altenhilfe (einschl. Altenheime)
Anschrift: c/o Sparkasse Coesfeld, Heinrich-Georg Krumme, Overbergplatz 1, D-48249 Dülmen
(2000)

Bürgerstiftung Ellerstadt   K*N

Zweck der Stiftung ist die Unterstützung der Heimat-, Kultur-, Landschafts- und Denkmalpflege sowie ortsgestaltende Einrichtungen, insbesondere des optischen Aussehens der Gemeinde zu ermöglichen und zu fördern. Die Stiftung verfolgt ihre Ziele insbesondere durch Zuschüsse für Investitionen im öffentlichen Bereich, Zuschüsse für Investitionen ausnahmsweise im privaten Bereich, Zuschüsse für laufende Unterhaltungsarbeiten im öffentlichen Bereich. Sie dienen nicht dazu, um in kommunalen oder kirchlichen Haushalten Haushaltsmittel einzusparen. (auch operativ tätig)
Anschrift: Herr Helmut Rentz, Bürgerhaus, D-67158 Ellerstadt
Tel: 06237/3125
Fax: 06237-597951
email: Ellerstadt-RZ@t-online.de
(2002) Rechtsfähige Stiftung des bürgerlichen Rechts

Bürgerstiftung Erftstadt   B*G*M*N*S*V

Förderung von Brauchtum und Heimatgedanke/ -geschichte, Sport, Naturschutz, Umweltschutz, Völkerverständigung, Kunst, Bildung, Erziehung, Ausbildung, des öffentlichen Gesundheitswesens / Krankenhäuser, Altenhilfe (einschl. Altenheime)
Anschrift: Dr. Edgar Hommelsheim, Siegfried-von-Westerburg-Strasse 13, D-50374 Erftstadt
(2002)

Bürgerstiftung Erlangen   B*G*N*S*V

Nachhaltige Förderung und Entwicklung des bürgerschaftlichen Engagements in den Bereichen: Bildung und Erziehung, Jugend-und Altenhilfe, Umwelt-und Naturschutz, öffentliches Gesundheitswesen, Pflege internationaler Kontakte zum Gemeinwohl der in Erlangen lebenden Menschen.In Einzelfällen auch die selbstlose Unterstützung von sozial bedürftigen Personen.
Anschrift: Hofmannstraße 59a, D-91052 Erlangen
(2003)

Bürgerstiftung für die Region Aachen - Kultur, Kunst und Wissenschaft   B*F*K*S

Förderung von Kunst und Kultur, Bildung, Erziehung, Ausbildung, Wissenschaft und Forschung, Kinder-/Jugendhilfe, Waisen (auch operativ tätig)
Anschrift: Dieter Philipp, Friedrich-Wilhelm-Platz 1-4, D-52062 Aachen

(2001)

Bürgerstiftung für die Kinder in Wuppertal   B*S

Förderung von Kindern in Tageseinrichtungen, Bildungs-, Sprach- und Leseförderung (fördernd tätig)
Hinweise: Wuppertal
Anträge: keine Antragsmöglichkeit
Ausgaben: 25.000 € , (2005)
Anschrift: Ekkehardstrasse 7, D-42105 Wuppertal
Tel: 0202-2656390
Fax: 0202-2656438
email: info@kinderstiftung-wuppertal.de
Internet: www.kinderstiftung-wuppertal.de
(2004)

Bürgerstiftung Gaildorf   B*F*K*M*N*S

Zweck der Stiftung ist die Förderung gemeinnütziger Vorhaben, die im Interesse der Stadt und ihrer Bürger liegen. Die Stiftung ist im Bereich der Bildung und Erziehung, Kunst und Kultur, der Wissenschaft und Forschung, des Sports, der Ökologie sowie für soziale und mildtätige Zwecke tätig. Eine wichtige Aufgabe der Stiftung ist in allen genannten Bereichen die Förderung der Jugend. (fördernd tätig)
Hinweise: Gaildorf
Anträge: schriftlich formlos
Anschrift: c/o Stadtverwaltung Gaildorf, Ralf Eggert, Schloss-Str. 20, D-74405 Gaildorf
Tel: 07971-253-0
Fax: 07971-253-188
email: stadt@gaildorf.de
Internet: www.gaildorf.de
(2000) Stiftung des öffentlichen Rechts

Bürgerstiftung Göppingen   S

Förderung von Gemeinwesenarbeit, gemeindebezogener sozialer Verantwortung, ehrenamtlichem bürgerschaftlichen Engagement. (auch operativ tätig)
Anträge: schriftlich formlos-schriftlich
Ausgaben: 44.094 € , (2004)
Anschrift: Heike Jung, Freihofstr. 46, D-73033 Göppingen
Tel: 07161-650355
Fax: 07161-65098355
email: hjung@goeppingen.de
Internet: www.goeppingen.de
(2001) Rechtsfähige Stiftung des bürgerlichen Rechts

Bürgerstiftung Grafenau S

Zweck der Stiftung ist die Förderung der Altenhilfe und mildtätiger Zwecke im Sinne von § 53 Nr. 2 AO. Der Satzungszweck wird verwirklicht insbesondere durch: a) finanzielle Förderung des Betriebs der Senioren-Begegnungsstätte im Altenpflegeheim in Dätzingen b) finanzielle und materielle Unterstützung von Grafenauer Bürgerinnen und Bürgern in Notfällen im Sinne von § 53 Nr. 2 AO c) Seniorenarbeit für das bürgerschaftliche Zusammenleben der Generationen in der Gemeinde unter Einbeziehung der Jugend zur Betreuung älterer Menschen d) Durchführung von Veranstaltungen für Senioren in der Begegnungsstätte unter Einbeziehung aller Altersgruppen und Vereine in der Gemeinde e) Auslobung von Preisen für besonderes Engagement im Sinne der Stiftung.

Anschrift: Sindelfinger Weg 14, D-71120 Grafenau
(2003)

Bürgerstiftung Harlingerland X

Beschaffung von Mitteln für die Arbeit des Präventionsrates im Harlingerland e. V. im Landkreis Wittmund zur Verwirklichung seiner steuerbegünstigten Zwecke

Anschrift: c/o Herrn Franz Andratzke, Isumser Str. 1-3, D-26409 Wittmund
(2000)

Bürgerstiftung Hellweg-Region B*F*N*S

Kultur, Wissenschaft und Forschung, Erziehung und Bildung, Umwelt und Landschaftsschutz, Jugendpflege und Jugendfürsorge (fördernd tätig)

Anträge: schriftlich formlos
Ausgaben: 200.000 €
Anschrift: Alfred Kowallik, Postfach 2351, D-59483 Soest
Tel: 02921-393141
Fax: 02921-393201
email: alfred.kowallik@volksbank-hellweg.de
Internet: www.buergerstiftung-hellweg.de
(2002)

Bürgerstiftung Herzebrock-Clarholz B*F*G*K*M*S

Förderung von Wissenschaft und Forschung, mildtätigen Zwecken, Altenhilfe (einschl. Altenheime), Kinder-/Jugendhilfe, Waisen, des öffentlichen Gesundheitswesens / Krankenhäuser, Sport, Kunst und Kultur, Bildung, Erziehung, Ausbildung

Anschrift: Norbert Hülsmann, Schemmwiese 29, D-33442 Herzebrock-Clarholz
(2002)

Bürgerstiftung Hochdorf S

Zweck der Stiftung ist es, das ehrenamtliche gemeinnützige Engagement der Bürgerinnen und Bürger in Hochdorf durch Weitergabe von Mitteln an die gemeinnützigen Institutionen in Hoch-

dorf zu fördern. Das Gemeinwohl der in Hochdorf lebenden Bürgerinnen und Bürger soll dadurch nachhaltig gefördert und weiterentwickelt werden. Im Einzelfall können die Zwecke auch außerhalb des Ortsgebiets von Hochdorf gefördert werden. (auch operativ tätig)
Anschrift: Siegmar Mosdorf Parl. Staatssekr. a.D., Katharinenstr. 21, D-73728 Esslingen
(2002) Rechtsfähige Stiftung des bürgerlichen Rechts

Bürgerstiftung im Landkreis Nienburg   B*S

Übernahme von mehr Mitverantwortung für die Gestaltung des Gemeinwohls des Landkreises Nienburg (auch operativ tätig)
Hinweise: Landkreis Nienburg
Anträge: schriftlich formlos
Ausgaben: 30.064 € , (2004)
Anschrift: Poststraße 1, D-31582 Nienburg
Tel: 05021-60 53 04
Fax: 05021-917435
email: buergerstiftungnienburg@t-online.de
(2001)

Bürgerstiftung Ingolstadt   B*F*G*K*N*S

Förderung der Bildung und Erziehung, Kunst und Kultur, des Natur-, Umwelt-und Denkmalschutzes, der Jugend-und Altenhilfe, der öffentlichen Gesundheitspflege sowie von Wissenschaft und Forschung in der Stadt Ingolstadt zum Gemeinwohl der hier lebenden Menschen (fördernd tätig)
Anträge: schriftlich formlos
Ausgaben: 120.000 € , (2005)
Anschrift: Helmut Chase, Rathausplatz 2, D-85049 Ingolstadt
Tel: 0841-3051400
Fax: 0841-3051409
email: helmut.chase@ingolstadt.de
Internet: www.ingolstadt.de/buergerstiftung
(2004) Öffentliche Stiftung des bürgerlichen Rechts (Bayern)

Bürgerstiftung Ludwigshafen am Rhein   B*F*K*S

1) Die Stiftung fördert und/oder initiiert Vorhaben in der Stadt Ludwigshafen am Rhein, die dazu geeignet sind, die Lebensqualität der Menschen sowie Bildung und Wissenschaften, Kultur, sowie der Jugend- und Altenhilfe nachhaltig zu fördern und zu entwickeln. Vorhaben außerhalb der Stadt Ludwigshafen am Rhein (nachfolgend "Stadt" genannt) können nur gefördert werden, wenn ein unmittelbarer Zusammenhang zur Lebensqualität in der Stadt besteht. 2) Dieser Stiftungszweck wird insbesondere verwirklicht durch a) Unterstützung von gemeinnützig tätigen Körperschaften, die die vorgenannten Aufgaben fördern und verfolgen, b) die Förderung der Kooperation zwischen Organisationen und Einrichtungen, die ebenfalls diese Zwecke verfol-

gen, c) die Förderung von Wettbewerben, des Meinungsaustausches, der Meinungsbildung und öffentlicher Veranstaltungen, um den Stiftungszweck und -gedanken in der Bevölkerung zu verankern, d) die Vergabe von Preisen, Stipendien, Beihilfen oder ähnlichen Zuwendungen zur Förderung der Fort- und Ausbildung auf den Gebieten des Stiftungszwecks. 3) Die Zwecke können sowohl durch operative als auch fördernde Projektarbeit verwirklicht werden. 4) Die aufgeführten Zwecke müssen nicht gleichzeitig und in gleichem Maße verwirklicht werden. 5) Die Förderung der genannten Aufgaben schließt die Verbreitung der Ergebnisse durch geeignete Öffentlichkeitsarbeit ein. 6) Die Stiftung kann die Treuhänderschaft für unselbständige (nicht rechtsfähige) Stiftungen übernehmen und andere selbständige, rechtsfähige Stiftungen verwalten, soweit deren Zwecke mit dem Stiftungszweck der Bürgerstiftung Ludwigshafen vereinbar sind. 7) Die Stiftung darf keine Aufgaben übernehmen, die zu den Pflichtaufgaben der Stadt Ludwigshafen im Sinne der Gemeindeordnung gehören. (operativ tätig)

Anträge: keine Antragsmöglichkeit
Anschrift: Klaus Kufeld, Walzmühlstraße 63, D-67061 Ludwigshafen
Tel: 0621-5044200
Fax: 0621-5042450
email: bürgerstiftung@bs-lu.de
Internet: www.buergerstiftung-lu.de
(2004) Rechtsfähige Stiftung des bürgerlichen Rechts

Bürgerstiftung Mittelhessen   B*K*M*N*S*V

Förderung kultureller Zwecke, insbesondere der Kunst, der Pflege und Erhaltung von Kulturwerten sowie der Denkmalpflege, der Jugend-, der Alten- und der Behindertenhilfe, des Sports, insbesondere des Breiten- und des Nachwuchssports, karitativer (mildtätiger) und kirchlicher Zwecke, der Erziehung, Volks- und Berufsbildung, des Naturschutzes und der Landschaftspflege, des Feuer-, Arbeits-, Katastrophen- und Zivilschutzes sowie der Unfallverhütung; internationaler Gesinnung, der Toleranz auf allen Gebieten der Kultur und des Völkerverständigungsgedankens, sofern nicht nach Satzungszweck und tatsächlicher Geschäftsführung mit der Verfassung unvereinbare oder überwiegend touristische Aktivitäten verfolgt werden; des Tierschutzes; der Kriminalprävention, von Verbraucherberatung und Verbraucherschutz, Wissenschaft und Forschung in der Region Mittelhessen (auch operativ tätig)

Anschrift: Herr Klaus Arnold, Schiffenberger Weg 110, D-35394 Gießen
Tel: 0641/7005-1770
Fax: 06417005-1779
email: info@buergestiftung-mittelhessen.de
Internet: www.buergerstiftung-mittelhessen.de
(2004) Rechtsfähige Stiftung des bürgerlichen Rechts

Bürgerstiftung Norden   B*F*G*K*M*N*S

Förderung und Entwicklung der Bildung und Erziehung, der Jugend- und Altenhilfe, der Kultur, Kunst und Denkmalpflege, des Umwelt- und Naturschutzes und der Landschaftspflege, des traditionellen Brauchtums, der Heimatpflege, des Sports und der Gesundheit, der Wissenschaft und Forschung, kirchlicher Zwecke und der Völkerverständigung in Norden bzw. in Bezug auf

die Region Norden, in Einzelfällen auch außerhalb der Stadt Norden beispielsweise durch Unterstützung von Körperschaften nach Maßgabe des § 58 Abs. 1 Abgabenordnung, welche die vorgenannten Aufgaben ganz oder teilweise fördern und verfolgen, Förderung der Kooperation zwischen Organisationen und Einrichtungen, die ebenfalls diese Zwecke verfolgen, Förderung des Meinungsaustausches und der Meinungsbildung sowie öffentlicher Veranstaltungen, um den Stiftungszweck und Bürgerstiftungsgedanken in der Bevölkerung zu verankern, Vergabe von Stipendien, Beihilfen oder ähnlichen Unterstützungen. (auch operativ tätig)
Anträge: schriftlich formlos
Ausgaben: 8.692 € , (2004)
Anschrift: Prof. Dr. Jörg Hagena, An der Eiswiese 14, D-26506 Norden
Tel: 04931-12357
Fax: 04931-959098
email: drjoerg@hagena.net
Internet: www.buergerstiftung-norden.de
(2003) Rechtsfähige Stiftung des bürgerlichen Rechts

Bürgerstiftung Norderney   B*F*G*K*M*N*S

Förderung von Bildung und Erziehung, Jugend- und Altenhilfe, Kunst und Kultur, Wissenschaft und Forschung nicht kommerzieller Art, Umwelt- und Naturschutz, Heimatpflege, Gesundheit und Sport sowie mildtätiger Zwecke im Rahmen des § 53 Abgabenordnung auf der Insel Norderney, im Einzelfall auch außerhalb der Insel
Anschrift: c/o Herrn Volker Meyer, Postfach 1524, D-26537 Norderney
(2002) Rechtsfähige Stiftung des bürgerlichen Rechts

Bürgerstiftung Nürnberg   B*G*K*S

Förderung des bürgerschaftlichen Engagements in den Bereichen Bildung und Erziehung, Kunst und Kultur, Natur-, Umwelt- und Denkmalschutz, Jugend- und Altenhilfe sowie der öffentlichen Gesundheitspflege und Wohlfahrtspflege zum Wohle der Bürger Nürnbergs
Hinweise: Stadt Nürnberg
Anschrift: Gostenhofer Hauptstraße 63, D-90443 Nürnberg
Tel: 0911-92971713
Fax: 09 11-92 97 17 29
Internet: www.buergerstiftung-nuernberg.de
(2001) Rechtsfähige Stiftung des bürgerlichen Rechts

Bürgerstiftung Osnabrück   B*G*K*N*S*V

Zweck der Stiftung ist die Förderung der Bildung und Erziehung, der Kunst und Kultur, des Gesundheitswesens, der Jugendhilfe, von mildtätigen Zwecken, der Völkerverständigung, der interkulturellen Beziehungen und des Umweltschutzes in der Stadt Osnabrück und der Region bzw. in auf diese zum Gemeinwohl der hier lebenden Menschen. (auch operativ tätig)
Anträge: schriftlich formlos
Ausgaben: 61.832 €
Anschrift: Frau Zimmermann, Bierstrasse 28, D-49074 Osnabrück

Fax: 0541-323151000
email: buergerstiftung@osnabrueck.de
Internet: www.buergerstiftung-os.de
(2000) Rechtsfähige Stiftung des bürgerlichen Rechts

Bürgerstiftung Ostfalen für die Landkreise Helmstedt, Ohrekreis und Bördekreis B*D*K*M*N*S*V

Förderung kultureller Zwecke, insbesondere die Förderung der Kunst, die Förderung der Pflege und Erhaltung von Kulturwerten sowie die Förderung der Denkmalpflege; die Förderung der Jugend-, der Alten- und der Behindertenhilfe; die Förderung des Sports, insbesondere des Breiten- und des Nachwuchssports; die Förderung mildtätiger Zwecke im Sinne des § 53 AO und kirchlicher Zwecke; die Förderung der Erziehung, Volks- und Berufsbildung; die Förderung des Naturschutzes und der Landschaftspflege; die Förderung des Feuer-, Arbeits-, Katastrophen- und Zivilschutzes sowie die Unfallverhütung; die Förderung internationaler Gesinnung, der Toleranz auf allen Gebieten der Kultur und des Völkerverständigungsgedankens, sofern diese nicht nach Satzungszweck und tatsächlicher Geschäftsführung mit der Verfassung der Bundesrepublik Deutschland unvereinbar sind oder überwiegend touristische Aktivitäten verfolgt werden; die Förderung des Tierschutzes; die Förderung der Kriminalprävention sowie die Förderung von Verbraucherberatung und Verbraucherschutz, im Raum Ostfalen, der sich aus den Landkreisen Helmstedt, Ohrekreis und Bördekreis zusammensetzt. (auch operativ tätig)
Anträge: Merkblatt
Ausgaben: 138.049 € , (2005)
Anschrift: Markus Beese, Kornstraße 2, D-38350 Helmstedt
Tel: 05351-531286
email: info@bürgerstiftungostfalen.de
Internet: www.buergerstiftung.ostfalen.de
(2003) Rechtsfähige Stiftung des bürgerlichen Rechts

Bürgerstiftung Palliativstation OMEGA am Evangelischen Krankenhaus Bad Dürkheim G

Die Stiftung hat die Aufgabe, die Arbeit der Palliativstation im Evangelischen Krankenhaus Bad Dürkheim zu unterstützen und zu fördern. Dies wird verwirklicht durch: 1. Förderung der sächlichen und personellen Ausstattung der Station 2. Förderung der Weiterbildung der haupt- und ehrenamtlichen Mitarbeiter der Station 3. Förderung des Palliativ- und Hospizgedankens in der Öffentlichkeit 4. Zusammenarbeit mit ähnlichen Einrichtungen. (fördernd tätig)
Hinweise: Evangelischen Krankenhaus Bad Dürkheim
Anträge: keine Antragsmöglichkeit
Anschrift: c/o Ev. Krankenhaus Bad Dürkheim, Karl Lang, Dr.-Kaufmann-Str. 2, D-67098 Bad Dürkheim
Tel: 06322-937211

Fax: 06322-937324
(2004)

Bürgerstiftung ProSozial Konstanz G*S

Die Stiftung ist eine soziale Initiative der caritativen und diakonischen Einrichtungen und Dienste der Katholischen und Evangelischen Kirche im Raum Konstanz. Ihr Zweck ist die Förderung der Altenhilfe, der Behindertenhilfe, der Familienhilfe und der Jugendhilfe im Raum Konstanz. Leitlinie der Stiftungsarbeit ist die Integration von behinderten, kranken und alten Menschen in die Gesellschaft und die Förderung von Kindern, Jugendlichen und Familien. Die Arbeit der Stiftung soll bewußt einer gesellschaftlichen Randsituation dieser Personengruppen entgegenwirken. Benachteiligte Kinder, Jugendliche und Familien sollen durch die Stiftung gefördert werden. Ziel der Stiftung ist es auch, durch medizinisch-therapeutische, pädagogische, berufliche und soziale Förderungen den jeweiligen Persönlichkeiten zu ihrer sozialen Eingliederung zu verhelfen oder sie zu sichern. (auch operativ tätig)

Hinweise: Raum Konstanz
Anträge: schriftlich formlos
Anschrift: c/o Caritas-Zentrum Konradihaus, Prof. Günter Tomberg, Uhlandstraße 15, D-78464 Konstanz
Fax: 07531-1200-110
email: post@stiftung-prozial.de
Internet: www.stiftung-prosozial.de/
(2000) Rechtsfähige Stiftung des bürgerlichen Rechts

Bürgerstiftung Remagen B*K*M*N*S

(1) Zweck der Stiftung ist es, 1. Bildung und Erziehung, 2. Jugend-, Familien- und Seniorenhilfe, 3. Kunst, Kultur und Denkmalpflege, 4. Umwelt- und Naturschutz sowie Landschaftspflege, 5. Mildtätigkeit, 6. Traditions- , Brauchtums- und Heimatpflege sowie 7. Sport n Remagen zu fördern. Im Einzelfall können die Zwecke auch außerhalb von Remagen gefördert werden. (2) Die Stiftungszwecke werden insbesondere verwirklicht durch 1. Schaffung und Unterstützung lokaler Einrichtungen und Projekte, wie z.B. Kindergärten, Schulen, Jugend- und Seniorenzentren, Baudenkmälern, Heimatmuseen, Naturschutzgebieten, Pflege alter Sitten und Gebräuche und Sportanlagen; 2. Vergabe von Stipendien, Beihilfen oder ähnlichen Unterstützungen an Einzelpersonen wie z.B. zur Förderung der Aus- und Fortbildung, insbesondere von Jugendlichen bzw. zur Förderung beispielgebender Leistungen, die im Sinn des Stiftungszwecks erbracht wurden oder werden sollen; 3. Förderung des Meinungsaustauschs und der Meinungsbildung mit dem Ziel, die Bevölkerung auf die Stiftungszwecke und die Tätigkeit der Stiftung aufmerksam zu machen und in ihr den Bürgerstiftungsgedanken zu verankern, etwa durch öffentliche Veranstaltungen und Publikationen; 4. durch die unmittelbare finanzielle und materielle Unterstützung von bedürftigen Personen im Sinne des § 53 Abgabenordnung wie z.B. Betreuung alter Menschen vor Ort (Einkaufen, Vorlesen u.ä.). (3) Die Zwecke müssen nicht gleichzeitig und in gleichem Maße verwirklicht werden. (4) Die Stiftung darf keine Maßnahmen fördern, die gemäß der Gemeindeordnung oder anderen Rechtsvorschriften zu den Pflichtaufgaben der Stadt Remagen gehören.

Anschrift: c/o Stadtverwaltung Remagen, Herr Weck, Bachstr. 2, D-53424 Remagen
(2005)

Bürgerstiftung Remscheid B*F*K*N*S*V

Förderung der Jugend- und Altenhilfe, Erziehung und Volks und Berufsbildung, Wissenschaft und Forschung, Kunst und Kultur, Umwelt und Naturschutz, Völkerverständigung (auch operativ tätig)
Anträge: schriftlich formlos
Ausgaben: 8.719 € , (2004)
Anschrift: Frau Kathrin Döhl, Baisieper Straße 100, D-42859 Remscheid
Tel: 02191-32617
Fax: 02191-30055
email: doehl-rs@hotmail.com
Internet: www.buergerstiftung-remscheid.de/
(2000) Rechtsfähige Stiftung des bürgerlichen Rechts

Bürgerstiftung Rohrmeisterei Schwerte K*S*X

Förderung der Kultur, Jugendarbeit, Sozialarbeit, Brauchtums- und Heimatpflege. (auch operativ tätig)
Ausgaben: 35.075 € , (2005)
Anschrift: Tobias Bäcker , Ruhrstraße 20, D-58239 Schwerte
Tel: 02304-257968
Fax: 02304-257969
email: info@rohrmeisterei-schwerte.de
Internet: www.rohrmeisterei-schwerte.de/
(2001) Rechtsfähige Stiftung des bürgerlichen Rechts

Bürgerstiftung Salzgitter B*K*M*N*S

Förderung und Initiierung von Projekten in der Stadt Salzgitter und Umgebung in den Bereichen Bildung, Jugend, Kultur, Soziales, Sport und Umwelt (fördernd tätig)
Hinweise: Salzgitter
Anträge: Merkblatt-schriftlich formlos
Ausgaben: 60.000 € , (2004)
Anschrift: c/o Stadt Salzgitter, Postfach 10 06 80, D-38226 Salzgitter
Tel: 05341-83 93 595
Fax: 05341-83 94 981
email: horst.baier@stadt.salzgitter.de
Internet: www.buergerstiftung-salzgitter.de
(2002) Rechtsfähige Stiftung des bürgerlichen Rechts

Bürgerstiftung Schlösschen im Park K

1. Zweck der Stiftung ist es, zum Erhalt, zur Restaurierung, zum Ausbau und zur Unterhaltung des unter Denkmalschutz stehenden Schlösschens im Park in Limburgerhof beizutragen. 2. Die Förderung der genannten Aufgaben schließt die Verbreitung der Ergebnisse durch geeignete Öffentlichkeitsarbeit ein. 3. Die Stiftung darf keine Pflichtaufgaben der Gemeinde im Sinne der Gemeindeordnung übernehmen. 4. Die Stiftung kann im Rahmen ihrer finanziellen Möglichkeiten und im Rahmen des Stiftungszweckes Hilfspersonen, auch gegen Entgelt, beschäftigen und/oder Aufgaben ganz oder teilweise Dritten übertragen. (fördernd tätig)

Ausgaben: 28.019 € , (2004)
Anschrift: Herr Bürgermeister a. D. Heinrich Zier, Ostpreußenring 9, D-67117 Limburgerhof
Tel: 06236-509230
Fax: 06236-509232
email: hrchzier@t-online.de
(2004) Rechtsfähige Stiftung des bürgerlichen Rechts

Bürgerstiftung Seniorenzentrum Poing S

Förderung der Altenhilfe für die Bewohner des Seniorenzentrums Poing zu deren Bildung, Therapie und Unterhaltung sowie zur Pflege der Heimgemeinschaft

Anschrift: c/o Gemeinde Poing, Rathausstr. 3, D-85586 Poing
(2004)

Bürgerstiftung Siegen B*F*K*N*S

Förderung von Erziehung und Bildung, Jugend- und Altenhilfe, Kunst, Kultur und Denkmalpflege, Umwelt- und Naturschutz sowie Wissenschaft und Forschung (auch operativ tätig)

Anträge: schriftlich
Ausgaben: 500.000 € , (2005)
Anschrift: c/o Sparkasse Siegen, Birgit Bremer, Morleystraße 2-6, D-57072 Siegen
Tel: 0271-5961296
Fax: 0271-59695511
email: info@buergerstiftung-siegen.de
Internet: www.buergerstiftung-siegen.de/
(2005) Rechtsfähige Stiftung des bürgerlichen Rechts

Bürgerstiftung Tecklenburger Land S

Förderung Mildtätiger Zwecke, Hilfe für Behinderte, Kinder-/Jugendhilfe, Waisen sowie von Altenhilfe (einschl. Altenheime)

Anschrift: c/o Sozialdienst Kath. Frauen e.V., German Rieping, Postfach 15 07, D-49465 Ibbenbüren
(2000)

Bürgerstiftung Unser Schwabach   B*G*K*M*N*S*V
Förderung des bürgerschaftlichen Zusammenwirkens der Generationen in der Stadt Schwabach im Geist der gegenseitigen Toleranz und Rücksichtnahme, insbesondere in den Bereichen der Jugend- und Altenhilfe, Bildung und Erziehung, der öffentlichen Gesundheits- und Wohlfahrtspflege, der Völkerverständigung, des Naturschutze und der Landschaftspflege. Des Weiteren fördert die Stiftung den Sport, die Kunst und Kultur, die Pflege und Erhaltung von Kulturwerten, die Denkmalpflege sowie die Heimatpflege- und kunde. (auch operativ tätig)
Anträge: Merkblatt-schriftlich formlos-mündlich
Ausgaben: 792.502 €
Anschrift: c/o Stadt Schwabach, Dr. Martin Böhmer, Ludwigstraße 16, D-91126 Schwabach
Tel: 09122-860238
Fax: 09122-860244
(2005) Öffentliche Stiftung des bürgerlichen Rechts (Bayern)

Bürgerstiftung Vaihingen an der Enz   B*F*K*M*S*V*X
Zweck der Stiftung ist die Förderung a) von Wissenschaft und Forschung b) von Bildung und Erziehung c) von Kunst und Kultur d) der Völkerverständigung im Rahmen von Städtepartnerschaften e) des Umwelt- und Landschaftsschutzes f) des Denkmalschutzes g) der Heimatpflege h) der Jugendhilfe i) der Altenhilfe j) des Wohlfahrtswesens k) des Sports l) des traditionellen Brauchtums einschließlich Fastnacht, Fasching, Karneval m) von Personen, die persönlich oder wirtschaftlich hilfsbedürftig i.S.d. § 53 AO sind.
Anschrift: c/o Stadtverwaltung Vaihingen an der Enz, Marktplatz 1, D-71665 Vaihingen an der Enz
(2003)

Bürgerstiftung Wallenhorst   B*G*K*M*S
Förderung des Gemeinwohls in Wallenhorst in den Bereichen Bildung, Erziehung, Jugend- und Altenhilfe, Kultur, Kunst, Wissenschaft (auch operativ tätig)
Anträge: schriftlich formlos
Ausgaben: 32.068 €, (2004)
Anschrift: Jochen Bruhn, Hothauser Straße 1, D-49134 Wallenhorst
Tel: 05407-347 9107
Fax: 05407-347 9108
email: kontakt@buergerstiftung-wallenhorst.de
Internet: www.buergerstiftung-wallenhorst.de
(2002) Rechtsfähige Stiftung des bürgerlichen Rechts

Bürgerstiftung Wasserburg (Bodensee)   B*G*K*M*N*S
Förderung von Bildung und Erziehung, der Jugend- und Altenhilfe, der Kultur, der Kunst und Denkmalpflege, des Umwelt- und Naturschutzes, der Landschaftspflege, des traditionellen

Brauchtums, der Heimatpflege, der öffentlichen Gesundheitspflege, des Sports, des Wohlfahrtswesens und des demokratischen Staatswesens (auch operativ tätig)
Anträge: schriftlich formlos-Begutachtung
Ausgaben: 1.300 € , (2005)
Anschrift: Gerhard Loser, Stephan Schäfler, Hattnau 34, D-88142 Wasserburg
Tel: 08382-888410
Fax: 08382-89761
email: gloser@t-online.de
(2004) Rechtsfähige Stiftung des bürgerlichen Rechts

Bürgerstiftung Zukunftsfähiges München N*S*W

Zweck der Stiftung ist insbs. die Förderung von Aktivitäten und Projekten zur "nachhaltigen" Entwicklung im Wirkungsbereich der Landeshauptstadt München. Dazu gehören ökologisch, sozial und ökonomisch tragfähige und global verantwortbare Entwicklungen. (auch operativ tätig)
Hinweise: München
Anträge: schriftlich formlos
Ausgaben: 112.900 € , (2004)
Anschrift: c/o Community Foundation Sustainable Munich, Petra Birnbaum, Klenzestraße 37 RG, D-80469 München
Fax: 089-20238113
email: mail@bszm.de
Internet: www.bszm.de
(2000) Öffentliche Stiftung des bürgerlichen Rechts (Bayern)

Calvary-Chapel-Stiftung R

Förderung von Religion, kirchlichen Zwecken
Anschrift: Barry Powell, Im Kiel 1, D-57223 Kreuztal
Internet: www.calvarychapelsiegen.de
(2002)

Caritas-Bürgerstiftung im Landkreis Kelheim S

Beschaffung und Zuwendung von Mitteln für bzw. an den Caritasverband für den Landkreis Kelheim e.V. und seine Gliederungen und Einrichtungen zur Verwirklichung dessen steuerbegünstigter Zwecke. (fördernd tätig)
Hinweise: Landkreis Kelheim
Anträge: keine Antragsmöglichkeit
Ausgaben: 12.000 € , (2005)
Anschrift: Hubert König, Pfarrhofgasse 1, D-93309 Kelheim

Tel: 09441-50070
Fax: 09441-500719
email: h.koenig@caritas-kelheim.de
Internet: www.kcvkelheim.caritas.de
(2001)

Caritas-Stiftung Fürth S
Förderung und Unterstützung des Caritas-Verbandes Fürth Stadt und Landkreis bei der Erfüllung seiner satzungsgemäßen Aufgaben.
Anschrift: Alexander Straße 30, D-90762 Fürth
(2002)

CaritasStiftung im Erzbistum Köln R*S
Zweck der Stiftung ist die Förderung des kirchlich-caritativen Wohlfahrtswesens im Erzbistum Köln sowie die Unterstützung hilfsbedürftiger Personen im Sinne des § 53 AO. Sie unterstützt ideell und materiell die Aufgaben und Ziele der Caritas vor Ort. Die Stiftung fördert damit Ziele des Diöz.-Caritasverbandes für das Erzbistum Köln e.V. (fördernd tätig)
Hinweise: Erzdiözese Köln
Anträge: schriftlich
Anschrift: Peter Willenborg, Georgstrasse 7, D-50676 Köln
Fax: 0221-2010-130
email: info@caritasstiftung.de
Internet: www.caritasstiftung.de
(2000) Kirchliche Stiftung des öffentlichen Rechts

Carl Duisberg Stiftung für internationale Bildung und Zusammenarbeit B*V
Förderung von Entwicklungshilfe, Völkerverständigung, Stipendien / Hochschule /Erwachsenenbildung
Anschrift: Dr. Norbert Schneider, Hansaring 49-51, D-50670 Köln
(2000)

Carl Ed. Meyer Stiftung F
Förderung kultureller Zwecke durch finanzielle Zuwendungen.
Anschrift: Hans-Harald Meyer Piening, Clausewitzstr. 29, D-28211 Bremen
(2000)

Carl Friedrich Eckart-Stiftung K
Förderung von Kunst und Kultur sowie des Amateursports.
Anschrift: Drudenweg 8, D-90768 Fürth
(2005)

Carl Friedrich von Weizsäcker Stiftung B*F
Zweck der Stiftung ist die Förderung von Wissenschaft, Forschung und Bildung, insbesondere im Hinblick auf die ethischen und gesellschaftspolitischen Forderungen, die sich aus dem Wissen und der Verantwortung in der wissenschaftlich-technisch geprägten Welt ergeben.
Anschrift: Bielefelder Str. 8, D-32130 Enger
(2002)

Carl-Otto und Georg Riesenkampff-Stiftung B
Zweck der Stiftung ist die Ausbildungsförderung
Anschrift: Dr. Georg Riesenkampff, Dellbusch 230, D-42279 Wuppertal
(2001)

Carl-und-Lieselotte-Düvel-Stiftung N
Förderung des Verständnisses für die heimische Natur (operativ tätig)
Anträge: keine Antragsmöglichkeit
Ausgaben: 15.000 € , (2004)
Anschrift: Dr. Carl-Wilhelm Düvel, Leerer Straße, D-26655 Westerstede
Tel: 04488-6940
Fax: 04488-78804
email: cwduevel@ewetel.net
Internet: www.bienenpark.de
(2001) Rechtsfähige Stiftung bürgerlichen Rechts

CELTIS-Stiftung B
Förderung und Stärkung von Bildung und Erziehung im Celtis- Gymnasium Schweinfurt, insbesondere a) Schulveranstaltungen finanziell zu unterstützen, b) die Schule bei künstlerischen, musischen und sportlichen Aktivitäten finanziell zu unterstützen, c) die Ausstattung der Schule zu verbessern.
Anschrift: c/o Celtis-Gymnasium Schweinfurt, Gymnasiumstraße 15, D-97421 Schweinfurt
(2004)

Centa Huber Stiftung S
Förderung gemeinnütziger Einrichtungen, insbesondere für Kinder und Jugendliche, im Landkreis und in der Stadt Rosenheim (fördernd tätig)
Anträge: schriftlich formlos
Anschrift: c/o Steuerkanzlei Rudolph, Helmut Rudolph, Georg Maier, Sulmaring 24, D-83569 Vogtareuth
Tel: 08038-906111
Fax: 08038-906126
(2005)

CiW-Förderstiftung R
Förderung von Religion, kirchlichen Zwecken insbesondere durch die Institution Christen in der Wirtschaft e.V.
Anschrift: Andreas Schnabel, Morianstrasse 10, D-42103 Wuppertal
Tel: 0202-24419121
Fax: 0202-24419122
Internet: www.ciw.de
(2002) Rechtsfähige Stiftung des bürgerlichen Rechts

Charlotte Franke - Hilfe für die bedrohte Tierwelt N*R
Förderung des Tierschutzes (fördernd tätig)
Anträge: keine Antragsmöglichkeit
Ausgaben: 35.000 € , (2004)
Anschrift: c/o Deutsche Bank AG, Markus Hilpert, Bredeneyer Strasse 156 - 158, D-45133 Essen
(2001)

ChoC - Church history of Cologne - Stiftung F
Förderung von Wissenschaft und Forschung besonders der Kirchengeschichte, der Religiösen Volkskunde und des kirchlichen Archivwesens (auch operativ tätig)
Anträge: keine Antragsmöglichkeit
Ausgaben: 30.000 € , (2004)
Anschrift: Dr. Reimund Haas, Johannesweg 5a, D-51061 Köln
Tel: 0221-634822
email: reimhaas@aol.com
(2001) Kirchliche Stiftung

Christa und Albert Guhen Multiple Sklerose-Stiftung F*G
Förderung der Wissenschaft und Forschung auf dem Gebiet der Multiplen Sklerose (fördernd tätig)
Anschrift: c/o Commerzbank, Erb- und Stiftungsangelegenheiten, Herr Knaus, D-60261 Frankfurt
(2001)

Christa-und-Werner-Strohmayr-Stiftung K
Förderung der Kunst
Anschrift: St.-Florian-Str. 14, D-86391 Stadtbergen

(2004)
Christel Beslmeisl-Stiftung für Soziales Engagement in Fürth   S
Förderung der freien Wohlfahrtspflege
Anschrift: c/o Arbeiterwohlfahrt Kreisverband Fürth-Stadt e.V., Hirschenstr. 24, D-90762 Fürth
(2004) Öffentliche Stiftung des bürgerlichen Rechts (Bayern)

Christel und Manfred Gräf-Stiftung   B*S
(1) Zweck dieser Stiftung ist die Förderung der Jugendhilfe, Erziehung und Bildung. 2) Die Stiftung verfolgt ihre Ziele insbesondere durch die Förderung und Durchführung von Maßnahmen und Projekten in Bobenheim-Roxheim, die die Erziehung, die Fortbildung und die familiären Strukturen verbessern und stärken. Dazu gehören: Angebote der Erwachsenenbildung im Sinne der Elternschulung, Maßnahmen zur Bekämpfung der Jugendarbeitslosigkeit, Maßnahmen zur Erhaltung der seelischen, sozialen und körperlichen Gesundheit, Aktivitäten des erzieherischen Kinder- und Jugendschutzes, Maßnahmen, die der sozialen Festigung von Jugend und Familie dienen.
Anschrift: Eheleute Christel und Manfred Gräf, Roxheimer Straße 30, D-67240 Bobenheim-Roxheim
Tel: 06239-8614
Fax: 06239-8614
email: manfred-graef@bobenheim-roxheim.de
(2003)

Christian und Renate Feddersen Stiftung   S
Förderung der Jugendhilfe und Unterstützung von Kindern und Jugendlichen, die infolge ihres körperlichen, geistigen oder seelischen Zusatandes oder infolge einer materiellen Notlage auf fremde Hilfe angewiesen sind.
Anschrift: An der Weide 33/33a, D-28295 Bremen
(2000)

Christiane und Dirk Reichow-Stiftung zur Förderung der bildenden Kunst   K*S
Vermittlung und Förderung des Zuganges von - vornehmlich behinderten - Menschen zur bildenden Kunst aller Zeiten vornehmlich durch die Ausbildung zum Malen und Zeichnen sowie in anderen künstlerischen Techniken; die Erweiterung des Kunstverständnisses durch Vorträge, Workshops und insbesondere Museumsbesuche als ergänzende Maßnahmen zur Betreuung, Rehabilitation und Heilung von Menschen mit Behinderung der verschiedensten Art; die Unterstützung behinderter Künstler. Übernahme und Betreuung des malerischen Werkes von Christiane Reichow insbesondere durch Dokumentation wie u.a. Aufstellung und Pflge des Oevreka-

taloges; sachgemäße Lagerung der Werke; regelmäßige Veranstaltungen von Ausstellungen; Publikation des Werkes. (auch operativ tätig)
Anträge: keine Antragsmöglichkeit
Ausgaben: 20.043 € , (2005)
Anschrift: Dr. Dirk Reichow, RA Dr. Axel Henriksen, Nibelungenweg 4, D-22559 Hamburg
Tel: 040-81 48 43
Fax: 040-81 09 80
email: Dirk.Reichow@hamburg.de
(2002) Rechtsfähige Stiftung des bürgerlichen Rechts

Christian-Heinrich-Sandler Stiftung   B*F*K*M*N*S

Förderung der Jugend- und Altenhilfe, des Wohlfahrtswesens, der Kultur, der Bildung, der Erziehung und der Wissenschaft, von mildtätigen und kirchlichen Zwecken, von Naturschutz und Landschaftspflege, von Denkmalschutz, von Feuerschutz, von Sport und Heimatpflege vorwiegend in Schwarzbach a.d.Saale

Anschrift: Lamitzmühle 1, D-95120 Schwarzenbach a.d.Saale
(2003) Öffentliche Stiftung des bürgerlichen Rechts (Bayern)

Christliche Bildungsstiftung   B*R

Förderung christlicher Bildung im In- und Ausland.
Anschrift: Herr Andreas Späth, Eintrachtstraße 6a, D-81541 München
(2004)

Christliche Jugendstiftung Lauffen   B*R*S

Zweck der Stiftung ist die Förderung der Jugendhilfe, der Erziehung und Bildung, der Religion und mildtätiger Zwecke durch die Beschaffung von Mitteln durch Spenden und durch die Verwendung der Stiftungserträge zur Weiterleitung an Körperschaften, welche diese Mittel unmittelbar für diese steuerbegünstigten Zwecke verwenden, insbesondere Förderung des CVJM Lauffen e.V.

Anträge: keine Antragsmöglichkeit
Ausgaben: 40.085 € , (Durchschnitt 2003-2005)
Anschrift: Walter Schöffel, Gartenstr. 3, D-74348 Lauffen a. N.
Tel: 07133-7383
(2002) Rechtsfähige Stiftung des bürgerlichen Rechts

Christoph Heilmann Stiftung   K

Förderung von Kunst und Kultur
Anschrift: Konradstraße 4, D-80801 München
(2003)

Christoph Schwede-Stiftung K

Förderung der Kunst und Kultur, insbesondere im Bereich der Freien und Hansestadt Hamburg, hauptsächlich durch die Förderung und Unterstützung der Kunsthalle Hamburg. (fördernd tätig)
Hinweise: Hamburg
Anschrift: c/o Dresdner Bank AG - Stiftungsmanagement, Sven Albrecht, Gallusanlage 7, 24. OG, D-60301 Frankfurt am Main
(2002)

Clara Wieland Stiftung F*K

Die Stiftung födert ausschließlich und unmittelbar wissenschaftliche und kulturelle Zwecke (fördernd tätig)
Anschrift: c/o Delbrück Bethmann Maffei AG, Manuela McKensie, Promenadenplatz 9, D-80333 München
Tel: 089-23699 216
Fax: 089-23699 219
(2001)

Claudia-Ebert-Stiftung G

Medizin und öffentliches Gesundheitswesen; Die Förderung des öffentlichen Gesundheitswesens, insbesondere die Förderung von Einrichtungen der Darmstädter Kinderkliniken und der Stiftung Alice-Hospital, Darmstadt (fördernd tätig)
Anträge: keine Antragsmöglichkeit
Ausgaben: 80.000 € , (2004)
Anschrift: Claudia Ebert, Seitersweg 45, D-64287 Darmstadt
Tel: 06151-75897
Fax: 06151-711525
email: mail@claudia-ebert-stiftung.de
Internet: www.claudia-ebert-stiftung.de
(2000) Rechtsfähige Stiftung des bürgerlichen Rechts

Claudius Bayerl Stiftung S

Unterstützung notleidender Menschen i.S.d. § 53 AO, vor allem von Kindern und Jugendlichen (in erster Linie in notleidenden Regionen)
Anschrift: Manchinger Str. 20, D-85077 Manching
(2001)

CluSa Dornier-Stiftung F

Förderung von Wissenschaft und Forschung in der Luft- und Raumfahrt und anderer Hochtechnologie.
Anschrift: c/o Rechtsanwaltskanzlei P + P Pöllath & Partner, Kardinal-Faulhaber-Str. 10, D-80333 München
(2000)

Cohaerere-Stiftung K
Förderung von Denkmalpflege, Kunst und Kultur
Anschrift: Ruth von Wobeser, Robert-Stolze-Strasse 29, D-40470 Düsseldorf
(2001)

Collegium Fridericianum Rosemarie B*K*S*V
und Wolfgang Simon Stiftung
Zweck der Stiftung ist die Förderung und Pflege des ostpreußischen Kulturgutes, die Lebendighaltung der durch das Collegium Fridericianum vermittelten Tradition ostpreußischer Heimatpflege und Heimatkunde und die Verwirklichung dieser Ziele durch vielfältige Arten der Darstellung im schulischem Bereich und in der Öffentlichkeit. (auch operativ tätig)
Anträge: schriftlich formlos-Begutachtung
Ausgaben: 2.500 €
Anschrift: c/o Landfermann-Gymnasium, Oberstudiendirektor Ulrich Tholuck, Mainstrasse 10, D-47051 Duisburg
Tel: 0203-363540
Fax: 0203-3635425
email: landfermanngymaol.com
Internet: www.Friderizianer.de
(2001)

Communio Christi-Stiftung S
Religion, Wohlfahrt und Mildtätigkeit; Kirchliche und mildtätige Zwecke (operativ tätig)
Anträge: keine Antragsmöglichkeit
Anschrift: Friedrich Meisinger, Hundert-Morgen-Str. 17a, D-65451 Kelsterbach
Tel: 06107-756650
Fax: 06107-756651
email: friedrich.meisinger@t-online.de
(2001)

Conrad Naber Stiftung F*K
Förderung von Wissenschaft und Forschung sowie Kunst und Kultur
Anschrift: Bürgermeister Smidt-Str. 78, D-28195 Bremen
(2001)

Copernicus-Stiftung B*F*K*S
Die Stiftung bezweckt die Förderung von sozialen Aufgaben, von Bildung und Ausbildung, der Wissenschaft und Forschung und der Kunst und Kultur. Diese Zwecke sollen insbesondere verwirklicht werden durch die Förderung von Kindertagesstätten zur ganzheitlichen Erziehung und von Schulen insbesondere auf dem Gebiet der Neuen Technologien; der Begabtenförderung

und Weiterbildung von Kindern und Jugendlichen; von Studenten und jungen Wissenschaftlern durch Vergabe von Stipendien insbesondere zur Teilnahme an internationalen Seminaren und Kongressen; Organisation und Durchführung von Veranstaltungen jeglicher Art und Herstellung von Medien zur Wissensvermittlung und -verbreitung sowie zur künstlerischen Vertiefung und Darstellung; sowie von Personen und Einrichtungen, die diese Zwecke fördern.
Anschrift: Max-Planck-Straße 13, D-37191 Katlenburg-Lindau
(2002) Rechtsfähige Stiftung des bürgerlichen Rechts

cornelius-Stiftung S
Förderung von Kinder-/Jugendhilfe, Waisen
Anschrift: c/o Notare Dr. Erich Schmitz, Dr. Klaus Piehler, Karen Fricke, Gereonshof 2, D-50670 Köln
(2001)

Cross-Over Team Stiftung B
Begabungsförderung bei jungen Menschen (auch operativ tätig)
Anträge: keine Antragsmöglichkeit
Anschrift: Karin Maichel, Dürnbachstr. 2c, D-83727 Schliersee
Tel: 08062-782568
Fax: 08026-782568
email: info@cross-over-team-stiftung.de
Internet: www.cross-over-team-stiftung.de
(2003)

Curt Mast Jägermeister Stiftung K
Zweck der Stiftung ist die ausschließliche und unmittelbare Förderung der Kunst, der Pflege und Erhaltung von Kulturwerten sowie der Denkmalpflege. Dieser Zweck wird insbesondere verwirklicht durch die Zurverfügungstellung von finanziellen Mitteln für die Erhaltung und Instandsetzung von Kulturgütern und durch die finanzielle Unterstützung von kulturellen Veranstaltungen in der Stadt Wolfenbüttel und im Landkreis Wolfenbüttel. (auch operativ tätig)
Hinweise: Reine Landkreisstiftung
Anträge: schriftlich
Anschrift: Jägermeisterstraße 7, D-38302 Wolfenbüttel
Tel: 05331-885353
Fax: 05331-886965
email: stiftung@curt-mast.de
(2003) Rechtsfähige Stiftung des bürgerlichen Rechts

CVJM Jugendstiftung im CVJM Augsburg R*S
Förderung der christlichen Kinder- und Jugendarbeit vornehmlich im und mit dem CVJM Augsburg

Anschrift: c/o CVJM Augsburg e.V., Frauentorstr. 43, D-86152 Augsburg
(2002)

CVJM Pfalz-Stiftung R*S

Zweck der Stiftung ist die Förderung der christlichen Jugendarbeit des CVJM Pfalz e.v.. Der Stiftungszweck wird insbesondere verwirklicht durch Unterstützung von Projekten und Freizeitmaßnahmen der Jugendarbeit, Bezuschussung der Teilnahme von Freizeitmaßnahmen sozialschwacher Kinder und Jugendlicher, Bezuschussung von Personalkosten für Mitarbeiter der Jugendarbeit

Anschrift: Johannisstraße 31, D-67697 Otterberg
(2002)

CVJM-Jugendstiftung Rhein-Lahn R*S

1. Zweck der Stiftung ist die Förderung der christlichen Jugendarbeit im Gebiet des CVJM-Kreisverbandes Rhein-Lahn e. V.. 2. Der Stiftungszweck wird insbesondere verwirklicht durch a) Unterstützung von Projekten und Freizeitmaßnahmen der Jugendarbeit b) Zuwendungen an Freizeiteinrichtungen c) Bezuschussung der Teilnahme an Freizeitmaßnahmen sozialschwacher Kinder und Jugendlicher d) Bezuschussung der Personalkosten für Mitarbeiter der Jugendarbeit.

Anschrift: Herr Reiner Brückner, Mainzer Str. 9, D-56130 Bad Ems
Tel: 06771-7021
(2002)

CVJM-Jugendstiftung Würzburg R*S

Förderung der CVJM-Jugendarbeit durch materielle u. ideelle Unterstützung des CVJM Würzburg e.V., z.B. durch - finanz. Unterstützung der Gruppenarbeit für Kinder und Jugendliche, - Bezuschussung von hauptamtlichen Mitarbeitern, die zur Förderung der Arbeit mit Kindern u. Jugendl. eingesetzt sind - Schaffung der für die Jugendarbeit erforderlichen Rahmenbedingungen.

Anträge: keine Antragsmöglichkeit
Anschrift: c/o CVJM e.V. Würzburg, Gustav Ewald, Wilhelm-Schwinn-Platz 2, D-97070 Würzburg
Tel: 0931-16237
Fax: 0931-30419277
email: anmeldung@cvjm-wuerzburg.de
(2004) Öffentliche Stiftung des bürgerlichen Rechts (Bayern)

Cyliax Stiftung zur Förderung der Forschung zur Heilung von Krebs & MS F*G

Förderung der Forschung zur Heilung des Krebsleidens und der multiplen Skleroseerkrankung (fördernd tätig)

Anträge: keine Antragsmöglichkeit
Anschrift: Dr. Reinhard Cyliax, Neuhauser Str. 7, D-80331 München
Tel: 089-2608133
Fax: 089-236088
(2001)

Dehner Hilfsfonds für Menschen in Not S

Hilfeleistung für unverschuldet in Not geratene Menschen aller Altersstufen in aller Welt
Anschrift: Donauwörther Straße 3-5, D-86641 Rain
(2001)

Der Sonne entgegen S

Förderung von Mildtätigen Zwecken und Entwicklungshilfe
Anschrift: Margret Breuer, Lupenaustrasse 9, D-50354 Hürth
(2002)

Detlef Hübner Stiftung F

Die Stiftung verfolgt ausschließlich und unmittelbar wissenschaftliche Zwecke. Der Zweck der Stiftung ist die Forschung und die Entwicklung auf dem Gebiet von IT Anwendungen und -Support, des e-Commerce sowie der Generierung von Logistikkonzepten der Industrie- und Konsumgüterlogistik, namentlich auf dem Gebiet der Versorgung von Krankenhäusern und Flughäfen. Weiterhin ist Zweck der Stiftung die Forschung und Entwicklung auf dem Gebiet der Optimierung verkehrstechnischer und infrastruktureller Einrichtungen. Für besondere wissenschaftliche Leistungen auf den vorgenannten Gebieten erfolgt die Vergabe eines in Geld dotierten Detlef Hübner Preises.
Anträge: keine Antragsmöglichkeit
Anschrift: Johannes-Gutenberg-Str. 3-5, D-65719 Hofheim
Tel: 06122-501115
Fax: 06122-501146
(2000) Rechtsfähige Stiftung des bürgerlichen Rechts

Deutsche AIDS-Stiftung B*F*G*K*S

Materielle Einzelhilfe zugunsten HIV-Positiver und an AIDS erkrankter Menschen, Förderung von (Selbsthilfe-)Projekten. Zum besseren Verständnis der Immunschwäche AIDS und zu einem humanen Umgang mit den von ihr betroffenen und bedrohten Menschen beizutragen. Insbesondere geht es ihr darum, durch die Förderung von Aufgaben der Bildung und Erziehung, von Forschung und Kunst und die Förderung des öffentlichen Gesundheits- und Wohlfahrtswesens die Lebensbedingungen von HIV-positiven und AIDS-kranken Menschen nach den Grundwerten unserer Verfassung zu sichern und ihr Selbstvertrauen so zu stärken, daß sie ein selbstverantwortetes, sinnerfülltes und sozial akzeptiertes Leben führen können. Jährlich verleiht die Stiftung einen Medienpreis der Deutschen AIDS-Stiftung an Medienschaffende (fördernd tätig)
Hinweise: HIV-Positive und an AIDS erkrankte Menschen
Anträge: schriftlich

Ausgaben: 3.000.000 € , (2004)
Anschrift: Markt 26, D-53111 Bonn
Tel: 0228-60469-0
Fax: 0228-60469-99
email: info@aids-stiftung.de
Internet: www.aids-stiftung.de
(1987) Rechtsfähige Stiftung des bürgerlichen Rechts

Deutsche Alzheimer Stiftung X

Der Stiftungszweck besteht ausschließlich darin, Geld zu sammeln, damit die Deutsche Alzheimer Gesellschaft als gemeinnütziger eingetragener Verein ihre satzungsmäßigen Ziele erfüllen kann. (operativ tätig)
Anträge: keine Antragsmöglichkeit
Anschrift: c/o Deutsche Alzheimer Gesellschaft e.V., Friedrichstr. 236, D-10969 Berlin
Tel: 030-259 37 95 0
Fax: 030-259 37 95 29
email: info@deutsche-alzheimer-stiftung.de
Internet: www.deutsche-alzheimer-stiftung.de/
(2000) Nicht rechtsfähige Stiftung

Deutsche BP-Stiftung S

Zweck der Stiftung ist die Förderung der Jugendhilfe, insbesondere die Förderung von Initiativen zur beruflichen Qualifizierung, Umschulung und sozialen Betreuung von Jugendlichen, die arbeitslos oder ohne Ausbildung sind bzw. Arbeit oder Ausbildung suchen (fördernd tätig)
Hinweise: Nordrhein Westfalen
Anträge: mündlich-schriftlich
Ausgaben: 250.000 €
Anschrift: Hattinger Straße 348, D-44795 Bochum
Tel: 0234-943 2200
Fax: 0234-943 2201
email: info@bpstiftung.de
Internet: www.bpstiftung.de
(1998) Rechtsfähige Stiftung des bürgerlichen Rechts

Deutsche Bundesstiftung Umwelt B*F*G*K*N*W

Forschung, Entwicklung und Innovation im Bereich umwelt- und gesundheitsfreundlicher Verfahren und Produkte unter besonderer Berücksichtigung kleiner und mittlerer Unternehmen; Austausch von Wissen über die Umwelt zwischen Wissenschaft, Wirtschaft und anderen öffentlichen und privaten Stellen, Vorhaben zur Vermittlung von Wissen über die Umwelt; Bewahrung und Sicherung national wertvoller Kulturgüter im Hinblick auf schädliche Umwelteinflüsse (Modellvorhaben). Jährliche Vergabe eines Umweltpreises (auch operativ tätig)
Anträge: schriftlich formlos

Ausgaben: 44.500.000 € , (2004)
Anschrift: Generalsekretär Fritz Brickwedde, An der Bornau 2, D-49007 Osnabrück
Tel: 0541-9633-0
Fax: 0541-9633-190
email: info@dbu.de
Internet: www.dbu.de/
(1990) Stiftung des öffentlichen Rechts

Deutsche Familienstiftung B*F*G*X

Zweck der Stiftung ist die Förderung der gesunden Geburt und der intakten Familie (GGIF). Dies soll durch vorgeburtliche und nachgeburtliche Vermittlung von schadensverhütendem medizinischen Wissen und Vermittlung von pädagogischen Kompetenzen im Sinne einer Partnerschafts- und Familienstabilisierung geschehen. Zur Erreichung der Ziele werden wissenschaftlich fundierte Projekte durchgeführt oder beauftragt. (operativ tätig)

Anträge: keine Antragsmöglichkeit
Anschrift: Dipl. Päd. Robert Richter, Geschäftsführer, Gallasiniring 8, D-36043 Fulda
Tel: 0661-9338872
Fax: 0661-9338871
email: richter@deutsche-familienstiftung.de
Internet: www.deutsche-familienstiftung.de
(2000) Rechtsfähige Stiftung des bürgerlichen Rechts

Deutsche Gesellschaft für Gesundheit B*G

Zweck der Stiftung ist die Förderung von Forschung und Entwicklung im Bereich von Ernährung und Gesundheit sowie die allgemeine Förderung von Gesundheit.
Anschrift: c/o Kleiner Rechtsanwälte, Silberburgstr. 187, D-70187 Stuttgart
(2000) Rechtsfähige Stiftung des bürgerlichen Rechts

Deutsche José Carreras Leukämie-Stiftung e.V F*G

Förderung des öffentlichen Gesundheitswesens sowie Förderung von Wissenschaft und Forschung im Bereich der Bekämpfung und Behandlung von Leukämie und verwandten bösartigen Bluterkrankungen (auch operativ tätig)

Hinweise: Deutschland
Anträge: Merkblatt-Begutachtung-schriftlich
Ausgaben: 8.000.000 €
Anschrift: Arcisstraße 61, D-80801 München
Tel: 089-27 29 040
Fax: 089-2729444
email: info@carreras-stiftung.de
Internet: www.carreras-stiftung.de

(1995) Stiftung in der Rechtsform eingetragener Verein (Stiftung e.V.)

Deutsche Kinder- und Jugendstiftung ggGmbH B

Förderung der Programme, bei denen es um eine ganzheitliche Jugendarbeit geht und durch die junge Menschen in ihrer Selbstwirksamkeit ermutigt und gestärkt werden. Unterstützung von Eigeninitiative, Verantwortungsübernahme und die Entwicklung einer demokratischen Kultur des Zusammenlebens (auch operativ tätig)
Anträge: Merkblatt-schriftlich formlos
Ausgaben: 12.000.000 € , (2004)
Anschrift: Fr. Kahl , Tempelhofer Ufer 11, D-10963 Berlin
Tel: 030-2576760
Fax: 030-25767610
email: info@dkjs.de
Internet: www.dkjs.de
(1994) Rechtsfähige Stiftung des bürgerlichen Rechts

Deutsche Kindersuchthilfe S

Förderung von Kinder-/Jugendhilfe, Waisen (fördernd tätig)
Anträge: schriftlich
Anschrift: Hermann Hägerbäumer, Freiligrathstr. 27, D-42289 Wuppertal
Tel: 0202-62003 47
Fax: 0202-62003 81
email: stiftung@kindersuchthilfe.de
Internet: www.kindersuchthilfe.de
(2001)

Deutsche Multiple Sklerose Stiftung (DMSS-NRW) G*S

Förderung der Hilfe für Behinderte, des öffentlichen Gesundheitswesens / Krankenhäuser, Mildtätigen Zwecken (operativ tätig)
Anträge: keine Antragsmöglichkeit
Anschrift: c/o Landesverband Deutsche Multiple Sklerose Gesellschaft e.V., Kirchfeldstrasse 149, D-40215 Düsseldorf
(2002)

Deutsche Otter Stiftung N

Die Stiftung bezweckt, dem Tierartenschutz im Rahmen eines integrativen Naturschutzes zu dienen. Ein besonderes Anliegen der Stiftung ist es dabei, die zur Familie der Marder, und hier insbesondere die zur Unterfamilie Fischotter gehörenden Raubtierarten, vor dem Aussterben zu bewahren und ihr Überleben in Koexistenz mit dem Menschen in einer gemeinsamen Mitwelt nachhaltig zu sichern. In diesem Sinne zählen unter anderem zu den Aufgaben der Stiftung: 1.

den Schutz vor Ausrottung zu sichern und zu gewährleisten, 2. zur Erhaltung und Verbesserung bestehender Biotope beizutragen, 3. die Ausbreitung durch Wiederherstellung ge- oder zerstörter Biotope zu ermöglichen, 4. die Erforschung der Ökologie zu unterstützen. (fördernd tätig)
Anschrift: c/o Otter-Zentrum, Mark Ehlers, D-29386 Hankensbüttel
Tel: 05832-980821
Fax: 05832-980851
email: m.ehlers@otterzentrum.de
Internet: www.deutsche-otterstiftung.de
(2000) Rechtsfähige Stiftung des bürgerlichen Rechts

Deutsche Snoezelen Stiftung F*G

Die Stiftung bezweckt die Förderung im Bereich des Gesundheitswesens, die Anwendung von Snoezelen als multifunktionales und therapeutisches Konzept zur sensorischen Stimulierung in der Freizeit, beim Unterricht und in der Therapie für Menschen mit Behinderungen, insbesondere schweren geistigen Behinderungen. Sie unterstützt die Idee von Snoezelen-Anwendungen für Behinderte, Senioren und Kinder durch Öffentlichkeitsarbeit, Informations- und Erfahrungsaustausch auf nationaler und internationaler Ebene, Aus- und Weiterbildung von Anwendern, Förderung wissenschaftlicher Untersuchungen und Behinderteneinrichtungen sowie Zertifizierung solcher Einrichtungen und von Anwendern zur Sicherstellung des Qualitätsstandards.
Anschrift: Vor dem Kaiserdom 10, D-38154 Königslutter
(2002) Rechtsfähige Stiftung des bürgerlichen Rechts

Deutsche Stiftung Denkmalschutz K

Förderung des Denkmalschutzes, soweit es sich um die Erhaltung und Wiederherstellung historisch oder kulturell besonders wichtiger Baudenkmäler handelt; Verbreitung des Gedankens des Denkmalschutzes in der Bevölkerung (fördernd tätig)
Hinweise: Bundesrepublik Deutschland; Förderverträge jährlich, zeitlich unbegrenzt; Denkmäler dürfen kein Bundeseigentum sein
Anträge: schriftlich
Ausgaben: 38.000.000 € , (2004)
Anschrift: Herrn Dr. Robert Knüppel, Koblenzer Straße 75, D-53177 Bonn
Tel: 0228-95738 0
Fax: 0228-95738 23
email: info@denkmalschutz.de
Internet: www.denkmalschutz.de
(1985) Rechtsfähige Stiftung des bürgerlichen Rechts

Deutsche Stiftung für F*G
Gesundheitsinformation

Erforschung und Förderung der Qualität in der Medizin und des Wissens der Allgemeinheit, insbesondere von Patienten und Medien, um Leistungs- und Differenzierungsmerkmale in der Medizin in den Fachbereichen Ästhetisch- Plastische Chirurgie, Ästhetische und funktionelle Zahnheilkunde, Check-up- Diagnostik/RadiologieAnti-Aging Medizin, Rheumatologie/Orthopädie mit

Schwerpunkt auf Arthrose, Arthritis und Osteoporose, Ernährungs- und Abnehmmedizin sowie Kardiologie durch Unterstützung von Forschungsprojekten in den Bereichen der Grundlagen- und Anwendungsforschung, insbesondere durch Publizierung bereits vorhandener und neuer medizinischer Erkenntnisse und Ergebnisse, durch die Vergabe von Fördermitteln an Wissenschafts- und Forschungseinrichtungen, deren Träger sich überwiegend aus Zuwendungender öffentlichen Hand oder Dritter oder aus der Vermögensverwaltung finanzieren. Außerdem sollen Schulungen auch durch medizinische Fortbildungsakademien privater Trägerschaften durchgeführt, deren Ergebnisse publiziert und medizinische Diagnostik betrieben werden. Desweiteren soll die Stiftung Einrichtungen für die Durchführung entsprechender Forschungsprojekte und der Kommunikation der Ergebnisse der Forschung sowie entsprechender Qualifizierungsmaßnahmen und der Kommunikation von Normen und Richtlinien schaffen und bereithalten. (fördernd tätig)
Anschrift: Königsallee 90, D-40212 Düsseldorf
Internet: www.dsgi.de
(2003) Rechtsfähige Stiftung des bürgerlichen Rechts

Deutsche Stiftung Welterbe K
Ziel ist es zur Ausgewogenheit der Welterbeliste beizutrage und in ihrem Erhalt gefährdete Welterbestätten zu unterstützen (fördernd tätig)
Anträge: schriftlich formlos
Anschrift: Brigitte Mayerhofer, Postfach 401805, D-80718 München
Fax: 089-30765102
email: info@welterbestiftung.de
Internet: www.welterbestiftung.de
(2001) Stiftung des öffentlichen Rechts

Deutsche Stiftung zur Erforschung F
von Arthrose, Arthritis und
Osteoporose
Förderung von Wissenschaft und Forschung
Anschrift: c/o Rechtsanwälte Berzdorf, Sasse & Co., Christoph Sasse, Hindenburgstr. 28 b, D-40667 Meerbusch
(2000)

Deutsche Telekom Stiftung F*V
Förderung der Entwicklung einer vernetzten Wissens- und Informationsgesellschaft. Die Stiftung wird insbesondere Bildung, Forschung und Technologie für Deutschland und als Mittel der weiteren europäischen Integration fördern und dabei vor allem: Kongresse, Symposien und Diskussionsforen initiieren und betreiben, um den Wissenstransfer zwischen Staat, Wirtschaft und Gesellschaft zu vertiefen; wissenschaftliche Projekte durchführen, anregen undmittragen; Stipendien an begabte junge Menschen vergeben. Daneben fördert die Stiftung auch karitative und kulturelle Aktivitäten und Organisationen (operativ tätig)

Anträge: keine Antragsmöglichkeit
Ausgaben: 10.021.321 €
Anschrift: Dr. Klaus Kinkel, Graurheindorfer Str.153, D-53117 Bonn
Tel: 0228-181 92205
Fax: 0228-181 92005
email: andrea.servaty@telekom.de
Internet: www.telekom-stiftung.de
(2003) Rechtsfähige Stiftung des bürgerlichen Rechts

Deutsche Wildtier Stiftung F*N
Anwendungsorientierte ökologische Forschung mit Schwerpunkt Zoologie; Umweltbildung; Einheimische Wildtiere in ihren Lebensräumen fördern und erlebbar machen (auch operativ tätig)
Hinweise: Deutschland
Anträge: schriftlich formlos
Ausgaben: 2.403.072 € , (2004)
Anschrift: Sven Holst, Billbrookdeich 210, D-22113 Hamburg
Tel: 040-73339331
Fax: 040-7330278
email: info@DeWist.de
Internet: www.DeutscheWildtierStiftung.de
(1992) Rechtsfähige Stiftung des bürgerlichen Rechts

DFB-Stiftung Egidius Braun B*M*V*X
Förderung des Sports, der Kultur, der Erziehung, der Bildung und Berufsbildung, der Studentenhilfe, der Jugendhilfe, der Völkerverständigung, der Integration ausländischer Mitbürgerinnen- und Bürger in die Gesellschaft, der Hilfe für politisch, rassisch und religiös Verfolgte und mildtätige Zwecke (auch operativ tätig)
Anträge: schriftlich formlos
Anschrift: Wolfgang Watzke, Kleingedankstr. 9, D-50677 Köln
Tel: 0221-94 67 66 0
Fax: 0221-94 67 66 20
email: info@dfb-stiftung-egidius-braun.de
Internet: www.dfb-stiftung-egidius-braun.de/
(2001) Rechtsfähige Stiftung des bürgerlichen Rechts

DGzRS Stiftung S
Zweck der Stiftung ist die finanzielle Unterstützung der Gesellschaft zur Rettung Schiffbrüchiger bei der Verwirklichung ihrer Zwecke.
Anschrift: Werderstr. 2, D-28199 Bremen
(2004)

Dharma-Tor Ammersee Stiftung   G*R*S
Unterstützung der ganzheitlichen Gesundheit des Menschen durch die traditionelle buddhistische Religion und Geisteskultur (fördernd tätig)
Anträge: keine Antragsmöglichkeit
Anschrift: Ingrid Hupher-Neu, Huttenried 5b, D-86980 Huttenried
email: dharmagate@freenet.de
Internet: www.dharmagate-ammersee.de
(2003) Rechtsfähige Stiftung des bürgerlichen Rechts

Diakonie in Edermünde   S
Altenhilfe, Religion; Förderung der sozial-diakonischen Arbeit in Edermünde, insbes. der ambulanten Alten- und Krankenpflege
Anträge: keine Antragsmöglichkeit
Anschrift: Pfarrer Uwe Krause, Kirchring 15, D-34295 Edermünde-Grifte
Tel: 05665-5737
Fax: 05665-961363
Internet: www.umwelt-kirche-grifte.de
(2002)

Diakoniestiftung Wilhelm Müsken   S
Unterstützung des Vereins Großstadt-Mission Hamburg-Altona e.V. oder dessen Rechtsnachfolger und ihm nahestehender gemeinnütziger Körperschaften zur Erreichung des Vereinszwecks.
Anschrift: Wolfgang Tarrach, Nikischstraße 23, D-22761 Hamburg
Tel: 040-897158-0
Fax: 040-89715850
email: diakoniestiftung-wm@grosstadt-mission.de
Internet: www.grosstadt-mission.de
(2001)

Diakonische Altenhilfestiftung Wilhelm Frisch   S
Förderung der Altenhilfe
Anschrift: Klostertor 2, D-95028 Hof
(2002)

Diakonissenstiftung kreuznacher diakonie in Würde leben - In Würde sterben   S
Die Stiftung hat den Zweck, die stationäre und ambulante Seniorenarbeit sowie die Hospizarbeit der als gemeinnützig anerkannten Kirchlichen Stiftung des Öffentlichen Rechts kreuznacher diakonie unmittelbar finanziell zu unterstützen.

Anschrift: Dr. Frank Rippel, Ringstraße 58, D-55545 Bad Kreuznach
Tel: 0671-605-3217
Fax: 0671-605-3243
email: rippel@kreuznacherdiakonie.de
(2002) Rechtsfähige Stiftung des bürgerlichen Rechts

Die Nürnberger Plakatsammlung - eine Stiftung der GfK und der NAA K

Besitz, Wahrung und Pflege sowie Fortentwicklung und Nutzbarmachung der Plaktsammlung, die ein erhaltungswürdiges Kulturgut darstellt, das auch der Öffentlichkeit zugänglich gemacht werden soll (operativ tätig)
Hinweise: Sammlung auf Nürnberg begrenzt
Anträge: keine Antragsmöglichkeit
Anschrift: Dr. Raimund Wildner, Nordwestring 101, D-90319 Nürnberg
email: raimund.wildner@gfk.de
(2002) Öffentliche Stiftung des bürgerlichen Rechts (Bayern)

Dieter Ernstmeier Stiftung G*K*S

Förderung des öffentlichen Gesundheitswesens / Krankenhäuser, Kinder-/Jugendhilfe, Waisen, Altenhilfe (einschl. Altenheime), Mildtätigen Zwecken, Denkmalpflege, Kunst und Kultur
Anschrift: Dr. Otto, Hellerweg 28, D-32052 Herford
(2002)

Dieter Fuchs Stiftung F

Zweck der Stiftung ist die Förderung der Wissenschaft, insbesondere auf den Gebieten der Wirtschaftswissenschaften, der Politikwissenschaft, der Sozialwissenschaften, der Lebensmittelwissenschaft sowie der Agrarwissenschaft, und die Förderung der Bildung, insbesondere auf den Gebieten des Ingenieurwesens, des Handwerks und der Technologie, insbesondere der Lebensmitteltechnologie, sowie auf den Gebieten der Agrarwirtschaft
Anschrift: Herrn Dieter Fuchs, Westring 19, D-49201 Dissen a.T.W.
(2002) Rechtsfähige Stiftung des bürgerlichen Rechts

Dietl Stiftung B*K*M

Zuwendungen an Kindergärten und Schulen zur Anschaffung zusätzlicher Lernmittel, Unterstützung kultureller Aktivitäten und Förderung des Amateursports jeweils und ausschließlich im Landkreis Rosenheim
Anschrift: Herrn Siegfried Martens, Kaiserstr. 12, D-83022 Rosenheim
(2002)

Dietrich und Marion Fürst-Stiftung B*M*S

Stiftungszweck ist die Unterstützung der im Stadtgebiet der Stadt Braunschweig ansässigen Sportvereine insbesondere Jugendarbeit, der ev.-luth. Kirche in der Stadt Braunschweig insbesondere der Domgemeinde und des Diakonischen Werkes Braunschweig, von Bildung und Er-

ziehung der in Braunschweig betriebenen Schulen insbesondere der Jugenddorf Christophorus-Schule in Braunschweig, der Kultur bzw. des kulturellen Lebens in Braunschweig, der Stiftung Kliniken Herzogin-Elisabeth-Heim in Braunschweig. Ein Drittel ihrer Erträge hat die Stiftung dazu zu verwenden, um in angemessener Weise die Abkömmlinge der Stifter zu unterhalten, die Gräber der Stifter zu pflegen und ihr Andenken zu ehren.
Anschrift: Ritterstraße 9, D-38100 Braunschweig
(2003) Rechtsfähige Stiftung des bürgerlichen Rechts

Dietrich-Bonhoeffer-Stiftung B

Zweck der Stiftung ist die Förderung von Bildung und Erziehung. Der Satzungszweck wird verwirklicht insbesondere durch: Zweck der Stiftung ist die Förderung von Bildung und Erziehung. Der Satzungszweck wird verwirklicht insbesondere durch: a) die Trägerschaft des Evangelischen Ganztagsgymnasiums "Dietrich-Bonhoeffer-Schule" in Schweich. b) die finanzielle Unterstützung von bedürftigen Schülerinnen und Schüler. (operativ tätig)
Anträge: keine Antragsmöglichkeit
Anschrift: Pfarrer P. Krachen, Engelstraße 12, D-54292 Trier
Fax: 0651-20 900 72
email: schulstiftung@evangelische-kirche-trier.de
Internet: www.dietrich-bonhoeffer-gymnasium.de
(2000) Stiftung des öffentlichen Rechts

Dipl. Hdl. Oswald und Lieselotte Russ- K*S
Stiftung

Förderung des Museums und des Vereinslebens in Bischofsgrün
Anschrift: Berliner Str. 1, D-95493 Bischofsgrün
(2004)

Diplom-Volkswirt Joseph Haas und B
Editha Haas-Stiftung

Förderung begabter, jedoch bedürftiger junger Menschen aus Scheinfeld und Umgebung
Hinweise: Scheinberg und Umgebung
Anschrift: Hauptstr. 3, D-91443 Scheinfeld
(2002) Öffentliche Stiftung des bürgerlichen Rechts (Bayern)

Dirk Nowitzki-Stiftung B*M*S

Förderung der Jugendhilfe, des Sports, vornehmlich d.Jugend-u.Hochschulsports, sowie d.Erziehung u. Ausbildg., einschl. d.berufl.Aus-und Weiterbildung, im In-und Ausland
Anschrift: Augustinerstr. 5, D-97070 Würzburg
(2005)

DIVI-Stiftung F*G
Zweck der Stiftung ist die Förderung und Weiterentwicklung der klinischen und medizin-technischen Forschung in der Intensivmedizin und Notfallmedizin. Der Zweck wird verwirklicht insbesondere durch a) angewandte Grundlagenforschung b) Evaluation pathophysiologischer Grundlagen und prognostischer Kenngrößen c) Verbesserung technologischer Prinzipien und Verfahren d) Entwicklung neuer Therapiestrategien e) Vergabe von Stipendien an Nachwuchswissenschaftler f) Vergabe von Gutachtenaufträgen auf den Gebieten der Intensiv- und Notfallmedizin g) Durchführung von Seminaren, Workshops, Trainingskursen und anderen Tagungen h) Förderung wissenschaftlicher Publikationen i) Förderung von Kommunikationstechniken im Bereich der Notfallmedizin. (fördernd tätig)

Anträge: Merkblatt-Begutachtung-schriftlich
Ausgaben: 500 €
Anschrift: c/o Klinikum für Anästhesiologie Klinikum der Universität Mainz, Herr Prof. Dr. med. W. F. Dick, Langenbeckstraße 1, D-55131 Mainz
Tel: 06131-176886
Fax: 06131-236028
email: dick@uni-mainz.de
(2002) Stiftung des öffentlichen Rechts

doArte-Stiftung K
Förderung der Musik und Literatur, der bildenden und darstellenden Künste sowie die Pflege und Erhaltung von Kulturwerten (fördernd tätig)

Anträge: schriftlich formlos
Anschrift: Orsolya Friedrich, Frauenstraße 28, D-80469 München
email: info@doarte.de
(2002)

Dombaustiftung zu Braunschweig K
Zweck der Stiftung ist die Erhaltung und Weiterentwicklung der historischen Gebäudesubstanz und der beweglichen Kunstgegenstände, die Ausstattung mit zeitgenössischen Kunstwerken sowie die Förderung der Kirchenpädagogik am Braunschweiger Dom. Der Stiftungszweck wird vor allem verwirklicht durch die Förderung von Baumaßnahmen und Restaurierungsvorhaben, architekturgeschichtlichen und kunsthistorischen Forschungsvorhaben, Erwerb von zeitgenössischen Ausstattungsgegenständen,Maßnahmen der Kirchenpädagogik. (auch operativ tätig)

Anträge: keine Antragsmöglichkeit
Anschrift: Domprediger Joachim Hempel, Domplatz 5, D-38100 Braunschweig
Tel: 0531-24335 0
Fax: 0531-2433524
Internet: www.BraunschweigerDom.de
(2004) Rechtsfähige Stiftung des bürgerlichen Rechts

Domino Stiftung K

Die Stiftung präsentiert im Dominohaus eine Sammlung zeitgenössischer Kunst und die Beziehungen von Architektur und bildender Kunst zu fördern. (operativ tätig)
Anträge: keine Antragsmöglichkeit
Anschrift: Ursel Riehle, Am Echazufer 24, D-72764 Reutlingen
email: mail@dominostiftung.de
Internet: www.dominostiftung.de
(2001) Rechtsfähige Stiftung des bürgerlichen Rechts

Donsbach-Stiftung K

(1) Zweck der Stiftung ist 1. die Förderung von Kunst und Kultur innerhalb der Stadt Worms am Rhein sowie 2. den Stifter und seine nächsten Angehörigen zu unterhalten, jedoch höchstens in Verwendung von ein Drittel des Einkommens. (2) Die Stiftung verfolgt ihre Ziele insbesondere durch 1. die finanzielle Förderung von Künstlern aus dem Stadtgebiet der Stadt Worms am Rhein und deren Projekte 2. die finanzielle Förderung von Kulturveranstaltungen, stattfindend innerhalb des Gebietes der Stadt Worms am Rhein 3. die Unterstützung förderungswürdiger künstlerischer und kultureller Unternehmungen und Veranstaltungen in Worms am Rhein sowie 4. materielle Zuweisungen an den Stifter. (3) Zur Erfüllung des Stiftungszweckes gem. Abs. (2) steht es der Stiftung frei, Wirtschaftsunternehmen jeder Art zu gründen oder sich hieran zu beteiligen.
Anschrift: Untere Hauptstraße 79, D-67551 Worms
(2004)

DONUM VITAE - Stiftung deutscher Katholiken zum Schutz des menschlichen Lebens S

Förderung Sonstiger Sozialer Zwecke (operativ tätig)
Anträge: keine Antragsmöglichkeit
Anschrift: c/o Dresdner Bank AG, Stiftungsmanagement, z.Hd. Herrn Mikoleit, Gallusanlage 7, D-60301 Frankfurt am Main
(2001)

Dorian Stiftung B*K

Zweck der Stiftung ist die Förderung der Kunst und Kultur, der Bildung und Erziehung in den Bereichen der Musik und der bildenden Kunst. Die Stiftung verfolgt ferner mildtätige Zwecke durch selbstlose Unterstützung hilfsbedürftiger Personen i. S. d. § 53 AO.
Anschrift: Mittlerer Pfad 15, D-70499 Stuttgart
(2000) Rechtsfähige Stiftung des bürgerlichen Rechts

Doris-Wuppermann-Stiftung - Junge Menschen für soziale Demokratie   B*P*S

Förderung des Engagements junger Menschen durch die Förderung von Bildung und Erziehung und des demokratischen Staatswesens
Anschrift: Brunhildenstr. 35, D-80639 München
Tel: 089-23 66 270
email: dws@doris-wuppermann-stiftung.de
Internet: www.doris-wuppermann-stiftung.de
(2002) Öffentliche Stiftung des bürgerlichen Rechts (Bayern)

Dortmund-Stiftung   B*F*K

Förderung von Kunst und Kultur, Bildung, Erziehung, Ausbildung, Wissenschaft und Forschung (auch operativ tätig)
Anträge: schriftlich formlos-Begutachtung
Anschrift: Oberbürgermeister Dr. Gerhard Langemeyer, Flamingoweg 1, D-44139 Dortmund
Tel: 0231-974 2196
Fax: 0231-974 2395
email: info@dortmund-stiftung.de
Internet: www.dortmund-stiftung.de
(2000)

Dr. med. Georg Oeckler Stiftung   S

Förderung sozialer Einrichtungen, insbesondere die Unterstützung der Stiftung Liebenau und ihrer Tochtergesellschaften
Anschrift: Halbinselstraße 47, D-88142 Wasserburg (Bodensee)
(2000) Öffentliche Stiftung des bürgerlichen Rechts (Bayern)

Dr. Akbar und Sima Ayas - Nothilfe für afghanische Kinder   G

1) Zweck der Stiftung ist die Förderung und Unterstützung der notwendigen medizinischen Versorgung sowohl im Heimatland als auch im Ausland von kranken und hilfsbedürftigen afghanischen Kindern sowie die Unterstützung der Errichtung eines Waisenhauses in Afghanistan für elternlose oder mittellose afghanische Kinder. 2) Die Stiftung verfolgt ihre Ziele insbesondere durch a) regelmäßige Besuche von afghanischen Dorfkliniken und Schulen zum Zwecke der Kontaktaufnahme bzw. direkter ärztlicher Hilfe, b) Kontaktpflege zu den Vereinen Solidarfonds Afghanistan, Help Afghan Children und Ärzte ohne Grenzen. (auch operativ tätig)
Anträge: schriftlich formlos
Anschrift: Dr. Akbar Ayas, Birkenweg 3, D-57610 Altenkirchen
Tel: 02681-950 110
Fax: 02681-950 111
email: simaayas@t-online.de

(2004)

Dr. Albrecht Gräfer-Stiftung S
Förderung Mildtätiger Zwecke
Anschrift: c/o Dresdner Bank AG, Dresdner Private Banking, Christoph Sasse, D-40002 Düsseldorf
(2002)

Dr. Andrea Winkler-Wilfurth-Stiftung S
Förderung von Maßnahmen zur psycho-sozialen Betreuung schwerkranker Kinder und Jugendlicher, humanitäre medizinische Hilfe für Kinder aus aller Welt.
Anschrift: Ludwigstraße 7, D-92224 Amberg
(2001)

Dr. Arnold Kulturstiftung Stuttgart K
(DAKS)
Zweck der Stiftung ist die Förderung von Kunst und Kultur auf dem Gebiet des Theaters und der Literatur im deutschsprachigen Raum.
Anschrift: Dr. Klaus O. Arnold, Mühlrain 48 B, D-70180 Stuttgart
(2003)

Dr. Astrid Luther-Stiftung für den N
Tierschutz
Förderung des Tierschutzes
Anschrift: Dr. Astrid Luther, Sandweg 1, D-63927 Bürgstadt
(2000) Öffentliche Stiftung des bürgerlichen Rechts (Bayern)

Dr. Baer Stiftung Hope F
Förderung der Forschung und die Förderung von medizinischen Einrichtungen (z.B. Spezialkliniken), jeweils für Kinder und Jugendliche, die an der Myotonen Dystrophie erkrankt sind.
Anschrift: c/o Herrn Steuerberater Wolfgang Böhnel, Fahrgasse 24, D-63225 Langen
(2005)

Dr. Birgit Kleinknecht Stiftung S
Unterstützung bedürftiger oder minderbemittelter Personen, insbesondere gefährdeter Kinder
Anschrift: Dr. Birgit Kleinknecht-Hodum, Grauertstraße 8, D-81545 München
(2003)

Dr. Dau-Stiftung B*S
Förderung des Gesundheits- und Bildungswesens auf dem Gebiet der Kinder- bzw. Jugendfürsorge und -pflege. Der Stiftungszweck wird verwirklicht insbesondere durch die Mittelbeschaffung für die Förderung von bedürftigen Kindern/Jugendlichen, ihrer Familien und ihrer Gemeinschaften, damit ihre Grundbedürfnisse befriedigt sind und ihre Fähigkeiten gefördert werden, um selbst einen Beitrag zur Verbesserung ihrer Lebensgemeinschaft leisten zu können. (fördernd tätig)
Anträge: schriftlich formlos
Ausgaben: 5.500 €
Anschrift: Dr. Lutz Dau, Ursula Dau, Bekwisch 34 a, D-22393 Hamburg
Tel: 040-5366063
Fax: 040-5365875
email: dr.lutz.dau@hamburg.de
(2002)

Dr. Dazert-Stiftung K
Förderung der Berufsbildung auf dem Gebiet des Zeitungswesens; ein weiterer Zweck der Stiftung ist die Förderung der Kunst, neben der darstellenden und bildenden Kunst soll auch die Musik gefördert werden.
Anschrift: c/o Allgäuer Zeitungsverlag GmbH, Heisinger Straße 14, D-87437 Kempten
(2002)

Dr. Dirk Baier-Stiftung S
Förderung von Hilfe für Behinderte, Kinder-/Jugendhilfe, Waisen
Anschrift: Max-Joerg Hiedemann, Sachsenring 75, D-50677 Köln
(2002)

Dr. E. A. Langner-Stiftung B*K*N*S*V
Förderung von Kunst und Kultur, Wissenschaft und Forschung, Bildung und Erziehung, der Völkerverständigung, der Entwicklungshilfe, des Umwelt-, Landschafts- und Denkmalschutzes, des Sports, der Jugend- und Altenhilfe, des öffentlichen Gesundheitswesens, des Wohlfahrtswesens, des demokratischen Staatswesen unter besonderer Berücksichtigung von Maßnahmen zur Wahrung der Menschenrechte und die selbstlose Unterstützung hilfsbedürftiger Personen, die infolge ihres körperlichen, geistigen und seelischen Zustandes auf die Hilfe anderer angewiesen sind; insbesondere die Durchführung von eigenen Maßnahmen und die Förderung von Maßnahmen anderer als gemeinnützig und/oder mildtätig anerkannter Einrichtungen bzw. staatlicher Einrichtungen. (operativ tätig)
Anträge: schriftlich formlos
Ausgaben: 200.000 € , (2005)
Anschrift: Heike Grunewald, Rondeel 29, D-22301 Hamburg
Tel: 040-27 88 06 22

Fax: 040-27 88 08 22
email: info@dr-langner-stiftung.org
Internet: www.dr-langner-stiftung.org
(2004) Rechtsfähige Stiftung des bürgerlichen Rechts

Dr. Eberhard und Hilde Rüdiger Stiftung F

Förderung von Wissenschaft und Forschung (fördernd tätig)
Anschrift: c/o Commerzbank AG, Nachlass-und Stiftungsmanagement, Iris Euler, D-60261 Frankfurt
(2002)

Dr. Eberhard und Ingeborg Juch Kulturstiftung K

Die Stiftung bezweckt die Förderung von Kunst und Kultur in der Stadt Salzgitter.
Anschrift: c/o Stadt Salzgitter, Postfach 10 06 80, D-38206 Salzgitter
(2002) Rechtsfähige Stiftung des bürgerlichen Rechts

Dr. Eckart und Mariette KNAUL-STIFTUNG F

Förderung von Wissenschaft und Forschung im spannungsfeld Biologie - Soziologie - Medizin - Verhaltensforschung mit Schwerpunkt auf dem Gebiet der Physiologie und der Pathophysiologie
Anschrift: c/o Dresdner Bank AG Stiftungsmanagement, Gallusanlage 7, D-60301 Frankfurt
(2004)

Dr. Emil Artus Gedächtnis-Stiftung S

Unterstützung von bedürftigen Freimaurern bei Krankheit, Not und Tod sowie Unterstützung von deren Witwen und Waisen
Hinweise: Freimaurer und deren Witwen und Waisen
Anträge: schriftlich formlos
Ausgaben: 46.016 €
Anschrift: Werner Eggers, Zellerstraße 16, D-22145 Hamburg
Tel: 040-3068790
(1774) Rechtsfähige Stiftung des bürgerlichen Rechts

Dr. Erika Siegel Stiftung für Schmerzforschung und Prävention chronischer Schmerzkrankheiten F

Förderung der Schmerzforschung und Erkundung von chronischen Schmerzkrankheiten

Anschrift: Dr. Evelyne Menges, Herzogstr. 127, D-80796 München
(2005)

Dr. Ernst und Wilma Müller-Stiftung B*F

Der Zweck der Stiftung besteht in der Förderung von Wissenschaft und Forschung, von Lehre, Bildung und wissenschaftlichen Untersuchungen. Der Krebsforschung und der Forschung zur Wiedererlangung und Erhaltung der menschlichen Sehkraft soll ein Vorrang eingeräumt werden. (fördernd tätig)

Anträge: schriftlich formlos
Ausgaben: 2.500.000 €
Anschrift: Meinert Hahnemann, Hermann-Kurz-Str.20, D-70192 Stuttgart
Tel: 0711-2572019
Fax: 0711-2572015
email: mhahnemann@web.de
(2001)

Dr. Eugen Liedl Stiftung K

Förderung der Erforschung der schwäbischen Geschichte, der aus ihr erwachsenen schwäbischen Eigenart und des schwäbischen Selbstverständnisses in Wort, Schrift, Ton, Kunst und Brauchtum in Vergangenheit und Gegenwart (fördernd tätig)

Anträge: schriftlich formlos
Ausgaben: 15.000 € , (2004)
Anschrift: Dr. Eugen Liedl, Hindenburgstr. 9 a, D-86356 Neusäß
Tel: 08421-4861346
(2003)

Dr. Franz und Astrid Ritter-Stiftung K

Förderung von Kunst und Kultur, insbes. der Malerei und sonstiger bildender Künste in der Stadt Straubing und im Raum Niederbayern. (operativ tätig)

Anträge: keine Antragsmöglichkeit
Anschrift: Carolin Ahrendt, Landshuter Straße 10, D-94315 Straubing
Tel: 089-13 92 90 51
Fax: 089-13 92 90 51
email: ahrendt@ritter-stiftung.org
Internet: www.ritter-stiftung.org
(2004)

Dr. Friedrich Wilhelm und Dr. Isolde Dingebauer-Stiftung F

Förderung wissenschaftlich herausragender Leistungen auf dem Gebiet der Parkinsonschen Krankheit durch die Verleihung des Dingebauer Preises (fördernd tätig)

Anschrift: Füssmannstrasse 18, D-44265 Dortmund
(2001) Rechtsfähige Stiftung des bürgerlichen Rechts

Dr. Gerhard-Boß-Stiftung S
Altenpflege, Wohlfahrtswesen, Bedürftigenhilfe (auch operativ tätig)
Hinweise: Landkreis Forchheim
Anträge: schriftlich formlos
Anschrift: Peter Ehmann, Birkenfelderstr. 15, D-91301 Forchheim
Tel: 09191-707220
Fax: 09191-707260
(2004)

Dr. h.c. Gerhard-Weiser-Stiftung K
Zweck der Stiftung ist die Förderung der Musik in Baden-Württemberg, insbesondere der Laienmusik. (fördernd tätig)
Hinweise: Baden-Württemberg
Anträge: schriftlich formlos
Ausgaben: 3.500 € , (2004)
Anschrift: Stefan Liebing, König-Karl-Str. 13, D-70372 Stuttgart
Tel: 0711-52089240
Fax: 0711-52089257
email: stiftung@bvbw-online.de
(2001) Rechtsfähige Stiftung des bürgerlichen Rechts

Dr. Hans Lettner Stiftung N
Förderung und Unterstützung des Natur- und Tierschutzes
Anschrift: c/o Ertle - Seifert - Leonhardt- Spöri Steuerberater, Andreas-Rauch-Str. 27, D-88239 Wangen
(2003)

Dr. Hans-Jürgen Schinzler Stiftung B*K*N*S*V
Förderung der Kinder-und Jugendhilfe, der Entwicklungshilfe, des öffentl.Gesundh.Wesens, Völkerverst.,Erzieh.,Volks- und Berufsbildg., Umwelt u. Kultur, Katastrophenh.,Bedürftigenh. (fördernd tätig)
Anträge: Merkblatt-Begutachtung-schriftlich
Anschrift: c/o Münchener Rückvers.Ges., Dr. Willi Fischges, Königinstr. 107, D-80791 München
Tel: 089-3891 9000
Fax: 089-3891 79000
email: schinzler-stiftung@munichre.com
(2004) Rechtsfähige Stiftung des bürgerlichen Rechts

Dr. Hans-Martin und Irene Christinneck-Stiftung B*N*S

Förderung von Bildung, Erziehung, Ausbildung, Denkmalpflege, Naturschutz, Umweltschutz, Sozialem - allgemein
Anschrift: Dr. Hans-Martin Christinneck, Lindfläche 8a, D-53332 Bornheim
(2001)

Dr. Hartmut Kümmerlein Stiftung B*R*S

Förderung von Mildtätigen Zwecken, Sonstigen Sozialen Zwecken, Religion, kirchlichen Zwecken, Ausbildungsförderung, Bildung, Erziehung, Ausbildung sowie von Kinder-/Jugendhilfe, Waisen
Anschrift: Karin-Renate Kümmerlein, Hitzbleek 7, D-45239 Essen
(2001)

Dr. Heinrich Lüdeke Stiftung X

Förderung gemeinnütziger Institutionen, die ihren Sitz in der Bundesrepublik Deutschland haben
Anschrift: Herrn Roland Döbl, Alexander von Müller-Str. 15, D-83700 Rottach-Egern
(2004)

Dr. Heinz Dirkes-Stiftung F

Förderung von Wissenschaft und Forschung
Anschrift: Dr. Heinz Dirkes, Hermann-Löns-Weg 36, D-48291 Telgte
(2000)

Dr. Heinz Kreß Stiftung zur Förderung von Kindern S

Förderung von Kindern - vorwiegend in den armen Ländern der Welt ohne soziales Netz (z.B.Südamerika, Mittelamerika, Asien, Afrika etc.).
Anschrift: Harthauser 51, D-83043 Bad Aibling
(2000)

Dr. Hermann Bullinger M.A. und Inge Bullinger-Pittler- Stiftung K

a) Förderung des heimischen Kulturgutes der Stadt Bad Kreuznach, insbesondere Projekte des Schlosspark-Museum b) Förderung der Musik, insbesondere durch die jährliche Vergabe des Inge Pittler-Förderpreises für das Fach Gesang und das Fach Klavierbegleitung an Evang. Musikhochschule Heidelberg c) weitere Maßnahmen, die geeignet sind, die beiden Stiftungszwecke zu verwirklichen.
Anschrift: Herrn RA Wolf Malo, Bahnhofstrasse 1/2, D-97070 Würzburg

(2002)

Dr. Hermann J. Marx - Stiftung für Tiere   N

1. Zweck der Stiftung ist die Förderung des unmittelbar praktisch-angewandten Tierschutzes im In- und Ausland. 2. Der Stiftungszweck wird insbesondere durch folgende Maßnahmen verwirklicht: Förderung von Vorhaben von als gemeinnützig anerkannten in- und ausländischen Tierschutzorganisationen bei der Errichtung, Verbesserung und Unterhaltung von Tierheimen, Tierauffangstationen, tierärztlichen Behandlungseinrichtungen und vergleichbaren Maßnahmen, Übernahme der Kosten für tierärztliche Maßnahmen sowie zum Erwerb von Arzneimitteln, Anschaffung von Instrumenten und Geräten für die Versorgung gesunder und kranker Tiere, Beschaffung von Mitteln gemäß § 58 Nr. 1 der Abgabenverordnung (AO) zur Förderung des Tierschutzes bei der Verwirklichung der steuerbegünstigten Zwecke einer anderen Körperschaft. (fördernd tätig)
Anträge: schriftlich formlos
Ausgaben: 2.000 € , (2005)
Anschrift: Dr. Hermann J. Marx, Am Monte Casino 5, D-56179 Vallendar
Tel: 0261-60061
Fax: 0261-60061
(2004)

Dr. Ingeborg Hennemann-Stiftung   A*S

Hilfen für in Not geratene Kinder und Jugendliche sowie Unterstützung bedürftiger alter Menschen, insbesondere durch Zuwendungen an bestimmte Kinder, Jugendliche und/oder alte Menschen sowie an Verände, Vereine und andere Körperschaften als Träger von Einrichtungen, die in Not geratene Kinder und/oder Jugendliche Hilfe gewährten und/oder bedürftigen alten Menschen Unterstützung und Hilfe gewähren. Sollte der Sohn der Stifterin Wolf-Hermann Hennemann ein leibliches Kind oder leibliche Kinder hinterlassen, erhält dieses bwz. erhalten diese zeitlebens 1/3 der Netto- Erträgnisse aus der gemeinnützigen Stiftung. Außerdem Erhaltung und Pflege des Grabes der Stifterin Frau Dr. Ingeborg Hennemann.
Anschrift: Frau Gabriele Puppe, Salzberger Weg 10, D-49078 Osnabrück
(2000)

Dr. J. und A. Kratzer Stiftung   S

Unterstützung deutscher und österreichischer Staatsbürger, die aufgrund ihres Zustands der Hilfe anderer bedürfen oder die ohne grobe Fahrlässigkeit in wirtschaftliche Schwierigkeiten geraten sind.
Anschrift: Südliche Auffahrtsallee 71, D-80639 München
(2000)

Dr. Johannes und Dr. Gunhild Cassens - Stiftung   N*S
Förderung eines Hospizes zur Pflege hilfsbedürftiger alter und kranker Menschen im Sinne des § 53 Abgabenordnung, auch durch Errichtung und Unterhaltung eines Hospizes sowie Förderung des Tierschutzes, insbesondere Unterstützung des Emder Tierheimes.
Anschrift: c/o Oldenburgischen Landesbank AG, Herrn Alfred Janßen, Stau 15 - 17, D-26122 Oldenburg
(2000)

Dr. Josef H. Wennemann-Stiftung   G*S
Förderung von Sonstigen Sozialen Zwecken, des öffentlichen Gesundheitswesens / Krankenhäuser
Anschrift: Dr. Josef H. Wennenmann, Friedrich-Hebbel-Strasse 6, D-45721 Haltern am See
(2001)

Dr. Josef und Brigitte Pauli- Stiftung   B*G*K*S
Förderung von Musik, Theater, Tanz, Kunst und Kultur, Stipendien / Hochschule / Erwachsenenbildung, Mildtätigen Zwecken, Sonstigen Sozialen Zwecken, des öffentlichen Gesundheitswesens / Krankenhäuser
Anschrift: Dr. Josef Pauli, Dohne 54, D-45468 Mülheim an der Ruhr
(2001)

Dr. Kindel-Oldenburg-Stiftung   B*S
Förderung von Kindern und Jugendlichen vor allem in der Region Oldenburg, die nach fachlichem Urteil ihre Entwicklungsmöglichkeiten nicht ausschöpfen können z.B. wegen schwieriger bzw. unzureichender familiärer Bedingungen im erzieherischen und/oder finanziellen Bereich. Das kann außer im Schul- und im Ausbildungsbereich auch durch Hilfen geschehen, die zu einer positiven Persönlichkeitsentwicklung beitragen, wozu die Förderung besonderer Begabungen und besonderer Bildungsangebote (fachliche und persönlichkeitsfördernde Bildung) gehört. Besonders soll an Kinder und Jugendliche gedacht werden, wo die Probleme (auch) mit einer HIV-Infektion in Verbindung stehen. Hier können auch Veranstaltungen gefördert werden, die der Aufklärung und Prävention dienen, soweit das nicht durch andere Institutionen, vor allem Krankenkassen und Gesundheitsämter, gefördert werden kann. (fördernd tätig)
Anträge: schriftlich formlos
Ausgaben: 750 € , (2004)
Anschrift: c/o Bezirksverband Oldenburg (Stiftungsverwaltung), Dr. Karl-Heinz Meyer, Postfach 1245, D-26002 Oldenburg
Tel: 0441-218950
Fax: 0411-2189599
(2004) Rechtsfähige Stiftung des bürgerlichen Rechts

Dr. Lay - Stiftung G
Förderung des öffentlichen Gesundheitswesens /Krankenhäuser
Anschrift: Karl Friedrich Rienhöfer, An der Spiele 2, D-59494 Soest
(2000)

Dr. Leopold und Carmen Ellinger-Stiftung F
Förderung der Forschung auf dem Gebiet der Krebs-, Herz- und Kreislauferkrankungen.
Anschrift: Rechtsanwalt Dr. Offinger, Wurzerstr. 6, D-80539 München
(2000)

Dr. Marianne Zink-Stiftung S
Förderung von bedürftigen Personen sowie der Altenhilfe in München (fördernd tätig)
Hinweise: München; Wohnsitz seit längerem in München
Anschrift: Katharina Knäusl, Orleansplatz 11, D-81667 München
Tel: 089-23325646
Fax: 089-23322610
email: stiftungsverband.soz@muenchen.de
Internet: www.muenchen.de
(2002) Nicht rechtsfähige Stiftung

Dr. med. Georg Oeckler-Stiftung S
Förderung sozialer Einrichtungen, insbesondere die Unterstützung der Stiftung Liebenau und ihrer Tochtergesellschaften
Anschrift: c/o Herrn Heinz Kremer Steuerberater, Wannental 18, D-88131 Lindau
(2000) Öffentliche Stiftung des bürgerlichen Rechts (Bayern)

Dr. med. Karl-Heinz und Lore Barrakling Stiftung S
Stiftungszweck ist die Förderung der Rettung aus Lebensgefahr, die Rettung Ertrinkender und Schiffbrüchiger. Der Stiftungszweck soll durch die Förderung konkreter Projekte der Deutschen Gesellschaft zur Rettung Schiffbrüchiger in Bremen erfüllt werden.
Anträge: keine Antragsmöglichkeit
Anschrift: c/o Dresdener Bank Stiftungsmanagement, Gallusanlage 7, D-60301 Frankfurt
(2004)

Dr. med. Ruth Derlam-Stiftung S
Die Stiftung hat den Zweck, als gemeinnützig anerkannte Einrichtungen und Träger der Behindertenhilfe bei ihrer Arbeit zu unterstützen und zwar insbesondere die Arbeit des Vereins "Behindertenhilfe Leonberg e. V.", der "Werkstatt für Behinderte Leonberg gGmbH" sowie des Ver-

eins "Lebenshilfe für Menschen mit geistiger Behinderung Leonberg e. V.". Die Stiftung hat des Weiteren den Zweck, Einrichtungen oder Träger bei ihrer Arbeit zu unterstützen, die schwer vermittelbaren oder behinderten Menschen die Eingliederung in den ersten Arbeitsmarkt erleichtern bzw. eigene Arbeit für solche Menschen zur Verfügung stellen wollen. Gedacht ist dabei insbesondere an sogenannte "Integrationsbetrieb" oder Träger wie "Neue Arbeit".
Anschrift: Dr. med. Ruth Derlam, Grünberger Weg 4, D-74189 Weinsberg
(2003)

Dr. Mildred Scheel Stiftung für Krebsforschung F*G

Die Stiftung fördert innovative Forschungsvorhaben zur Krebsentstehung, -verhütung, -verbreitung, -erkennung und -behandlung sowie klinisch orientierte, experimentiell-theoretische Forschungsprojekte. Sie hilft, die personelle und sachliche Ausstattung in der Krebsforschung zu verbesser, organisiert und fördert Aus- und Fortbildungsmaßnahmen zur Umsetzung von Ergebnissen der Krebsforschung. Die Stiftung fördert die Lehre auf dem Gebiet der Krebsforschung und der Krebsbekämpfung, vergibt Forschungs- und Fortbildungsstipendien. Darüber hinaus hat sie das Ziel, den internationalen Erfahrungsaustausch zur Nutzbarmachung des vorhandenen Wissens zu verbessern, indem sie internationale Expertentreffen und Workshops organisiert (auch operativ tätig)
Hinweise: Auslandstipendien; durchschnittlich 15 Monate, max. 24 Monate für postdoc Medizin und Krebsforschung; Auswahl über speziellen Gutachterausschuß; postdoc Medizin, Krebsforschung
Anträge: Merkblatt-schriftlich formlos-Begutachtung
Ausgaben: 12.782.297 €
Anschrift: c/o Deutsche Krebshilfe e.V, Thomas Mann-Strasse 40, D-53111 Bonn
Tel: 0228-72990 0
Fax: 0228-72990 11
email: deutsche@krebshilfe.de
Internet: www.krebshilfe.de
(1976) Rechtsfähige Stiftung des bürgerlichen Rechts

Dr. Otto und Luise Weisbrod Stiftung B*K*S

Förderung kultureller und caritativer Einrichtungen in der Stadt Marktheidenfeld, insbesondere durch Zuwendungen an die Volkshochschule, die Sozialstation St. Elisabeth, die Lebenshilfe Marktheidenfeld und den historischen Verein.
Anschrift: Herrn RA Hermann Richartz, Eichholzstraße 4, D-97828 Marktheidenfeld
(2001)

Dr. Robert und Helga Düker-Stiftung F*G*S

Forschung mit den Schwerpunkten Aids und Krebs, direkte Begleitung von Erkrankten, insbesondere von Kindern und Jugendlichen (fördernd tätig)

Hinweise: Lüchow und Umgebung
Anträge: schriftlich formlos
Anschrift: c/o Hypovereinsbank AG, Stiftungsmanagement, Frank Schneider, Alter Wall 22, D-20457 Hamburg
Tel: 040-3692 3966
email: frank.schneider@hvb.de
(2002)

Dr. Rolf und Hildegard und Günter Scheunert-Stiftung B*S

Förderung bedürftiger, begabter StudentInnen und SchülerInnen sowie die Altenhilfe (Förderung von Altenpflegeschulen) in München. (fördernd tätig)
Hinweise: München
Anschrift: Katharina Knäusl, Orleansplatz 11, D-81667 München
Tel: 089-23325646
Fax: 089-23322610
email: stiftungsverband.soz@muenchen.de
Internet: www.muenchen.de
(2005) Nicht rechtsfähige Stiftung

Dr. Roman Burnhauser-Stiftung B*K*M*N*R*S

Förderung d. Bildung u. Erziehung, d. Kunst/Kultur, des Umwelt-Landschafts- u. Denkmalschutzes, Religion sowie d. Heimatgedankens, Tierschutz, d. Wohlfahrtswesens u. Sports sowie allgemein Kinder-, Jugend- und Altenhilfe
Anschrift: Bahnhofstr. 2, D-83435 Bad Reichenhall
(2004)

Dr. Rudolf und Hildegard und Günter Scheunert-Stiftung B*S

Förderung bedürftiger, begabter Student/innen und Schüler/innen und der Altenpflege
Anschrift: c/o Landeshauptstadt München -Sozialreferat- Stiftungsverwaltung, Katharina Knäusl, Orleansplatz 11, D-81667 München
(2001)

Dr. Salk-Gedächtnis-Stiftung für Behinderte F*S

Förderung von Wissenschaft, Forschung und Hilfe für Behinderte.
Anschrift: Hans Diestelkamp, Straße zum Löwen 8f, D-14109 Berlin
(2000)

Dr. Siegfried Prieber-Stiftung   K*M*S

Förderung von - Kranken, Altenpflege , Musik, insbesondere Förderung von Nachwuchsmusikern, Jugendsport, Ausschüttung der Erträge an: 1. Elisabethen-Verein, Heiligenstein (50%) 2. Städtische Musikschule Germersheim im Jugend- und Kulturzentrum "Hufeisen" (25 %) 3. Fußballverein Heiligenstein 1920/53 (25 %) (fördernd tätig)

Anträge: schriftlich formlos
Ausgaben: 1.400 €
Anschrift: Klaus Schweigert, Wielandstraße 8, D-67354 Römerberg
Tel: 06232-83146
Fax: 06232/854572
email: klaus.schweigert@ hvb.de
(2001)

Dr. Sobhani-Stiftung   B*R*S

1) Die Stiftung verfolgt folgende Zwecke: Förderung der Bahßi-Religion. 2) Die Stiftung verwirklicht ihre Stiftungszwecke insbesondere durch folgende Maßnahmen: Verbreitung der Grundsätze der Bahßi-Religion, Errichtung, Ausschmückung und Unterhalten von Gotteshäusern und Gemeindehäusern, Unterstützung der Alphabetisierung und der Erwachsenenbildung sowie des Umweltschutzes, Unterstützung von Bedürftigen und Alten. 3) Die Stiftung verfolgt ausschließlich und unmittelbar steuerbegünstigte Zwecke im Sinne der jeweils gültigen Fassung der Abgabenordnung. 4) Die Stiftung kann ihre Mittel teilweise auch anderen, ebenfalls steuerbegünstigten Körperschaften oder Körperschaften des öffentlichen Rechts zur Verwendung zu den vorbezeichneten steuerbegünstigten Zwecken zuwenden.

Anschrift: Raiffeisenstraße 48 a, D-57612 Kroppach
(2004)

Dr. Stauber Stiftung   S

Förderung gemeinnütziger und mildtätiger Zwecke
Anschrift: Hampfergrund 20, D-91413 Neustadt a.d. Aisch
(2004)

Dr. Steinhauer Stiftung   S

Förderung von Sonstigen Sozialen Zwecken, Mildtätigen Zwecken, Altenhilfe (einschl. Altenheime), Frauenhäuser (fördernd tätig)

Anträge: keine Antragsmöglichkeit
Anschrift: Dr. Ute Steinhauer, Harmoniestrasse 34, D-41239 Mönchengladbach
Tel: 02166-32139
(2002)

Dr. Theodor und Ursula Mayer-Stiftung F*K
Der Zweck der Stiftung ist die Förderung und finanzielle Unterstützung junger Menschen, insbesondere in den Bereichen Musik, Kunst, Architektur, Wissenschaft und Tanz.
Anschrift: Posener Str. 100, D-74321 Bietigheim-Bissingen
(2001)

Dr. Werner Jackstädt-Stiftung B*F*G*K
Förderung von Denkmalpflege, Kunst und Kultur , Bildung, Erziehung, Ausbildung, Wissenschaft und Forschung, des öffentlichen Gesundheitswesens / Krankenhäuser, Betriebswirtschaftslehre (fördernd tätig)
Anschrift: Lore Jackstädt, Adolf-Vorwerk-Strasse 46, D-42287 Wuppertal
Tel: 0202-592560
Fax: 0202-592301
(2002) Rechtsfähige Stiftung des bürgerlichen Rechts

Dr. Wilhelm und Maria Ebert Stiftung R*S
Förderung der satzungsmäßigen Aufgaben der Inneren Mission München-Diakonie in München und Oberbayern e.V. Die Förderung des Stiftungszwecks kann auch durch andere diakonische Institutionen erfolgen, wenn dies durch die Innere Mission München-Diakonie in München und Oberbayern e.V. befürwortet wird. (fördernd tätig)
Hinweise: Oberbayern
Anträge: keine Antragsmöglichkeit
Anschrift: Dr. Bauer, Dr. Rausch, Landshuter Allee 40, D-80637 München
Fax: 089-126391-119
email: drrausch@im-muenchen.de
(2001)

Dr. Ziechnaus-Stiftung S
Förderung sozialer Einrichtungen und bedürftiger Personen
Anschrift: Erwin-Bälz-Str. 63, D-74321 Bietigheim-Bissingen
(2001)

Dr. Zita u. T.V. Steger-Stiftung zur F*S
Förderung der Psychoanalyse
Förderung der Psychoanalyse in Forschung und Lehre, Unterstützung von Auszubildenden
Anschrift: Frau Dr. Zita Steger-Hain, Sämannstr. 10, D-82166 Gräfelfing
(2001)

Dr.-Else-Maria-Siepe-Stiftung B*S
Förderung von Bildung, Erziehung, Ausbildung, Tierschutz, Kinder-/Jugendhilfe, Waisen
Anschrift: Dr. Else-Maria Siepe, Großdornberger Strasse 101, D-33619 Bielefeld

(2000)

Dr.-Franz-Josef-Kreuels-Stiftung B*V
Förderung von Völkerverständigung, Bildung, Erziehung, Ausbildung
Anschrift: c/o Herrn Rechtsanwalt Dr. Rüber, Martin Klein, Konrad-Adenauer-Ufer 37, D-50668 Köln

(2002)

Dr.-Ing.-Hans-Joachim-Lenz-Stiftung B
Stiftung zur Erneuerung geistiger Werte
Förderung/Unterstützung von Projekten a. d. G. von Bildung und Erziehung mit dem Ziel der Erneuerung geistiger Werte und der Wiederherstellung der Würde des Menschen, insbesondere Förderung elitärer Bildung und Erziehung als Ergänzung zum staatlichen Bildungssystem, Entwicklung von diesbezüglichen Lehrthemen, -plänen, Unterrichtsformen und -systemen, Erprobung solcher Entwicklung in der Praxis und Dokumentation in Erfahrungsberichten, Forschungen, die der Entfaltung des geistigen Potentials des Menschen dienen im Hinblick auf Bildung, ganzheitliche Gesundheit und Gemeinschaftssinn, Forschungen, die künftige Lebensformen unter veränderten Umweltbedingungen aufzeigen, Projekte zur Kultivierung der deutschen Sprache, Unterstützung von Einrichtungen, die sich elitärer Bildung verschreiben, Entwicklung des Bewusstseins für Ethik und Spiritualität im Leben des Menschen, Unterstützung von Autoren bei der Publikation vorgenannter Projekte, Öffentlichkeitsarbeit, die die Stiftung, den Stiftungszweck und die geförderten Projekte bekannt machen.
Anschrift: Herr Dr.-Ing. Hans-Joachim-Lenz, Am Michelsberg 1, D-55131 Mainz
Tel: 06131-832255

(2002)

Dr.-Theo-Ott-Stiftung G*S
Unterstützung des Fördervereins des Stadtkrankenhauses Schwabach sowie Förderung sozialer Einrichtungen, insbesondere der Kinder- und Jugendbetreuung in der Stadt Schwabach.
Anschrift: Postfach 2120, D-91124 Schwabach

(2001)

Draeger Stiftung F*K*N*S*V
Förderung von Wissenschaft und Forschung, insbesondere auf den Gebieten der internationalen Wirtschafts- und Gesellschaftspolitik, der Medizin, der Kunst und Kultur und sozialer Belange im norddeutschen Raum. Überwiegend Eigenprojekte (auch operativ tätig)
Anträge: schriftlich formlos
Anschrift: Petra Pissulla, Moislinger Allee 53/55, D-23558 Lübeck
Tel: 0451-882 2151
Fax: 0451-882 3050

email: draeger-stiftung@draeger.com
Internet: www.draeger-stiftung.de
(1974) Öffentliche Stiftung des bürgerlichen Rechts (Bayern)

Dreyer Stiftung B*S*V
Förderung der Völkerverständigung und der Entwicklungshilfe (operativ tätig)
Anträge: keine Antragsmöglichkeit
Ausgaben: 501.066 € , (2001-2005)
Anschrift: Herr Gisbert Dreyer, Maximilianstraße 10, D-80539 München
Fax: 089-25 54 16 99
email: info@dreyerstiftung.de
Internet: www.dreyerstiftung.de/stiftung.html
(2001) Rechtsfähige Stiftung des bürgerlichen Rechts

Droste-Haus Stiftung S
Die Beschaffung von Mitteln für das Jugendaustauschwerk im Kreis Gütersloh e. V:. (operativ tätig)
Anträge: keine Antragsmöglichkeit
Ausgaben: 665 € , (2004)
Anschrift: Karl-Josef Schafmeister, Schillingsweg 11, D-33415 Verl
Tel: 05246-2973
Fax: 05246-82241
email: droste-haus-stiftung@gmx.de
Internet: www.droste-haus-stiftung.de
(2002) Rechtsfähige Stiftung des bürgerlichen Rechts

Dühlmeier-Menens-Stiftung B*S
Gewährung von finanziellen Hilfen an Personen, die durch unglückliche Umstände in eine Notlage geraten sind, deren Bewilligung auf Vorschlag der katholischen und evangelischen Kirchengemeinde erfolgen soll, Förderung von Einrichtungen, die sich um sozial benachteiligte Kinder und Jugendliche kümmern z.B. Kinderdörfer, "Die Schwestern Maria" in D-76275 Ettlingen sowie außerschulische Kinder- und Jugendbildungsstätten, Förderung von Kindern und Jugendlichen, wenn diese Förderung dazu beiträgt, daß sie eine Grundlage für eine eigenständige Lebensführung erhalten, Unterstützung von Maßnahmen, die auf die gesellschaftliche Wiedereingliederung vor allem junger Straftäter gerichtet sind (fördernd tätig)
Anträge: schriftlich formlos
Ausgaben: 500 € , (2004)
Anschrift: c/o Bezirksverband Oldenburg (Stiftungsverwaltung), Karl-Heinz Meyer / Egob Saueressig, Postfach 1245, D-26002 Oldenburg
Tel: 0441-218950
Fax: 0441-2189599
(2004) Rechtsfähige Stiftung des bürgerlichen Rechts

DV-RATIO Stiftung S
Förderung der Altenhilfe und der Jugendhilfe
Anschrift: Arabellastraße 4, D-81925 München
(2002)

DWMS - Stiftung S
Zweck ist die Förderung und Unterstützung von hilfsbedürftigen Personen, die infolge ihres körperlichen, geistigen oder seelischen Zustandes auf die Hilfe anderer angewiesen sind, der Jugendhilfe, der Altenhilfe, des öffentlichen Gesundheitswesens, des Wohlfahrtswesens und des Sports, der Erziehung, Volks- und Berufsbildung einschließlich der Studentenhilfe und des allgemeinen demokratischen Staatswesens.
Anschrift: Meiendorfer Straße 15, D-22145 Hamburg
Tel: 040-6727044
Fax: 040-6727002
email: dwms.stiftung@hamburg.de
(2002)

dzm-Jakob-Vetter-Stiftung R
Förderung von Religion, kirchliche Zwecke
Anschrift: Postfach 22 31 80, D-57037 Siegen
Internet: www.dzm.de
(2002)

E/D/E-Stiftung B
Förderung der beruflichen Aus- und Weiterbildung in mittelständischen, familien- oder inhabergeführten Unternehmen. Neben der Unterstützung entsprechender Einrichtungen können Forschungsvorhaben und Ausbildungsgänge, Fachpublikationen und Förderpreise finanziert werden. In Abhängigkeit von den Stiftungserträgen können auch Stipendien vergeben oder eigene Bildungseinrichtungen unterhalten werden. (fördernd tätig)
Anträge: Merkblatt-schriftlich formlos-Begutachtung
Anschrift: Dr. Helmut Lekebusch, Dieselstr. 33-45, D-42389 Wuppertal
Tel: 0202-6096213
Fax: 0202-6096331
(2002) Rechtsfähige Stiftung des bürgerlichen Rechts

Eberhard Ossig-Stiftung R
Stiftung fördert ein tieferes Verstehen des Judentums unter den Christen und des Christentums unter den Juden.
Anschrift: Frau Ingrid Ossig, Bregenzer Str. 102, D-88171 Weiler-Simmerberg
(2003)

Eberhard Schöck-Stiftung   B*F*K*V*W

Zweck der Stiftung ist die Förderung internationaler Gesinnung und Völkerverständigung durch Schaffung gut nachbarschaftlicher Beziehungen der Völker, insbesondere zu unseren Nachbarn im Osten, die Förderung der Bildung und Erziehung junger Menschen aus diesen Gebieten und aus Deutschland vor allem im Handwerk, Ingenieurwesen, der Architektur und den Wirtschaftswissenschaften sowie die Förderung der Wissenschaft und Forschung in diesen Bereichen. Weiterer Stiftungszweck ist die Förderung, Pflege und Weiterentwicklung der deutschen Spraceh im In-und Ausland vor allem auch durch die vergabe eines Kulturpreises Deutsche Sprache. Der Stiftungszweck wird insbesonder verwirklicht durch: a) Hilfe und Unterstütuuing bei Existenzgründung junger Unternehmer in den Ländern und für die Länder unserer östlichen Nachbarn; b) Finanzierung von Forschungsvorhaben und wissenschaftlichen Arbeiten die der Verwirklichung des Stiftungszwecks dienen; c) Unterstützung der Ausbildung durch überbetrieblich Träger und Ausbildungszentren für Handwerksberufe und Ingenieure mit dem Schwerpunkt in den Ländern unserer östlichen Nachbarn; d) Vergabe von Stipendien für besonders begabte und förderungswürdige Studenten auf den Gebieten des Ingenieurwesens, der Architektur und der Wirtschaftswissenschaften sowie für Handwerker; e) Finanzierung und Mitfinanzierung von Praktika für junge Handwerker, Ingenieure, Architekten und Wirtschaftswissenschaftler; f) Förderung des Erfahrungs- und Meinungsaustausches zwischen Handwerkern, Ingenieuren, Architekten und Wirtschaftswissenschaftlern aus den Ländern unserer östlichen Nachbarn und aus Deutschland; g) Vorbereitung und Druchführung öffentlich geförderter Stiftungsprojekte im In- und Ausland; h) Hilfe und Unterstützung zum Erlernen der Sprache, Geschichte und kulturellen Besonderheiten des jeweiligen Gastlandes bei Druchführung der Maßnahmen a - g; i) Veröffentlichung der Arbeits- und Forschungsergebnisse der Stiftung (durch Seminare, Konferenzen, Publikationen u.ä.) j) Vergabe von Preisen und Fördermitteln an Gesellschaften, Einrichtungen und Privatpersonen im In- und Ausland, die sich in besonderer Weise um die Pflege und Weiterentwicklung der deutschen Sprache und /oder um die Förderung der deutschsprachigen Kultur im In- und Ausland verdient gemacht haben. (auch operativ tätig)

Hinweise: östliche Länder; Handwerker, Ingenieure, Architekten, Wirtschaftswissenschaftler
Anträge: Merkblatt-schriftlich formlos
Ausgaben: 350.000 € , (2004)
Anschrift: Peter Möller, Postfach 110163, D-76487 Baden-Baden/Steinbach
Tel: 07223-967 377
Fax: 07223-967 373
email: stiftung@schoeck.de
Internet: www.schoeck-stiftung.de
(1992) Rechtsfähige Stiftung des bürgerlichen Rechts

Eberhard von Kuenheim Stiftung   B*F

Zweck der Stiftung ist, das freie Unternehmertum und den Gedanken der Elitebildung zu fördern. Dabei ist der Bayerische Motoren Werke AG und Hernn Eberhard von Kuehnheim die Förderung von Kreativität, Innovationen und neuen Technologien ein besonderes Anliegen. Die

Stiftung fördert hierdurch Wissenschaft und Forschung sowie Bildung und Erziehung. (operativ tätig)
Anträge: keine Antragsmöglichkeit
Anschrift: Dr. Christoph Glaser, Amiralplatz 3, Luitpoldblock, D-80333 München
Tel: 089-38222501
Fax: 089-38252825
email: kuenheim-stiftung@bmw.de
Internet: www.kuenheim-stiftung.de
(2000) Rechtsfähige Stiftung des bürgerlichen Rechts

Eberhard-Herter-Stiftung F

Zweck der Stiftung ist die finanzielle Förderung der Berufsbildung und Studentenhilfe sowie der Wissenschaft und Forschung des Fachbereichs Informationstechnik der Fachhochschule Esslingen.
Anschrift: c/o FH Esslingen - Hochschule für Technik, Dekan Fachbereich Informationstechnik, Flaudernstr. 101, D-73732 Esslingen
(2000)

Eckard Wegner-Stiftung K

Zweck der Stiftung ist es, bei der Bewahrung bedrohter Kulturdenkmäler in der Bundesrepublik Deutschland und den Vertreibungsgebieten durch finanzielle Zuwendungen mitzuwirken. (fördernd tätig)
Hinweise: Deutschland, Vertreibungsgebiete
Anträge: schriftlich formlos
Ausgaben: 235.000 €
Anschrift: Eckard Wegner, Kurfürstenstr. 25, D-80801 München
Tel: 089-28777854
Fax: 089-28777854
(2000) Öffentliche Stiftung des bürgerlichen Rechts (Bayern)

Eckhard-Dähn-Stiftung F*G

Wissenschaft und Forschung, Medizin und öffentliches Gesundheitswesen; Förderung der Forschung a.d. Gebiet der Leukämie, Kinderheilkunde etc
Anträge: keine Antragsmöglichkeit
Anschrift: In der Wann 41, D-35037 Marburg
Tel: 06421-31080
Fax: 06421-35643
(2001)

Edda Schlieper-Stiftung F*S

Förderung von Wissenschaft und Forschung sowie mildtätiger und gemeinnütziger Zwecke insbesondere Förderung der Altenhilfe

Anschrift: Wiesenweg 7a, D-86938 Schondorf
(2003)

Edgar und Ursula Heinemann Stiftung N

Zweck der Stiftung ist die Förderung des Tierschutzes, speziell des Schutzes afrikanischer Tiere, insbesondere von Giraffen durch Beschaffung von Geldmitteln zur Weitergabe an den Osnabrücker Zoo (Rechtsträger: Zoo-Gesellschaft Osnabrück e.v., vertreten durch den Vorstand) zur Unterstützung der artgerechten und naturnahen Haltung, Züchtung, Ernährung und Pflege von Giraffen im Osnabrücker Zoo.
Anschrift: Frau Ursula Heinemann-Fip, Max-Reger-Str., D-49076 Osnabrück
(2001)

Edgar-Michael-Wenz-Stiftung K*N

Förderung der Erforschung und der Pflege der Geschichte Arnsteins und deren Denkmäler und Förderung von Aktivitäten (auch Ausbildung) und Veranstaltungen der Kultur-, Kunst- und Musikpflege und Förderung der Natur- und Umweltpflege, insbesondere der Erhalt von Naturdenkmälern und die Errichtung von Biotopen und neuen ökologisch wertvollen Lebensräumen für heimische Flora und Fauna außerhalb kommunaler und staatlicher Pflicht- und Unterhaltungsaufgaben
Anschrift: c/o Stadt Arnstein, Marktstraße 37, D-97450 Arnstein
(2003)

Editha Backs Stiftung S

Förderung von Mildtätigen Zwecken
Anschrift: Ekkehard Höver, Sofienstrasse 51, D-32756 Detmold
Internet: www.editha-backs-stiftung.de
(2002)

Eduard Bay Stiftung R*S

1. Die Stiftung verfolgt unter Bereitstellung der Mittel ausschließlich und unmittelbar gemeinnützige und mildtätige Zwecke. Dabei ist sie frei von in der Auswahl der ausführenden Personen und Institutionen, denen sie Aufträge erteilt und Mittel zur Verfügung stellt, soweit dies sich im Rahmen der nachfolgenden Bestimmungen bewegt. 2. Die Stiftung verfolgt insbesondere die Förderung: a) der Hospizienarbeit b) von Einrichtungen der christlichen Nächstenliebe c) von Institutionen zur Betreuung von Obdachlosen. 3. Die Stiftung kann Maßnahmen der öffentlichen und privaten Wohlfahrtspflege fördern.
Anschrift: Frau Doris Münch, Dillstraße 12, D-56410 Montabaur
(2002)

Eheleute Horn Stiftung S

Altenhilfe; Förderung der personen- und sachbezogenen Altenhilfe und Altenpflege u.a.
Anträge: keine Antragsmöglichkeit

Anschrift: Claudia Kramer, Im Stückes 9, D-65779 Kelkheim
Tel: 06195-6977
Fax: 06195-65114
(2002) Rechtsfähige Stiftung des bürgerlichen Rechts

Ehlerding Stiftung B*N

Die Stiftung fördert wissenschaftliche Lehre, Grundlagenforschung und angewandte Forschung. Sie unterhält das Walther-Rathenau-Institut für Organisationstheorie an der Humboldt-Universität zu Berlin sowie den Walther-Rathenau-Lehrstuhl für Wirtschaftswissenschaften und den Arnold-Brecht-Lehrstuhl für europäisches Recht an der Hebräischen Universität Jerusalem.Im Bereich Bildung und Erziehung fördert die Stiftung ihre Zwecke durch Betreiben eigener Einrichtungen, z.B. Hof Norderlück, ein ökologischer Schulbauernhof an der Ostsee und das erlebnispädagogische Schullandheim Barkhausen. In diesen Einrichtungen werden Kindern und Jugendlichen ökologische Kreisläufe vermittelt, umweltbewusstes Handeln wird unterstützt und individuelles Selbstvertrauen gestärkt. Weitere Projekte und ein Forschungspreis sind in Planung. (operativ tätig)

Hinweise: Kinder und Jugendliche
Anträge: keine Antragsmöglichkeit
Ausgaben: 1.000.000 €
Anschrift: Herr Michael Krüger, Rothenbaumchaussee 40, D-22148 Hamburg
Tel: 040-411723-0
Fax: 040-411723-25
email: info@ehlerding-stiftung.de
Internet: www.ehlerding-stiftung.de/
(2000) Rechtsfähige Stiftung des bürgerlichen Rechts

Eisenbahnstiftung Joachim Schmidt K

Förderung, Pflege und erhaltung von Kulturwerten, die die Verkehrsgeschichte dokumentieren und deren Zugänglichmachung für die Öffentlichkeit (fördernd tätig)

Anträge: keine Antragsmöglichkeit
Ausgaben: 62.000 € , (2004)
Anschrift: Rainer Balzer, Unterm Hestenberg 20, D-58540 Meinerzhagen
Fax: 02354-91 97 19
email: info@eisenbahnstiftung.de
Internet: www.eisenbahnstiftung.de
(2001) Rechtsfähige Stiftung des bürgerlichen Rechts

EJW-Stiftung Jugend - Bibel - Bildung B*M

Unterstützung, Beratung, Förderung und Durchführung von Bildungsmaßnahmen und Programmen, die jungen Menschen hilft, sich an der Bibel zu orientieren

Anschrift: Haeberlinstraße 1-3, D-70563 Stuttgart
Tel: 0711-978 12 10

Fax: 0711-978 12 10
email: achim.ganssloser@ejwue.de
Internet: www.ejwue.de/wir_ueber_uns/ejw_stiftung.htm
(2002)

Eleonore-Beck-Stiftung N

Förderung des Naturschutzes durch Hilfe für die bedrohte Tierwelt, die darauf gerichtet ist, die Biodiversität der Erde zu erhalten.
Anschrift: Frau Eleonore Beck, Theatinerstr. 8, D-80333 München
(2001)

Elfi Müller-Hilgert-Stiftung N

Zweck der Stiftung ist die finanzielle Förderung des Tierschutzes.
Anschrift: Gartenstr. 59, D-70771 Leinfelden-Echterdingen
(2003)

Elfriede Breitsameter-Stiftung in Eching S

Förderung und Unterstützung behinderter Menschen, insbesondere polioerkrankter Personen
Anschrift: Bahnhofstrasse 4b, D-85386 Eching
(2001)

Elfriede Spitz Stiftung S

Förderung der Jugendhilfe in München, insbesondere krebskranke Kinder im Hanner'schen Kinderspital in München (fördernd tätig)
Hinweise: München
Anschrift: Katharina Knäusl, Orleansplatz 11, D-8166 München
Tel: 089-23325646
Fax: 089-23322610
email: stiftungsverband.soz@muenchen.de
Internet: www.muenchen.de
(2002) Nicht rechtsfähige Stiftung

Elisabeth Dittel Stiftung S

Unterstützung von alten und vereinsamten Menschen
Anschrift: Domplatz 3, D-96049 Bamberg
(2003)

Elisabeth Gast Stiftung B*K

Förderung von Kindern und Jugendlichen in Georgien durch künstlerische Aktionen; Unterstützung und Förderung von Kindern und jungen Menschen mit Kunst und durch künstlerische Aktionen im weitesten Sinne, um kreative Impulse sowohl im einzelnen Menschen als auch in der menschlichen Gesellschaft zu entwickeln. (auch operativ tätig)

Anträge: schriftlich formlos
Anschrift: Alte Poststraße 17, D-85598 Baldham
Tel: 08106-89 89 21
Fax: 08106-89 89 23
email: Elisabeth.Gast@t-online.de
(2002)

Elisabeth Grümer Hospiz-Stiftung S
Förderung von Sonstigen Sozialen Zwecken (auch operativ tätig)
Anträge: keine Antragsmöglichkeit
Anschrift: Frau Grümer, Dortmunder Straße 383, D-44577 Castrop-Rauxel
Tel: 02305-6425
Fax: 02305-6424
email: gruemer@optima-immobilien.de
Internet: www.stiftung-hospiz.de
(2002) Rechtsfähige Stiftung des bürgerlichen Rechts

Elisabeth und Matthias Biebl Stiftung B*M*R*S
Förderung der Bildung und Erziehung, der Jugendhilfe, des Sports, der Religion und des Feuerschutzes sowie selbstlose Unterstützung von Personen, deren wirtschaftliche Lage aus besonderen Gründen zu einer Notlage geworden ist im Sinne des § 53 AO
Anschrift: Rennweg 16, D-94034 Passau
(2003) Öffentliche Stiftung des bürgerlichen Rechts (Bayern)

Elisabeth und Ottmar Mühlherr-Stiftung S
Die Stiftung bezweckt die Unterstützung von Waisen-, Pflegekindern und von Kindern, die nicht in der Geborgenheit einer Familie aufwachsen können. Dabei soll auch immer wieder versucht werden, diese Kinder in benachteiligten Gebieten, insbesondere der Dritten Welt zu unterstützen. Der Stiftungszweck wird insbesondere verwirklicht durch: Zuwendungen an Kinder im vorstehenden Sinne, Zuwendungen an Organisationen, die sich um Kinder im vorstehenden Sinne bemühen, finanzielle Unterstützung von geeigneten Projekten, z.B. Projekte anderer als gemeinnützig anerkannter Organisationen.
Anschrift: Regina Opitz, Kurt-Tucholsky-Ring 48, D-38239 Salzgitter
(2003) Rechtsfähige Stiftung des bürgerlichen Rechts

Elisabeth-Kleber-Stiftung der Baugenossenschaft freier Gewerkschafter eG S
Förderung der Jugendhilfe, der Altenhilfe, der Völkerverständigung und Verfolgung mildtätiger Zwecke.
Anschrift: Vicky Gumprecht, Süderstraße 324, D-20537 Hamburg

Tel: 040-211100-21
Fax: 040-211100-60
email: info@elisabeth-kleber-stiftung.de
Internet: www.elisabeth-kleber-stiftung.de
(2001)

Elisabeth-Meurer Stiftung B
Förderung von Stipendien / Hochschule / Erwachsenenbildung. Finanzielle Förderung der Ausbildung begabter Jugendlicher, die befähigt sind, am MIT, Boston/USA zu studieren (fördernd tätig)
Anträge: schriftlich formlos
Anschrift: Elisabeth Meurer, Milanweg 15, D-50259 Pulheim
(2002) Rechtsfähige Stiftung des bürgerlichen Rechts

Elise und Annemarie Jacobi-Stiftung B*F
Förderung von Wissenschaft, Forschung und Bildung. (fördernd tätig)
Anträge: Merkblatt-schriftlich formlos-Begutachtung
Anschrift: c/o Kommission für Alte Geschichte und Epigraphik des Deutschen Archöologischen Instituts, Amalienstr. 73b, D-80799 München
Tel: 089-28676760
(2003) Stiftung des öffentlichen Rechts

Ellen und Peter Czygan Stiftung - Medical Care G
Zweck der Stiftung ist die Förderung des öffentlichen Gesundheitswesens / Krankenhäuser
Anschrift: Dr. Ellen Czygan, An der Erftmündung 4, D-41468 Neuss
(2001)

Elsa-Krauschitz-Stiftung S
Zweck der Stiftung ist die Förderung barrierefreier Wohnformen für Menschen mit Körperbehinderung.
Anschrift: c/o Bundesverband Selbsthilfe Körperbehinderter e.V., Postfach 20, D-74236 Krautheim/Jagst
(2002)

Elsano-Mutter-Stiftung S
Zweck der Stiftung ist die Hilfe für soziale Einrichtungen wie Kinderdörfer, Waisenhäuser etc. sowie in Katastrophen und Härtefällen hilfsbedürftiger Menschen.
Anschrift: Herr Josef Geißler, Hauptstraße 8, D-56170 Bendorf
Tel: 02622-70020
Fax: 02622-700215

(2000)
Else Cremer Stiftung   F*G
Förderung von wissenschaftlichen Untersuchungen und Forschungen sowie von Vorhaben, die geeignet sind, die Entstehung von Leukämie und Krebskrankheiten zu ergründen, Initiierung eigener Projekte auf dem Gebiet der Leukämie- und Krebsforschung, Förderung von Vorhaben, die zum Ziele haben, geeignete Medikamente und Therapien zur Bekämpfung und Heilung von Leukämie- und Krebserkrankungen zu entwickeln und herzustellen sowie finanzielle Unterstützung und Hilfe für an Leukämie oder anderen Krebserkrankungen leidende Menschen.
Anschrift: Herrn Hermann Cremer, Am Eschener Gehölz 10, D-26603 Aurich

(2001)
Else Kröner-Fresenius-Stiftung   B*F*G
Förderung der medizinischen Wissenschaft, der Ausbildung von Ärzten oder sonstigen in der Krankenbehandlung tätigen sowie besonders begabten Schülern und Studenten (auch operativ tätig)
Hinweise: Ärzte, Schüler, Studenten
Anträge: Merkblatt-schriftlich formlos-Begutachtung
Ausgaben: 5.600.000 € , (2004)
Anschrift: Dr. Gabriele Kröner, Postfach 18 52, D-61288 Bad Homburg v.d. Höhe
Tel: 06172-8975-0
Fax: 06172-8975-15
email: info@ekfs.de
Internet: www.ekfs.de
(1983) Rechtsfähige Stiftung des bürgerlichen Rechts

Else-Lasker-Schüler - Zentrum für verbrannte und verbannte Dichter-/ Künstler-innen   K
Zweck der Stiftung ist die Förderung von Kunst und Kultur.
Anschrift: Hajo Jahn, Herzogstrasse 42, D-42103 Wuppertal
Internet: www.else-lasker-schueler-gesellschaft.de
(2000)

Elvira-Efferz-Stiftung-Weihnachtslicht   S
Förderung von Mildtätigen Zwecken, Altenhilfe (einschl. Altenheime)
Anschrift: c/o General Anzeiger Bonn, Hans-Dieter Weber, Justus-von-Liebig-Strasse 15, D-53121 Bonn
(2002)

Emmaus - Exerzitien- und Begegnungshaus R

Förderung der geistlichen Arbeit und Durchführung von seelsorgerischen Angeboten, insbesondere durch Führung des Exerzitien- und Begegnungshauses Emmaus zur Durchführung von geistlichen Angebotenwie Exerzitien, geistliche Begleitung von Mitarbeiterinnen und Mitarbeitern inder Seelsorge und individuelle Begleitung von seelsorglichen Ratsuchenden. Die Stiftung Emmaus Exerzitien- und Begegnungshaus hält auch Angebote vor, die zum Gebet und theologischem Austausch einladen. (operativ tätig)

Anträge: keine Antragsmöglichkeit
Anschrift: Stapelfelder Kirchstr. 13, D-49661 Cloppenburg
Tel: 04471- 91850
Fax: 04471- 918515
email: info@emmaus-stapelfeld.de
(2003)

Emma Heilmaier-Stiftung S

Förderung bedürftiger Heimbewohner in München (fördernd tätig)
Hinweise: München
Anschrift: Katharina Knäusl, Orleansplatz 11, D-8166 München
Tel: 089-23325646
Fax: 089-23322610
email: stiftungsverband.soz@muenchen.de
Internet: www.muenchen.de
(2001) Nicht rechtsfähige Stiftung

Emmy Franz-Stiftung S

Förderung von bedürftigen Kindern und Senioren in München sowie die Krebshilfe München (fördernd tätig)
Hinweise: München
Anschrift: Katharina Knäusl, Orleansplatz 11, D-8166 München
Tel: 089-23325646
Fax: 089-23322610
email: stiftungsverband.soz@muenchen.de
Internet: www.muenchen.de
(2001) Nicht rechtsfähige Stiftung

energiewerk Stiftung F*N

Förderung der Wissenschaft und Forschung sowie des Umweltschutzes jeweils auf den Gebieten erneuerbarer Energien und der Energieeffizienz mit dem Ziel einer innovativen, nachhaltigen, rationellen und ethisch verantwortbaren Energiewirtschaft
Anschrift: Karl-Orff-Bogen 105, D-80939 München
(2004)

Engel-Simon-Stiftung   B
Bildung und Erziehung; Die Förderung der Aus- und Weiterbildung Jugendlicher
Anschrift: Fred Engel, Am hohen Wald 8, D-65388 Schlangenbad
Tel: 06129-2649
Fax: 06123-72807
email: engel@akosnet.de
(2001) Rechtsfähige Stiftung des bürgerlichen Rechts

Enzo und Stefanie Fidanzini-Stiftung   S
Förderung bedürftiger Kinder und Senioren in München. (fördernd tätig)
Hinweise: München
Anschrift: c/o Landeshauptstadt München, Sozialreferat, Stiftungsverwaltung S-R-3, Katharina Knäusl, Orleansplatz 11, D-81667 München
Tel: 089-23325646
Fax: 089-23322610
email: stiftungsverwaltung.soz@muenchen.de
Internet: www.muenchen.de
(2004)

EQUA Stiftung   B*F
Förderung der Bildung, Wissenschaft und Forschung
Anschrift: Herrn Dr. Ulrich Wacker, Wartaweil 59, D-82211 Herrsching
(2001)

ERES-Stiftung   K
Förderung von Kunst und Kultur.
Anschrift: Frau Dr. Adler, Steinstrasse 60, D-81667 München
(2004)

Erich Kühnhackl-Stiftung   M
Förderung des Deutschen Eishockeynachwuchses
Anschrift: Erich Kühnhackl, Postfach 2524, D-84009 Landshut
email: info@erichkuehnhackl-stiftung.de
Internet: www.erich-kuehnhackl-stiftung.de/
(2001)

Erich Tönnissen Stiftung   B*K*M*R*S
Sonstigen Sozialen Zwecken, Denkmalpflege, Literatur, Hilfe für Behinderte, Stipendien / Hochschule / Erwachsenenbildung, Kindergarten / Schule, Sport, Musik, Religion, kirchlichen Zwecken, Mildtätigen Zwecken, Kunst und Kultur, Bildung, Erziehung, Ausbildung, Kinder-/Jugendhilfe, Waisen, Altenhilfe (einschl. Altenheime)

Anschrift: Erich Tönnissen, Postfach 1954, D-47533 Kleve
(2002)

Erika Müller Stiftung G*S
Förderung des öffentlichen Gesundheitswesens. Insbs. die Förderung und Unterstützung von Kinderkrebs-Stationen und Maßnahmen, mit denen die physische und psychische Situation krebskranker Kinder verbessert werden kann.
Anschrift: c/o Hösel Siemer KGaA, Melanie Fiddelke, Otto Lilienthal Str. 14, D-28199 Bremen
Tel: 0421-3376352
(2003)

Erika und Kurt Meyer Stiftung S
Förderung und Unterstützung von Menschen, die auf Grund ihrer Krankheit, Gebrechlichkeit und/oder Behinderung auf die Hilfe anderer angewiesen sind.
Anschrift: Brandenburger Straße 65, D-90451 Nürnberg
(2001)

Erlin und Heinz Allekotte Stiftung zur Förderung der Ausbildung besonders begabter Kinder B*S
Förderung von Stipendien / Hochschule /Erwachsenenbildung, Kinder-/Jugendhilfe, Waisen
(fördernd tätig)
Anträge: schriftlich formlos
Anschrift: c/o Notare Rodert & Adenauer, Prof. Dr. Allekotte, Hohenstaufenring 57, D-50674 Köln
Tel: 0221-95 94 02 28
Fax: 0221-95 94 02 8
email: info@allekotte-begabten-stiftung.de
Internet: www.allekotte-begabten-stiftung.de
(2001)

Erna Mößner-Stiftung B*G*S
Zweck der Stiftung ist die Förderung der Bildung und Erziehung, der Jugendhilfe, des öffentlichen Gesundheitswesens sowie die Unterstützung hilfsbedürftiger Personen im In- und Ausland, insbesondere in Brasilien und Indien.
Anschrift: Herr Karl-Heinz Schabel, Landhausstr. 17, D-74366 Kirchheim a. N.
(2000)

Ernst und Erika Rauch Stiftung K*M*S

Förderung von Sport, Sonstigen Zwecken, Brauchtum und Heimatgedanke/ -geschichte, Kunst und Kultur
Anschrift: Wilfried Kuhlmann, Heisterholz 1, D-32469 Petershagen
(2001)

Ernst und Hertha Nett Stiftung R

Förderung und Unterstützung kirchlicher Ziele
Anschrift: c/o Missionsprokura der Missionsbenediktiner, Pater Aurelian Feser, D-86941 St. Ottilien
(2002)

Ernst und Ursula Friedrich Stiftung S

Unterstützung von unverschuldet in Not geratenen Bürgern der Stadt Neustadt bei Coburg (fördernd tätig)
Hinweise: Neustadt bei Coburg
Anträge: schriftlich
Ausgaben: 12.000 €
Anschrift: c/o Evangelisch-Lutherisches Pfarramt, Pfarrer Andreas Sauer, Glockenberg 7, D-96465 Neustadt bei Coburg
Tel: 09568-5312
Fax: 09568-921251
email: evang.pfarramt.stgeorg@necnet.de
Internet: www.stgeorg-nec.de
(2003) Kirchliche Stiftung des öffentlichen Rechts

Ernst-Gerstner-Stiftung zur Förderung der Berufsbildung junger Menschen B

Der Zweck der Stiftung ist die Förderung der Berufsbildung junger Menschen. Der Stiftungszweck wird insbesondere verwirklicht durch die Förderung der beruflichen Aus- und Weiterbildung junger Menschen, möglichst in der Region, z.B. für: Projekte zur Bekämpfung der Jugendarbeitslosigkeit Ausbildungsverbund der Wirtschaftsregion (ABV) regionale Anlaufstelle zur beruflichen Eingliederung jungerMenschen (RAN) Vergabe von Stipendien zur beruflichen Bildung bei anerkannten Berufsbildungsträgern. Darüber hinaus darf die Stiftung höchstens 1/3 ihres Einkommens verwenden, um in angemessener Weise den Stifter und dessen nächste Angehörige zu unterhalten und ihre Gräber zu pflegen.
Anschrift: Aegidienmarkt 15, D-38100 Braunschweig
(2000) Rechtsfähige Stiftung des bürgerlichen Rechts

Ernst-Wilhelm-Sachs-Stiftung F*S

Finanzielle Unterstützung von hilfebedürftigen Kindern in besonderen Lebenslagen, insbesondere die finanzielle Unterstützung von notwendigen Operationen, Behandlungen und Therapien

an kranken Kindern. Die Stiftung hat ferner den Zweck, Hochschulen in Deutschland, d. Forschungsabteilungen zur Erforschung von Behandlungsmethoden für noch nicht heilbare Krankheiten unterhalten, Fördermittel zuzuwenden. (fördernd tätig)
Anschrift: Rechtsanwälte Magers und Partner, Manggasse 18A, D-97421 Schweinfurt
Tel: 09721-716160
Fax: 09721-716171
(2002)

Erwin + Irmgard Egner Stiftung F*G

Förderung von Forschung auf dem Gebiet der alternativen Medizin mit dem Schwerpunkt schwarzer Hautkrebs (fördernd tätig)
Anträge: schriftlich formlos
Ausgaben: 160.000 €
Anschrift: Ulrich W. Grundmann, Zietenstraße 42, D-40476 Düsseldorf
Tel: 0281-4787
Fax: 0281-4776
email: ulrich.m.grundmann@t-online.de
(2002)

EthEcon - Stiftung Ethik und Ökonomie S

Die Tätigkeit dieser Stiftung ist darauf ausgerichtet, die Allgemeinheit auf materiellem, geistigem und ethnischem gebiet selbstlos zu fördern, indem sie für dei Beachtung ethischer, ökologischer, sozialer und menschenrechtlicher Prinzipien bei Organisation und Durchführung fremder ökonomischer Vorhaben und Strukturen, sowie für die Stärkung demokratischer und selbstbestimmter strukturen im Wirtschaftsprozess wirkt. Zwecke der Stiftung sind 1. die Stärkung, Weiterentwicklung und Durchsetzung von Umwelt- Verbraucher und Arbeitsschutz sowie von sozialen Rechten und gleichberechtigung in allen Bereichen ökonomische Prozesse und Bestätigung 2. Die Förderung der Bildung und Erziehung, sowie die berufs-und volksbildung zur Stärkung, Förderung und Durchsetzung der menschenrechte, sowie demokratischer und selbstbestimmter Strukturen in allen bereichen ökonomischer Prozesse und Betätigung 3.die selbstlose Unterstützung von Personen, die aufgrund ihres Wirkens für den Ausgleich zwischen Wirtschafts- und Lebensinteressen bzw.gegen menschenunwürdiges, sozial unverträgliches und umweltschädigendes Wirtschaften körperliche, geistige oder seelische Schädigungen erliiten haben bzw. in eine wirtschaftliche Notlage geraten sind und infolge dieses Zusatndes auf die Hilfe anderer angewiesen sind. Die zu unterstützenden personen müssen die Voraussetzunges des § 53 AO erfüllen. (auch operativ tätig)
Anträge: schriftlich formlos
Anschrift: Dr. Janis Schmelzer, Akeleiweg 7, D-12487 Berlin
email: info@ethecon.net
Internet: www.ethecon.de
(2004) Rechtsfähige Stiftung des bürgerlichen Rechts

Eugen Biser-Stiftung B*F*R
Der Zweck der Stiftung ist die wissenschaftliche, interdisziplinare Reflexion der theistischen Weltanschauungen und des Vordringens des Atheismus unter besonderer Berücksichtigung des Christentums und seiner Aufgaben. (auch operativ tätig)
Hinweise: nur Habilitationsstipendien, sonst keine Antragsmöglichkeit
Anträge: Merkblatt-schriftlich formlos-Begutachtung-keine Antragsmöglichkeit
Anschrift: Helmut Linnenbrink, Dr. Heiner Köster, Pappenheimstraße 4, D-80538 München
Tel: 089-18006811
Fax: 089-18006816
email: kontakt@eugen-biser-stiftung.de
Internet: www.eugen-biser-stiftung.de
(2002) Öffentliche Stiftung des bürgerlichen Rechts (Bayern)

Europäische Kulturstiftung K
EUROPAMUSICALE
Förderung der Musik und Kultur sowie der Pflege und Erhaltung von Kulturwerten und insbesondere Förderung des Europäischen Musikfestes EUROPAMUSICALE (operativ tätig)
Anträge: keine Antragsmöglichkeit
Anschrift: Helmut Pauli, Brienner Str. 55, D-80333 München
Tel: 089-5458940
Fax: 089-54589499
email: info@europamusicale.com
Internet: www.europamusicale.com
(2002) Öffentliche Stiftung des bürgerlichen Rechts (Bayern)

Europäische Kulturtage Ottobeuren K*V
Förderung internationaler Gesinnung, der Toleranz auf allen Gebieten der Kultur und des Völkerverständigungsgedankens durch die Unterstützung der in der Regel alle zwei Jahre stattfindenden Europäischen Kulturtage in Ottobeuren (operativ tätig)
Anträge: keine Antragsmöglichkeit
Anschrift: c/o Markt Ottobeuren, Bürgermeister Bernd Schäfer, Marktplatz 6, D-87724 Ottobeuren
Tel: 08332-92 19 10
Fax: 08332-92 19 90
email: europaische.kulturtage@ottobeuren.de
(2005) Rechtsfähige Stiftung des bürgerlichen Rechts

Europäische Stiftung für Allergieforschung - European Centre for Allergy Research Foundation F*G

Verbesserung des Wissenstandes, der Forschung und der Aufmerksamkeit gegenüber Allergien. Verringerung der Belastung durch Krankheitsfolgen bei Betroffenen und in der Gesellschaft
Anschrift: Prof. Dr. Torsten Zuberbier, Schumannstr. 20/21, D-10117 Berlin
Tel: 030-450518044
Fax: 030-450518938
email: ecarf@charite.de
Internet: www.ecarf.iorg
(2003) Rechtsfähige Stiftung des bürgerlichen Rechts

Europäische Zen-Akademie für Führungskräfte des bürgerlichen Rechts B*F*G

Förderung von Bildung, Erziehung, Ausbildung (auch operativ tätig)
Anträge: keine Antragsmöglichkeit
Anschrift: Prof. Dr. Hans Wielens, Deitersweg 33, D-48159 Münster
(2002)

Europäisches Haus - Konzerthaus Passau K*V

Förderung der Kunst, an erster Stelle der Musik, in der Stadt und der Region Passau und des Europagedankens.
Anschrift: c/o Europäisches Haus - Konzerthaus Passau, Innbrückgasse 3, D-94032 Passau
(2001)

European Nephrology and Dialysis Institute F*G

Medizin und öffentliches Gesundheitswesen, Forschung in den Bereichen Nephrologie, Dialyse sowie sonst. extrakorp. Verfahren
Anschrift: Frau Walter, Borkenberg 14, D-61440 Oberursel
Tel: 06172-609-2148
Fax: 06172-609-2422
(2001) Rechtsfähige Stiftung des bürgerlichen Rechts

European Society for Paediatric Infectious Diseases (ESPID) Stiftung   B*F
Förderung der Wissenschaft, Forschung und Berufsbildung im Bereich der pädiatrischen Infektiologie
Anschrift: c/o Univ.-Kinderspital beider Basel (UKBB), Römergasse 8, CH-4005 Basel
(2005)

Evangelische Diakoniestiftung des Dekanates Rothenburg ob der Tauber   R*S
Unterstützung und Förderung der Arbeit un der belange des Diakonischen Werkes des Evangelisch-Lutherischen Dekanatsbezirkes Rothenburg ob der Tauber sowie der sozialen Aufgaben der Evangelsich-Lutherischen Kirchengemeinde Rothenburg St.Jakob (fördernd tätig)
Anträge: schriftlich formlos
Anschrift: Dekan Dr. Dietrich Wünsch, Klostergasse 15, D-91541 Rothenburg ob der Tauber
Tel: 09861-700610
Fax: 09861-700613
email: dieter.wuensch@elkb.de
(2003) Kirchliche Stiftung des öffentlichen Rechts

Evangelische Familienstiftung Wilhelmshaven-Stiftung für Leben und Lernen in Familien   R*S
Förderung von evangelischen Einrichtungen in der Region Wilhelmshaven, die die Familie und ihre Stellung in der Gesellschaft stärken.
Anschrift: Herrn Prof. Dr. G. Strömsdörfer, Emder Str. 17, D-26386 Wilhelmshaven
(2002) Rechtsfähige Stiftung des bürgerlichen Rechts

Evangelisches Studienwerk e.V. Villigst   B*F*R*S
Förderung von Hochbegabten nach dem Bundesbegabtenförderungsgesetz in Erststudien, Zweitstudien und Promotionen. Zweck des Vereins ist die Sammlung und Förderung evangelischer Studierender Promovierender aller Fakultäten, ihre Fortbildung und Beratung auch über das Studium hinaus im Blick auf ihre evangelische Verantwortung in Beruf, Gemeinde und Gesellschaft. Förderung durch Stipendiengelder nach dem Bundesförderungsgesetz und Graduiertenförderung; Angebot von rund 20 zehntägigen Seminaren; Kooperation mit Akademien; Studienberatung durch VertrauensdozentenInnen/StudienleiterInnen und ehemaligen StipendiatInnen des Werkes (fördernd tätig)

Hinweise: Regelstudienzeiten und Höchstförderungszeiten nach Bundesausbildungsförderungsgesetz; evangelische Studierende und Promovierende; Zweistufiges Auswahlverfahren
Anträge: Begutachtung-schriftlich
Ausgaben: 6.136.000 € , (1998)
Anschrift: c/o Bewerbungsreferat -Haus Villigst -, Iserlohner Str. 25, D-58239 Schwerte
Tel: 02304-755213/214
Fax: 02304-755250
email: berner@evstudienwerk.de
Internet: www.studienwerk.de
(1948) Stiftung in der Rechtsform eingetragener Verein (Stiftung e.V.)

EWE Stiftung B*F*K

Förderung von Wissenschaft und Forschung, Bildung und Erziehung sowie Kunst und Kultur, und zwar grundsätzlich in den Regionen Ems-Weser-Elbe, Brandenburg und Rügen. (auch operativ tätig)
Hinweise: Regionen Ems-Weser-Elbe, Brandenburg und Rügen
Anträge: schriftlich
Ausgaben: 1.252.665 €
Anschrift: Bianca Platte, Tirpitzstr. 39, D-26122 Oldenburg
Tel: 0441-803 1109
Fax: 0441-803 1145
email: ewe.stiftung@ewe.de
Internet: www.ewe-stiftung.de
(2001) Rechtsfähige Stiftung des bürgerlichen Rechts

Exvestment-Stiftung B*N*S

Im In- und Ausland Förderung der Entwicklungshilfe, der Erziehung, des Naturschutzes sowie mildtätiger Zwecke durch die Unterstützung von Personen, die im Sinne von § 53 AO bedürftig sind
Anschrift: Herrn Oliver Kinski, Greifenberger Str. 2a, D-86938 Schondorf
(2004)

F. + G. Robering Stiftung S

Förderung von Mildtätigen Zwecken, Altenhilfe (einschl. Altenheime), Kinder-/Jugendhilfe, Waisen (fördernd tätig)
Anträge: schriftlich formlos
Anschrift: Stefan Redeker, Bergstrasse 24, D-32547 Bad Oeynhausen
Tel: 05731-16 11 15
(2002)

Fairness-Stiftung gemeinnützige GmbH   S

Stärkung der Fairness-Kultur in Wirtschaft und Gesellschaft. Entwicklung von Fairness-Professionalität in Unternehmen und Organisationen. (operativ tätig)

Anträge: keine Antragsmöglichkeit
Anschrift: Dr. Copray, Langer Weg 18, D-60489 Frankfurt am Main
Fax: 069-78 98 81 51
email: kontakt@fairness-stiftung.de
Internet: www.fairness-stiftung.de
(2000) Stiftung in der Rechtsform Gesellschaft mit beschränkter Haftung (Stiftung GmbH)

fairNetzen   S

Förderung von Mildtätigen Zwecken
Anschrift: c/o BOV AG, Kay Mühlenbruch, Alfredstrasse 279, D-45133 Essen
(2000)

Falk F. Strascheg-Stiftung   F

Beschaffung von Mitteln zur Förderung d. Lehre und Forschung im Bereich des Entrepreneurship, insbes. zur Förd. der wissensch. Ausbildung von Studenten-innen sowie Weiterbild. von Absolventen d. Fachhochschule München (auch operativ tätig)

Anträge: schriftlich formlos
Anschrift: c/o Extorel GmbH, Fritz Gawenus, Lenbachplatz 3, D-80333 München
Tel: 089-20 70 3 0
Fax: 089-20 70 3 398
email: strascheg@extorel.de
Internet: www.gce-web.de
(2002)

Familie Posielek Stiftung für Straßenkinder   B*S

Förderung begabter Kinder und Jugendlicher sowie die Unterstützung (Hilfe zur Selbsthilfe) von besonders armen Familien in Indien und anderen armen Ländern

Hinweise: Indien und andere Entwicklungsländer
Anschrift: Klingenfeldstr. 48, D-90453 Nürnberg
(2002) Öffentliche Stiftung des bürgerlichen Rechts (Bayern)

Familie-Hüwel-Stiftung   F*K

Förderung von Kunst und Kultur, Wissenschaft und Forschung
Anschrift: Alfred Hüwel, Im Uckerfeld 15, D-53127 Bonn

(2001)
Familienstiftung Heiling F*K
Zweck der Stiftung ist vorrangig die Förderung von Familien- und Heimatgeschichtsforschung sowie der Ausbau und die Pflege eines Heimat- und Familirnarchivs und die Zugänglichmachung der Stiftungssammlungen für die Öffentlichkeit. Daneben fördert die Stiftung Kunst und Kultur, Landschafts- und Denkmalpflege sowie den Heimatgedanken in der Stadt Abenberg und im Landkreis Roth. (auch operativ tätig)
Hinweise: begrenzt auf die Stadt Abenberg und den Landkreis Roth außer für den Forschungsbereich
Anträge: mündlich
Ausgaben: 931 € , (2005)
Anschrift: Architekt, Dipl. Ing. Joseph Heiling, Parzivalstr. 1, D-91183 Abenberg
Tel: 09178-357
Fax: 09178-357
(2002) Öffentliche Stiftung des bürgerlichen Rechts (Bayern)

Familienstiftung Psychiatrie S
Hilfe für psychisch Kranke
Anschrift: Angela Bleckmann, Am Michaelshof 4b, D-53177 Bonn
Fax: 0228-658063
(2002)

Familie-Wilhelm-Grube-Stiftung R*S
Stiftungszwecke sind a) Förderung der Jugendarbeit der Stadt Einbeck b) Förderung der Altenarbeit der Stadt Einbeck c) Förderung des kirchlichen Gemeindelebens der Stadt Einbeck.
Anschrift: Elisabeth Grube, Marktstraße 7, D-37574 Einbeck
(2004) Rechtsfähige Stiftung des bürgerlichen Rechts

Famos Stiftung B
Förderung von Stipendien / Hochschule / Erwachsenenbildung, Bildung, Erziehung, Ausbildung

Anschrift: Dr. Albert Otten, Raderbroich 9, D-41352 Korschenbroich
(2001)

Fanny Unterforsthuber-Stiftung N*S
Finanzielle Hilfe für bedürftige Bürger in den Landkreisen Berchtesgadener Land und Traunstein sowie Unterstützung des Tierschutzvereins Traunstein u. die Förderung des Tierschutzgedankens
Anschrift: c/o Datag Steuerberatungs GmbH , Wittelsbacherstr. 1, D-83435 Bad Reichenhall
(2004)

Felicitas-M.-Aumann-Stiftung B
Förderung der Betreuung, Bildung und Erziehung von Kindern und Jugendlichen
Anschrift: Josefine Vaitl, Münchner Straße 64a, D-85774 Unterföhring
(2001)

Felix Nussbaum Foundation K
Förderung der Kunst und Kultur, insbesondere durch Präsentation der Werke im Felix-Nussbaum-Haus in Osnabrück, Förderung von Ausstellungen
Anschrift: Frau Inge Jaehner, Lotter Str. 2, D-49078 Osnabrück
(2001)

Fennel-Stiftung B*F*K*S
Kunst und Kultur, Wissenschaft und Forschung, Bildung, Erziehung, Ausbildung, Kinder-/Jugendhilfe, Waisen
Anschrift: Wolfgang Degner, Untere Sundern 11, D-32549 Bad Oeynhausen
Internet: www.fennel.de
(2000)

FILIA - Die Frauenstiftung B*P*S*V
Die Stiftung dient Zwecken der Förderung der Gleichberechtigung von Frauen und Männern im Sinne desGrundgesetzes, der Entwicklungshilfe, der Erziehung, der Volks- und Berufsbildung und der staatsbürgerlichen Bildung. Die Stiftung verwirklicht ihre Zwecke insbesondere durch die aktive Förderung von Frauen und Mädchen in der Gesellschaft. Die Stiftung verwirklicht ihre Zwecke hauptsächlich durch die Förderung von Projekten gemeinnütziger Träger, z. B. durch die Gewährung finanzieller Starthilfen im Sinne der Abs. 1 und 2, durch die Vergabe von Preisen sowie durch eigene Projekte, z.B. Vortragsveranstaltungen, Seminare, Kolloquien und dergleichen. Die Stiftung kann Hilfe zum Lebensunterhalt gewähren. Die Stiftung verwirklicht ihre Zwecke nicht ausschließlich in Deutschland (fördernd tätig)
Hinweise: Frauen, Mädchen
Anträge: schriftlich formlos
Ausgaben: 230.000 € , (2005)
Anschrift: Christiane Gruppe, Am Felde 2, D-22765 Hamburg
Tel: 040-33310014
Fax: 040-33310156
email: info@filia-frauenstiftun.de
Internet: www.filia-frauenstiftung.de/
(2001) Rechtsfähige Stiftung des bürgerlichen Rechts

Fliedner-Kulturstiftung Kaiserswerth F*K*R
Förderung von Wissenschaft und Forschung, Kunst und Kultur, Religion, kirchlichen Zwecken

Anschrift: Pfarrer Wolfgang Eigemann, Geschwister-Aufricht-Strasse 3, D-40489 Düsseldorf
(2002)

Flori hilft Stiftung S

Förderung hilfsbedürftiger Personen sowie die Förderung der Altenhilfe und der Jugendhilfe.
Anschrift: c/o Ranftl & Matthäi, Lutzstraße 2, D-80687 München
(2003)

Floyd und Lili Biava - Stiftung F

Vorrangig Förderung der Mobilität von Studentinnen und Studenten sowie Nachwuchswissenschaftlerinnen und Nachwuchswissenschaftlern der Wirtschaftswissenschaften Mathematik, Biologie, Physik, Chemie und Informatik der Carl von Ossietzky Universität Oldenburg zur Realisierung von Studien-, Lehr- und Forschungsaufenthalten im Ausland
Anschrift: c/o Carl von Ossietzky Universität Oldenburg, Herrn Horst Scholz, Postfach 2503, D-26129 Oldenburg
(2001)

Fonds für Umweltstudien F*N

Förderung von Naturschutz und Umweltschutz, Wissenschaft und Forschung
Anschrift: Dr. Wolfgang E. Burhenne, Postfach 12 03 69, D-53045 Bonn
(2001)

Förderstiftung der Stiftung Attl

Förderung der Stiftung Attl
Anschrift: Attel 11, D-83512 Wasserburg
(2004)

Förderstiftung des Diakonischen S
Werkes im Kirchenkreis Vlotho

Förderung Mildtätiger Zwecke, Kinder-/Jugendhilfe, Waisen und Altenhilfe (einschl. Altenheime)
Anschrift: c/o Diakonisches Werk im Kirchenkreis Vlotho e.V., Andreas Sikner, Elisabethstrasse 7, D-32545 Bad Oeynhausen
(2000)

Förderstiftung des Diakonischen S
Werkes Traunstein

Förderung behinderter, kranker, pflegebedürftiger und/oder benachteiligter Menschen im Sinn des § 53 AO in den Landkreisen Altötting, Berchtesgadener Land, Mühldorf a. Inn und Traunstein

Hinweise: Landkreise Altötting, Berchtesgadener Land, Mühldorf a. Inn und Traunstein; kranke, behinderte, hilfsbedürftige Menschen im Sinn des § 53 AO
Anschrift: Crailsheimer Straße 8a, D-83278 Traunstein
(2000) Öffentliche Stiftung des bürgerlichen Rechts (Bayern)

Förderstiftung Heilsarmee Göppingen R*S

Zweck der Stiftung ist die Förderung der kirchlichen Arbeit und der gemeinnützigen Zwecke der freien Wohlfahrtspflege der Heilsarmee im Landkreis Göppingen.
Anschrift: c/o Die Heilsarmee, Marktstr. 58, D-73033 Göppingen
(2002)

Förderstiftung Herzogsägmühle S

Förderung des Wohlfahrtswesens durch die Herzogsägmühle; insbesondere Förderung der Kinder- und Jugendhilfe, der Hilfe für Menschen mit Suchtproblemen oder mit seelischer Erkrankung, der Hilfe für Menschen in Armut und Obdachlosigkeit oder mit Behinderung oder im Alter.
Anschrift: Von-Kahl-Str. 4, D-86971 Peiting
(2000)

Förderstiftung Innere Mission S
München

Förderung des Wohlfahrtswesens, insbesondere die schulische, berufliche, beraterische, betreuerische und pflegerische Unterstützung an Menschen jeden Alters in den Diensten und Einrichtungen der Inneren Mission München -Diakonie in München und Oberbayern e.V. sowie weiterer Dienste und Einrichtungen, die dem Diakonischen Werk Bayern angeschlossen sind. Die Stiftung kann auch die Dienste und Einrichtungen selbst fördern, soweit diese als gemeinnützig anerkannt sind, sowie Menschen jeden Alters in Armut und sozialer Bedürftigkeit unterstützen. (fördernd tätig)
Anträge: keine Antragsmöglichkeit
Anschrift: Dr. Bauer, Dr. Rausch, Landshuter Allee 40, D-80637 München
Tel: 089-126991-112
Fax: 089-126991-119
email: drrausch@im-muenchen.de
(2000)

Förderstiftung Konservative Bildung B*F
und Forschung

Förderung von Bildung und Erziehung, Kultur,Wissenschaft und Forschung
Anschrift: Knöbelstraße 36, D-80538 München
(2000) Öffentliche Stiftung des bürgerlichen Rechts (Bayern)

Förderstiftung Museum Kurhaus Kleve K
Förderung von Kunst und Kultur
Anschrift: c/o Stadt Kleve Bürgermeister, Bürgermeister Theo Brauer, Kavariner Strasse 20-22, D-47533 Kleve
(2002)

Förderstiftung Neues Museum in Nürnberg K
Förderung kultureller Zwecke, insbesondere der Vermittlung des Verständnisses von Werken der Kunst und des Designs des 20. Jahrhunderts und der nachfolgenden Zeit in der Öffentlichkeit
Anschrift: Luitpoldstraße 5, D-90402 Nürnberg
(2000) Öffentliche Stiftung des bürgerlichen Rechts (Bayern)

Forschungsstiftung bayerische Geschichte F
Förderung von Wissenschaft und Forschung im Bereich der bayerischen Landesgeschichte an den Lehrstühlen und Professuren für Landesgeschichte an den bayerischen Universitäten
Anschrift: Ludwigstraße 14, D-80539 München
(2003)

Franz und Gertrud Schubert-Stiftung B*F
Förderung von Bildung, Erziehung und Wissenschaft in Neubrandenburg.
Anschrift: Frau Dr. Brigitte Hoffmann, Albrecht-Dürer-Str. 32, D-97204 Höchberg
(2000)

Franz und Maria Vetter Altenstiftung R*S
Unterstützung alter, behinderter, in Not geratener und bedürftiger Menschen in der Stadt Schweinfurt und im Landkreis Schweinfurt. Die Verwendung der Mittel soll wie folgt aufgeteilt werden: - zu 1/3 an Einrichtungen der Katholischen Kirche - zu 1/3 an Einrichtungen der Evangelischen Kirche - zu 1/3 an die Stadt Schweinfurt zur Weitergabe an entsprechende Einrichtungen.
Anschrift: Wolfsgasse 27, D-97421 Schweinfurt
(2002)

Franz und Thea Dupré - Stiftung S
Föderung der Hilfe für Behinderte, Soziales, Altenhilfe (einschl. Altenheime) (fördernd tätig)
Hinweise: Rieberg und Mühlheim an der Ruhr
Anträge: schriftlich formlos
Ausgaben: 50.000 €
Anschrift: Wilfried Heitmann, Adolph-Bermpohl-Weg 4, D-33332 Gütersloh

Tel: 05241-49931
(2000) Rechtsfähige Stiftung des bürgerlichen Rechts

Franz von de Berg-Stiftung S

Förderung der Altenfürsorge insbesondere durch die Betreuung und Unterstützung der Bewohner der betreuten Wohnanlage St. Cosmas und Damian sowie die finanzielle Unterstützung von in- und ausländischen Körperschaften im geimeinnützigen, mildtätigen oder kirchlichen Bereich
Hinweise: ältere Personen
Anschrift: Antonita van Baalen, Schoenaich-Carolath-Straße 3, D-22607 Hamburg
Tel: 040-81957447
Fax: 040-81957448
(2003)

Franziskanische Bildung und Erziehung B

Materielle und ideelle Förderung und Unterstützung franziskanischer Bildung- und Erziehungsarbeit (operativ tätig)
Anträge: keine Antragsmöglichkeit
Anschrift: P. Helmut Schlegel, Am Frauenberg 1, D-36039 Fulda
Tel: 0661 109537
Fax: 0661-109539
email: prov.fulda@franziskaner.de
Internet: www.franziskaner.de/thuringia
(2004)

Franziskus-Hospiz Stiftung - Wiesnewski-Hardtke G

Förderung des öffentlichen Gesundheitswesens /Krankenhäuser
Anschrift: c/o Hospiz Zentrum, Hermann Lucas/Ulrike Proba-Kähler, Trills 27, D-40699 Erkrath
Tel: 02104-937228
Internet: www.franziskus-hospiz-hochdahl.de
(2000)

Frauen Sinnstiftung S

Unterstützung und Förderung von Familien, insbesondere von Frauen in schwierigen Lebenssituationen z. B. durch Beratungsleistungen und praktische Qualifikation in den lebensnotwendigen Bereichen von Haushaltsführung, Gesundheitsvorsorge und Ernährungslehre. Der Stifter versteht dies als Wesens- und Lebensäußerung des evangelischen Glaubens in der Nachfolge Jesu Christi. (operativ tätig)
Anträge: keine Antragsmöglichkeit

Anschrift: Rita Bogateck, Rockenhof 1, D-22359 Hamburg
Tel: 040-60314375
Fax: 040-60314330
email: rb@frauensinnstiftung.de
Internet: www.frauensinnstiftung.de
(2001)

Fraundienst Stiftung M*S
Zweck der Stiftung ist die Förderung der Jugend-und Altenhilfe sowie des Wohlfahrtswesens und des Sports i.S.d. § 52 AO; von Personen, die i.S.d. § 53 AO Bedürftig sind, imsbesondere kranker Kinder, schwerbehinderter und/oder verhaltensauffälliger Kinder.
Anschrift: Katharinenplatz 12, D-84453 Mühldorf
(2004)

Fred und Irmgard Rauch Stiftung K*N*S
Förderung der Kunst und Kultur, der Jugendhilfe und mildtätiger Zwecke sowie des Tierschutzes. (fördernd tätig)
Anschrift: c/o GEMA-Generaldirektion, Dirk Kaumanns, Richard-Strauß-Strasse 69/III, D-81667 München
Tel: 089-98293920
Fax: 089-98293921
email: dr.dirk.kaumanns@t-online.de
(2000)

Fred und Maria Riedel-Stiftung S
Die Stiftung bezweckt die Unterstützung von Witwen und Kindern von Rettungsmännern der Deutschen Gesellschaft zur Rettung Schiffbrüchiger, die auf See ihr Leben gelassen haben oder in Ausübung ihrer Tätigkeit erwerbs- oder berufsunfähig geworden sind.
Anschrift: Fred Riedel, Kastanienallee 75, D-38102 Braunschweig
(2001) Rechtsfähige Stiftung des bürgerlichen Rechts

Freifrau-von-Nauendorf-Stiftung F*G
Wissenschaft und Forschung; Förderung der Forschung, Diagnostik und Therapie auf dem Gebiet der Netzhauterkrankungen
Anschrift: Dr. Thomas Weber, Schüppstr. 37, D-65191 Wiesbaden
Tel: 0611-540322
Fax: 0611-541931
email: Dr.Th.Weber@gmx.de
(2001)

Freudenberg Stiftung GmbH B*F*K*S
Die Gesellschaft hat ihre Vermögenserträge insbesondere zu verwenden für: - wissenschaftliche Zwecke, - die Förderung von Erziehung und Bildung, - das friedliche Zusammenleben in Gesellschaft und Kultur, - der Unterstützung gemeinnütziger Projekte (auch operativ tätig)
Hinweise: Deutschland, Israel, Türkei, Ungarn
Anträge: schriftlich formlos
Ausgaben: 2.000.000 € , (2004)
Anschrift: Herr Christian Petry, Freudenbergstraße 2, D-69469 Weinheim
Tel: 06201-17498
Fax: 06201-13262
email: info@freudenbergstiftung.de
Internet: www.freudenbergstiftung.de
(1984) Stiftung in der Rechtsform Gesellschaft mit beschränkter Haftung (Stifung GmbH)

Freunde von Bayreuth K
Förderung der Bayreuther Festspiele, Teilnahme von minderbemittelten Bürgern an den Bayreuther Festspielen
Anschrift: Schloßplatz 2, D-95512 Neudrossenfeld
(2001)

FRIEDENSDORF S
Gemeinschaftsstiftung
Förderung von Sonstige Soziale Zwecke, Entwicklungshilfe, Kinder-/Jugendhilfe, Waisen
Anschrift: Ronald Gegenfurtner, Lanterstrasse 21, D-46539 Dinslaken
Internet: www.friedensdorf.de
(2001)

Friedhelm Oriwol-Stiftung B*K
Zweck der Stiftung ist die Förderung von Kunst, Kultur und Heimatkunde im Raum Kochelsee, Walchensee und Jachenau
Anschrift: Peter Schubert, Föhrenweg 3, D-87727 Babenhausen
(2003)

Friedhelm Wilmes-Stiftung S
Jugendhilfe; Förderung von Kindern in der ganzen Welt
Anschrift: Ursula Haardt, Marburger Weg 33, D-35288 Wohratal
Tel: 06453-91200
Fax: 06453-439
email: Wilmes.Haardt@t-online.de
(2000)

Friedl Gerbig-Stiftung für das Geistliche Zentrum Schwanberg   B*R*S

Förderung des Vereins "Geistliches Zentrum Schwanberg e.V." insbes. durch Mitarbeit in allen kirchlichen und sozialen Aufgaben auf dem Gebiet d. Bildung, Ausbildung u. Erziehung sowie d. Förderung junger Menschen u. d. evang. Jugendarbeit, Durchführung von Urlaubs- und Erholungsmaßn. für Familien, Kinder und Jugendliche, Förderung der Ökumene.

Anschrift: c/o Geistliches Zentrum Schwanberg e.v., Schwanberg, D-97348 Rödelsee
(2004)

Friedl-Kugler-Sozialstiftung   S

Förderung des Wohlfahrtswesens, insbesondere des SKM Günzburg-Kath. Verband für soziale Dienste e.V

Anschrift: Herr Stephan Rinderle, Zum Eulenberg 5 Autenried, D-89335 Ichenhausen
(2000) Öffentliche Stiftung des bürgerlichen Rechts (Bayern)

Friedrich Schleich Gedächtnis-Stiftung   B*K*M*N

Zweck der Stiftung ist die Förderung von Bildung und Erziehung, Förderung des Sports, der Musik sowie des Tier-, Natur- und Umweltschutzes. (fördernd tätig)

Anträge: schriftlich formlos
Anschrift: Elisabeth Nagel, Uhlandstr. 17, D-73550 Waldstetten
Tel: 07162-29314
Fax: 07162-940294
email: elisabeth.nagel@gmx.de
(2002)

Friedrich Schorling Stiftung - gemeinnützige Stiftung für neue Lebens-, Arbeits- und Wohnformen   B*S

Zwecke der Wohlfahrtspflege, insbesondere im Bereich der Altenhilfe, Bildungszwecke, mildtätige Zwecke, wissenschaftliche Zwecke. Die Stiftung fördert Gemeinschaften, die sich zur Entfaltung von kontinuierlichem Bürgerengagement und ehrenamtlicher Tätigkeit zusammengeschlossen haben und die neue Formen des Zusammen-Lebens, -Arbeitens und -Wirtschaftens entwickeln und erproben wollen.

Anschrift: Renate Wahl, Hügelstraße 69, D-60433 Frankfurt am Main
Tel: 069-530 93-103
email: r.wahl@haus-aja.de
Internet: www.haus-aja.de
(2004)

Friedrich Stiftung   K*S*V

Förderung der Kultur und Denkmalpflege, die Unterstützung hilfsbedürftiger Personen und die Förderung internationaler Gesinnung , der Toleranz auf allen Gebieten der Kultur und des Völkerverständigungsgedanken.
Anschrift: Jens Düßmann, Leipziger Str. 99, D-28215 Bremen
Tel: 0421-355837
(2001)

Friedrich-Ebert-Stiftung e.V.   B*F*K*V

Förderung der demokratischen Erziehung des Deutschen Volkes und der internationalen Zusammenarbeit im demokratischen Geiste (auch operativ tätig)
Hinweise: Lateinamerika, Afrika, Asien, Dritte Welt, Mittel- und Osteuropa; keine Förderung von Projekten Dritter, nur Studienförderung für begabte, gesellschaftspolitisch engagierte Studenten
Anträge: keine Antragsmöglichkeit
Ausgaben: 106.525.000 € , (2003)
Anschrift: c/o Presse- und Informationsstelle, Albrecht Koschützke, Godesberger Allee 149, D-53175 Bonn
Tel: 0228-883 666
Fax: 0228-883 396
email: presse@fes.de
Internet: www.fes.de
(1925) Stiftung in der Rechtsform eingetragener Verein (Stiftung e.V.)

Friedrich-Freidank-Stiftung   G*S

Förderung von Hilfe für Behinderte, des öffentlichen Gesundheitswesens /Krankenhäuser, Kinder-/Jugendhilfe, Waisen
Anschrift: Kirchhörder Strasse 19, D-44229 Dortmund
(2001)

Friedrich-Naumann-Stiftung   B*K*P*V*W

Die Stiftung ist auf der Grundlage des Liberalismus tätig. Sie dient gemeinnützigen Zwecken. Aufgabe der Stiftung ist es, allen Interessierten, insbesondere der heranwachsenden Generation, Wissen im Sinne liberaler, sozialer und nationaler Ziele Friedrich-Naumanns zu vermitteln, Persönlichkeitswerte lebendig zu erhalten und moralische Grundlagen in der Politik zu festigen. Zur Erfüllung dieses Stiftungszwecks vermittelt die Stiftung insbesondere politische Bildung und Politikdialog im In- und Ausland, Politikberatung im Ausland und unterstützt begabte junge Menschen durch Vergaben von Stipendien. Die Friedrich-Naumann-Stiftung ist die Stiftung für liberale Politik in der Bundesrepublik Deutschland, die das Prinzip Freiheit überall verwirklichen will: Im Inland wie im Ausland, in allen Lebensbereichen der Gesellschaft und des Staates (auch operativ tätig)

Hinweise: Albanien, Bulgarien, CSFR, Balitukum, GUS, Slowenien, Polen, Rumänien, Ungarn, USA, Kanada, Mexico, Guatemala, Granada, Costa, Rica, Dominikanische Republik, Trinidad & Togo, Ecuador, El Salvador, Hahiti, Honduras, Kolumbien, Kuba, Nicaragua, Puerto Rico, Venezuela, Argentinien, Brasilien, Chile, Paraguay, Peru, Uruguay, Angola, Masambik, Namibia, Sambia, Simbabwe, Südafrika, West-, Ost- und Zentralafrika, Südost- und Ostasien, Südasien
Anträge: schriftlich formlos-schriftlich
Ausgaben: 40.850.666 € , (2004)
Anschrift: Kirstin Bolke, Karl-Marx-Strasse 2, D-14482 Potsdam-Babelsberg
Fax: 0331-7019286
email: fnst@fnst.org
Internet: www.fnst.org
(1958) Rechtsfähige Stiftung des bürgerlichen Rechts

FRIENDS - Stiftung, Stiftung für missionarische und soziale Arbeit R

Die Friends-Stiftung will in erster Linie kirchliche, verkündigende und diakonische Arbeit unter jungen Leuten fördern. (fördernd tätig)
Anträge: keine Antragsmöglichkeit
Anschrift: Dr. Roland Werner, Steinweg 12, D-35037 Marburg
Tel: 06421 - 64470
Fax: 06421 - 64463
email: rolwerner@gmx.net
(2002) Rechtsfähige Stiftung des bürgerlichen Rechts

Fritz Hollweg Stiftung G*M*S

Jugendhilfe, Altenhilfe, Wohlfahrt, öffentliches Gesundheitswesen, Sport
Anschrift: Fahrenheitstr. 6, D-28359 Bremen
Tel: 0421-2788710
(2004)

Fritz Thyssen Stiftung F*P*W

Ausschließlicher Zweck der Stiftung ist die unmittelbare Förderung der Wissenschaft an wissenschaftlichen Hochschulen und Forschungsstätten, vornehmlich in Deutschland (auch operativ tätig)
Hinweise: an wissenschaftlichen Hochschulen und gemeinnützigen Forschungseinrichtungen; post-doc-Stipendien und zeitlich begrenzte Sonderprogramme
Anträge: Merkblatt-schriftlich formlos-Begutachtung
Ausgaben: 13.600.364 € , (2003)
Anschrift: Am Römerturm 3, D-50667 Köln
Tel: 0221-277496-0

Fax: 0221-277496-29
email: fts@fritz-thyssen.de
Internet: www.fritz-thyssen-stiftung.de/
(1959) Rechtsfähige Stiftung des bürgerlichen Rechts

Fritz und Helga Exner-Stiftung F

Laut Satzung ist es Zweck der Fritz und Helga Exner-Stiftung, die Forschung, insbesondere die Arbeit des wissenschaftlichen Nachwuchses auf den Gebieten ost- und südosteuropäischer Geschichte, auch unter dem Gesichtspunkt der Rechts- und Politikwissenschaften sowie der Geschichte der Beziehungen zwischen der Bundesrepublik Deutschland und den ost- und südosteuropäischen Ländern zu fördern, mit dem Ziel die Forschungsergebnisse der Öffentlichkeit zugänglich zu machen. (fördernd tätig)

Anträge: schriftlich formlos
Anschrift: Dr. Eva Denk, Bockenheimer Landstr. 93, D-60325 Frankfurt a. Main
Tel: 069-975828-0
Fax: 069-975828-28
email: radenke@gpk-ffm.de
(2000)

Fuldaer Integrations-Stiftung S

Wohlfahrt und Mildtätigkeit (auch operativ tätig)
Hinweise: Raum Fulda; Menschen mit Behinderung
Anträge: schriftlich formlos
Anschrift: Helmut Blum, Langebrückenstraße 14, D-36037 Fulda
Tel: 0661-9242041
Fax: 0664-8919252
email: info@fis-fulda.de
Internet: www.fis-fulda.de
(2004) Rechtsfähige Stiftung des bürgerlichen Rechts

Für Kinder und Jugendliche in unserer S
Region - Stiftung der Sparkasse
Langen-Seligenstadt

Jugendhilfe; Die Förderung von Kindern und Jugendlichen im Geschäftsgebiet der Sparkasse Langen-Seligenstadt
Anschrift: Walter Metzger, Frankfurter Str. 137, D-63500 Seligenstadt
Tel: 06182-9251405
Fax: 06182-9251448
(2001) Rechtsfähige Stiftung des bürgerlichen Rechts

G. und H. Randlkofer-Stiftung S

Unterstützung, fördernd oder operativ, an Kinder im In- und Ausland, die infolge ihres körperlichen, geistigen oder seelischen Zustandes auf die Hilfe anderer angewiesen sind oder in Armut leben sowie Beschaffung von Mitteln für die Verwirklichung der mildtätigen Zwecke einer anderen Körperschaft oder für die Verwirklichung mildtätiger Zwecke durch eine Körperschaft des öffentlichen Rechts.
Anschrift: Dienerstr. 14-15, D-80331 München
(2000)

Gabi und Dr. Erhart Stägmeyr-Stiftung S

Förderung bedürftiger Seniorinnen und Senioren in München (fördernd tätig)
Hinweise: München
Anschrift: Katharina Knäusl, Orleansplatz 11, D-81667 München
Tel: 089-23325646
Fax: 089-23322610
email: stiftungsverband.soz@muenchen.de
Internet: www.muenchen.de
(2001) Nicht rechtsfähige Stiftung

Garg-Stiftung, zu Ehren von Basant F
Kumari Devi, Chakkhanlal Garg und
Helmut Zahn

Förderung von Wissenschaft und Forschung am DWI an der RWTH Aachen e.V.
Hinweise: Unterstützung von Forschungsaufenthalten am DWI
Anträge: keine Antragsmöglichkeit
Ausgaben: 30.063 €
Anschrift: Prof. Dr. Martin Möller, Pauwelsstr. 8, D-52074 Aachen
Tel: 0241-80 233 00
Fax: 0241-80 233 01
email: contact@dwi.rwth-aachen.de
(2000)

Gauselmann-Stiftung B*G*S

Förderung von Mildtätigen Zwecken, öffentlichem Gesundheitswesen /Krankenhäuser, Kinder-/Jugendhilfe, Waisen, Altenhilfe (einschl. Altenheime), Bildung, Erziehung, Ausbildung.
Anschrift: Herr Hellwig, Merkur-Allee 1-15, D-32339 Espelkamp
(2000)

Gemeinnützige Fürst zu Oettingen- F
Wallerstein Kulturstiftung

Förderung der Denkmalpflege, insbesondere der Oettingen-Wallersteinschen Kulturgüter

Anschrift: Berg 78, D-86575 Wallerstein
(2000) Rechtsfähige Stiftung des bürgerlichen Rechts

Gemeinnützige Hertie-Stifung zur Förderung von Wissenschaft, Erziehung, Volks- und Berufsbildung B*F*G*S*V*X

Förderung der Wissenschaft in Forschung und Lehre, sowie der Erziehung, Volksbildung und Berufsausbildung, insbesondere auf den Gebieten der Medizin, der menschlichen Lebensbedingungen, der Naturwissenschaft und der Technik. (auch operativ tätig)

Anträge: schriftlich formlos-Begutachtung-schriftlich
Ausgaben: 17.506.000 € , (2004)
Anschrift: Marlies Mosiek Müller, Grüneburgweg 105, D-60323 Frankfurt am Main
Tel: 069-660756-0
Fax: 069-660756999
email: info@ghst.de
Internet: www.ghst.de
(1974) Rechtsfähige Stiftung des bürgerlichen Rechts

Gemeinnützige Stiftung der Familie Gude B*F*G*K*M*N*S*V

Zweck der Stiftung ist die Förderung von Sozialem, Brauchtum und Heimatgedanke/-geschichte, Tierschutz, Sport, öffentlichem Gesundheitswesen /Krankenhäuser, Altenhilfe (einschl. Altenheime), Kinder-/Jugendhilfe, Waisen, Naturschutz, Umweltschutz, Denkmalpflege, Entwicklungshilfe, Völkerverständigung, Kunst und Kultur, Bildung, Erziehung, Ausbildung, Wissenschaft und Forschung.

Anschrift: Dr. Michael Gude, Eintrachtstrasse 113, D-50668 Köln
(2000)

Gemeinnützige Stiftung Hilfe für Nepal S

Unterstützung von hilfsbedürftigen Personen im Sinne des § 53 Abgabenordnung; es soll eine nachhaltige, direkte, unbürokratische und persönliche "Hilfe zur Selbsthilfe" in Nepal mit Schwerpunkt "Bildungs, Sozial und Gesundheitswesen" betrieben werden. (fördernd tätig)

Anträge: keine Antragsmöglichkeit
Anschrift: Karl Rebele, Mittelmühlweg 30, D-92339 Beilngries
Tel: 08461- 371
Fax: 08461- 605 863
email: karl.rebele@nepalhilfe-beilngries.de
(2004) Öffentliche Stiftung des bürgerlichen Rechts (Bayern)

Gemeinnützige Stiftung Volksbank Cappeln   B*G*K*M*R*S

Förderung der Jugendpflege und Jugendfürsorge, des Sports, der Kunst und Kultur, des kirchlichen Lebens, der Heimatpflege, des Umwelt- und Landschaftsschutzes, der Altenhilfe, des öffentlichen Gesundheitswesens und des Wohlfahrtswesens, beschränkt auf das Gebiet der Gemeinde Cappeln (den Geschäftsbereich der Volksbank Cappeln eG) zur Zeit der Stiftungsgründung, insbesondere durch Gewährung finanzieller Zuwendungen an juristische Personen des öffentlichen Rechts oder öffentliche Dienststellen, welche Zwecke der vorerwähnten Art verfolgen. Die Stiftung kann ihre Mittel teilweise auch anderen steuerbegünstigten Körperschaften für die Verwendung zu steuerbegünstigten Zwecken (auch operativ tätig)
Hinweise: Gemeinde Cappeln
Anschrift: c/o Volksbank Cappeln eG, Am Markt 1, D-49692 Cappeln
(2004) Rechtsfähige Stiftung des bürgerlichen Rechts

Gemeinnützige TTL Stiftung   B*S

Zweck der Stiftung ist die Förderung kultureller Vorhaben und kultureller Einrichtungen, der Bildung und Erziehung sowie die Unterstützung von Menschen in Not.
Anträge: keine Antragsmöglichkeit
Anschrift: Gudrun Kübler, Heilbronner Str. 65, D-89522 Heidenheim
(2002)

Gemeinschaftsstiftung "Mein Augsburg"   B*K*N

Förderung des Denkmalschutzes, der Denkmalpflege, der Kunst-/Kulturpflege, der Heimatkunde/Heimatpflege, des Naturschutzes/Naturpflege, der gemeinnützigen Stiftungsidee (auch operativ tätig)
Hinweise: Stadtgebiet Augsburg
Anträge: schriftlich formlos
Anschrift: Margarete Rohrhirsch-Schmid, Schießgrabenstr. 14, D-86150 Augsburg
Tel: 0821-5084962
Fax: 0821-5084984
email: info@meinaugsburg.de
Internet: www.meinaugsburg.de
(2000)

Gemeinschaftsstiftung Bolivianisches Kinderhilfswek   B*S*V

finanzielle Unterstützung des Schul- und Bildungsprojektes CEMVA (Centro Educativo Multifuncional Villa Armonia) im Vorort Villa Armonia der Landeshauptstadt von Bolivien, Sucre, in Südamerika
Anschrift: Danziger Straße 13, D-73240 Wendlingen

Tel: 07024-28 79
Fax: 07024-46 70 47
email: E.Huber@enbw.com
Internet: www.bolivianisches-kinderhilfswerk-stiftung.de
(2002) rechtsfähige Stiftung

Gemeinschaftsstiftung der Arbeiterwohlfahrt Kreisverband Kempten e.V. "Offenes Herz"   S

Förderung des Wohlfahrtswesens, schwerpunktmäßig auf dem Gebiet der sozialen Senioren- und Jugendarbeit, weiterhin die Förderung der Kultur sowie die Unterstützung hilfsbedürftiger Personen im Sinne des § 53 AO
Anschrift: c/o AWO Kreisverb. Kempten e.V., Jenischstraße 1, D-87435 Kempten
(2003)

Gemeinschaftsstiftung der Arbeiterwohlfahrt Kreisverband Lindau e.V. "Lucie Kozak"   S

Förderung des Wohlfahrtswesens, schwerpunktmäßig auf dem Gebiet der sozialen Senioren- und Jugendarbeit, weiterhin die Förderung der Kultur sowie die Unterstützung hilfsbedürftiger Personen
Anschrift: Nobelstr. 2, D-88131 Lindau
(2004)

Gemeinschaftsstiftung der Heilsarmee Deutschland   B*S

Förderung von Bildung, Erziehung, Ausbildung, Kinder-/Jugendhilfe, Waisen, Altenhilfe (einschl. Altenheime)
Anschrift: Horst Charlet, Salierring 23-27, D-50677 Köln
(2003)

Gemeinschaftsstiftung Hausenhof   S

Unterstützung und Förderung von Menschen mit Behinderungen, die infolge ihre körperlichen, geistigen oder seelischen Zustandes auf die Hilfe anderer angewiesen sind und der Camphill Dorfgemeinschaft Hausenhof angehören bzw. angehörten (operativ tätig)
Anträge: keine Antragsmöglichkeit
Anschrift: Heinrich K. Perschmann, Hausenhof 7, D-91463 Dietersheim
Tel: 05331-76766
Fax: 05331-76769
email: h.perschmann@t-online.de

Internet: www.stiftung-hausenhof.de
(2004) Rechtsfähige Stiftung des bürgerlichen Rechts

Gemeinschaftsstiftung Kolpingwerk Deutschland B*R*S*V

Religion, kirchlichen Zwecken, Völkerverständigung, Hilfe für Behinderte, Entwicklungshilfe, Sonstigen Sozialen Zwecken, Bildung, Erziehung, Ausbildung, Altenhilfe (einschl. Altenheime)
Anschrift: c/o Institut für Stiftungsberatung, Frau RA Weger, Thaddäusstrasse 33, D-33415 Verl
(2002)

Gemeinwohl-Stiftung der Sparkasse Dortmund B*S

Förderung von Bildung, Erziehung, Ausbildung, Hilfe für Behinderte, Kinder-/Jugendhilfe, Waisen, Altenhilfe (einschl. Altenheime)
Anschrift: Uwe Samulewicz, Freistuhl 2, D-44137 Dortmund
(2000)

Gen-ethische Stiftung B

Förderung der Volksbildung, insbesondere die Förderung der kritischen Aufklärung der Öffentlichkeitüber sowie die kritische Begleitung der Gen-, Bio- und Fortpflanzungstechnologie. Schwerpunkt der kritischen Aufklärung der Öffentlichkeit sowie der kritischen Begleitung soll die Behandlung ökologischer, ethischer,politischer und wirtschaftlicher Fragen sein. Der Zweck wird insbesondere verwirklicht durch die Unterstützung des gemeinnützigen Gen-ethischen Netzwerk e.V. in Berlin (fördernd tätig)
Anträge: keine Antragsmöglichkeit
Anschrift: Dr. Ruth Tippet, Heimgartenstraße 20, D-85591 Vaterstetten
Tel: 08106-899720
email: rtippe@keinpatent.de
Internet: www.gen.gen-ethische-stiftung.de
(2001) Rechtsfähige Stiftung des bürgerlichen Rechts

Georg Brückl-Stiftung K

Förderung der künstlerischen Fortentwicklung besonders begabter und finanziell bedürftiger Studenten des Richard-Strauss-Konservatoriums, München bzw. im Falle dessen Verschmelzung mit der Hochschule für Musik und Theater, München deren Studenten, jeweils im Bereich Jazz und Swing (fördernd tätig)
Hinweise: München
Anträge: schriftlich
Anschrift: c/o Merck Finck & Co., Marco Heimann, Pacellistraße 16, D-80333 München
Tel: 089- 2104 1354

Fax: 089- 2104 1446
(2005)

Georg Dechentreiter Wohlfahrts-Stiftung   G

Unterstützung des Irene Salimi Kinder Hospitals in Kabul / Afghanistan. (operativ tätig)
Anträge: keine Antragsmöglichkeit
Anschrift: Steffi Krüger, Postfach 1115, D-86601 Donauwörth
Tel: 0906-7058981
Fax: 0906-7058982
email: info@gdws.org
Internet: www.gdws.org
(2004) Öffentliche Stiftung des bürgerlichen Rechts (Bayern)

Georg und Karin Kalos - Stiftung   F*G*K*N

Förderung der Wissenschaft, einschließlich der Religionswissenschaft, und Forschung, Förderung von Kunst und Kultur, Förderung des Umweltschutzes und Förderung der Gesundheit, insbesondere auch die Förderung alternativer, schulmedizinisch noch nicht anerkannter Heilmethoden.
Anschrift: Frau Karin und Herrn Georg Kalos, Westerburger Weg 18, D-26203 Wardenburg
(2002) Rechtsfähige Stiftung des bürgerlichen Rechts

Georg und Margarethe Huber-Stiftung   N

Förderung der Landschaftspflege sowie des Naturschutzes im Stadtgebiet Augsburg (fördernd tätig)
Hinweise: Augsburg
Anträge: schriftlich formlos-mündlich
Anschrift: c/o Stadt Augsburg Stiftungsamt, Schießgrabenstr. 4, D-86150 Augsburg
Tel: 0821-324-0
Internet: www.augsburg.de
(2001) Öffentliche Stiftung des bürgerlichen Rechts (Bayern)

Georges-Anawati-Stiftung   R*V

Die Stiftung dient Zwecken der Förderung internationaler Gesinnung, der Toleranz auf allen Gebieten der Kultur und der Völkerverständigung. Die Stiftung soll zur Entwicklung und Stärkung freundschaftlicher Beziehungen zwischen Völkern und Religionen und damit zur Friedenssicherung und Entspannung beitragen. Insbesondere will sie das friedliche Neben- und Miteinander von Menschen christlicher und muslimischer Tradition in gegenseitiger Achtung fördern und die Einsicht in die Vorteile friedlichen Zusammenlebens vertiefen. (auch operativ tätig)
Anträge: schriftlich
Anschrift: Cornelius G. Fetsch, Schloß Körtlinghausen, D-59602 Rüthen

Tel: 0203-742868
email: info@anawati-stiftung.de
Internet: www.anawati-stiftung.de
(2000)

Georg-Leffers-Stiftung S
Zweck der Stiftung ist, geistig oder körperlich stark behinderten Kindern und Jugendlichen, insbesondere aus sozialschwachen Familien, zur Erlangung eigener Fähigkeiten und Fertigkeiten, damit ein weitgehend von Drittenunabhängiges Leben geführt werden kann.
Anschrift: c/o Gebr. Leffers GmbH & Co. KG, Lange Straße, D-26122 Oldenburg
(2003) Rechtsfähige Stiftung des bürgerlichen Rechts

Gerald Schreckenhöfer-Stiftung M
Zweck der Stiftung ist die Förderung des Sports.
Anschrift: Uwe Fischer, Steinenbühl 3, D-74426 Bühlerzell
(2003)

Gerckens - Stiftung B*G*S
Förderung von Entwicklungshilfe, Mildtätigen Zwecken, Bildung, Erziehung, Ausbildung, des öffentlichen Gesundheitswesens / Krankenhäuser, Kinder-/Jugendhilfe, Waisen
Anschrift: Dr. Pierre Gerckens, Bockumer Strasse 171, D-40489 Düsseldorf
(2002)

Gerd F. Müller und Kerstin Müller-Eckart-Stiftung S
Förderung von Mildtätigen Zwecken, Sonstigen Sozialen Zwecken, Altenhilfe (einschl. Altenheime) (fördernd tätig)
Anschrift: c/o Dresdner Bank AG Stiftungsmanagement, Gerd F. Müller, Gallusanlage 7, D-60301 Frankfurt
(2000)

Gerd Schmidt Stiftung K*N*S
Förderung des Naturschutzes und der Landschaftspflege, Kunst und Kultur sowie mildtätige Zwecke
Anschrift: Arnold Böcklin Str. 14, D-28209 Bremen
Tel: 0421-344000
(2004)

Gerd und Annemarie Thomas-Stiftung S
Förderung von Schwerkranken in München (fördernd tätig)

Anschrift: c/o Landeshauptstadt München -Sozialreferat-, Katharina Knäusl,
Orleansplatz 11, D-81667 München
Tel: 089-23325646
Fax: 089-23322610
email: stiftungsverwaltung.soz@muenchen.de
Internet: www.muenchen.de
(2001)

Gerd und Margot Fahron-Stiftung S

Zweck der Stiftung ist die Förderung von Rollstuhlfahrern, insbesondere durch die Unterstützung von Menschen, die an den Rollstuhl gebunden sind, z.b. durch die Zurverfügungstellung von Hilfsmitteln für besondere Erleichterungen, wie z.b. behindertengerechte Fahrzeuge, behindertengerechte Ein- bzw. Übergänge, sanitäre Einrichtungen, Urlaubsbegleitungen oder Haushaltshilfen in besonderen Situationen etc., Ermöglichung von Teilnahme an kulturellen Veranstaltungen wie z.B. Theater-, Oper- und/oder Museumsbesuchen. Dazu soll auch die Hilfe bei Reisen gehören, die zum Ziel haben, Rollstuhlfahrern zu ermöglichen, Stätten von historischer oder kultureller Bedeutung in Europa kennen zu lernen. Durchführung von Maßnahmen, die dazu beitragen, das Bewusstsein der Öffentlichkeit für die besondere Situation von Rollstuhlfahrern zu verbessern, aller Maßnahmen, die geeignet sind, den Rollstuhlfahrern ein hindernisfreies Leben in der Gemeinschaft der Nichtbehinderten zu ermöglichen und die Schaffung eines Problembewusstseins für die Sorgen und Nöte eines Rollstuhlfahrers mit Anregungen zu konkreten Verbesserungen z.B. an öffentlichen Gebäuden und zum besseren gegenseitigen Verständnis. (fördernd tätig)

Anträge: schriftlich formlos
Anschrift: c/o Hypovereinsbank, Stiftungsmanagement, Frank Schneider,
Alter Wall 22, D-20457 Hamburg
Tel: 040-3602-2161
email: frank.schneider@hab.de
(2003) Rechtsfähige Stiftung des bürgerlichen Rechts

Gerd und Ulrike Seuwen Stiftung G*K*N*S

Unterstützung von Personen, die infolge ihres körperlichen, geistigen oder seelischen Zustandes auf die Hilfe anderer angewiesen sind, ferner die Förderung der Denkmalpflege und des Tierschutzes

Anträge: keine Antragsmöglichkeit
Anschrift: Dr. Gerhard Seuwen, Rottenkolberstr. 21, D-87439 Kempten (Allgäu)
Tel: 0831-85509
(2000) Öffentliche Stiftung des bürgerlichen Rechts (Bayern)

Gerda Henkel Stiftung F

Ausschließlicher Zweck der Stiftung ist die unmittelbare Förderung der Wissenschaft, vornehmlich durch Unterstützung bestimmter fachlich und zeitlich begrenzter Arbeiten auf dem Gebiet

der historischen Geisteswissenschaften und deren Veröffentlichung. Schwerpunktartig werden Forschungen im Bereich der Geschichte, der Kunstgeschichte, Rechtsgeschichte und der Archäologie unterstützt. Weiterbildung graduierte Studenten (auch operativ tätig)
Hinweise: Höchstförderdauer in der Regel 2 Jahre. Promotions- und Forschungsstipendien, keine Habilitationen
Anträge: Merkblatt-schriftlich formlos-Begutachtung
Ausgaben: 4.429.011 € , (2004)
Anschrift: Dr. Michael Hanssler, Malkastenstraße 15, D-40211 Düsseldorf
Tel: 0211-359853
Fax: 0211-357137
email: info@gerda-henkel-stiftung.de
Internet: www.gerda-henkel-stiftung.de
(1976) Rechtsfähige Stiftung des bürgerlichen Rechts

Gerda Tietjen Stiftung B

Förderung von Bildung und Erziehung insbesondere durch die Anschaffung und/oder Förderung von Projekten in Hinblick auf die Ausbildung von Kindern und Jugendlichen im Zusammenhang mit der schulischen und/oder universitären Ausbildung.
Anschrift: Tobias Röhrs, Schwanenwik 30, D-22087 Hamburg
Tel: 040-35 75 51-0
Fax: 040-35 75 51-30
(2002)

Gerhard Grill - Frisch Auf Jugend Stiftung S

Zweck der Stiftung ist die Unterstützung der Frisch Auf Jugend. Kindern und Jugendlichen aller Abteilungen der TPSG Frisch Auf Göppingen, wird die Hife der Stiftung nach Maßgabe dieser Satzung zuteil.
Anschrift: Gerhard Grill, Bergstr. 102, D-73054 Eislingen
(2002)

Gerhard Müggenburg Stiftung F*G

Förderung von anderen steuerbegünstigten Körperschaften sowie Körperschaften des öffentlichen Rechts, die die Zwecke der öffentlichen Gesundheitspflege, der freien Wohlfahrtspflege sowie wissenschaftliche und mildtätige Zwecke verfolgen. Diese Körperschaften, insbesondere die Horst Müggenburg Stiftung, werden durch Geld- und Sachmittel gefördert.
Anschrift: c/o Joh. Berenberg, Gossler & Co., Dr. Jörg Liesner, Neuer Jungfernstieg 20, D-20354 Hamburg
Tel: 040-350 60-296
Fax: 040-350 60 322
email: joerg.liesner@berenbergbank.de
(2001)

Gerhard und Monika Senghaas Stiftung N
Förderung des Schutzes der Natur und Landschaft in Südostbayern.
Anschrift: Anton-Bruckner-Ring 30, D-94094 Rotthalmünster
(2002)

Geriatrie-Stiftung Elisabeth Lanzinger F*G
Zweck der Stiftung ist die öffentliche Gesundheitsfürsorge, die Förderung der Wissenschaft und Forschung sowie mildtätige Zwecke.
Anschrift: Bonholzstr. 26, D-71111 Waldenbuch
(2000)

Germeringer Sozialstiftung S
Unterstützung von hilfsbedürftigen Personen, Förderung der Wohlfahrtspflege durch die Unterstützung und Durchführung von Aktivitäten und gemeinnützigen Projekten im sozialen Bereich
Anschrift: Rathausplatz 1, D-82110 Germering
(2001)

Gertraud Klinge-Stiftung B*F*K*S
Förderung der Bildung und Erziehung, der Kunst und Kultur, der Wissenschaft und Forschung, Hilfe für notleidende Menschen
Anschrift: Gachenaustraße 36, D-82211 Herrsching
(2002)

Gertraud und Heinz Rose-Stiftung G
Förderung des öffentlichen Gesundheitswesens einschließlich der medizinischen Forschung im Universitätskrankenhaus Eppendorf (UKE), insbesondere auf dem Gebiet der Herz-Kreislauf-Forschung, durch finanzielle Unterstützung des UKE.
Anschrift: c/o Heuking Kühn Lüer Heussen Wojtek, Dr. Ulrich H. Wittkopp, Bleichenbrücke 9, D-20354 Hamburg
Tel: 040-35 52 80-0
Fax: 040-35 52 80 80
email: u.wittkopp@heuking.de
(2000)

Gertrud und Erwin Ruppert Stiftung F*G
Förderung der medizinischen Wissenschaft und Forschung auf dem Gebiet der Tumor- und Nierenerkrankungen. (fördernd tätig)
Anträge: schriftlich formlos
Anschrift: c/o Bridges Kanzlei Wigand, RA Klaus Wigand, Oettingenstr. 25, D-80538 München
Fax: 089-24 21 29 10

email: klaus.wigand@bridges-kw.de
(2003) Öffentliche Stiftung des bürgerlichen Rechts (Bayern)

Gertrud von Helfta-Stiftung R

Unterstützung des katholischen Klosters St. Marien zu Helfta sowie Verbreitung des Gedankenguts der heiligen Frauen von Helfta.
Anschrift: Kloster-Helfta-Weg 1, D-87471 Durach
(2003)

Gertrud Wimmel Stiftung R

Religionsausübeng im Sinne der evangelischen Kirche
Anschrift: c/o Evangelische Kirchengemeinde Alt-Hastedt, Bennigsenstr. 7, D-28204 Bremen
Tel: 0421-443796
(2001)

Geschwister Alfred und Hildegard Mändler-Stiftung G*S

Förderung und Unterstützung von Blinden, Augenkranken, Taubstummen, Gehörlosen, körperlich oder geistig Behinderten sowie kranken und alten Menschen
Anschrift: Görresstr. 46, D-80797 München
Tel: 089-77 85 20
email: otto-andre@t-online.de
(2002)

Geschwister Heemsath Stiftung B*K

Förderung kultureller Zwecke, der Kunst , der Erhaltung von Kulturwerten und Denkmalpflege sowie der Volksbildung, die Förderung der Heimatpflege, insbs. durch die Erhaltung charakteristischer dörflicher Elemente in Bremen Arsten
Anschrift: Friedrich Schnieder, Hinter dem Vorwerk 25, D-28279 Bremen
Tel: 0421-829136
(2002)

Geschwister-Jess-Stiftung S

Förderung der Altenhilfe und mildtätiger Zwecke im Sinne des § 53 AO in Meitingen
Anschrift: c/o Markt Meitingen, Schloßstr. 2, D-86405 Meitingen
(2002)

Geschwister-Mörtlbauer-Stiftung S

Förderung der Belange der ambulanten Sozialhilfe, Unterstützung von behinderten Kindern und Jugendlichen, vorrangig für Bürgerinnen u. Bürger der Landeshauptstadt München

Anschrift: c/o Hr. RA Josef Stefan Laumer, Josef Stefan Laumer, Dachauer Str. 44b, D-80335 München
(2004)

Geschwister-Plan-Stiftung F*R
Förderung der medizinischen Forschung im Bereich von Krebserkrankungen sowie die Unterstützung der katholischen Kirchengemeinde in Treutlingen-Wettelsheim
Anschrift: c/o Steuerkanzlei Friedrich Burmann, Kirchplatz 6, D-91801 Markt Berolzheim
(2003) Öffentliche Stiftung des bürgerlichen Rechts (Bayern)

GesundbrunnenStiftung S
Altenhilfe; Die Förderung der Arbeit des Vereins Evangelische Altenhilfe Gesundbrunnen e. V. Hofgeismar
Anträge: keine Antragsmöglichkeit
Anschrift: Manfred Kallenbach, Brunnenstr. 23, D-34369 Hofgeismar
Tel: 05671-882243
Fax: 05671-882243
email: info@gesundbrunnenstiftung.de
Internet: www.gesundbrunnenstiftung.de
(2002) Rechtsfähige Stiftung des bürgerlichen Rechts

Gesundheitszentrum Bad Laer Stiftung zur Förderung des Gesundheitswesens F*G
Förderung des öffentlichen Gesundheitswesens, insbesondere durch Unterstützung von Einrichtungen nach Maßgabe des § 58 Nr. 2 AO, wobei diese Unterstützung auch durch die Förderung der Kooperation zwischen den Organisationen und Einrichtungen verwirklicht werden kann, durch Durchführung von Projekten auf dem Gebiet des Stiftungszwecks, die Förderung des öffentlichen Meinungsaustausches im Bereich des Stiftungszwecks sowie die Initiierung wissenschaftlicher Veranstaltungen zur Förderung der Forschung und Lehre auf dem Gebiet des Stiftungszwecks. (fördernd tätig)
Anträge: schriftlich formlos
Anschrift: c/o Herrn Johannes Mönter, Gottfried Heßling, Bielefelder Str. 16, D-49196 Bad Laer
Tel: 05424-801235
Fax: 05424-801 238
email: sekretariat@sanicare.de
(2002) Rechtsfähige Stiftung des bürgerlichen Rechts

GIRA IMANA Stiftung Joseph Kustner   R*S
Menschen in existenz- und lebensbedrohender Not zu helfen mit dem nachgeordneten Ziel, Auswege aus der Not zu finden (Hilfe zur Selbsthilfe) und das Gebot der christlichen Nächstenliebe zu verwirklichen
Anschrift: Herr Joseph Kustner, Hagener Str. 33, D-82418 Murnau
(2001)

Gisela Mayr-Stiftung   N*S
Förderung d. Tierschutzes, Unterstützung von Institutionen, die sich um bedrohte Tierarten und notleidene und vernachlässigte Tiere sorgen.Förd. von notleidenden Kindern u. Sozialwaisen (SOS-Kinderdorf Mauritius)
Anschrift: Herrn Dipl.-Kfm. Günther Pöhner, Montgelasstr. 2, D-81679 München
(2001)

Gisela Nicolai-Stiftung   F*S
Förderung (a) des Hospizgedankens zur Pflege hilfsbedürftiger alter und kranker Menschen im Sinne § 53 Abgabenordnung vor allen Dingen durch fördernde Maßnahmen, insbesondere durch finanzielle Unterstützung ambulanter, halbambulanter und stationärer Hospiz-Einrichtungen und -Initiativen, Förderung (b) der Aus- und Weiterbildung, insbesondere die Begabtenförderung, der Förderung von lernschwachen Schülern, behinderter Menschen sowie die finanzielle Unterstützung finanziell schwach gestellter Schüler vor allen Dingen durch fördernde Maßnahmen, insbesondere durch finanzielle Unterstützung amtlich anerkannter Verbände der freien Wohlfahrtspflege bzw. steuerbegünstigter Körperschaften im Sinne des Abschnitts steuerbegünstigter Zwecke der Abgabenordnung, vor allen Dingen durch Unterstützung der von Bodelschwinghsche Anstalten Bethel, sowie Förderung (c) von Wissenschaft und Forschung, insbesondere der medizinischen Forschung vor allen Dingen durch fördernde Maßnahmen, insbesondere durch die finanzielle Unterstützung von Einzelprojekten. Diese Stiftungszwecke sollen überwiegend in der Stadt Oldenburg und im Landkreis Oldenburg verwirklicht werden.
Anschrift: c/o Oldenburgischen Landesbank AG, Herr Alfred Janßen, Stau 15/17, D-26122 Oldenburg
(2003) Rechtsfähige Stiftung des bürgerlichen Rechts

Gisela Pitzer-Stiftung   S
Wohlfahrt und Mildtätigkeit (fördernd tätig)
Hinweise: Bewohner des Behindertenzentrums in 35075 Gladenbach
Anträge: schriftlich formlos
Ausgaben: 1.500 €
Anschrift: Gisela Pitzer, Im Elchgrund 5, D-35080 Bad Endbach
Tel: 06464-5925
(2000)

Gisela Remus-Stiftung F*S
Förderung von Brauchtum und Heimatgedanke/ -geschichte, Wissenschaft und Forschung, Mildtätigen Zwecken (fördernd tätig)
Anschrift: c/o RA'e Dr. Erckens & Partner, Thomas Herburger, Gregor Erckens, Am Landgericht 4-6, D-41061 Mönchengladbach
Tel: 02161-2443
Fax: 02161-244567
email: mglaw@erckens.de
(2001)

Gisela und Hermann Limberg-Stiftung K
Förderung von Brauchtum und Heimatgedanke/ -geschichte
Anschrift: Gisela Limbert, Königsstrasse 35/36, D-48143 Münster
(2002)

Gisela und Hermann Stegemann- Stiftung F
Die Stiftung bezweckt die selbstlose Förderung des Gebietes der Biochemie im weitesten Sinne, die Vergabe eines Preises an junge biochemisch orientierte Personen sowie die Ehrung der Stifter nach ihrem Tod und gegebenenfalls die Unterstützung von ihnen und/oder ihren nächsten Angehörigen, sofern das im Rahmen der Steuerbegünstigung erlaubt ist. Die Leistungen der Stiftung sollten grundsätzlich auf den Raum Braunschweig beschränkt sein. Unterstützung von besonders fähigen jungen Personen, vorzugsweise mit einer wissenschaftlichen Ausbildung inChemie/Biochemie/Physik/Biophysik/Bio- Informatik/Pharmazie/Medizin. Ältere (über 35 Jahre) sollten vier wissenschaftliche Publikationen - als Autor oder Co-Autor - in international anerkannten, einem Gutachter (Referee)Systemverpflichteten Zeitschriften vorweisen. Sie waren oder sind noch tätig im Institut für Biochemie der Biologischen Bundesanstalt oder Nachfolge-Instituten. Auch auswärtige Personen mit überragenden Leistungen auf diesen Gebieten können gefördert werden. Die Förderung umfasst auch die Behebung plötzlich auftretender Engpässe bei Geräten und Material-Beschaffung. Besonders gefördert sei auch die Vermittlung von Kenntnissen über Biochemie und chemische Umwelt an Laien, speziell über die Grundlagen und die Anwendungen von GenTechnik, ob durch Vortrag, Ausstellungen oder Ähnliches.Ebenso wird der Austausch von Kenntnissen für die vorstehend genannten Personen gefördert, z.B. zur Teil-Finanzierung von Reisen und Meetings, sofern die Betreffenden aktiv (Vortrag, Organisation etc.) daran teilnehmen, Gast-Aufenthalt in fremden Laboratorien und Ähnliches, Teil-Finanzierung von ausländischen Wissenschaftlichen Gästen zu Vorträgen oder zum Aufenthalt in Braunschweig.Vergabe eines Preises an eine biochemisch orientierte Person für ein neues Verfahren oder eine Entdeckung, die in einem angesehenen Medium für die Allgemeinheit publiziert wurde. Übernahme der Kosten für die Pflege der Stifter-Gräber sowie dieKosten für die Verlängerung der Grabstätten-Nutzung. Bei unverschuldeter finanzieller Notlage der Stifter oder deren nächsten Angehörigen kann - sofern steuerunschädlich - ein Teil des Ertrages der Stiftung für deren Unterhalt verwendet werden. (fördernd tätig)

Anträge: Begutachtung-schriftlich
Ausgaben: 10.000 € , (2005)
Anschrift: Herrn Prof. Dr. Hermann Stegemann, Am Sandkamp 15, D-38104 Braunschweig
(2000) Rechtsfähige Stiftung des bürgerlichen Rechts

Global Contract Foundation N*V

Förderung von Völkerverständigung, der Entwicklungshilfe zugunsten unterentwickelter Länder und des weltweiten Umwelt- und Klimaschutzes.
Anschrift: c/o Haus Rissen, Herr Eike Messow, Rissener Landstraße 193, D-22559 Hamburg
Tel: 040-82290420
Fax: 040-82290421
email: info@weltvertrag.org
Internet: www.weltvertrag.org
(2002)

Gnadenhof-Stiftung Zuflucht für Tiere N

Förderung des Tierschutzes im Allgäu
Anschrift: Pulvermühlenweg 114, D-87439 Kempten
(2002)

Goedecke-Stammler-Stiftung F

Die Stiftung bezweckt, die Technische Universität Braunschweig im Fach Organische Chemie als eine Stätte der Forschung und Lehre zu unterstützen und zu fördern. Insbesondere sollen finanzielle Beihilfen gegeben werden an Diplomanden und Doktoranden des Faches Organische Chemie als Zuschuß für den Besuch wissenschaftlicher Tagungen bzw. für Gastaufenthalte an in- und ausländischen Forschungseinrichtungen; für die Ausrichtung wissenschaftlicher Veranstaltungen des Faches Organische Chemie; dazu können auch besondere Kurse und Vortragsfolgen gehören; zum Kauf von Geräten und Einrichtungen zur Verwendung in Forschung und Lehre im Bereich der Organischen Chemie; zur Veröffentlichung wissenschaftlicher Arbeiten mit Themenstellungen aus der Organischen Chemie. (fördernd tätig)
Anträge: schriftlich formlos
Anschrift: c/o Technische Universität Braunschweig - Institut für Organische Chemie -, Prof. Dr. Henning Hopf / Dagmar Godecke, Hagenring 30, D-38106 Braunschweig
Tel: 0531-3915255
Fax: 0531-3915388
(2000) Rechtsfähige Stiftung des bürgerlichen Rechts

Gontard & MetallBank-Stiftung B*K*M*S
Kunst und Kultur, Sport, Jugendhilfe, Bildung und Erziehung; Förderung kultureller Zwecke, außerdem Förderung des Künstlernachwuchses, der Jugendhilfe und des nichtprofessionellen Sports
Anträge: keine Antragsmöglichkeit
Anschrift: Guiolettstr. 54, D-60325 Frankfurt a. Main
(2000) Rechtsfähige Stiftung des bürgerlichen Rechts

Gontermann-Peipers Stiftung B*F
Förderung von Bildung, Erziehung, Ausbildung sowie von Wissenschaft und Forschung
Anschrift: Fritz Spannagel, Postfach 10 08 42, D-57008 Siegen
(2000)

Gräfin Emma Stiftung zur Erhaltung des Bremer Bürgerparks N
Förderung des Bürgerparks durch die Förderung des Bürgerparkvereins Bremen
Anschrift: c/o Bürgerparkverein, Schweitzerhaus, D-28209 Bremen
Tel: 0421-342070
(2000)

Grains of Faith - Korn des Glaubens F*M*S
Förderung mildtätiger, christl.-religiöser, gemeinnütziger Zwecke, der Wissenschaft, Forschung und Entwicklungshilfe
Anschrift: Herrn Dr. Andreas G. Lössl, Eichenstr. 1e, D-86504 Merching
(2003)

Griepentrog Innovations-Stiftung F*K
Förderung von Kunst und Kultur, Musik, Kunst, Wissenschaft und Forschung
Anschrift: Prof. Dr. Hartmut Griepentrog, Dohne 111, D-45468 Mülheim/R.
(2001)

Grove-Moldovan Art Foundation F*G*K
Die Stiftung bezweckt, künftig die Kunst- und Gemäldesammlung von Dr. Maria und Hans-Joachim Grove dauerhaft der Öffentlichkeit zugänglich zu machen. Dies kann geschehen durch Dauerleihgabe oder Leihgabe des Sammlungsgutes an eine geeignete Institution in erster Linie in Deutschland, insbesondere ein Museum. Hierbei ist der Entleiher zu verpflichten, eine angemessene räumliche Präsentation des Sammlungsgutes und die fachliche Betreuung sicherzustellen. Die räumliche Präsentation sollte mindestens ein Fünftel des Sammlungsgutes umfassen und einen regelmäßigen Wechsel vorsehen. Die Stiftung fördert das Verständnis für die Kunst und Kultur und das Leben in Rumänien um damit der Völkerverständigung zu dienen. Dies kann insbesondere geschehen, indem die Einkünfte aus den Stiftungsmitteln inklusive eventueller Zuwendungen der Stifter oder sonstiger Spender genutzt werden zur Förderung von

wissenschaftlichen Projekten des Entleihers, Vortragsveranstaltungen und Seminare, insbesondere zu Themenbereichen, die das Sammlungsgut berühren, Sonderausstellungen des Entleihers in Verknüpfung mit dem Themenbereich des Sammlungsgutes, Ankäufen zur sinnvollen Ergänzung der Sammlung, Katalogisierung der Gesamtsammlung nach wissenschaftlichen Gesichtspunkten.die Förderung des öffentlichen Gesundheitswesens im In- und Ausland. Zur Erfüllung dieses Stiftungszweckes kann die Stiftung all diejenigen Maßnahmen ergreifen, die hierzu geeignet sind, beispielsweise auch eigene Projekte verwirklichen, wie die Beschaffung und Sammlung medizinischer und pflegerischer Geräte und Medikamente und deren Transport nach Rumänien, die finanzielle und materielle Versorgung von Krankenhäusern, die Unterstützung hilfsbedürftiger und kranker Personen, oder die finanzielle Unterstützung und Ausbildung von medizinischem Personal.

Anschrift: Celler Straße 106b, D-38114 Braunschweig
(2004) Rechtsfähige Stiftung des bürgerlichen Rechts

Gudrun LADEK Siftung K

Förderung der Denkmalpflege, vorwiegend im Freistaat Sachsen, durch die Erhaltung und Wiederherstellung von Bau- und Bodendenkmälern, die nach den jeweiligen landesrechtlichen Vorschriften anerkannt sind. Dabei soll es sich vorzugsweise um die Wiederherstellung von erhaltungswürdigen Gebäuden in Dresden handeln.
Ausgaben: 10.226 €
Anschrift: c/o J.L. Völckers & Sohn, Karl Dieter Kloth, Ballindamm 3, D-20095 Hamburg
Tel: 040-32 10 11 10
Fax: 040-32 10 11 49
email: info@voelckers-sohn.de
(2001)

Gudrun Petermann-Stiftung N*X

Förderung des Tierschutzes
Anschrift: Gudrun Petermann, Beidensnyderweg 12, D-48147 Münster
(2000)

Gunsenheimer-Vogt-Stiftung K

Förderung des Musiklebens in Schweinfurt (fördernd tätig)
Hinweise: Schweinfurt
Anträge: schriftlich formlos
Anschrift: Herr Gerhard Vogt, Friedrich-Stein-Str. 10, D-97421 Schweinfurt
Tel: 09721-201901-0
Fax: 09721-201901-5
(2000) Öffentliche Stiftung des bürgerlichen Rechts (Bayern)

Günter Grass Stiftung Bremen Audiovisuelles Archiv und rezeptionsgeschichtliche Forschungsstelle   B*K

Ziel ist es, am Sitz des Archives sowohl einen Ort der wissenschaftlichen Auseinandersetzung mit dem Werk des Nobelpreisträgers zu schaffen als auch Möglichkeiten für die lebendige Begegnung mit Literatur und intellektueller Öffentlichkeit bieten. Die Stiftung sammelt, dokumentiert und erschließt das audiovisuelle Werk von Günter Grass - seine Lesungen, Reden, Interviews und andere Beiträge in Hörfunk und Fernsehen sowie auf weiteren Ton- und Bildträgern - und macht es der interessierten Öffentlichkeit zugänglich. (operativ tätig)

Anträge: keine Antragsmöglichkeit
Anschrift: Frau Donate Fink, Langenstr.13, D-28195 Bremen
Tel: 0421-3648243
Fax: 0421-3649566
email: office@guenter-grass.de
Internet: www.guenter-grass.de
(2002) Rechtsfähige Stiftung des bürgerlichen Rechts

Günter Husmann Stiftung   M

Förderung der Belange des 1922 gegründeten Neustädter Schützenbundes e.V. Quakenbrück und damit Förderung des Heimatgedankens, des Schießsports und der Jugendarbeit des Vereins.

Anschrift: Herrn RA Gerhard Karrenbrock, Postfach 1362, D-49603 Quakenbrück
(2000)

Günter und Rosemarie Tolls Stiftung   K

Förderung der Musik
Anschrift: Pfaffensteig 34, D-95138 Bad Steben
(2001)

Gunter und Waltraud Greffenius Stiftung   K*S

Unterstützung und Förderung künstlerisch und musisch begabter Kinder und Jugendlicher aus sozial schwachen Verhältnissen
Anschrift: Schönstraße 110a, D-81543 München
(2004)

Günter-Lindemeier-Stiftung   S

Zweck der Stiftung is die Förderung Mildtätiger Zwecke
Anschrift: Günter Lindemeier, In der Beek 75, D-42113 Wuppertal

(2001)

Günther-und-Johanna-Hoffmann-Stiftung S

Unterstützung von Eltern, denen im Zusammenhang mit einer Krankenhausbehandlung eines Kindes besondere Kosten entstehen, vor allem durch Gewährung von Zuschüssen zu Übernachtungskosten während einer stationären Behandlung in der Kinderklinik Oldenburg, im übrigen Unterstützung der Hospizarbeit in Oldenburg (fördernd tätig)
Anträge: schriftlich formlos
Ausgaben: 500 € , (2004)
Anschrift: c/o Bezirksverband Oldenburg (Stiftungsverwaltung), Karl-Heinz Meyer, Postfach 1245, D-26002 Oldenburg
Tel: 0441-218950
Fax: 0441-2189599
(2003) Rechtsfähige Stiftung des bürgerlichen Rechts

Gustav Adolf und Erika Dornhecker-Stiftung F

Förderung der Wissenschaft und Forschung auf dem Gebiet der Naturwissenschaften, insbesondere der Pharmazie
Anschrift: Erika Dornhecker, Burgstallerstr. 14, D-83703 Gmund
(2002)

Gustav und Marliese Boesche Stiftung S

Zweck ist es, gemeinnützig für Jugendliche und Kinder tätig zu werden. Insbesondere sollen Körperschaften gefördert werden, die drohender Verwahrlosung abhelfen oder sich um bereits verwahrloste Jugendliche und Kinder bemühen, in Form der ideellen und materiellen Förderung anderer steuerbegünstigter Körperschaften oder Körperschaften des öffentlichen Rechts. Falls keine solche Körperschaften vorhanden sind oder sie nicht als geeignet erscheinen, sind solche zu gründen und zu betreiben, wie z. B. durch den Betrieb von Jugendwohn-, Jugendfreizeitheimen sowie Jugendbegegnungsstätten mit sozialtherapeutischer Begleitung. (fördernd tätig)
Anträge: schriftlich formlos
Ausgaben: 110.000 € , (2004)
Anschrift: Gustav und Marliese Boesche, Saseler Weg 51, D-22359 Hamburg
Tel: 040-603 40 20
Fax: 040-603 30 11
email: gumboesche@compuserve.com
(2000)

Gut und wirkungsvoll R

Förderung von Religion, kirchliche Zwecke

Anschrift: Klaus Paarmann, Weylandweg 7, D-51545 Waldbröl
(2000)

H. und G. Wessel Stiftung G*S
Förderung der Gesundheitspflege und der Wohlfahrtspflege sowie gemeinnütziger Organisationen und von i.S.d. § 53 Nr. 1 AO bedürftigen Personen in der Stadt und im Landkreis Rosenheim
Anschrift: c/o Stadt Rosenheim Stiftungsverwaltung, Königstr. 24, D-83022
 Rosenheim
(2004)

H.i.N. (Hilfe in Not)-Stiftung B*S
Zweck der Stiftung ist die Förderung der (Berufs-)Ausbildung und die Förderung mildtätiger Zwecke
Anschrift: Frau Erika Gärtner, Karpfengasse 8, D-69117 Heidelberg
(2003)

Hagen Tschoeltsch Stiftung B*F*S
Förderung von Mildtätigen Zwecken, Kunst und Kultur, Bildung, Erziehung, Ausbildung, Wissenschaft und Forschung
Anschrift: Malscheider Weg 27, D-57290 Neunkirchen
(2002)

Hamburger Stiftung für Internationale F
Forschungs- und Studienvorhaben
Förderung der Wissenschaft und Forschung, insbesondere durch die Vergabe von Stipendien und Preisen für Forschung- und Studienvorhaben und andere wissenschaftliche Arbeiten, insbesondere auf dem Gebiet der Betriebswirtschaftslehre und verwandten Fächern, im englischsprachigen Raum, insbesondere in den USA und Großbritannien. (fördernd tätig)
Hinweise: Anträge laufen über die Studienstiftung des deutschen Volkes e.V., Bonn
Anträge: Merkblatt-schriftlich formlos-Begutachtung-mündlich-schriftlich
Ausgaben: 60.000 €
Anschrift: c/o Zeit Stiftung Ebelin und Gerd Bucerius, Dr. Markus Baumanns, Feldbrunnenstraße 56, D-20148 Hamburg
Tel: 040-413366
Fax: 040-41336800
email: baumanns@law-school.de
(2002)

Haniel-Stiftung B*F*V
Förderung der Erforschung insbesondere europäischen Unternehmertums. Die Verbreitung der Forschungsergebnisse wird gleichermaßen unterstützt. Förderung des Unternehmerbildes in

der Gesellschaft, besonders in Schulen, Hochschulen, kirchlichen und politischen Gemeinschaften und in der Publizistik. Die Förderung des persönl. Engagements von Unternehmern in öffentl. und gesellschaftl. Institutionen. Förderung der Fortentwicklung von Führungstechniken in Unternehmen und gesellschaftl. Institutionen durch Forschung, Versuch und Lehre. Förderung der Bildung von Führungspersönlichkeiten und insbes. von Führungsnachwuchs in der Wirtschaft; sowie die Förderung sonstiger begabter und strebsamer junger Menschen durch Ermöglichung einer intensiven Aus- und Weiterbildung. Diese Ziele schließen den internationalen Austausch solcher Personen ein. Bei der Förderung werden Mitarbeiter der Haniel-Unternehmensgruppe berücksichtigt, soweit die Vorschriften des steuerlichen Gemeinnützigkeitsrechts dies zulassen. Im Rahmen der genannten Aufgaben können Projekte auch im Ausland gefördert werden, sofern dies den kulturellen, wissenschaftl. und sonstigen gemeinn. Zielen der Bundesrepublik Deutschland entspricht. Thematische Schwerpunkte: - Deutsch-deutsches Zusammenwachsen, - Einheit und Vielfalt in Europa, - Wirtschaft und Öffentlichkeit (fördernd tätig)

Hinweise: Europa und Asien; i.d. Regel unter 3 Jahren
Anträge: Merkblatt-schriftlich formlos
Ausgaben: 1.000.000 €
Anschrift: Dr. Rupert Antes Geschäftsführer, Franz-Haniel-Platz 1, D-47119 Duisburg
Tel: 0203-806 367
Fax: 0203-806 720
email: stiftung@haniel.de
Internet: www.haniel-stiftung.de
(1988) Rechtsfähige Stiftung des bürgerlichen Rechts

Hanne Darboven Stiftung K

Förderung kultureller Zwecke insbes. in Form der Bewahrung, Pflege und Verwaltung des künstlerischen Werkes von Frau Hanne Darboven durch geeignete Unterbringung in der Öffentlichkeit zugänglichen Räumen, insbes. in Museen mit regelmäßigen Öffnungszeiten und die Veranstaltung von Kunstausstellungen. Zweck ist ferner die Förderung der Ausbildung junger Künstlerinnen und Künstler, vornehmlich im Bereich der Konzeptkunst, Bildende Kunst, Komposition und Literatur durch die Vergabe von Stipendien, Zahlungen von Zuschüssen zu Ausbildungskosten sowie Finanzierung von Auslands- und Inlandsaufenthalten zum Zwecke der Ausbildung. (fördernd tätig)

Anträge: keine Antragsmöglichkeit
Anschrift: c/o Esche, Schümann, Commichau, Herrengraben 31, D-20459 Hamburg
Tel: 040-36805-0
Fax: 040-362896
email: post@esc-gruppe.de
(2000)

Hannelore Krempa Stiftung   B*F*S

Förderung von Bildung und Erziehung, Wissenschaft und Forschung, Jugendhilfe sowie die Verfolgung mildtätiger Zwecke.

Anträge: keine Antragsmöglichkeit
Anschrift: Thomas Reichl, Eschersheimer Landstrasse 42 - 44, D-60322 Frankfurt am Main
Tel: 069-90556875
Fax: 069-90556876
email: info@KrempaStiftung.de
Internet: www.KrempaStiftung.de
(2002) Rechtsfähige Stiftung des bürgerlichen Rechts

Hanns-Seidel-Stiftung e.V   B*F*K*P*V*X

Zweck des Vereins ist die Förderung der demokratischen und staatsbürgerlichen Bildung des deutschen Volkes auf christlicher Grundlage; die Förderung der Erziehung, Volks- und Berufsbildung einschließl. der Studentenhilfe, insbes. durch Erschließung des Zuganges zu einer wissenschaftl. Ausbildung für begabte und charakterlich geeignete Menschen; die Förderung der Wissenschaft, insbes. mittels Durchführung von wissenschaftl. Untersuchungen; die Förderung der internationalen Gesinnung und Völkerverständigung sowie der europäischen Einigung, insbes. durch Einladung ausländischer Gruppen und Unterstützung von Auslandsreisen; die Förderung kultureller Zwecke; die Förderung der Entwicklungshilfe

Hinweise: Studenten, Promoventen
Anträge: schriftlich
Ausgaben: 42.614.000 € , (2003)
Anschrift: Dr. Otto Wiesheu, MdL, Lazarettstraße 33, D-80636 München
Tel: 089-1258-0
Fax: 089-1258-356
email: info@hss.de
Internet: www.hss.de
(1967) Stiftung in der Rechtsform eingetragener Verein (Stiftung e.V.)

Hans Böckler Stiftung   B*F*P*W

Finanzielle und ideelle Förderung des Studiums begabter Arbeitnehmer und begabter Kinder von Arbeitnehmern, politische Bildungsarbeit an deutschen Hochschulen und Fachhochschulen durch geeignete Einrichtungen und Veranstaltungen, wissenschaftlicher Untersuchungen in bezug auf die Verbesserung der gesellschaftlichen Lage der Arbeitnehmer und deren Publizierung, von Insitutionen, zu deren Aufgaben es gehört, den Bereich des Personal- und Sozialwesens und der Arbeitswissenschaft im Interesse der Arbeitnehmer zu entwickeln sowie die gesellschaftspolitischen und praktischen Auswirkungen der Mitbestimmung wissenschaftlich zu untersuchen, von Bildungsmaßnahmen für Arbeitnehmer aus Unternehmen, die den Mitbestimmungsgesetzen unterliegen, durch geeignete Einrichtungen und Veranstaltungen (auch operativ tätig)

Ausgaben: 31.188.805 €
Anschrift: Hans-Böckler-Str. 39, D-40467 Düsseldorf
Tel: 0211-77780
Fax: 0211-7778 120
email: oe@boeckler.de
Internet: www.boeckler.de
(1954) Rechtsfähige Stiftung des bürgerlichen Rechts

Hans Lechermann Stiftung N*S
Förderung des Tierschutzes sowie die Unterstützung bedürftiger Personen, die Tiere halten (fördernd tätig)
Anträge: schriftlich formlos-Begutachtung-mündlich
Anschrift: Andrea Pöschl, Lechstraße 20, D-85640 Putzbrunn
Tel: 089- 601 43 35
Fax: 089-600 61 761
email: andrea.poeschl@hans-lechermann-stiftung.de
Internet: www.hans-lechermann-stiftung.de
(2001) Rechtsfähige Stiftung des bürgerlichen Rechts

Hans Messer Stiftung S
Förderung von begabten und bedürftigen Kindern im Rhein-Main-Gebiet
Hinweise: Rhein-Main-Gebiet
Anträge: keine Antragsmöglichkeit
Anschrift: Dr. Helmut Häuser, Eschenheimer Anlage 2, D-60316 Frankfurt am Main
Tel: 069-904 34 633
email: stiftung@hans-messer.de
Internet: www.hans-messer.de
(2004)

Hans Mohr-Stiftung B*G*R*S
Förderung des öffentlichen Gesundheitswesens / Krankenhäuser, Entwicklungshilfe, Bildung, Erziehung, Ausbildung, Mildtätiger Zwecke, Religion, kirchlicher Zwecke
Anschrift: Arno Trippler, Telegrafenstrasse 59-63, D-42477 Radevormwald
(2002)

Hans Reinert Stiftung K*N
Förderung von Denkmalpflege, Naturschutz, Umweltschutz, Brauchtum und Heimatgedanke/-geschichte
Anschrift: Hans Reinert, Stockheimer Strasse 13, D-33775 Versmold
(2002)

Hans Reinhardt Stiftung   G*S
Zweck der Stiftung ist die Förderung der öffentlichen Gesundheitspflege, der Entwicklungshilfe und die Unterstützung von hilfsbedürftigen Personen. (fördernd tätig)

Ausgaben: 5.000 € , (2004)
Anschrift: Reinhard Micheel, Mettestrasse 27, D-44803 Bochum
Tel: 0234-9 35 78 46
Fax: 0234-9 35 78 47
email: info@hans-reinhardt-stiftung.de
Internet: www.hans-reinhardt-stiftung.de
(2000) Rechtsfähige Stiftung des bürgerlichen Rechts

Hans und Anny Kulzer Stiftung   F*G
Förderung von Projekten und Organisationen, die sich in der medizinischen Erforschung bisher unheilbarer Krankheiten, insbs. der Krebsforschung engagieren. Förderung vonbedürftigen Patienten, die an unheilbaren Krankheiten, insbes. an Krebs erkrankt sind, sowie der Unterstützung bedürftiger Angehöriger. (fördernd tätig)

Anträge: schriftlich formlos
Anschrift: c/o Heinz Fischer, Thomas Pirngruber, Sundergaustr. 152a, D-81739 München
Tel: 089-378 31987
(2003) Rechtsfähige Stiftung des bürgerlichen Rechts

Hans und Emmi Siering-Stiftung   F*N*S
Förderung von Mildtätigen Zwecken (fördernd tätig)

Hinweise: Wuppertal; Kinder und Jugendliche
Anträge: keine Antragsmöglichkeit
Anschrift: c/o Dresdner Bank AG Stiftungsmanagement, Wolfram Bernt, Gallusanlage 7, D-60301 Frankfurt
(2000)

Hans und Grete Cordts-Stiftung   S
Förderung der Telefonseelsorge in Bayreuth

Anschrift: c/o Hypovereinsbank Bayreuth/Hof Private Banking, Opernstraße 22, D-95444 Bayreuth
(2005)

Hans und Hanna Velthuysen Stiftung   V
Förderung von Völkerverständigung

Anschrift: Hans J. Velthuysen, Am Krug 12, D-48151 Münster
(2003)

Hans und Ilse Breuer-Stiftung F*G*S
Förderung des örtlichen Gesundheitswesens und von Wissenschaft und Forschung auf dem Gebiet der Humanmedizin. Der Zweck soll insbesondere verwirklicht werden durch die Finanzierung/ Unterstützung wissnenschaftlicher Projekte zur Erforschung neuer Behandlungsmethoden bei Erkrankungen des zentralen Nervensystems (fördernd tätig)
Anträge: schriftlich
Anschrift: Frau Dr. Bär ; Frau Prims, Postfach 102042, D-60020 Frankfurt a. Main
Tel: 069-21 79 69 90
Fax: 069-21796380
email: info@breuerstiftung.de
Internet: www.breuerstiftung.de
(2000)

Hans und Maria Müser Stiftung S
Fürsorge und Unterstützung von Waisenkindern, mittellosen rheumakranken Kindern und Personen in höherem Lebensalter, also die Jugend- und Altenhilfe
Anschrift: Hubertusweg 3, D-82467 Garmisch-Partenkirchen
(2004)

Hanse Stiftung Jörg Wontorra gemeinnützige Stiftung B*S
Bildung, Jugendhilfe (auch operativ tätig)
Anträge: schriftlich formlos
Anschrift: c/o Sozietät Dr. Wagner, Ohrt und Partner, Herr Dr. Wagner ; Frau Hautop, Bürgermeister-Schmidt-Straße 78, D-28203 Bremen
Tel: 0421-1653550
Fax: 0421-1653196
email: info@stiftungshaus.de
(2003) Rechtsfähige Stiftung bürgerlichen Rechts

Hansen-Stiftung F
Pflege kulturwissenschaftlicher Grundlagenforschung
Anschrift: Universität Passau, D-94034 Passau
(2003)

Hans-Hermann-Franzke-Stiftung F
Förderung von Wissenschaft und Forschung
Anschrift: Hans-Hermann Franzke, Uhlenbergweg 46, D-53902 Bad Münstereifel
(2001)

Hans-Joachim-Schultz-Stiftung G*S
Förderung krebskranker Kinder in München
Anschrift: Blombergstraße 1, D-85609 Aschheim
(2003)

Hans-Joachim-Selzer-Stiftung N*R*S
Förderung der christlichen Religion und christlicher Religionsgemeinschaften, Unterstützung von Entwicklungshilfe in aller Welt
Anträge: keine Antragsmöglichkeit
Anschrift: Hans-Joachim Selzer, Am Rother Berg 20, D-35759 Driedorf
Tel: 02775-81270
Fax: 02775-955213
(2001) Rechtsfähige Stiftung des bürgerlichen Rechts

Hans-Max und Franziska Fischer-Stiftung F*X
Förderung von Tierschutz, Wissenschaft und Forschung.
Anträge: keine Antragsmöglichkeit
Anschrift: c/o Dresdner Bank AG Stiftungsmanagement, Sven Albrecht, Gallusanlage 7, D-60301 Frankfurt am Main
(2000)

Hans-Otto Kromberg Stiftung F*G
Förderung der Gesundheitspflege und mildtätiger Zwecke sowie die Förderung von Wissenschaft und Forschung in erster Linie auf dem Gebiet von unheilbaren Krankheiten
Anschrift: Postfach 2626, D-93322 Abensberg
(2003) Öffentliche Stiftung des bürgerlichen Rechts (Bayern)

Hans-Tauber-Stiftung F*G
Förderung von Wissenschaft, Forschung und Gesundheitswesen im Schwerpunkt Parkison (fördernd tätig)
Anträge: schriftlich formlos
Ausgaben: 40.000 €
Anschrift: c/o Deutsche Parkinson Vereinigung, Friedrich W. Mehrhoff, Moselstrasse 31, D-41464 Neuss
Tel: 02131-740 270
Fax: 0213-145445
email: parkinsonv@aol.com
Internet: www.hans-tauber-stiftung.de
(2000)

Hans-Wilhelm und Mathilde Heyken - Stiftung   B*S

Förderung der Erziehung, Volks- und Berufsausbildung einschließlich der Studentenhilfe, insbesondere von blinden, sehbehinderten und taubblinden Kindern, Jugendlichen und Erwachsenen zur beruflichen und gesellschaftlichen Eingliederung.
Anschrift: c/o Oldenburgischen Landesbank AG, Herrn Helmut Feldmann, Osterstraße 14, D-26506 Norden
(2002) Rechtsfähige Stiftung des bürgerlichen Rechts

Haqiqat Stiftung Charitable Foundation   B*G*S

Zweck ist die materielle und finanzielle Unterstützung notleidender Menschen, insbesondere a) Unterstützung notleidender Menschen afghanischer Herkunft in Afghanistan und Pakistan sowie hilfsbedürftiger Menschen in Afrika und Indien durch Bereitstellung von Lebensmitteln, Medikamenten, Textilien und finanziellen Mitteln und b) Förderung und/oder Errichtung und/oder Unterhaltung von Waisenhäusern, Kindergärten, Schulen, Krankenhäusern und Moscheen in den in Abs. a) genannten Ländern.
Anschrift: Herr Sam Sacha und Herr Mohamad Niaz, Veddeler Damm 14 c, D-20457 Hamburg
Tel: 040-73128968
Fax: 040-73128969
email: info@Haqiqat-Stiftung.de
Internet: www.Haqiqat-Stiftung.de
(2002)

Harald Jahrl Stiftung   F*K

Förderung von Wissenschaft, Kunst und Kultur
Anschrift: Harald Jahrl, Renatastr.53, D-80634 München
Tel: 089-1781161
email: dialog@harald-jahrl-stiftung.de
Internet: www.harald-jahrl-stiftung.de
(2004)

Harald Neven DuMont Stiftung   B*S

Förderung von Bildung, Erziehung, Ausbildung und Hilfe für Behinderte
Anschrift: Harald Soltek, Theodor-Heuss-Ring 18, D-50668 Köln
(2001)

Harald und Katharina von Manteuffel-Stiftung   S

Wohlfahrt und Mildtätigkeit; Gemeinnützige und mildtätige Zwecke (fördernd tätig)

Hinweise: Vogelsbergkreis
Anträge: schriftlich formlos
Anschrift: Rainer Bücking, Vogelsbergstr. 42, D-36341 Lauterbach
Tel: 06641-4443
(2002) Rechtsfähige Stiftung des bürgerlichen Rechts

Haus-Greve-Stiftung R

Die Stiftung bezweckt, die folgenden Kirchen und deren Finanzierung von Christian Science Vorträgen, Christian Science Literatur, der Neugestaltung von Christian Science Leseräumen, Ausstellungen, Internetaktivitäten sowie allgemeiner Kirchenaktivitäten zu unterstützen: Erste Kirche Christi, Wissenschaftler, Braunschweig e.V.; Rennelbergstraße 9, 38114 Braunschweig Dritte Kirche Christi, Wissenschaftler, Berlin, Schillerstraße 16, 10625 Berlin Unterstützung der Einrichtung und Erhaltung einer Christlich-Wissenschaftlichen Vereinigung der Kirche, Wolfenbüttel. Stiftungszweck ist ferner die finanzielle Unterstützung bei Reparaturen und Instandhaltung der Gebäude der vorgenannten Kirchen.
Anschrift: Hans-Joachim Trapp, Sauerbruchstraße 29, D-14109 Berlin
(2002) Rechtsfähige Stiftung des bürgerlichen Rechts

Hausner Stiftung V

Erhaltung der kulturellen Identität der deutschen Vertriebenen aus Böhmen, Mähren und Sudetenschlesien vor dem Hintergrund der christlich-abendländischen Kultur und ihrer Rechtstradition und die Förderung des friedlichen Zusammenlebens der Völker und Volksgruppen in diesen Gebieten und in Deutschland. (fördernd tätig)
Anträge: schriftlich formlos
Ausgaben: 4.000 € , (2003)
Anschrift: Herrn Dr. Hans Mirtes, Eggergasse 12, D-84160 Frontenhausen
Tel: 08732-2680
email: hans.mirtes@t-online.de
(2002)

Hedwig Linnhuber - Dr. Hans Saar- F*X
Stiftung

Förderung des Vereins 'Altstadtfreunde Nürnberg e.V.' sowie wissenschaftlicher Arbeiten, die der Vertiefung der Kenntnisse der Geschichte der ehemaligen Reichsstadt Nürnberg und ihrer Geschichte dienen (fördernd tätig)
Anträge: schriftlich formlos
Anschrift: c/o Stadt Nürnberg, Ursula Lang, Stiftungsverwaltung, D-90317 Nürnberg
Tel: 0911-2317545
Fax: 0911-2315255
Internet: www.stadtfinanzen.nürnberg.de
(2004) Öffentliche Stiftung des bürgerlichen Rechts (Bayern)

Heide und Christian Schnicke-Stiftung N*S
Förderung der Altenhilfe und anderer Aufgaben der Wohlfahrtspflege sowie des Tierschutzes
Anschrift: Wendelsteinstr. 35, D-82166 Gräfelfing
(2003)

Heiner Buttenberg Stiftung S
Förderung von bedürftigen und notleidenden Kindern und Jugendlichen vordringlich in osteuropäischen Ländern (auch operativ tätig)
Anträge: keine Antragsmöglichkeit
Anschrift: Heiner Buttenberg, Bonner Straße 25, D-53340 Meckenheim
Tel: 02225- 70 42 901
Fax: 02225-7042902
email: info@heiner-buttenberg-stiftung.de
Internet: www.heiner-buttenberg-stiftung.de
(2000) Rechtsfähige Stiftung des bürgerlichen Rechts

Heinrich Sauer Stiftung S
Wohlfahrt und Mildtätigkeit; Unterstützung der Opfer v. Gewaltkriminalität, insbes. von Kindern (fördernd tätig)
Anträge: schriftlich formlos-mündlich
Ausgaben: 17.500 € , (2005)
Anschrift: Peter Bierwerth, Kapellenweg 63, D-63571 Gelnhausen
Tel: 06051-18051
Fax: 06051-18052
email: Heinrich-Sauer-Stiftung@t-online.de
(2002) Rechtsfähige Stiftung des bürgerlichen Rechts

Heinrich Warner-Stiftung F*G
Förderung von Forschungsarbeiten auf dem Gebiet der Urologie; jährliche Verleihung eines Geldpreises an einen deutschen Urologen für überragende wissenschaftliche Leistungen auf diesem Gebiet
Hinweise: Urologen
Anschrift: c/o HAPP RECKE LUTHER, Herrn Rüdiger Ludwig, Hermannstraße 40, D-20095 Hamburg
Fax: 040-41114911
(1978) Rechtsfähige Stiftung des bürgerlichen Rechts

Heinrich-Böll-Stiftung e.V B*F*K*N*P*V
Vorrangige Aufgabe ist die politische Bildung im In- und Ausland zur Förderung der demokratischen Willensbildung, des gesellschaftspolitischen Engagements und der Völkerverständigung. Darüber hinaus fördert die Stiftung Kunst und Kultur, Wissenschaft und Forschung und

die Entwicklungszusammenarbeit. Dabei orientiert sie sich an den politischen Grundwerten Ökologie, Demokratie, Solidarität und Gewaltfreiheit (auch operativ tätig)
Hinweise: Deutschland, Osteuropa, Lateinamerika, Afrika, Asien
Anträge: schriftlich formlos-schriftlich
Ausgaben: 38.036.000 € , (2003)
Anschrift: Hackesche Höfe, Rosenthaler Str. 40/41, D-10178 Berlin
Tel: 030-2853440 0
Fax: 030-2853440 9
email: studienwerk@boell.de
Internet: www.boell.de
(1997) Stiftung in der Rechtsform eingetragener Verein (Stiftung e.V.)

Heinrich-Kalkhoff-Stiftung B*F

Förderung von Wissenschaft und Forschung sowie Bildung und Erziehung, insbesondere durch Förderung von Jugendlichen, vor allem im Ausbildungsbereich, Förderung von Einrichtungen, Institutionen und anderen Stiftungen, die ausschließlich caritative und mildtätige Zwecke verfolgen sowie Förderung wissenschaftlicher Projekte (z.B. Jugend forscht). Die geförderten Jugendlichen sollen ihren Wohnsitz im Landkreis Cloppenburg haben. Die geförderte Institutionen müssen ihren Sitz im Landkreis Cloppenburg haben und sollen im Landkreis Cloppenburg tätig sein.
Hinweise: Landkreis Cloppenburg
Anschrift: c/o Herrn Klaus Deux bei der ROLAND WERK GmbH, Industriestraße 16, D-49681 Garrel
(2001)

Heinz A. Bockmeyer Stiftung B*K*S

Förderung kultureller Zwecke, Förderung derGesundheit der Bevölkerung dienender Zwecke, Volks- und Berufsbildung, Unterstützung von Personen, die aufgrund ihrer körperlichen oder geistigen Beschaffenheit oder ihrer wirtschftlichen Lage dieser bedürfen
Anschrift: Stresemannstr. 60, D-28207 Bremen
(2000)

Heinz Fuchs Jugendhilfe Stiftung M*S

Jugendhilfe
Anschrift: Lofenhofferstraße 25, D-96049 Bamberg
(2002) Öffentliche Stiftung des bürgerlichen Rechts (Bayern)

Heinz Reckendrees-Stiftung B*K*N

Förderung von Tierschutz, Denkmalpflege, Bildung, Erziehung, Ausbildung
Anschrift: Balhorn 8, D-59320 Ennigerloh
(2001)

Heinz und Ilse Kramer Stiftung   B
Zweck der Stiftung ist die Förderung von Schulen und anderen Bildungseinrichtungen, insbesondere die Unterstützung von Schülern, Studenten und Auszubildenen, deren Bezüge nicht höher sind als das Vierfache des Regelsatzes der Sozialhilfe i.S.d. § 22 des Bundessozialhilfegesetzes.
Anschrift: c/o WP/StB Hacker u. Pauen, Geißstr. 4, D-70173 Stuttgart
(2002)

Heinz und Ilse Schulze Stiftung   B*M*S
Förderung von Sport, Bildung, Erziehung, Ausbildung, Altenhilfe (einschl. Altenheime) und Kinder-/Jugendhilfe, Waisen
Anschrift: Heinz Schulze, Dyckhoffsweg 11, D-44229 Dortmund
Tel: 0231-735580
(2000)

Heinz und Inge Hornung Stiftung   N*S
Die Stiftung fördert hilfsbedürftige Waisenkinder und behinderte Jugendliche sowie den Tierschutz
Anschrift: Von-Herterich-Strasse 4, D-85221 Dachau
(2002)

Heinz und Inge Tschech Stiftung   B
Förderung von Bildung, Ausbildung und Fortbildung von Personen und an Einrichtungen in Nürnberg, vorrangig für Gehörlose (fördernd tätig)
Anträge: schriftlich formlos
Anschrift: c/o Stadt Nürnberg, D-90403 Nürnberg
Tel: 0911-2317545
Fax: 0911-2315255
email: ursula.lang@stadt.nuernberg.de
Internet: www.stadtfinanzen.nürnberg.de
(2001) Öffentliche Stiftung des bürgerlichen Rechts (Bayern)

Heinz-Richard Heinemann Stiftung   B
Förderung von Stipendien / Hochschule /Erwachsenenbildung und Ausbildungsförderung
Anschrift: Dr. H.-Josef Kirch, Ursulinengasse 1, D-40213 Düsseldorf
(2001)

Helder Camara Stiftung - Stiftung des   S*V
Bischöflichen Hilfswerks Misereor
Förderung von Völkerverständigung und Entwicklungshilfe
Anschrift: Benno Wagner, Mozartstraße 9, D-52064 Aachen
(2001)

Helene-Eichler-Stiftung B*S
Zweck der Stiftung ist die Förderung der Altenhilfe und die Unterstützung hilfsbedürftiger Personen mit Hilfe des Betriebs eines Pflegedienstes. Weiterhin ist Zweck der Stiftung die Aus-, Fort- und Weiterbildung in den für die Ausübung des Stiftungszwecks benötigten Berufen und die Förderung der Pflegewissenschaft.
Anschrift: Karin Schaude-Jähnichen, Raiffeisenstr. 1, D-71723 Großbottwar-Winzerhausen
(2002)

Helga Leibiger geb. Gerber und Walter Leibiger Stiftung S
Die Stiftung verfolgt ausschließlich und unmittelbar nur mildtätige Zwecke im Sinne des § 53 AO und ist selbstlos tätig.
Anschrift: Stiftungsvorstand Rainer Schön, Hofgärten 15, D-70597 Stuttgart
(2003)

Helga und Bruno Schnell Stiftung S
Zweck der Stiftung ist die Förderung und Unterstützung humanitärer und karitativer Angelegenheiten. Die Tätigkeit der Stiftung ist darauf gerichtet, Personen, die infolge ihres körperlichen, geistigen oder seelischen Zusatandes oder aus wirtschaftlichen Gründen auf die Hilfe anderer angewiesen sind, selbstlos zu unterstützen. (fördernd tätig)
Anträge: schriftlich formlos
Ausgaben: 10.000 € , (2005)
Anschrift: Sabine Schnell-Pleyer, Mozartstrasse 8, D-90491 Nürnberg
Fax: 0911-2162725
email: sabine.schnell-pleyer@pressenetz.de
(2003) Öffentliche Stiftung des bürgerlichen Rechts (Bayern)

Helga und Erich Kellerhals Kulturstiftung K
Förderung der Allgemeinheit auf dem Gebiet der Kultur
Anschrift: c/o Deutsche Bank AG PWM/Stifungsmanagement, Mainzer Landstr. 178-190, D-60327 Frankfurt
(2000) Öffentliche Stiftung des bürgerlichen Rechts (Bayern)

Hella-Langer-Stiftung B*F
Förderung von Wissenschaft, Forschung und Bildung insbesondere auf dem Gebiet der Naturwissenschaften und ihrer Grundlagen und der Medizin sowie die Förderung des interdisziplinären Austausches (fördernd tätig)
Anträge: schriftlich formlos-Begutachtung
Anschrift: Am Wasserbogen 46, D-82166 Gräfelfing
(2003) Öffentliche Stiftung des bürgerlichen Rechts (Bayern)

Helmut Ludewig Stiftung für Gerontologie und Tierschutz   F*N
Förderung von Tierschutz, Wissenschaft und Forschung
Anschrift: Peter Welter, Elisabethstrasse 67, D-47799 Krefeld
(2002)

Helmut Maier Stiftung   S
Förderung von Mildtätigen Zwecken
Anschrift: Helmut Meier, Kiefernweg 18, D-53639 Königswinter
(2001)

Helmut und Anneliese Weirich-Stiftung   B*S
Jugendhilfe, Bildung und Erziehung, Entwicklungshilfe; Finanzielle Förderung und Unterstützung der Jugendhilfe (Jugendfürsorge, Jugendbetreuung, Jugendpflege); Finanzielle Förderung und Unterstützung von Kindern und Jugendlichen, die im Sinne der AO bedürftig sind
Anschrift: Philanthropical Wealth Management, Mainzer Landstraße 178-190, D-60327 Frankfurt
Tel: 069-910-49279
Fax: 069-910-48761
(2001) Rechtsfähige Stiftung des bürgerlichen Rechts

Helmut und Gerlinde Schwarz-Stiftung   B*F*S
Förderung von Mildtätigen Zwecken, Stipendien / Hochschule / Erwachsenenbildung, Kinder-/Jugendhilfe, Waisen, Wissenschaft und Forschung (fördernd tätig)
Hinweise: Stipendien für Auslandsaufenthalte junger Nachwuchswissenschaftler
Anträge: keine Antragsmöglichkeit
Anschrift: c/o Universitäts-Gesellschaft e. V., Hans-Jürgen Reitzig, Geibelstrasse 41, D-47057 Duisburg
Tel: 0203-3794409
Fax: 0203-361723
email: dug@uni-dusiburg.de
Internet: www.uni-duisburg.de/dug
(2002) Rechtsfähige Stiftung des bürgerlichen Rechts

Helmut-Ebbecke-Georgstiftung zu Braunschweig   A*F*S
Die Stiftung bezweckt die Förderung der medizinischen Forschung (speziell: Unfallchirurgie), die soziale Förderung von Familien und alten Menschen sowie die Förderung publizistischer Tätigkeiten. Begünstigt sind in erster Linie das Marienstift Braunschweig und die Katholische Hochschulgemeinde Braunschweig oder Personen, die von dort benannt werden. Im Falle der wirtschaftlichen Notlage des Stifters oder eines nächsten Angehörigen des Stifters kann auf

dessen Antrag nach Maßgabe des Steuerrechtes bis zu einem Drittel des Einkommens der Stiftung dazu verwendet werden, dem Antragsteller in angemessener Weise Unterhalt zu gewähren.Die Stiftung hat auch die Aufgabe, die Grabpflege der Familien- Grabstätte Ebbecke auf dem Hauptfriedhof Braunschweig sicherzustellen.
Anschrift: c/o Diakonissenanstalt Marienstift, Herr Pastor Burkhard Budde, Helmstedter Straße 35, D-38102 Braunschweig
(2000) Rechtsfähige Stiftung des bürgerlichen Rechts

Herbert Schuchardt-Stiftung K

Unterstützung der Kunst (insbes. Malerei) und der Bruderhilfe e.V. (fördernd tätig)
Anschrift: RA Dr. B. Unterberger, Lindwurmstr. 88, D-80337 München
Tel: 089-419691 11
Fax: 089-419691 91
email: ra.uwb@t-online.de
(2001) Rechtsfähige Stiftung des bürgerlichen Rechts

Herbert und Inge Lampe Stiftung F*G*S

Förderung von Wissenschaft und Forschung, insbs. im medizinischen bereich durch die finanzielle Unterstützung von Forschungseinrichtungen zur erforschung und Bekämpfung der Parkinson'schen Krankheit. Unterstützung von Personen, die infolge ihres körperliche, geistigen oder seelischen Zustandes der Hilfe bedürfen, insbs. durch die Förderung von Behinderteneinrichtungen
Anschrift: c/o Dresdener Bank - Stiftungsmanagement, Gallusanlage 7, D-60301 Frankfurt/Main
(2000)

Herbert und Margarete Schaub-Stiftung G*S

Förderung geistig, körperlich u. seelisch behinderter Menschen in Kassel und seiner Umgebung. (fördernd tätig)
Hinweise: Kassel und Umgebung; Fördert in der Regel nur, wenn der Antragsteller sich an der von uns zu fördernden Maßnahme in angemessener Höhe finaziell selbst beteiligt
Anträge: schriftlich formlos-Begutachtung-mündlich
Ausgaben: 18.000 € , (2004)
Anschrift: Roland Kleff, Christian-Reul-Str. 23, D-34121 Kassel
Tel: 0561-288720
Fax: 0561-2887228
(2001) Rechtsfähige Stiftung des bürgerlichen Rechts

Herbert, Käte und Helga Reinfeld-Stiftung K*S
Förderung von Denkmalpflege, Hilfe für Behinderte
Anschrift: c/o Deutsche Bank AG Private Wealth Management Stiftungsmanagement, Oliver Pütz, Mainzer Landstraße 178-190, D-60327 Frankfurt am Main
(2002)

Hermann Brackmann Stiftung S
Förderung von Kinder-/Jugendhilfe, Waisen, Altenhilfe (einschl. Altenheime)
Anschrift: Herr RA Sigmund Polutta, Herzogswall 34, D-45657 Recklinghausen
(2002)

Hermann Hauser Guitar Foundation F*K
Förderung und Pflege von Wissenschaft und Kultur im Bereich der Gitarren-und Lautenmusik (auch operativ tätig)
Anträge: Begutachtung-schriftlich
Ausgaben: 40.085 €
Anschrift: Waakirchner Straße 11, D-81379 München
email: wildner@wildner.de
Internet: www.guitarfoundation.de
(2005)

Hermann J. Abs-Stiftung K
Förderung von Musik und Kunst und Kultur
Anschrift: Marion-Claude Ehlen, Baumschulallee 19, D-53115 Bonn
(2001)

Hermann und Anna Jäckering-Stiftung F*G
Förderung des öffentlichen Gesundheitswesens / Krankenhäuser sowie von Wissenschaft und Forschung
Anschrift: Dr. Jochen Berninghaus, Hamm, Am Hang 34, D-34212 Melsungen
(2001)

Hermann und Hilde Walter-Stiftung Hattenhofen G*K*N*S
Der Zweck der selbstlos tätigen Stiftung soll sein, die Mittel der Stiftung für Kranken- und Altenpflege, für soziale Dienstleistungen und kulturelle Veranstaltungen und für soziale Notfälle in der Gemeinde Hattenhofen zu verwenden. Darüber hinaus können auch andere gemeinnützige

und mildtätige Zwecke in der Gemeinde Hattenhofen, wie z.B. Hilfe bei Katastrophenfällen, etwaige Beteiligungen am Schutz von Natur, Umwelt oder ähnlichem verfolgt werden.
Anschrift: c/o Gemeindeverwaltung Hattenhofen, Postfach 11 49, D-73110 Hattenhofen
(2000)

Hermann-Gmeiner-Stiftung S
Die Hermann-Gmeiner-Stiftung unterstützt die SOS-Kinderdörfer und deren Zusatzeinrichtungen in aller Welt.
Anschrift: Menzinger Straße 23, D-80638 München
Internet: www.sos-kinderdoerfer.de/sosde/stiftung/
(2001)

Hermann-Massink-Stiftung S
Förderung von Kinder-/Jugendhilfe, Waisen (fördernd tätig)
Anschrift: Hermann Massink, Riesenburgerstrasse 43, D-47279 Duisburg
(2002) Rechtsfähige Stiftung des bürgerlichen Rechts

Hermann-Voith-Stiftung K
Zweck der Stiftung ist die Förderung der Kunst, insbesondere durch Leistung eines jährlichen Beitrags an das Städtische Kunstmuseum in Heidenheim. (fördernd tätig)
Anträge: keine Antragsmöglichkeit
Ausgaben: 40.000 €
Anschrift: Gustav Rominger, Ernst-Abbe-Str. 15, D-89518 Heidenheim
Tel: 07321-42993
Fax: 07321-940160
email: gustav.rominger@t-online.de
(2002) Rechtsfähige Stiftung des bürgerlichen Rechts

Hermes-Johannes-Burges-Stiftung F*G
Förderung der Präventivmedizin und Gesundheitspflege sowie die Forschung auf diesen Gebieten
Anschrift: Georg-Kalb-Straße 5 - 8, D-82049 Pullach
(2004)

Hermine-Kölschtzky-Stiftung S*T
Förderung altengerechten Wohnens, insbesondere bei ausreichend verfügbaren Mitteln die Errichtung und Betrieb einer altengerechten Wohnanlage, die eine dem jeweiligen Alters- und Gesundheitszustand der darin lebenden Menschen angemessene Betreuung und Pflege sicherstellt sowie Unterstützung von Einrichtungen und Institutionen der Kinderkrebshilfe. (operativ tätig)
Anträge: keine Antragsmöglichkeit
Anschrift: Herrn Hermann Möhlenkamp, Am Vask 2, D-49699 Lindern

Tel: 05957-780
Fax: 05957-1727
email: Hermann.moehlenkamp@ewetel.net
(2002) Rechtsfähige Stiftung des bürgerlichen Rechts

Herz für Herz Stiftung für Leben F*G

Unterstützung der Durchführung prophylaktischer, diagnostischer und kurativer Maßnahmen, vor allem bei bedürftigen Personen sowie die Förderung von Wissenschaft und Forschung im Bereich der Herzchirurgie und der Herz- und Kreislauferkrankungen
Anschrift: Denningerstraße 15, D-81679 München
(2003)

Hessenstiftung - Familie hat Zukunft B*S

Familienförderung durch Förderung des Schutzes der Ehe und Familie, der Jugendhilfe, der Erziehung und Gleichberechtigung zw. Mann und Frau (fördernd tätig)
Anträge: schriftlich formlos
Ausgaben: 400.000 € , (2004)
Anschrift: Dr. Ulrich Kuther, Darmstädter Str. 100, D-64625 Bensheim
Tel: 06251-7005 31
Fax: 06251-7005 77
email: u.kuther@hessenstiftung.de
Internet: www.hessenstiftung.de
(2001) Rechtsfähige Stiftung des bürgerlichen Rechts

Hilde und Hermann Walter-Stiftung Plüderhausen G*K*N*S

Der Zweck der selbstlos tätigen Stiftung soll sein, die Mittel der Stiftung für Kranken- und Altenpflege, für soziale Dienstleistungen und kulturelle Veranstaltungen und für soziale Notfälle in der Gemeinde Plüderhausen zu verwenden. Darüberhinaus können auch andere gemeinnützige und mildtätige Zwecke in der Gemeinde Plüderhausen wie z.B. Hilfe bei Katastrophenfällen, evtl. Beteiligung am Schutz von Natur, Umwelt oder ähnlichem gefördert werden. (fördernd tätig)
Anschrift: c/o Bürgermeisteramt Plüderhausen, BM Andreas Schaffer, Am Marktplatz 11, D-73655 Plüderhausen
Tel: 07181-8009-21
Fax: 07181-8009-55
email: bm.schaffer@pluederhausen.de
Internet: www.pluederhausen.de
(2000) Rechtsfähige Stiftung des bürgerlichen Rechts

Hilde-Fuest-Stiftung M*S

Förderung von Sport und Kinder-/Jugendhilfe, Waisen
Anschrift: Hilde Fuest, Herder Str. 1, D-59269 Beckum

(2001)

Hildegard u. Karl-Heinrich Heitfeld-Stiftung   F
Förderung von Wissenschaft und Forschung
Anschrift: c/o WWU Münster - Geologisch-Paläontologisches Institut u. Museum, Prof. Dr. Jürgen Schmidt, Corrensstr. 24, D-48149 Münster
(2000)

Hildegard und Toby Rizzo-Stiftung   N*S
Förderung der Jugend- und Familienhilfe sowie des Umwelt-, Tier- und Landschaftsschutzes.
Anschrift: c/o Bayer. Hypo- und Vereinsbank, Lorenzer Platz 21, D-90402 Nürnberg
(2000)

Hildegard-Sojka-Lockmann Stiftung   R
Förderung kirchlicher Zwecke durch Gewährung von Geldleistungen je zur Hälfte an die Katholische Kirchengemeinde St. Johann in Alfhausen und an die Benediktiner-Missionare in Damme zur Erfüllung ihrer kirchlichen Zwecke.
Anschrift: c/o Bischöfliches Generalvikariat Osnabrück, Herrn Albers, Domhof 2, D-49074 Osnabrück
(2002) Rechtsfähige Stiftung des bürgerlichen Rechts

Hilfe für die bedrohte Tierwelt: Förderstiftung der Zoologischen Gesellschaft Frankfurt von 1858 e. V.   N
Erhaltung der biologischen Vielfalt, der Vielgestaltigkeit von Arten, des genetischen Reichtums und der Fülle an Ökosystemen (fördernd tätig)
Anträge: keine Antragsmöglichkeit
Ausgaben: 1.100.000 € , (2004)
Anschrift: Dr. Christoph Schenck, Sabine Potthoff, Alfred-Brehm-Platz 16, D-60316 Frankfurt am Main
Tel: 069-439360
Fax: 069-43 93 48
email: info@zgf.de
Internet: www.zfg.de
(2001) Rechtsfähige Stiftung des bürgerlichen Rechts

Hilfe für die Psyche - Stiftung Nikolaus und Sabine Kappen   G*S
Zweck der Stiftung ist die Förderung des Gesundheitswesens, speziell die Förderung und Unterstützung von Einrichtungen für psychisch erkrankte Personen, von psychisch erkrankter Ein-

zelpersonen sowie ihrer Angehörigen, von Maßnahmen zur Prophylaxe von pychischen Erkrankungen und zur Rehabilitation, von Maßnahmen zur Aufklärung über Ursachen von psychischen Erkrankungen, von gesellschaftlichen, sozialen Randgruppen und von Organisationen, Institutionen und Stiftungen, deren Ziele mit den Zielen dieser Stiftung übereinstimmen.
Anschrift: Paradiesweg 5/1, D-73733 Esslingen
(2002)

Hilfe für Menschen in Not B*R

Förderung der Religion in Afrika
Anträge: keine Antragsmöglichkeit
Anschrift: Burkhard Glasow, Am Lohgraben 5, D-35708 Haiger
Tel: 02773-8102-0
Fax: 02773-8102-49
email: info@diguna.de
(2001) Rechtsfähige Stiftung des bürgerlichen Rechts

Hirschaid-Stiftung zur Förderung V
internationaler Begegnung

Förderung der zwischen Markt Hirschaid und Kommunen im Ausland bestehenden Partnerschaften und Freundschaften
Anschrift: Kirchplatz 6, D-96114 Hirschaid
(2003) Öffentliche Stiftung des bürgerlichen Rechts (Bayern)

Hoffmann-von-Fallersleben-Stiftung B*F*K

Zweck der Stiftung ist es, die Erinnerung an den Dichter und Gelehrten August Heinrich Hoffmann von Fallersleben lebendig zu erhalten, indem sie Forschungsvorhaben fördert, die Arbeit des Archivs der HvF-Gesellschaft und des städtischen HvF-Museums zur Geschichte deutscher Dichtung und Demokratie im 19. Jahrhundert in Fallersleben unterstützt, wissenschaftliche Vorträge sowie literarische und musikalische Darbietungen ermöglicht. (fördernd tätig)
Anträge: schriftlich formlos
Anschrift: Dr. Kurt Schuster, Schloss Fallersleben, D-38442 Wolfsburg-Fallersleben
Internet: www.hoffmann-von-fallersleben-gesellschaft.de
(2004) Rechtsfähige Stiftung des bürgerlichen Rechts

Horst Brandstätter Kulturstiftung K

Förderung von Kunst und Kultur
Anschrift: Brandstätterstraße 2-10, D-90513 Zirndorf
(2004)

Horst Müggenhof Stiftung F*G
Förderung von wissenschaftlichen Arbeiten und Forschungen zur Erkennung, Diagnose und Therapie von Karzinomen, sowie Förderung von Anbau und Züchtung von Arzneipflanzen und deren Nutzung für gesundheitliche und medizinischen Zwecke. (fördernd tätig)
Anträge: schriftlich formlos
Anschrift: Horst Müggenburg, Alte Landstraße 222, D-22391 Hamburg
Tel: 040-5383673
Fax: 040-53 63 01 11
email: info@horstmueggenburg-stiftung.de
Internet: www.horstmueggenburg-stiftung.de
(2000) Rechtsfähige Stiftung des bürgerlichen Rechts

Horst-Jürgen-Lühl-Stiftung F*G
Förderung der Ausbildung von Studierenden der Humanmedizin, die in der Urologie ausgebildet werden, und der Forschung an der Urologischen Klinik der LMU, insbesondere-nicht aber ausschließlich-die Förderung der Erforschung von krankhaften Veränderungen der Prostata
Anschrift: Jensenstraße 4, D-81679 München
(2005)

Hospiz Stiftung Grafschaft Bentheim S
Förderung der Hospizarbeit in ambulanten, teilstationären und stationären Einrichtungen, insbesondere durch Förderung konkreter Maßnahmen der Sterbebegleitung, Informations- und Meinungsbildungsarbeit, organisatorische Hilfen, Personalkostenfinanzierung und Sachkostenzuschüsse. Zuwendungen an die Hospizhilfe Grafschaft Bentheim e.V., andere Hospizeinrichtungen, an Projekte zur Förderung der Sterbebegleitung in Krankenhäusern und Altenpflegeeinrichtungen und Pflegeeinrichtungen sind möglich
Anschrift: c/o Hospizhilfe Grafschaft Bentheim e.V., Herr Dr. Hermann Thole, Ochsenstraße 46, D-48527 Nordhorn
(2003) Rechtsfähige Stiftung des bürgerlichen Rechts

Hospiz Stiftung Krefeld G
Förderung des öffentlichen Gesundheitswesens /Krankenhäuser
Anschrift: Karin Meincke, Jägerstrasse 84, D-47798 Krefeld
(2000)

Hospizstiftung Kassel G*S
Zweck der Stiftung ist die Förderung der öffentlichen Gesundheitspflege. Der Stiftungszweck wird durch die finanzielle Förderung der Hospizarbeit verwirklicht. Gesichert werden soll insbesondere die ambulante Hospizarbeit sowie der Erhalt und der Ausbau des "Hospizes Kassel".
Anträge: keine Antragsmöglichkeit
Anschrift: Landespfarrer Dr. Eberhard Schwarz, Lutherplatz 6, D-34117 Kassel

Tel: 0561-10 95 301
email: kontakt@hospizkassel.de
Internet: www.hospizkassel.de
(2003) Rechtsfähige Stiftung des bürgerlichen Rechts

Hospizstiftung Region Einbeck- S
Northeim-Uslar

Zweck der Stiftung ist es, die Hospizarbeit in der Region zu fördern. Schwerpunkt der Förderung ist die ambulante Hospizarbeit. Der Zweck der Stiftung ist darauf gerichtet, Personen im Sinne des § 53 AO, die infolge ihres körperlichen, geistigen oder seelischen Zustandes der Hilfe bedürfen, zu unterstützen. Die Erträge aus dem Stiftungsvermögen sind zur Erfüllung des Stiftungszweckes zu verwenden. Soweit nicht in dieser Satzung festgelegt, soll der Vorstand entscheiden, auf welche Weise der Zweck der Stiftung im Einzelnen zu verwirklichen ist. (fördernd tätig)

Anträge: schriftlich formlos
Anschrift: Annette Hartmann, Teichstraße 38, D-37154 Northeim
Tel: 05551-915833
Fax: 05551-2640
email: annette.hartmann@leine-solling.de
(2004) Rechtsfähige Stiftung des bürgerlichen Rechts

Hospizverein Wiesbaden Auxilium - S
Stiftung Marianne Kahn

Wohlfahrt und Mildtätigkeit; Verwirklichung des Hospizgedankens in Wiesbaden; Begleitung Schwerstkranker und Sterbender und deren Angehöriger; Unterstützung Trauernder; Schulung von Hospizhelfern; Unterhaltung einer Beratungsstellen und eines Hospiztelefons; Öffentlichkeitsarbeit für den Hospizgedanken; Errichtung eines Hospizes; Der Stiftungszweck wird ausschließlich durch die Unterstützung der Hospizarbeit des Hospizverein Wiesbaden Auxilium e.V. verwirklicht

Anträge: keine Antragsmöglichkeit
Anschrift: Philanthropical Wealth Management, Mainzer Landstraße 178-190, D-60327 Frankfurt am Main
Tel: 069-910-49279
Fax: 069-910-48761
(2001) Rechtsfähige Stiftung des bürgerlichen Rechts

HuB-Begabten-Stiftung des B
Osnabrücker Handwerks

Förderung und Unterstützung der beruflichen Bildung in der Handwerkswirtschaft, insbesondere bei talentierten Junghandwerkern, insbesondere durch Vergabe von Stipendien oder Preisen.
Anschrift: Bramscher Straße 134 - 136, D-49088 Osnabrück

(2004) Rechtsfähige Stiftung des bürgerlichen Rechts

Hubertus Altgelt-Stiftung   F*K*N*S
Förderung des Wohlfahrtswesens, von Kunst und Kultur, der Forschung, des Umwelt- und Denkmalschutzes sowie des Heimatgedankens
Anschrift: RA Hans-Peter Christl, Kufsteiner Str. 7, D-83022 Rosenheim
(2003)

Hugo und Johanna Körver Stiftung   K*S
Förderung von Kunst und Kultur, Kinder-/Jugendhilfe, Waisen, Altenhilfe (einschl. Altenheime)
Anschrift: Wolfgang Schulz, Wittbräucker Straße 850, D-44265 Dortmund
(2001)

HVB Stiftung Geldscheinsammlung   K
Förderung der wohl weltweit bedeutendsten Sammlung auf dem Gebiet des Papiergeldes, der HVB Geldscheinsammlung. Die Stiftung soll dieses Kulturdenkmal unterhalten, wissenschaftlich auswerten und der Öffentlichkeit zugänglich machen. (operativ tätig)
Anträge: keine Antragsmöglichkeit
Anschrift: c/o Staatliche Münzsammlung, Dr. Franziska Jungmann-Stadler, Residenzstr. 1, D-80333 München
Fax: 089-378 21525
email: franziska.jungmann-stadler.extern@hvb.de
Internet: www.hvb.de/geldscheinsammlung
(2003) Rechtsfähige Stiftung des bürgerlichen Rechts

Hypo-Kulturstiftung   K
Unterhalt einer Kunsthalle, Verleihung eines Preises in der Denkmalpflege, Förderung von Kunst und Kultur, insbesondere junger zeitgenössischer Kunst, "Museumsfonds" (auch operativ tätig)
Anträge: schriftlich formlos
Ausgaben: 2.505.330 €
Anschrift: RA Hans-Dieter Eckstein, Theatinerstraße 15, D-80333 München
Tel: 089-37842809
Fax: 08937-848594
email: hans-dieter.eckstein@hvb.de
Internet: www.hypo-kunsthalle.de
(1983) Öffentliche Stiftung des bürgerlichen Rechts (Bayern)

idea-Stiftung zur Förderung   B*R*S
christlicher Publizistik
Religion; Förderung christlicher Publizistik
Anträge: keine Antragsmöglichkeit

Anschrift: Herr Küchler, Steinbühlstr. 3, D-35578 Wetzlar
Tel: 06441-915-130
Fax: 06441-915-118
email: idea-stiftung@idea.de
Internet: www.idea-stiftung.de
(2001)

Ikea-Stiftung B*D*F*G*K*N*X

Förderung von Wissenschaft, Forschung, Erziehung, Volks- und Berufsbildung auf dem Gebiet des Wohnens und der Wohnkultur im weitesten Sinne sowie der Verbraucherberatung. Förderung der Jugendhilfe, des öffentlichen Gesundheitswesens und des Wohlfahrtswesens mit dem Schwerpunkt Förderung der Belange von Kindern (fördernd tätig)
Hinweise: Deutschland; Förderung für max. 1 Projekt je Antragsteller; nicht kommerziell orientierte Vorhaben; Förderung von Projekten der freien Kunst ist nicht möglich; Einzelpersonen, Gruppen, Institutionen, Studenten
Anträge: schriftlich formlos-Begutachtung
Ausgaben: 660.000 € , (2004)
Anschrift: Herrn Martin Hildebrand Geschäftsführer, Am Wandersmann 2 - 4, D-65719 Hofheim-Wallau
Tel: 06122-5854295
Fax: 06122-5854 474
(1981) Öffentliche Stiftung des bürgerlichen Rechts (Bayern)

Ilg-Stiftung N*S

Förderung der Kinder- und Jugendhilfe, der Altenhilfe, des Wohlfahrtswesens sowie des Umweltschutzes im Bereich des Marktes Weiler-Simmerberg
Anschrift: Herr Gerd Ilg, Oberbergweg 27, D-88171 Weiler-Simmerberg
(2003)

Ilse und Franz Tacke Stiftung S

Förderung von Kinder-/Jugendhilfe, Waisen (fördernd tätig)
Anträge: schriftlich formlos
Ausgaben: 150.000 €
Anschrift: c/o Sozietät Esser/Hoffmann, Rainer Zelzner ; Dr. K.P. Esser,
Postfach 25 67, D-48012 Münster
(2002)

Ilse-Marie-Atzinger-Stiftung S

Die weltweite Unterstützung und Förderung von Kindern, insbesondere von missbrauchten Kindern
Anschrift: c/o Steuerberater Völtl, Schattl & Wimmer-Leichtner, Herr Völtl,
Nibelungenstraße 20b, D-94032 Passau
(2004) Öffentliche Stiftung des bürgerlichen Rechts (Bayern)

Imhoff-Stiftung K*S

Förderung von Kunst und Kultur, begabten Kindern und Jugendlichen, medizinische Grundlagenforschung, die Erhaltung öffentlicher Denkmäler sowie die Pflege des Heimatgedankens und des kölnischen Brauchtums. Unterstützung des Zentrums für Therapeutisches Reiten e.V. in Köln-pforz (fördernd tätig)
Hinweise: Raum Köln; Stiftung fördert nicht Einzelpersonen, Projekte von Verbänden, Parteien, Unternehmen, kirchlichen Organisationen oder Religionsgemeinschaften
Anträge: schriftlich
Anschrift: Jutta Rohde , Rheinauhafen 1 a, D-50678 Köln
Tel: 0221-397579-40
Fax: 0221-39 75 79-50
email: info@imhoff-stiftung.de
Internet: www.imhoff-stiftung.de
(2001) Rechtsfähige Stiftung des bürgerlichen Rechts

Immler Großfamilienstiftung F*S

Förderung der Familie und des Zusammenlebens von mehreren Generationen
Ausgaben: 760.000 € , (2005)
Anschrift: Achener Weg 38, D-88316 Isny im Allgäu
Tel: 07562-9704-0
Fax: 07652-9704-11
email: info@immler-grossfamilienstiftung.de
Internet: www.immler-grossfamilienstiftung.de/
(2004) Rechtsfähige Stiftung des bürgerlichen Rechts

Indienhilfe Channo Devi Stiftung, S
gemeinnützige Stiftung des Jori Singh

Förderung von Entwicklungshilfe, Mildtätigen Zwecken
Anschrift: c/o Dresdner Bank AG, Ranbir Singh, Königsallee 37, D-40212 Düsseldorf
Internet: www.channodevi-foundation.org
(2003)

Indien-Stiftung der DIG V

Die Stiftung verfolgt die Zwecke der Völkerverständigung und der Entwicklungshilfe. Sie unterstützt zur Förderung ihrer Zwecke ausschließlich die gemeinnützige "Deutsch-Indische Gesellschaft e.V. (DIG) - Indo-German-Society in Stuttgart (fördernd tätig)
Hinweise: nur die DIG und ihre Zweigstellen können Anträge stellen
Anträge: schriftlich formlos-Begutachtung
Anschrift: Schulze-Delitzsch-Strasse 24-26, D-70565 Stuttgart
Tel: 0711-297078

Fax: 0711-2991450
email: indien-stiftung@dig-ev.de
(2001) Rechtsfähige Stiftung des bürgerlichen Rechts

Inga Köthe Stiftung G

Förderung des öffentlichen Gesundheitswesens, insbesondere die Bekämpfung und Behandlung von Kinderkrankheiten, vorzugsweise von herzkranken Kindern, und die individuelle Unterstützung der Behandlung von herzkranken Kindern durch geeignete Krankenhäuser
Anschrift: Herrn Heiko Büsing, Ekernstraße 68, D-26125 Oldenburg
(2002) Rechtsfähige Stiftung des bürgerlichen Rechts

Inge Badenhoop-Stiftung F

Wissenschaftliche Förderung des Museums für Hamburgische Geschichte, Abteilung Museum für Bergedorf und Vierlande.
Anträge: keine Antragsmöglichkeit
Anschrift: c/o Museum für Bergedorf und Vierlande, Dr. Olaf Matthes,
Schloß Bergedorf, D-21029 Hamburg
Tel: 040-42891-2508
Fax: 040-42891-2974
email: info@bergdorfmuseum.de
Internet: www.bergdorfmuseum.de
(2002)

Ingeborg von Schlenk-Barnsdorf- K*S
Stiftung

Unterstützung hilfsbedürftiger Personen, die in der Stadt Roth oder im Landkreis Roth ihren Wohnsitz haben, Zuwendungen an soziale und karitative Einrichtungen sowie zur Denkmalpflege und zum Heimatschutz im Bereich der Stadt Roth, insbesondere im Ortsteil Barnsdorf
Hinweise: Roth, Barnsdorf
Anschrift: Barnsdorfer Hauptstraße 5, D-91154 Roth-Barnsdorf
(2001) Öffentliche Stiftung des bürgerlichen Rechts (Bayern)

Ingeborg-Lekos-Stiftung S

Förderung von Organisationen,an Krebs erkrankter Menschen betreuen und beraten,Selbsthilfegruppen fördern,Information über Krankheit, Förderung von SOS-Kinderdörfern ihrer begleitenden Einrichtungen in Griechenland, Förderung von Einrichtungen Organisationen,geistig, seelisch oder körperlich Behinderter,an Suchtproblemen Leidende, Obdachlose betreuen,Unterstützung stationärer oder ambulanter Einrichtungen (Sterbehospize,ambulante Hospizarbeit).
Anschrift: RA Guido Frhr. v. Crailsheim, Römerstraße 6, D-80801 München
(2001)

Ingrid und Reinhard Balzer Stiftung F
Wissenschaft und Forschung, Förderung des Marburger Mineralogischen Museums der Philipps Universität Marburg (fördernd tätig)
Anträge: schriftlich formlos-mündlich
Anschrift: Reinhard Balzer, Eichendorffstrasse 7, D-35039 Marburg/Lahn
Tel: 06421-44194
Fax: 06421-45042
email: rbalzer-Marburg@t-online.de
(2004)

Ingrid und Wilfried Hoppe - Stiftung Naturschutz N
Zweck ist die Förderung des Naturschutzes zunächst in Schutzgebieten, wie Nationalparks, Naturschutzgebieten, vorläufig unter Naturschutz gestellten Gebieten, in Gebieten mit vergleichbarem Schutzzweck und in im räumlichen Zusammenhang zu Schutzgebieten stehenden Gebieten außerhalb der Schutzgebiete, und zwar im hamburgischen, niedersächsischen und schleswig-holsteinischen Wattenmeer, in den an das Wattenmeer und die Unterelbe angrenzenden Landkreisen sowie auf der Insel Helgoland. (fördernd tätig)
Anschrift: c/o Dresdner Bank AG, Stiftungsmanagement, Sven Albrecht, Gallusanlage 7, 24. OG, D-60301 Frankfurt am Main
(2002)

Ingrid Werndl-Laue Stiftung B*F*G*K
Zweck der Stiftung ist die Föderung von Wissenschaft und Forschung, Bildung, Kunst und Kultur und des öffentlichen Gesundheitswesens
Anschrift: Theatiner Str. 16, D-80333 München
(2001)

Inka Krumme - Hospiz-Stiftung G
Förderung der öffentlichen Gesundheitspflege, insbesondere durch Förderung der Hospizarbeit, und zwar insbesondere durch Unterstützung der Begleitung älterer Menschen in der von ihnen gewünschten Umgebung
Anschrift: Frau Inka Krumme, Kastanienstr. 21, D-26835 Hesel
(2004) Rechtsfähige Stiftung des bürgerlichen Rechts

Innovationsstiftung Schleswig-Holstein N*W
Die ISH hat den Zweck, in Schleswig-Holstein auf den Aufgabenfeldern Technologie, Energie und Klimaschutz durch Aktivitäten und Maßnahmen innovative Entwicklungen zu initiieren und deren Markteinführung zu fördern. (fördernd tätig)
Anträge: Merkblatt-schriftlich formlos-Begutachtung
Ausgaben: 4.000.000 €, (2005)

Anschrift: Frau Sabine Recupero, Lorentzendamm 24, D-24103 Kiel
Tel: 0431-9805860
Fax: 0431-9805 888
email: info@i-sh.org
Internet: www.innovationsstiftung-sh.de
(2004) Stiftung des öffentlichen Rechts

Institut für anwendungsorientierte kommunale Software (IfakS)   X

Förderung von Sonstigen Zwecken
Anschrift: Herbert Wilgers, Lise-Meitner-Allee 4, D-44801 Bochum
Tel: 0234 - 438 70 - 240
Fax: 0234 - 438 70 - 242
Internet: www.ifaks.de
(2000)

Institut für Mikroelektronik Stuttgart   F

Forschung und Entwicklung auf dem Gebiet der mikroelektronischen Schaltungen und Systeme und Umsetzung der Ergebnisse in die industrielle Praxis (operativ tätig)
Anträge: keine Antragsmöglichkeit
Ausgaben: 9.019.189 € , (2004)
Anschrift: Manfred Salzmann, Allmandring 30 a, D-70569 Stuttgart
Tel: 0711-21 855 210
Fax: 0711-21 855 7210
email: salzmann@ims-chip.de
Internet: www.ims-chips.de
(2003) Rechtsfähige Stiftung des bürgerlichen Rechts

Institut zur Förderung der Glaubenslehre   R

Förderung der Wissenschaft und Forschung im Bereich der Theologie (Förderung der Glaubenslehre) sowie der Bildung und Religion (operativ tätig)
Anträge: keine Antragsmöglichkeit
Anschrift: c/o Haus St. Gabriel, Wolfratshauser Str. 350, D-81479 München
Tel: 089-79 18 506
email: info@denken-im-glauben.de
Internet: www.denken-im-glauben.de/
(2002)

Insulinde Stiftung   F*K

Förderung von Wissenschaft und Forschung, Kunst und Kultur

Anschrift: c/o Asche, Stein & Glockemann, Rechtsanwälte - Steuerberater, Dr. Gabriele Lüfh, Jungfernstieg 4, D-20095 Hamburg
(2002)

International Environmental Foundation of the Kommunale Umwelt-AktioN U.A.N.   N

Förderung des Umweltschutzes in Deutschland sowie im Ausland
Anschrift: Manfred Klein, Arnswaldtstraße 28, D-30159 Hannover
Tel: 0511-302 85 62
Fax: 0511-302 85 60
Internet: www.intef-uan.de/
(2001) Rechtsfähige Stiftung des bürgerlichen Rechts

Internationale Martin-Buber-Stiftung   R

wirtschaftliche Unterstützung des Internationalen Rates der Christen und Juden (ICCJ)
Anträge: keine Antragsmöglichkeit
Anschrift: Prof. Dr. Martin Stöhr, Werléstraße 2, D-64646 Heppenheim
Tel: 06252-93120
Fax: 06252-683 31
email: ICCJ_Buberhouse@t-online.de
Internet: www.iccj.org/en/
(2002) Rechtsfähige Stiftung des bürgerlichen Rechts

Internationale Musikschulakademie - Kulturzentrum Schloss Kapfenburg   K

Zweck der Stiftung in ist die Förderung von Musik und Kultur durch den Betrieb der Internationalen Musikschulakademie - Kulturzentrum Schloss Kapfenburg.
Anschrift: D-73466 Lauchheim
(2002)

Invitare - Eingeladen zum Leben - Stiftung für Mutter und Kind   G*S

Die Beratung und Hilfestellung für ungewollt / ungeplant schwangere Mädchen und Frauen in seelischer, sozialer und wirtschaftlicher Not sowie eine langfristige Betreuung von Mutter und Kind nach der Geburt. (operativ tätig)
Anträge: keine Antragsmöglichkeit
Ausgaben: 223.189 € , (2004)
Anschrift: Martina Strube, Mörikestrasse 118, D-71636 Ludwigsburg
Fax: 0714-1464559
email: info@invitare-stiftung.de
Internet: www.invitare-stiftung.de

(2001) Rechtsfähige Stiftung des bürgerlichen Rechts

Ippen Stiftung   B*K
Förderung von Denkmalpflege, Kunst und Kultur, Ausbildungsförderung, Bildung, Erziehung, Ausbildung sowie von Wissenschaft und Forschung
Anschrift: Gutenbergstrasse 1, D-59065 Hamm
(2000)

Irene Thiermann Stiftung   N*S
Unterstützung von hilfsbedürftigen Personen, insbesondere von Kindern, sowie von Tieren (bedrohte Tierwelt, Tierschutz).
Anschrift: c/o Bayer. HypoVereinsbank AG Private Banking, Lorenzer Platz 21, D-90402 Nürnberg
(2001)

IRMA-Stiftung   R
Förderg. d. Verwirklichung u. länderübergreifenden Verbreitg. christl. Wissens auf Grundlage d. Werke "Im Lichte der Wahrheit", "Die Zehn Gebote Gottes" u. anderer Schriften Abd-ru-shins sowie die Förderg. d. auf diesem Wissen beruhenden sittlichen Ideale u. d. Förderg. v. anderem geistigen Wissen, sofern es im Einklang mit dem Inhalt der o.g. Schriften steht
Anschrift: Frau Irma Nitze, Hessenbichlweg 12, D-83700 Rottach-Egern
(2004)

Irmgard Schreckenbach-Stiftung   B*K
Förderung der Pflege und Erhaltung von deutschen Kulturwerten, der Heimatpflege und Heimatkunde, insbesondere durch finanzielle projektgebundene Zuwendungen an gemeinnützige Körperschaften oder Körperschaften des öffentlichen Rechts, die sich die Pflege der plattdeutschen Sprache und des Brauchtums in Norddeutschland zum Ziel gesetzt haben. Förderung der Erziehung, Berufsausbildung und Studentenhilfe, insbesondere durch die finanzielle Förderung begabter Schüler, Auszubildender oder Studenten deutscher Staatsangehörigkeit durch Stipendien für einzelne Projekte oder Ausbildungsabschnitte. (fördernd tätig)
Anschrift: c/o Dresdner Bank AG, Stiftungsmanagement, Sven Albrecht, Gallusanlage 7, 24. OG, D-60301 Frankfurt am Main
(2003)

Irmgard und Gunnar Rasch-Stiftung   S
Förderung von Sonstigen Sozialen Zwecken, Hilfe für Behinderte, Altenhilfe (einschl. Altenheime) (fördernd tätig)
Anträge: keine Antragsmöglichkeit
Anschrift: Dr. Gunnar Rasch, Vogelrohrsheide 46, D-48167 Münster
Tel: 0251-482640
Fax: 0251- 48 26 444
email: rasch@kanzlei-richard.de

(2002) Rechtsfähige Stiftung des bürgerlichen Rechts

Isa Lohmann-Siems Stiftung B*F*K

Förderung der geisteswissenschaftlichen Arbeit und der Bildung in der Freien und Hansestadt Hamburg auf den Gebieten der deutschsprachigen Kultur- und Geistesgeschichte, insbesondere der Norddeutschen Kultur- und Geistesgeschichte im Austausch mit Skandinavien, England, den Niederlanden, Österreich und der Schweiz; der Litaratur und der Philosophie; insbesondere durch die Durchführung von Vorträgen, Kursen und Seminaren etc; die Heraugabe von Publikationen; die Auslobung von Preisen für Vorträge und Publikationen. (operativ tätig)

Anträge: keine Antragsmöglichkeit
Ausgaben: 60.128 € , (2005)
Anschrift: Dr. Wolf Dieter Hauenschild, Blankeneser Bahnhofstraße 29, D-22587 Hamburg
Tel: 040- 866 03 10
Internet: www.ils-s.de
(2003)

IshuChandi Stiftung S

Förderung von Entwicklungshilfe, Mildtätigen Zwecken, Kinder-/Jugendhilfe, Waisen, Altenhilfe (einschl. Altenheime)

Anschrift: Herr Chandi Nihalani, Neuhausweg 36, D-47167 Duisburg
(2002)

Jacques-Fesh-Stiftung R*S

Förderung der Jugendarbeit, der Rehabilitation von Strafgefangenen und der kirchlichen Medienarbeit, insbesondere auf dem Gebiet der Diözese Augsburg

Anschrift: Täfertinger Str. 3, D-86356 Neusäß
(2004)

Jakob-Mann-Stiftung B*S

Zweck der Stiftung ist, hochbegabten Kindern und Jugendlichen, insbesondere aus sozialschwachen Familien, zur Erlangung eines Hochschulabschlusses oder eines Abschlusses, der einen Hochschulzugang ermöglicht, die notwendige finanzielle Förderung zu geben. Außerdem Förderung von Studierenden, sofern staatliche oder andere Zuwendungen nicht oder nicht in der notwendigen Höhe in Anspruch genommen werden.

Anschrift: c/o Gebr. Leffers GmbH & Co. KG, Lange Straße, D-26122 Oldenburg
(2003) Rechtsfähige Stiftung des bürgerlichen Rechts

Jan-Groenewold-Foundation B*F*K*S

Zweck der Stiftung ist, durch Zuwendungen die medizinische, soziale und wirtschaftliche Fürsorge sowie Ausbildung, Wissenschaft, Forschung und Kunst im In- und Ausland, insbesondere zur Entwicklungshilfe, sowie die Jugendhilfe zu fördern.

Ausgaben: 30.166 €
Anschrift: Gisela Groenewold, Herbert-Weichmann-Straße 19, D-22085 Hamburg
Tel: 040-225293
Internet: www.jan-groenewold-foundation.de
(2003)

Jens Jeremies Stiftung M*S

Kinder und Jugendhilfe durch Förderung und Unterstützung von anerkannten gemeinnützigen und mildtätigen Institutionen sowie die Förderung und Unterstützung von bedürftigen Personen (fördernd tätig)
Anträge: schriftlich formlos
Anschrift: Herbert Pfaffinger, Möhlstr. 9, D-81675 München
Tel: 089-41189009
Fax: 089-41189030
email: herbert.pfaffinger@jens-jeremies-stiftung.de
Internet: www.jens-jeremies-stiftung.de
(2001) Rechtsfähige Stiftung des bürgerlichen Rechts

Joachim Keller Stiftung B*K

Förderung junger Musiker durch die Unterstützung der Musikschule Neu-Ulm
Hinweise: junge Musikschüler
Anschrift: c/o Musikschule der Stadt Neu-Ulm, Gartenstr. 13, D-89231 Neu-Ulm
(2000) Öffentliche Stiftung des bürgerlichen Rechts (Bayern)

Joachim und Elisabeth Godziwitz- R*S
Stiftung

Unterhaltung der vom Testamentsvollstrecker noch zu errichtenden Kapelle in Raubling und Förderung von bedürftigen Raublinger Bürgern
Anschrift: c/o Erster Bürgermeister Josef Neiderhell Gemeinde Raubling, Bahnhofstr. 31, D-83064 Raubling
(2001)

Joachim und Gudrun Falk-Stiftung K

Förderung der Pflege und erhaltung von Industrie-Kulturwerten, im besonderen die Bewahrung technisch-historisch wertvoller Eisenbahnfahrzeuge, die bis 1945 im Betriebseinsatz waren, sowie dampfbetriebener Straßenfahrzeuge.
Anschrift: Gluckstraße 3, D-90491 Nürnberg
(2002)

Johann Heinrich Poppe Stiftung   N*S
Finanzielle Unterstützung von gemeinnützigen bzw. mildtätigen Körperschaften, die z.B. die Kultur, den Tierschutz, die Kriegsgräberfürsorge, die Katastrophenhilfe im In- und Ausland fördern oder auch Hilfsbedürftige unterstützen.
Ausgaben: 15.339 €
Anschrift: c/o Esche Schümann Commichau, Marianne Günther, Postfach 11 18 69, D-20418 Hamburg
Tel: 040-36 805-188
Fax: 040-36 28 96
(1992)

Johann Lütter Stiftung   K
Förderung von Musik, besonders die Herausgabe und Verbreitung der Werke von Johann Lütter, Förderung von Interpreten und Interpretinnen (auch operativ tätig)
Anträge: schriftlich formlos
Anschrift: Ingeborg Lütter, Rudolf-Diesel-Strasse 28, D-52525 Heinsberg
Tel: 02452-21324
Fax: 02452-21324
email: ingeborg.luetter@gmx.de
(2001) Stiftung des öffentlichen Rechts

Johannes Beese Stiftung   S
Förderung von Kinder-/Jugendhilfe, Waisen
Anschrift: Bernd Klinkmann, Mont-Cenis-Str.6, D-44623 Herne
(2002)

Johannes Rau Stiftung   K*S*V
Förderung von mildtätigen Zwecken, Wohlfahrtswesen, Kunst und Kultur, Völkerverständigung
Anschrift: Dr. Johannes Rau, Katernbergerstrasse 171, D-45115 Wuppertal
Tel: 02025-56808
Fax: 02025-56808
(2000)

Johannes und Elsbeth Gottwald-Stiftung   S
Gewährung von Hilfe und Unterstützung an sehbehinderte und sonstige hilfsbedürftige alte Menschen, die das 50.Lebensjahr vollendet haben (fördernd tätig)
Hinweise: sehbehinderte und sonstige hilfsbedürftige alte Menschen ab dem vollendeten 50. Lebensjahr
Anträge: schriftlich formlos
Anschrift: Rudolstädter Str. 116, D-10713 Berlin
Tel: 030-89724600

Fax: 030-89724601
(1973) Rechtsfähige Stiftung des bürgerlichen Rechts

Johannes-vom-Kreuz-Stiftung R

Förderstiftung, Bekanntmachung und Weitergabe des geistigen Vermächtnisses des Hl. Johannes vom Kreuz durch finanzielle Unterstützung im wissenschaftlichen, kirchlichen oder sozialcaritativen Bereich im Geist des Hl. Johannes vom Kreuz.
Anschrift: Heimstraße 63, D-82131 Stockdorf
(2002)

Jordan-Stiftung R*S

Förderung von christlichen Werten in der Gesellschaft, insbesondere unter Jugendlichen, Kindern und Familien. Die Unterstützung von körperlich, geistig oder seelisch behinderten Personen sowie die Förderung von sozialen und diakonischen Projekten in Deutschland.
Anschrift: Herrn Gerhard Kehl, Am Frickenland 3, D-87437 Kempten
(2003)

Jörg und Aenne Hinze Stiftung B*K

Zweck der Stiftung ist die Vergabe von Stipendien an Studierende der Architekturabteilung der TU Braunschweig und der Bildhauerklasse der HBK Braunschweig, die besonders herausragende Leistungen während ihres Studiums erbringen.
Anschrift: Hans-Jürgen Hinze, Rudolf-Wilke-Straße 31, D-38106 Braunschweig
(2001) Rechtsfähige Stiftung des bürgerlichen Rechts

Josef Hannappel Stiftung F*S

Unterstützung von Personen, die in Folge ihres körperlichen, geistigen oder seelischen Zustandes auf Hilfe angewiesen sind und Unterstützung von Personen, die intellektuell besonders begabt sind und zwar auch durch entsprechende Förderung von Wissenschaft und Forschung
Anschrift: Herrn Eduard Wanner, Rathausplatz 2, D-82467 Garmisch-Partenkirchen
(2001)

Josef Heinrich Sommer-Stiftung B

Förderung von Bildung, Erziehung, Ausbildung
Anschrift: c/o Jugendwohnheim St. Georg e.V., Dr. Ing. Leo Gottfried Sommer, Am Schönenkamp 151, D-40599 Düsseldorf
(2002)

Josef Keutken Stiftung G*S

Förderung von Mildtätigen Zwecken, Sonstigen Sozialen Zwecken, des öffentlichen Gesundheitswesens / Krankenhäuser, Kinder-/Jugendhilfe, Waisen
Anschrift: Pasto-Bölitz-Strasse 13-15, D-46483 Wesel

(2002)
Josef und Karolina Bengel Stiftung K*M*N*S
Förderung und Unterstützung von Kindern, insbesondere begabter Kinder aus bedürftigen Familien, der Jugend- und Altenbetreuung, der Pflege der Chor-, Kirchen- und Instrumentalmusik, der Erhaltung von Kunst- und Baudenkmälern sowie Unterstützung heimat- und kulturgeschichtlicher Forschungen, soziales und caritativer Bedürfnisse, des Schutzes von Natur und Umwelt, des Breitensports
Anschrift: Vorstadt 1, D-91737 Ornbau
(2003) Öffentliche Stiftung des bürgerlichen Rechts (Bayern)

Josef und Margareta Weiß-Stiftung G
Zweck der Stiftung ist die Förderung des öffentlichen Gesundheitswesen durch die Pflege Multiple Sklerose Kranker.
Anschrift: Herr Manfred Kreutner, Aidenbachstr. 30, D-81379 München
(2003)

Josef-Berg-Stiftung F*G
Föderung von Wissenschaft und Forschung, öffentlichem Gesundheitswesen /Krankenhäuser, Mildtätige Zwecke
Anschrift: Graf-v.-Speestrasse 1, D-59872 Meschede
(2000)

Josef-Dilger-Stiftung K
Errichtung und Betrieb des Josef-Dilger-Kunst- und Kulturzentrums
Hinweise: Bobingen
Anschrift: c/o Stadt Bobingen, Rathausplatz 1, D-86399 Bobingen
(2000) Öffentliche Stiftung des bürgerlichen Rechts (Bayern)

Josef-Freitag-Stiftung F*G
Beschaffung von Mitteln im Sinne des § 58 Nr. 1 AO zur Förderunge der Wissenschaft und Forschung, insbesondere auf dem Gebiet der Krebs- und Herzinfarktforschung (fördernd tätig)
Anschrift: Hans Oldenburg, Mälzerstraße 41, D-33098 Paderborn
(2000) Rechtsfähige Stiftung des bürgerlichen Rechts

Joseph-Cardijn-Stiftung S
Förderung der Jugendhilfe durch die Förderung der Arbeit der Christlichen Arbeiterjugend (CAJ) mit Jugendlichen, die nicht im Mittelpunkt gesellschaftlicher Anerkennung stehen (fördernd tätig)
Anträge: keine Antragsmöglichkeit
Anschrift: Treibgasse 26-28, D-63739 Aschaffenburg
Tel: 06021-392172
Fax: 06021-392 179

email: caj.ab@bistum-wuerzburg.de
(2003) Kirchliche Stiftung des privaten Rechts

Jubiläumsstiftung der Sparkasse Velbert B*K*N*S

Föderung von Brauchtum und Heimatgedanke/-geschichte, Naturschutz, Umweltschutz, Denkmalpflege, Kunst und Kultur, Bildung, Erziehung, Ausbildung, Kinder-/Jugendhilfe, Waisen, Altenhilfe (einschl. Altenheime)
Anschrift: c/o Sparkasse Hilden Ratingen Velbert, Peter Bauer, Friedrichstrasse 181, D-42551 Velbert
Internet: www.sparkasse-hrv.de
(2000)

Jugendstiftung des Landkreises Osnabrück B*F*S

Förderung von Kindern, Jugendlichen und jungen Menschen im Alter bis zu 27 Jahren im Landkreis Osnabrück, insbesondere durch Förderung der Jugendarbeit und pflege, insbesondere benachteiligter Kinder und Jugendlicher, der Prävention zum Schutz vor Gewalt, des Abbaus besonderer Benachteiligung in Schule und Arbeitswelt inklusiv wissenschaftliche Begleitung von Projekten und Maßnahmen der Jugendarbeit und Jugendsozialarbeit zur Vorbeugung und zum Abbau von Benachteiligungen, von Bildungsangeboten zur Stärkung sozialer Grundtugenden bei Kindern und Jugendlichen sowie erzieherischer Kompetenz bei Eltern und Erziehern sowie der Unterstützung innovativer Ideen der Kinder- und Jugendarbeit. (fördernd tätig)
Hinweise: Landkreis Osnabrück
Anträge: schriftlich formlos
Ausgaben: 39.000 € , (2005)
Anschrift: c/o Herrn Ottmann beim Landkreis Osnabrück, Herr Ottmann, Postfach 2509, D-49015 Osnabrück
Tel: 0541-5013195
Fax: 0541-5014406
email: http://jugendstiftung.landkreis-osnabrueck.de
Internet: www.jugendstiftung-landkreis-osnabrück.de
(2001) Rechtsfähige Stiftung des bürgerlichen Rechts

Julia Maschinsky-Stiftung G*S

Medizin und öffentliches Gesundheitswesen, Jugendhilfe; Unterstützung krebskranker Kinder
Anschrift: Rita Maschinsky, Breslauer Str. 11, D-63128 Dietzenbach
Tel: 06074-26544
(2001)

Julius Axenfeld Stiftung　　　　　　　　　　　G*S
Förderung von Mildtätigen Zwecken, des öffentlichen Gesundheitswesens / Krankenhäuser, Kinder-/Jugendhilfe, Waisen, Altenhilfe (einschl. Altenheime).
Anschrift:　Pfarrer i.R. Klaus Kohl, Waldstrasse 23, D-53177 Bonn
(2002)

Jurek Stiftung　　　　　　　　　　　　　　　　　　　S
Förderung von Hilfe für Behinderte
Anschrift:　Karl-Gerstein-Strasse 13A, D-59368 Werne
(2002)

Jürgen Frömbling Stiftung　　　　　　　　　　　　S
Beschaffung von MItteln für die Unterstützung von Kindern und Jugendlichen, die infolge ihres körperlichen, geistigen oder seelischen Zustandes auf die Hilfe anderer angewiesen sind, durch andere Körperschaften oder Körperschaften des öffentlichen Rechts.
Anschrift:　Niedersachsenstraße 14, D-49074 Osnabrück
(2004) Rechtsfähige Stiftung des bürgerlichen Rechts

Jürgen-Echternach-Stiftung für　　　　　　　B*P*R
Bildung und Demokratie
Die Stiftung will auf der Grundlage christlich-demokratischer Werte und Ideen politische Bildung vermitteln und die politische Aus- und Fortbildung begabter und charakterlich geeigneter junger Menschen fördern und sie zur Übernahme politischer Verantwortung befähigen. Sie unterstützt ferner die europäische Einigung und die internationale Verständigung durch Informationen und Begegnungen.
Ausgaben: 12.782 €
Anschrift:　Jürgen Echternach, Appuhnstraße 3, D-22609 Hamburg
Tel:　　　　040-82278226
Fax:　　　　040-823326
(2001)

Justin-Hüppe-Raumtrennsysteme-　　　　　　S*U
Stiftung
Freiwillige, einmalige, wiederholte oder laufende Unterstützung von Belegschaftsmitgliedern oder ehemaligen Belegschaftsmitgliedern sowie ihrer Angehörigen bei Hilfebedürftigkeit in Fällen der Not
Hinweise: Belegschaftsmitglieder oder ehemalige Belegschaftsmitglieder sowie ihre Angehörigen
Anschrift:　Herrn Dieter Boll, Kiehnpool 8, D-26121 Oldenburg
(2003) Rechtsfähige Stiftung des bürgerlichen Rechts

Jutta und Rolfroderich Nemitz - Stiftung   K

Zweck der Stiftung ist die Förderung von Kunst (auch operativ tätig)
Anträge: keine Antragsmöglichkeit
Anschrift: Dr. Rolfroderich Nemitz, Heisterhecken 15, D-45219 Essen
Tel: 02054-4566
Fax: 02054-84566
(2002)

Kalamkari-Stiftung   F*K

Förderung von Wissenschaft und Forschung, Kunst und Kultur
Anschrift: c/o Asche, Stein & Glockemann, Rechtsanwälte - Steuerberater,
             Dr. Gabriele Lüth, Jungfernstieg 4, D-20095 Hamburg
(2002)

Karl Heinz Beckurts-Stiftung   F

Förderung der Wissenschaft, nämlich die Unterstützung von Aktivitäten, die geeignet sind die Wechselbeziehungen von wissenschaftlicher Arbeit in öffentlichen Institutionen und Industrie intensiver zu gestalten.
Anschrift: Boltzmannstrasse 2, D-85748 Garching
(2002)

Karl Heinz Bestaendig Stiftung   N*S

Entwicklungshilfe, Natur-und Umweltschutz, Verbesserung der Lebensweise benachteiligter Menschen
Anschrift: Marienstr. 7, D-96332 Pressig
(2003)

Karl Heinz Brill Stiftung - Stiftung für benachteiligte Kinder und Jugendliche   G*S

Förderung Mildtätiger Zwecke, des öffentlichen Gesundheitswesens /Krankenhäuser sowie von Kinder-/Jugendhilfe, Waisen
Anschrift: Irene Pfleghar, Klingelpütz 33-35, D-50670 Köln
(2000)

Karl Hugo Ammer Stiftung   S

Zweck der Stiftung ist die unmittelbare Förderung, der von der SWW betreuten blinden und sehbehinderten Menschen.
Anschrift: Roßtalerweg 2-4, D-81549 München
(2002)

Karl Wilhelm Tang Stiftung S
Förderung Sonstiger Sozialer Zwecke und Altenhilfe (einschl. Altenheime)
Anschrift: Rolf Farber, Hans-Sachs-Strasse 4, D-40721 Hilden
(2000)

Karl, Alfred und Emma Ostermaier-Stiftung S
Unterstützung hilfsbedürftiger Personen deutscher Staatsangehörigkeit, die in Augsburg leben und wohnen (fördernd tätig)
Hinweise: Augsburg
Anträge: schriftlich formlos
Ausgaben: 2.000 €
Anschrift: c/o Stadt Augsburg -Stiftungsamt-, Schießgrabenstr.4, D-86150 Augsburg
(2001) Öffentliche Stiftung des bürgerlichen Rechts (Bayern)

Karla Bauer-Stiftung N*S
Förderung der Jugendarbeit und Umweltbildung im Bereich des Natur-und Umweltschutzes, insbesondere durch Unterstützung der bestehenden Einrichtung des Naturschutz-und Jugendzentrums des Bund Naturschutz in Bayern e.V.(BN)in Wartaweil am Ammersee (fördernd tätig)
Anträge: keine Antragsmöglichkeit
Anschrift: Karla Bauer, Seehauser Str. 14b, D-82418 Murnau
Tel: 08441-9544
(2004) Öffentliche Stiftung des bürgerlichen Rechts (Bayern)

Karl-Doerth-Stiftung B
Förderung von Bildung, Erziehung, Ausbildung (fördernd tätig)
Anträge: schriftlich formlos-Begutachtung-mündlich-schriftlich
Anschrift: c/o Gymnasium Leopoldinum, Jutta Posselt, Hornsche Strasse 48, D-32756 Detmold
Tel: 05231-709210
Fax: 05231-7092 12
email: leopoldinum@detmold.de
(2002)

Karl-Heinz Baumann-Stiftung S
Zweck der Stiftung ist die Förderung von Sozialem und von Entwicklungshilfe
Anschrift: Heinz Baumann, Schierholzstrasse 147, D-32584 Löhne
(2000)

Karl-Hesse-Stiftung   M
Förderung der im Sportverein St. Georg e.V. von 1895 oder seinem Rechtsnachfolger aktiv ideell sporttreibenden Jugendlichen bis zum Alter von 18 Jahren unter dem jeweils geltenden Amateurgedanken. Aus Mitteln der Stiftung sollen sowohl jugendliche Amateur-Spitzensportler als auch die jugendlichen Amateur-Breitensportler mit der Maßgabe finanziell unterstützt werden, dass sie auf diese Art und Weise angehalten und angespornt werden, sportlich erstrebenswerte Ziele zu erreichen.
Hinweise: Sportverein St. Georg e.V. von 1895
Anschrift: RA Joachim Kröger, Grindelhof 50, D-20146 Hamburg
Tel: 040-441870-0
Fax: 040-44187044
(2004)

Karl-Landsteiner-Stiftung zur   F*G
Förderung der Transfusionsmedizin
Förderung des öffentlichen Gesundheitswesens /Krankenhäuser sowie von Wissenschaft und Forschung
Anschrift: c/o Universtätsklinikum Essen, Institut für Transfusionsmedizin, Prof. Dr. Norbert Müller, Hufelandstrasse 55, D-45122 Essen
(2000)

Karlsteiner Kulturstiftung   K
Förderung der kulturellen Arbeit in der Gemeinde Karlstein a.M, insbesondere a) die Bezuschussung d. Historienspiels "Ein Dorf in Angst" und die Aufführung von G. F. Händels "Dettinger Te Deum" u. "Dettinger Anthem". b) Bezuschussung museumsdidaktischer Maßnahmen in der Abteilung "Schlacht bei Dettingen" im Karlsteiner Heimatmus. c) Bezusch. d. Erw. v. Exponaten z. Schlacht b. Dettingen und zu Händels "Dettinger Te Deum" und "Dettinger Anthem".
Anschrift: c/o Gemeinde Karlstein a. Main, Am Oberborn 1, D-63791 Karlstein
(2004)

Karmapa-Stiftung   R
Förderung der buddhistischen Religion, Philosophie und Kultur, insbesondere der Karma-Kagyü-Tradition. Die Erfüllung des Zweckes kann sowohl im Inland als auch im Ausland erfolgen. (operativ tätig)
Anträge: keine Antragsmöglichkeit
Anschrift: Dr. Konrad Ceube, Hinterschwarzenberg 8, D-87466 Oy-Mittelberg
email: konrad.leubeqgmx.de
(2001) Öffentliche Stiftung des bürgerlichen Rechts (Bayern)

Karolina Bernstetter-Stiftung   S
Förderung der Altenhilfe in München (fördernd tätig)
Hinweise: München
Anschrift: Katharina Knäusl, Orleansplatz 11, D-8166 München
Tel: 089-23325646
Fax: 089-23322610
email: stiftungsverband.soz@muenchen.de
Internet: www.muenchen.de
(2000) Nicht rechtsfähige Stiftung

Karoline Schürmann Stiftung   S
Bereitstellung von Hilfen für hilfbedürftige, notleidende Menschen in christlicher Nächstenliebe, und zwar durch die Gewährung von Mitteln an den Ev.-luth. Kirchenkreis Melle zur Verwendung für die Diakonie-Sozialstation in Melle (50 %), den DRK-Kreisverband Melle e.V. zur Verwendung für die DRK- Sozialstation in Melle (30 %) und den Caritasverband für die Diözöse Osnabrück e.V. zur Verwendung für die Caritas-Sozialstation in Melle (20 %).
Anschrift: c/o Ev.-luth. Kirchenkreis Melle, Schürenkamp 4, D-49324 Melle
(2000)

KASTELL-Stiftung   F*K*R*S
Die Stiftung bezweckt die Förderung nationaler und internationaler karitativer und kirchlicher Maßnahmen sowie nationaler kultureller und wissenschaftlicher Maßnahmen und Veranstaltungen.
Anschrift: Schoppenkamp 3, D-48703 Stadtlohn
(2001) Rechtsfähige Stiftung des bürgerlichen Rechts

Käthe-Flöck-Stiftung   S
Förderung der Kinder-/Jugendhilfe, Waisen
Anschrift: c/o Steuerberater Lorenz Ostermann, Dipl.-Ing. Gerhard Köser,
            Friesenwall 19, D-50672 Köln
(2001)

Kellmann-Stiftung Humanismus und   F
Aufklärung
Förderung von Wissenschaft und Forschung auf dem Gebiet der auf Humanismus und Aufklärung basierenden rationalen und damit nach Auffassung des Stifters notwendig säkularen, liberalen und ideologiefreien Ethik, deren Vermittlung an eine breite Öffentlichkeit und deren Verteidigung in Rechtsordnung und öffentlichem Leben.
Anschrift: Hummelblumenstrasse 20, D-80995 München
(2004)

Kerscher Umweltstiftung N

Förderung des Umweltschutzes durch die Entwicklung neuer Sortiertechniken und Aufbereitungstechnologien mit dem Ziel der umweltschützenden Verwertung von Metallabfällen und der Vermeidung von Beseitigungsmaßnahmen derselben.
Anschrift: Industriestr. 4, D-90765 Fürth
(2001)

Kerscher'sche Stiftung G

Förderung der öffentlichen Gesundheitspflege
Anschrift: Industriestr. 4, D-90765 Fürth
(2004)

Kids Care G*S

Wohlfahrt und Mildtätigkeit; Unterstützung geistig und körperlich behinderter Menschen
Anschrift: Herr Hantrop, Bodenäcker/Außerhalb 30, D-64372 Ober-Ramstadt
Tel: 06154-575234
Fax: 06154-575100
email: info@kids-care.de
Internet: www.kids-care.de
(2000)

Kieserling Stiftung F

Förderung der Bereiche Logistikkonzepte, Jugend und Ausbildung
Anschrift: c/o Hösel Siemer KGaA, Otto-Lilienthal-Str. 14, D-28199 Bremen
Tel: 0421-337630
(2004)

KINDER BRAUCHEN MUSIK Stiftung F*K
für eine aktive musikalische Kindheit

Zweck der Stiftung ist die Jugendförderung, hierbei vor allem die Förderung des Singens und Musizierens, auch des Komponierens, Textdichtens und der Musiktherapie von Kindern. Insbesondere sollen Musikprojekte mit integrativen und ganzheitlichen Ansätzen gefördert werden, in denen Musik mit Spiel, Theater oder Bewegung kombiniert wird, um soziale Fähigkeiten und Strukturen zu stärken. Dies gilt vorzugsweise für Kinder aus sozial benachteiligten Verhältnissen. Dem Blickwinkel und den Vorlieben der Kinder in ihrer jeweiligen Altersgruppe ist eine hohe Bedeutung beizumessen. Die Stiftung kann auch wissenschaftliche Forschung, die diesen Zwecken dient, fördern.
Anschrift: Stephan v. Löwis of Menar, Holsteinischer Kamp 104, D-22081 Hamburg
Tel: 040-29991155
Fax: 040-29991138

email: info@kinderbrauchenmusik.de
Internet: www.kinderbrauchenmusik.de
(2004)

Kinder der Welt-Stiftung B*S

Jugendhilfe, Entwicklungshilfe; Finanzielle Förderung und Untertützung der Jugendhilfe (Jugendfürsorge, Jugendbetreuung, Jugendpflege); Finanzielle Förderung und Unterstützung von behinderten Kindern und Jugendlichen.Der Stiftungszweck wird insbesondere verwirklicht durch die finanzielle Förderung und Unterstützung von Maßnahmen aller Art die der Erziehung, Ausbildung und Verbesserung der Lebensumstände von Kindern und Jugendlichen dienen, die in Entwicklungsländern oder Ländern der sogenannten "Dritten Welt" leben. Weiterhin werden Maßnahmen gefördert, die der Einrichtung und Verbesserung von Unterkünften, von ambulanten und therapeutischen Einrichtungen und der Betreuung von Jugendlichen und Kindern dienen, die verwaist sind oder denen das Verbleiben in der Herkunftsfamilie aus sonstigen Gründen zeitweilig oder auf Dauer unmöglich oder unzumutbar ist. Gefördert werden ferner Maßnahmen, die der Erziehung und Ausbildung von Kindern und Jugendlichen dienen, die in vorgenannten Einrichtungen ihren Lebensmittelpunkt haben. Schließlich werden Maßnahmen gefördert, die der Einrichtung und Verbesserung von Unterkünften, von ambulanten und therapeutischen Einrichtungen, der Betreuung von behinderten Kindern und Jugendlichen sowie der Verbesserung der psychischen und physischen Situation von behinderten Kindern und Jugendlichen, aber auch deren Angehörigen dienen.

Anschrift: Philanthropical Wealth Management, Mainzer Landstraße 178-190, D-60327 Frankfurt
Tel: 069-910-49279
Fax: 069-910-48761
(2001) Rechtsfähige Stiftung des bürgerlichen Rechts

Kinderhilfe Hohenwestedt Hinrichsen- B*S
Spindelhirn-Stiftung

Beschaffung von Mitteln zur Förderung der Erziehung, Berufsbildung und körperliche Ertüchtigung von in Hohenwestedt und unmittelbarer Umgebung wohnenden Kindern und Jugendlichen bis zur Volljährigkeit (auch operativ tätig)

Anträge: schriftlich formlos-mündlich
Ausgaben: 9.500 € , (2004)
Anschrift: Antje Hinrichsen-Spindelhirn, Friedrichstrasse 29b, D-24594 Hohenwestedt
Tel: 04871-984
Fax: 04871-987
(2000) Rechtsfähige Stiftung des bürgerlichen Rechts

Kinder- und Jugendstiftung der Hiltruper Herz-Jesu   B*G*R

Förderung der Werke christlicher Nächstenliebe, durch die Förderung von Einrichtungen, die Kindern und Jugendlichen Unterbringung, Versorgung sowie schulische und berufliche Ausbildung anbieten und durch Förderung von Einrichtungen, die Kindern und Jugendlichen medizinische Versorgung einschließlich psychiatrischer Behandlung gewähren.
Anschrift: c/o Herrn Dr. jur. H. Linnebrink , Johanniterstraße 6, D-48145 Münster
(2003) Rechtsfähige Stiftung des bürgerlichen Rechts

Kindness for Kids   B*F*G*S

Förderung von Wissenschaft und Forschung, Bildung, Mildtätigkeit, öffentliche Gesundheitsvorsorge und Jugendhilfe.
Anschrift: Kanalstraße 6, D-80538 München
(2003)

Kingdon-Grünwald-Stiftung   K

Förderung von Kunst und Kultur im Bereich der Musik, insbesondere im Bereich des innovativ-experimentellen Musiktheaters.
Anschrift: Auf der Schanz 18, D-90453 Nürnberg
(2000)

Kirche im Dorf   R

Zweck der Stiftung ist die Förderung der Gemeindearbeit der Ev.- luth. Martin-Luther-Kirchengemeinde Schönhagen. Der Stiftungszweck wird insbesondere verwirklicht durch 1. Förderung des christlichen Gemeindeaufbaus, 2. die Sicherung der Pfarrstelle, 3. die Erhaltung der kirchengemeindlichen Immobilien. Der Stiftungszweck wird insbesondere verwirklicht durch die Beschaffung und Zuwendung von Mitteln, die dem Satzungszweck gemäß vorstehendem Abs. 1 dienen.
Anschrift: c/o Ev.-luth. Martin-Luther-Kirchengemeinde Schönhagen, D-37170 Uslar
(2004) Rechtsfähige Stiftung des bürgerlichen Rechts

Kirill Georgieff Stiftung   S

Die Förderung von Kindern, die aufgrund ihres körperlichen, geistigen oder seelischen Zustandes auf die Hilfe anderer angewiesen sind sowie die Förderung der Erziehung und der Jugendhilfe und damit die Förderung von mildtätigen und gemeinnützigen Zwecken im Sinne der Abgabenordnung
Anträge: keine Antragsmöglichkeit
Anschrift: Dr. Alexander Georgieff, Lerchenweg 11, D-61462 Königstein
Tel: 06174- 25 79 82
(2000) Rechtsfähige Stiftung des bürgerlichen Rechts

Kirsten & Axel Ziemek-Stiftung "Pro Kreatur" N

Förderung des Tierschutzes durch Erhaltung von Arten und Rassen, die Erhaltung und Schaffung von artgerechtem Lebensraum, humanitäre Haltung, Pflege und Behandlung der Tiere, Förderung verschiedenster Projekte des Tierschutzes als Beitrag zur Bewahrung der Schöpfung in ihrer Vielfalt für nachfolgende Generationen, der Akquisition von Spenden zu diesem Zweck sowie die Vergabe eines jährlichen Förderpreises an Projektverantwotliche, die modellhafte oder beispielhafte Projekte des Tierschutzes iniiert haben. (fördernd tätig)

Anschrift: Carolin Lill, Rheiner Landstraße 163, D-49078 Osnabrück
Tel: 0541-33 888 44
Fax: 0541-33 888 55
email: prokreatur@kaziemek.de
Internet: www.prokreatur.de
(2001) Rechtsfähige Stiftung des bürgerlichen Rechts

Kisters Stiftung B*G*K*M*N*S*V

Förderung von Sonstigen Sozialen Zwecken, Tierschutz, Entwicklungshilfe, Völkerverständigung, Sport, des öffentlichen Gesundheitswesens / Krankenhäuser, Kunst und Kultur, Kinder-/Jugendhilfe, Waisen, Brauchtum und Heimatgedanke/ -geschichte, Denkmalpflege, Bildung, Erziehung, Ausbildung

Anschrift: c/o Kisters GmbH & Co.KG, Kermisdahlstrasse 12, D-47533 Kleve
(2002)

Klara-Maria - Wilhelm Uhle Stiftung B*R*S

Förderung von Religion, kirchlichen Zwecken, Mildtätigen Zwecken, Kindergarten / Schule

Anschrift: Dr. jur. Wilhelm Uhle, Neuhäuser Strasse 59a, D-33101 Paderborn
(2001)

Klaus Höchstetter-Stiftung B*F*S*V

Zweck der Stiftung sind 1. die Förderung der insbs. demokratischen und staatsbürgerlichen Grund- und Ausbildung, der allgemeinen Persönlichkeitsbildung, der Erziehung und der Förderung junger Menschen auf christlich-humanistischer Grundlage; 2. die Förderung der Völkerverständigung und der internationalen Gesinnung, insbs. des Gedankens der europäichen Einigung und Verständigung, gleichermaßen wie die Förderung des heimatgedankens; (auch operativ tätig)

Anträge: schriftlich formlos-Begutachtung
Ausgaben: 25.053 €
Anschrift: Klaus Höchstetter, Bavariaring 38, D-80336 München
Tel: 089-7463090
Fax: 089-74630999

(2004)

Klaus Luft Stiftung B*F*K
Förderung der Aus- und Weiterbildung junger Menschen, der Wissenschaft und Kunst (fördernd tätig)
Anträge: keine Antragsmöglichkeit
Anschrift: Gut Keferloh 1a, D-85630 Grasbrunn
email: kluft@klmunich.de
(2000) Öffentliche Stiftung des bürgerlichen Rechts (Bayern)

Klaus Tschira Stiftung gGmbH (KTS) B*F*G*K*M*N*V
Die Stiftung fördert 1) wissenschaftliche Veranstaltungen, Forschungsvorhaben sowie Abschlußarbeiten qualifizierter Studenten in den Naturwissenschaften, der Geschichte der Naturwissenschaften, der Sozial- und Wirtschaftswissenschaften, der Linguistik, der Informatik, der Mathematik, der Ingenieurwissenschaften, der Medizin und der Rechtswissenschaften. Desweiteren vergibt sie Forschungsaufträge; sie fördert 2) Veranstaltungen zur Förderung der Völkerverständigung, 3) Sport einschließlich der Errichtung von Sportanlagen, 4) die Errichtung von Naturschutzgebieten, 5) die Errichtung und Förderung von Kindergärten, Altenheimen und Pflegeheimen. (auch operativ tätig)
Hinweise: Ausgabenangabe nur Fördermittel für Projekte und Spenden
Anträge: schriftlich formlos-Begutachtung
Ausgaben: 8.502.000 € , (2004)
Anschrift: Villa Bosch, Dr. h.c. Klaus Tschira, Schloß-Wolfsbrunnenweg 33, D-69118 Heidelberg
Tel: 06221-533101
Fax: 06221.533-199
email: beate.spiegel@kts.villa-bosch.de
Internet: www.kts.villa-bosch.de
(1995) Stiftung in der Rechtsform Gesellschaft mit beschränkter Haftung (Stifung GmbH)

Klaus und Ursula Bergmann Stiftung S
Förderung der Altenhilfe
Anschrift: c/o Evangelische Diakonissenanstalt Augsburg, Frölichstr. 17, D-86150 Augsburg
(2003)

Klaus-Peter Jung und Marianne Jung - Stiftung F*K*S
Förderung von Kunst und Kultur, Denkmalpflege, Sonstigen Sozialen Zwecken, Kinder-/Jugendhilfe, Waisen, Altenhilfe (einschl. Altenheime), Mildtätigen Zwecken, Wissenschaft und Forschung

Anschrift: c/o Deutsche Bank Mainz, Klaus-Peter Jung, Postfach 1740, D-55007 Mainz
(2001)

Kleio-Stiftung zur Erhaltung von Kulturwerten F*K

Förderung von Kunst und Kultur, Pflege des Denkmalschutzes und des Heimatgedankens sowie der Wissenschaft und Forschung im Bereich von Kunst und Kultur sowie des Denkmalschutzes und der Heimatpflege insbesondere durch: Förderung von Büchern, Buchbeiträgen oder ähnlichen Veröffentlichungen; Förderung von restauratorischen Maßnahmen an Kunst- und Kulturgegenständen; Beiträge zur Erhaltung gemeinnütziger Einrichtungen; Ankauf von Kunstgegenständen oder Büchern; Organisation und Förderung von Tagungen etc.; Vergabe und Auslobung von Preisen für Kunstwerke oder wissenschaftliche Arbeiten; Geschichts- und Heimatpflege der Städte Stade und Hamburg und der an sie angrenzenden Regionen. (fördernd tätig)

Anschrift: c/o Herrn Dr. Arnd Siegel, Dr. Arnd Siegel, Blumenstraße 31 a, D-22301 Hamburg
Tel: 040-472297
(2003) Rechtsfähige Stiftung des bürgerlichen Rechts

Klimek-Kayser-Stiftung Mensch und Innovation B*F*S

Zweck der gemeinnützigen Stiftung mit Sitz in Essen ist die Förderung von Wissenschaft und Forschung zur Entwicklung von Innovationen auf den Gebieten der Gesundheit, der Bildung und Erziehung sowie im sozialen Bereich.

Anschrift: c/o Klimek.Management, Lutz Klimek, Königsallee 14, D-40212 Düsseldorf
email: info@klimek-kayser-stiftung.de
Internet: www.klimek-kayser-stiftung.de
(2001)

Kloppenburg-Stiftung B*K*S

Jugendhilfe, Altenhilfe, Kunst und Kultur, Bildung und Erziehung, Wohlfahrt und Mildtätigkeit, Entwicklungshilfe, Heimatgedanke und traditionelles Brauchtum; Förderung der Jugend- und Altenhilfe, Kultur, Erziehung, Volks- und Berufsbildung, Zwecke der amtlich anerkannten Verbände der freien Wohlfahrtspflege, Entwicklungshilfe, traditionelles Brauchtum, Heimatpflege und Heimatkunde (fördernd tätig)

Anträge: schriftlich formlos
Ausgaben: 1.300 €, (2004)
Anschrift: Hans-Peter Kloppenburg, St.-Gilles-Str. 32, D-63069 Offenbach
Tel: 069-83837602
Fax: 069-83837602

email: hpkloppenburg@t-online.de
(2001) Rechtsfähige Stiftung des bürgerlichen Rechts

Kloster-Langwaden-Stiftung F*K*R

Förderung von Denkmalpflege, Kunst und Kultur, Wissenschaft und Forschung, Religion, kirchlichen Zwecken (fördernd tätig)
Anschrift: P. Bruno Robeck, Zisterzienserkloster Langwaden, D-41516 Grevenbroich
(2001)

KMW Stiftung F*K*S

Förderung der Wissenschaft und Kunst, von kulturellen Einrichtungen und Veranstaltungen, der Pflege und Erhaltung von Kulturwerten, der Denkmalpflege und von mildtätigen Zwecken
Anschrift: Am Steig 98, D-96364 Marktrodach
(2003) Öffentliche Stiftung des bürgerlichen Rechts (Bayern)

KNA-PROMEDIA-Stiftung B

Der Zweck der Stiftung ist die Förderung aktueller, wahrheitsgetreuer und kompetenter Berichterstattung über Themen der katholischen Kirche, vor allem durch Förderung der Ausbildung junger katholischer Journalisten. Der Zweck wird insbs. verwirklicht durch die finanzielle Unterstützung von Studierenden der geeigneten Fakultäten, z.B. durch die vergabe von Stipendien. Ferner wird der Stiftungszweck insbs. durch die Vermittlung von Volotariaten verwirklicht. (auch operativ tätig)
Anträge: schriftlich
Ausgaben: 10.000 €
Anschrift: Richard W. Orth, Adenauerlallee 134, D-53113 Bonn
Tel: 0228-2600043
Fax: 0228-2600061
email: orth@kna.de
Internet: www.kna-promedia.de
(2001)

Kölner Gymnasial- und Stiftungsfonds B*F

Gymnasialfonds: Zuschüsse zur Unterhaltung und Förderung der vom Preussischen Staat in Köln übernommenen früheren katholischen Gymnasien zu leisten; Stiftungsfonds: Studien- und Ausbildungsbeihilfen zu gewähren (fördernd tätig)
Hinweise: Förderdauer Regelstudienzeit + 30%; Schüler ab Klasse 10 bis 30 Jahre. Abitur 2,0 oder besser, Studienleistungen mind. 2,5"
Anträge: Merkblatt-Begutachtung-schriftlich
Ausgaben: 1.943.000 € , (1999)
Anschrift: Dipl. Kfm. Thomas Erdle, Stadtwaldgürtel 18, D-50931 Köln
Tel: 0221-406331 0
Fax: 0221-406331 9

email: info@stiftungsfond.de
Internet: www.stiftungsfonds.org/
(1805) Stiftung des öffentlichen Rechts

Kommunikation Alt und Jung S

Förderung der Altenhilfe durch gezielte Maßnahmen zur Verbesserung der Kommunikation zwischen Alt und Jung.
Anschrift: Frauenauer Str. 11, D-94227 Zwiesel
(2002)

Konrad Mayer Stiftung G*K*S

Förderung der öffentlichen Gesundheitspflege, der Jugendpflege und Jugendfürsorge und die Förderung kultureller Zwecke durch die finanzielle Förderung und Unterstützung
Anschrift: c/o Deutsche Bank AG PWM/Stiftungsmanagement, Mainzer Landstrasse 178-190, D-60327 Frankfurt
(2003)

Konrad Redeker-Stiftung F

Zweck der Stiftung ist die Förderung von Wissenschaft und Forschung . Er wird verwirklicht insbesondere durch Geldzuschüsse an die Autoren rechtswissenschaftlicher Arbeiten Doktoranden, Habilitanden und andere) der rechtswissenschaftlichen Fakultäten der Rheinischen Friedrich-Wilhelm Universität in Bonn und der Humboldt Universität zu Berlin. Es sollen vor allem rechtswissenschaftliche Arbeiten im Bereich Rechtspolitik, des Verfassungs- und Verwaltungsrechts gefördert werden. (fördernd tätig)
Hinweise: Humboldt-Universität zu Berlin, Rheinische Friedrich-Wilhelm Universität Bonn
Anschrift: c/o Redeker Sellner Dahs & Widmaier, Mozartstrasse 4-10, D-53115 Bonn
Fax: 0228-72625 99
email: redeker@redeker.de
Internet: redeker.de
(2002) Rechtsfähige Stiftung des bürgerlichen Rechts

Konrad-Adenauer-Stiftung e.V B*F*K*P*S*V

Die Stiftung verfolgt gemeinnützige Zwecke auf christdemokratischer Grundlage, insbesondere will sie: politische Bildung vermitteln, die wissenschaftliche Aus- und Fortbildung begabter und charakterlich geeigneter junger Menschen fördern, durch wissenschaftliche Forschung Grundlagen für politisches Handeln erarbeiten, internationale Zusammenarbeit durch Information, Kontakte und partnerschaftliche Hilfe pflegen, die europäischen Einigungsbestrebungen unterstützen, Geschichte und Wirksamkeit der christlich-demokratischen Bewegung erforschen, durch Veranstaltungen und Unterstützung von Künstlern Kunst fördern, durch Herausgabe von Publikationen die Ergebnisse ihrer Arbeit der Öffentlichkeit zugänglich machen. (auch operativ tätig)

Hinweise: begabte, charakterlich geeignete und gesellschaftlich engagierte Menschen, Künstler
Anträge: schriftlich
Ausgaben: 106.040.000 € , (2003)
Anschrift: Pressestelle Uta Hellweg, Tiergartenstr. 35, D-10785 Berlin
Tel: 030-26996 0
Fax: 030-26996 217
email: zentrale-berlin@kas.de
Internet: www.kas.de
(1956) Stiftung in der Rechtsform eingetragener Verein (Stiftung e.V.)

Körber-Stiftung B*F*K*S*V
Die Stiftung fördert Wissenschaft und Forschung, Bildung und Erziehung, kulturelle Vorhaben und Einrichtungen, die Fürsorge für ältere und kranke Menschen, und die Völkerverständigung (auch operativ tätig)
Ausgaben: 11.500.000 €
Anschrift: Christian Wriedt , Kehrwieder 12, D-20457 Hamburg
Tel: 040-7250 2457
Fax: 040-7250 3645
email: info@stiftung.koerber.de
Internet: www.stiftung.koerber.de
(1959) Rechtsfähige Stiftung des bürgerlichen Rechts

Korff-Stiftung K*S
Unterstützung alleinerziehender, nach § 53 AO bedürftiger Mütter und Kindern, Unterstützung von Kindern, die aufgrund ihres seelischen und/oder körperlichen Zustands auf die Hilfe anderer angewiesen sind sowie die Förderung von Kunst und Kultur.
Anschrift: Hettenshausener Str. 3, D-85304 Ilmmünster
(2000)

Kreisstiftung Ehrenamt S
Altenhilfe, Jugendhilfe, Sonstiges; Förderung von Initiativen, die sich mit Kindern, Jugendlichen, Senioren und Familien ehrenamtlich beschäftigen
Anschrift: Stefan Will, Postfach 1654, D-36006 Fulda
Tel: 0661-6006-143
Fax: 0661-6006-267
email: jugendfoerderung@Landkreis-Fulda.de
Internet: www.Landkreis-Fulda.de
(2002)

Kress-Stiftung S
Förderung von Sonstigen Sozialen Zwecken, Hilfe für Behinderte, Kinder-/Jugendhilfe, Waisen
Anschrift: Rudi Kress, Springerstrasse 45, D-45894 Gelsenkirchen-Buer

(2001)

Krogmann-Stiftung F
Förderung von Wissenschaft und Forschung auf dem Gebiet der Krebserkrankungen.
Anschrift: Herr Notar Dr. Heinrich Kreuzer, Perusastr. 7, D-80333 München
(2000)

Kromberg & Schubert Stiftung F*G*U*W
Sicherung des Fortbestandes und Wachstums der Firmengruppe Kromberg & Schubert und Bewahrung des Charakters dieser Unternehmensgruppe als Familienunternehmen. Förderung der Erforschung unheilbarer Krankheiten sowie Förderung mildtätiger Zwecke
Anschrift: Postfach 2626, D-93322 Abensberg
(2003)

Kröner-Stiftung F*S
Förderung und Unterstützung von persönlich oder wirtschaftlich hilfsbedürftigen Mitmenschen, die Fürsorge für Behinderte und die Förderung der Wissenschaft.
Anschrift: Dr. Keller, Bahnhofstraße 92, D-82166 Gräfelfing
(2003)

Krüger-Stiftung S
Förderung von Kinder-/Jugendhilfe, Waisen
Anträge: keine Antragsmöglichkeit
Anschrift: c/o Evangelisches Kinderheim Wesel e.V., Rainer Schäfers, Sophienweg 14, D-46483 Wesel
Tel: 02811-550
Fax: 02811-5580
Internet: www.kinderheim-wesel.de
(2002)

Kuhlmann-Stiftung K*S
Förderung und Pflege klassischer, konzertanter Musik durch Liebhaberorchester oder Liebhaberchöre sowie die Unterstützung unverschuldet in Not geratener Familien oder Einzelpersonen.
Anschrift: Badstraße 35, D-90762 Fürth
(2001)

Kultur im Königswinkel K
Förderung der Kultur im Königswinkel - Raum Füssen, Schwangau, Reutte -
Anschrift: Herrn Dipl.-Ing. Jörg Wanner, Ländeweg 4, D-87629 Füssen
(2000)

Kultur- und Sozialstiftung der Provinzial Rheinland Versicherungen
B*K*S

Förderung von Musik, Kunst und Kultur, Bildung, Erziehung, Ausbildung, Mildtätigen Zwecken, Hilfe für Behinderte, Kinder-/Jugendhilfe, Waisen. Zweck der Stiftung ist die Beschaffung von Mitteln zur Förderung der Kunst und Kultur sowie zur Förderung mildtätiger Zwecke im Sinne des § 53 AO durch eine andere steuerbegünstigte Körperschaft oder eine Körperschaft des öffentlichen Rechts. (fördernd tätig)

Anträge: schriftlich formlos
Ausgaben: 180.000 € , (2004)
Anschrift: c/o Provinzial Rheinland Versicherung, Rudolf E.Gaul, Provinzialplatz 1, D-40591 Düsseldorf
Tel: 0211-978-2450
Fax: 0211-978-1734
email: rudolf.gaul@provinzial.com
Internet: www.provinzial.com
(2002) Rechtsfähige Stiftung des bürgerlichen Rechts

Kultur- und Umweltstiftung Wetteskind
K*N

Kunst und Kultur, Umwelt- und Landschaftsschutz; Förderung kultureller und künstlerischer Zwecke, Unterstützung ökologischer Angelegenheiten

Anschrift: Berthold Wetteskind, Bergstrasse 28a, D-64342 Seeheim-Jugenheim
Tel: 06257-868006
Fax: 06257-868007
(2000) Rechtsfähige Stiftung des bürgerlichen Rechts

Kultur-,Sport-und Sozialstiftung der Kreissparkasse Köln in der Stadt Leichlingen
K*M*N*S

Förderung von Naturschutz, Umweltschutz, Kinder-/Jugendhilfe, Waisen, Altenhilfe (einschl. Altenheime), Sport, Brauchtum und Heimatgedanke/ -geschichte, Denkmalpflege, Literatur, Musik, Kunst und Kultur

Anschrift: c/o KSK Köln, Hans Seigner, Neumarkt 14-18, D-50667 Köln
(2003)

Kulturschatz Bauernhof
B*F*K

Förderung von Wissenschaft, Bildung, Kunst und Kultur im Land Niedersachsen, insbesondere durch Betreuung, Pflege und Erhaltung des Kulturerbes im Gebiet des ehemaligen Regierungsbezirks Weser-Ems, insbesondere durch Bereitstellung von Mitteln an Hofeigentümern zur Förderung von Restaurierungs- und Erhaltungsmaßnahmen wertvoller Inneneinrichtungen und sonstiger Gegenstände soweit sie mit dem Haus in unmittelbarer Verbindung stehen, durch

Durchführung von Maßnahmen, die geeignet sind, die Bauernhöfe und das Kulturerbe zu erhalten. (operativ tätig)
Anträge: keine Antragsmöglichkeit
Anschrift: Prof. Dr. Uwe Meiners/ Dr. Julia Schülte, Bether Straße 6, D-49661 Cloppenburg
Tel: 04471-9484-0
Fax: 04471-948474
email: kulturschatz.bauernhof@web.de
(2004) Rechtsfähige Stiftung des bürgerlichen Rechts

Kulturstiftung der Länder K

Förderung und Bewahrung von Kunst und Kultur nationalen Ranges (auch operativ tätig)
Hinweise: Deutschland; Förderung nur für Institutionen
Anträge: Merkblatt-schriftlich formlos-Begutachtung
Ausgaben: 15.338.756 € , (2000)
Anschrift: Isabel Pfeiffer-Poensgen , Lützowplatz 9, D-10785 Berlin
Tel: 030-893635 0
Fax: 030-8914251
email: ksl@kulturstiftung.de
Internet: www.kulturstiftung.de
(1988) Stiftung des öffentlichen Rechts

Kulturstiftung der Sparkasse K
Miltenberg-Obernburg

Förderung kultureller Zwecke, insbesondere die Förderung der Musikschulen im Landkreis Miltenberg. (fördernd tätig)
Anträge: keine Antragsmöglichkeit
Anschrift: c/o Sparkasse Miltenberg- Obernburg, Bernadette Eck, Römerstraße 18-24, D-63785 Obernburg
Tel: 09371-503203
Fax: 09371-503 500 203
email: bernadette.eck@s-mil.de
Internet: www.s-mil.de
(2005) Rechtsfähige Stiftung des bürgerlichen Rechts

Kulturstiftung der Stadtsparkasse K
Rheine

Förderung von Kunst und Kultur
Anschrift: Michaela Engel, Kardinal-Gaken-Ring 33, D-48431 Rheine
(2000)

Kulturstiftung des Bezirks Niederbayern   B*K

Förderung der Kultur, Kunst, Kulturforschung und Bildung im Bezirk Niederbayern im Rahmen der in Art. 48 Abs. 1 und 2 Bezirksordnung festgelegten Aufgaben des Bezirks im eigenen Wirkungskreis
Anschrift: Maximilianstr. 15, D-84028 Landshut
(2001) bezirkskommunale Stiftung des öff. Rechts

Kulturstiftung des Bundes   K

Förderung der Kunst und Kultur im Rahmen der Zuständigkeit des Bundes, mit dem Schwerpunkt auf innovativen Programmen und Projekten im internationalen Kontext. Die Stiftung ist aufgerufen, ein eigenständiges Förderprofil zu entwickeln (auch operativ tätig)
Ausgaben: 38.346.891 € , (2004)
Anschrift: Hortensia Völckers, Franckeplatz 1, D-06110 Halle an der Saale
Tel: 0345-29970
Fax: 0345-2997333
email: info@kulturstiftung-bund.de
Internet: www.kulturstiftung-bund.de
(2002) Rechtsfähige Stiftung des bürgerlichen Rechts

Kulturstiftung des Landkreises Holzminden   K

Kuturförderung im Landkreis Holzminden, Förderung von Organisationen und Maßnahmen, die für das kulturelle Leben und die kulturelle Vielfalt im Landkreis von Bedeutung sind, vor allem in den Bereichen historische Kultur- und Heimatpflege, Musik, Theater, Bildende Kunst und Literatur (auch operativ tätig)
Ausgaben: 60.310 € , (2004)
Anschrift: Frau Happel, Weserrenaissance Schloß Bevern, D-37639 Bevern
Fax: 05531-99 40 20
email: kultur@schloss-bevern.de
Internet: www.landkreis-holzminden.de
(2000) Rechtsfähige Stiftung des bürgerlichen Rechts

Kulturstiftung Festspielhaus Baden-Baden   K

Förderung des Festspielhauses Baden-Baden (operativ tätig)
Anträge: keine Antragsmöglichkeit
Anschrift: Michael Drautz, Beim Alten Bahnhof 2, D-76530 Baden-Baden
Tel: 07221-3013330
Fax: 07221-3013389
email: m.drautz@festspielhaus.de
Internet: www.festspielhaus.de

(2000) Rechtsfähige Stiftung des bürgerlichen Rechts

Kulturstiftung Friedrichsdorf K
Kunst und Kultur; Förderung der Kunst und Pflege und Unterhaltung von Kulturwerten
Anschrift: Erwin Wilzek, Hugenottenstr. 55, D-61381 Friedrichsdorf
Tel: 06172-731-273
Fax: 06172-731-282
email: erwin.wilzek@friedrichsdorf.de
(2000) Rechtsfähige Stiftung des bürgerlichen Rechts

Kulturstiftung Guttenberg K*N*R
Förderung der Kultur, des Umweltschutzes sowie kirchlicher und religiöser Zwecke
Anschrift: c/o Freiherrlich von und zu Guttenberg'sche Hauptverwaltung, Fürstenstraße 11, D-80333 München
(2004)

Kulturstiftung Heinrich Kampmann K
Förderung kultureller Zwecke, und zwar ausschließliche und unmittelbare Förderung der Kunst, insbesondere durch auschließliche und unmittelbare Förderung der Kunsthalle Lingen (Ems) und der dort stattfindenden Ausstellungen und kulturellen Veranstaltungen.
Hinweise: Kunsthalle Lingen (Ems)
Anschrift: Herrn Heinrich Kampmann, Friedrich-Ebert-Str.128-130, D-49811 Lingen (Ems)
(2002) Rechtsfähige Stiftung des bürgerlichen Rechts

Kulturstiftung Interreligiöse Bildung R
und Begegnung
Förderung der Religion, insbesondere die Verbreitung und Vertiefung ethischen, kulturellen, sozialen und geistigen Wissens mit dem Ziel, die Bruderschaft aller Menschen unter der Vaterschaft Gottes auf geistiger Basis zu fördern. Dabei sollen die zeitlosen und universalen Grundsätze der Weltreligionen im Interesse interkultureller, interreligiöser und interkonfessioneller Verständigung vermittelt werden. Dieser Zweck wird insbesondere verwirklicht durch die Errichtung eines Zentrums zur Abhaltung und Durchführung von Tagungen, Vorträgen, Gastvorträgen, Seminaren, Exerzitien und Workshops zur Fortbildung Interessierter sowie der Ermöglichung und Unterstützung interkultureller und interreligiöser Begegnungen zur Vertiefung der Thematik eines Weltethos. Außerdem Förderung der Verbreitung und Vertiefung ethischen, kulturellen und geistigen Wissens im Interesse der generellen Verstärkung sittlichen Verantwortungsbewußtseins und ethischer Orientierung auf der Basis der Entwicklung und Integration von Körper, Geist und Seele. Dieser Zweck wird verwirklicht durch die Durchführung oder Förderung von Tagungen, Weiterbildungen, Vorträgen, Seminaren und Workshops, die diesem Ziel dienen wie z.B. zu Themenbereichen wie Bewußtseinsentwicklung, Psychologie und Lebenshilfe, Persönlichkeitsbildung, positive Kommunikation und Dialogfähigkeit,

Anschrift: c/o Oldiges Wirtschaftsprüfung GmbH, Lingener Straße 20, D-49716 Meppen
(2003) Rechtsfähige Stiftung des bürgerlichen Rechts

Kulturstiftung Klosterkirche Nordshausen   F*K

Förderung von kulturellen, insbesondere von musikalischen Veranstaltungen der Klosterkirche (...) dazu gehören auch Beiträge zur Erarbeitung der Geschichte der klösterlichen Tradition der Kirche (auch operativ tätig)
Anträge: keine Antragsmöglichkeit
Ausgaben: 6.902 € , (2004)
Anschrift: Pfarrer Dierk Glitzenhirn, Korbacher Str. 215, D-34132 Kassel
Tel: 0561-40 13 77
Fax: 0561-400 900 09
email: klosterkirche@ekkw.de
Internet: www.klosterkirche-nordshausen.de
(2003)

Kulturstiftung Schongauer Land   K

Förderung von Kunst und Kultur im Schongauer Land sowie der musischen Ausbildung junger Menschen.
Anschrift: Max-Reger-Str. 5, D-86956 Schongau
(2002)

Kunst- und Kulturstiftung Stadtsparkasse Düsseldorf   K

Projektförderung in den Bereichen Bildene Kunst, Darstellende Kunst, Musik und Literatur in der Region Düsseldorf (fördernd tätig)
Hinweise: Düsseldorf
Anträge: schriftlich
Ausgaben: 200.000 € , (2005)
Anschrift: Martina Waetermans, Berliner Allee 33, D-40212 Düsseldorf
Tel: 0211-8786881
Fax: 0211-878 68 99
email: martina.waetermans@sskduesseldorf.de
Internet: www.kulturstiftung-sskduesseldorf.de
(2000) Rechtsfähige Stiftung des bürgerlichen Rechts

Kunststiftung Dr. Hans-Joachim und Elisabeth Bönsch   K

Zweck der Stiftung ist die Förderung, Pflege, Erschließung und Sammlung der bildenden Kunst, insbesondere der des 20. Jahrhunderts im deutschsprachigen Raum, ausgehend vom jetzigen

Schwerpunkt der Sammlung Bönsch, also vorwiegend die Kunst der ersten Hälfte des 20. Jahrhunderts zu sammeln.
Anträge: keine Antragsmöglichkeit
Anschrift: Dr. Hans-Joachim und Elisabet Bönsch, Graf-Stauffenberg-Ring 16, D-38444 Wolfsburg
Tel: 05361-76868
Fax: 05361-888279
email: hjboensch@compuserve.de
(2002) Rechtsfähige Stiftung des bürgerlichen Rechts

Kurt Binner-Stiftung N
Förderung von Naturschutz, Umweltschutz
Anschrift: Peter Greim, Kessenicher Strasse 120, D-53879 Euskirchen
(2002)

Kurt Sieder-Stiftung K
Förderung von Theater, Tanz, Kunst und Kultur
Anschrift: Hebert Herpers, Friedrich-Wilhelm-Platz 1-6, D-52062 Aachen
(2002)

Kurt und Felicitas Viermetz Stiftung F*K*V
Förderung und Unterstützung von Wissenschaft, Kunst und Kultur in Augsburg und Bayerisch-Schwaben sowie die Förderung der deutsch - amerikanischen Völkerbeziehung und -verständigung.
Anschrift: Blankensteinstr. 10, D-83700 Rottach-Egern
(2004)

Kurt und Irene Krüger-Stiftung S
Altenhilfe; Unterstützung älterer Menschen in Frankfurt a. Main und Berlin mit deutscher Staatsangehörigkeit (fördernd tätig)
Hinweise: Frankfurt am Main und Berlin; deutsche Staatsangehörige; keine Zuwendungen an kirchliche Organisationen
Anträge: schriftlich formlos
Anschrift: c/o Dresdner Bank, Stiftungsmanagement, Gallusanlage 7, D-60301 Frankfurt a. Main
Fax: 069-263-17005
(2001) Rechtsfähige Stiftung des bürgerlichen Rechts

L & S Fonds F*K*R
Förderung von Kunst und Kultur, Wissenschaft, Forschung und Religion durch Förderung des Stiftungsgedankens, der Stiftung Johannes a Lasco Bibliothek Große Kirche Emden oder einzelner ihrer jetzigen oder künftigen Zwecke oder Vorhaben, durch den Erhalt des Hauses Bre-

merstraße 57 in 26789 Leer als Haus der Stiftung sowie durch die Pflege des Andenkens der Stifter.
Anschrift: Herrn Walter Schulz, Postfach 1755, D-26697 Emden
(2001)

L + G Prahm Stiftung B*K

Förderung kultureller Zwecke in Ostfriesland, und zwar vornehmlich zur Pflege und Erhaltung der Altstadt von Leer als historisch bedeutsamem Kulturgut durch (1.) Unterstützung der "Schipperklottje" zur Weiterentwicklung und Erhaltung des Museumshafens an der Rathausbrücke und den traditionellen Veranstaltungen wie z.B. den "Wiehnachtsmarkt achter d` Waag" oder "Treffen der Traditions Schiffe" in der Altstadt sowie durch (2.) Förderung kultureller Veranstaltungen in der Altstadt, Lesungen, Konzerte, Ausstellungen, Vorträge oder andere Darbietungen.
Anschrift: Frau Leonore und Herrn Günter Prahm, Kobusweg, D-26789 Leer
(2001)

Landesstiftung Baden-Württemberg B*F*G*K*M*N*S*V gGmbH

Förderung von gemeinnützigen Projekten aus den Bereichen Wissenschaft und Forschung, Bildung und Erziehung, Kunst und Kultur, der Religion, der Völkerverständigung, der Entwicklungshilfe, des Umwelt-, Landschafts- und Denkmalschutzes, des Heimatgedankens sowie die Förderung der Jugendhilfe, der Altenhilfe, des öffentlichen Gesundheitswesens, des Wohlfahrtswesens und des Sports. soweit sie geeignet sind, die Zukunftsfähigkeit Baden-Württembergs zu sichern (auch operativ tätig)
Hinweise: Land Baden-Württemberg
Ausgaben: 52.110.869 € , (2004)
Anschrift: Herbert Moser (MdL) Geschäftsführer , Richard-Wagner-Straße 51, D-70184 Stuttgart
Tel: 0711-24 84 76 - 0
Fax: 0711-248476 50
email: info@landesstiftung-bw.de
Internet: www.landesstiftung-bw.de/
(2000) Stiftung in der Rechtsform Gesellschaft mit beschränkter Haftung (Stifung GmbH)

Langner'sche Stiftung S

Förderung der Architektur, des Denkmalschutzes und gemeinnütziger Zwecke im Sinne der Abgabenordnung
Anschrift: c/o Ott & Partner Wirtschaftsprüfungsgesellschaft, Steuerberatungsgesellschaft, Katharinengasse 32, D-86150 Augsburg
(2002)

Lasser Kinder-und Jugend-Stiftung S
Förderung bedürftiger, kranker und behinderter Kinder und Jugendlicher in München (fördernd tätig)
Hinweise: München
Anschrift: c/o Landeshauptstadt München, Stiftungsverwaltung, Katharina Knäusl, Orleansplatz 11, D-81667 München
Tel: 089-23325646
Fax: 089-23322610
email: stiftungsverband.soz@muenchen.de
Internet: www.muenchen.de
(2003)

Lebenshilfe Bremen Stiftung G*S
Förderung von Menschen mit geistiger Behinderung aller Altersstufen
Anschrift: Waller Heerstr. 55, D-28217 Bremen
Tel: 0421-387770
(2002)

LEBENSHILFE für Menschen mit geistiger Behinderung OV Köln STIFTUNG S
Förderung der Hilfe für Behinderte
Anschrift: Eva Zobel, Regentenstrasse 46, D-51063 Köln
(2001)

Lebenshilfe Stiftung Frankfurt am Main S
Unterstützung und allgemeine Förderung geistig behinderter Menschen und deren Angehörigen. (auch operativ tätig)
Hinweise: Lebenshilfe Frankfurt/Main
Ausgaben: 30.064 € , (2005)
Anschrift: Herr Günter Bausewein, Mörfelder Landstr. 179b, D-60598 Frankfurt am Main
Tel: 069-975870-0
Fax: 069-975870190
email: info@lebenshilfe-ffm.de
Internet: www.lebenshilfe-ffm.de
(2001) Rechtsfähige Stiftung des bürgerlichen Rechts

Lebenshilfe-Stiftung Braunschweig G*S
Die Stiftung fördert alle Maßnahmen und Einrichtungen, die eine wirksame Hilfe für behinderte Menschen, deren Eltern und Angehörige darstellen. Der Stiftungszweck wird verwirklicht durch: die Förderung von Leistungen, die behinderte Menschen unmittelbar betreffen; die Schaffung

und Erhaltung von Wohnraum für behinderte Menschen, damit diese in ihrem jeweiligen Lebensbereich, integriert in die örtliche Gemeinschaft, lebenslang leben können; die Beschaffung und Bereitstellung von Mitteln für die Lebenshilfe Lebenshilfe Braunschweig gemeinnützige Gesellschaft mit beschränkter Haftung zur Verwirklichung ihrer steuerbegünstigten Zwecke; Maßnahmen zur Unterstützung, Bildung, Beratung, Betreuung, Unterbringung und Erholung von behinderten Menschen.
Anschrift: Kaiserstraße 18, D-38100 Braunschweig
(2001) Rechtsfähige Stiftung des bürgerlichen Rechts

Leipziger Stiftung für Innovation und Technologietransfer F

Förderung von Wissenschaft und Forschung. Die Stiftung fördert dabei insbesondere Vorhaben der Grundlagenforschung und der anwendungsorientierten Forschung, neue Technologien sowie den Transfer wissenschaftlicher Erkenntnisse in Wirtschaft und Gesellschaft (fördernd tätig)
Hinweise: für den Standort Leipzig
Anträge: schriftlich
Ausgaben: 250.000 €
Anschrift: c/o Stadt Leipzig, Heide Gutsfeld, Neues Rathaus, D-04092 Leipzig
Tel: 0341-1232003
Fax: 0341-123 2225
email: heide.gutsfeld@t-online.de
(2000) Rechtsfähige Stiftung des bürgerlichen Rechts

Leo und Trude Denecke Stiftung S

Sterbenden und todkranken Menschen bis zum Tode eine liebevolle Pflege und Betreuung, sowie deren Unterbringung in freundlich und sachgerecht ausgestatteten Räumen bzw. Gebäuden zu ermöglichen.
Anschrift: c/o Stadt Nürnberg, D-90317 Nürnberg
(2005)

Leonhard und Katharina Deininger-Stiftung F*G*S

Förderung von Wissenschaft und Forschung, des demokratischen Staatswesens, der Alten- und Jugendhilfe und des Gesundheitswesens.
Anschrift: Herrn Armin Thiede, Talstraße 6, D-93077 Bad Abbach
(2000)

Leopold Rössel - Stiftung S

Förderung von Altenhilfe (einschl. Altenheime)
Anschrift: Fürstenhof 62, D-59368 Werne
(2001)

Leupold Stiftung für geistliche Musik   K
Förderung der Darbietung geistlicher Musik
Anschrift: Montplaisierstr. 7, D-95448 Bayreuth
(2003)

LICHTBURG-Stiftung   F*K*R*V
Förderung von Kultur und Wissenschaft einschließlich der Förderung der Verständigung zwischen Kulturen und Religionen sowie der deutsch-jüdischen Beziehungen.
Anschrift: Bellermannstraße 22, D-13357 Berlin
(2002)

Liesa Simon-Stiftung   S
Förderung von Mildtätigen Zwecken, Sonstigen Sozialen Zwecken, Hilfe für Behinderte, Altenhilfe (einschl. Altenheime)
Anschrift: Sigurt Emmers, Neuenhofer Strasse 42, D-42657 Solingen
(2002)

Life Science-Stiftung zur Förderung von Wissenschaft und Forschung   F
Förderung der Allgemeinheit auf den Gebieten der Wissenschaft und Forschung
Anschrift: c/o Stiftung zur Förderung von Wissenschaft und Forschung, Ingolstädter Landstraße 1, D-85764 Oberschleißheim
(2001)

Lilli Korb Stiftung für Kinderdialyse   G
Förderung der öffentlichen Gesundheitspflege, hierbei insbesondere die Förderung der Kinderheilkunde, insbesondere durch die ideelle und materielle Unterstützung der Kinderdialysestation des Universitätsklinikums Hamburg-Eppendorf.
Anschrift: Herr Herbert Dürkop, Neuer Wall 86, D-20354 Hamburg
Tel: 040-3613 07-40
Fax: 040-3613 07-401
(2004)

Lindenthal-Stiftung   F
Förderung von Wissenschaft und Forschung
Anschrift: c/o RA Dr. Rüber, Dr. Ruthard von Frankenberg, Konrad-Adenauer-Ufer 37, D-50668 Köln
(2001)

Lingener Bürgerstiftung   B*F*K*M*N*S
Förderung und/oder Entwicklung von Bildung, Erziehung und Wissenschaft, Jugend und Sport, Hilfen und Angebote für Senioren, Kultur, Kunst und Denkmalpflege, Umwelt- und Naturschutz

und Landschaftspflege, Heimatpflege und sonstigen sozialen Belangen zum Gemeinwohl der in der Stadt Lingen (Ems) lebenden Menschen, in Einzelfällen auch außerhalb der Stadt Lingen (Ems), beispielsweise durch Unterstützung von Körperschaften
Anschrift: Frau Stefanie Grüner, Raffineriestraße, D-49808 Lingen (Ems)
(2003) Rechtsfähige Stiftung des bürgerlichen Rechts

Lions - Stiftung - Voreifel B*G*K*S

Förderung der Gesundheitspflege, der Jugendpflege und Jugendvorsorge, der Erziehung, der Volks- und Berufsbildung, der internationalen Gesinnung, der Toleranz auf allen Gebieten der Kultur und des Völkerverständigungsgedankens. Diese Förderung soll insbs. durch Hingabe von finanziellen Mitteln an den eingetragenen Verein unter dem Namen "Lions Förderverein Voreifel e.V. geschehen. (fördernd tätig)
Anträge: schriftlich formlos-Begutachtung-mündlich
Ausgaben: 2.000 €
Anschrift: Walter Cremer, Siegfried-von-Westerburg-Strasse 20, D-50374 Erftstadt
Tel: 02235-43934
Fax: 02272-910122
email: w.cremer@steuerberater.cremer.de
Internet: www.vermoegensplanung-cremer.de
(2001)

Lothar und Christel Fischer Stiftung K

Förderung der Kunst und Kultur (auch operativ tätig)
Anschrift: c/o Stadt Neumarkt i.d.OPf., Dr. Gabriele Moritz, Postfach 1540, D-92305 Neumarkt i.d.OPf.
Tel: 09181-255 126
Fax: 09181-255 198
email: gabriele.moritz@neumarkt.de
Internet: www.museum-lothar-fischer.de
(2002)

Lotti und Hans Heins-Stiftung K

Pflege der Kirchenmusik an St. Michaelis, verwirklicht durch finanzielle Zuwendungen an die St. Michaelis gGmbH für ausgesuchte Künstlerhonorare. (operativ tätig)
Anträge: keine Antragsmöglichkeit
Anschrift: c/o Michel-Musik-Büro, Christoph Schoener, Susanne Lindemann, Krayenkamp 4 c, D-20459 Hamburg
Tel: 040-37678-143
Fax: 040-37678-243
email: info@michel-musik.de
Internet: www.michel-musik.de
(2001) Rechtsfähige Stiftung des bürgerlichen Rechts

Lu Scheins Stiftung zur Unterstützung hilfsbedürftiger Kinder und zur Erhaltung des Aachener Doms N*S
Förderung von Denkmalpflege, Kinder-/Jugendhilfe, Waisen
Anschrift: Hans-Ludwig Scheins, Lukasstrasse 25a, D-52070 Aachen
(2002)

Lübben Hollmann Stiftung B*S*W
Die berufliche Förderung und Qualifizierung von individuell, sozial und/oder ökonomisch besonders benachteligter Frauen.
Anschrift: Suhrfeldstr. 26, D-28207 Bremen
Tel: 0421-4987959
(2004)

Ludwig und Paula Strunz Stiftung G*N
Förderung des Naturschutzes und des öffentlichen Gesundheitswesens.
Anschrift: c/o Kanzlei Schlawien-Naab , Herrn RA Andreas Jasper, Brienner Str. 12a, D-80333 München
(2000)

Luise Rinser-Stiftung K*S*V
Förderung des künstlerischen Werkes der Stifterin, Völkerverständigung; Förderung des Wohlfahrtswesens und Unterstützung von in Not geratenen oder politisch oder religiös verfolgter Schriftsteller
Anschrift: c/o RAe Strauss, Zier, Duken, Nappert, Clemensstr. 8, D-80803 München
(2001)

Luzie-Uptmoor-Stiftung Lohne K
Unterstützung und Förderung des Vereins Freundeskreis Luzie Uptmoor e.V. durch Erwerb und Sammlung von Werken, Exponaten und Erinnerungsstücken etc. der Lohner Malerin Luzie Uptmoor und weiterer Künstler, die aus Lohne stammen oder in Lohen gewirkt haben, zwecks Ausstellung, durch Förderung von Ausstellungen, Veranstaltungen, Dokumentationen und Veröffentlichungen durch die Bereitstellung zweckgebundener Mittel an den Verein Freundeskreis Luzie Uptmoor e.V. sowie durch die Einrichtung von Ausstellungs- und Archivräumen in Lohne. Als Nebenaufgabe wird die Stiftung mindestens 20 Jahre lang für eine angemessene Pflege und Instandhaltung der Grabstätte der Malerin Luzie (fördernd tätig)
Anträge: keine Antragsmöglichkeit
Anschrift: Jan-Herbert Uptmoor, Vogtstraße 26, D-49393 Lohne
Tel: 04441-2349
Fax: 04441-907330
(2002) Rechtsfähige Stiftung des bürgerlichen Rechts

maecenia Frankfurter Stiftung für Frauen in Wissenschaft und Kunst   F*K

Die Förderung von Forschungsprojekten, die gesellschaftliche Entwicklungen aus der Perspektive von Frauen kritisch beleuchten, und die darauf gerichtet sind, Lebenschancen und Handlungsspielräume von Frauen zu erweitern. Die Unterstützung des Wissenstransfer von der Frauenforschung in die politische und institutionelle Praxis. Die Förderung von künstlerischen und kulturellen Projekten von Frauen. Die Verstärkung der Präsenz von Frauen in Kunst, Kultur und Wissenschaft (auch operativ tätig)

Hinweise: Förderung von Frauen
Anträge: schriftlich formlos
Ausgaben: 40.000 € , (2005)
Anschrift: Dr- Eva Brinkmann to Broxten, Gustav-Freytag-Straße 27, D-60320 Frankfurt am Main
Tel: 069-700667
Fax: 069-779673
email: info@maecenia-frankfurt.de
Internet: www.maecenia-frankfurt.de
(2000) Rechtsfähige Stiftung des bürgerlichen Rechts

Mainfränkische Theaterstiftung   K

Förderung des Mainfranken Theaters als Bühne für Musiktheater, Schauspiel und Ballett in Würzburg
Anschrift: Theaterstraße 21, D-97070 Würzburg
(2002)

Manfred Hermsen Stiftung   N

Maßnahmen zur Förderung des Schutzes und der Gestaltung der natürlichen Umwelt
Anschrift: Waterbergstr. 14, D-28237 Bremen
Tel: 0421-349531
(2001)

Manfred und Brigitta Wardenbach-Stiftung   P*V

Förderung der Gleichberechtigung von Männern und Frauen; der öffentlichen Gesundheitspflege; der Erziehungs-, Volks- und Berufsausbildung; der internationalen Gesinnung; der Toleranz auf allen Gebieten der Kultur und die Förderung des Völkerverständigungsgedankens in Deutschland und Asien, inbesondere durch die Weitergabe von Mitteln an andere steuerbegünstigte Körperschaften oder Körperschaften des öffentlichen Rechts im Inland oder gemeinnützig tätige Körperschaften im Ausland und durch eigene Aktivitäten der Stiftung, in dem sie z. B. Bildungs- und Gesundheitseinrichtungen oder Frauenhäuser errichtet und betreibt.
Anschrift: Brigitta Wardenbach, Alsterkehre 6, D-22399 Hamburg
Tel: 040-44 19 18 24

(2002)

Manfred und Monika Wolfel-Stiftung S
Förderung bedürftiger Kinder und Jugendlicher (fördernd tätig)
Hinweise: München
Anschrift: Katharina Knäusl, Orleansplatz 11, D-81667 München
Tel: 089-23325646
Fax: 089-23322610
email: stiftungsverband.soz@muenchen.de
Internet: www.muenchen.de
(2003) Öffentliche Stiftung des bürgerlichen Rechts (Bayern)

Manfred-Vetter-Stiftung für Kunst und Kultur K
Pflege und Erhaltung von künstlerischen Nachlässen, Kunstsammlungen, Museen, Archiven, auch die Förderung des Denkmalschutzes und der Kunst, z.B. durch die Veranstaltung von Konzerten (operativ tätig)
Anträge: keine Antragsmöglichkeit
Anschrift: c/o Burg Langendorf, Manfred Vetters, Eifelstraße 85, D-53909 Zülpich
Tel: 0 22 52-83 77 77
Fax: 0 22 52-83 77 79
email: info@vetters-stiftung.de
Internet: www.vetter-stiftung.de/
(2001)

Marcel-Callo-Stiftung für Arbeitnehmer/-Familien der kath. Arbeitnehmer-Bewegung Diözesanverband Eichstätt R*S
Förderung der katholischen Arbeitnehmer-Bewegung in der Diözese Eichstätt.
Anschrift: Jesuitenstraße 4, D-85049 Ingolstadt
(2004)

Marco Sturm Stiftung S
Förderung der Kinder- und Jugendhilfe im In- und Ausland
Anschrift: Holunderweg 34, D-84130 Dingolfing
(2004) Öffentliche Stiftung des bürgerlichen Rechts (Bayern)

Marco-Stiftung S
Förderung von Kinder-/Jugendhilfe, Waisen.
Anschrift: Heinz Langewender, Enfieldstrasse 100, D-45966 Gladbeck

(2000)

Margarete Ammon Stiftung B*F*K*N
Verwaltung des Vermögens von Frau Margarete Ammon und Verwendung der Erträgnisse aus diesem Vermögen für wissenschaftliche, Ausbildungs- und soziale Zwecke, Förderung der Forschung auf dem Gebiet der Humanmedizin; Förderung, Planung sowie Durchführung von Projekten zur Landschaftspflege, zur beruflichen Aus- und Fortbildung; Förderung der Gleichstellung der Frau im Beruf, der Kunst und Kultur
Anschrift: Edmund-Zimmermann.Straße 29, D-86470 Thannhausen
(2002) Rechtsfähige Stiftung des bürgerlichen Rechts

Margarete Riemenschneider-Stiftung S
Wohlfahrt und Mildtätigkeit
Anschrift: Volker Horn, Backmeisterweg 5, D-34131 Kassel
Tel: 0561-3084300
email: vhorn@okkassel.de
(2003) Rechtsfähige Stiftung des bürgerlichen Rechts

Margarete Schnellecke-Stiftung F*K*S
Die Stiftung bezweckt die Verwirklichung mildtätiger, wissenschaftlicher und als besonders förderungswürdig anerkannter kultureller Zwecke durch Unterstützung gesundheitlich und/oder wirtschaftlich bedürftiger Personen, insbesondere kranker und behinderter alter Menschen Förderung wissenschaftlicher Zwecke Beiträge zur Förderung solcher kultureller Zwecke, die als besonders förderungswürdig anerkannt sind. (fördernd tätig)
Anträge: schriftlich formlos
Anschrift: Frau Kannewurf, Postfach 100 955, D-38409 Wolfsburg
Tel: 05361-301 602
Fax: 05361-301 609
(2000) Rechtsfähige Stiftung des bürgerlichen Rechts

Margarete Schulte-Henschen Stiftung S
Errichtung, Betrieb + Unterhalt der Altenhilfe-Einrichtung Schulte-Heuschen-Haus. Förderung bedürftiger Senioren in der Einrichtung (auch operativ tätig)
Hinweise: München
Anschrift: c/o Landeshauptstadt München -Sozialreferat-, Katharina Knäusl, Orleansplatz 11, D-81667 München
Tel: 089-23325646
Fax: 089-23322610
email: stiftungsverwaltung.soz@muenchen.de
Internet: www.muenchen.de
(2002)

Margarethe und Alfred Schulz Stiftung B*G*S
Förderung von Kinder-, Jugend und Altenhilfe (fördernd tätig)
Anschrift: c/o Betreuungsbüro, Frau Scholt, Wilhelm-Liebknecht-Straße 17,
D-35396 Gießen
Tel: 0641-6869977
(2002)

Margrit Bauer Stiftung S
Unterstützung von bedürftigen und obdachlosen Menschen in Hamburg. Die Unterstützung obdachloser Menschen erfolgt durch Mittelweitergabe an andere ebenfalls steuerbegünstigte Körperschaften oder Körperschaften des öffentlichen Rechts zur Verwendung für satzungsgemäße Zwecke, soweit diese Zwecke mit den Zwecken der Stiftung übereinstimmen. (fördernd tätig)
Anträge: schriftlich formlos
Anschrift: Dieter Ackermann, Danziger Straße 66, D-20099 Hamburg
Fax: 040-280140-96
(2003) Rechtsfähige Stiftung des bürgerlichen Rechts

Maria Brand-Stiftung S
Förderung der Jugend- und der Altenhilfe sowie die Unterstützung hilfsbedürftiger Personen.
Anschrift: Dipl. Ing. Emil Will, Lutzstrasse 32, D-86157 Augsburg
(2000)

Maria Gschwendtner-Stiftung S
Förderung des ortsnahen Wohnens in Markt Indersorf für Senioren und Förderung psychisch kranker Bürger
Anschrift: Marktplatz 1, D-85229 Markt Indersdorf
(2003)

Maria Huber Stiftung X
Pflege des Heimatgedankens im oberbayerischen Voralpenland, insbesondere im Landkreis Fürstenfeldbruck
Anschrift: Herr Josef Huber, Landsberger Strasse 37, D-82110 Germering
(2002)

Maria und Hermann Linnemann Stiftung S
Pflege- und hilfsbedürftige Menschen, insbesondere ältere Menschen, die infolge ihres körperlichen, geistigen oder seelischen Zustandes auf Hilfe anderer angewiesen sind, zu helfen ein Leben zu führen, welches dem individuellen persönlichen, sozialen, gesundheitlichen und kulturellen Bedürfnissen des Bedürftigen gerecht wird und dem Bedürftigen so trotz seiner Bedürftigkeit ein höchstmögliches Maß an Lebensqualität gewährt, insbesondere durch Zuwendungen zur Pflege, Förderung und Versorgung des Bedürftigen, wie es seinen Fähigkeiten und Bedürfnis-

sen entspricht, in seiner gewohnten und vertrauten Umgebung sowie innerhalb seines bestehenden sozialen Umfeldes, durch Unterstützung des Bedürftigen in seiner freien Meinungs- und Willensäußerung sowie durch öffentliche Aufklärung über Mißstände in der Versorgung und Pflege von pflege- und hilfsbedürftigen Menschen. Die Stiftung kann zur Verwirklichung des Stiftungszwecks auch Zweckbetriebe unterhalten sowie dem Stifter oder einem nahen Angehörigen auf Antrag in angemessener Weise Unterhalt gewähren.
Anschrift: Frau Hanni Rübertus, Mörike Straße 11, D-49716 Meppen
(2003) Rechtsfähige Stiftung des bürgerlichen Rechts

Maria-Derks-Stiftung Kronach   S
Unterstützung älterer, hilfsbedürftiger Menschen der ev.luth.Kirchengemeinde Kronach
Anschrift: c/o HypoVereinsbank, Barbara Eckert, Opernstraße 22, D-95444
            Bayreuth
(2000)

Mariam-Ein Dach für eine Kinder-Stiftung   S
Zweck der Stiftung ist die finanzielle Unterstützung armer oder anderweitig hilfsbedürftiger Kinder im Sinne von § 53 Abgabenordnung, insbesondere im außereuropäischen Ausland. Der Stiftungszweck wird insbesondere verwirklicht durch die finanzielle Unterstützung des Vereins Kiran Kinderhaus in Nepal e.V.
Anschrift: Volker Meiners, Weimarer Straße 1, D-37085 Göttingen
(2003) Rechtsfähige Stiftung des bürgerlichen Rechts

Mariann Steegmann Stiftung zur Förderung vonFrauen in Kunst und Musik   F*K
Wissenschaft und Forschung, Kunst und Musik, insbs. in Hinsicht auf die Beiträge von Frauen zu Kunst und Musik
Anschrift: Goethestr. 35, D-28203 Bremen
(2001)

Marianne Beck-Stiftung   S
Förderung und Unterstützung von Kindern und Jugendlichen, die infolge einer Krebserkrankung oder aus sonst. Gründen a.d. Hilfe Dritter angewiesen sind.
Anschrift: c/o Dresdner Bank AG, Stiftungsmanagement, Gallusanlage 7, D-
            60301 Frankfurt
(2004)

Marianne Maas-Stiftung   S
Kinder- und Jugendhilfe (fördernd tätig)
Anträge: schriftlich formlos

Anschrift: RA Dr. Helmut Schmidt, Sonnenstr. 19, D-80331 München
Tel: 089-5155560
Fax: 089-51555620
email: info@drhelmutschmidt.de
Internet: www.drhelmutschmidt.de
(2003)

Marianne und Frank Kochmann Stiftung B*S

Vergabe von Stipendien u.a. an mittellose, begabte Kinder und Jugendliche
Anschrift: Ringstarße 4-6, D-49134 Wallenhorst
Tel: 05407-87 01 00
Fax: 05407-870 11 09
email: info@kochmann.com
(2002) Rechtsfähige Stiftung des bürgerlichen Rechts

Marianne und Gerhard Rohne Stiftung S

Jugendfürsorge, Förderung begabter Schüler (fördernd tätig)
Anträge: schriftlich formlos-mündlich
Ausgaben: 20.000 € , (2004)
Anschrift: Gerhard Rohne, Modersohnweg 23, D-28355 Bremen
Tel: 0421-256640
(2001)

Marianne-Dithmar Stiftung B*S

Zweck der Stiftung ist die Förderung und Unterstützung junger Menschen. Dieser Stiftungszweck wird insbesondere verwirklicht durch die Anregung und Schaffung und finanzielle Unterstützung von Einrichtungen, die geeignet sind, Kinder zu fördern und ihnen Geborgenheit und Freude zu geben, Jugendlichen den Weg in die Ausbildung zu erleichtern und sie auf dem Weg zur Berufsbindung zu fördern. Der Stiftungszweck wird weiter verwirklicht durch Vorhaben der Stiftung selbst, die geeignet sind, begabten und bedürftigen Schülern, Studenten und anderen vergleichbaren Personen im In- und Ausland durch Gewährung von Beihilfen oder Stipendien eine ihren Fähigkeiten entsprechende Aus- und Fortbildung zu ermöglichen, wenn ihre eigenen finanziellen Mittel hierfür nicht ausreichen. (auch operativ tätig)
Anträge: keine Antragsmöglichkeit
Anschrift: Marianne Dithmar bzw. Dr. Ulrich, Hugo-Preuß-Str. 36, D-34131 Kassel
Tel: 0561-3166100
Fax: 0561-3166500
email: ks@dithmar-westhelle.de
Internet: www.dithmar-westhelle.de
(2004) Rechtsfähige Stiftung des bürgerlichen Rechts

Marie-Luise und Ernst Becker Stiftung B*F*G
Förderung von Bildung, Erziehung, Ausbildung, Wissenschaft und Forschung. Förderung medizinischer Wissenschaft und der medizinischen und therapeutischen Forschung (insbesondere neue Behandlungs- und Betreungsmmethoden für ältere Menschen) (auch operativ tätig)
Anträge: keine Antragsmöglichkeit
Anschrift: Susann Böttcher, Parkstrasse 10, D-50968 Köln
Tel: 0221-9346470
Fax: 0221- 93 46 47 30
email: info@becker-stiftung.de
Internet: www.becker-stiftung.de
(2002) Rechtsfähige Stiftung des bürgerlichen Rechts

Marienkapellenstiftung Geschwister Obermayer K
Denkmalspflege, Instandsetzung der Marienkapelle in Schlüsselfeld
Anschrift: Marktplatz 5, D-96132 Schlüsselfeld
(2001)

Marie-Theres Kröger-Stiftung S
Förderung der Kinder-/Jugendhilfe, Waisen, insbs. der Missions-Soforthilfe (Borken) (fördernd tätig)
Anträge: keine Antragsmöglichkeit
Anschrift: c/o Dresdner Bank AG - Stiftungsmanagement, Sven Albrecht, Gallusanlage 7, D-60301 Frankfurt
(2000) Rechtsfähige Stiftung des bürgerlichen Rechts

Marlies Henrich-Stiftung N*X
Förderung von Tierschutz
Anschrift: Marlies Henrich, Henckelstrasse 16, D-45147 Essen
(2000)

Marthashofen-Stiftung S
Die Stiftung ist tätig in der freien Wohlfahrtspflege für Vorhaben, die sich um Menschen kümmern, welche sich in einer körperlichen und/oder seelisch-geistigen Not befinden, insbesondere für das soziale Zusammenleben mit hilfsbedürftigen Menschen und Entwicklungsfreiräume sichern helfen.
Anschrift: Marthashofen 3, D-82284 Grafrath
(2003)

Martin Harbeck-Stiftung für Berufsausbildung B
Förderung der Ausbildung von Jugendlichen und Lehrkräften für Fachkräfte der Industrie.

Anschrift: Postfach 111449, D-20414 Hamburg
Tel: 040-36 13 83 22
Fax: 040-36 138- 397
email: schierbe@hamburg.handelskammer.de
(2001)

Martin Müller Stiftung S
Förderung behinderter Menschen im Landkreis Neustadt a. d. Aisch-Bad Windsheim
Anschrift: Pommernstraße 2, D-91456 Diespeck
(2003)

Martin und Anneliese Molitor-Stiftung G*S
Förderung des Gesundheitswesens und Unterstützung von Personen, die körperlich, geistig, seelisch oder finanziell hilfsbedürftig sind.
Anschrift: Schulze-Delitzsch-Weg 16, D-90469 Nürnberg
(2001)

Martina und Jürgen Bolz-Stiftung N
Natur- und Tierschutz; Finanzielle Förderung und Unterstützung des Tier- und Tierartenschutzes.Der Stiftungszweck wird verwirklicht durch die finanzielle Förderung und Unterstützung von Maßnahmen aller Art, die der Unterbringung, Pflege, Betreuung und dem Schutz solcher Tiere dienen, die vernachlässigt oder grob misshandelt werden, die herrenlos sind oder deren Art bedroht wird. Darüber hinaus werden auch Kosten von medizinischen Behandlungen für diese Tiere sowie für Pfleger und Betreuer, die mit der Unterbringung, Pflege, Betreuung und dem Schutz der Tiere befasst sind, übernommen.
Anschrift: Philanthropical Wealth Management, Mainzer Landstraße 178 - 190, D-60327 Frankfurt
Tel: 069-910-49279
Fax: 069-910-48761
(2002) Rechtsfähige Stiftung des bürgerlichen Rechts

Maßwerk Stiftung zur Erhaltung und K
Ergänzung kirchlicher Bauten und
Kunstwerke der christlichen Kirchen in
Berlin und Brandenburg
Förderung und Erhaltung christlicher Kultur und Kunst, Bildung und Erziehung sowie der Denkmalspflege innerhalb von christlichen Kirchen in Berlin und Brandenburg (auch operativ tätig)
Anträge: schriftlich formlos
Ausgaben: 30.000 € , (2005)
Anschrift: Klaus Herrmann, Hentigstraße 31, D-10318 Berlin
Fax: 030-5098930
(2001) Öffentliche Stiftung des bürgerlichen Rechts (Bayern)

Mathilde-Hurter-Stiftung S

Förderung von jungen Mittenwalder Bürgern in Bezug auf ihre Ausbildung sowie die Förderung der Alpenvereinssektion Mittenwald, insbesondere zur Erhaltung ihrer Hütten sowie eines evtl. Neubaus einer Hütte auf dem Rehberg.
Anschrift: c/o Büro Zirngibl, Hochstraße 4, D-82481 Mittenwald
(2004)

Matthäus 6,33 Stiftung B*G*R*S

Förderung Sonstiger Sozialer Zwecke, des öffentlichen Gesundheitswesens /Krankenhäuser, Mildtätiger Zwecke, Entwicklungshilfe, Kinder-/Jugendhilfe, Waisen, Altenhilfe (einschl. Altenheime), Religion, kirchlicher Zwecke, Bildung, Erziehung, Ausbildung (fördernd tätig)
Anträge: schriftlich
Anschrift: Dr. Stephan Schwenkel, Herzogstraße 51, D-42579 Heiligenhausen
email: info@mt633.de
Internet: www.mt633.de
(2001) Rechtsfähige Stiftung des bürgerlichen Rechts

Matthäus-Stiftung F*R*S

Die Stiftung bezweckt Durchführung und Unterstützung theologisch-bibeltreuer Ausbildung und betreiben solcher Ausbildungsstätten,, Förderung des geistlichen Lebens im In- und Ausland durch Tagungen, Vorträge, Lehrgänge und Freizeiten für Kinder, Jugendliche, Erwachsene und christliche Gemeinden, Gewährung von Schul- und Studiengebühren und Stipendien, wissenschaftliche Forschung in kirchlichen und humanwissenschaftlichen Disziplinen, Förderung publizistischer Tätigkeiten, Förderung von Evangelisation, Mission und christliche Gemeindegründungsarbeiten im In- und Ausland, Unterstützung und Ausführung diakonischer und sozialer Arbeit, Integration von gesellschaftlichen Randgruppen (z.B. Suchtkranke, Zuwanderer).
Anschrift: Hans Rott, Ohewiese 3, D-38444 Wolfsburg
(2004) Rechtsfähige Stiftung des bürgerlichen Rechts

Matthias-Brock-Stiftung G*S

Förderung von Altenhilfe (einschl. Altenheime), des öffentlichen Gesundheitswesens / Krankenhäuser
Anschrift: Martin Lindemann, Poststr. 38, D-40721 Hilden
(2001)

Mauss-Daeschler Stiftung F*K*N*R*S

Förderung von Kunst, Kultur, Wissenschaft und Forschung, von sozialen Einrichtungen, der Römisch-Kath. und der Evang.-Luth. Kirche und deren Einrichtungen sowie des Naturschutzes (fördernd tätig)
Anträge: schriftlich formlos

Anschrift: Reinhard Daeschler, Günther-Scharowsky-Str. 6, D-91058 München
Tel: 09131-1203121
Fax: 09131-1203116
email: reinhard.daeschler@mauss-bau.de
(2005) Stiftung des öffentlichen Rechts

Max Falter Stiftung   F*G*M*N*S

Förderung der Jugend- und Familienhilfe, mildtätiger Zwecke/Unterstützung von hilfsbedürftigen Personen i.S. des § 53 AO national und international, insbesondere Kinder und Jugendliche,Gesundheitspflege und Forschung über Ursachen und Methoden zur Bekämpfung von Krankheiten, Umweltschutz und Landschaftsschutz, Tierschutz und Sport
Anschrift: c/o AMHVD StB GmbH, Anton-Pendele-Straße 3, D-82275 Emmering
(2005)

Max Huber Stiftung   B

Förderung der Bildung durch Unterstützung der Grund- und Teilhauptschule in Grabenstätt
Anschrift: c/o Gemeinde Grabenstätt, Schloss Str. 15, D-83355 Grabenstätt
Internet: www.grabenstaett.de
(2004)

Max Schaldach Stiftung   F

Zweck der Stiftung ist die Förderung der aktiven Forschung am Herz-/Kreislaufsystem durch interfakultative Zusammenarbeit zwischen Medizin, Natur- und Ingenieurwissenschaften mit dem Ziel von therapeutischen und diagnostischen Weiterentwicklungen.
Anschrift: Rathsberger Straße 27, D-91054 Erlangen
(2000) Öffentliche Stiftung des bürgerlichen Rechts (Bayern)

Max und Edmund Weiß-Stiftung   B*N*S

Vorrangig die Förderung karitativer und sozialer Einrichtungen und Projekte sowie die Unterstützung von Personen, die körperlich oder geistig oder seelisch oder finanziell hilfsbedürftig sind; daneben Förderung der Berufsaus- und Fortbildung solcher Personen sowie die Förderung des Tierschutzes.
Anschrift: Lenzenberg 22, D-90518 Altdorf
(2001)

Max Wieninger-Stiftung   B*F*K*M*N*R

Förderung von Wissenschaft und Forschung, Bildung und Erziehung, Kunst und Kultur, des Umwelt-, Landschafts- und Denk- malschutzes, der Religion und des Heimatgedankens, des Wohlfahrtswesens und des Sports sowie von bedürftigen Personen i.S.d. § 53 AO und der Jugend- und Altenhilfe
Anschrift: Postfach 1129, D-83314 Teisendorf

(2002)

Maximiliana Kocher M.A. Stiftung F

Förderung von Wissenschaft und Forschung im Bereich der Geschichtswissenschaften, insbesondere der bayerischen Landesgeschichte
Anschrift: c/o Kath. Universität Eichstätt-Ingolstadt, Universitätsallee 1, D-85072 Eichstätt
(2002)

Mayweg-Stiftung S

Förderung von Altenhilfe (einschl. Altenheime)
Anschrift: Horst Kreft, Postfach 13 55, D-58743 Altena
(2000)

Meitinger-Stiftung K

Förderung von Kunst und Kultur in Bayern unter besonderer Berücksichtigung der Denkmalpflege (fördernd tätig)
Hinweise: Bayern
Anträge: keine Antragsmöglichkeit
Anschrift: Prof. Dr.-Ing. Otto Meitinger, Biedersteinerstr. 4, D-80802 München
Fax: 089-38869218
(2000) Öffentliche Stiftung des bürgerlichen Rechts (Bayern)

Meltl-Stiftung B*F*S

Förderung der Volks- und Berufsbildung im Bereich der Alten- und Behindertenhilfe, Förderung der Alten- und Behindertenhilfe sowie Förderung von Wissenschaft/Forschung
Anschrift: Bahnhofstr. 1, D-83253 Rimsting
(2003)

Menschen-Helfen-Stiftung für die Behindertenarbeit in Rumänien S

Förderung der Behindertenarbeit in Rumänien, insbesondere der Betreuung und Therapie erwachsener Behinderter in Sercaia und Fagaras durch den Verein "Diakonia Fagaras"
Anschrift: Seestraße 1, D-82418 Seehausen
(2004)

Mentor Stiftung Bremen B*R*S*V

Erziehung, Kultur, Entwicklungshilfe, Völkerständigung, Jugend- und Altenhilfe
Anschrift: c/o Sozialwerk der freien Christengemeinde Bremen e.V., Ellerbuschstr.12, D-28719 Bremen
Tel: 0421-649000

(2004)
Messner Mountain Stiftung   B*G*N*V
Förderung der Entwicklungshilfe, des Natur- und Umweltschutzes in den Gebirgs- und Bergregionen der Erde, insbesondere in den sogenannten Entwicklungs- und Schwellenländern, wie z.B. dem Himalaya, Kaukasus oder den Anden, einschließlich der Förderung des öffentlichen Gesundheitspflege vor Ort, der Erziehung, der Volks- und Berufsbildung und der Kultur der dort lebenden Gebirgs- und Bergbewohner (auch operativ tätig)

Anträge: schriftlich formlos
Anschrift: c/o Bridges Nachlassmanagement, Brigitte Pusch-Wigand, Oettingenstr. 25, D-80583 München
Tel: 089-242129 0
Fax: 089-242129 10
email: b.pusch.wigand@bridges-kw.de
Internet: www.reinhold-messner.de
(2005) Nicht rechtsfähige Stiftung

Meta Kraus Stiftung   N
Schutz der heimischen Tierwelt, insbesondere die Schaffung und Erhaltung bzw. Pflege von Lebensräumen bzw. Nistmöglichkeiten der heimischen bedrohten Tierwelt im westmittelfränkischen Raum

Anschrift: Wallmersbach Hs. 56, D-97215 Uffenheim
(2001)

Meyer-Palm-Stiftung   F*G
Föderung von Wissenschaft und Forschung, des öffentlichen Gesundheitswesen /Krankenhäuser

Anschrift: Marita Reiche, Pilgrimstr. 8, D-47053 Duisburg
(2000)

Michael Berger-Stiftung   S
Förderung bedürftiger Personen und sozialer Einrichtungen
Anschrift: Frau Anna Berger, Flurstr. 1, D-85614 Kirchseeon
(2000) Öffentliche Stiftung des bürgerlichen Rechts (Bayern)

Michael und Barbara Grobien Stiftung   K*S
Förderung der Kunst und der Rettung aus Lebensgefahr
Anschrift: Hohenkampsweg 17 A, D-28355 Bremen
(2002)

Michael Wagner Stiftung "Kinderlachen"   S
Förderung der Kinder- und Jugendhilfe (fördernd tätig)

Anträge: schriftlich formlos
Ausgaben: 60.000 € , (2005)
Anschrift: Herr Michael Wagner, Augsburger Straße 27, D-86863 Langenneufnach
Tel: 08239-789-120
email: info@kinderlachen.net
Internet: www.kinderlachen.net
(2003)

Michael-Sartorius-Stiftung F*K*S

Unterstützung von Lesben und Schwulen, die wegen ihres geistigen oder seelischen Zustandes auf Hilfe angewiesen sind, Abbau der Diskriminierung von homosexuellen Menschen und Förderung von homosexueller Kunst und Kultur sowie der Wissenschaft insbesondere durch Anbieten von Räumlichkeiten als Schutzraum von homosexuellen Gruppen und Vereinen z.B. durch Trägerschaft (Erwerb, Unterhaltung und Betrieb) eines Oldenburger Lesben- und Schwulenzentrums, durch Förderung von Öffentlichkeitsarbeit und Aktionen bzw. Kampagnen, die zur Erfüllung dieser Zwecke geeignet sind, durch Förderung von wissenschaftlichen Projekten z.B. durch Stipendien sowie durch Förderung von Ausstellungen insbesondere in den Räumlichkeiten des Lesben- und Schwulenzentrums.
Anschrift: Herrn Hermann Neemann, Fritz-Bock-Str. 5, D-26121 Oldenburg
(2003) Rechtsfähige Stiftung des bürgerlichen Rechts

Minerva-Stiftung B*F*K*N*S

Förderung von Forschung, Wissenschaft und Bildung sowie von Kunst und Kultur, aber auch die Unterstützung von sozialen Aufgaben und Projekten sowie des Tierschutzes
Anschrift: Herrn Christian Jenne, Lerchenstr. 19 e, D-86343 Königsbrunn
(2001)

Missions-Stiftung Lindern R

Förderung der Weltmission der Katholischen Kirche, insbesondere durch Förderung von Projekten, die der Verbreitung und Unterstützung der Katholischen Glaubenslehre dienen, durch Unterstützung der Arbeit von Personen, die in der Weltmission der Katholischen Kirche tätig sind und durch Zuwendungen an Einrichtungen der Weltmission der Katholischen Kirche.
Anschrift: c/o Bischöflich-Münstersches Offizialat, Postfach, D-49363 Vechta
(2003) Rechtsfähige Stiftung des bürgerlichen Rechts

Miteinander-Stiftung Nürnberg S

Förderung und Unterstützung von Menschen, die in Notlagen geraten sind
Anschrift: c/o Deutsche Bank AG Stiftungsmanagement, Mainzer Landstrasse 178-190, D-60327 Frankfurt am Main
(2003) Öffentliche Stiftung des bürgerlichen Rechts (Bayern)

MitLeidenschaft - Stiftung für Innovation und Förderung in der diakonischen Arbeit
B*S

Zweck der Stiftung ist die Unterstützung hilfebedürftiger Menschen im Sinne des § 53 der Abgabenordnung (Mildtätige Zwecke) vor allem in den Arbeitsfeldern des Ev. Johanneswerkes e.V. wie der Altenarbeit, der Behindertenarbeit, der pädagogischen Arbeit für Kinder und Jugendliche und dem Gesundheitswesen. (operativ tätig)

Anträge: keine Antragsmöglichkeit
Anschrift: Ulrike Posch (Geschäftsführerin), Schildescher Str. 101, D-33611 Bielefeld
Tel: 0521 - 1 36 44 44
Fax: 0521-1364440
email: stiftung@mitleidenschaft.de
Internet: www.mitleidenschaft.de
(2001) Rechtsfähige Stiftung des bürgerlichen Rechts

MJK-Stiftung
F

Förderung von Ausbildung, Forschung und Entwicklung im Bereich der Naturwissenschaften und Technik

Anschrift: Dorfstr. 45, D-86753 Möttingen
(2000) Öffentliche Stiftung des bürgerlichen Rechts (Bayern)

Moshack-Bach Stiftung Art Connexio Catalunya Alemanya
K

Förderung von Kunst und Kultur

Anschrift: Frau Ina Storch, Furtwänglerstr. 4, D-80638 München
(2003)

MTU Studien Stiftung
B

Förderung und Unterstützung hochbegabter und engagierter Frauen vor und während der Ausbildung/ eines Studiums mit technischer Ausrichtung und die Erhöhung des Frauenanteils in technischen Bereichen zur Beseitigung von Ungleichheiten (auch operativ tätig)

Hinweise: hochbegabte Frauen
Anträge: schriftlich formlos
Anschrift: c/o MTU Motoren- und Turbinen-Union München GmbH, Frau Gudrun Bauer und Christiane Rudzinski, Dachauer Strasse 665, D-80995 München
Tel: 089-14893219
Fax: 089-14894306
email: christiane.rudzinski@muc.mtu.de
Internet: www.mtu-studien-stiftung.de
(2000) Öffentliche Stiftung des bürgerlichen Rechts (Bayern)

MUCOS Stiftung   F*K*N*S

Unterstützung sozial. Einrichtungen für benachteiligte Kinder u. Jugendliche sowie alte Menschen; Wissensch., insb. Medizin (Enzymtherapie u. Immunologie) Naturheilkunde u. Volksmedizin; Tierschutz; Kunst u. Kultur
Anschrift: RA Dr. Hugo Lanz, Schifferlstr. 1, D-80687 München
(2002)

Multiple Sklerose Stiftung Margrit   G*S
Gräfin von Schweinitz

Förderung der öffentlichen Gesundheitspflege, der Wohlfahrtspflege und mildtätiger Zwecke durch die Weitergabe von Mitteln an andere gemeinnützige Körperschaften oder Körperschaften des öffentlichen Rechts zur Behandlung, Pflege und Steigerung der Lebensqualität von Menschen, die an Multipler Sklerose erkrankt sind. (fördernd tätig)
Anträge: keine Antragsmöglichkeit
Anschrift: c/o DMSG, Dr. Hans de la Motte, Eppendorfer Weg 154, D-20253 Hamburg
Tel: 040-4224433
Fax: 040-4 22 44 40
(2002)

Münchener Rück Stiftung   B*F*G*N

Zweck der Stiftung ist es, durch Förderung der Bildung und Erziehung, der Wissenschaft und Forschung, des Katastrophen- und Umweltschutzes sowie der öffentlichen Gesundheitspflege globale Risiken im Zusammenwirken von Bevölkerungsentwicklung (wie z.B. Verstädterung/Verelendung, Klimawandel) und insbesondere Wasser als knapper werdender Ressource einerseits und Risikofaktor andererseits zu erkennen, ihnen vorzubeugen und diese zu bewältigen
Anschrift: Königinstr.107, D-80791 München
(2000) Öffentliche Stiftung des bürgerlichen Rechts (Bayern)

Münchner Kinder- und Jugend-   S
Stiftung

Förderung der Kinder- und Jugendhilfe in München (fördernd tätig)
Hinweise: München
Anschrift: c/o Landeshauptstadt München -Sozialreferat-, Katharina Knäusl, Orleansplatz 11, D-81667 München
Tel: 089-23325646
Fax: 089-23322610
email: stiftungsverwltung.soz@muenchen.de
Internet: www.muenchen.de
(2001)

Münchner Künstlerhaus-Stiftung   K
Förderung von Kunst und Kultur in München (auch operativ tätig)
Anschrift: Herr Peter Grassinger, Lenbachplatz 8, D-80333 München
Tel: 089-5991840
Fax: 089-599184
email: info@kuenstlerhaus-muc.de
Internet: www.kuenstlerhaus-muc.de
(2001) Öffentliche Stiftung des bürgerlichen Rechts (Bayern)

Münchner-Sozialstiftung   S
Förderung hilfsbedürftiger Personen in München, Förderung der Jugend- und Altenhilfe, Hilfe für Behinderte, für Flüchtlinge und sonstige steuerbegünstigte soziale Einrichtungen (fördernd tätig)
Hinweise: München
Anschrift: Katharina Knäusl, Orleansplatz 11, D-8166 München
Tel: 089-23325646
Fax: 089-23322610
email: stiftungsverband.soz@muenchen.de
Internet: www.muenchen.de
(2000) Nicht rechtsfähige Stiftung

Münchner Waisenkinder-Stiftung   S
Förderung der Kinder- und Jugendpflege in München insbs. Waisenkindern in Heimen (fördernd tätig)
Hinweise: München; deutsche Staatsangehörige
Anschrift: c/o Landeshauptstadt München -Sozialreferat-, Katharina Knäusl, Orleansplatz 11, D-81667 München
Tel: 089-23325646
Fax: 089-23322610
email: stiftungsverband.soz@muenchen.de
Internet: www.muenchen.de
(2002) Nicht rechtsfähige Stiftung

Münchner Wiesn-Stiftung   G*S*W
Unterstützung sozial bedürftiger Personen und sozialer Einrichtungen, insbesondere der Jugendpflege, der Altenhilfe, des öffentlichen Gesundheitswesens und des Wohlfahrtswesens im Bereich der Landeshauptstadt München durch die Gewährung von finanziellen Mitteln sowie Sachleistungen (fördernd tätig)
Hinweise: München
Anträge: schriftlich formlos
Ausgaben: 13.500 € , (2004)

Anschrift: c/o Maecenata Management, Sabine Walker, Herzogstr.60, D-80803 München
Fax: 089-28 37 74
email: mm@maecenata-management.de
Internet: www.maecenata-management.de
(2000) Öffentliche Stiftung des bürgerlichen Rechts (Bayern)

Münchner-Kindl-Stiftung für Münchner Kinder S

Kinder- und Jugendhilfe. Finanzielle und sachliche Unterstützung zur Errichtung von Kinderspielplätzen, Bolzplätzen, Kinderkrippen, Kinderhorten sowie weitere Projekte der Kinder und Jugendpflege im Großraum Münchens (fördernd tätig)
Hinweise: Großraum München
Anträge: schriftlich formlos
Ausgaben: 90.000 €, (2004)
Anschrift: c/o Bankhaus Reuschel & Co., Christian Netzer, Jörn Wiedemann, Maximiliansplatz 13, D-80333 München
Tel: 089-23951834
Fax: 089-23951821
email: info@muenchner-kindl-stiftung.de
Internet: www.muenchner-kindl-stiftung.de
(2002)

Münstersche Aids-Stiftung c/o AidsHilfe Münster e. V. G

Zweck der Stiftung ist die Förderung des öffentlichen Gesundheitswesens / Krankenhäuser
Anschrift: Helmut Hamsen, Schaumburgstraße 11, D-48145 Münster
(2001)

Musica Sacra Stiftung K

Förderung der Kirchenmusik gemäß den bestimmungen der Liturgiekonstitution des II vatikanischen Konzils (fördernd tätig)
Anschrift: Gabriel M. Steinschulte, Drususgasse 7-11, D-50667 Köln
Tel: 0221-499650
Fax: 0221-4996565
email: gsteinschulte@gema.de
(2002)

Nagelschneider-Stiftung F

Förderung der Wissenschaft und Forschung auf den Gebieten der Erzeugung, Speicherung und des Transports von alternativer, nachhaltig herstellbarer und ökologisch verträglicher Energie sowie auf dem Gebiet der stofflichen Aspekte nachwachsender Rohstoffe

Anschrift: c/o Büro des Kanzlers / Technische Universität München, Arcisstraße 21, D-80333 München
Tel: 089-28 92 22 02
Fax: 089-28 92 83 00
email: info@Stiftung-Nagelschneider.de
Internet: www.stiftung-nagelschneider.de
(2000) öffentliche Stiftung des bürgerlichen Rechts

Namaste-Stiftung G*S
Förderung der medizinischen Versorgung von Dhulekhil-Hospital und seiner Außenstationen in Nepal sowie anderer Sozialprojekte des Dhulekhil-Hospitals
Anschrift: Landsberger Straße 40, D-82205 Gilching
(2001)

National Contest for Life F*G
Unterstützung der Erforschung der Stoffwechselkrankheit Neuronale Ceroid Lipofuszinose in ihrer juvenilen Form (nachfolgend "NCL" genannt) sowie anderer seltener Krankheiten und die Förderung der Entwicklung sowohl schulmedizinischer als auch alternativer Behandlungsmethoden gegen NCL sowie anderer seltener Krankheiten, insbesondere durch Erteilung eigener Forschungsaufträge; Vergabe von Fördermitteln an andere gemeinnützige Körperschaften oder Körperschaften des öffentlichen Rechts zu Forschungszwecken; Förderung des Wissensaustausches zwischen Betroffenen, Forschern, Ärzten und der Öffentlichkeit; Gündung und Unterhaltung eines eigenen Forschungsinstitutes. (fördernd tätig)
Anträge: schriftlich formlos
Anschrift: Dr. Frank Stehr, Holstenwall 10, D-20355 Hamburg
Tel: 040-35004491
Fax: 040-35 00 44 93
email: info@ncl-hilfe.de
Internet: www.ncl-stiftung.de
(2002)

Natur- und Umweltschutz in der Stadt Ansbach und Landkreis Ansbach N
Förderung der Natur- und Umweltschutzarbeit im Landkreis und in der Stadt Ansbach
Anschrift: Pfarrstrasse 33/II, D-91522 Ansbach
(2003) Öffentliche Stiftung des bürgerlichen Rechts (Bayern)

Natur, Mensch, Kultur B*N
Bildung und Erziehung, Umwelt- und Landschaftsschutz; Förderung Bildung, Erziehung, Umweltschutz (auch operativ tätig)
Anträge: keine Antragsmöglichkeit
Anschrift: Ulrike Moser-Bormann, Magnolienweg 23, D-63741 Aschaffenburg

Tel: 06073-7482-72
Fax: 06073-7482-99
email: Stiftung@natur-mensch-kultur.de
Internet: www.natur-mensch-kultur.de
(2001)

Naturschutzstiftung Ammerland N

Förderung des Natur- und Landschaftsschutzes im Einklang mit den gesetzlichen Bestimmungen im Landkreis Ammerland und Hinwirken auf die Bildung eines für den Artenschutz wichtigen Biotopverbundsystems. Außerdem Förderung zukunftsweisender Umweltprojekte und Umwelttechniken sowie der Umweltbildung

Anschrift: c/o Landkreis Ammerland, Frau Hinrichs, Ammerlandallee 12, D-26655 Westerstede
(2004) Rechtsfähige Stiftung des bürgerlichen Rechts

Naturstiftung Leinetal B*N

Zweck der Stiftung sind die Förderung des Naturschutzes und der Landschaftspflege im Sinne der Bundes- und Landesnaturschutzgesetze, des Umweltschutzes und des Hochwasserschutzes sowie der Umweltbildung, insbesondere der Jugend. Der Gedanke der Heimatpflege soll dabei nicht zu kurz kommen. Der unter Absatz 1 genannte Zweck soll erreicht werden durch a) Übernahme von ökologisch wertvollen oder entwicklungsfähigen Flächen, b) Planung und Durchführung von Erhaltungs-, Entwicklungs- und Pflegemaßnahmen, c) Erstellung von Gutachten und Unterstützung von Forschungsvorhaben bezüglich schutzwürdiger Landschaftsbestandteile einschließlich der darin frei lebenden Tier- und Pflanzenwelt sowie d) Projekte der Umweltinformation und Umweltbildung, die geeignet sind, dem Völkerverständigungsgedanken und toleranter Gesinnung zu dienen.

Anschrift: Tiedexer Straße 8, D-37574 Einbeck
(2004) Rechtsfähige Stiftung des bürgerlichen Rechts

Naturwert-Stiftung B*F*K*N

Förderung der Wissenschaft und Forschung, Bildung und Erziehung, des Umwelt- und Landschaftsschutzes, der Kunst und Kultur durch die Entwicklung, Initiierung und Verbreitung von Zukunftskonzepten, die einer neuen gesellschaftlichen Kultur im Einklang mit der Natur dienen.

Anschrift: Herrn Robert Briechle, Oberthingauer Straße 4, D-87647 Unterthingau
(2000)

Nechyba-Hartmann-Stiftung G*S

Förderung der Hospizarbeit, vorrangig im Hospiz St. Peter in Oldenburg (Oldenburg) durch institutionelle Förderung, Unterstützung ehrenamtlicher Arbeit oder Hilfe in einem einzelnen Betreuungsfall. (fördernd tätig)

Anträge: schriftlich formlos
Ausgaben: 5.000 € , (2005)

Anschrift: Karl Heinz Meyer / Egon Saueressig, Postfach 1245, D-26002 Oldenburg
Tel: 0441-218950
Fax: 0441-2819599
(2004) Rechtsfähige Stiftung des bürgerlichen Rechts

Niehues-Stiftung S
Kinder-und Jugendhilfe
Anschrift: Berstr. 4, D-96479 Weitramsdorf
(2002)

NoMaNi -Stiftung-Dr.Norbert und Maria Nix F*R
Förderung von Wissenschaft und Forschung, Religion, kirchlichen Zwecken
Anschrift: Dr. Christian Hick, Ebernburgweg 9-11, D-50739 Köln
(2003)

Nordrhein-Westfälische Stiftung für Umwelt und Entwicklung N
Als Zweck der Stiftung wurde die "Beschaffung von Mitteln zur Förderung von Umweltschutz und Entwicklungshilfe - insbesondere im Sinne von nachhaltiger Entwicklung - durch andere steuerbegünstigte Körperschaften oder Körperschaften des öffentlichen Rechts in Nordrhein-Westfalen" definiert. (auch operativ tätig)
Anträge: schriftlich
Ausgaben: 5.511.726 € , (2004)
Anschrift: Eberhard Neugebohrn, Kaiser-Friedrich-Strasse 13, D-53113 Bonn
Tel: 0228-243350
Fax: 0228-2433522
Internet: www.sue-nrw.de
(2001) Rechtsfähige Stiftung des bürgerlichen Rechts

Nordrhein-Westfälische Stiftung zur Nachwuchsförderung im Leistungssport - Sportstiftung NRW M
Förderung der NRW-Nachwuchselite (Kaderathleten) mit Schwerpunktsetzung im Schnittstellenbereich Landeskader/Bundeskader in olympischen Sportarten (fördernd tätig)
Hinweise: Nordrhein-Westfalen
Anträge: Begutachtung-mündlich
Ausgaben: 6.860.000 €
Anschrift: Jürgen Brüggemann, Guts-Muths-Weg 1, D-50933 Köln
Tel: 0221-49826025

Fax: 0221-4982 6022
Internet: www.sportstiftung-nrw.de
(2000) Rechtsfähige Stiftung des bürgerlichen Rechts

Nottbohm-Stiftung K

Zusammenführung der Miniaturensammlung Nottbohm mit der Sammlung der Schlösserverwaltung in der Residenz München (Schaffg. eines Miniaturenmuseums von europ. Rang)
Anschrift: c/o Bayer. Verwaltung der staatl. Schlösser, Gärten und Seen, Schloss Nymphenburg Eingang 16, D-80638 München
(2005)

NOVALIS Stiftung von 2001 S

Förderung von Wissenschaft und Forschung, die den Schutz des ungeborenen Lebens und die Möglichkeit nachtodlicher Existenz im Sinne geistiger Individualität einbeziehen; Unterstützung von Personen, die persönlich oder wirtschaftlich hilfsbedürftig sind; Förderung der Wohlfahrtspflege. Der Zweck wird insbesondere verwirklicht durch die Beratung und Unterstützung von schwangeren Frauen; von Eltern, die ungewollt ein Kind bekommen haben und von Menschen, die Kinder aufnehmen wollen, etwa durch Adoption, Pflege- oder Patenschaften. Die Stiftung kann auch wissenschaftliche Veranstaltungen oder Forschungsvorhaben veranstalten, Forschungsaufträge vergeben sowie Beratungsstellen für die Erziehung von Kindern, die Beratung von Schwangeren und von Eltern unterhalten.
Anschrift: Gottfried Stockmar, Schneehuhnkamp 7, D-22145 Hamburg
Tel: 040-6 78 43 88
Fax: 040-66 85 08 98
email: GStockmar@t-online.de
(2001)

Nündel Stiftung F

Förderung von Wissenschaft und Forschung auf dem Gebiet unheilbarer Krankheiten
Anschrift: Tiefentalstraße 21, D-90530 Wendelstein
(2004)

Nur für Kinder-Stiftung S

Förderung von Mildtätigen Zwecken, Kinder-/Jugendhilfe, Waisen
Anschrift: Marlene Conrads, Mommsenstrasse 144, D-50935 Köln
(2001)

NZO-Naturschutzzentrum Odenwald- N
Stiftung Georg Raitz

Natur- und Tierschutz; Förderung des aktiven Naturschutzes im Odenwaldkreis sowie die Information, Aus- u. Weiterbildung in diesem Bereich
Anträge: keine Antragsmöglichkeit

Anschrift: Werner Horn, Im Kimbachtal 22, D-64732 Bad König-Kimbach
Tel: 06062-4927
Fax: 06062-4927
Internet: www.Naturschutzzentrum-Odenwald.de
(2000) Rechtsfähige Stiftung des bürgerlichen Rechts

Ödön-von-Horvath-Stiftung der Vereinigten Sparkassen F*K

Förderung der Auseinandersetzung mit dem Leben und Werk Ödön von Horvaths, insbesondere durch die Unterstützung von jungen Künstlern, die Förderung der wissenschaftlichen Forschung zum Leben und Werk von Ödön von Horvath und durch Veranstaltungen und Projekte in Murnau (fördernd tätig)
Anträge: schriftlich formlos
Anschrift: c/o Markt Murnau a. Staffelsee, Dr. Michael Rapp, Untermarkt 13, D-82418 Murnau
Tel: 08841-476-105
Fax: 08841-476-289
email: buergermeister@murnau.de
(2003)

Odyssee-Stiftung B*S

Förderung von Bildung und Erziehung von Kindern u. Jugendl. sowie d. Jugendhilfe sowie d. Verfolgung mildtätiger Zwecke.
Anschrift: Magnolienweg 17, D-63741 Aschaffenburg
(2003)

Ökumenische Stiftung Jerusalem für das Studium von Religion, Kultur und Geschichte im Nahen Osten F*R

Zweck der Stiftung ist es, wissenschaftliche Arbeit in Theologie und ihren Grenzgebieten (insbesondere Religion, Kultur, Archäologie und Geschichte des Nahen Ostens), wie sie sich seit mehr als 25 Jahren im Theologischen Studienjahr Jerusalem bewährt hat, dauerhaft finanziell abzusichern.
Anschrift: Achim Budde, Postfach 7001, D-53070 Bonn
email: forum@studienjahr.de
Internet: www.studienjahr.de
(2002)

Oleg Kagan Stiftung Tegernseer Tal K

Förderung des "Internationalen Oleg Kagan Musikfestes Kreuth-Tegernseer Tal" in allen musikalischen, kulturellen und organisatorischen Belangen (fördernd tätig)
Anträge: schriftlich formlos-keine Antragsmöglichkeit

Ausgaben: 16.000 € , (2005)
Anschrift: c/o Gemeinde Kreuth, Nördliche Hauptstr. 14, D-83708 Kreuth
Fax: 08029-1820
email: musikfest@kreuth.de
Internet: www.oleg-kagan-stiftung.de
(2002) Öffentliche Stiftung des bürgerlichen Rechts (Bayern)

Olga Oberhummer-Stiftung S
Förderung der SOS-Kinderdörfer
Anschrift: Hr. RA Dr. Günther Engler, Karolinenplatz 5a, D-80333 München
(2004)

Operation Sneaker Trust B*M*S*V
Zweck der Stiftung ist die Förderung der Bildung und Erziehung, der Völkerverständigung, der Jugendhilfe und des Sports. (auch operativ tätig)
Anschrift: c/o Maecenata Management, Veronika Hofmann, Herzogstr.60, D-80803 München
Tel: 089-284452
Fax: 089-283774
email: mm@maecenata-management.de
Internet: www.maecenata-management.de
(2003) Nicht rechtsfähige Stiftung

Oskar Koller-Stiftung K
Förderung kultureller Belange, und zwar die ausschließliche unmittelbare Förderung der Kunst sowie die Pflege, Erhaltung und Erforschung von Kulturwerken, insbesondere der Malerei
Anschrift: Leitenfeldstraße 51, D-90427 Nürnberg
(2002)

Oskar-Soldmann-Stiftung B*M*S
Förderung der aktiven Ausübung des Sports, der Erziehung junger Menschen zu selbstverantwortlichen Bürgern und des Wissens über soziale und politische Zusammenhänge, insbes. a) Vergabe von Fördermitteln an Schweinfurter Sportvereine mit Vorrang des aktiven Sports durch Kinder, Jugendliche und ältere Menschen b) Vergabe von Fördermitteln an Jugendverbände u.a. Gruppen junger Menschen in Schweinfurt c) Gewährung von Fördermitteln für Maßnahmen zur Förderung und Verbreitung der politischen Bildung. (fördernd tätig)
Hinweise: Schweinfurt
Anträge: schriftlich formlos
Ausgaben: 20.000 € , (2005)
Anschrift: Kurt Petzold, Tauberweg 24, D-97422 Schweinfurt
Tel: 09721-32126
Fax: 09721- 3 20 40
email: petzold-schweinfurth@t-online.de

(2001) Rechtsfähige Stiftung des bürgerlichen Rechts

Ossberger-Stiftung B*F*K*V
Förderung von Wissenschaft und Forschung, Bildung und Erziehung, Kunst und Kultur sowie Völkerverständigung
Anschrift: Otto-Rieder-Straße 3, D-91781 Weißenburg
(2004)

Ostdeutsche Sparkassenstiftung für die Länder Brandenburg, Mecklenburg-Vorpommern, den Freistaat Sachsen und das Land Sachsen-Anhalt F*K

Die Stiftung fördert und unterstützt künstlerische, kulturelle und wissenschaftliche Zwecke in den Ländern Brandenburg, Mecklenburg-Vorpommern, im Freistaat Sachsen und im Land Sachsen-Anhalt. Der Zweck wird durch eigene Maßnahmen verwirklicht, insbesondere auf den Gebieten der Bildenden Kunst, der Musik, der Literatur, des Theaters, der Denkmalpflege, der Heimatpflege . (z.B. durch Aussterllungen, Konzerte, Lesungen, Inszenierungen, Workshops, Symposien, Auslobung von Preisen oder Herausgabe von Publikationen). Zur Verwirklichung des Stiftungszweckes kann die Stiftung auch Hilfspersonen heranziehen und ihre Mittel teilweise anderen steuerbegünstigten Körperschaften und juristischen Personen des öffentlichen Rechts zu steuerbegünstigten Maßnahmen im Rahmen der Stiftungszwecke nach Abs. 1 zur Verfügung stellen. (auch operativ tätig)
Hinweise: Geschäftsbereich NBL
Anträge: schriftlich
Ausgaben: 1.022.584 € , (2002)
Anschrift: Herrn Friedrich-Wilhelm von Rauch, Leipziger Str. 51, D-10117 Berlin
Tel: 030-2069 1855
Fax: 030-2069 2857
email: information@ostdeutschesparkassenstiftung.de
Internet: www.ostdeutschesparkassenstiftung.de
(1995) Rechtsfähige Stiftung des bürgerlichen Rechts

Osthessische Stiftung für Ausgestoßene G*S

Medizin und öffentliches Gesundheitswesen, Wohlfahrt und Mildtätigkeit; Beschaffung und Weitergabe von Mitteln zur Behandlung und Betreuung, einschließlich der sozialen Wiedereingliederung von Lepra- und tuberkulose-erkrankten Personen; Gesundheitsaufklärung; Förderung und Unterstützung von Ausbildungsmaßnahmen für örtliches medizinisches Fachpersonal und die Ausstattung stationärer und ambulanter medizinischer Einrichtungen, vornehmlich in Ländern der sogenannten "Dritten Welt". Der Stiftungszweck wird insbesondere verwirklicht durch die Beschaffung und Weitergabe von Mitteln an das Deutsche Aussätzigen-Hilfswerk e.V.

Anträge: keine Antragsmöglichkeit
Anschrift: Philanthropical Wealth Management, Mainzer Landstraße 178-190, D-60327 Frankfurt
Tel: 069-910-49279
Fax: 069-910-48761
(2001) Rechtsfähige Stiftung des bürgerlichen Rechts

Oswald Malura Kunststiftung K

Erhaltung des Lebenswerks des Münchner Malers Oswald Malura im Interesse der Allgemeinheit sowie die Förderung von Kunst und Kultur sowie die Förderung und Unterstützung bedürftiger Künstler, insbesondere in Bayern (auch operativ tätig)
Hinweise: Förderung des Oswald Malura Museums in Oberdiessen, Förderung des Schwabinger Kunstpreises
Anträge: schriftlich formlos
Anschrift: c/o Bridges Nachlassmanagement GmbH, Brigitte Pusch-Wigand, Oettingenstr. 25, D-80538 München
Tel: 089-242129 0
Fax: 089-242129 10
email: b.pusch-wigand@bridges-kw.de
Internet: www.oswald malura-stiftung.de
(2003) Nicht rechtsfähige Stiftung

Otto Diersch Stiftung B*M*V

Förderung des Sports, der Jugedpflege,Volks- und Berufsbildung der Toleranz auf den Gebieten der Kultur sowie Völkerverständigung
Anschrift: c/o Wirtschaftsprüfungsgesellschaft Jantzen, Emde ,Tjarks, Herr Emde, Postfach 10 44 27, D-28044 Bremen
Tel: 0421-3630000
(2002)

Otto Wolff-Stiftung B*F*K*N*S

Förderung der Völkerverständigung, Kunst, Kultur, Wissenschaft, Bildung, Ausbildung, Erziehung, Nachwuchsausbildung und Tierschutz (fördernd tätig)
Anträge: schriftlich formlos
Ausgaben: 1.000.000 € , (2004)
Anschrift: Rudolf Jacobs; Dr. Peter Danylow, Marienburgerstr. 19, D-50968 Köln
Tel: 0221-371020
Fax: 0221-934770-50
email: danylow@ottowolff.org
Internet: www.otto-wolff-institu.de

(1998) Rechtsfähige Stiftung des bürgerlichen Rechts

Otto-Brenner-Stiftung F*P*V*W*X

Durchführung und Förderung von wissenschaftlicher Forschungsarbeit in Bezug auf Probleme der nationalen und internationalen Gewerkschaftsarbeit, der Angleichung der Arbeits- und Lebensverhältnisse in Ost- und West-Deutschland und die Entwicklung demokratischer Arbeitsbeziehungen in Ost- und West-Europa (auch operativ tätig)

Anschrift: Wilhelm-Leuschner-Straße 79, D-60329 Frankfurt am Main
Tel: 069-6693 2810
Fax: 069-6693 23 23
email: obs@igmetall.de
Internet: www.otto-brenner-stiftung.de/
(1973) Rechtsfähige Stiftung des bürgerlichen Rechts

OVB Medienhaus-Stiftung K*M*S

Förderung der Jugend- und Altenhilfe, von Kunst und Kultur und des Amateursports sowie die Unterstützung bedürftiger Personen im Sinne des § 53 Abgabenordnung

Anschrift: c/o Oberbayerisches Volksblatt GmbH & Co. Medienhaus KG, Hafnerstr. 5-13, D-83022 Rosenheim
(2004)

Parmenides Stiftung F

Förderung von Wissenschaft und Lehre zum Thema Denken (operativ tätig)
Anträge: keine Antragsmöglichkeit
Anschrift: Dr. Kai Holger Müller-Kästner, Kardinal-Faulhaber-Str. 14a, D-80333 München
Tel: 089-25540896
Fax: 089-25540879
Internet: www.parmenides-foundation.org
(2004) Öffentliche Stiftung des bürgerlichen Rechts (Bayern)

Passauer Bürgerstiftung der Volksbank F*K*S

Förderung wissenschaftlicher, mildtätiger und als besonders förderungswürdig anerkannter kultureller Zwecke in der Region Passau und Umgebung
Hinweise: Passau
Anschrift: Ludwigsplatz 1, D-94032 Passau
(2000) Öffentliche Stiftung des bürgerlichen Rechts (Bayern)

Pastor Bammel Stiftung der Diakonie Wolfsburg
B*S

Zweck der Stiftung ist die Förderung diakonisch geprägter Altenhilfe, Jugendhilfe, Eingliederungshilfe und allgemeiner sozialer Hilfsdienste, Ausbildung, Fort- und Weiterbildung. Der Stiftungszweck wird insbesondere verwirklicht durch nachhaltige Unterstützung der gemeinnützigen, mildtätigen, kirchlich-diakonischen Arbeit in den Einrichtungen des Diakonischen Werkes Wolfsburg .e.V. und seiner Tochtergesellschaften. Dieses kann z.b. geschehen durch Verbesserung der personellen und räumlichen Ausstattung, durch Förderung von Fort- und Weiterbildungen, Veranstaltungen zum Wohl von Bewohnern, Patienten und Angehörigen, für die Entwicklung neuer Konzepte, auch durch die Bekanntmachung der Anliegen der Stiftung. (operativ tätig)
Anträge: keine Antragsmöglichkeit
Anschrift: Dirk Hölterhoff, Erich-Bammel-Weg 2, D-38446 Wolfsburg
Tel: 05361- 501 0
Fax: 05361- 501 555
email: pastor-bammel-stiftung@diakonie-wolfsburg.de
Internet: www.diakonie-wolfsburg.de
(2004) Rechtsfähige Stiftung des bürgerlichen Rechts

Pastor Wilhelm Busch-Gedächtnisstiftung
R

Förderung von Religion, kirchlichen Zwecken, Entwicklungshilfe, Kinder-/Jugendhilfe, Waisen
Anschrift: Dirk Emrich, Am Markt 4, D-51709 Marienheide/Müllenbach
(2002)

Paul Nikolai Ehlers-Stiftung
B*G

Förderung der Gesundheit und/oder Bildung von Kindern bis zur Volljährigkeit in Deutschland und Russland. (fördernd tätig)
Anschrift: c/o Ehlers, Ehlers & Partner, Rechtsanwaltssocietät, Prof. Alexander P. F. Ehlers, Widenmayerstrasse 29, D-80538 München
Tel: 089-210969-12
Fax: 089-210969-99
email: a.Ehlers@EEp-law.de
(2004)

Paul und Mia Herzog Stiftung
B*S

Ausbildungsförderung, Förderung von Bildung, Erziehung, Ausbildung, Kinder-/Jugendhilfe, Waisen
Anschrift: Mia Herzog, Virchhowstrasse 3, D-40225 Düsseldorf
(2003)

Paul und Susi Hoffmann-Stiftung S

Förderung und Unterstützung von Menschen, die infolge ihres Alters, ihres körperl., geistigen oder seel. Zustandes o. infolge einer materiellen Notlage auf die Hilfe anderer angewiesen sind. Insbesondere sollen die nachfolgenden Instutitionen gefördert und unterstützt werden: - Verein d. Freunde u. Förderer d.Leopoldina Krankenhauses - Blindeninstitutsstiftung Würzburg - Stiftung zur Förderung hör-sprachgeschädigter Kinder und Jugendlicher in Würzburg - Deutsches Aussätzigen Hilfswerk e.V. (fördernd tätig)

Anträge: keine Antragsmöglichkeit
Ausgaben: 25.000 € , (2005)
Anschrift: Edwin Lösch, Schloßmühlenweg 3, D-97508 Grettstadt
Tel: 09729-7698
email: edwinloesch@aol.com
(2001) Öffentliche Stiftung des bürgerlichen Rechts (Bayern)

Paul und Therese Sauer Stiftung F

Förderung von Wissenschaft und Forschung
Anschrift: Hr.RA Dietrich von Buttlar, Maximiliansplatz 5, D-80333 München
(2003)

Paul Voßschulte-Stiftung S

Förderung von Mildtätigen Zwecken
Anschrift: Axel Voßschulte, Rählwiese 1, D-44229 Dortmund
(2003)

Paul-Cremer-Stiftung pro Misereor R*S

Förderung von Religion, kirchlichen Zwecken sowie von Entwicklungshilfe
Anschrift: Paul Cremer, Birkenallee 5, D-47608 Geldern
(2000)

Pauline von Mallinckrodt Stiftung B

Förderung von Bildung, Erziehung, Ausbildung
Anschrift: Ostlandstrasse 13, D-59558 Lippstadt
(2001)

Paulus-Stiftung in Lohne R*S

Förderung gemeinsamer kirchlicher, religiöser, gemeinnütziger und mildtätiger Aufgaben durch finanzielle Förderung von gemeinsamen Aufgaben der Pfarrgemeinden St. Gertrud und St. Josef sowie der Kapellengemeinden St. Maria-Goretti in Lohne-Brockdorf und Herz Jesu in Kroge-Ehrendorf auf den Gebieten der Jugend- und Familienbildung und Ehevorbereitung (u.a. Kath. Familienbildungsstätte), Altenhilfe (Betreuung, Beratung, Schulung, Kommunikation u.a. Weiterbildung in Verbindung mit sozialen Projekten), religiöse und theologische Veranstaltungen sowie Förderung von Modellprojekten (u.a. Gestaltung kirchlichen und religiösen Lebens) und

von Maßnahmen zum Schutz des Lebens (u.a. Hilfe für Schwangere, alleinerziehende Mütter und junge Familien in Notsituationen). (fördernd tätig)
Hinweise: Lohne
Anträge: schriftlich formlos-Begutachtung
Anschrift: U. Pelsten, Franziskusstraße 6, D-49393 Lohne
Tel: 04442-81200
Fax: 04442-81188
(2000)

Peitinger Sozial- und Bürger-Stiftung K*S

Förderung von sozialen Dienstleistungen jeglicher Art und von kulturellen Anliegen. (fördernd tätig)
Anträge: schriftlich formlos
Anschrift: c/o Arbeiterwohlfahrt - Ortsverein Peiting, Adolf kapfer, Sängerstr. 2, D-86971 Peiting
email: adolf.kapfer@web.de
(2002)

Pesl-Alzheimer-Stiftung F

Förderung d. Erforschung der Alzheimer-Krankheit und endogener psychischer Erkrankungen an der Psychiatrischen Klinik der LMU
Anschrift: Nussbaumstr. 7, D-80336 München
(2001)

Peter Blancke-Stiftung K*S

Denkmalschutz, Wohlfahrt und Mildtätigkeit (fördernd tätig)
Anträge: keine Antragsmöglichkeit
Anschrift: c/o Dresdner Bank, Stiftungsmanagement, Gallusanlage 7, D-60301 Frankfurt a. Main
Fax: 069-26317005
(2000) Rechtsfähige Stiftung des bürgerlichen Rechts

Peter Franz Neelmeyer Stiftung F

Wissenschaft und Forschung (fördernd tätig)
Hinweise: Bremen
Anträge: schriftlich formlos
Anschrift: c/o Bankhaus Neelmeyer AG, Christian Weber, Am Markt 14-16, D-28195 Bremen
Tel: 0421-3603172
Fax: 0421-3603 9172
email: christian.weber@neelmeyer.de
(2004)

Peter Tamm Sen. Stiftung   F*K

Förderung von Kunst und Kultur, von Wissenschaft und Forschung auf dem Gebiet der Geschichte, insbesondere auf dem Gebiet der weltweiten Schiffahrts- und Marinegeschichte u.a. durch die Unterhaltung eines Museums in Hamburg mit Archiv, Bibliothek und Sammlung zur Aufnahme und Präsentation der gestifteten Sammlung zur Schiffahrts- und Marinegeschichte; die Erhaltung und Pflege der vom Stifter übernommenen, umfassenden Sammlung zur Schiffahrts- und Marinegeschichte; den weiteren Ausbau der Sammlung durch Hinzuerwerb von Sammlungsgegenständen oder die Entgegennahme von Zustiftungen; die Forschung auf dem Gebiet der Geschichte, insbesondere der Schiffahrts- und Marinegeschichte; die Erarbeitung von Dokumentationen und Verzeichnissen. (operativ tätig)

Anträge: keine Antragsmöglichkeit
Anschrift: Frau Russalka Nikolov, Elbchaussee 277, D-22605 Hamburg
Tel: 040-82 13 41
Fax: 040-8 22 63 00
email: rnikolov@t-online.de
(2002) Rechtsfähige Stiftung des bürgerlichen Rechts

Peter und Dietlinde Bischoff-Stiftung   S

Förderung von Kunst und Kultur im Raum Hamburg sowie Förderung und Unterstützung benachteiligter Menschen, vornehmlich von Kindern in aller Welt. Der Zweck wird insbesondere verwirklicht durch Geldzuwendungen für konkrete Projekte des Museums für Kunst und Gewerbe in Hamburg und der Albert Schweizer-Stiftung. Gedacht ist zum einen an die Finanzierung von Kunstgegenständen, Möbeln, Porzellan, Gemälden etc., zum anderen an die Finanzierung aller Maßnahmen, die Menschen in Not unterstützen können. (fördernd tätig)

Anschrift: c/o Dresdner Bank AG, Stiftungsmanagement, Sven Albrecht,
Gallusanlage 7, 24. OG, D-60301 Frankfurt am Main
Tel: 069-263-53931
(2002)

Peter-Lancier-Stiftung zur Förderung   B*F*G
der Herz- und Kreislaufforschung

Förderung von Stipendien / Hochschule / Erwachsenenbildung, Ausbildungsförderung, Wissenschaft und Forschung, öffentliches Gesundheitswesen / Krankenhäuser (auch operativ tätig)

Anschrift: Peter Lancier, Hinrich-Thiess-Strasse 52, D-22844 Norderstedt
(2001)

Peter-Maffay Stiftung   B*G*S

Förderung von Bildung und Erziehung, Kunst und Kultur, Jugend- und Altenhilfe, des öffentlichen Gesundheitswesens sowie die selbstlose Unterstützung von Personen, die in Folge ihres körperlichen, geistigen oder seelischen Zustandes auf die Hilfe anderer angewiesen sind. (fördernd tätig)

Anschrift: Albert Luppart, Klenzestrasse 1, D-82327 Tutzing

Tel: 08158-93050
Fax: 08158-930545
email: stiftung@petermaffay.de
Internet: www.petermaffaystiftung.de/
(2000) Öffentliche Stiftung des bürgerlichen Rechts (Bayern)

Peter-Michael Engel-Stiftung F*K
Förderung von Kunst und Kultur, Wissenschaft und Forschung (fördernd tätig)
Anträge: keine Antragsmöglichkeit
Anschrift: c/o Engel Canessa Facility Management GmbH, Peter-Michael Engel, Stadttor 1, D-40219 Düsseldorf
Tel: 0211-60006020
Fax: 0211- 6000 6016
(2002)

Petra und Joachim Schaffer Stiftung K*M*N
Förderung von Umweltschutz und Landschaftspflege, insbs. durch Unterstützung von Maßnahmen, die dem Erhalt und Ausbau von Grünflächen dienen. 2. Sport, insbs. die Jugendarbeit der Vereine 3.Förderung kultureller Werte
Anschrift: Lessingstr. 47, D-28203 Bremen
(2004)

Petritz-Stiftung K
Förderung der Hochschule für Musik und Theater München (operativ tätig)
Anträge: schriftlich formlos-keine Antragsmöglichkeit
Ausgaben: 16.000 € , (2004)
Anschrift: Herr Petritz, Nussbaumstr. 16, D-80336 München
Tel: 089-578097
Fax: 089-573580
email: gust.schneider@hotmail.com
(2001)

PFAD FÜR KINDER Stiftung zur Förderung von Pflege- und Adoptivkindern und deren Familien S
Förderung des Wohles von Pflege- und Adoptivkindern und deren abgebende und aufnehmende Familien
Anschrift: Sonnwendstr. 7, D-86551 Aichach
(2000)

Pfarrer Otmar Fischer Stiftung - Stiftung Friedelsheim K*S

Die Stiftung hat den Zweck der Verwirklichung 1. finanzieller Unterstützung der Jugendarbeit in Vereinen, 2.der ehrenamtlichen Betreuung von Hilfsbedürftigen jeden Alters, 3.der Förderung des kulturellen dörflichen Engagements, 4.finanzieller Unterstützung zur Pflege der Ortsgeschichte von Friedelsheim, 5.der finanziellen Unterstützung der Ortsvereine und des Auslagenersatzes ehrenamtlicher Betreuer der Stiftung, z.B. Fahrtkosten, jeweils in dem räumlichen Gebiet der Gemeinde Friedelsheim.
Anschrift: Herrn Pfarrer i.R. Otmar Fischer, Ludwig-Seibel-Straße 3, D-67273 Weisenheim am Berg
(2005)

Philharmonie-Stiftung der Sparkasse Essen K

Förderung von Musik, Kunst und Kultur
Anschrift: Sparkasse Essen, Dr. Henning Osthues-Albrecht, III. Hagen 43, D-45127 Essen
(2002)

Philipp Otto Runge Stiftung K

Förderung insbesondere jüngerer bildender Künstlerinnen und Künstler durch Ausstellungen, Stipendien, Kataloge, Ankäufe von Kunstwerken oder verwandte Maßnahmen sowie die Pflege und Erforschung des gesamten Werkes von Philipp Otto Runge und die Verbreitung des Wissens über dieses Werk. (fördernd tätig)
Hinweise: Stipendienprogramm wird vorerst noch nicht realisiert
Anträge: keine Antragsmöglichkeit
Anschrift: c/o Hamburger Kunsthalle, Tim Kistenmacher, Glokkengießerwall, D-20095 Hamburg
Tel: 040-428131202
Fax: 040-427 929 300
email: kistenmacher@hamburger-kunsthalle.de
(2003) Rechtsfähige Stiftung des bürgerlichen Rechts

PI Förderstiftung S

Förderung von sozialen Einrichtungen in der Stadt Nürnberg und im Landkreis Nürnberger Land

Anschrift: Hermannstraße 15, D-90439 Nürnberg
(2003)

PotsdamStiftung Kremer K

Betreibung eines Museums in der bau- und kunsthistorischen Russischen Kolonie Alexandrowka in Potsdam (auch operativ tätig)

Ausgaben: 301.662 €
Anschrift: Dr. Hermann Kremer, Bahnhofstrasse 12, D-45721 Haltern am See
Tel: 02364-4008
Fax: 02364-167196
email: kk@zyto-labor.de
Internet: www.alexandrowka.de
(2001)

Prämonstratenserstiftung Roggenburg R

Förderung des Prämonstratenserordens bzw. des Prämonstratenserklosters Roggenburg, seiner Einrichtungen, Projekte und Maßnahmen, und insbesondere auch des Bildungszentrums für Familie Umwelt und Kultur

Anträge: keine Antragsmöglichkeit
Anschrift: c/o Sparkasse Neu-Ulm - Illertissen, Brigitte Hollmer, Insel 13, D-89231 Neu-Ulm
Tel: 0731-70 40 102
Fax: 0731-70 40 106
email: brigitte.hollmer@lra.neu-ulm.de
Internet: www.sparkasse-neu-ulm-illertissen.de
(2004) Öffentliche Stiftung des bürgerlichen Rechts (Bayern)

Preuschhof Stiftung zur Unterstützung von benachteiligten Kindern und Jugendlichen S

Förderung der Kinderpflege und Kinderfürsorge im In- und Ausland, insbesondere durch die Unterstützung von benachteiligten sowie bedürftigen oder unverschuldet in Not geratenen Kindern und Jugendlichen durch praktische Mitarbeit sowie von entsprechenden Projekten

Ausgaben: 79.762 €
Anschrift: Werner Preuschhof, Graumannsweg 41, D-22087 Hamburg
Tel: 040-711 93 63
Fax: 040-711 411 95
(2001)

Pro Leben Stiftung F*G

Förderung der öffentlichen Gesundheitspflege, der Wissenschaft und Forschung
Anschrift: Herrn Georg Büchele, Frühlingsstr. 30, D-83043 Bad Aibling
(2001)

pro RWTH - Stiftung der Freunde und Förderer der RWTH Aachen F

Förderung von Wissenschaft und Forschung (fördernd tätig)

Anträge: schriftlich formlos
Anschrift: Herr Hubert Herpers, Wüllnerstrasse 9, D-52062 Aachen
Tel: 0241-444 2205
Fax: 0241-80 92 93 0
email: info@prorwth.de
Internet: www.prorwth.de
(2001) Rechtsfähige Stiftung des bürgerlichen Rechts

Pröbsting Stiftung für das Hospiz Lebenshaus in Münster S

Förderung von Sonstigen Sozialen Zwecken
Anschrift: August Pröbsting, Janningsweg 24, D-48159 Münster
(2002)

Prof. Dr. Peter Wolf und Jytte - Stiftung für Epilepsie B*F

Förderung von Bildung, Erziehung, Ausbildung, Wissenschaft und Forschung
Anschrift: Renate Boenigk, Oberntorwall 23 a, D-33602 Bielefeld
(2002)

Prof. Wolfgang-Sawallisch-Stiftung B*K*V

Förderung von Bildung und Erziehung, Kunst und Kultur, der Völkerverständigung und des Heimatgedankens
Anschrift: Herrn Hubert Kamml, Ludwig-Thoma-Weg 12, D-83224 Grassau
Internet: www.sawallisch-stiftung.de
(2002)

Prof.Dr.Dieter Platt-Stiftung F

Förderung der Erforschung und Behandlung von Altersveränderungen sowie der Lehre auf dem Gebiet der Gerontologie
Anschrift: Südring 39, D-90542 Eckental
(2003) Rechtsfähige Stiftung des bürgerlichen Rechts

Prof.-Dr.-Josef-und-Erika-Hesselbach-Stiftung B*F*K

Förderung von Wissenschaft und Forschung sowie von Bildung und Kultur, insbesondere durch 1. Vergabe von Stipendien für förderungswürdige Studenten und Studentinnnen an Universitäten und Fachhochschulen 2. Vergabe von Stipendien zur Erlangung beruflicher Qualifikationen, wie z.B. Meisterprüfung, Technikerabschluss 3. Stipendien zur Promotion und Habilitation.
Anschrift: Herr Prof. Dr. J. Hesselbach, Hofgartenstraße 5, D-55545 Bad Kreuznach
(2001)

Prof.Dr.Klaus Dettmann Stiftung K
Kunstförderung
Anschrift: Maximilianstr. 33, D-95444 Bayreuth
(2002)

Professor Dr. Risto Bokonjic Stiftung B
Finanzielle Förderung und Unterstützung der beruflichen Fortbildung von jungen Ärzten in Serbien, Montenegro oder Bosnien im Fachbereich Neurologie.
Anschrift: Mainzer Landstrasse 178-190, D-60327 Frankfurt
(2000)

Professor Otto-Kühne-Stiftung zur B*S
Förderung begabter Schülerinnen und
Schüler
Gymnasiale Förderung von Jugendlichen (fördernd tätig)
Anträge: schriftlich formlos-Begutachtung
Ausgaben: 20.000 € , (2005)
Anschrift: Reinhard Versteegen, Koblenzer Straße 145, D-53177 Bonn
Tel: 0228-9531104
Fax: 0228-9531149
email: paeda@paedagogium-godesberg.de
Internet: www.paedagogium-godesberg.de
(2001)

Professor Wolfgang Maria Fischer F
Stiftung
Förderung d. Ausbildung qual. Studentinnen u. Student. d. Diplomstudiengänge "Informatik" u. "Wirtschaftsinformatik" an der Fachhochschule Würzburg-Schweinfurt, insbes. durch a) Auszeichnung der/des jeweils besten Studentin/Studenten b) Gewährung finanz. Hilfe zum Lebensunterhalt an bedürft. Studentinnen und Studenten im Hauptstudium c) Gewährung einer Auszeichnung d) finanzielle Förderung des an der Fachhochschule Würzburg-Schweinf. in Würzburg veranstalteten bildenden Unterricht.
Anschrift: c/o Fachhochsch. Würzburg- Schweinfurt, Münzstraße 12, D-97070 Würzburg
(2003)

Prym'sche Stiftung B*F*N
Förderung von Naturschutz, Umweltschutz, Bildung, Erziehung, Ausbildung, Wissenschaft und Forschung
Anschrift: Hildegard Prym-von Becherer, Südstrasse 43, D-52351 Düren
(2003)

Püschel-Stiftung G

Unterstützung krebskranker Kinder in der Stadt Oldenburg und im Landkreis Oldenburg, insbesondere durch Anschaffung für die Therapie erforderliche Geräte, Bezahlung von Heil- und Pflegemaßnahmen im weitesten Sinne sowie Einrichtung und Ausbau von Räumlichkeiten für die Unterbringung von Eltern stationär zu behandelnder Kinder bzw. Beteiligung an den vorbeschriebenen Maßnahmen.
Hinweise: Landkreis Oldenburg
Anschrift: Herrn Reinhard Püschel, von-Schreeb-Weg 1, D-26209 Hatten-Kirchhatten
(2001)

Quelle Innovationsstiftung B*F*S

Förderung der Erziehung, Volks- und Berufsbildung (auch operativ tätig)
Anschrift: c/o Maecenata Management GmbH, Simone Paar , Herzogstr.60, D-80803 München
Tel: 089-284452
Fax: 089-283774
email: info@quelle-innovationsstiftung.de
Internet: www.quelle-innovationsstiftung.de
(2004) Öffentliche Stiftung des bürgerlichen Rechts (Bayern)

R + W Stiftung F*S

Förderung der Forschung auf dem Gebiet der Kupplungstechnologie und von Projekten zur Unterstützung notleidender Kinder in der Welt
Anschrift: Alexander-Wiegand-Straße 8, D-63911 Klingenberg
(2003)

Rädisch-Stiftung S

Förderung der Alten- und Krankenhilfe
Anschrift: Vestner Weg 2, D-90768 Fürth
(2004) Öffentliche Stiftung des bürgerlichen Rechts (Bayern)

Raiffeisen - Bürgerstiftung Ostfriesland G*K*M*N*S

Förderung der Jugendpflege und Jugendfürsorge, des Sports, der Kunst und Kultur, des kirchlichen Lebens, der Heimatpflege, des Umwelt- und Landschaftsschutzes, der Altenhilfe, des öffentlichen Gesundheits- und Wohlfahrtswesens. Die Förderung kultureller Zwecke beinhaltet die ausschießliche und unmittelbare Förderung der Kunst (Musik, Literatur, bildende und darstellende Kunst, kulturelle Einrichtungen wie Theater und Museen, kulturelle Veranstaltungen wie Konzerte, Lesungen, Vorträge und Ausstellungen) und der Denkmalpflege (Erhaltung und Wiederherstellung von anerkannten Baudenkmälern nach den jeweiligen landesrechtlichen

Vorschriften in Ostfriesland, vornehmlich im jetzigen Geschäftsgebiet der Raiffeisen - Volksbank eG Uplengen. (fördernd tätig)
Anträge: schriftlich formlos
Ausgaben: 20.000 € , (2004)
Anschrift: c/o Raiffeisen-Volksbank eG, Rainhard Schoon, Ulf Nannen, Ostertorstr. 100, D-26670 Uplengen - Remels
Tel: 04956-910111
Fax: 04956-910102
email: info@raiffeisen-bürgerstiftung.de
Internet: www.raiffeisen-buergerstiftung.de
(2000)

Reimar Lüst Stiftung F

Förderung von Wissenschaft und Forschung an der International University Bremen.
Anschrift: Nina Grunenburg-Lüst, Bellevue 49, D-22301 Hamburg
Tel: 040-2798514
(2001)

Reiner-Josef-Burdak-Stiftung B

Förderung mittelloser bzw. armer Jugendlicher zur Erlangung einer beruflichen Qualifikation, insbesondere in der Dritten Welt
Anschrift: Am Stadtpark 6, D-84478 Waldkraiburg
(2002)

Reinhard Reichnow Stiftung K*S

Förderung von sozialen Zwecken, insbesondere Kinder, Jugend, Behinderten und Altenhilfe, Kunst und Kultur
Anschrift: Forchheimer Str. 32, D-96129 Strullendorf
(2003)

Reinhard und Marianne Athenstaedt Stiftung S

Förderung der Entwicklungshilfe, insbs. jede mögliche Förderung aller Maßnahmen, die zur Erhaltung und zukunftsorientierten Weiterentwicklung von Völkern und Kulturen geeignet sind, deren Bestehen durch nichtverschuldete Rückständigkeit bedroht ist, wobei das Prinzip "Hilfe zur Selbsthilfe" im Mittelpunkt steht.
Anschrift: Emmentaler Str. 17, D-28325 Bremen
(2001)

Reinleins-Kreuzweg-Stiftung B*K*M*R*S

Förderung im kirchlichen Bereich, die Jugendhilfe und Maßnahmen für die Bildung sowie Einrichtungen für Sport und Musik in Geiselwind; insbesondere die Errichtung, Ausstattung und

Unterhaltung eines massiven Kreuzweges in Geiselwind und die Errichtung eines Grabgebäudes mit Steinfiguren auf dem Friedhof in Geiselwind und deren Unterhalt auf Dauer.
Anschrift: Herrn Nikolaus Hofmann, Kapellenstraße 4, D-96160 Geiselwind
(2003)

Renate Jordan Stiftung humanitäre Lebenshilfe S

Unterstützung hilfloser, mittelloser oder vereinsamter Menschen sowie Unterstützung von Organisationen und Personen, die hilflose, mittellose oder vereinsamte Menschen betreuen oder unterstützen.
Anschrift: Wespennest 9, D-90403 Nürnberg
(2000)

Renate Strascheg Stiftung K

Förderung der Kunst, Kultur und Denkmalpflege (auch operativ tätig)
Anträge: schriftlich formlos
Anschrift: c/o EXTOREL GmbH, Fritz Gawenus, Lenbachplatz 3, D-80333 München
Tel: 089-207030
Fax: 089-20703398
email: fritz.gawenus@extorel.de
(2003) Nicht rechtsfähige Stiftung

Renate-Striebeck-Stiftung S

Förderung von Kinder-/Jugendhilfe, Waisen
Anschrift: Hans Bernhard Ludwig, Prellerstraße 25, D-01309 Dresden
(2002)

René Baumgart-Stiftung G*S

Förderung der klinischen Forschung zu der Krankheitsgruppe der Pulmonalen Hypertonie bei Kindern und Erwachsenen (Lungenhochdruck) (auch operativ tätig)
Anträge: schriftlich formlos-Begutachtung
Ausgaben: 7.500 € , (2004)
Anschrift: Bruno Kopp, Wormser Str. 20, D-76287 Rheinstetten
Tel: 0721-3528476
Fax: 0721-3528880
email: info@rene-baumgart-stiftung.de
Internet: www.rene-baumgart-stiftung.de
(2001) Rechtsfähige Stiftung des bürgerlichen Rechts

Renovabis-Stiftung R*S
Die Stiftung verfolgt ausschließlich und unmittelbar gemeinnützige, mildtätige und kirhcliche Zwecke. Die Stiftung verfolgt den Zweck durch Übertragung der Mittel an die Solidaritätsaktion Renovabis, deren Rechts- und Vermögensträger der Renovabis e.V. ist. (fördernd tätig)
Anträge: keine Antragsmöglichkeit
Anschrift: Burkhard Haneke, Dombergstr.27, D-85354 Freising
Tel: 08161-530917
Fax: 08161-530944
email: stiftung@renovabis.de
Internet: www.renovabis.de
(2003)

Rettungsdienst Stiftung Björn Steiger e.V G*S
Verbesserung der Notfallhilfe (auch operativ tätig)
Hinweise: keine; keine; Notfallhilfe
Anträge: schriftlich formlos-Begutachtung
Ausgaben: 5.611.940 € , (2004)
Anschrift: Siegfried Steiger, Petristraße 12, D-71364 Winnenden
Tel: 07195-3055
Fax: 07195-68883
email: s.steiger@steiger-stiftung.de
Internet: www.steiger-stiftung.de
(1969) Stiftung in der Rechtsform eingetragener Verein (Stiftung e.V.)

Rheinisches Schützen-Museum-Neuss mit Josef Lange Schützen-Archiv K
Förderung von Kunst und Kultur
Anschrift: c/o Bürgermeister , Herrn Thomas Nickel, Rathaus Neuss, D-41456 Neuss
(2001)

Rheinmetall-Stiftung B
Föderung von Bildung, Erziehung, Ausbildung
Anschrift: c/o Rheinmetall AG, Ingo Hecke, Rheinmetall Allee 1, D-40476 Düsseldorf
Internet: www.rheinmetall.de
(2000)

Rhomberg-Stiftung K
Förderung bzw. Bezuschussung der Kunstsammlungen der Stadt Augsburg (Künstlerwerb, Museumsausstattungen, Ausstellungstätigkeiten, Publikationen). (fördernd tätig)

Anträge: Begutachtung-schriftlich
Anschrift: c/o Odörfer & Brandner Vermögensmanagement KG, Roland Odörfer, Dr.-Rost-Straße 24, D-86356 Neusäß
Tel: 0821-272660
Fax: 0821-272669
(2002)

Ria- Fresen-Stiftung B*K*M

Zweck der Stiftung ist die Förderung von Sport, Musik, Kunst, Kultur, Stipendien, Hochschule, Bildung, Erziehung und Ausbildung
Anschrift: c/o Stadtsparkasse Remscheid, Ulrich Gräfe, Alleestr. 76- 88, D-42853 Remscheid
(2000) Rechtsfähige Stiftung des bürgerlichen Rechts

Richard Anders Kultur- und Denkmalstiftung K

Förderung der Kunst und Kultur (fördernd tätig)
Hinweise: keine Finanzierung von geplanten Maßnahmen
Anträge: schriftlich formlos-Begutachtung
Anschrift: Richard Anders, Silgendahl 9, D-24257 Hohenfelde
Tel: 04385-59780
Fax: 04385-597878
email: bauunternehmen@richard-anders.de
Internet: www.richard-anders.de
(2000) Rechtsfähige Stiftung des bürgerlichen Rechts

Richard Nierich-Stiftung N*S

Natur- und Tierschutz, Wohlfahrt und Mildtätigkeit; Finanzielle Förderung und Unterstützung des Tierschutzes im Raum Hanau und Umgebung; Finanzielle Förderung und Unterstützung des Wohlfahrtswesens im Raum Hanau und Umgebung, insbesondere die Linderung von durch Obdach- und Wohnungslosigkeit hervorgerufener Not
Hinweise: Raum Hanau
Anschrift: Philanthropical Wealth, Mainzer Landstraße 178-190, D-60327 Frankfurt
Tel: 069-910-49279
Fax: 069-910-48761
(2000) Rechtsfähige Stiftung des bürgerlichen Rechts

Richard Stury Stiftung F*K

Förderung von Kunst und Wissenschaft
Anschrift: Herrn Dr. Helmut Heß, Pfälzer-Wald-Str. 7, D-81539 München
(2002)

Richard Teutloff Stiftung zur Förderung der beruflichen Bildung   B*F*W

Durchführung von wissenschaftlichen Veranstaltungen (z.B. Seminare, Kongresse), Förderung von Modellversuchen und innovativen Projekten (gegebenenfalls betriebsbezogene Qualifizierungen zur Sicherung des Arbeitsplatzes, international anerkannte Bildungsbausteine, neue Lernformen); Durchführung und Förderung von (Forschungs-)Vorhaben, wobei die Themen der (Jugend-)Arbeitslosigkeit und der Internationalisierung besondere Berücksichtigung finden sollen; Vergabe von Stipendien zur beruflichen Bildung bei anerkannten Bildungsträgern. Zur Durchführung der vorgenannten Aufgaben soll die Stiftung als fachliche und finanzielle Koordinierungsstelle (auch Sammelfunktion) dienen; insbesondere die zahlreichen Initiativen von Wirtschaft, Politik pp. zur Bekämpfung der Arbeitslosigkeit zusammenführen
Anschrift: Frankfurter Straße 254, D-38122 Braunschweig
(2000) Rechtsfähige Stiftung des bürgerlichen Rechts

Richard-Donderer-Stiftung   S

Förderung der Lindauer Altenheime Maria-Martha-Stift, Evangelische Hospitalstiftung und Städtisches Altenheim Reutin sowie Zuwendung der Erträge für den laufenden Unterhalt.
Anschrift: Bühlweg 5, D-88131 Lindau
(2003)

Rieser Naturstiftung   N

Förderung des Naturschutzes und der Landschaftspflege im Nördlinger Ries (fördernd tätig)
Hinweise: Nördlinger Ries
Anträge: schriftlich
Ausgaben: 2.500 € , (2005)
Anschrift: c/o Schutzgemeinschaft Wemdinger Ried e.V. Rieser Naturschutzverein e.V., Johannes Ruf, Schäufelinstr. 4, D-86720 Nördlingen
Tel: 09081-801045
email: ruf.johannes@t-online.de
Internet: www.riesnatur.de
(2004)

Rinecker Proton Therapy Stiftung   F

Förderung von Forschung, Entwicklung und Anwendung der Therapie mit Partikelbestrahlung sowie Unterstützung bedürftiger Personen (bei Partikelbestrahlungsbehandlung)
Anschrift: Franz-von-Rinecker-Str., D-81379 München
(2005)

RIS-Fonds zur Förderung innovativer Geschäftsideen   B*F*W

Förderung von Bildung, Erziehung und Wissenschaft vor allem in der Region Weser-Ems, insbesondere durch Beratung und Unterstützung von Personen auf dem Weg in die Selbständigkeit, durch die Förderung innovativer Ideen und durch Fortbildungsveranstaltungen im Rahmen der Stiftungszwecke.

Anschrift: c/o Bezirksregierung Weser-Ems, Herrn Christian Kropp, Postfach 2447, D-26106 Oldenburg
(2002) Rechtsfähige Stiftung des bürgerlichen Rechts

Ritter von Traitteur Stiftung   B

Förderung der Ritter von Traitteur Schule Forchheim und ihrer Schüler
Anschrift: Rathaus, D-91301 Forchheim
(2002)

Robert Bosch Stiftung GmbH   B*F*G*K*S*V

Öffentliche Gesundheitspflege, insbesondere dadurch, daß die Stiftung das Robert-Bosch-Krankenhaus und das Dr. Margarete Fischer-Bosch-Institut für Klinische Pharmakologie (beides Einrichtungen der Robert-Bosch-Krankenhaus GmbH in Stuttgart, deren alleinige Gesellschafterin die Robert Bosch Stiftung GmbH ist) und das Institut für Geschichte der Medizin in Stuttgart betreibt; - Völkerverständigung - Wohlfahrtspflege - Bildung und Erziehung - Kunst und Kultur - Geistes-, Sozial- und Naturwissenschaften in Forschung und Lehre. Fördernd in ausgewählten Schwerpunkten (auch operativ tätig)

Hinweise: Frankreich, Amerika, Polen, Ostdeutschland, NBL, Mittel- und Osteuropa
Anträge: Merkblatt-schriftlich formlos-Begutachtung
Ausgaben: 49.104.984 € , (2004)
Anschrift: Herrn Dr. Dieter Berg, Heidehofstraße 31, D-70184 Stuttgart
Tel: 0711-46084-0
Fax: 0711-460841094
email: info@bosch-stiftung.de
Internet: www.bosch-stiftung.de
(1964) Stiftung in der Rechtsform Gesellschaft mit beschränkter Haftung (Stifung GmbH)

Robert Decker Stiftung   S

Zweck der Stiftung ist die Förderung der Jugend der Stadt Dorfen
Anschrift: Am Stadtpark 6, D-84405 Dorfen
(2004)

Robert F. E. Weigand-Kulturstiftung Schloß Eggersberg K

Förderung kultureller Zwecke durch Unterhaltung und Sicherung des Hofmarkmuseums Schloß Eggersberg sowie der angeschlossenen Sammlungen "Kleinantiken" und "Hippologica -Das Pferd in der Kunst". Pflege kultureller Belange durch Veranstaltung von Theateraufführungen, Konzerten und Gemäldeausstellungen.
Anschrift: Biedersteiner Straße 6, D-80802 München
(2004) Rechtsfähige Stiftung des bürgerlichen Rechts

Robert Voigt Stiftung B*S

Förderung von Kinder-/Jugendhilfe, Waisen und Bildung, Erziehung, Ausbildung (fördernd tätig)
Anschrift: Lars Baumgürtel, Nordring 4, D-45894 Gelsenkirchen
Tel: 0209-177472
Fax: 0209-177 475
email: info@robert-voigt-stiftung.de
Internet: www.robert-voigt-stiftung.de
(2000) Rechtsfähige Stiftung des bürgerlichen Rechts

Roeser-Stiftung B*R*S

Förderung von Religion, kirchlichen Zwecken, Bildung, Erziehung, Ausbildung, Kinder-/Jugendhilfe, Waisen
Anschrift: Jochen Roeser, Benzstrasse 7, D-45133 Essen
Internet: www.roeser.de
(2002)

Rohrwild Kulturstiftung K

Förderung des Feldbahnmuseums 500 e.V. in Nürnberg, im Falle der Auflösung des Vereins der Betrieb des Feldbahnmuseums 500, die Förderung von Kunst und Kultur sowie der Förderung und der Betrieb weiterer Museen
Anschrift: Willstätterstr. 71, D-90449 Nürnberg
(2004) Öffentliche Stiftung des bürgerlichen Rechts (Bayern)

Rolf P.C. und Edith Maria Manteufel Stiftung N

Die Stiftung bezweckt die Förderung des Natur- und Tierschutzes, insbesondere auch die Unterstützung von Tier- und Gnadenhöfen, durch Zuwendungen an Einrichtungen und Projekte, die dem Stiftungszweck dienen. (fördernd tätig)
Anträge: schriftlich formlos-Begutachtung
Ausgaben: 5.000 € , (2004)
Anschrift: Rolf P.C. und Edith Maria Manteufel, Am Luttegraben 5, D-38667 Bad Harzburg

Tel: 05322- 2217
Fax: 05322- 2217
(2001) Rechtsfähige Stiftung des bürgerlichen Rechts

Rolf und Hannelore Kähler Stiftung B*F*N*S

Förderung von Kunst und Kultur, Bildung und Erziehung, Volks- und Berufsbildung, Wissenschaft und Forschung, Jugend- und Altenhilfe, Sport, Hilfe für Behinderte, Umwelt- und Denkmalschutz
Anschrift: c/o Gräwe und Partner, Bredenstr. 11, D-28195 Bremen
Tel: 0421-328017
(2004)

Rolf und Helene Grillmeir-Stiftung S

Unterstützung der gemeinnützigen Institution des "SOS Kinderdorf e. V." (fördernd tätig)
Ausgaben: 12.500 € , (2004)
Anschrift: c/o Gehling & Partner, Susanne Gehling, Simmernstr. 1, D-80804 München
Tel: 089-368147-0
Fax: 089-368147-24
(2002)

Rolf und Klara Schlobben-Stiftung B*S

1) Zweck der Stiftung ist die Förderung mildtätiger und folgender besonders förderungswürdiger anerkannter gemeinnütziger Zwecke: - Förderung der Jugend- und Altenhilfe - Förderung der Erziehung, Volks- und Berufsbildung, einschließlich der Studentenhilfe - Zwecke der amtlich anerkannten Verbände der freien Wohlfahrtspflege, ihrer Unterverbände und ihrer angeschlossenen Einrichtungen und Anstalten.
Anschrift: Rechtsanwältin Stefanie Hecke, Am Paffelter 8, D-53557 Bad Hönningen
Tel: 02635-95130
Fax: 02635-951313
email: ra.hecke@hecke.de
(2004)

Roman-Hartfil-Stiftung S

Zweck der Stiftung ist die Förderung der Altersfürsorge durch Betreuung und Unterstützung von Senioren, insbesondere solchen, die keinerlei Angehörige mehr haben oder von Angehörigen allein gelassen sind (z.B. Heimplätze, Betreuung in häuslichen Wohnungen, Beköstigung, persönliche Fürsorge), sofern die Senioren bei finanzieller Unterstützung, bei Gestellung von Beköstigung und bei sonstigen Zuwendungen materieller Art die Voraussetzungen des § 53 Nr. 2 der Abgabenordnung erfüllen. Ferner die Verbesserung der persönlichen Lebensbedingungen der Senioren in Seniorenwohnheimen und ähnlichen Einrichtungen.
Anschrift: Doris Hildebrandt, Im Krähenfeld 29, D-31224 Peine

(2004) Rechtsfähige Stiftung des bürgerlichen Rechts

Romero-Stiftung S
Förderung von Entwicklungshilfe (operativ tätig)
Anträge: keine Antragsmöglichkeit
Anschrift: c/o CIR Christliche Initiative Romero, Dr. Thomas Bröcheler,
Frauenstraße 3-7, D-48143 Münster
(2002)

Röperhof Stiftung K
Förderung der Denkmalpflege insbesondere durch die Er- und Unterhaltung des "Röperhofes", Hamburg.
Anschrift: c/o Brinkmann & Partner, Sechslingspforte 2, D-22087 Hamburg
Tel: 040-22 66 78-88
(2002)

Rosa Luxemburg Stiftung B*F*K*P*V
Gesellschaftsanalyse und politische
Bildung e. V.
Die Förderung von politischer Bildung, Wissenschaft und Forschung, Kunst und Kultur sowie der internationalen Verständigung und Zusammenarbeit. Der Verein will damit einen Beitrag leisten zur Entfaltung freien Denkens und solidarischen Handelns in humanistischem, demokratischem und internationalistischem Geist. (auch operativ tätig)
Anträge: schriftlich
Ausgaben: 3.316.000 € , (2003)
Anschrift: Dr. Lutz Kirschner, Franz-Mehring Platz 1, D-10243 Berlin
Tel: 030-443100
Fax: 030-44310222
email: info@rosalux.de
Internet: www.rosalux.de
(1990) Rechtsfähige Stiftung des bürgerlichen Rechts

Rosa-Laura und Hartmut Wekerle- F
Stiftung
Förderung der biologisch-medizinischen Wissenschaften und die Unterstützung von bedürftigen Wissenschaftlern
Anschrift: c/o Max-Planck-Institut für Neurobiologie, Am Klopferspitz 18a, D-82152 Planegg
(2003)

Rosi-Gollmann-Andheri-Stiftung S
Förderung von Entwicklungshilfe (auch operativ tätig)

Anschrift: Rosi Gollmann, Mackestrasse 53, D-53119 Bonn
(2002)

Rotary Stiftung Donauwörth K*S

Förderung sozialer und kultureller Einrichtungen und Projekte (fördernd tätig)
Anschrift: c/o Bauch Beratungs- und Treuhand GmbH z.H. Herrn Paul Bauch, Notar Dr. Christian Auer, Pyrkstockstr. 2, D-86601 Donauwörth
Tel: 0906-706030
Fax: 0906-23 8 20
(2005) Stiftung des öffentlichen Rechts

Rotary-Germering-Stiftung B*F*K*N*R*S*V

Förderung der internationalen Gesinnung und Toleranz auf allen Gebieten als Voraussetzung der Völkerverständigung, Hilfe für Kinder und Jugendliche sowie alte und behinderte Menschen,Wohlfahrtspflege,Erziehung,Volks- und Berufsbildung,Kunst und Kultur, Wissenschaft und Forschung,Umwelt-Landschafts- und Denkmalschutz, kirchliche und religiöse Zwecke (fördernd tätig)
Anträge: schriftlich formlos
Ausgaben: 22.500 € , (2004)
Anschrift: Herr Frhr. Alexander von Hornstein, Fichtenstrasse 42, D-82110 Germering
(2002) Rechtsfähige Stiftung des bürgerlichen Rechts

Rotkreuz-Stiftung Zukunft für Menschlichkeit S*V

Förderung von Völkerverständigung und Sozialem (auch operativ tätig)
Anschrift: Dr. Hans-Jürgen Schilling, Linzer Strasse 21, D-53604 Bad Honnef
(2002)

Ruder-Club Deutschland - Stiftung Rudern M

Förderung des deutschen Rudersports insbesondere durch a) Bereitstellung von Geldmitteln für das Rennrudern einschl. nicht olympischer Bootsklassen u Behindertenrudern. b) Beschaffung von Booten, Riemen, und sonstigen Sportger. f.d. Nachwuchsförd. in Rudervereinen. c) Bereitstellung von Mitteln zur Teilnahme an Lehrgängen und Trainingslagern des Deutschen Runderv. und der FISA d) Bereitstellung von Mitteln zur Teilnahme an internat. Ruderwettkämpfen, Jugendruderlagern des DRV und der FISA.
Anschrift: Herrn Otto G. Schäfer, Judithstraße 16, D-97422 Schweinfurt
(2003)

Rudi Scharf Stiftung B*F*K*M
Förderung von Kunst und Kultur, Bildung, Erziehung, Ausbildung, Wissenschaft und Forschung, Sport
Anschrift: Rudi Scharf, Trifte 73, D-32657 Lemgo
(2002)

Rudi und Barbara Hierl-Stiftung S
Förderung von Kinder- und Jugendhilfe sowie die Unterstützung hilfsbedürftiger älterer Menschen.
Anschrift: c/o MTWG Treuhand GmbH, Dom-Pedro-Str. 6, D-80637 München
(2000)

Rüdiger Colditz Stiftung F*G*S
Förderung der Gesundheitspflege, der freien Wohlfahrtspflege sowie wissenschaftlicher und mildtätiger Zwecke, insbesondere über Zuwendungen an juristische Personen privaten und öffentlichen Rechts, welche den Status der Gemeinnützigkeit haben. Zuwendungen an einzelne bedürftige Personen sind ebenfalls möglich.
Anschrift: Frau Marianne Ney, Meilsener Birkenweg 6, D-21244 Buchholz
email: colditzstiftung@aol.com
(2003)

Rüdiger Fromm Stiftung S
Förderung der Kinder- und Jugendhilfe
Anschrift: c/o Deutscher Kinderschutzbund (DKSB), Pettenkoferstraße 10a, D-80336 München
(2002)

Rudolf Ackermann Stiftung- Stiftung F
für klinische Infektiologie
Förderung von Wissenschaft und Forschung (fördernd tätig)
Anschrift: Prof. Dr. med. Rudolf Ackermann, Sonnenwinkel 48, D-50354 Hürth
(2003)

Rudolf und Berta Mathes-Stiftung B
Volksbildung durch Förderung der Münchner Stadtbibliothek (fördernd tätig)
Anträge: keine Antragsmöglichkeit
Anschrift: c/o Landeshauptstadt München Kulturreferat, Burgstr. 4, D-80331 München
(2004)

Rudolf Volland Stiftung   S
Unterstützung bedürftiger Künstler in Nürnberg und Mittelfranken bei der Aufnahme in ein Altenheim oder ein Pflegeheim (fördernd tätig)
Hinweise: Nürnberg und Mittelfranken
Anträge: schriftlich formlos
Anschrift: c/o Stadt Nürnberg, Ursula Lang, Theresienstarße 1, D-90403 Nürnberg
Tel: 0911-2317545
Fax: 0911-2315255
email: ursula.lang@stadt.nürnberg.de
Internet: www.stadtfinanzen.nürnberg.de
(2002) Öffentliche Stiftung des bürgerlichen Rechts (Bayern)

Rudolf-Bartling-Stiftung   F*G
Förderung der Krebsforschung durch Finanzierung von Geräten, vornehmlich für Krankenhäuser (fördernd tätig)
Hinweise: vornehmlich Krankenhäuser
Anträge: schriftlich formlos-Begutachtung
Ausgaben: 300.000 €
Anschrift: Gisela Joger, Lindemannallee 28, D-30173 Hannover
Tel: 0511-9824579
Fax: 0511-9824735
email: g.jorger@t-online.de
(1975) Rechtsfähige Stiftung des bürgerlichen Rechts

Rupert Voß Stiftung   B*S
Bildung, Erziehung sowie Kleinkinder-, Kinder- und Jugendhilfe.
Anschrift: Braunautal 16, D-85625 Baiern
(2004)

Ruth-Bleckwenn-Stiftung   F
Förderung von Wissenschaft und Forschung
Anschrift: Frau Prof. Dr. Ingrid Loschek, Albrecht-Dürer-Str. 17a, D-82152 Krailing
(2002)

S. und W. Quaisser-Stiftung   B*S
Zweck der Stiftung ist die Unterstützung und Förderung von Waisen. Sie soll insbesondere dafür dienen, begabten Kindern und Jugendlichen eine gute Ausbildung zu ermöglichen. Der Stiftungszweck wird insbesondere durch folgende Maßnahmen verwirklicht: Vergabe von Stipendien, Finanzierung von Sprachkursen und Auslandsaufenthalten, Finanzierung von Ausbildungs- und Hilfsmitteln, wie z.B. Büchern, Werkzeugen, Geräten, Instrumenten, Finanzierung von För-

dermaßnahmen (z.B. Meisterkurse) in den Bereichen Kunst, vor allem Malerei, und Musik. (fördernd tätig)
Anträge: schriftlich formlos
Anschrift: Dietmar Quaisser, Valentinsbreite 77, D-37077 Göttingen
(2003) Rechtsfähige Stiftung des bürgerlichen Rechts

SALUBRITAS-Stiftung F*G*S
Förderung von mildtätigen Zwecken, öffentlichem Gesundheitswesen /Krankenhäuser, Wissenschaft und Forschung sowie die Hilfe für Behinderte, Kinder-/Jugendhilfe, Waisen.
Anschrift: Michael Kremer, Marktplatz 21, D-53773 Hennef
(2000)

Salz und Licht Hadenfeldt Stiftung für Familie, Bildung und Unternehmensnachfolge B*S
Unter Beachtung eines christlichen Welt- und Menschenbildes die Förderung des Schutzes der Familie, der Jugendhilfe einschließlich der Erziehung von Kindern und Jugendlichen, deren Berufsbildung und der Studentenhilfe sowie die Förderung der Wissenschaft im Hinblick auf die multidisziplinäre Erforschung von Konflikten und Problemfeldern in Familien und Familienunternehmen, auch im Hinblick aufdie Bewältigung der Vermögens- und Generationennachfolge. (auch operativ tätig)
Anträge: schriftlich formlos
Anschrift: Heike und Claus Hadenfeldt, Wormser Str. 83, D-55232 Alzey
Tel: 06731-6941
(2004) Rechtsfähige Stiftung des bürgerlichen Rechts

Sammlung Dr. Bir F*K*V
Die Stiftung bezweckt, die Sammlung Dr. Bir dauerhaft der Öffentlichkeit zugänglich zu machen. Dies kann geschehen durch Schenkung, Dauerleihgabe oder Leihgabe des Sammlungsgutes an eine geeignete Institution - in erster Linie in Deutschland -, insbesondere ein Museum. Hierbei ist die beschenkte Institution/der Entleiher zu verpflichten, eine angemessene räumliche Präsentation des Sammlungsgutes und die fachliche Betreuung sicherzustellen. Die räumliche Präsentation sollte mindestens ein Fünftel des Sammlungsgutes umfassen und einen regelmäßigen Wechsel vorsehen. Zweck ist ferner, das Verständnis für die Kultur des Orients zu fördern und damit der Völkerverständigung zu dienen, indem die Einkünfte aus den Stiftungsmitteln - incl. eventuellen Zuwendungen des Stifters oder sonstiger Spender - genutzt werden zur Förderung von wissenschaftlichen Projekten der beschenkten Institution/des Entleihers, Vortragsveranstaltungen/Seminaren, insbesondere zu Themenbereichen, die das Sammlungsgut berühren, Sonderausstellungen der beschenkten Institution/des Entleihers in Verknüpfung mit dem Themenbereich des Sammlungsgutes, Austausch des Sammlungsgutes mit anderen Institutionen, Ankäufen zur sinnvollen Ergänzung der Sammlung., Katalogisierung der Gesamtsammlung Dr. Bir nach wissenschaftlichen Gesichtspunkten. (fördernd tätig)

Anschrift: Dr. Ümit Bir, An den Hattorfer Teichen 1, D-38444 Wolfsburg
(2002) Rechtsfähige Stiftung des bürgerlichen Rechts

Sandra-Schmidt-Stiftung B*F*S

Förderung von Bildung und Erziehung, Berufsbildung einschließlich der Studentenhilfe, insbesondere die Ausbildung und Fortbildung leistungsfähiger und verantwortungsbewusster weiblicher Nachwuchskräfte in akademischen Berufen, die Förderung von Wissenschaft und Forschung sowie die Verfolgung mildtätiger Zwecke zur selbstlosen Unterstützung von Menschen in Notsituationen, die infolge ihres körperlichen, geistigen oder seelischen Zustandes oder ihrer wirtschaftlichen Lage auf die Hilfe anderer angewiesen sind.
Anschrift: Herrn Guido Schmidt, Birkenallee 9, D-49413 Dinklage
(2000)

Sanipa Stiftung B*F*K*U*X

Unterstützung von (ehemaligen) Betriebsangehörigen und im Gebiet der Stadt Treuchtlingen wohnhaften hilfsbedürftigen Personen; Förderung der Ausbildung, Fort- und Weiterbildung; Förderung besonders begabter junger Menschen in Treuchtlingen; Förderung von Kunst, Kultur und Denkmalpflege überwiegend auf dem Gebiet der Stadt Treuchtlingen
Hinweise: überwiegend das Gebiet der Stadt Treuchtlingen
Anschrift: Postfach 102, D-91752 Treuchtlingen
(2000) Öffentliche Stiftung des bürgerlichen Rechts (Bayern)

Saving An Angel S

Förderung und Unterstützung notleidender Kinder und Jugendlicher weltweit, insbesondere durch die Förderung von Kindergärten und Kinderkrankenhäusern sowie Projektförderung im Einzelfall.
Anschrift: Eva Fabian-Seghezzi, Postfach 63 02 01, D-22312 Hamburg
email: TheGatsian@oal.com
Internet: www.savinganangel.com
(2001)

SCA Packaging Deutschland Stiftung U

Förderung des Wohls der Unternehmungen der SCA Packaging Deutschland-Gruppe und deren inländischer Mitarbeiter
Anschrift: Rollnerstraße 14, D-90408 Nürnberg
(2004)

Schachinger-Mößle-Stiftung B

Förderung der Erziehung, schulischer Bildung und beruflicher Ausbildung bedürftiger elternloser oder armer Kinder in der Dritten Welt (fördernd tätig)
Anschrift: Herr Rechtsanwalt Richard Proksch, Alte Regensburger Straße 11, D-84030 Landshut
Tel: 0871-975700

Fax: 0871-9757070
(2005) Öffentliche Stiftung des bürgerlichen Rechts (Bayern)

SCHAEFER Stiftung F*K

Förderung von Glasmuseen in Bayern, insbesondere des Ausbaus des Archivs sowie der Sammlung bayerischer Schnupftabakgläser im Glasmuseum Frauenau, und die Ermöglichung von Forschungen auf dem Gebiet gläserner Schnupftabakbehälter.
Anschrift: Hagenauerstr. 4, D-81479 München
(2002)

Scharnow Stiftung Tier hilft Mensch F*K*N*S

Förderung der Tier- und Artenschutzes, unter anderem durch die Anschaffung, Haltung und Zucht von Tieren, Haltung besondes bedrohter Tierarten und die Schaffung spezieller Einrichtungen, um die artgerechte zu gewährleidten; Förderung der Wissenschaft und Forschung in den Bereichen Zoologie, Tiermedizin und Tiergartenbiologie, der Landschtspflege und des Denkmalschutzes, der Barrierefreiheit, der Integration und Therapie Behinderter, insbs. Sehbehinderter, unter anderem durch den direkten Kontakt zwischen Mensch und Tier. Förderung der Künste, insbs. behinderter Künstler
Anschrift: Dr. Joachim von Einem, Domsheide 3, D-28195 Bremen
Tel: 0421-3394731
(2004)

Schering Stiftung B*F*K*S*V

Förderung von Wissenschaft und Kultur sowie sozialer und humanitärer Zwecke (auch operativ tätig)
Anträge: schriftlich
Anschrift: Dr. Monika Lessl, Dr. Ilona Murati-Laebe, Friedrichstraße 82, D-10117 Berlin
Fax: 030-20622961
email: info@scheringstiftung.de
Internet: www.schering-stiftung.de
(2002) Rechtsfähige Stiftung des bürgerlichen Rechts

Scheubeck-Jansen Stiftung B*F

Förderung der Wissenschaft und Forschung, insbesondere in den naturwissenschaftlichen Fächern Elektrotechnik, Maschinenbau, Elektronik und Informatik. Desgleichen ist Zweck der Stiftung die Förderung von Bildung und Erziehung in besonderen Fertigkeiten, die der praktischen Umsetzung der Ergebnisse von Forschung und Lehre in den Bereichen Elektrotechnik, Maschinenbau, Elektronik und Informatik dienen.
Anschrift: Hermann-Köhl-Straße 2, D-93049 Regensburg
(2000) Öffentliche Stiftung des bürgerlichen Rechts (Bayern)

Schlierseer Bürgerstiftung B*K*M*N*S

Förderung bedürftiger Personen i.S.d. § 53 AO sowie der Altenhilfe, der Jugendhilfe, der Behindertenhilfe, der Kultur, des Bildungswesens, des Sports, der Natur, der Umwelt und des Denkmalschutzes in Schliersee

Anschrift: c/o Markt Schliersee, Rathausstr. 1, D-83727 Schliersee
(2001)

Schoof'sche Stiftung B*F*K*S

Förderung von Kunst u. Kultur im In- u. Ausland; Förderung der Berufsbildg. u.Wissenschaft u. Forschung; Förderung der Altenhilfe u. Unterstützg.bedürftiger Personen

Anschrift: c/o RAe Hägele Fehling GbR, Herzogspitalstr. 10, D-80331 München
(2004)

Schulstiftung Seligenthal B

Förderung von Bildung, Unterricht und Erziehung; insbesondere von Kindern und Jugendlichen in den pädagogischen Einrichtungen der Abtei Seligenthal. (operativ tätig)

Anträge: keine Antragsmöglichkeit
Anschrift: Carsten Riegert, Bismarckplatz 14, D-84034 Landshut
Tel: 0871-821-151
Fax: 0871-821-146
email: schulstiftung@seligenthal.de
Internet: www.seligenthal.de
(2000) Stiftung des öffentlichen Rechts

Schwarz-Schilling-Stiftung B*F*K*V

Die Stiftung dient der Förderung internationaler Gesinnung, der Toleranz auf allen Gebieten der Kultur und dem Völkerverständigungsgedanken, der Hilfe für politisch, rassisch oder religiös Verfolgte, für Flüchtlinge und Vertriebene, der Erziehung, Volks- und Berufsbildung, der Entwicklungshilfe sowie der Förderung der Wissenschaft. (auch operativ tätig)

Anträge: keine Antragsmöglichkeit
Ausgaben: 6.670 € , (2003)
Anschrift: c/o Maecenata Management, Veronika Hofmann, Herzogstr.60, D-80803 München
Tel: 089-284452
Fax: 089-283774
email: mm@maecenata-management.de
Internet: www.maecenata-management.de
(2003) Öffentliche Stiftung des bürgerlichen Rechts (Bayern)

Schweiger-Stiftung S

Selbstlose Unterstützung von Jugendlichen und jungen Erwachsenen, die infolge ihres körperlichen, geistigen oder seelischen Zustands auf die Hilfe Anderer angewiesen sind. Schwerpunkt der Stiftungstätigkeit soll die Hilfe für psychisch Kranke sein
Anschrift: Weißpfennigweg 5, D-81825 München
(2000) Öffentliche Stiftung des bürgerlichen Rechts (Bayern)

Schwester-Ina-Stiftung S

Förderung von Kinder-/Jugendhilfe, Waisen
Anschrift: Heinz-Wilhelm Wolters, Am Bengt 4, D-47906 Kempen
(2001)

Sebastian Bauer Stiftung S

Förderung bedürftiger Personen i.S.d. § 53 AO
Anschrift: c/o Sebastian Bauer Spedition, Kufsteiner Straße 118, D-83064 Raubling
(2001) Öffentliche Stiftung des bürgerlichen Rechts (Bayern)

Sebastian Wolff Stiftung für internationalen Jugendhockeyaustausch S

Schaffung von Möglichkeiten für jugendliche Hockeyspieler, im Rahmen ihrer Ausbildung andere Städte in Europa zu besuchen und dort diese zu vertiefen und fortzuführen. Dabei soll durch die Möglichkeit, in den dortigen Hockeyclubs Sport zu treiben, die soziale Kontaktaufnahme erleichtert werden und das Verständnis der Jugendlichen für ein gemeinsames Europa gefördert werden. Bereitstellung von Wohnmöglichkeiten und Sicherung der wirtschaftlichen Voraussetzungen zum Bestreiten des Lebensunterhaltes während des Aufenthaltes in den betreffenden Ländern. Kooperation von privaten und staatlichen Ausbildungsstätten sowie Betrieben, die Ausbildungsplätze in den Ländern zur Verfügung stellen.
Anschrift: Bockhorst 66, D-22589 Hamburg
Tel: 040-37 67 61 21
Fax: 040-37676110
(2000)

Sebastian-Ebner-Stiftung S

Förderung des Kinderdorfes Brixen, Provinz Bozen, Italien
Anschrift: c/o Kinderdorf Brixen, Vordere Sterngasse 11, D-90402 Nürnberg
(2001)

Selbach Umwelt Stiftung N

Förderung der Erhaltung und Wiederherstellung einer lebenswerten und zukunftsfähigen Natur und Umwelt sowie zu einem friedlichen Miteinander von Mensch und Natur. (auch operativ tätig)

Anträge: schriftlich formlos
Anschrift: Dr. Manuel Schneider, Südliches Schlossrondell 1, D-80638 München
Tel: 089-17959513
Fax: 089-17959519
email: info@selbach-umwelt-stiftung.org
Internet: www.selbach-umwelt-stiftung.org
(2003) Rechtsfähige Stiftung des bürgerlichen Rechts

Senior Experten Service Stiftung der Deutschen Wirtschaft für internationale Zusammenarbeit S*V*W

Förderung und Trägerschaft des gemeinnützigen "Senior Experten Service ehrenamtlicher Dienst der Deutschen Wirtschaft für internationale Zusammenarbeit GmbH" (SES), der im Auftrag der Stiftung alle Maßnahmen durchführt, die geeignet sind, den Stiftungszweck zu erfüllen. (fördernd tätig)
Anträge: keine Antragsmöglichkeit
Ausgaben: 4.000 € , (2004)
Anschrift: Dr. Susanne Nonnen, Buschstrasse 2, D-53113 Bonn
Tel: 0228-260 900
Fax: 0228-260 9077
email: ses@ses-bonn.de
Internet: www.ses-bonn.de
(2003)

Senioren- und Behindertensport Korschenbroich S

Förderung von Mildtätigen Zwecken, Hilfe für Behinderte, Altenhilfe (einschl. Altenheime)
Anschrift: c/o Verein "Sport Ältere Generation Korschenbroich", Baldur H. Wenger, Auf den Kempen 10, D-41352 Korschenbroich
Internet: www.saegKo.de
(2003)

Siegfried Lowitz Stiftung für Theater und Schauspielkunst K

Die Stiftung dient der Förderung der Kunst und Kultur. Zweck der Stiftung ist es insbesondere, Theater in den Erinnerungen Theaterschaffender lebendig zu halten und über die Zeiten zu retten. Die Stiftung wird Erinnerungen und Erinnerungsstücke Theaterschaffender archivieren und pflegen und der Öffentlichkeit Einblick in diese Erinnerungen gewähren. Die Stiftung möchte jungen Theaterschaffenden die Möglichkeit eröffnen, aus den Erfahrungen der vorangegangenen Generationen Theaterschaffender zu lernen und möchte beim interessierten Publikum das

Verständnis für Theater und Theaterschaffende vertiefen. Die Stiftung vergibt den Siegfried Lowitz-Preis für Theater und Schauspielkunst und fördert Theaterprojekte.
Anschrift: Dr. Josef Krähn, Possartstraße 14, D-81679 München
(2001) Öffentliche Stiftung des bürgerlichen Rechts (Bayern)

Siegfried und Marlene Weiß-Stiftung B*F
Förderung und Unterstützung von Bildung und Ausbildung sowie von Wissenschaft und Kunst, insbesondere a) Aus- und Fortbildungsmaßnahmen zu berufsqualif. Abschl. wie z.B. Abschluss an Technikerschulen und Handelsakademien b) Ausreichung von Stipendien an begabte Studenten c) Schwerpunkt der Stiftung soll auf Maschinenbauberufen und Ingenieurwissenschaften sein, die Förderung von Geisteswissenschaften ist nicht ausgeschlossen d) Auslobung des "Siegfried und Marlene Weiß-Preises".
Anschrift: c/o Dresdner Bank AG Stiftungsmanagement, D-60301 Frankfurt am Main
(2002)

Siegfried Wilsing Stiftung zur F*G
Förderung der Behandlung und der
Erforschung von Lungenkrankheiten
bei Kindern und Jugendlichen
Förderung von Wissenschaft und Forschung, des öffentlichen Gesundheitswesens /Krankenhäuser
Anschrift: Helmut Heinlein, Hahnenstraße 57, D-50667 Köln
(2001)

Skrodolies Stiftung F*G*S
Förderung von Wissenschaft und Forschung, insbs. die Erforschung von Morbus-Crohn durch die Crohn/Colitis-Stiftung. Förderung des öffentlichen Gesundheitswesen, insbs. duch die Unterstützung von Einrichtungen zur Behandlung und Rehabilitation von Tumorkrankheiten bei Kindern; die Unterstützung, die aufgrund ihres körperlichen, geistigen oder seelischen Zustands auf Hilfe angewiesen sind
Anschrift: Blumenauer Weg 87b, D-27578 Bremerhaven
(2002)

SMD-Stiftung R
Förderung der christlichen Schülerarbeit, christlichen Studentenarbeit und christlichen Akademikerarbeit im In- und Ausland. (operativ tätig)
Anträge: keine Antragsmöglichkeit
Ausgaben: 175.295 € , (2004)
Anschrift: Michael Haberland, Universitätsstraße 30-32, D-35037 Marburg
Tel: 06421-9105 0
Fax: 06421-9105 27

email: haberland@smd.org
Internet: www.stiftung.smd.org
(2004) Rechtsfähige Stiftung des bürgerlichen Rechts

Software AG Stiftung B*F*N*S

Förderung von Erziehung und Bildung, Jugendhilfe und Jugendpflege, Betreuung von Menschen mit Behinderungen, Altenhilfe und Altenpflege, Wissenschaft und Forschung und Umweltschutz. (fördernd tätig)
Hinweise: Ausschließlich gemeinnützige Einrichtungen
Anträge: Merkblatt-schriftlich formlos
Ausgaben: 17.400.000 € , (2004)
Anschrift: Herrn Helmut Müller-Hellwig, Am Eichwäldchen 6, D-64297 Darmstadt
Tel: 06151.91665-0
Fax: 06151.91665-129
email: stiftung@sagst.de
Internet: www.sagst.de
(1992) Rechtsfähige Stiftung des bürgerlichen Rechts

Sonthofer Förderstiftung F*K*M*S

Förderung von gemeinnützigen Maßnahmen im kulturellen, künstlerischen, wissenschaftlichen, sportlichen, sozialen und mildtätigen Bereich sowie ehrenamtlichens Engagement und Initiativen (fördernd tätig)
Hinweise: Sonthofen
Anträge: schriftlich formlos
Ausgaben: 60.000 €
Anschrift: c/o Stadt Sonthofen, Herr Werner Gerngroß, Rathausplatz 1, D-87527 Sonthofen
Tel: 08321-615 230
Fax: 08321-615 294
email: werner.gerngros@sonthofen.de
(2001)

Sophia und Fritz Heinemann-Stiftung F*S

Förderung von Mildtätigen Zwecken sowie von Wissenschaft und Forschung
Anschrift: c/o Dresdener Bank AG - Stiftungsmanagement, Richard Csaki, Gallusanlage 7, D-60301 Frankfurt am Main
(2000)

SOS-Kinderdorf-Stiftung S

Förderung des Kinderdorfgedankens, Betreuung schutzbedürftiger Kinder und Jugendlicher.
Anschrift: Renatastr. 77, D-80639 München
(2003)

Sozial- und Bürgerstiftung der   S
Arbeiterwohlfahrt Penzberg
Förderung von sozialen Dienstleistungen jeglicher Art
Anschrift: c/o Friederike Patzer, Wankstr. 43, D-82377 Penzberg
(2003)

Sozialstiftung Bamberg   S
Förderung des öffentlichen Gesundheitswesens und der Altenhilfe in Bamberg durch den Betrieb und die Unterhaltung von Krankenhäusern und Alten- und Pflegeheimen
Anschrift: c/o Stadt Bamberg, Buger Str. 80, D-96049 Bamberg
(2003) Stiftung des öffentlichen Rechts

Sozialwerk-Stiftung Stiftung Christus-   B*G*S
Centrum-Ruhrgebiet
Ausbildungsförderung und die Förderung von Hilfe für Behinderte, Kinder-/Jugendhilfe, Waisen, des öffentlichen Gesundheitswesens / Krankenhäuser, Mildtätigen Zwecken, Entwicklungshilfe, Bildung, Erziehung, Ausbildung, Sonstigen Sozialen Zwecken
Anschrift: Ruth Klösel, Sternbuschweg 360 a+b, D-47057 Duisburg
Tel: 0203 - 37 86 5 22
Fax: 0203 - 37 86 5 18
email: info@ccr-sozialwerkstiftung.de
Internet: www.ccr-sozialwerkstiftung.de
(2002)

Sparda-Stiftung Nürnberg   B*F*K*N
Förderung von Kunst und Kultur in Franken sowie daneben auch von Wissenschaft und Forschung, Bildung und Erziehung, Naturschutz und Landschaftspflege in Franken (fördernd tätig)
Hinweise: begrenzt auf Franken
Anträge: schriftlich formlos-Begutachtung-mündlich
Anschrift: Eilgutstr. 9, D-90443 Nürnberg
Tel: 0911-2477102
Fax: 01805-76060040
(2002) Öffentliche Stiftung des bürgerlichen Rechts (Bayern)

Sparkassen Bürgerstiftung   R*S
Berchtesgadener Land
Zweck der Stiftung ist die Förderung gemeinnütziger Zwecke i.S. von § 52 AO, mildtätiger Zwekke i.S.von § 53 AO und kirchlicher Zwecke i.S. von § 54 AO im Landkreis Berchtesgadener Land. Die Stiftung soll insbesondere Privatleuten und juristischen Personen eine Möglichkeit bieten, im Rahmen dieser Stiftung als Zustifter und/oder als Spender die Ziele dieser Stiftung zu verwirklichen. (operativ tätig)

Anträge: keine Antragsmöglichkeit
Anschrift: Andreas Thielk, Bahnhofstr. 17, D-83435 Bad Reichenhall
Tel: 08651-707230
Fax: 08651-707239
email: andreas.thielk@sparkasse-bgl.de
(2004)

Sparkassenstiftung für Mönchengladbach   B*K*M*N*S

Förderung von Naturschutz, Umweltschutz, Denkmalpflege, Bildung, Erziehung, Ausbildung, Sonstigen Sozialen Zwecken, Brauchtum und Heimatgedanke/-geschichte, Kunst und Kultur, Sport, Altenhilfe (einschl. Altenheime) sowie von Kinder-/Jugendhilfe, Waisen
Anschrift: Manfred Verleysdonk, Bismarckplatz 10, D-41061 Mönchengladbach
(2000)

Sparkassenstiftung Gelsenkirchen   K

Förderung der Kunst und Kultur
Anschrift: Eberhard Breßlein, Postfach 10 01 02, D-45801 Gelsenkirchen
(2002)

Sparkassenstiftung Jugend und Sport   M*S

Förderung von Sport un Jugend in der Stadt und im Landkreis (fördernd tätig)
Anträge: schriftlich
Anschrift: An der Münze 4-6, D-21335 Lüneburg
Tel: 04131-28 86 32
Fax: 04131-28 86 39
email: Nicole.Bloch@Sparkasse-lueneburg.de
Internet: www.sparkasse-lueneburg.de
(2000) Stiftung des bürgerlichen Rechts

Sparkassenstiftung Kloster Roggenburg   R

Förderung des Prämonstratenserordens bzw. des Prämonstratenserklosters Roggenburg, seiner Einrichtungen, Projekte und Maßnahmen.
Anschrift: c/o Sparkassenstiftung Kloster Roggenburg, Klosterstraße 5, D-89297 Roggenburg
(2001)

Sparkassenstiftung Lindau (Bodensee)   B*F*G*K*N*S
Förderung der Erziehung, der Volks- und Berufsbildung, des Natur- und Umweltschutzes, der öffentlichen Gesundheitspflege, der Jugend- und Altenhilfe, Kunst und Kultur, Wissenschaft und Forschung. (fördernd tätig)
Anschrift: Herr Guggenmos, St.-Josefs-Kirchplatz 6-8, D-87700 Memmingen
Tel: 08331-609-320
Fax: 08331-609-329
(2000) Rechtsfähige Stiftung des bürgerlichen Rechts

Sparkassenstiftung Mindelheim   B*F*G*K*N*S
Förderung der Erziehung, der Volks- und Berufsbildung, des Natur- und Umweltschutzes, der öffentlichen Gesundheitspflege, der Jugend- und Altenhilfe, Kunst und Kultur, Wissenschaft und Forschung. (fördernd tätig)
Anträge: schriftlich formlos
Anschrift: Herr Guggenmos, St.-Josefs-Kirchplatz 6-8, D-87700 Memmingen
Tel: 08331-609-320
Fax: 08331-609-329
(2000) Rechtsfähige Stiftung des bürgerlichen Rechts

Sparkassenstiftung Sparkasse Haltern   K
Förderung von Kunst und Kultur
Anschrift: Annette Korber, Koeppstraße 2, D-45721 Haltern
(2002)

Sparkassenstiftung Starkenburg   K*M*S
Förderung sozialer, kultureller und sportlicher Anliegen, der Jugend- und Altenpflege sowie mildtätiger Zwecke (auch operativ tätig)
Anträge: schriftlich formlos
Ausgaben: 250.533 €
Anschrift: Andrea Helm, An der Sparkasse, D-64646 Heppenheim
Tel: 06252-1205030
Fax: 06252-12095030
email: andrea.helm@sparkasse-starkenburg.de
Internet: www.sparkasse-starkenburg.de
(2000) Rechtsfähige Stiftung des bürgerlichen Rechts

Sparkassenstiftung Untereichsfeld - Kultur- und Sozialstiftung der Sparkasse Duderstadt
B*K*M

Zweck der Stiftung ist die Förderung von Kultur wie Geschichte, Landeskunde, Heimatpflege, Denkmalpflege, Museen, Bildende Kunst, Musik, Literatur, Theater, Bildung und Ausbildung, Sport, Umweltschutz, privaten Initiativen im sozialen Bereich im Geschäftsgebiet der Zweckverbandssparkasse Duderstadt. Der Stiftungszweck wird insbesondere verwirklicht durch die Förderung von regionaltypischen Projekten und die Unterstützung von vorbildlichen und beispielhaften Initiativen. Die Stiftung gibt eigene Anregungen, initiiert selbst Vorhaben und führt eigene Vorhaben durch, wie z.B. die Vergabe von Preisen für besondere Leistungen und privates Engagement. Die Stiftung kann innerhalb des Stiftungszwecks Förderprogramme aufstellen und Förderschwerpunkte bilden. (auch operativ tätig)

Anträge: schriftlich formlos
Anschrift: Alfons Wüstefeld, Herrmann Vorwald, Bahnhofstraße 41, D-37115 Duderstadt
Tel: 05527-830
Fax: 05527-83190
email: info@spk-duderstadt.de
Internet: www.sparkasse-duderstadt.de
(2001) Rechtsfähige Stiftung des bürgerlichen Rechts

Sportstiftung der Kreissparkasse Rhein-Pfalz
M

Zweck der Stiftung ist die Förderung begabter Nachwuchssportlerinnen und -sportler im Landkreis Rhein-Pfalz-Kreis. Die Stiftung verfolgt ihre Ziele insbesondere durch die Auslobung von Geld- und Sachpreisen für herausragende sportliche Leistungen , die Durchführung oder finanzielle Unterstützung von Sportveranstaltungen, die Gewährung von Zuwendungen für die Trainingsarbeit, die Ermöglichung der Teilnahme an Wettbewerben

Anschrift: Herr Konrad Reichert, Bismarckstraße 25, D-67059 Ludwigshafen am Rhein
(2003)

Sportstiftung der Sparkasse Essen
M

Zweck der Stiftung ist die Förderung von Sport
Anschrift: c/o Sparkasse Essen, Dr. Henning Osthues-Albrecht, III. Hagen 43, D-45127 Essen
(2000)

St. Alexandri Stiftung Einbeck
K*R

Zweck der Stiftung ist die Förderung und Unterstützung der kirchlichen Arbeit der Münstergemeinde St. Alexandri in Einbeck. Der Stiftungszweck wird insbesondre verwirklicht durch Erhalt und Pflege der Kirchenmusik in der St. Alexandri Kirche, Förderung des Ziels der Gemeinde,

Kirche für Menschen in Einbeck zu sein, Darstellung und Weitergabe der Werte des christlichen Glaubens. Bei der Erfüllung des Stiftungszweckes haben Fördermaßnahmen im Personal- und Sachbereich stets Vorrang vor Fördermaßnahmen im Grundstücks- und Gebäudebereich.
Anschrift: Oehlmannstraße 4, D-37574 Einbeck
(2002) Rechtsfähige Stiftung des bürgerlichen Rechts

St. Franziskus-Stiftung für Kinder und Jugendliche B*S

Förderung der Jugendhilfe, Fürsorge, Erziehung und Ausbildung von Kindern, Jugendlichen und jungen Erwachsenen in Deutschland und im Ausland (fördernd tätig)
Anträge: keine Antragsmöglichkeit
Anschrift: Franz Künzler, Raiffeisenstr. 3, D-86405 Meitingen
Tel: 08271-2041
Fax: 08271-2366
email: info@kuenzler-meitingen.de
Internet: www.kuenzler-meitingen.de
(2000)

St. Martinus-Stiftung G*S

Zweck der Stiftung ist die Beschaffung von Mitteln für das St. Martinus Krankenhaus in Düsseldorf zur Verwirklichung seiner steuerbegünstigten Zwecke. Die beschafften Mittel sollen insbs. der Unterhaltung des St.Martinus Krankenhauses bei der humanen und patientenorientierten Krankenpflege durch die Optimierung der medizinisch-technische Ausstarttung im stationären und ambulanten Versorgungsbereich verwendet werden. (fördernd tätig)
Anträge: keine Antragsmöglichkeit
Anschrift: Norbert Dorsemagen, Martinstrasse 7, D-40223 Düsseldorf
Tel: 0211- 32 03 74
Fax: 0211- 32 86 13
email: NotarDorsemagen@t-online.de
Internet: www.martinus-duesseldorf.de
(2002) Rechtsfähige Stiftung des bürgerlichen Rechts

St. Matthäus Stiftung zur Förderung von Glauben und Leben B*R

Die Stiftug verfolgt die Förderung christlicher Verkündigung und Seelsorge, ferner Bildung und Erziehung
Anschrift: Klaus Bartels, Postfach 10 74 23, D-28074 Bremen
Tel: 0421-5980161
(2002)

Stadtstiftung Bad Lippspringe   B*F*G*M*N*S*V

Förderung von Kinder-/Jugendhilfe, Waisen, Mildtätigen Zwecken, Wissenschaft und Forschung, Völkerverständigung, Naturschutz, Umweltschutz, Altenhilfe (einschl. Altenheime), des öffentlichen Gesundheitswesens / Krankenhäuser, Denkmalpflege, Sport, Bildung, Erziehung, Ausbildung (auch operativ tätig)

Anschrift: Gabriele Lukoschek, Friedrich-Wilhelm-Weber-Platz 1, D-33175 Bad Lippspringe
Internet: www.stadtstiftung-bad-lippspringe.de
(2002)

Stadtstiftung Fürstenfeldbruck   K

Förderstiftung im Sinne des § 58 der Abgabenordnung. Förderung kultureller Zwecke durch die Weitergabe von Stiftungsmitteln

Anschrift: c/o Stadt Fürstenfeldbruck, Rathaus, Hauptstraße 31, D-82256 Fürstenfeldbruck
(2004)

Stahlberg-Stiftung   K*R

Förderung der Jugend, der Kultur und kirchlicher Zwecke insbesondere durch Förderung von gemeinnützigen Jugendprojekten und Einrichtungen mit Bildungscharakter sowie Förderung von gemeinnützigen Musik-. Musical- und Theaterprojekten; Durchführung von Jugendprojekten mit Bildungscharakter sowie Durchführung von Musik,- Musical- und Theaterprojekten; Förderung der evangelisch-lutherischen Kirchengemeinde Hittfeld. (auch operativ tätig)

Anträge: schriftlich formlos
Anschrift: Dr. Constantin Stahlberg, Werkstraße 6, D-21218 Seevetal
Tel: 04105-58 53 0
Fax: 04105-585344
email: info@stahlberg-stiftung.de
Internet: www.ric-hittfeld.de
(2002)

STAHLGRUBER Gesellschafter-Stiftung   B

Förderung der Bildung im Bereich der handwerklichen Fort- und Weiterbildung, insbesondere im Kfz-Handwerk, dem Vulkaniseurhandwerk, der industriellen Gummitechnik und verwandter Bereiche unabhängig von ihrer Herkunft, wirtschaftlichen Situation und Unternehmenszugehörigkeit im In- und Ausland

Anschrift: Gruber Straße 65, D-85586 Poing
(2003)

Stark fürs Leben - Förderung von Suizidprävention und Krisenintervention   G*S

Zweck der Stiftung ist die Förderung der freien Wohlfahrtspflege sowie der Suizidprävention für Kinder, Jugendliche und junge Erwachsene. Die Stiftung verfolgt ihre Ziele beispielsweise durch ie finanzielle und ideelle Förderung der Suizidprävention an Schulen, die Organisation und Durchführung von Informationsveranstaltungen, ie individuelle Beratung, finanzielle Zuwendungen an ebenfalls steuerbegünstigte Einrichtungen, welche die Mittel im Sinne des Stiftungszwecks zu verwenden haben.

Anschrift: Eheleute Hedwig und Bernhard Hery, Hof im Fallgarten, D-67125 Dannstadt-Schauernheim
(2004)

Stark Stiftung   G*R*S

Verbesserung der Lebensverhältnisse von Kindern und Jugendlichen in Entwicklungsländern, die infolge ihres körperlichen, geistigen oder seelischen Zustandes auf die Hilfe anderer angewiesen sind, sowie die Förderung der christlichen Religion in Deutschland

Hinweise: Kinder und Jugendliche aus Entwicklungsländer
Anschrift: Kamerhof 6, D-85354 Freising
(2000) Öffentliche Stiftung des bürgerlichen Rechts (Bayern)

Steierer-Stiftung für Menschen in Not   R*S

Unterstützung bedürftiger Menschen, Jugendförderung, Unterstützung gemeinnütziger, kirchlicher oder mildtätiger Maßnahmen

Anschrift: Max-Gutmann-Str. 5, D-86159 Augsburg
(2002)

Steyler Bank-Stiftung   K*N*S

Förderung von Kunst und Kultur, Entwicklungshilfe, Sozialem, Tierschutz

Anschrift: c/o Steyler Bank, Hans-Ulrich Stork, Arnold-Jansen-Strasse 22, D-53757 Sankt Augustin
(2001)

Stiftergemeinschaft zur Förderung des Klinikums Augsburg   G

Förderung des öffentlichen Gesundheitswesens am Zentralklinikum Augsburg

Anschrift: Rita Langzauner, Stenglinstr. 2, D-86156 Augsburg
Tel: 0821-32511631
(2003)

Stifterverbund zur Förderung Sozialen Lernens S

Zweck der Stiftung ist die gezielte Förderung sozialen Lernens vor allem junger Menschen in Theorie und Praxis. Die Idee, das Soziale Lernen zu fördern, ist eine Querschnittsaufgabe aller relevanten gesellschaftlichen Gruppen und soll von diesen gemeinsam getragen werden. (operativ tätig)

Hinweise: Agentur Mehrwert gGmbH in Stuttgart
Anträge: keine Antragsmöglichkeit
Anschrift: Gabriele Bartsch, Firnhaberstr. 14, D-70174 Stuttagrt
Tel: 0711-22296632
Fax: 0711-22296656
email: bartsch@agentur-mehrwert.de
Internet: www.agentur-mehrwert.de
(2000) Rechtsfähige Stiftung des bürgerlichen Rechts

Stiftung - Maria Friedenskönigin K*R

Förderung von Religion, kirchlichen Zwecken, Kunst und Kultur
Anschrift: Bernd Faßbender, Cahensylstrasse 9a, D-65549 Limburg Lahn
(2002)

Stiftung - Thomas Ellwein G*S

Förderung von Maßnahmen und Einrichtungen, die eine wirksame Hilfe für behinderte Menschen, deren Eltern und Angehörigen darstellen. Die Stiftung fördert insbesondere Maßnahmen für Behinderte, die von der Lebenshilfe e.V. Passau betreut werden.
Anschrift: Haarstubnerweg 8, D-94127 Neuburg
(2001)

Stiftung - Verbundenheit mit den Deutschen im Ausland S

Förderung und Erhaltung der deutschen Sprache, Kultur und des Brauchtums der im Ausland lebenden Deutschen sowie die humanitäre Hilfe für bedürftige Deutsche im Ausland. (fördernd tätig)

Anträge: keine Antragsmöglichkeit
Anschrift: Kölnstr. 76, D-53757 Sankt Augustin
Tel: 02241-21071
Fax: 02241-19241
email: vda.globus@t-online.de
(2004) Rechtsfähige Stiftung des bürgerlichen Rechts

Stiftung "Aktion Gemeinsinn" F*P

Förderung von Wissenschaft und Forschung, Demokratisches Staatswesen, Gesellschaftskunde und Völkerverständigung (fördernd tätig)

Anträge: schriftlich formlos-mündlich
Anschrift: Vorsitzender Dieter Schweickhardt, Am Hofgarten 10, D-53113 Bonn
Tel: 0228- 222 306
Fax: 0228-214409
email: info@gemeinsinn.de
Internet: www.gemeinsinn.de
(2001) Rechtsfähige Stiftung des bürgerlichen Rechts

Stiftung "Brücken in die Welt" S

Wohlfahrt und Mildtätigkeit; Hilfe für notleidende Menschen in der "Dritten Welt"
Anschrift: Heinz Barthenheier, Obere Plötzgasse 3, D-56410 Montabaur
Tel: 02602-92290
Fax: 02602-922929
email: info@gdm-welt.de
Internet: www.gdm-welt.de
(2000) Rechtsfähige Stiftung des bürgerlichen Rechts

Stiftung "Deutsches Venture Capital Institut" (DVCI) F

Förderung von Wissenschaft und Forschung sowie von Bildung und Erziehung auf dem Gebiet der außerbörslichen Unternehmensfinanzierung mit dem Schwerpunkt innovativer Finanzierungsformen wie Venture Capital und Private Equity
Anschrift: c/o P+P Pöllath + Partner, Kardinal-Faulhaber-Str. 10, D-80333 München
Tel: 089-2 42 40 0
Fax: 089 2 42 40 - 999
email: info@dvci.de
Internet: www.dvci.de
(2001)

Stiftung "Dorf in der Stadt" B*F*G*K*N*S*X

Zweck der Stiftung ist die Förderung der Jugend- und Altenhilfe, der Gemeinschaftsbildung, der Wissenschaft und Bildung, der Kunst und der Kultur, des Gesundheitswesens, des Naturschutzes, der Sicherung von Grund und Boden.
Anschrift: c/o Die Brücke e.V. , Neuffenstr. 11, D-89518 Heidenheim
(2002)

Stiftung "Dümmer Vogelschau" - Vogelkundliches Informations-Zentrum
B*F*N

Förderung des Umwelt-, Natur- und Landschaftsschutzes, des Tierschutzes, insbesondere des Vogelschutzes, von Bildung und Erziehung sowie von Wissenschaft und Forschung, insbesondere durch Maßnahmen, Veranstaltungen, Aktivitäten und Projekte im Bereich des Dümmers, der Dümmerniederung und im näheren Umfeld der Dümmerniederung sowie durch Förderung von Vorhaben, die die internationale Funktion dieser Region zum Ziel haben sowie durch Bereitstellung eines Baugrundstücks zum Zwecke der Errichtung und Ersteinrichtung eines Gebäude zum Betrieb eines zeitgemäßen Informations- und Kommunikations-Zentrums, insbesondere die Überlassung der privaten ehemaligen Vogelsammlung "Dümmer Vogelschau".

Anschrift: Herrn Heinrich Schomaker, Dümmerstraße 7, D-49401 Damme
(2003) Rechtsfähige Stiftung des bürgerlichen Rechts

Stiftung "Ein bisschen mehr Wir und ein bisschen weniger Ich"
S

Unterstützung bedürftiger Personen, die ihre Kinder alleine erziehen, aus dem Landkreis Fürstenfeldbruck, bevorzugt Personen aus Mammendorf, Gemeindeteil Nannhofen und Umgebung

Anschrift: c/o Günther Mörtl, Günther Mörtl, Dorfstraße 4, D-82291 Mammendorf

(2003)

Stiftung "Evangelisch in Regensburg"
R

Förderung und Unterstützung des Erhalts der historischen Gebäude der Evangelisch-Lutherischen Kirchengemeinden Dreieinigkeitskirche und Neupfarrkirche und der diakonischen und sozialen Aufgaben der Evangelisch-Lutherisches Kirchengemeinden Dreieinigkeitskirche und Neuparrkirche sowie der Evangelisch-Lutherischen Kirche Regensburg (fördernd tätig)

Anträge: keine Antragsmöglichkeit
Ausgaben: 1.000 € , (2005)
Anschrift: c/o Evangelisch-Lutherisches Dekanat Regensburg, Ulrich Landeskron, Alte Manggasse 3, D-93047 Regensburg
Tel: 0941-5040-1000
Fax: 0941-5040-1029
email: ulrich.landskron@ewr-stiftung.de
(2002) Kirchliche Stiftung des öffentlichen Rechts

Stiftung "Freunde des Raphaelshauses"
S

Förderung Sonstiger Sozialer Zwecke

Anschrift: c/o Deutsche Bank AG Stiftungsmanagement, Rüdiger Kuxdorf,
Mainzer Landstrasse 178-190, D-60327 Frankfurt
(2002)

Stiftung "Germaringer Sport und Altenhilfe"   M*S

Förderung von Maßnahmen für die Jugendhilfe, die Altenhilfe und des Sports in Germaringen (fördernd tätig)
Hinweise: Germaringen
Anträge: schriftlich formlos
Ausgaben: 2.000 € , (2005)
Anschrift: Georg Biechele, Aufkircher Str. 8, D-87656 Germaringen
Tel: 08341-60984
Fax: 08341-60984
(2001) Öffentliche Stiftung des bürgerlichen Rechts (Bayern)

Stiftung "Hilfe für Adoleszente aus Suchtfamilien und Hilfe bei depressiven Störungen von Adoleszenten"   S

Wohlfahrt und Mildtätigkeit
Anschrift: Sven Bieber, Hans-Sachs-Str. 3, D-35039 Marburg
Tel: 06421-590906
(2002) Rechtsfähige Stiftung des bürgerlichen Rechts

Stiftung "JOVITA"   B*G*S

Zweck ist es, Kinder und Jugendliche - insbesondere aus sozialen Randgruppen - zu fördern und zu unterstützen. Der Zweck soll besonders auch dadurch erreicht werden, dass für diese Jugendlichen eine Begegnungsstätte aufgebaut wird, in der ein umfassendes Freizeit- und Ausbildungsangebot mit fachlicher Betreuung zur Verfügung steht. Zu den Zwecken zählt auch die Unterstützung auf den Gebieten der Ausbildung (z. B. Stipendien), der Medizin (z. B. Kranken- und Kurzuschüsse) sowie die Förderung wissenschaftlicher Projekte im Bereich der Bildung und Medizin. (auch operativ tätig)
Anträge: schriftlich
Anschrift: Elke Fischer, Pickhuben 6, D-20457 Hamburg
Tel: 040-300698-12
Fax: 040-300698-29
email: info@stiftung-jovita.de
Internet: www.stiftung-jovita.org
(2002)

Stiftung "Jugend mit Zukunft" R*S
Förderung von Religion, kirchlichen Zwecken, Kinder-/Jugendhilfe, Waisen
Anschrift: c/o Ev. Kirchenkreis an der Ruhr, Wolfgang Döring (Pastor für Öffentlichkeitsarbeit), Althofstrasse 9, D-45468 Mülheim an der Ruhr
Tel: 0208-3003239
Fax: 0208-3003299
email: jugend-mit-zukunft@kirche-muelheim.de
Internet: www.kirche-mülheim.de
(2002)

Stiftung "JusticeF" B*S
Förderung von Bildung, Beschäftigung, Ausbildung, Beschäftigung, Entwicklungshilfe (auch operativ tätig)
Anträge: schriftlich formlos-Begutachtung-mündlich
Anschrift: Dr. Christoph Diekmann, Oskarstr. 29, D-46149 Oberhausen
Tel: 0208-960 1234
Fax: 0208-6217116
email: office@justicef.org
Internet: www.justiceF.org
(2002)

Stiftung "Kinder - unsere Zukunft" B*S
Förderung der Ausbildung und Erziehung von Kinder und Jugendlichen insbesondere Waisen, aber auch die Unterstützung von Alten Menschen
Anschrift: Badma Baasansuren, Gierather Strasse 247, D-51469 Bergisch-Gladbach
Tel: 02202-189359
Fax: 02202-189654
Internet: www.kinder-unsere-zukunft.de
(2000)

Stiftung "Kompetenz im Konflikt" B*V
Förderung von Bildung, Erziehung, Ausbildung und Völkerverständigung (auch operativ tätig)
Anschrift: Marion Vollmer, Hültzstraße 32, D-50933 Köln
(2001)

Stiftung "Leben ist mehr" B*D*G*K*N*S
Förderung von - geistiger Bildung und kultureller Zwecke - Befähigung zur Erziehung und Gestaltung d. Familienlebens - Anleitungen z. Verbeserung zwischenmenschl. Kontakte - Hilfen z. toleranten und gewaltfreien Kommunikation - Gesundheit und verantwortungsvollem Verbraucherverhalten - Befähigung zum Umweltschutz - medienpädagogischer Arbeit zur eigenen Mei-

nungsbildung - sozialer Projekte f. Kinder, Jugendl. u. Behinderte - Anreg.z.Selbst- u. Mitverantwort. in Staat u. Gesellsch. (operativ tätig)
Hinweise: Errichtung eines LIFE PARK
Anschrift: c/o Gesellschaft für christliche Öffentlichkeitsarbeit GCÖ e.V., Dr. J Scharrer, Schützensteige 8, D-97076 Würzburg
Tel: 0931-271491
Fax: 0931-271471
email: info@stiftunglebenistmehr.de
(2003)

Stiftung "LEBENDIGE STADT" F*K

Die Stiftung verfolgt ausschließlich und unmittelbar gemeinnützige Zwecke im Sinne des Abschnitts "Steuerbegünstigte Zwecke" der Abgabenordnung. Sie widmet sich den europäischen Städten als Zentren für Leben, Arbeiten, Wohnen, Kommunikation, Kultur und Handel. In diesem Rahmen ist der Zweck der Stiftung gerichtet auf die Förderung der Kultur, der Wissenschaft und Forschung und der Pflege und Erhaltung von Kulturwerten sowie der Denkmalpflege. Diese Zwecke werden insbesondere verwirklicht durch künstlerische Projekte in Städten, Veranstaltung von Symposien, Vergabe von Stiftungspreisen und Stipendien, Vergabe von Forschungsaufträgen, Veröffentlichungen in einer Stiftungszeitschrift und anderen Medien.

Anschrift: Dr. Andreas Mattner, Saseler Damm 39, D-22395 Hamburg
Tel: 040-60 87 61 62
Fax: 040-67 61 87
email: info@lebendige-stadt.de
Internet: www.lebendige-stadt.de
(2000)

Stiftung "Partner für Gesundheit weltweit" G

Förderung von missionsärztlichen und wissenschaftlichen Zwecken des Missionsärztlichen Instituts in Übersee und der Missionsärztlichen Klinik in Würzburg (fördernd tätig)

Anträge: keine Antragsmöglichkeit
Anschrift: c/o Missionsärztliches Institut, Karl-Heinz Hein-Rothenbücher, Salvatorstrasse 7, D-97074 Würzburg
Tel: 0931-791-2900
Fax: 0931-791-2801
email: mi-gf@mail.uni-wuerzburg.de
Internet: www.uni-wuerzburg.de/missio
(2004) Öffentliche Stiftung des bürgerlichen Rechts (Bayern)

Stiftung "Projekt Omnibus" S

Unterstützung schwer- u. schwerstkranker Kinder im Dr. von Hauner'schen Kinderspital u. anderen Münchner Kinderkliniken. Auch seelsorgerlicher Beistand für Eltern bzw. Angehörige so-

wie Schaffung von Möglichkeiten, den leidenden Kindern nahe zu sein, durch Angebot kostenlosen Wohnraums (fördernd tätig)
Anträge: schriftlich formlos
Anschrift: Korbinian Klinger, Lindwurmstr. 77, D-80337 München
Tel: 089-536550
email: info@projekt-omnibus.de
Internet: www.projekt-omnibus.de
(2003) Öffentliche Stiftung des bürgerlichen Rechts (Bayern)

Stiftung "Scheuklappen" V
Förderung eines breiteren öffentlichen Bewußtseins für ein besseres gegenseitiges Verstehen in der Welt (fördernd tätig)
Anträge: mündlich-schriftlich
Anschrift: Erwin Höpfe, Schlesierstr. 4, D-86956 Schongau
Tel: 08861-7540
Fax: 08861-908610
email: erwin-hoepfe@t-online.de
(2002)

Stiftung Agathon R
Die Stiftung Agathon soll Menschen helfen, Gott näher zu kommen. Sie unterstützt Maßnahmen, die das Geistliche Leben in der Kirchengemeinde St. Katharinen in Braunschweig, in der Evangelisch-lutherischen Propstei Braunschweig und in Häusern der Stille im Raum der Evangelisch-lutherischen Landeskirche Braunschweigs befördern.Es können auch Maßnahmen aus den Mitgliedskirchen und Gemeinschaften der Arbeitsgemeinschaft Christlicher Kirchen (ACK) in Braunschweig Berücksichtigung finden, wenn sie überkonfessionell ausgerichtet sind. (fördernd tätig)
Hinweise: Braunschweig
Anträge: schriftlich formlos
Anschrift: c/o Ev.-luth. Kirchengemeinde St. Katharinen, Dr. Hansgünter Ludewig, An der Katharinenkirche 4, D-38100 Braunschweig
Tel: 0531-189 85
Fax: 0531-137 18
email: hg.ludewig@t-online.de
(2000) Rechtsfähige Stiftung des bürgerlichen Rechts

Stiftung Aham F*G*R
Förderung der christlichen Religion, des Schutzes von Ehe und Familie, der Jugendhilfe, der Bildung und Erziehung, des öffentlichen Gesundheitswesens, der Entwicklungshilfe sowie die Förderung mildtätiger Zwecke, insbesondere durch die Förderung und Erforschung des konfessionsoffenen Zusammenlebens in kleinen Gemeinschaften auf der Grundlage der christlichen Botschaft
Anschrift: Schlossanger 3, D-84168 Aham

(2005) Öffentliche Stiftung des bürgerlichen Rechts (Bayern)

Stiftung Akademie für Reformatorische Theologie　　F*R

Die Stiftung Akademie für Reformatorische Theologie hat die Aufgabe, die Akademie für Reformatorische Theologie (ART) als wissenschaftliche Forschungs- und Ausbildungsstätte zu betreiben und deren Betrieb wirtschaftlich langfristig zu sichern. Sie übt auch die rechtliche und akademische Aufsicht über sie aus. Die ART steht -wie die sie tragende Stiftung- auf der Basis der altkirchlichen und reformatorischen Bekenntnisse und dient der Erarbeitung und Vermittlung einer bibeltreuen, konservativen und evangelischen Theologie. (operativ tätig)

Anträge: keine Antragsmöglichkeit
Anschrift: Dr. Wolfgang Nestvogel, Lahnstr. 2,, D-35037 Marburg/L.
Tel: 06421-590863-0
Fax: 06421-590863-9
email: art@reformatio.de
Internet: www.art-marburg.info
(2001) Rechtsfähige Stiftung des bürgerlichen Rechts

Stiftung Akademie Waldschlösschen　　B*F*S

Zweck der Stiftung ist die Förderung der Bildung, Erziehung, Wissenschaft und Forschung sowie Jugend- und Altenhilfe. Der Zweck wird insbesondere durch Maßnahmen der Erwachsenenbildung verwirklicht. Diese Aufgabe wird unter besonderer Berücksichtigung gesellschaftlich benachteiligter Gruppen, an erster Stelle Schwule und Lesben und von AIDS betroffene Menschen, erfüllt. Die Stiftung unterhält zu diesem Zweck die Akademie Waldschlösschen. (operativ tätig)

Anträge: keine Antragsmöglichkeit
Ausgaben: 1.000.000 € , (2005)
Anschrift: Dr. Rainer Marbach, Gallusanlage 7, D-37130 Reinhausen
Tel: 05592-92 77 0
Fax: 05592-92 77 77
email: info@waldschloesschen.org
Internet: www.info@waldschloesschen.org
(2003) Rechtsfähige Stiftung des bürgerlichen Rechts

Stiftung Aktion Knochenmarkspende Bayern　　F*G

Zweck der Stiftung ist die Förderung des öffentlichen Gesundheitswesens sowie von Wissenschaft und Forschung (§ 52 AO)

Anschrift: Marchionini Str. 15, D-81377 München
(2005)

Stiftung Aktion pro Humanität S
Förderung von Entwicklungshilfe (fördernd tätig)
Ausgaben: 13.000 € , (2004)
Anschrift: Werner van Briel, Kervenheimer Strasse 51, D-47589 Uedem
Tel: 02825-7204
email: wernervan briel@t-online.de
Internet: www.prohumanitaet.de
(2001)

Stiftung Aktion Sonnenschein - Hilfe G*S
für das mehrfach behinderte Kind
Die Stiftung verfolgt den Zweck, behinderten und von Behinderung bedrohten Kinder, Jugendlichen und Heranwachsenden möglichst umfassend zu dienen, um Behinderungen möglichst zu vermeiden, (drohende) Behinderungen möglichst frühzeitig zu erkennen und ihnen entgegen zu wirken, vorhandene Behinderungen oder deren Auswirkungen durch medizinische, psychologische, therapeutische, pädagogische oder ähnliche Maßnahmen zu verringern, zu lindern - oder soweit möglich - zu beheben. (operativ tätig)
Anträge: keine Antragsmöglichkeit
Anschrift: Heiglhofstraße 63, D-81377 München
Tel: 089-724050
Fax: 089-72405187
email: info@aktionsonnenschein.de
Internet: www.aktionsonnenschein.de
(2003)

Stiftung Akupunktur F*G
Förderung von Wissenschaft und Forschung auf dem Gebiet der Akupunktur sowie die Förderung des öffentlichen Gesundheitswesens
Anschrift: Kirchplatz 1, D-82049 Pullach
(2002)

Stiftung Albert-Schweitzer S
Familienwerke und Kinderdörfer
Hilfe in Notlagen für Kinder, Jugendliche, Senioren u. andere Menschen; Jugend-u.Altenhilfe sowie Bildung u. Erziehung in den, im Albert-Schweitzer-Verband e.V. zusammengeschlossenen sozialen Einrichtungen; mildtätige Förderung von Kindern, Jugendlichen, Senioren u. behinderten Menschen
Anschrift: c/o Stiftungszentrum.de, Sollner Str. 43, D-81479 München
(2004)

Stiftung Altenzentrum Northeim S

Mittel der Stiftung, nämlich im Wesentlichen Erträge des Vermögens und Zuwendungen Dritter sollen zur Unterstützung von in Northeim tätigen gemeinnützigen Organisationen und Einrichtungen verwendet werden, die ausschließlich oder überwiegend der Altenarbeit und in der Altenbetreuung tätig sind. Als Altenarbeit im Sinne dieser Satzung werden alle körperlichen und geistigen Aktivitäten älterer Menschen und die damit verbundenen Sozialkontakte verstanden. Organisationen und Einrichtungen, die Altenarbeit neben anderen Zielsetzungen betreiben (wie die Arbeiterwohlfahrt, das Deutsche Rote Kreuz, der Reichsbund, Kirchen und ähnliche), sollen nur in begründeten Ausnahmefällen Zuwendungen der Stiftung erhalten. (fördernd tätig)

Anträge: schriftlich formlos
Anschrift: Rolf Hasenkrüger, Schwalbenstraße 11, D-37154 Northeim
Tel: 05551-7233
(2002) Rechtsfähige Stiftung des bürgerlichen Rechts

Stiftung Altöttinger Marienwerk R

Förderung der Marienverehrung, besonders um der Wallfahrt nach Altötting im weitesten zu dienen sowie werbend und dienend für das bayerische Nationalheiligtum in Altötting einzutreten.

Anschrift: Herrn R. Ernst, Kapellplatz 4b, D-84503 Altötting
(2000)

Stiftung Angehörige psychisch Kranker S

Unterstützung von seelisch Erkrankten und ihren Angehörigen (fördernd tätig)
Anträge: Merkblatt-schriftlich formlos
Ausgaben: 2.200 € , (2005)
Anschrift: Herr Willy von Driessche, An den Rampen 29, D-90443 Nürnberg
Tel: 0911-424 85 55
Fax: 0911-424 85 58
email: info-stiftung@apk-nuernberg.de
Internet: www.apk-nuernberg.de
(2002)

Stiftung Antenne Bayern B*G*S

Unterstützung von Menschen, die in Folge ihres körperlichen, geistigen oder seelischen Zustandes auf die Hilfe anderer angewiesen oder aufgrund ihrer wirtschaftlichen Notlage hilfsbedürftig sind, Förderung des Gesundheitswesens, Förderung der Jugendhilfe und Jugendfürsorge,Förderung der Altenhilfe,Förderung von Bildung und Erziehung, Förderung mildtätiger Zwecke in Katastrophenfällen.

Anschrift: Münchner Strasse 101c, D-85737 Ismaning
(2002)

Stiftung Archiv der deutschen Frauenbewegung
B*F

Die Stiftung Archiv der deutschen Frauenbewegung hat sich zur Aufgabe gemacht, die Frauenbewegungen des 19. und 20. Jahrhunderts in Deutschland umfassend zu dokumentieren und zu erforschen. (operativ tätig)
Anträge: keine Antragsmöglichkeit
Ausgaben: 135.288 € , (2005)
Anschrift: Dr. Gilla Dölle / Dr. Kerstin Wolff, Gottschalkstraße 57, D-34127 Kassel
Tel: 0561-9893670
Fax: 0561- 989 36 72
email: stiftung@addf-kassel
Internet: www.addf-kassel.de
(2003) Rechtsfähige Stiftung des bürgerlichen Rechts

Stiftung art 131
B*K

Förderung der künstlerisch-kulturellen Bildung in den Schulen Bayerns. Die Stiftung unterstützt damit die Verwirklichung der in Art. 131 der Bayerischen Verfassung aufgestellten Bildungsziele im Sinne einer ganzheitlichen Bildung. Insbesondere sollen die Qualität und das Profil des Unterrichts im künstlerisch-kulturellen Bereich verbessert werden, die schöpferischen Fähigkeiten der Schülerinnen und Schüler sowie der Lehrkräfte geweckt und die Potenziale besonders Begabter entwickelt werden. (auch operativ tätig)

Hinweise: Die Stiftung art 131 schreibt Schüler, die sich bewerben können, in einer projektspezifischen Ausschreibung bayernweit, nach Reg. Bezirken gesondert oder vereinzelt an. Zu den Projekten der Stiftung art 131 gibt es leider keine freien Bewerbungen.
Anschrift: c/o Bayer. Staatsministerium für Unterricht und Kultus, Salvatorstrasse 2, D-80333 München
Tel: 089-2186-2298
Fax: 089-2186-2825
email: www.art131@stnuk.bayern.de
Internet: www.art131.de
(2004) Öffentliche Stiftung des bürgerlichen Rechts (Bayern)

Stiftung Artenschutz
F*N*V

Förderung des Natur- und Umweltschutzes, Wissenschaft und Forschung, Bildung sowie Völkerverständigung und Entwicklungshilfe. Hierbei sind von besonderer Bedeutung praktische Erhaltungsmaßnahmen für existenziell bedrohte Formen natürlicher biologischer Vielfalt innerhalb der Ursprungsländer. (fördernd tätig)
Anträge: keine Antragsmöglichkeit
Ausgaben: 234.000 € , (2004)
Anschrift: Jörg Adler, Sentruper Strasse 315, D-48161 Münster

Tel: 0251-890420
Fax: 0251-890490
email: office@stiftung-artenschutz.de
Internet: www.stiftung-artenschutz.de
(2001) Rechtsfähige Stiftung des bürgerlichen Rechts

Stiftung Ausbildung und Beruf B
Zweck der Stiftung ist die Förderung der beruflichen Aus- und Weiterbildung in München und Oberbayern
Anschrift: Plinganserstr. 13, D-81369 München
(2001)

Stiftung Authentisch Führen-Zen B
Akademie für Führungskräfte
Förderung von Bildung, Erziehung, Ausbildung integrale und authentische Führung (operativ tätig)
Anträge: keine Antragsmöglichkeit
Anschrift: Prof. Dr. Hans Wielens, Deitersweg 33, D-48159 Münster
Tel: 0172-6706161
Fax: 0251-2849645
email: iinfo@zen-akademie.org
Internet: www.zen-akademie.org
(2002) Rechtsfähige Stiftung des bürgerlichen Rechts

Stiftung Baumann K
Sammlung von Irma und Herrmann Baumann grundsätzlich in vollem Umfang zu erhalten, zu pflegen, zu erweitern und der Öffentlichkeit zugänglich zu halten.
Anschrift: Kleiststraße 24, D-91541 Rothenburg
(2000)

Stiftung Bayerische Akademie der K
Schönen Künste
Förderung von Kunst und Kultur, insbesondere Förderung der Bayerischen Akademie der Schönen Künste (auch operativ tätig)
Anschrift: Generalsekretärin Katja Schaefe, Max Joseph Platz 3, D-80539 München
Tel: 089-2900770
Fax: 089-290077-23
email: info@badsk.de
Internet: www.badsk.de
(2005) Öffentliche Stiftung des bürgerlichen Rechts (Bayern)

Stiftung Bayerische Gedenkstätten   B

Erhaltung und Gestaltung der Gedenkstätten als Zeugen für die Verbrechen des Nationalsozialismus, als Orte der Erinnerung an die Leiden der Opfer und als Lernorte für künftige Generationen.
Anschrift: c/o Landeszentrale für politische Bildungsarbeit, Brienner Strasse 41, D-80333 München
(2003)

Stiftung Bayerischen Baugewerbes   B*F*K*S

Förderung der Bildung im Baugewerbe, von Wissenschaft und Forschung auf dem Bereich des Bauwesens, der Kunst am Bau, des Umwelt-, Landschafts- und Denkmalschutzes, sowie der Wohlfahrt der Arbeitnehmer des Baugewerbes und deren Familien, jeweils in Bayern.
Anschrift: Lessingstraße 4, D-80336 München
(2003)

Stiftung Bayerisches Naturerbe   N

Zweck der Stiftung ist es, zur Erhaltung der wildlebenden Tier- und Pflanzenarten und der vielgestaltigen Landschaften in Bayern beizutragen. (fördernd tätig)
Anträge: schriftlich
Ausgaben: 2.000 €
Anschrift: Dr. Bernd Söhnlein, Gerhard Koller, Eisvogelweg 1, D-91161 Hilpoltstein
Tel: 09174-47750
email: info@bayerisches-naturerbe.de
(2002)

Stiftung Berufsförderung Bayer. Baugewerbe   B

Aus-, Fort-und Weiterbildung von Personen, die sich in einem Beruf d. Bauhaupt-o. Baunebengewerbes bzw. Bauhandwerks aus-, fort- oder weiterbilden wollen
Anschrift: Bavariaring 31, D-80336 München
(2003)

Stiftung Bildung & Kunst   B*F*K

Förderung von Bildung (Volks- und Berufsbildung und Studentenhilfe), Erziehung, Wissenschaft und Kunst
Anschrift: Bayernstrasse 13, D-91126 Schwabach
Tel: 0912-277 149
Fax: 0912-2638707
(2001)

Stiftung Bildung und Handwerk   B*F
Förderung von mildtätigen Zwecken, Wissenschaft und Forschung; Ausbildungsförderung (operativ tätig)
Anträge: keine Antragsmöglichkeit
Ausgaben: 2.800.000 € , (2004)
Anschrift: Tack, Josef ; Lütter, H. Michael, Waldenburger Straße 19, D-33098 Paderborn
Tel: 05251-700 102
Fax: 05251-700 106
email: info@s-b-h.de
Internet: www.stiftung-bildung-handwerk.de
(2000)

Stiftung Bildung zur Förderung Hochbegabter   B
Zweck der Stiftung ist die Förderung von Bildung, Erziehung, Ausbildung, insbesondere die Förderung Hochbegabter, Individualisierung des Unterrichts an Schulen sowie innovative Maßnahmen der Lehrerfortbildung. (auch operativ tätig)
Anträge: schriftlich formlos-mündlich
Anschrift: Ingrid Pieper von Heiden, Breitenkamp 67, D-33813 Oerlinghausen
Tel: 0211-884 2503
Fax: 0211-884 3616
email: info@stiftung-bildung.com
Internet: www.stiftung-bildung.com
(2001)

Stiftung Bildungspakt Bayern   B
Förderung von Schule, Erziehung und Bildung
Anschrift: c/o Staatsministerium für Unterricht und Kultus, Maria-Theresia-Straße 17, D-81675 München
Tel: 089-2186-2091
Fax: 089-2186-1803
Internet: www.bildungspakt-bayern.de
(2000) Öffentliche Stiftung des bürgerlichen Rechts (Bayern)

Stiftung Braunschweiger Land   B*K*M
Zweck der Stiftung ist die Förderung der Kultur, des Denkmalschutzes, des gemeinnützigen Sports, insbesondere des Kinder- und Jugendsports, der Bildung, insbesondere der Vorschul-, Schul- und Hochschulbildung, insbesondere im ehemaligen Land Braunschweig. (fördernd tätig)
Anträge: schriftlich formlos

Ausgaben: 60.760 € , (2004)
Anschrift: Maic Laubrich, Am Denkmal 5, D-38112 Braunschweig
Tel: 0531-24243-54
Fax: 0531-24243-34
email: info@kanada-bau.de
Internet: www.kanada-bau.de
(2003) Rechtsfähige Stiftung des bürgerlichen Rechts

Stiftung Bridge - Bürgerrechte in der digitalen Gesellschaft D*P

Förderung des Schutzes und der Erweiterung der Bürgerrechte im Internet und Förderung der demokratischen Mitwirkung mittels digitaler Medien (fördernd tätig)
Anträge: schriftlich formlos
Ausgaben: 15.000 €
Anschrift: c/o Bewegungsstiftung, Jörg Rohwedder, Felix Kolb, Artilleriestrasse 6, D-27283 Verden
Fax: 04231-957541
email: bridge@bewegungsstiftung.de
Internet: www.stiftung-bridge.de
(2003)

Stiftung Bündnis für Kinder - gegen Gewalt S

Kinder und Jugendliche durch geeignete Maßnahmen vor Gewalt zu schützen (auch operativ tätig)
Anträge: schriftlich
Anschrift: Winzererstrasse 9, D-80797 München
Tel: 089-744200250
Fax: 089-744200300
Internet: www.buendnis-fuer-kinder.de
(2001) Rechtsfähige Stiftung des bürgerlichen Rechts

Stiftung Büngernsche/Dingdener Heide N

Förderung von Naturschutz, Umweltschutz
Anschrift: c/o NABU, Ralf Volmer, Merowingerstrasse 88, D-40225 Düsseldorf
(2000)

Stiftung Bürgerhilfe "Solidarität" B*S*V

Förderung der Jugend- und Altenhilfe, Volks- und Berufsbildung, Hilfe für politisch, rassistisch oder religiös Verfolgte, des Katastrophenschutz, internationaler Gesinnung, der Toleranz auf al-

len Gebieten der Kultur und des Völkerverständigungsgedankens, der Entwicklungshilfe und der Gleichberechtigung von Mann und Frau
Anschrift: Frühlingstr. 18, D-27570 Bremerhaven
(2002)

Stiftung CAMPANULA F*G*K*N*S*V

Das Miteinander der Menschen in einem friedlichen u. verantwortlichen, v. Toleranz geprägten Zusammenleben zu fördern, insbesondere Förderung der - Jugendhilfe, Alten-und Familienhilfe, der Krankenhilfe und des Gesundheitswesens, -des Natur-und Umweltschutzes, der Wissenschaft und der Forschung, - Kunst und Kultur, der Völkerverständigung - Unterstützung wirtschaftlich oder gesellschaftlich Benachteiligter oder in Not geratener Menschen.
Anschrift: Herrn Ove-Jens Kraak, Kaiserstraße 5, D-63846 Laufach
(2003)

Stiftung Canisianum B

Förderung von Bildung, Erziehung, Ausbildung (fördernd tätig)
Anschrift: c/o Internatsverein Lüdinghausen e.V., Renate Haltern, Disselhook 6, D-59348 Lüdinghausen
Tel: 02591-7998 0
Fax: 02591-7998 35
(2001)

Stiftung Carolinum B

Förderung von Schülern und Schülerinnen des Carolinums in Osnabrück, um sie zu besonderen schulischen und außerschulischen Leistungen zu motivieren. Außerdem Unterstützung der Traditionsschule mit ihrer 1.200- jährigen Geschichte bei ihrer pädagogischen Arbeit. (operativ tätig)
Hinweise: Osnabrück; Schüler und Schülerinnen des Carolinums in Osnabrück
Anträge: keine Antragsmöglichkeit
Anschrift: Michael Dittrich, An der Martinskirche 23, D-49078 Osnabrück
(2000)

Stiftung Christlicher Arbeitskreis für R
Kinder-, Jugend- und Studentenarbeit

Zweck der Stiftung ist die Beschaffung von Mitteln zur Förderung der Kinder-, Jugend- und Studentenarbeit durch die Evangelisch- Freikirchliche Gemeinde in Göttingen K.d.ö.R. oder durch die Vereinigung Evangelisch-Freikirchlicher Gemeinden Niedersachsen-Ostwestfalen-Sachsen-Anhalt (nachfolgend: Vereinigung NOSA). Die Stiftungszwecke werden insbesondere durch folgende Maßnahmen verwirklicht: Förderung der Kinder-, Jugend- und Studentenarbeit in der Evangelisch-Freikirchlichen Gemeinde Göttingen K.d.ö.R., z.B. durch (teilweise) Finanzierung einer Diakonstelle; Förderung der Kinder-, Jugend- und Studentenarbeit in der Vereini-

gung NOSA bzw. bei künftigen Strukturänderungen deren Rechtsnachfolger im Südkreis Niedersachsen; allgemeine Förderung der Gemeinden im Südkreis der Vereinigung NOSA.
Anschrift: Bürgerstraße 14, D-37073 Göttingen
(2003) Rechtsfähige Stiftung des bürgerlichen Rechts

Stiftung Christus-Gemeinde Wuppertal R
Förderung von Religion, kirchliche Zwecke
Anschrift: Astrid Freund, Dahler Strasse 22, D-42839 Wuppertal
(2001)

Stiftung Classen K
Förderung von Kunst
Anschrift: c/o Sparkassenstiftung Pablo Picasso, Königsstraße 5, D-48143 Münster
(2002)

Stiftung Copierpresse B
Förderung von Stipendien / Hochschule / Erwachsenenbildung
Anschrift: Dr. Richard Beckers, Dürener Strasse 284, D-50935 Köln
(2001)

Stiftung der Augustiner in Deutschland R*S
Förderung von kirchlichen, religiösen, mildtätigen und gemeinnützigen Zwecken, insbesondere die Förderung der Missionsarbeit im Kongo, der Augustinus- und Augustinerforschung sowie pastoraler Projekte. (fördernd tätig)
Anschrift: Br. Peter Reinl OSA, Dominikanerplatz 2, D-97070 Würzburg
Tel: 0931-30970
Fax: 0931-3097179
email: peter@augustiner.de
(2005) Öffentliche Stiftung des bürgerlichen Rechts (Bayern)

Stiftung der Bremerhavener Wirtschaft B*K*M*W
die Beschaffung von Mitteln zur Förderung von Bildung und Erziehung, Kust und Kultur, Sport, die Auszeichnung für wissenschaftliche, kulturelle und sportliche Leistungen sowie für besonderes gesellschaftliches Engagement, um die Standortqualität Bremerhavens zu verbessern
Anschrift: c/o Industrie- und Handelskammer Bremerhaven, Michael Stark, Friedrich-Ebert-Str. 6, D-27570 Bremerhaven
Tel: 0471-9246021
(2000)

Stiftung der deutschen Polizeigewerkschaft Bremen
B*S

Beschäftigte und Versorgungsempfänger der Polizei und der Sicherheitsbehörden in der Bundesrepublik Deutschland oder deren Hinterbliebenen, die infolge ihres geistigen, seelischen oder körperlichen Zustandes auf die Hilfe anderer angewiesen sind, selbstlos zu untersützen sowie die Unterstützung und Durchführung von Präventions-, Bildungs- und Aufklärungsmaßnahmen zur Kriminalitätsbekämpfung.

Hinweise: Beschäftigte und Versorgungsempfänger der Polizei und der Sicherheitsbehörden sowie deren Hinterbliebene
Anschrift: Thomas Folz, Rekumer Str. 194a, D-28777 Bremen
Tel: 0421-6986814
(2003)

Stiftung der Eisenbahnbauverein Harburg eG zur Förderung von soz. Einr. u. kult. Integration
P*S*V

Förderung der Jugendarbeit, der internationalen Gesinnung, der Toleranz auf allen Gebieten der Kultur und des Völkerverständigungsgedankens, der Altersfürsorge und die Verfolgung mildtätiger Zwecke. Darüber hinaus kann ideelle und materielle Förderung anderer steuerbegünstigter Körperschaften oder Körperschaften des öffentlichen Rechts erfolgen, wenn sie zur ausschließlichen und unmittelbaren Erfüllung o. g. Zwecke verwendet wird.

Ausgaben: 9.715 €
Anschrift: c/o Eisenbahnbauverein Harburg eG, Helmut Kujawa und Günter Lange, Rosentreppe 1 a, D-21079 Hamburg
Tel: 040-76404-500
Fax: 040-76404-555
(2001)

Stiftung der Freimaurerloge Zu den Drey Balken in Münster
B*S*V

Förderung von Völkerverständigung, Kunst und Kultur, Bildung, Erziehung, Ausbildung, Hilfe für Behinderte, Kinder-/Jugendhilfe, Waisen, Altenhilfe (einschl. Altenheime) (auch operativ tätig)
Anträge: keine Antragsmöglichkeit
Anschrift: Martin Zumhagen-Sonius, Elisabeth-Selbert Weg 18, D-48147 Münster
Tel: 0251-2302168
Fax: 0251-2302169
email: Betreung@zum hagen .de
(2002) Rechtsfähige Stiftung des bürgerlichen Rechts

Stiftung der Freunde des Mariinsky Theaters
K

Die Stiftung dient Zwecken der Kulturförderung. Indem sie gemeinsam mit Freunden in ganz Europa die Musik und darstellende Kunst (Oper, Ballett, Konzert) am staatlichen Mariinsky-Theater in St.Petersburg fördert, will sie zugleich einen Beitrag zum kulturellen Austausch zwischen Rußland und Deutschland und zur Verbreitung russischer Kunst in Westeuropa leisten. (operativ tätig)

Anträge: keine Antragsmöglichkeit
Anschrift: c/o Maecenata Management, Veronika Hofmann, Herzogstr.60, D-80803 München
Tel: 089-284452
Fax: 089-283774
email: mariinsky@maecenata-management.de
Internet: www.maecenata-management.de
(2000) Nicht rechtsfähige Stiftung

Stiftung der Israelitischen Kultusgemeinde Straubing
R

Förderung und Unterstützung der Tätigkeit der jüdischen Gemeinden Bayerns, sofern sie Körperschaften des öffentlichen Rechts sind, insbesondere jedoch der Israelitischen Kultusgemeinde Straubing

Anschrift: c/o Commerzbank AG Erb- und Stiftungsangelegenheiten, D-60261 Frankfurt
(2000)

Stiftung der Kreissparkasse München Starnberg in München
B*K*S*V

Förderung Kunst, Kultur, Bildung, Völkerverständigung, Heimatpflege und öffentl. Wohlfahrtswesen im Geschäftsgebiet d. ehemaligen Kreissparkasse Starnberg.

Anschrift: Herrn Hans Maenner, Wittelsbacher Str. 9, D-82319 Starnberg
(2000)

Stiftung der Maria-Ward-Schule Bad Homburg v.d.H.
B*S

Bildung und Erziehung; Schulische Bildung und Erziehung junger Menschen (operativ tätig)

Anträge: keine Antragsmöglichkeit
Anschrift: Elisabeth Kampe, Weinbergsweg 60, D-61348 Bad Homburg v.d.H.
Tel: 06172-946494
Fax: 06172-946464
(2000) Rechtsfähige Stiftung des bürgerlichen Rechts

Stiftung der naturkundlichen Sammlungen Th. Thomas B*N

Förderung von Bildung und Umwelterziehung auf den Gebieten Biologie, Chemie, Physik und Archäolgie, insbesondere durch Bewahrung und pflegender Ausbau der bestehenden Sammlungen etwa durch Ergänzung, Konservierung, Restaurierung, Intenventarisierung und Katalogisierung, durch Erhaltung eines sinnvollen Zusammenhanges dieser Sammlungen,durch Beschaffung von Mitteln für den Erwerb und die Unterhaltung geeigneter Ausstellungsräume sowie für den Aufbau und die Führung eines Ausstellungsbetriebes, durch Erschließung, Präsentation und Nutzbarmachung der Sammlungsgegenstände für die Öffentlichkeit, durch Durchführungen naturwissenschaftlicher Vorträge, Kurse und Exkursionen sowie Ausbau der Ausstellungsstätte zu einem Umweltlehrezentrum und durch Zusammenarbeit mit Stiftungen, Museen, Verbänden und Sammlungen ähnlicher Zielsetzung auf regionaler, nationaler und internationaler Ebene. (operativ tätig)

Anträge: keine Antragsmöglichkeit
Ausgaben: 3.000 €
Anschrift: Thorsten Thomas, Iburger Straße 138, D-49082 Osnabrück
email: stiftung-thomas@osnanet.de
Internet: www.stiftung.thomas.de
(2003) Rechtsfähige Stiftung des bürgerlichen Rechts

Stiftung der Partnerhilfe in kleinen Schritten - Abtei Münsterschwarzach R*S

Förderung von kirchlichen, religiösen und mildtätigen Zwecken, insbesondere die Förderung der Missionsarbeit der Abtei Münsterschwarzach in Übersee. (fördernd tätig)

Anträge: keine Antragsmöglichkeit
Anschrift: c/o Abtei Münsterschwarzach, Bruder Stefan Veith, Schweinfurter Strasse 40, D-97359 Schwarzach
Tel: 09324-20233
Fax: 09324-20270
email: br.stephan@abtei-muensterschwarzbach.de
Internet: www.abtei-muensterschwarzbach.de
(2004) Nicht rechtsfähige Stiftung

Stiftung der Raiffeisenbank Flachsmeer G*K*M*N*S

Förderung und Unterstützung der Jugendpflege und Jugendfürsorge, des Sports, der Kunst und Kultur, des kirchlichen Lebens, der Heimatpflege, des Umwelt- und Landschaftsschutzes, der Altenhilfe, des öffentlichen Gesundheitswesens und der öffentlichen Wohlfahrt insbesondere durch Gewährung finanzieller Zuwendungen an juristische Personen des öffentlichen Rechts oder öffentliche Dienststellen. Die Förderung kultureller Zwecke beinhaltet die ausschließliche und unmittelbare Förderung der Kunst (Musik, Literatur, bildende und darstellende Kunst, kulturelle Einrichtungen wie Theater und Museen, kulturelle Veranstaltungen wie Konzerte, Lesun-

gen, Vorträge und Ausstellungen) und der Denkmalspflege (Erhaltung und Wiederherstellung von anerkannten Baudenkmälern nach den jeweiligen landesrechtlichen Vorschriften).
Anschrift: Herrn Feldkamp, Pastor-Kersten-Straße 1, D-26810 Westoverledingen
(2003) Rechtsfähige Stiftung des bürgerlichen Rechts

Stiftung der Sparkasse Beckum-Wadersloh K*M*S
Förderung von Sport, Kunst und Kultur, Altenhilfe (einschl. Altenheime)
Anschrift: Dieter Müller, Weststrasse 32, D-59269 Beckum
(2000)

Stiftung der Sparkasse Landsberg-Dießen B*F*K*M*N*R*S
Förderung der Jugend- und Altenpflege, des öffentlichen Gesundheitswesens, von Kunst und Kultur, der Wissenschaft, Forschung, Volks- und Berufsbildung sowie mildtätiger und kirchlicher Zwecke, außerdem die Förderung von Erziehung, Sport, Natur- und Umweltschutz, der Landschafts- und Denkmalpflege, der Heimatpflege sowie des Brauchtums der Stadt und des Landkreises Landsberg
Anschrift: Hauptplatz 1-6, D-86899 Landsberg
(2003)

Stiftung der Sparkasse Münsterland Ost B*F*G*K*M*N*S*V
Förderung von Brauchtum und Heimatgedanke/ -geschichte, des öffentlichen Gesundheitswesens / Krankenhäuser, Denkmalpflege, Naturschutz, Umweltschutz, Sonstigen Sozialen Zwekken, Sport, Altenhilfe (einschl. Altenheime), Kinder-/Jugendhilfe, Waisen, Völkerverständigung, Kunst und Kultur, Bildung, Erziehung, Ausbildung, Wissenschaft und Forschung
Anschrift: Karl-Heinz Teigelkötter, Weseler Strasse 230, D-48151 Münster
(2002)

Stiftung der Sparkasse Paderborn für die Stadt Marsberg B*F*G*K*M*N*S*V
Förderung von Sport, Sonstigen Zwecken, des öffentlichen Gesundheitswesens / Krankenhäuser, Altenhilfe (einschl. Altenheime), Kinder-/Jugendhilfe, Waisen, Völkerverständigung, Brauchtum und Heimatgedanke/ -geschichte, Denkmalpflege, Naturschutz, Umweltschutz, Kunst und Kultur, Bildung, Erziehung, Ausbildung, Wissenschaft und Forschung
Anschrift: Burkhard Schulze, Hathumarstrasse 15-19, D-33098 Paderborn
(2002)

Stiftung der Stadt Ahaus   B*K*M*S*V
Förderung von Sport, Völkerverständigung, Kunst und Kultur, Bildung, Erziehung, Ausbildung, Kinder-/Jugendhilfe, Waisen, Altenhilfe (einschl. Altenheime)
Anschrift: Rita Egbringhoff, Rathausplatz 1, D-48683 Ahaus
(2001)

Stiftung der Stadt Borken   K
Förderung von Kunst und Kultur
Anschrift: Herr Feldkamp, Postfach 17 64, D-46322 Borken
(2001)

Stiftung der Stadtsparkasse Neuburg a.d.Donau   S
Zweck der Stiftung ist die Förderung gemeinnütziger Zwecke im Sinne des § 52 der Abgabenordnung vornehmlich im Geschäftsgebiet der Stadtsparkasse Neuburg a. d. Donau
Anschrift: Postfach 1760, D-86622 Neuburg
(2004)

Stiftung der Stadtsparkasse Rain am Lech   S
Förderung gemeinnütziger, mildtätiger und kirchlicher Zwecke im Sinne der §§ 52 und 54 der Abgabenordnung vornehmlich im Geschäftsbereich der Stadtsparkasse Rain am Lech
Anschrift: Hauptstr. 44, D-86641 Rain
(2004)

Stiftung der THW-Helfervereinigung OV Gunzenhausen e.V.   S*X
Förderung und Unterstützung des Katastrophenschutzes von Menschen, Tieren und Sachgütern
Anschrift: Weißenburger Str. 42, D-91710 Gunzenhausen
(2000) Öffentliche Stiftung des bürgerlichen Rechts (Bayern)

Stiftung der Vereinigte Sparkassen des Landkreises Pfaffenhofen a. d. Ilm   B*F*G*K*M*N*S*V
Förderung von sozialen, caritativen, kulturellen, ökologischen, mildtätigen und gemeinnützigen Aufgaben, insbesondere Heimatpflege, Brauchtum, Natur- und Umweltschutz, Landschaftspflege, Ökologie, Gesundheit, Altenpflege, Wohlfahrt sowie anderen bedürftigen und mildtätigen Zwecken, Völkerverständigung, Kunst, Kultur, Denkmalpflege, Wissenschaft, Forschung, Jugendpflege, Erziehungs- und Erwachsenenbildung und Sport, vornehmlich im Geschäftsbereich der Vereinigten Sparkassen des Landkreises Pfaffenhofen a. d. Ilm.

Anschrift: c/o Sparkasse Pfaffenhofen, Postfach 1251, D-85262 Pfaffenhofen
(2000)

Stiftung der Volksbank Alzey eG K
Förderung kultureller Zwecke (Kunst, Kulturwerte, Denkmalpflege) (fördernd tätig)
Anträge: schriftlich formlos-mündlich
Ausgaben: 29.400 € , (2005)
Anschrift: Wilhelm Gerlach, Hospitalstr. 15, D-55232 Alzey
Tel: 06731-493111
Fax: 06731-493115
(2001) Rechtsfähige Stiftung des bürgerlichen Rechts

Stiftung der Volksbank Enger-Spenge K*M*S
Förderung von Brauchtum und Heimatgedanke/ -geschichte, Kinder-/Jugendhilfe, Waisen, Sport, Kunst und Kultur
Anschrift: Hans Laus, Burgstrasse 2, D-32130 Enger
(2002)

Stiftung der Wohnungsgenossenschaft von 1904 - Nachbarn helfen Nachbarn S*V
Förderung der Kinder- und Jugendhilfe, der Altenhilfe, Völkerverständigung. Die Förderung der Jugendhilfe erfolgt insbesondere durch die Bereitstellung von Räumlichkeiten und Einrichtungen für sinnvolle Freizeitgestaltung und die Einsetzung von qualifizierten Hilfspersonen zur Betreuung der Jugendlichen. Die Förderung der Altenhilfe umfasst auch die Betreuung alter Mitbürger durch qualifizierte Hilfspersonen, um der Vereinsamung entgegenzuwirken durch gemeinsame Treffen, Ausflüge und Besichtigungsfahrten. Die Förderung der Völkerverständigung wird insbesondere verwirklicht durch Informationsseminare, Vorbereitung und Durchführung von Theater- und Musikvorführungen, Kunstausstellungen, Vorlesungsveranstaltungen. (auch operativ tätig)
Anträge: schriftlich formlos-Begutachtung
Ausgaben: 15.329 € , (2004)
Anschrift: Vorstandsvorsitzender Klaus Weise, Landwehr 34, D-22087 Hamburg
Tel: 040-4230080
Fax: 040-42300844
email: info@woge.com
Internet: www.woge.com
(2002)

Stiftung Dermatologikum-Hamburg   F
Förderung der medizinisch-dermatologischen Wissenschaft insbesondere durch die Verleihung von Geldpreisen, die Finanzierung von Forschungsvorhaben, die finanzielle Förderung medizinisch-wissenschaftlicher Fortbildung und Publikationen und durch die Herausgabe eigener Publikationen
Anschrift: Prof. Steinkraus, Stephansplatz 5, D-20354 Hamburg
(2001)

Stiftung des Böhmerwaldheimatkreises Prachatitz   K*S*V
Förderung von Kultur, Denkmalpflege, Unterhaltung kirchlicher Gebäude, Heimatpflege und Heimatkunde sowie der Völkerverständigung
Anschrift: Deiniger Str. 5, D-86720 Nördlingen
(2001)

Stiftung des Deutschen Tierschutzbundes   F*N
Zweck der Stiftung ist die Förderung des Tierschutzes, Der Stiftungszweck wird verwirklicht durch a) die Förderung der Planung und Einrichtung von Projekten zur artgerechten Unterbringung von Haus-, Wild-, und so genannten landwirtschaftlichen Nutztieren, b) die Förderung der Abschaffung von Tierversuchen, c) die Förderung von Projekten zur Erforschung bzw. Anwendung von Methoden, die Tierversuche ersetzen bzw. erübrigen, d) die Förderung von Maßnahmen und Projekten der dem Deutschen Tierschutzbund angeschlossenens Tierschutzvereine und der Tierschutzverbände, e) die Förderung der Planung und Einrichtung von Tierheimen, die dem Deutschen Tierschutzbund angeschlossen sind, sowie in besonderen Fällen die Bezuschussung der Unterhaltung, f) durch die Bildung eines Tierschutzförderpreises. (fördernd tätig)
Anschrift: Dr. Hans-Hermann Lambracht, Baumschulallee 15, D-53115 Bonn
Tel: 0228-604 96 0
Fax: 0228-604 96 40
email: bg@tierschutzbund.de
Internet: www.tierschutzbund.de
(2000) Rechtsfähige Stiftung des bürgerlichen Rechts

Stiftung des Fördervereins christlicher Schulen   B*R
Förderung christlicher Bekenntnisschulen und Erziehungseinrichtungen
Anschrift: Hospitalstraße 34, D-91522 Ansbach
(2002)

Stiftung des Freundeskreises der Rollstuhlfahrer-Freising

S

Unterstützung von Körperbehinderten aller Art und Ursachen sowie Erscheinungsformen, insb. von Rollstuhlfahrern, im derzeitigen Kreisgebiet des Landkreises Freising
Anschrift: Pellhausen 4, D-85354 Freising
(2003)

Stiftung des Rotary-Club Wesel-Dinkslaken

B*K*S

Förderung der Erziehung, der Bildung, der Jugendhilfe sowie der Kultur
Anschrift: Herzog-Adolfstrasse 7, D-46483 Wesel
Tel: 0281-24151
Fax: 0281-31223
(2001)

Stiftung Deutsche Blindenstudienanstalt

S

Nachhaltige Unterstützung gemeinnütziger Aufgaben des Vereins Deutsche Blindenstudienanstalt zum Wohle Blinder und Sehbehinderter durch Förderung ausschließlich gemeinnütziger oder mildtätiger Maßnahmen und Projekte, soweit dafür keine Rechtspflicht anderer besteht.
Anschrift: Herrn Stephan Peters, Brunnenstr. 4, D-49214 Bad Rothenfelde
(2001)

Stiftung Deutsche Geisteswissenschaftliche Institute im Ausland

F

Zweck der Stiftung ist die Förderung der Forschung mit Schwerpunkten auf den Gebieten der Geschichts-, Kultur-, Wirtschafts- und Sozialwissenschaften in ausgewählten Ländern und die Förderung des gegenseitigen Verständnisses zwischen Deutschland und diesen Ländern. Die Stiftung unterhält mit dieser Zielrichtung im jeweiligen Gastland deutsche Forschungsinstitute (Institute) und unterstützt deren Arbeit im In- und Ausland. Dies gilt insbesondere für die Zusammenarbeit der Institute mit den deutschen Universitäten und außeruniversitären Forschungseinrichtungen sowie den wissenschaftlichen Einrichtungen der Gastländer. Die Stiftung fördert auch die Kooperation mit den Forschungsförder- und Wissenschaftsorganisationen in der Bundesrepublik Deutschland und der Europäischen Union. (auch operativ tätig)
Anträge: schriftlich formlos
Ausgaben: 24.000.000 € , (2004)
Anschrift: Dr. Harald Rosenbach, Kronprinzenstraße 24, D-53173 Bonn
Tel: 0228-37786-0
Fax: 0228-37786-19
email: dgia@stiftung-dgia.de

Internet: www.stiftung-dgia.de/
(2002) Stiftung des öffentlichen Rechts

Stiftung Deutsche Landschaften N

Förderung von Naturschutz und Landschaftspflege (fördernd tätig)
Anträge: schriftlich formlos
Anschrift: Heide Frobel, Feuchtwanger Straße 38, D-91522 Ansbach
Tel: 0981-4653 3543
Fax: 0981-4653 3550
email: heide.frobel@web.de
(2002)

Stiftung Deutsche Sporthilfe M*S

Den deutschen Amateurleistungssportlern soll Chancengleichheit im nationalen und internationalen Vergleich ermöglicht werden. Berufliche Aus- und Weiterbildung von Spitzensportlern, Linderung vorzugsweise sportbedingter sozialer Härten von Leistungssportlern (auch operativ tätig)
Hinweise: Hochleistungssportler und Talente mit Perspektiven, die den Kadern der Spitzenverbände angehören; Hochleistungssportler und Talente mit Perspektiven, die den Kadern der Spitzenverbände angehören
Anträge: schriftlich
Ausgaben: 15.850.048 €, (1993)
Anschrift: Herrn Gerd Klein, Burnitzstraße 42, D-60596 Frankfurt am Main
Tel: 069-67803 43
Fax: 069-676568
email: info@sporthilfe.de
Internet: www.sporthilfe.de
(1967) Rechtsfähige Stiftung des bürgerlichen Rechts

Stiftung Deutsches Kindermuseum K
Duisburg

Förderung von Kunst und Kultur
Anschrift: c/o ATLANTIS-Kindermuseum, RA Wolfgang Kaup, Philosophenweg 23-25, D-47051 Duisburg
Internet: www.kindermuseum.de
(2001)

Stiftung Deutsches Marinemuseum B*K

Förderung kultureller Zwecke, insbesondere durch das Betreiben des Deutschen Marinemuseums in Wilhelmshaven.
Anschrift: Südstrand 125, D-26382 Wilhelmshaven
(2002) Rechtsfähige Stiftung des bürgerlichen Rechts

Stiftung Deutsches Rotes Kreuz Duisburg G*K*N*S*V

Förderung von Mildtätigen Zwecken, Kunst und Kultur, Naturschutz, Umweltschutz, Völkerverständigung, Sonstigen Sozialen Zwecken, Kinder-/Jugendhilfe, Waisen, Altenhilfe (einschl. Altenheime), des öffentlichen Gesundheitswesens / Krankenhäuser
Anschrift: Hans-Werner Hoffmeister, Am Burgacker 30, D-47051 Duisburg
Internet: www.drk-duisburg.de
(2001)

Stiftung Deutsches Rotes Kreuz für das Land Bremen G*S

Förderung der Wohlfahrtspflege und des öffentlichen Gesundheitswesens. Der Zweck wird insbs. verwirklicht durch die Förderung der Zwecke des Deutschen Roten Kreuzes e.V. Landesverband Bremen und der Kreisverbände des Deutschen Roten Kreuzes im Lande Bremen und ihrer angeschlossenen Einrichtungen.
Anschrift: Henri-Dunant Str. 2, D-28329 Bremen
Tel: 0421-19219
(2003)

Stiftung Diakonie im Landkreis Leer R*S

Unterstützung der Arbeit des Kreisverbandes des Diakonischen Werkes für den Landkreis Leer e.V. Diakonisch tätige Verbände, Vereine, Anstalten und sonstigen Einrichtungen sowie Kirchengemeinden, Kirchenkreise und Synodalverbände in ihrer Arbeit anzuregen, zu fördern, zu beraten und zur Wahrnehmung gemeinsamer Aufgaben zusammenzuführen. Soziale Probleme im Bereich des Landkreises Leer aufzuzeigen, zu verdeutlichen und entsprechende Maßnahmen zu entwickeln und einzuleiten. In besonderen Fällen Hilfe leisten, erforderlichenfalls eigene diakonische Einrichtungen zu unterhalten und Mitarbeiter zu beschäftigen sowie das kirchliche Leben im Bereich der Mitgliedsgemeinden des Landkreises Leer zu fördern. Antragsberechtigt sind kirchliche juristische Personen
Anschrift: Patersgang 2, D-26789 Leer
(2002) Rechtsfähige Stiftung des bürgerlichen Rechts

Stiftung Diakonie Rosenheim Förderstiftung des Diakonischen Werkes Rosenheim S*X

Förderung der Jugendhilfe, der Altenhilfe und des Wohlfahrtswesens, insbesondere durch die Bekämpfung der Arbeitslosigkeit unter Jugendlichen und langzeiarbeitslosen Menschen (fördernd tätig)
Hinweise: Langzeitarbeitslose Menschen, arbeitslose Jugendliche
Anträge: keine Antragsmöglichkeit
Ausgaben: 37.200 € , (2004)

Anschrift: c/o Diakonisches Werk Rosenheim Geschäftsstelle, Peter Selensky, Innstraße 72, D-83022 Rosenheim
Tel: 08031-3009 30
Fax: 08031-3009 49
email: peter.selensky@diakonie-rosenheim.de
Internet: www.diakonie-rosenheim.de
(2000) Öffentliche Stiftung des bürgerlichen Rechts (Bayern)

Stiftung 'Die im Dunklen sieht man nicht'   S

Förderung und Unterstützung von Personen, die in Folge ihres körperlichen, geistigen oder seelischen Zustands auf die Hilfe anderer angewiesen sind; Förderung der Jugendhilfe, der Altenhilfe und der Behindertenhilfe
Anschrift: Birkenleiten 31, D-81543 München
(2001)

Stiftung Dissen   R*S

Förderung der kirchlichen Arbeit in Dissen a.T.W. durch Beschaffung von Stiftungsvermögen und Bereitstellung von Mitteln für die kirchliche Arbeit in Dissen a.T.W., insbesondere für die Jugendarbeit, die Arbeit mit Paaren und Familien, für die diakonische Hilfe für pflegebedürftige Seniorinnen und Senioren, für Projekte, Personen und kirchliche Gebäude.
Anschrift: Schützstraße 11, D-49201 Dissen a.T.W.
(2003) Rechtsfähige Stiftung des bürgerlichen Rechts

Stiftung Dokumentation der Jugendbewegung   F*K

Zweck der Stiftung ist die Förderung der wissenschaftlichen Dokumentation und Erforschung der deutschen Jugendbewegung als bedeutender kultureller und gesellschaftlicher Bewegung. Zweck der Stiftung ist außerdem die Pflege und Förderung des in die Landesliste national wertvoller Archive und Sammlungen aufgenommenen Archivs der deutschen Jugendbewegung als Kulturgut. Der Stiftungszweck wird verwirklicht insbesondere durch die Ergänzung der Bestände des Archivs (Bibliothek, Akten, Nachlässe, Sammlungen und Kunstwerke), ihre Erschließung und Nutzbarmachung für die Forschung, ferner durch die Förderung von wissenschaftlichen Veranstaltungen, Projekten und Publikationen des Archivs sowie die Vergabe von Forschungsaufträgen an Dritte, die sich mit dem Themenkreis Jugendbewegung und ihren kulturellen und gesellschaftlichen Auswirkungen befassen.
Anträge: keine Antragsmöglichkeit
Anschrift: Johann P. Moyzes, Osterstr. 30, D-26316 Varel
Tel: 04451-7353
Fax: 04451-969453
email: moyzes.varel@nwn.de
(2000) Rechtsfähige Stiftung des bürgerlichen Rechts

Stiftung Dr. Adelbert Frey, Westoverledingen   B

Förderung der Volks- und Berufsbildung, insbesondere die Förderung überdurchschnittlich begabter junger Menschen vom 15. Lebensjahr bis zum 22. Lebensjahr von Eltern, die ihren Wohnsitz in Drieven, Kloster-Muhde haben (fördernd tätig)
Hinweise: Drieven, Kloster-Muhde
Anträge: Merkblatt-schriftlich formlos
Anschrift: c/o Ostfriesische Volksbank eG -Filiale Ihrhove-,, Henry Müller, Großwolder Straße 18, D-26810 Westoverledingen
Tel: 04955-928220
Fax: 04955-9282-11
(2004) Rechtsfähige Stiftung des bürgerlichen Rechts

Stiftung ecclesia mundi Eine Stiftung der Missio München   R

Förderung der Weltmission der Katholischen Kirche entsprechend den Weisungen des kirchlichen Lehramtes
Anschrift: c/o Missio Internationales Katholisches Missionswerk Ludwig Missionsverein, Pettenkoferstraße 26-28, D-80336 München
(2003)

Stiftung Eickesches Haus   K

Die Stiftung bezweckt den Erwerb, die Sanierung, Erhaltung und Bewirtschaftung des unter Denkmalschutz stehenden Eickeschen Hauses in Einbeck, Marktstraße 13. (operativ tätig)
Anträge: keine Antragsmöglichkeit
Ausgaben: 400.000 €
Anschrift: Neues Rathaus, Gerd Tölke, Teichenweg 1, D-37574 Einbeck
Tel: 05561-916344
Fax: 05561-916500
email: stadtverwaltung@einbeck.de
Internet: www.eickessches-Haus.de
(2001) Rechtsfähige Stiftung des bürgerlichen Rechts

Stiftung Eine Welt - eine Zukunft   N

Zweck der Stiftung ist die Förderung von Naturschutz, Umweltschutz (auch operativ tätig)
Anschrift: Jürgen Wolters, August Bebel Strasse 16-18, D-33602 Bielefeld
Internet: www.stiftung-eine-welt.de
(2001)

Stiftung Elektro-Altgeräte Register   W

Nach Inkrafttreten des Gesetzes zur Umsetzung der europäischen Richtlinie 2002/96/EG wird die Stiftung als gemeinsame Stelle fungieren und mit Aufgaben des Zentralen Registers belie-

hen werden und alle Aufgaben erfüllen und Befugnisse wahrnehmen, die der Gemeinsamen Stelle nach dem Gesetz zukommen oder auf dessen Grudlage übertragen werden
Anschrift: c/o Elektro-Altgeräte Register Projektgesellschaft b.R., Benno-Strauß-Str. 5, D-90763 Fürth
Tel: 0911-76665-0
Fax: 0911-76665-99
email: info@stiftung-ear.de
Internet: www.stiftung-ear.de
(2004) Rechtsfähige Stiftung des bürgerlichen Rechts

Stiftung Elternverein Ratsgymnasium Goslar e.V.   B

Zweck der Stiftung ist die Förderung und Unterstützung der Aufgaben der Schule Ratsgymnasium Goslar, insbesondere die Förderung von Schullandheimaufenthalten, Schüleraustauschfahrten, Wanderfahrten, Studienfahrten und ähnlichen Schulveranstaltungen, die Förderung von Tätigkeiten der Schüler in Arbeitsgemeinschaften und Schülergruppen, die Unterstützung der Bemühungen der Schule zur Rationalisierung und Intensivierung des Unterrichts und zur Fortentwicklung seiner Methoden.
Anschrift: c/o Ratsgymnasium Goslar, Schilderstraße 10, D-38640 Goslar
(2000) Rechtsfähige Stiftung des bürgerlichen Rechts

Stiftung Erinnerung, Verantwortung und Zukunft   S*V

Zweck der Stiftung ist es, über Partnerorganisationen Finanzmittel zur Gewährung von Leistungen an ehemalige Zwangsarbeiter und von anderem Unrecht aus der Zeit des Natinalsozialismus Betroffene bereitzustellen. Innerhalb der Stiftung wird ein Fonds "Erinnerung und Zukunft" gebildet. Seine dauerhafte Aufgabe besteht darin, vor allem mit den Erträgen aus den ihm zugewiesenen Stiftungsmitteln Projekte zu fördern, die der Völkerverständigung, den Interessen von Überlebenden des nationalsozialistischen Regimes, dem Jugendaustausch, der sozialen Gerechtigkeit, der Erinnerung an die Bedrohung durch totalitäre Systeme und Gewaltherrschaft und der internationalen Zusammenarbeit auf humanitärem Gebiet dienen. Im Gedenken an und zu Ehren derjenigen Opfer nationalsozialistischen Unrechts, die nicht überlebt haben, soll er auch Projekte im Interesse ihrer Erben fördern. (fördernd tätig)
Anträge: Merkblatt-Begutachtung-schriftlich
Ausgaben: 7.500.000 € , (2005)
Anschrift: Dr. Hans-Otto Bräutigam, Markgrafenstraße 12-14, D-10969 Berlin
Tel: 030-25 92 97 0
Fax: 030-25 92 97 11
email: info@stiftung-evz.de
Internet: www.stiftung-evz.de/
(2000) Stiftung des öffentlichen Rechts

Stiftung Ettersberg zur vergleichenden Erforschung europäischer Diktaturen und ihrer Überwindung   B*F

Erforschung europäischer Diktaturen im 20. Jahrhundert und ihrer demokratischen Transformation, historische Aufarbeitung und vergleichende Analyse von Diktaturen faschistischer, nationalsozialistischer und kommunistischer Provenienz sowie autoritärer Regime (auch operativ tätig)
Anträge: schriftlich formlos
Ausgaben: 455.000 € , (2005)
Anschrift: Prof. Dr. Hans - Joachim Veen, Jenaer Straße 4, D-99425 Weimar
Tel: 03643-49750
Fax: 03643-497522
email: weimar@stiftung-ettersberg.de
Internet: www.stiftung-ettersberg.de
(2002)

Stiftung Evangelischer Hospizdienst Oldenburg   R*S

Zweck der Stiftung ist, kranken und sterbenden Menschen ambulant oder stationär umfassende christliche Zuwendung zu geben, insbesondere durch Begleitung sterbender Menschen, Betreuung von trauernden Angehörigen, Unterhaltung eines ambulanten und stationären Hospizdienstes, Aus- und Fortbildung von Hospizmitarbeiterinnen und mitarbeitern sowie Öffentlichkeitsarbeit zur Thematik "Tod und Leben".
Anschrift: Frau Dr. Evelin Albrecht, Philosophenweg 1, D-26121 Oldenburg
(2001)

Stiftung Evangelisches Gethsemanekloster   R

Zweck der Stiftung ist, klösterliches Leben im Gethsemane-Kloster in Riechenberg bei Goslar oder anderen Orts zu unterstützen, zu fördern und zu ermöglichen. Der Stiftungszweck auf der Grundlage der Heiligen Schrift und verwurzelt in der christlichen Tradition Wege zur Gotteserfahrung aufzuzeigen und Hilfen für eine ganzheitliche christliche Existenz zu geben, wird insbesondere verwirklicht durch Zuwendungen an die Klostergemeinschaft insgesamt, Bedürftige, die in klösterlicher Gemeinschaft den Weg zu Gott suchen; einzelne Brüder, um sie, freigestellt von der Notwendigkeit zur Erwerbstätigkeit, in die Lage zu versetzen, ausschließlich für die Klostergemeinschaft zu wirken; Zuschüsse zu den Betriebs- und Sachkosten des Klosterbetriebes Finanzierung von gezielten Anschaffungen zur Förderung des klösterlichen Lebens.
Anschrift: Riechenberg 1, D-38644 Goslar
(2002) Rechtsfähige Stiftung des bürgerlichen Rechts

Stiftung Federkiel für zeitgenössische Kunst und Kultur   K

Förderung zeitgenössischer Kunst und Kultur in allen künstlerischen und kulturellen Ausdruckformen, insbesondere durch die Durchführung und / oder finanzielle Unterstützung kultureller Veranstaltungen und Ausstellungen, und soweit die Mittel es zulassen, durch die Vergabe von Stipendien an Künstler sowie den Ankauf von Kunstwerken zu Ausstellungszwecken (operativ tätig)
Anträge: keine Antragsmöglichkeit
Ausgaben: 50.000 € , (2004)
Anschrift: Herr Karsten Schtutz, Mauerkircherstraße 9, D-81679 München
Tel: 089-48998324
Fax: 089-4891873
email: s@federkiel.org
Internet: www.federkiel.org
(2000) Rechtsfähige Stiftung des bürgerlichen Rechts

Stiftung Fliegende Bauten   K

Förderung gemeinnütziger kultureller Zwecke. Der Stiftungszweck wird insbesondere verwirklicht durch: - die finanzielle (und ggf. materielle) Unterstützung von Kulturprojekten insbesondere im Bereich Circus, Theater und Musik, - die Aufführung solcher Projekte und - durch finanzielle/materielle Zuwendungen an Künstler zur Finanzierung von Projekten und deren Präsentation.
Anschrift: Matthias Kraemer, Holländische Reihe 11, D-22765 Hamburg
Tel: 040-398814-0
Fax: 040-398814-15
email: mk@fliegende-bauten.de
Internet: www.stiftung-fliegende-bauten.de
(2001)

Stiftung Förderung praxisorientierter Arbeiten von Kunststoffverarbeitung und Recycling - Dr. Berger   F

Die Stiftung bezweckt, Studierende oder Fachleute aus dem Großraum Braunschweig für besonders herausragende Arbeiten auf dem Gebiet der Kunststoffverarbeitung und des Recyclings auszuzeichnen, um damit anderen den Anreiz zu geben, sich diesem Arbeitsgebiet zuzuwenden. (fördernd tätig)
Anträge: schriftlich formlos
Anschrift: c/o Herrn Dr. Wilhelm Berger, Wilhelmitorwall 30a, D-38118 Braunschweig
Tel: 0421-1653182
Fax: 05171-18426
email: peine@skz.de

(2001) Rechtsfähige Stiftung des bürgerlichen Rechts

Stiftung Forum der Wirtschaft B
Zweck der Stiftung ist die Förderung von Bildung, Erziehung, Ausbildung.
Anschrift: Stephan Prinz zur Lippe, Schloßplatz 3, D-32756 Detmold
(2000)

Stiftung FreiRäume F*K*N*V
Die Stiftung FreiRäume will offene Räume entwickeln und abbauen. Ziel ist dabei, (formal)hierarchische Strukturen zu verdrängen und ein horizontales, gleichberechtigtes Leben und Kooperieren von Menschen zu fördern. Die Stiftung will das durch Gebäude, Flächen, Räume, Wägen und andere Einrichtungen erreichen, die sie unter den Bedingungen von Offenheit und Horizontalität NutzerInnengruppen zur Verfügung stellt und mit diesen Kooperationsverträge aushandelt, in denen die Stiftung auf weitergehende Einflussnahme verzichtet. (operativ tätig)

Anträge: keine Antragsmöglichkeit
Anschrift: Jörg Bergstedt, Ludwigstr. 11, D-35447 Reiskirchen
Tel: 06401-903283
email: joerg@projektwerkstatt.de
Internet: www.stiftung-freiraeume.de.vu
(2004)

Stiftung Friedehorst B*R*S
Zweck der Stiftung sind kirchlich diakonische Aufgaben, vor allem auf dem Gebiet der Altenhilfe, der Behindertenarbeit, der Pflegeder medizinischen, sozialen und beruflichen Rehabilitation, der Altenpflegeausbildung sowie der Fortbildung. (operativ tätig)

Anträge: keine Antragsmöglichkeit
Anschrift: c/o FRIEDEHORST, Dr. Georg-Hinrich Hammer, Rotdornalleee 64, D-28717 Bremen
Tel: 0421-6381 201
Fax: 0421-6381 650
email: info@friedehorst.de
Internet: www.friedehorst.de
(2004) Kirchliche Stiftung

Stiftung Frieden lernen - Frieden schaffen V
Förderung von Völkerverständigung durch gewaltfreie Friedensarbeit im In- und Ausland (fördernd tätig)

Anträge: Merkblatt-schriftlich formlos
Ausgaben: 3.500 € , (2004)
Anschrift: Marianne Levacher, Hochausring 1c/d, D-52076 Aachen-Walheim
Tel: 02408 - 81407

Fax: 02408-1647
email: stiftung@friedenlernen.de
Internet: www.friedenlernen.de
(2002) Rechtsfähige Stiftung des bürgerlichen Rechts

Stiftung für Arbeit - Bildung - Familie der katholischen Arbeitnehmerbewegung Land Oldenburg B

Unterstützung der Katholischen Arbeitnehmer - Bewegung (KAB) bei der Erfüllung ihrer Aufgaben, insbesondere durch finanzielle Förderung des KAB- Landesverbandes Oldenburg und des Bildungswerkes der KAB Land Oldenburg, Förderung von Bildungsmaßnahmen für Arbeitnehmer(innen), sowie Förderung von Projekten, Aktionen oder Kampagnen mit Bezug auf zu den Themenbereichen "Arbeitswelt", "Soziale Sicherheit" und "Familienpolitik" des KAB Landesverbandes Oldenburg, des Bildungswerkes der KAB Land Oldenburg und der Vereine im KAB Landesverband Oldenburg. (auch operativ tätig)
Anträge: schriftlich formlos
Ausgaben: 2.000 € , (2005)
Anschrift: Jürgen Dartsch, Lattweg 40, D-49377 Vechta
Tel: 04441-4550
email: kab.Stiftung@web.de
(2001) Rechtsfähige Stiftung des bürgerlichen Rechts

Stiftung für Arbeitsbeziehungen und Arbeitsrecht (StAR) F

Die Stiftung für Arbeitsbeziehungen und Arbeitsrecht fördert die Wissenschaft und Forschung sowie die Bildung auf dem Gebiet des Arbeitsrechts in seiner deutschen und internationalen, insbesondere europäischen Dimension sowie auf dem Gebiet des Sozialversicherungsrechts nebst der daraus folgenden Beschäftigungswirkungen.
Anschrift: Infanteriestrasse 8, D-80797 München
(2003)

Stiftung für Besinnungswälder Deutschland N

Förderung der Erkenntnis, dass die Menschen vom Ökosystem abhängig sind und die Notwendigkeit besteht, unsere Lebens- und Wirtschaftsweise grundlegend zu verändern. Schwerpunkte sind die Etablierung und Betreuung eines Besinnungswaldes sowie Unterstützung von Personen u. Gruppen, die sich aktiv für Aufbau, Betreuung und immaterielle Nutzung der Besinnungswälder einsetzen. Ferner sind Interesse und Engagement aller Generationen für die Ziele der Stiftung dass ein breites Spektrum von Aktivitäten gefördert wird.
Anschrift: Lindenstrasse 10, D-97797 Wartmannsroth
(2001)

Stiftung für das Bonn-Aachen International Center for Information Technologie-B-IT   B*F

Förderung von Bildung, Erziehung, Ausbildung, Wissenschaft und Forschung (operativ tätig)
Anträge: keine Antragsmöglichkeit
Anschrift: Grantham-Allee 20, D-53757 St. Augustin
(2002)

Stiftung für das Lukaszentrum   R

Förderung von Religion, kirchliche Zwecke
Anschrift: c/o Evangelische Kirchengemeinde, Pfarrer Joachim Greifenberg, Zu den Karmelitern 15, D-45145 Essen
(2001)

Stiftung für den Evangelischen Verein Nord-Ost für Evangelisation und Gemeinschaftspflege zu Frankfurt am Main   B*R

Die Stiftung wurde gegründet, um insbesondere die generelle Förderung der kirchlichen Arbeit des Evangelischen Vereins Nord-Ost durch die Bereitstellung von Sach- und Geldmitteln für die Förderung von Projekten und Schwerpunkten im Bereich der Kinder-, Jugend- und Erwachsenenarbeit einschließlich Seniorenarbeit durchzuführen. Ein weiterer und besonderer Schwerpunkt ist die Förderung der diakonischen und missionarischen Aufgaben des Evangelischen Vereins Nord-Ost. In diesem Zusammenhang wird auch die Fortbildung der haupt-, neben- und ehrenamtlichen Mitarbeiterinnen und Mitarbeiter gefördert und die Öffentlichkeitsarbeit unterstützt. Daneben werden auch Mittel zur Unterhaltung und Verbesserung der Gebäude und Anlagen des Evangelischen Vereins Nord-Ost eingesetzt. (auch operativ tätig)
Anträge: schriftlich formlos
Ausgaben: 40.034 €
Anschrift: Rudi Jordan, Wingertstr. 15-17, D-60316 Frankfurt am Main
Tel: 069-471801
Fax: 069-90477948
email: RI.jordan@freenet.de
Internet: www.nord-ost-gemeinde.de
(2003)

Stiftung für die individuelle Unterstützung hilfsbedürftiger Münchener Senioren   S

Förderung der Altenhilfe und der persönlichen Betreuung alter Bürger und Bürgerinnen in München (fördernd tätig)
Hinweise: München; nur Menschen über 65, mindestens 10 Jahre ständigen Wohnsitz in München
Anschrift: c/o Landeshauptstadt München -Sozialreferat-, Katharina Knäusl, Orleansplatz 11, D-81667 München
Tel: 089-23325646
Fax: 089-23322610
email: stiftungsverwaltung.soz@muenchen.de
Internet: www.muenchen.de
(2001)

Stiftung für Fotografie und Kunstwissenschaft Ann und Jürgen Wilde   F*K

Förderung von Wissenschaft und Forschung und Kunst. Bewahrung, Pflege, Erweiterung und Vermittlung der öffentlichen Zugänglichkeit der Archive und Sammlungen Karl Blossfeldt und Albert Renger-Patzsch (fördernd tätig)
Anträge: schriftlich formlos
Anschrift: c/o Cornelius, Bartenbach, Haesemann & Partner, z.Hd. Herrn RA Dr. Hecker, Prof.Dr. Kurt Bartenbach, Bismarckstarße 11-14, D-50498 Köln
Tel: 0221-951090-303
Fax: 0221-9519093
(2001) Rechtsfähige Stiftung des bürgerlichen Rechts

Stiftung für Gemeindebau und Sozialarbeit   G*R*S

Förderung des öffentlichen Gesundheitswesens /Krankenhäuser, Kinder-/Jugendhilfe, Waisen, Religion, kirchlichen Zwecken
Anschrift: Peter Riedl, Scheideweg 33, D-40591 Düsseldorf
(2001)

Stiftung für Kinder und Jugendliche in der Diakonie Neuendettelsau   S

Unterstützung der Bildung, Ausbildung und Förderung junger Menschen in den Einrichtungen des Evangelisch-Lutherischen Diakoniewerkes Neuendettelsau und in Einrichtungen, zu denen eine Partnerschaft besteht.

Hinweise: Kinder und Jugendliche in den Einrichtungen des Diakoniewerkes Neuendettelsau
Anträge: keine Antragsmöglichkeit
Anschrift: Wilhelm-Löhe-Str. 16 / Heckenstraße 12, D-91564 Neuendettelsau
Tel: 09874-82210
Fax: 0987-482211
email: info@DiakonieNeuendettelsau.de
Internet: www.DiakonieNeuendettelsau.de
(2000) Öffentliche Stiftung des bürgerlichen Rechts (Bayern)

Stiftung für Kirchengebäude in der Ev.- Luth. Kirche in Oldenburg - Kirchbaustiftung   K

Pflege, Unterhaltung, Veränderung sowie Neuerrichtung von Kirchengebäuden einschließlich der Altäre, Kanzeln, Taufsteine, Orgeln und Glocken in der Ev.-Luth. Kirche Oldenburg.
Hinweise: Oldenburg
Anschrift: c/o Evangelisch-Lutherischen Oberkirchenrat, Herrn Heinen, Philosophenweg 1, D-26121 Oldenburg
(2000)

Stiftung für Körperbehinderte Allgäu   S

Förderung des Wohlfahrtswesens für Menschen mit Körper- und Mehrfachbehinderungen (fördernd tätig)
Hinweise: Wohnsitz im Allgäu
Anträge: schriftlich formlos
Ausgaben: 5.000 € , (2004)
Anschrift: Reinhold Scharpf, Immenstädter Str.27, D-87435 Kempten
Tel: 0831-51239110
Fax: 0831-51239711
email: reinhold.scharpf@koerperbehinderte-allgaeu.de
Internet: www.koerperbehinderte-allgaeu.de
(2003)

Stiftung für krebskranke Kinder Coburg   G

Förderung der Forschung bei Krebserkrankungen bei Kindern, Unterstützung krebskranker Kinder und ihren Familien
Anschrift: Isselburgweg 15, D-96450 Coburg
(2003)

Stiftung für Kunsttherapie BlickWinkel   B*G*K*S
Die Stiftung bezweckt Kunstförderung im Vorschulalter, die durch Künstler und Kunsttherapeuten sowie Kunstpädagogen in Schwerpunkten und Einzelaktionen künstlerische Aktivitäten in Kindergärten initiiert und gefördert werden soll. Diese umfassen Aktionen in den Kindergärten selbst, aber auch Schwerpunktseminare für Kindergartengruppen. Kunsttherapie, d.h. Arbeit mit Erkrankten wie z.b. Depressiven, Burn-out-Patienten und Essgestörten in Seminaren zur Entwicklung der Selbstheilungskräfte und Förderung einer kreativen Selbstaktivierung auf allen Bereichen künstlerischen Schaffens wie Bildhauerei, Malerei, Literatur und Musik, um eine Krankheitsbewältigung zu unterstützen und die soziale Integration zu fördern. Auch diese Therapie wird durch Künstler, Kunsttherapeuten und Kunstpädagogen ausgeführt. (auch operativ tätig)
Anträge: schriftlich formlos
Anschrift: Dr. Armin Saak, Hermann-Löns-Weg 2, D-38518 Gifhorn/Winkel
Tel: 05371-13181
Fax: 05371-95817
email: drsaak@aol.com
(2002) Rechtsfähige Stiftung des bürgerlichen Rechts

Stiftung ganzheitliche Kinder- und Jugendhilfe   R*S
Förderung des Wohlfahrtswesen, insbesondere Förderung ganzheitlicher Hilfen für Kinder, Jugendliche und junge Erwachsene, die aufgrund ihrer Probleme, Krankheit oder Behinderung Hilfe benötigen in ihren Beziehungsbereichen zu sich selbst, zu anderen Menschen und zu Gott
Anschrift: Von-Kahl-Str. 4, D-86971 Peiting
(2003)

Stiftung Gemeindienst Düsseldorf   B*K*V
Förderung von Denkmalpflege, Kunst und Kultur, Bildung, Erziehung, Ausbildung, Völkerverständigung, Mildtätigen Zwecken
Anschrift: Dr. Richard Beckers, Hermannstrasse 12, D-40233 Düsseldorf
(2002)

Stiftung GEO - Zentrum an der KTB   B*F
Förderung der Wissenschaft und Forschung sowie der Bildung und Erziehung durch den Erhalt, den Unterhalt und die Zugänglichmachung des GEO - Zentrums an der KTB mit KTB- Bohrturm an der Kontinentalen Tiefbohrung in Windischeschenbach
Anschrift: Am Bohrturm 2, D-92670 Windischeschenbach
(2004)

Stiftung Gottfried Hain für Senioren   S
Unterstützung bedürftiger Senioren aus den Gemeinden Rott, Pfaffing und Ramerberg

Anschrift: c/o ALPMA Alpenland Maschinenbau GmbH, Herrn Christoph Detter, Postfach 20, D-83540 Rott am Inn
(2001)

Stiftung Gute-Tat.de   S
Beschaffung von Mitteln für mildtätige Zwecke, insbesondere durch den Betrieb der Internet-Plattform (operativ tätig)
Anträge: keine Antragsmöglichkeit
Anschrift: Juliane Neubert, Alt-Moabit 92, D-10559 Berlin
Tel: 030-39088222
Fax: 030-39088199
email: info@gute-tat.de
Internet: www.gute-tat.de
(2000) Rechtsfähige Stiftung des bürgerlichen Rechts

Stiftung Hahnenklee   K*R
Zweck der Stiftung ist die Förderung der kirchlichen, dabei insbesondere der kulturellen Arbeit in Hahnenklee, vor allem an der Stabkirche. Der Stiftungszweck wird verwirklicht durch die Unterstützung der Kirchengemeinde bei der Anstellung eines Kirchenmusikers/einer Kirchenmusikerin (verbunden mit dem Auftrag zur Planung und Durchführung kultureller Angebote an der Stabkirche) oder anderer bzw. weiterer Personen, die mit ihrer Arbeit dem Stiftungszweck dienen, außerdem durch die finanzielle Unterstützung von kulturellen oder kirchlichen Veranstaltungen bzw. Projekten.
Anschrift: c/o Evangelisch-lutherisches Pfarramt Hahnenklee, Professor-Mohrmann-Weg 1, D-38644 Goslar-Hahnenklee
(2003) Rechtsfähige Stiftung des bürgerlichen Rechts

Stiftung Hamburg Maritim   K
Ziel der Stiftung Hamburg Maritim ist es, das maritime Erbe der Freien und Hansestadt Hamburg zu erhalten und öffentlich zugänglich zu machen. Zu diesem Zweck bemüht sich die Stiftung um den Erhalt, die Restaurierung und die öffentliche Präsentation maritimer Objekte, welche die Geschichte des Hafens und der Schifffahrt der Stadt repräsentieren. (operativ tätig)
Anträge: keine Antragsmöglichkeit
Anschrift: Joachim Kaiser, Australiastraße Schuppen 51a, D-20457 Hamburg
Tel: 040-78 10 48 49
Fax: 040-78 10 48 50
email: info@stiftung-hamburg-maritim.de
Internet: www.stiftung-hamburg-maritim.de
(2001) Rechtsfähige Stiftung des bürgerlichen Rechts

Stiftung Haus des Handwerks   F*K*S
Förderung wissenschaftlicher, mildtätiger und kultureller Zwecke

Anschrift: Spitaltor 7, D-87600 Kaufbeuren
(2004)

Stiftung Haus Mährisch-Schönberg F*V*X

Zweck der Stiftung ist:a) Mahnmal gegen Vertreibungen b) Erhaltung, Pflege, Erweiterung und laufende Präsentation der "Heimatstube Mährisch Schönberg" c) Pflege und Förderung des Heimatgedankens im Interesse des kulturellen Erbes der heute verstreut lebenden Vertriebenen d) Dokumentation des aus dem Kreis Mährisch Schönberg überkommenen Kulturgutes seiner deutschen Bewohner e) Dokumentation der allgemeinen Verhältnisse und des Zustandes der Lebensbedingungen im Kreis Mährisch Schönberg vor und nach der Vertreibung seiner deutschen Bewohner f) Dokumentation der Vertreibung der Deutschen aus dem Kreis Mährisch Schönberg und ihrer Eingliederung in den Aufnahmegebieten g) Herausgabe von Publikationen, die sich mit der Geschichte und den heimatlichen Traditionen der Mährisch Schönberger und der Sudetendeutschen befassen.

Anträge: keine Antragsmöglichkeit
Anschrift: M. Künstner, Neumarkt 38, D-36251 Bad Hersfeld
Tel: 06621-78844
Fax: 06621-2964
(2000) Rechtsfähige Stiftung des bürgerlichen Rechts

Stiftung Heiligengrabe K*S

Förderung Sonstiger Sozialer Zwecke, Denkmalpflege
Anschrift: Dr. Richard Beckers, Hermannstr. 12, D-40233 Düsseldorf
(2000)

Stiftung Helfende Hände S

Hilfe für mehrfach behinderte Kinder und Erwachsene - unabhängig von Nationalität, sozialem Stand oder Religion und Beitrag dazu, dass sich deren Situation langfristig verbessert.
Anschrift: Reichenaustr. 2, D-81243 München
(2000)

Stiftung Helfende Hände S

Förderung mildtätiger Zwecke, insbesondere im Bereich von hilfsbedürftigen Kindern, Jugendlichen, alten und kranken Menschen sowie hilfsbedürftigen Opfern von Katastrophen im In-und Ausland
Anschrift: Hirschenau 5, D-90607 Rückersdorf
(2002)

Stiftung Hermann und Alide Borggreve K*S

Förderung der Jugend- und Altenhilfe, der Hospizarbeit, des Landschafts- und Denkmalschutzes, mildtätiger Zwecke, hilfsbedürftiger Personen oder Einrichtungen, die solche hilfsbedürftigen Einzelpersonen oder Personengruppen unterstützen sowie des Heimatgedankens durch Zuwendung von Finanz- und Sachmitteln. Dabei soll nach Möglichkeit ein Bezug zur Stadt Neu-

enhaus (Landkreis Grafschaft Bentheim), der Gemeinde Uelsen oder der dortigen näheren Umgebung bzw. den dort lebenden Menschen
Anschrift: Frau Alide Borggreve, Nordhorner Straße 32, D-49825 Neuenhaus
(2003) Rechtsfähige Stiftung des bürgerlichen Rechts

Stiftung Hilfe für Mitmenschen S
Unterstützung von hilfsbedürftigen Menschen in schwierigen persönlichen Lebenslagen
Anschrift: Ziegenstraße 30, D-90482 Nürnberg
(2001)

Stiftung Hilfe zum Leben S
Förderung von Kinder-/Jugendhilfe, Waisen, Altenhilfe (einschl. Altenheime), Hilfe für Behinderte
Anschrift: Laerholzstrasse 21, D-44801 Bochum
(2001)

Stiftung Hof Hasemann N
Förderung des Umwelt-, Landschafts- und Naturschutzes und des Heimatgedankens durch Intensivierung des bestehenden Naturschutzgebietes auf den Flächen des Hofes und ökologische Aufwertung weiterer Flächen durch Anlage von Wasserflächen und Anpflanzung ökologisch wertvoller Flora und Fauna. Diese Flächen sollen der Stadt Bramsche und anderen Interessenten als ökologische Ausgleichsflächen entgeltlich zur Verfügung gestellt werden. Außerdem Förderung der Denkmalpflege
Anschrift: Herrn Wilhelm Hasemann, Larberge 1, D-49565 Bramsche
(2000)

Stiftung Hofer K
Förderung von bildenden Künstlern, insbesondere durch den Erhalt und den Ausbau des Wasserschlosses in Kleinbardorf zur Schaffung von Ausstellungsräumen und Arbeitsräumen für Künstlerinnen und Künstler und den Ankauf, die Pflege und den Erhalt von Kunstwerken. (auch operativ tätig)
Anträge: keine Antragsmöglichkeit
Anschrift: Am Rennweg 31, D-97631 Bad Königshofen
(2004)

Stiftung Hospiz Schwerte G*S
Förderung von Mildtätigen Zwecken und des öffentlichen Gesundheitswesens / Krankenhäuser
Anschrift: Alter Dortmunder Weg 89, D-58239 Schwerte
(2001)

Stiftung Hospizarbeit in Münster G*S
Förderung des öffentlichen Gesundheitswesens / Krankenhäuser (fördernd tätig)

Anträge: schriftlich formlos-mündlich
Anschrift: Prof. Dr. Clemens Adam, Sonnenstr. 80, D-48143 Münster
Tel: 0251-6068904
Fax: 0251-6068906
email: clemensadam@gmx.de
Internet: www.stiftung-hospizarbeit.de
(2003)

Stiftung Human Tissue and Cell Research (HTCR)   F

Förderung der Wissenschaft und Forschung im Bereich der Medizin (auch operativ tätig)
Anträge: keine Antragsmöglichkeit
Ausgaben: 342.566 € , (2005)
Anschrift: c/o Zentrum für Leberforschung, Franz-Josef-Strauß-Allee 11, D-93053 Regensburg
Tel: 0941-9446837
Fax: 0941-9446838
email: irmgard.scherübl@klinik-uni-regensburg.de
Internet: www.htcr.de
(2000) Öffentliche Stiftung des bürgerlichen Rechts (Bayern)

Stiftung Interkultur   V

Die Stiftung Interkultur ist eine von politischen, weltanschaulichen und religiösen Bindungen unabhängige Institution. Zweck der Stiftung ist es, die Integration von Einwanderinnen und Einwanderern in die deutsche Gesellschaft zu fördern. Hierdurch soll ein qualitativer Beitrag zum Wandel der deutschen Gesellschaft in eine Einwanderungsgesellschaft geleistet werden. Im Mittelpunkt der Arbeit der Stiftung stehen die Integrationsleistungen, die die Einwanderinnen und Einwanderer selbst erbringen. Konkret fördert die Stiftung Interkultur die Verbreitung und die Vernetzung interkultureller Gartenprojekte. Die Unterstützung gilt insbesondere den hier sich entfaltenden Formen der interkulturellen Kommunikation und ihren integrativen Wirkungen.

Anschrift: Daiserstr.15, Rgb., D-81371 München
Tel: 089-74746022
Fax: 089-74746030
email: info@stiftung-interkultur.dee
Internet: www.stiftung-interkultur.de
(2003)

Stiftung Internationale Händel-Festspiele Göttingen   K

Zweck der Stiftung ist die Förderung von Kunst und Kultur durch Unterstützung der Internationalen Händel-Festspiele Göttingen und der Pflege des musikalischen Werkes Georg Friedrich Händels. Der Stiftungszweck wird insbesondere verwirklicht durch die Förderung und finanziel-

le Unterstützung der Internationalen Händel-Festspiele in Göttingen, sonstiger Konzerte, musikwissenschaftlicher Forschungen und Publikationen über das Werk Georg Friedrich Händels. (auch operativ tätig)
Anschrift: c/o Göttinger Händel-Gesellschaft e.V., Benedikt Poensgen, Hainholzweg 3/5, D-37085 Göttingen
Tel: 0551-567000
Fax: 0551-45395
email: info@haendel.org
Internet: www.haendel.org
(2004) Rechtsfähige Stiftung des bürgerlichen Rechts

Stiftung Isergebirgs-Museum F*K

Förderung der Sammlung, Erfassung, Erforschung und Vermittlung des Kulturguts der Deutschen aus dem Isergebirge, um deren Lebenswelt, Wirtschafts- und Sozialgeschichte, volkskundliches und kulturelles Schaffen zu dokumentieren, einschließlich des Vertreibungsschicksals sowie der Aufbauleistung und Weiterentwicklung nach 1945 (operativ tätig)
Anträge: keine Antragsmöglichkeit
Anschrift: Eva Haupt, Marktgasse 8, D-87600 Kaufbeueren
Tel: 08341-965018
Fax: 08341-65292
email: info@isergebirgs-museum.de
Internet: www.isergebirgs-museum.de
(2000) Öffentliche Stiftung des bürgerlichen Rechts (Bayern)

Stiftung Joachimica B*K

Die Stiftung dient Zwecken der Erziehung, Volks- und Berufsbildung sowie der Jugendhilfe. Sie verwirklicht ihren Zweck insbesondere durch die Förderung des als gemeinnützigen Zwecken dienend anerkannten Schulvereins Kolleg Joachimsthal e.V. (Berlin). Die Stiftung kann die Tätigkeit anderer Schulen mit dem Kolleg Joachimsthal vergleichbaren Bildungszielen durch finanzielle Zuwendungen fördern, sofern diese von Körperschaften öffentlichen Rechts oder als gemeinnützigen Zwecken dienend anerkannten körperschaften getragen sind. Die Stiftung kann ferner Schüler des Kollegs Joachimsthal und anderer Schulen mit vergleichbaren Bildungszielen durch Stipendien fördern. (fördernd tätig)
Anträge: keine Antragsmöglichkeit
Anschrift: c/o Maecenata Management, Veronika Hofmann, Herzogstr.60, D-80803 München
Tel: 089-284452
Fax: 089-283774
email: mm@maecenata-management.de
Internet: www.maecenata-management.de
(2001) Nicht rechtsfähige Stiftung

Stiftung Johannes-Hospiz Münster   G*S
Förderung von Sonstigen Sozialen Zwecken, des öffentlichen Gesundheitswesens / Krankenhäuser, Altenhilfe (einschl. Altenheime)
Anschrift: Friedbert Schulze, Janningsweg 20, D-48159 Münster
(2001)

Stiftung Jugend fordert! - STEP 21   B*S
Förderung der Werte "Toleranz und Verantwortung" unter und mit Jugendlichen. Die Stiftung initiiert in diesem Sinne innovative Bildungsangebote und öffentlichkeitswirksame Projekte für Jugendliche und sichert die Arbeit der Jugendinitiative STEP 21 langfristig ab. Kernelemente der Arbeit sind die handlungsorientierten Medienboxen für die pädagogische Arbeit in Schulen und außerschulischen Bildungseinrichtungen und ein damit verbundenes lebendiges Netzwerk an Aktionen, Projekten und Begegnungen. (auch operativ tätig)
Anträge: schriftlich formlos
Anschrift: Karin Kalayei, Stubbenhuk 3, D-20459 Hamburg
Tel: 040-37859612
Fax: 040-378596-13
email: stiftung@step21.de
Internet: www.step21.de
(2004)

Stiftung Jugendfußball   M
Förderung des Fußballnachwuchses. Förderung der Entwicklung von Kindern und Jugendlichen mittels "Faszination Fußball" (operativ tätig)
Anträge: keine Antragsmöglichkeit
Anschrift: c/o UNI Paderborn, Warburger Str. 100, D-33098 Paderborn
Tel: 05251 60-3200
Fax: 05251 60-3188
email: info@stiftung-jugendfussball.de
Internet: www.stiftung-jugendfussball.de/
(2002) Rechtsfähige Stiftung des bürgerlichen Rechts

Stiftung Käthe-Kollwitz-Gymnasium Wilhelmshaven   B*K*M*V
Förderung der Bildung und Erziehung zum Beispiel durch Förderung der Erziehungs- und Präventionsarbeit, Förderung der Musik, der Literatur, der darstellenden und bildenden Kunst einschließlich entsprechender schulischer Veranstaltungen in der Öffentlichkeit, Förderung der Mathematik, der Informatik und der Naturwissenschaften, Förderung christlicher, religiöser und ethischer Erziehungsziele der Toleranz und Förderung des Sports sowie Förderung der Völkerverständigung durch Unterstützung des Schüleraustauschs von Schülerinnen und Schülern des Käthe-Kollwitz-Gymnasiums in Wilhelmshaven sowie seiner Partnerschaften mit ausländischen Schulen. Der Zweck wird insbesondere verwirklicht durch finanzielle Unterstützung des

Käthe-Kollwitz-Gymnasiums. Insbesondere werden Spitzenleistungen gefördert, z.B. "Jugend forscht" - Arbeiten und andere Wettbewerbsbeteiligungen. (fördernd tätig)
Hinweise: Käthze-Kollwitz Gymnasium Wilhelmshaven
Anträge: keine Antragsmöglichkeit
Ausgaben: 1.500 € , (2005)
Anschrift: c/o Herrn Reimar Thomas, Marco - Polo - Str. 7, D-26389 Wilhelmshaven
Tel: 04421 - 85367
Fax: 04421 - 368595
email: r-ths@gmx.de
(2004) Rechtsfähige Stiftung des bürgerlichen Rechts

Stiftung Katholische Schulen in Hamburg   B*R*S

Förderung der vom Verband der römisch-katholischen Kirchengemeinden in der Freien und Hansestadt Hamburg - Erzbistum Hamburg - getragenen katholischen Schulen in Hamburg durch die Gewährung von Sachmitteln und von finanziellen Unterstützungsleistungen. (fördernd tätig)
Hinweise: Voraussetzung für Förderung: Projekte der kath. Schulen Hamburg
Anschrift: Dr. Hermann Vortmann, Herrengraben 4, D-20459 Hamburg
Tel: 040-378636-0
Fax: 040-378636-36
email: info@kshh.de
(2002)

Stiftung Keramion - Zentrum für moderne + historische Keramik Frechen   F*K

Förderung von Wissenschaft und Forschung, Kunst und Kultur
Anschrift: Dr. Heinz Weller, Rathaus, Johann-Schmitz-Platz 1-3, D-50226 Frechen
(2002)

Stiftung Kind Duisburg   G*N*S

Förderung der Hilfe für Behinderte, Kinder-/Jugendhilfe, Waisen, des öffentlichen Gesundheitswesens / Krankenhäuser (fördernd tätig)
Hinweise: Hilfe in Institution oder zu Hause, nicht in Kliniken
Anträge: schriftlich formlos-mündlich
Anschrift: Irene Knoch, Windhuker Strasse 9, D-47249 Duisburg
Tel: 0203-341884
Fax: 0203-3462397

email: info@stiftung-kind-duisburg.de
Internet: www.stiftung-kind-duisburg.de
(2001) Rechtsfähige Stiftung des bürgerlichen Rechts

Stiftung Kinder brauchen Musik F*K

Förderung der Jugend, hierbei vor allem die Förderung des Singens und Musizierens, auch des Komponierens, Textdichtens und der Musiktherapie von Kindern. Insbesondere sollen Musikprojekte mit integrativen und ganzheitlichen Ansätzen gefördert werden, in denen Musik mit Spiel, Theater oder Bewegung kombiniert wird, um soziale Fähigkeiten und Strukturen zu stärken. Dies gilt vorzugsweise für Kinder aus sozial benachteiligten Verhältnissen. Dem Blickwinkel und den Vorlieben der Kinder in ihrer jeweiligen Altersgruppe ist eine hohe Bedeutung beizumessen. Die Stiftung kann auch wissenschaftliche Forschung, die diesen Zwecken dient, fördern. (auch operativ tätig)
Anträge: schriftlich formlos
Anschrift: Holsteinischer Kamp 104, D-22081 Hamburg
Tel: 040-29 991155
Fax: 040-29991138
email: info@kinderbrauchenmusik.de
Internet: www.kinderbrauchenmusik.de
(2004) Rechtsfähige Stiftung des bürgerlichen Rechts

Stiftung Kinderheim Hermann Hildebrand Haus S

Beschaffung von Mitteln für der Verein Bremer Säuglingsheime, der Kindern Unterkunft und Verpflegung gewährt, die zu Hause nicht die notwendige Pflege finden.
Anschrift: c/o Rechtsanwälte Göhmann,Wrede, Haas, Kappus & Hartmann,
Herr Dr. Haas, Postfach 10 52 80, D-28052 Bremen
(2003)

Stiftung Kinderhilfe Fürstenfeldbruck S

Förderung und Integration Behinderter oder von Behinderung bedrohter Kinder, Jugendlicher und Erwachsener
Anschrift: Feldstrasse 15, D-82256 Fürstenfeldbruck
(2001)

Stiftung Kinderjahre B*S

Jugendhilfe, Familienförderung sowie Bildung und Erziehung. Die Zwecke können unter anderem verwirklicht werden durch: a) die Förderung der Kommunikation und Mediation zwischen Eltern und Kindern, b) Erziehungshilfe und Elternschule für mit ihrem Erziehungsauftrag überforderte Eltern, c) Hilfe bei der Grundversorgung von Kindern und Jugendlichen aus sozialschwachen Familien an Nahrungsmitteln, Bekleidung und Körperhygiene, d) die Förderung der Toleranz und Verständigung zwischen Jugendlichen und Erwachsenen, e) Förderung von

schul- und ausbildungsbezogenen Bildungsmaßnahmen für Kinder und Jugendliche einschließlich der Gewährung individueller Beihilfen und Stipendien. (auch operativ tätig)
Anträge: keine Antragsmöglichkeit
Anschrift: Hannelore Lay, Dorotheenstr. 57, D-22301 Hamburg
Fax: 040-5394942
email: h.lay@stiftung-kinderjahre.de
Internet: www.stiftung-kinderjahre.de
(2004)

Stiftung Kinderzentrum Ruhrgebiet G*S
Früherkennung und Frühtherapie von Entwicklungsbedrohungen oder Behinderungen bei Frühgeborenen, Säuglingen und Kindern (fördernd tätig)
Anschrift: Alexandrinenstraße 5, D-44791 Bochum
Tel: 0234-50 92 800
Fax: 0234-50 92 820
email: info@kinderzentrum-ruhrgebiet.de
Internet: www.kinderzentrum-ruhrgebiet.de
(2001)

Stiftung Kirchenmusik an St Sixti in Northeim K
Zweck der Stiftung ist die Förderung der Kirchenmusik an St. Sixti in Northeim. Der Stiftungszweck wird insbesondere verwirklicht durch 1. die Gründung und Unterhaltung einer organisierten Singschule an der St.-Sixti-Kirche, 2. die Sicherung der A-Musikerstelle, 3.die Unterstützung von Aufführungen von Musikwerken sowie 4. die Erhaltung der Orgel der St.-Sixti-Kirche. Der Stiftungszweck wird insbesondere verwirklicht durch die Beschaffung und Zuwendung von Mitteln, die dem Satzungszweck unter 2, 1. entsprechen. (fördernd tätig)
Anträge: schriftlich formlos
Ausgaben: 4.000 €
Anschrift: Heinz Behrends, Entenmarkt 2, D-37154 Northeim
Tel: 05551-911637
Fax: 05551-9116239
email: heinz.behrends@evlka.de
(2003) Rechtsfähige Stiftung des bürgerlichen Rechts

Stiftung kleiner Bär S
Unterstützung von bedürftigen Kindern, Jugendlichen und werdenden Müttern bei finanziellen Notlagen (auch operativ tätig)
Anträge: keine Antragsmöglichkeit
Anschrift: Dr. Wolfgang Kaudewitz, Stillbergweg 15, D-86609 Donauwörth
Tel: 0906-21005
Fax: 0906-21006
email: kleiner-baer@lycos.de

(2001) Öffentliche Stiftung des bürgerlichen Rechts (Bayern)

Stiftung Kloster Bursfelde R

(1) Die Stiftung will die Entfaltung und Fortentwicklung des Arbeitskonzeptes von Kloster und Tagungshaus Bursfelde als Stätte des Gebets, der Bildung und der Begegnung von Kirche und Universität fördern. Sie will damit Kloster und Tagungshaus Bursfelde als Geistliches Zentrum in benediktinischer Tradition mit evangelischem Profil erhalten. (2) Der Stiftungszweck wird verwirklicht durch die Beteiligung an den Personal-, Bau- und Sachkosten des Klosters und des Tagungshauses, soweit diese Kosten nicht anders finanziert werden können. (3) Die Stiftung arbeitet in der Erfüllung ihrer Aufgaben mit dem Förderkreis Kloster Bursfelde e.V. zusammen.

Anschrift: Werner Anisch, Klosterhof 5, D-34346 Hann.Münden
Tel: 05544-427
Fax: 05544-912 351
email: info@kloster-bursfelde.de
Internet: www.kloster-bursfelde.de
(2003) Rechtsfähige Stiftung des bürgerlichen Rechts

Stiftung Klostermühle Thierhaupten K

Förderung des Denkmalschutzes und der Kultur
Anschrift: Wolfschlag 22, D-86672 Thierhaupten
(2003)

Stiftung Koralle-Bürgerhaus der Walddörfer K

Zweck ist die Förderung kultureller Zwecke in den Hamburger Walddörfern und umliegenden Gemeinden. Dieser Zweck wird insbesondere verwirklicht durch die Errichtung und das Betreiben eines kulturellen Zentrums/Bürgerhauses in Hamburg-Volksdorf, in dem kulturelle Veranstaltungen in Form von Konzerten, Kunstausstellungen und Theateraufführungen durchgeführt werden. Die Stiftung soll die Integration des Bürgerhauses in das Kulturgeschehen in Volksdorf und den Walddörfern beachten und aktiv fördern, insbesondere durch Einbeziehungen anderer gemeinnütziger Einrichtungen sowie der Jugend, der Senioren und der Behinderten. (operativ tätig)

Anträge: keine Antragsmöglichkeit
Anschrift: Gerd Leilich, Kattjahren 1 A, D-22359 Hamburg
Tel: 040-4 11 88 990
Fax: 040-41188 999
email: gerd@leilich.com
Internet: www.Stiftung-Koralle.de
(2000)

Stiftung Krankenhaus Fürstenhagen G*S

Unterstützung von Personen, die infolge ihres körperlichen, geistigen oder seelischen Zustandes auf die Hilfe und Fürsorge Dritter angewiesen sind (operativ tätig)

Anträge: keine Antragsmöglichkeit
Ausgaben: 5.000 € , (2005)
Anschrift: Herr Prüßner ,Herr Kaufmann, Am Wehrberg 6, D-37284 Waldkappel
Tel: 05656-4421
Fax: 05656-4421
email: info@stiftungkf.de
Internet: www.stiftungkf.de
(2001) Rechtsfähige Stiftung des bürgerlichen Rechts

Stiftung Krebsforschung G.K.A. G

Förderung der medizinischen Forschung, insbesondere der Krebsforschung (auch operativ tätig)
Anträge: keine Antragsmöglichkeit
Anschrift: Dr. Hans Abmayr, Immelmannstraße 6, D-89312 Günzburg
Tel: 08221-34534
Fax: 08221-250141
(2000) Öffentliche Stiftung des bürgerlichen Rechts (Bayern)

Stiftung KulturLandschaft Günztal N

Förderung von Maßnahmen des Naturschutzes und der Landschaftspflege im Einzugsbereich des Fließgewässersystems Günz (operativ tätig)
Hinweise: Einzugsbereich des Fließgewässersystems Günz
Anträge: keine Antragsmöglichkeit
Anschrift: Michael Nett, Bergstr. 45, D-87724 Ottobeuren
Tel: 08332-925797
Fax: 08332-925798
email: vorstand@stiftung-kulturlandschaft-guenztal.de
Internet: www.guenztal.de
(2000) Rechtsfähige Stiftung des bürgerlichen Rechts

Stiftung Kunst und Kultur der Sparkasse Dachau K

Förderung der Kunst und Kultur und des Denkmalschutzes im Bereich der Stadt und des Landkreises Dachau
Anschrift: Sparkassenplatz 1, D-85221 Dachau
(2005)

Stiftung Kunst und Kultur Münsterland K

Förderung von Kunst und Kultur
Anschrift: Jürgen Holtz, Feuerstiege 6, D-48624 Schöppingen
(2000)

Stiftung Kunst, Bildung und Erziehung der Sparda-Bank Münster
B*K

Förderung von Bildung, Erziehung, Ausbildung, Kunst und Kultur
Anschrift: Herrn RA Dr. Eugen Putzo, Servatiiplatz 9, D-48143 Münster
(2002)

Stiftung Kunstakademie München
K

Förderung der Kunst und Kultur (fördernd tätig)
Ausgaben: 100.000 €
Anschrift: Peter Reimpell, Akademiestraße 2, D-80799 München
Tel: 089-378-25255
Fax: 089-378-21596
email: peter.reimpell.extern@hvb.de
(2000)

Stiftung Kunstfonds zur Förderung der zeitgenössischen bildenden Kunst
K

Förderung der zeitgenössischen bildenden Kunst (fördernd tätig)
Anträge: schriftlich
Anschrift: Dr. Karin Lingl, Weberstraße 61, D-53113 Bonn
Tel: 0228-91534 11
Fax: 0228-91534 41
email: info@kunstfonds.de
Internet: www.kunstfonds.de
(2000) Rechtsfähige Stiftung des bürgerlichen Rechts

Stiftung Kunstverein in Bremen
K

Förderung der bildenden Kunst, insbs. der Malerei, der Bildhauerei, des Kupferstiches, der Handzeichnungen und der Medienkunst.
Anschrift: Georg Abegg, Am Wall 207, D-28917 Bremen
(2003)

Stiftung Lebensfarben
S

Förderung und Integration hilfsbedürftiger Menschen durch Bereitstellung geeigneten Wohnraums. Kulturelle Förderung, Vernetzung sozialer Arbeit (operativ tätig)
Anträge: keine Antragsmöglichkeit
Ausgaben: 40.000 €
Anschrift: Perlebergerstraße 27, D-10559 Berlin
Tel: 030-80 96 25 00
Fax: 030-80 96 25 20
email: info@stiftung-lebensfarben.de
Internet: www.stiftung-lebensfarben.de

(2000)

Stiftung Lebenshilfe Bielefeld S

Zweck der Stiftung ist die Förderung und Unterstützung von Menschen mit Behinderung, insbesondere Menschen mit geistiger Behinderung aller Altersstufen.Darüber hinaus ist Zweck der Stiftung die Beschaffung von Mitteln für die Verwirklichung der steuerbegünstigten Zwecke einer anderen Körperschaft oder Körperschaft des öffentliches Rechts. (fördernd tätig)
Anschrift: Burkhard Herden, Am Möllenstift 22, D-33647 Bielefeld
Tel: 0521-44708-0
Fax: 0521-44708-32
email: Info@stiftung-lebenshilfe.de
Internet: www.stiftung-lebenshilfe.de
(2002)

Stiftung Lebenshilfe Delmenhorst und S
Umgebung

Förderung von Maßnahmen und Einrichtungen, die eine wirksame Lebenshilfe für Menschen mit geistiger und/oder mehrfacher Behinderung aller Altersstufen und deren Angehörige darstellen. Die Verwirklichung erfolgt insbesondere durch Förderung, Unterhaltung und Betreiben von Einrichtungen zur Betreuung, Förderung, Integration und Pflege von Menschen mit geistiger Behinderung wie z.B. Frühförderung, familienentlastende Dienste, offene Hilfen, heilpädagogische Tagesstätten, integrative Kindertagesstätten, gegliederte Wohnstätten, Werkstätten und Elternberatung für Menschen mit geistiger Behinderung und deren Angehörige. (fördernd tätig)
Anträge: schriftlich formlos
Anschrift: Frau Irma Michel, Bismarckstr. 21, D-27749 Delmenhorst
Fax: 04221-1525 15
email: iMichel@lebenshilfe-delmenhorst.de
Internet: www.lebenshilfe-delmenhorst.de
(2000)

Stiftung Lebenshilfe Erlangen- S
Höchstadt (West)

Förderung von Menschen mit Behinderung, insbesondere mit einer geistigen Behinderung
Anschrift: Pirckheimer Str. 4, D-91074 Herzogenaurach
Internet: www.lebenshilfe-herzogenaurach.de
(2001)

Stiftung Lebenshilfe Freising S

Förderung behinderter, insbesondere geistig behinderter Menschen dahingehend, dass sie alle für sie notwendigen Hilfen erfahren und in sozialer Integration mit Nichtbehinderten ihre Selbstverwirklichung finden (operativ tätig)

Anträge: keine Antragsmöglichkeit
Anschrift: Kesselschmiedstrasse 2, D-85354 Freising
Tel: 0816-148300
Fax: 08161-483030
(2002)

Stiftung Lebenshilfe Giessen G*S
Unterstützung von Menschen mit Behinderung (fördernd tätig)
Anträge: schriftlich formlos
Anschrift: Maren Müller-Erichsen, Grüninger Weg 26, D-35415 Pohlheim
Tel: 06404-80440
Fax: 06404-804 44
email: stiftung@lebenshilfe-giessen.de
Internet: www.lebenshilfe-giessen.de
(2003)

Stiftung Lebenshilfe im rechtsrheinischen Rhein-Sieg-Kreis S
Hilfe für Behinderte
Anschrift: Lothar Gorholt, Jüchstrasse 3, D-53757 Sankt Augustin
(2000)

Stiftung Lebenshilfe Kreis Neuss S
Förderung von Menschen mit geistiger und mehrfacher behinderung aller Altersstufen
Anschrift: Matthias Nobis, Klosterweg 1, D-41516 Grevenbroich
Tel: 0218-127020
(2000)

Stiftung Lebenshilfe Lippstadt S
Förderung der Hilfe für Behinderte
Anschrift: Herbert Schiene, Mastholter Strasse 46, D-59555 Lippstadt
Tel: 02941-96700
Fax: 02941-967070
email: info@lebenshilfe-lippstadt.de
Internet: www.lebenshilfe-lippstadt.de
(2002)

Stiftung Lebenshilfe Lübbecke S
Förderung Mildtätiger Zwecke
Anschrift: Christian Lemper, Hausstätte 19, D-32312 Lübbecke
Tel: 05741-3400-0
Fax: 05741-3400-60

email: info@lebenshilfe-luebbecke.de
Internet: www.lebenshilfe-luebbecke.de
(2001)

Stiftung Lebenshilfe Memmingen / Unterallgäu S

Förderung behinderter Menschen, insbesondere geistig behinderter Menschen
Hinweise: behinderte, besonders geistig behinderte Menschen
Anschrift: Schlachthofstraße 49, D-87700 Memmingen
(2000) Rechtsfähige Stiftung des bürgerlichen Rechts

Stiftung Lebenshilfe Neustadt a.d. Aisch-Bad Windsheim S

Förderung behinderter Menschen, insbesondere geistig Behinderter.
Anschrift: Max-Reger-Weg 4, D-91438 Bad Windsheim
(2000)

Stiftung Lebenshilfe Nürnberg S

Förderung aller Maßnahmen und Einrichtungen, die eine wirksame Hilfe für Menschen mit Behinderung aller Altersstufen darstellen sowie die Unterstützung des Vereins Lebenshilfe für Behinderte Nürnberg e. V. bei der Erfüllung seiner satzungsgemäßen Aufgaben.
Anschrift: Postfach 3039, D-90014 Nürnberg
(2001)

Stiftung Lebenshilfe Traunstein "Hans-Georg Lohr" S

Förderung aller Maßnahmen u. Einrichtungen d. Lebenshilfe f. geistig behinderte Menschen Kreisvereinig. Traunstein e.V.,die eine wirksame Hilfe f. Menschen mit geistiger Behinderung aller Altersstufen u. deren Angehörige bedeuten, im besonderen alle nicht regelfinanzierten Bereiche d. Behindertenarbeit sowie d. besondere Unterstützung integrativer Maßnahmen, durch finanzielle Unterstützung
Anschrift: Herrn Peter Bantlin, Salzburger Str. 7, D-83301 Traunreut
(2003)

Stiftung Lebensqualität und Hilfe F*G*M*S

Sport, Wissenschaft und Forschung, Mildtätigen Zwecken, des öffentlichen Gesundheitswesens / Krankenhäuser, Altenhilfe (einschl. Altenheime)
Anschrift: c/o Commerzbank AG, ZPK Erb- und Stiftungsangelegenheiten, Frau Wong, Kaiserstrasse 16, D-60311 Frankfurt am Main
(2002)

Stiftung Lebensraum S

Förderung -alter und/oder kranker Menschen oder Menschen mit Behinderung - junger Menschen bei deren Entwicklung und Entfaltung in eine mitmenschlich orientierte, freiheitliche und offene Gesellschaft - gemeinnützig wirkender Einrichtungen, die auf der Grundlage der Geisteswissenschaft Rudolf Steiners im Sinne der vorgenannten Ziele arbeiten. (fördernd tätig)
Anträge: schriftlich formlos-Begutachtung
Ausgaben: 8.000 € , (2004)
Anschrift: Herrn Dr. Erhardt, Oedenberger Straße 64, D-90491 Nürnberg
Tel: 0911-362514
Fax: 0911-595294
email: helmut_erhardt@yahoo.de
(2005) Öffentliche Stiftung des bürgerlichen Rechts (Bayern)

Stiftung Lebensschutz für die Kleinen und Kleinsten S

Förderung von Kinder-/Jugendhilfe, Waisen, Sonstigen Sozialen Zwecken
Anschrift: Gertrud u. Dieter Ingelmann, Hülsebrockstrasse 97, D-48165 Münster
(2001)

Stiftung Lebenstraum G*S

Förderung der öffentlichen Gesundheitspflege und Unterstützung hilfsbedürftiger Personen
Anschrift: Herrn Herbert Moosbauer, Berg 8b, D-83104 Tuntenhausen
(2001)

Stiftung Leder- und Gerbermuseum der Stadt Mülheim an der Ruhr F*K

Förderung von Kunst und Kultur, Wissenschaft und Forschung und die Unterhaltung/Weiterentwicklung des Ledermuseums Mülheim an der Ruhr (auch operativ tätig)
Anschrift: Werner Bungert, Nachbarsweg 25, D-45479 Mülheim an der Ruhr
Fax: 0208-4849 9 34
email: gerbhaut@t-online.de
Internet: www.leder-und-gerbermuseum.de
(2002)

Stiftung Leistungssport Hamburg M

Unterstützung der Leistungssportförderung in der Freien und Hansestadt Hamburg mit dem Ziel, zur Entdeckung sportlich talentierter Kinder und Jugendlicher und ihrer Zuführung in die Vereine, zur gezielten Förderung von Nachwuchssportlern und zum Verbleib von Spitzensportlern in Hamburg beizutragen. Dies geschieht vor allem durch finanzielle Zuwendungen an die für die Förderung des Leistungssports verantwortlichen Institutionen in Hamburg sowie die Organisationen, in denen Leistungs- und Nachwuchssportler betreut werden; soweit sie gemein-

nützige Körperschaften privaten Rechts oder Körperschaften öffentlichen Rechts sind. Die Stiftung fördert keine Sportler direkt.
Ausgaben: 35.000 €
Anschrift: c/o Handelskammer Hamburg, Dr. Gerald Wogatzki, Adolphsplatz 1, D-20457 Hamburg
Tel: 040-36 138-286
Fax: 040-36 138-649
email: gerald.wogatzki@hk24.de
(2002)

Stiftung Leuchtfeuer - gemeinnützige Stiftung zur Förderung von Bildung, Ausbildung, Erziehung und Rehabilitation B*F*S

Förderung von Wissenschaft und Forschung, Bildung, Erziehung, Ausbildung, Kinder-/Jugendhilfe, Waisen
Anschrift: Peer Helge Leyh, Holzmarkt 59-65, D-50676 Köln
(2001)

Stiftung Lyrik Kabinett K

Förderung von Wissenschaft, Forschung, Bildung und Kultur, insbesondere der Kenntnis und des Verständnisses von Lyrik in der Gesellschaft. (operativ tätig)
Anträge: keine Antragsmöglichkeit
Ausgaben: 115.245 € , (2004)
Anschrift: Claudia Boith, Amalienstr. 83a, D-80799 München
Tel: 089-34 62 99
Fax: 089-34 53 95
email: lyrik-kabinett@t-online.de
Internet: www.lyrik-kabinett.de
(2003) Öffentliche Stiftung des bürgerlichen Rechts (Bayern)

Stiftung Marburger Medien R

Religion
Anträge: keine Antragsmöglichkeit
Anschrift: Frau Merten, Friedrich-Naumann-Str. 15, D-35037 Marburg
Tel: 06421-180944
email: kMerten@marburger-medien.de
Internet: www.marburger-medien.de
(2002) Rechtsfähige Stiftung des bürgerlichen Rechts

Stiftung Maria Magdalenen R*S

Förderung der Arbeit der evangelischen Kirchengemeinde Maria Magdalenen in Hamburg-Klein Borstel. In begrenztem Umfang können Projekte der umliegenden evangelisch-lutherischen Kirchengemeinden gefördert werden. Der Stiftungszweck wird insbesondere dadurch verwirklicht, dass die Stiftung einzelnen Projekten der Kirchengemeinde finanzielle Mittel zur Verfügung stellt, z.B. für Kinder- und Jugendarbeit, diakonische Projekte, kirchenmusikalische Arbeit, Personal, Altenarbeit und Altenhilfe und den Erhalt der kirchlichen Gebäude.

Anschrift: c/o Notariat am Alstertor, Dr. Rolf-Hermann Henniges, Postfach 10 54 09, D-20037 Hamburg
Tel: 040-30 05 02-82
Fax: 040-30 05 02-94
email: notariat@alstertor.de
(2003)

Stiftung Marianum Fulda B*R

Erziehung und Bildung, Religion; Förderung von Werken der Erziehung und die schulische Bildung junger Menschen auf der Grundlage des christlichen Menschenbildes in der Tradition des katholischen Ordens "Gesellschaft Mariä"

Anträge: keine Antragsmöglichkeit
Anschrift: Dr. Albert Post, Brüder Grimm-Str., D-36043 Fulda
Tel: 0661-96912-0
Fax: 0661-69102
Internet: www.marianum-fulda.de
(2000) Rechtsfähige Stiftung des bürgerlichen Rechts

Stiftung Marienberg X

Förderung der Schönstattbewegung und des Schönstattzentrums in Dörnwasserlos (operativ tätig)

Anträge: keine Antragsmöglichkeit
Anschrift: Dieter Medelnik, Ulmenweg 2, D-96120 Bischberg
Tel: 0951-66482
Fax: 0951-9686629
(2002)

Stiftung Max Ernst F*K

Förderung von Kunst und Kultur, Wissenschaft und Forschung, insbesondere des Werkes von Max Ernst (operativ tätig)

Anträge: keine Antragsmöglichkeit
Anschrift: c/o Max Ernst Museum, Dr. Gabriele Kelsberg, Comerstr. 42, D-50321 Brühl
Internet: www.maxernstmuseum.de
(2001)

Stiftung Menschen für Menschen - Karlheinz Böhms Äthiopienhilfe S*V

Stiftung fördert die Entwicklungshilfe, das Gesundheitswesen in Äthiopien und die Völkerverständigung. Zweck ist ferner die selbstlose Unterstützung von Personen, die infolge ihres körperlichen, geistigen oder seelischen Zustandes auf die Hilfe anderer angewiesen sind, soweit möglich in Äthiopien. (operativ tätig)

Anträge: keine Antragsmöglichkeit
Ausgaben: 11.200.000 € , (2004)
Anschrift: Axel Haasis, Briener Str.46, D-80333 München
Tel: 089-3839790
Fax: 089-38397970
email: info@mfm-online.org
Internet: www.menschenfuermenschen.de
(2003)

Stiftung Mercator GmbH B*S

Die Stiftung Mercator GmbH unterstützt Projekte, die im Sinne Gerhard Mercators Toleranz und den aktiven Wissensaustausch zwischen Menschen mit unterschiedlichem nationalen, kulturellen und sozialen Hintergrund fördern. Die Projekte sollen mit innovativen Ideen und Strukturen unter anderem im Schul- und Hochschulbereich Impulswirkung erzielen, um neue Lösungsstrategien in der Bildung und für ein friedliches Zusammenleben zu entwickeln. (auch operativ tätig)

Anschrift: Annabel von Klenck, (Geschäftsführerin), Huyssenallee 44, D-45128 Essen
Tel: 0201-2452254
Fax: 0201-2452222
email: mercator@stiftung-mercator.de
Internet: www.stiftung-mercator.de
(1998) Stiftung in der Rechtsform Gesellschaft mit beschränkter Haftung (Stifung GmbH)

Stiftung mercurial B*F*K

Förderung der Wissenschaft und Forschung im In- und Ausland sowie der daraus erwachsenden Einrichtungen und Tätigkeiten auf Grundlage der Geisteswissenschaft Dr. Rudolf Steiners, so wie sie innerhalb der Freien Hochschule für Geisteswissenschaft am Goetheanum in Dornach (Schweiz) und an deren Orten gepflegt wird, insbesondere Förderung von Bildung und Erziehung einschließlich Studenten- und Jugendhilfe, Heilpädagogik und Erziehung einschließlich Studenten- und Jugendhilfe, Heilpädagogik und Sozialtherapie, der Lebensgestaltung im Alter, der Religion, der Kunst, der Kultur einschließlich der anthroposophischen Baukunst, der Eurythmie und Sprachgestaltung, die erweiterte Heilkunst einschließlich der Gesundheitsfürsorge, die Förderung der biologisch-dynamischen Landwirtschaft als Lebenswissenschaft, der sozialen Bewegung im Sinne der Sozialen Dreigliederung im In- und Ausland durch unmittelbare eigene Tätigkeiten, durch die Art der Vermögensanlage oder durch finanzielle Zuwendungen

an Dritte zur Erfüllung dieser Aufgaben. Die Stiftung kann auch die Verwaltung unselbständiger und selbständiger Stiftungen übernehmen und Zweckbetriebe im Sinne § 65 der Abgabenordnung unterhalten.. (auch operativ tätig)
Ausgaben: 105.000 € , (2004)
Anschrift: Herrn Dieter Pommerening, Danziger Str. 23, D-49565 Bramsche
Tel: 05468-1037
Fax: 05468-548
email: pommerening@evinghausen.de
(2004) Rechtsfähige Stiftung des bürgerlichen Rechts

Stiftung Misericordia S
Förderung des Hilfswerks Misericordia
Anschrift: Postfach 1139, D-83461 Berchtesgaden
(2001)

Stiftung mittelfränkischer Tierschutz N
Förderung des Tierschutzes in Mittelfranken und darüber hinaus.
Anschrift: Günter Pfistarer, Haldenweg 8, D-91522 Ansbach
Tel: 0981-66659
Internet: www.tierheim-ansbach.de
(2005)

Stiftung Mittelsten Scheid F*K
Förderung wissenschaftlicher oder als besonders förderungswürdig anerkannter kultureller Zwecke durch Beschaffung von Mitteln zur Finanzierung von Ausgaben auf diesen Gebieten durch andere steuerbegünstigte Körperschaften des öffentlichen Rechts oder öffentliche Dienststellen (fördernd tätig)
Anträge: schriftlich formlos
Anschrift: Jens Mittelsten Scheid, Bandelstraße 5, D-80638 München
Tel: 089-1573002
Fax: 089-15970019
(1983) Rechtsfähige Stiftung des bürgerlichen Rechts

Stiftung Mondo, Esperanto Bürgerstiftung B*F*K*N*R*S*V
Theater, Tanz, Literatur, Musik, Religion, kirchlichen Zwecken, Naturschutz, Umweltschutz, Wissenschaft und Forschung, Entwicklungshilfe, Völkerverständigung, Sonstigen Sozialen Zwecken, Mildtätigen Zwecken, Stipendien / Hochschule / Erwachsenenbildung, Bildung, Erziehung, Ausbildung, Kunst und Kultur, Kinder-/Jugendhilfe, Waisen, Altenhilfe (einschl. Altenheime)
Hinweise: Anträge nur per E-Mail
Ausgaben: 7.669 € , (2004)

Anschrift: Schwieberdinger Strasse 41, D-70435 Stuttgart
email: stiftung-mondo@web.de
Internet: www.stiftung-mondo.de
(2001) Rechtsfähige Stiftung des bürgerlichen Rechts

Stiftung Msgr. Dr. theol. Rudolf Besouw   B*R*S
Förderung von Stipendien / Hochschule /Erwachsenenbildung, Mildtätige Zwecke, Religion, kirchliche Zwecke, Kindergarten / Schule
Anschrift: Josef Buttermann, Forstwaldstrasse 18, D-47804 Krefeld
(2000)

Stiftung Museum mechanischer Musikinstrumente Königslutter am Elm   K
Zweck der Stiftung ist es, mechanische Musikinstrumente aus der ehemaligen Sammlung Carlson zu pflegen, die Instrumente zu erhalten und sie der Öffentlichkeit zugänglich zu machen. Die Stiftung betreibt das Museum mechanischer Musikinstrumente Königslutter am Elm und alle damit zusammenhängenden Geschäfte.
Anschrift: c/o Stadt Königslutter, Am Markt 1, D-38154 Königslutter am Elm
(2003) Rechtsfähige Stiftung des bürgerlichen Rechts

Stiftung Musikhalle im Kulturforum Westfalen zu Münster   K
Förderung von Musik
Anschrift: Herrn RA Peter Frommhold, Drubbel 17/19, D-48143 Münster
(2001)

Stiftung Musische Bildung   B*K
Bildung und Erziehung, Kunst und Kultur; Förderung der Musischen Gesellschaft/Sitz Fürsteneck (fördernd tätig)
Anschrift: Prof. Dr. Wolfgang Metzler, Hollerecke 1, D-61389 Schmitten
Tel: 06084-950125
Fax: 06084-950154
(2001) Rechtsfähige Stiftung des bürgerlichen Rechts

Stiftung Nachwachsende Rohstoffe   F*K*N
Förderung der Wissenschaft, Forschung, Bildung, Kultur und Umweltschutz auf dem Gebiet nachwachsender Rohstoffe (auch operativ tätig)
Anträge: schriftlich formlos
Anschrift: Schulgasse 18, D-94315 Straubing
Tel: 09421-960300
Fax: 09421-960333

email: info@stiftungnachwachsenderohstoffe.de
Internet: www.nachwachsenderohstoffe.de
(2005) Öffentliche Stiftung des bürgerlichen Rechts (Bayern)

Stiftung Nationale Anti-Doping-Agentur Deutschland   M

Förderung von Sport (operativ tätig)
Anträge: keine Antragsmöglichkeit
Anschrift: Dr.jur. Peter Busse, Heussallee 38, D-53113 Bonn
Internet: www.nada-bonn.de
(2002)

Stiftung Natur, Mensch, Kultur   B*N

Förderung von Bildung und Erziehung sowie des Umweltschutzes (auch operativ tätig)
Anschrift: c/o bio verlag GmbH, Frau Ulrike-Brormann, Magnolienweg 23, D-63741 Aschaffenburg
Tel: 06073-748272
Fax: 06073-74 82 99
email: ulrike.moser@bio-verlag.de
(2001)

Stiftung Neukirchener Kinder- und Jugendhilfe   B*S

Kinder-, Jugend-, Familien- und Behindertenhilfe (fördernd tätig)
Anschrift: Rudolph Weth, Andreas-Bräm-Strasse 18-20, D-47506 Neukirchen-Vluyn
Tel: 02845-392 375
Fax: 02845-392 19375
email: stiftung@neukirchener.de
Internet: www.neukirchener.de
(2002)

Stiftung Niederdeutscher Gräftenhof   N

Förderung von Denkmalpflege und Naturschutz, Umweltschutz
Anschrift: Ortrud Reckfort, Westerode 33, D-48356 Nordwalde
(2001)

Stiftung Noah   S

Förderung von Arbeit zugunsten Behinderter, insbesondere bei der gemeinnützigen Stiftung Anscharhöhe, Hamburg, unter anderem durch finanzielle Zuwendungen; Förderung der Kirchengemeinde St. Anschar Eppendorf durch finanzielle Zuwendungen; Unterstützung der Technischen Universität Tbilisi in Georgien, insbesondere von Forschung und Lehre auf dem

Gebiet des modernen Städtebaus und der behutsamen Stadterneuerung, unter anderem durch die Förderung von Studienreisen, Studentenwettbewerben und der Ausstattung der Universität mit EDV, Fachbüchern und Zeitschriften und durch Entsendung von Experten nach Georgien; Förderung der Sanierung und Unterhaltung von Objekten, die unter Denkmalschutz stehen.
Anschrift: Katrin Schramm, Mittelweg 101, D-20149 Hamburg
Tel: 040-414 987 95
Fax: 040-414 986 15
email: info@stiftung-noah.de
(2000)

Stiftung Nord Süd Brücken B*S*V*X

Förderung partnerschaftlicher und solidarischer Entwicklungshilfe zur Schaffung menschenwürdiger Entwicklungsmöglichkeiten in benachteiligten Regionen der Welt, besonders in Entwicklungsländern; die Stärkung des öffentlichen Bewußtseins für die Notwendigkeit von Entwicklungszusammenarbeit, insbesondere durch die Förderung der internationalen Gesinnung, der Toleranz auf allen Gebieten der Kultur und der Völkerverständigung; die Förderung der Bildung und Erziehung mit dem Ziel der Stärkung des Bewußtseins von der Ganzheitlichkeit und der Verflochtenheit der Welt und der Verantwortung für Überlebens- und Solidargemeinschaften von Nord und Süd (fördernd tätig)

Hinweise: Die Stiftung fördert eingetragene, gemeinnützige Vereine aus den neuen Bundesländern
Anträge: schriftlich
Ausgaben: 1.000.000 € , (2005)
Anschrift: Herrn Eberhard Bauer, Greifswalder Straße 33a, D-10405 Berlin
Tel: 030-42851385
Fax: 030-42851386
email: info@nord-sued-bruecken.de
Internet: www.nord-sued-bruecken.de
(1994) Rechtsfähige Stiftung des bürgerlichen Rechts

Stiftung oberfränkische Geschichte F

Erforschung der Geschichte Oberfrankens
Anschrift: Ludwigstr. 25b, D-95444 Bayreuth
(2003)

Stiftung Oldenburger Kunstverein K

Pflege und Förderung von Kunst und Kultur durch den Oldenburger Kunstverein
Anschrift: Herrn Helmut Wellhausen, Damm 2 a, D-26135 Oldenburg,
(2002) Rechtsfähige Stiftung des bürgerlichen Rechts

Stiftung Opelvillen K

Die Stiftung Opel-Villen ist von der Stadt Rüsselsheim und der Adam Opel AG im Jahr 2001 ins Leben gerufen worden, um als gemeinnützige Einrichtung die kulturelle Bespielung zweier historischer Villen am Rüsselsheimer Mainufer zu entwickeln und zu betreiben. Beheimatet im Spannungsfeld zwischen Industriealltag und architektonischer Nostalgie schaffen die 1916 und 1931 erbauten Häuser mit Beginn der Stiftungsarbeit einen öffentlichen Ort von besonderem Charakter, dessen Atmosphäre das Interesse für Kunst sowie die Beschäftigung mit unterschiedlichen künstlerischen Ausdrucksformen fördert. In den schönen Räumen des Kunstzentrums Opel-Villen werden zeitgenössische Kunst und Positionen der klassischen Modern in Einzel- und Gruppenausstellungen sowie in Kooperationen mit Kunstinitiativen in idealer Umgebung präsentiert. Die Stiftung Opel-Villen entwickelt ein Ausstellungsprogramm mit Augenmerk auf die didaktisch orientierte Vermittlung von künstlerischen Standpunkten, wobei sich die Ausstellungen zwischen Traditionsvermittlung und Zeitgenossenschaft der Kunst unter ausgesuchten Fragestellungen nähern. Aufgabe der Stiftung Opel-Villen ist die Förderung der Kunst durch Konzipierung und Veranstaltung kultureller Projekte (neben Kunstausstellungen auch Lesungen, Konzerte, Vorträge u.a.) sowie die denkmalgerechte Instandsetzung und Erhaltung der Gebäude selbst. Die Stiftung Opel-Villen ist eine Einrichtung des bürgerlichen Rechts mit den verwaltenden Organen Stiftungsrat und Vorstand. (operativ tätig)

Anträge: keine Antragsmöglichkeit
Anschrift: Dr. Beate Kemfert, Prof. Dr. Jürgen Gehler, Ludwig-Dörfler Allee 9, D-65428 Rüsselsheim
Tel: 06142-835931
Fax: 06142-832-787
email: opelvillen@online.de
Internet: www.opelvillen.de
(2001) Rechtsfähige Stiftung des bürgerlichen Rechts

Stiftung Patients Tumorbank of Hope - die Patienteneigene Tumorgewebebank der Hoffnung (PA.T.H.)   F*G

Diagnostische und therapeutische, insbesondere die molekulargenetische Krebsforschung; Aufbau einer "patienteneigenen Tumorgewebesammlung"; onkologische Wissenschaft und Forschung sowie Aufklärung der Öffentlichkeit über Möglichkeiten der Früherkennung, Diagnose und Therapie von Krebserkrankungen

Anschrift: Max-Hempel-Straße 3, D-86153 Augsburg
Tel: 0821-9076369
Fax: 0821-9076372
email: info@stiftungpath.org
Internet: www.stiftungpath.org
(2002)

Stiftung Pfefferwerk   B*G*K*N*S*V

Förderung der generationsübergreifenden Gemeindewesenarbeit, darunter Förderung der Jugendhilfe, Altenhilfe und Wohlfahrtspflege sowie durch Hilfeleistungen für hilfsbedürftige Perso-

nen, der beruflichen Bildung, des Umweltschutzes, des Denkmalschutzes, der Kultur und der Völkerverständigung (auch operativ tätig)
Anträge: schriftlich formlos
Ausgaben: 140.298 € , (2005)
Anschrift: Herr Wischnewski, Frau Haertel, Fehrbelliner Straße 92, D-10119 Berlin
Tel: 030-4437176
Fax: 030-44371746
email: info@stpw.org
Internet: www.stpw.org
(2000) Rechtsfähige Stiftung des bürgerlichen Rechts

Stiftung Phaeno B

Die Stiftung dient Zwecken der Erziehung, Volks- und Berufsbildung. Die Stiftung verwirklicht ihre Zwecke insbesondere dadurch, dass sie die Phaeno-Betriebs GmbH in Wolfsburg durch die unentgeltliche Bereitstellung des Gebäudes, mit Ausnahme der vom Shop und der Gastronomie genutzten Bereiche, der Erstausstattung an Inventar und Exponaten sowie durch finanzielle Zuwendungen entscheidend und nachhaltig fördert. Die Phaeno-Betriebs GmbH soll Besuchern aus allen Bevölkerungsschichten und Altersgruppen ermöglichen, naturwissenschaftliche und technische Phänomene zu erfahren; sie soll auch ein Forum für die Begegnung aller an der Erforschung, Lehre und Anwendung von Naturwissenschaften und Technik Beteiligten mit Bildungseinrichtungen und Öffentlichkeit sein. Die Stiftung kann in Erfüllung ihres Stiftungszwecks auch Einrichtungen unterhalten, eigene Projekte durchführen und Projekte anderer öffentlicher oder privater gemeinnütziger Körperschaften durch finanzielle Zuwendungen fördern.
Anschrift: Pestalozziallee 1, D-38440 Wolfsburg
(2001) Rechtsfähige Stiftung des bürgerlichen Rechts

Stiftung PRAKTISCHES LERNEN der Schul- Jugendzeitschriften FLOHKISTE/FLOH B

Förderung der Bildung und Erziehung durch praktisches Lernen in allen Schularten.
Anschrift: Frau Christiane Keller, Menzinger Str. 13, D-80638 München
(2000)

Stiftung Praunheimer Werkstätten S

Wohlfahrt und Mildtätigkeit; Förderung und Unterstützung geistig behinderter Menschen
Anträge: keine Antragsmöglichkeit
Anschrift: Regina Stappelton, Krautgartenweg 1, D-60439 Frankfurt a. Main
Tel: 069-958026-0
Fax: 069-958026-29
email: info@pw-ffm.de

Internet: www.pw-ffm.de
(2000) Rechtsfähige Stiftung des bürgerlichen Rechts

Stiftung Preußisches Kulturerbe   B*K*R
Förderung kultureller Zwecke u. d. religiösen Anschauung im Sinne der christlichen Ökumene; Pflege u. Erhaltung von Kulturwerten u. Denkmälern; Volksbildung, insbes. d. politische Bildung
Anschrift: Behlertstr. 4, D-14467 Potsdam
(2001)

Stiftung Pro Ausbildung   B
Förderung der Bildung und Ausbildung von Jugendlichen (fördernd tätig)
Hinweise: Düsseldorf und Umgebung
Anträge: schriftlich formlos-Begutachtung
Ausgaben: 100.000 €
Anschrift: c/o Unternehmerschaft Düsseldorf und Umgebung e.V., Christoph Sochart, Achenbachstrasse 28, D-40347 Düsseldorf
Tel: 0211-669080
Fax: 0211-6690830
Internet: www.proausbildung.de
(2002) Rechtsfähige Stiftung des bürgerlichen Rechts

Stiftung PRO CREATURA   N
Förderung des Tierschutzes
Anschrift: Dr. Ulrich Wechsler, Harsewinkeler Strasse 36, D-33803 Steinhagen
(2000)

Stiftung pro mente Oldenburg   G*S
Förderung des öffentlichen Gesundheitswesens, insbesondere die Hilfe für psychisch kranke und behinderte Menschen durch Verwendung der Erträge aus dem Stiftungskapital für die Zentrum zur medizinischen und beruflichen Rehabilitation psychisch Kranker und Behinderter gGmbH (ZmbR gGmbH) oder etwaiger Gesamtrechtsnachfolger zur ausschließlichen Verwendung für deren gemeinnützige Zwecke. (fördernd tätig)
Anträge: keine Antragsmöglichkeit
Ausgaben: 160.000 €
Anschrift: Rüdiger Bangen, Pfauenstraße 4, D-26135 Oldenburg
Tel: 0441-2188219
Fax: 0441-2188211
email: ruediger.bangen@rehaverbubdol.de
Internet: www.pro-mente.de
(2003) Rechtsfähige Stiftung des bürgerlichen Rechts

Stiftung Pro Natura   N*S
Förderung von Naturschutz, Umweltschutz sowie Kinder-/Jugendhilfe, Waisen
Anschrift: Dieter Prickatz, Dresdner Strasse 5-7, D-52068 Aachen
(2000)

Stiftung Raiffeisenbank Garrel   G*K*M*N*S
Förderung der Jugendpflege und Jugendfürsorge, des Sports, der Kunst und Kultur, des kirchlichen Lebens, der Heimatpflege, des Umwelt- und Landschaftsschutzes, der Altenhilfe, des öffentlichen Gesundheitswesens und des Wohlfahrtswesens sowie Unterstützung bedürftiger Personen im Sinne des § 53 AO im Gebiet der Gemeinde Garre, vornehmlich im Geschäftsbereich der Raiffeisenbank Garrel eG..
Anschrift: Herrn Ludger Ostermann, Hauptstr. 43, D-49681 Garrel
(2000)

Stiftung Realschule St. Maria   B*S
Förderung der Bildung und Erziehung innerhalb und außerhalb des Unterrichts interner und externer Schüler der Realschule St.Maria in Niederviehbach (auch operativ tätig)
Hinweise: Niederviehbach
Anschrift: Ursula Söllner, D-84183 Niederviehbach
Tel: 08702-2206
Fax: 08702-9485935
email: sr.ursula@t-online.de
(2003) Rechtsfähige Stiftung des bürgerlichen Rechts

Stiftung Redernswalde   K*N
Förderung des Naturschutzes und des Landschaftsschutzes sowie der Heimatpflege, Heimatkunde und Denkmalpflege
Anschrift: Schloßstraße 1, D-86732 Oettingen
(2003)

Stiftung Reepsholt für Naturschutz und umweltgerechte Ressourcennutzung   B*F*N
Natur-, Landschafts- und Umweltschutz, Wissenschaft und Forschung sowie Bildung und Erziehung. Insbesondere die Förderung des Naturschutzes, die Erhaltung und Pflege der Kulturlandschaft und die umweltgerechte und nachhaltige Ressourcennutzung im Naturpark Nossientiner/Schwinzer Heide und seinem Umfeld in Mecklenburg-Vorpommern (operativ tätig)
Anträge: keine Antragsmöglichkeit
Anschrift: Ulrich Reeps, Contrescarpe 126, D-28195 Bremen
Tel: 0421-1691690
email: U.Reeps@t-online.de
(2001) Rechtsfähige Stiftung des bürgerlichen Rechts

Stiftung Reinhard Bonnke Foundation R
Förderung von Religion, kirchlichen Zwecken
Anschrift: Marcus Junga, Burger Landstrasse 242, D-42659 Solingen
Tel: 069-4 78 78 15
Fax: 069- 4 78 78 10 25
email: info@stiftung-rbf.de
Internet: www.stiftung-rbf.de
(2002)

Stiftung Rotes Kreuz Neuss G*S
Förderung von Mildtätigen Zwecken, Sonstigen Sozialen Zwecken, Kinder-/Jugendhilfe, Waisen, Hilfe für Behinderte, Altenhilfe (einschl. Altenheime), des öffentlichen Gesundheitswesens / Krankenhäuser
Anschrift: c/o Kreisverband Neuss e.V., Peter Söhngen, Am Südpark, D-4166 Neuss
(2003)

Stiftung sächsische Gedenkstätten - B*S
zur Erinnerung an die Opfer politischer
Gewaltherrschaft
Erschließung, Förderung und Betreuung der Stätten im Freistaat Sachsen, die an politische Gewaltverbrechen von überregionaler Tragweite, von besonderer historischer Bedeutung, an politische Verfolgung, an Staatsterror und staatsorganisierte Morde erinnern (auch operativ tätig)
Anträge: schriftlich
Ausgaben: 2.274.840 € , (2004)
Anschrift: Dr. Norbert Haase, Dülferstraße 1, D-01069 Dresden
Tel: 0351-4695540
Fax: 0351-469 55 41
email: info@stsg.smwk.sachsen.de
Internet: www.stsg.de
(2003) Stiftung des öffentlichen Rechts

Stiftung Sag ja zum Kind Darmstadt S
Unterstützung junger in Ausbildung befindlicher Mütter und deren Kinder bis zum 3. Lebensjahr (fördernd tätig)
Anträge: schriftlich formlos
Anschrift: Hildegard Strube, Flachsbachweg 30, D-64285 Darmstadt
Tel: 06151-664252
Fax: 06151-68416
email: d.strube@tiscalinet.de
(2001) Rechtsfähige Stiftung des bürgerlichen Rechts

Stiftung Sammlung Dieter Scharf zur Erinnerung an Otto Gerstenberg   F*K
Förderung der Kunst und der Forschung auf dem Gebiet der Bildenen Kunst
Anschrift: Herrn RA Friedrich Carl Rein, Habsburgerplatz 4, D-80801 München
(2000) Öffentliche Stiftung des bürgerlichen Rechts (Bayern)

Stiftung Sammlung Vollmer   F*K
Förderung von Kunst und Kultur, Wissenschaft und Forschung (fördernd tätig)
Anträge: schriftlich
Anschrift: Horst Volmer, Robertstrasse 5a, D-42107 Wuppertal
Tel: 0202-3178685
Fax: 0202-3178688
email: stiftung@volmer.net
(2000) Rechtsfähige Stiftung des bürgerlichen Rechts

Stiftung Sanatorium Dr. Barner in der Deutschen Stiftung Denkmalschutz   K
Erhaltung des Jugendstilbaus Sanatorium Dr. Barner (operativ tätig)
Anträge: keine Antragsmöglichkeit
Anschrift: Johann Barner, Dr. Barner Straße 1, D-38700 Braunlage
Fax: 05520-804 250
email: mail@sanatorium-barner.de
Internet: www.sanatorium-barner.de
(2002) Nicht rechtsfähige Stiftung

Stiftung Saving an Angel   S
Förderung von Kindern dieser Welt, um ihnen eine reelle Chance auf ihren individuellen Lebensweg zu geben. (fördernd tätig)
Anschrift: Albert Luppart, Klenzestr. 1, D-82327 Tutzing
Tel: 08158-99 56 - 0
Fax: 08158-99 56 - 67
email: kontakt@savinganangel.org
Internet: www.savinganangel.org
(2001) Rechtsfähige Stiftung des bürgerlichen Rechts

Stiftung Schloss Friedenstein Gotha   K
Betrieb der musealen und kulturellen Einrichtungen in der historisch gewachsenen Schloss- und Schlossparkanlage Friedenstein. Bewahrung der Kunst- und wissenschaftlichen Sammlungen, Ergänzung, Erschließung, Erforschung und Vermittlung.
Anschrift: Frau Dr. Bechler, PF 100319, D-99853 Gotha
Tel: 03621-823411

Fax: 03621-823463
email: vorstand@stiftungfriedenstein.de
Internet: www.stiftungfriedenstein.de
(2004) Rechtsfähige Stiftung des bürgerlichen Rechts

Stiftung Schloss Neuhardenberg GmbH K

Veranwortlich für das kulturelle Programm, das Tagungsgeschehen und den Betrieb des Hotels Schloss Neuhardenberg (operativ tätig)
Anträge: keine Antragsmöglichkeit
Anschrift: Bernd Kauffmann, Kurfürstendamm 214, D-10719 Berlin
Tel: 030-889 290 0
Fax: 030-889 290 20
email: info@schlossneuhardenberg.de
Internet: www.schlossneuhardenberg.de
(2001) Stiftung in der Rechtsform Gesellschaft mit beschränkter Haftung (Stiftung GmbH)

Stiftung Schloss und Park Benrath K

Förderung der Erhaltung von Schloss und Park Benrath als Gesamtkunstwerk und die Sanierung des Ostflügels mit der Errichtung eines neuen Gartenkunstmuseums sowie der Kunst un Kultur
Anschrift: Gabriele Uerscheln, Benrather Schlossallee 102, D-40597 Düsseldorf
Internet: www.schloss-benrath.de
(2000)

Stiftung Schorfheide-Chorin N

Förderung von Naturschutz, Umweltschutz
Anschrift: c/o Firma Fiege, Postfach 3138, D-48263 Greven
(2000)

Stiftung Schützenjugend Oberland M

Förderung des Sportschießens in olympischen Disziplinen (Sport) (fördernd tätig)
Anträge: schriftlich formlos-mündlich
Ausgaben: 7.500 € , (2005)
Anschrift: Carl Pfannenberg, Mangfallstr. 12, D-83703 Gmund
Tel: 08022- 74164
Fax: 08022- 76 92 12
email: c.pfannenberg@t-online.de
(2002)

Stiftung seeklar   F
Förderung der Bildung und der Wissenschaft und Forschung im Bereich der nachhaltigen Nutzung der Ökosysteme der Meere zunächst insbesondere durch Förderung wissenschaftlicher Veranstaltungen; Förderung anwendungsorientierter Forschungsvorhaben; Pflege und Erhaltung von wissenschaftlichen Sammlungen; Unterstützung und ggf. Durchführung von Aktionen zur Bewusstseinsbildung in der Öffentlichkeit über die Bedeutung nachhaltiger Fischerei und intakter Meeresökosysteme. Soweit weitere Mittel zur Verfügung stehen, können diese Zwecke auch durch Vergabe von zielgerichteten Forschungsaufträgen und der Veröffentlichung der Ergebnisse in geeigneten Medien und/oder durch Förderung von Wisenschaftlern verwirklicht werden. (fördernd tätig)
Anträge: schriftlich formlos
Ausgaben: 10.000 € , (2005)
Anschrift: Dr. Matthias Keller, Große Elbstraße 133, D-22767 Hamburg
Tel: 040-38 18 11
Fax: 040-389 85 54
email: bvfisch@t-online.de
(2003)

Stiftung Sozialwerk St. Georg   S
Förderung der Hilfe für Behinderte (fördernd tätig)
Anträge: schriftlich formlos-Begutachtung
Anschrift: Bernhard W. Thyen, Emscherstrasse 62, D-45891 Gelsenkirchen
Tel: 0209-7004-276
Fax: 0209-7004-249
email: info@stiftung-st.georg
Internet: www.stiftung-st.georg.de
(2002) Rechtsfähige Stiftung des bürgerlichen Rechts

Stiftung Sport   M
Zweck der Stiftung ist die Förderung von Sport
Anschrift: Dipl.-Kfm. Otto Enneper, Dortmund, Hevesteige Nr. 5, D-44287 Dortmund
(2002)

Stiftung Sporthilfe Hessen   M
Sport; Besondere Förderung talentierter Nachwuchsathletinnen und -athleten (auch operativ tätig)
Anträge: Merkblatt-Begutachtung-schriftlich
Ausgaben: 160.034 € , (2004)
Anschrift: Prof. Dr. Zielinski, Ralf Koch, Otto-Fleck-Schneise 4, D-60528 Frankfurt a. Main
Tel: 069-6789 296

Fax: 069-6789 103
email: h.zielinski@hmdi.hessen.de
(2001)

Stiftung St. Antonius R*S
Förderung Sonstiger Sozialer Zwecke, Religion, kirchlicher Zwecke, Mildtätiger Zwecke
Anschrift: Pfarrer Johannes Torka, Heydevelthof 27, D-41334 Nettetal
(2000)

Stiftung St. Laurentius B*R*S
Förderung von Sonstigen Sozialen Zwecken, Altenhilfe (einschl. Altenheime), Bildung, Erziehung, Ausbildung, Kinder-/Jugendhilfe, Waisen, Mildtätigen Zwecken, Religion, kirchlichen Zwecken
Anschrift: Johannes Quadflieg, Dunkerhofstrasse 4, D-47929 Grefrath
(2003)

Stiftung St. Martin S
Mittelbare und unmittelbare Hilfe für hilfsbedürftige Menschen (fördernd tätig)
Anträge: keine Antragsmöglichkeit
Anschrift: Werner Stump, Willy-Brandt-Platz 1, D-50126 Bergheim
Tel: 02271-831000
Fax: 02271-832301
(2001)

Stiftung St. Michaelis K*S
Umfassende Förderung des gemeindlichen Lebens an der Hauptkirche St. Michaelis zu Hamburg, insbesondere durch die Förderung der Instandhaltung und -setzung der Kirchengebäude, insbesondere der Bauhütte St. Michaelis; die Förderung der Musik an St. Michalis; die Förderung der Einrichtungen der Gemeinde, insbesondere des Hauses St. Michaelis; die Förderung der diakonischen Arbeit und Projekte der Gemeinde.
Anträge: keine Antragsmöglichkeit
Ausgaben: 300.639 € , (2004)
Anschrift: Hauptpastor Helge Adolphsen, Englische Planke 1 a, D-20459 Hamburg
Tel: 040-37 67 81 20
Fax: 040-35 79 34 18
email: spenden@michel-mein-michel.de
Internet: www.michel-mein-michel.de
(2002)

Stiftung St. Remberti-Gemeindepflege zu Bremen   S

Zweck der Stiftung ist es Personen zu unterstützen, die aufgrund ihres körperlichen, geistigen oder seelischen Zustandes auf Hilfe angewiesen sind. Dieser Zweck wird insbs. verwirklicht durch Beratung bei der Bewältigung von Alltagssituationen im Zusammenhang mit Hilfsbedürftigkeit und bei persönliche Entscheidungen, etwa der Auswahl des Alten- oder Pflegeheims. Außerdem durch die Hilfeleistung im Umgang mit Behörden, Krankenkassen, Pflegepersonal etc. sowie Begleitung von Hilfsbedürftigen in Krankenhäuser, Psychatrien, Pfegeheime etc.. Zudem durch die Beschaffung von Mitteln für Körperschafte, die ihrerseits als mildtätigen Zwecken dienend anerkannt sind.

Anschrift: Friedhofstr. 10, D-28313 Bremen
Tel: 0421-201570
(2004)

Stiftung St. Sebastianus   R*S

Förderung Mildtätiger Zwecke, Sonstiger Sozialer Zwecke, Religion, kirchlicher Zwecke
Anschrift: Pfarrer Johannes Torka, Am Heydevelthof 27, D-41334 Nettetal
(2000)

Stiftung Standortsicherung Kreis Lippe   B*F*K

Förderung von Kunst und Kultur, Wissenschaft und Forschung, Bildung, Erziehung, Ausbildung
Anschrift: Friedel Heuwinkel, Felix-Fechenbach-Strasse 5, D-32756 Detmold
(2001)

Stiftung Temple Gift   B*K*V

Die Stiftung dient Zwecken der Förderung internationaler Gesinnung, der Toleranz auf allen Gebieten der Kultur und des Völkerverständigungsgedankens zwischen Großbritannien und Deutschland, indem sie sich bemüht, die Wunden des Zweiten Weltkriegs, die in Großbritannien nach wie vor erkennbar sind, heilen zu helfen. (fördernd tätig)

Anträge: keine Antragsmöglichkeit
Anschrift: c/o Maecenata Management, Veronika Hofmann, Herzogstr.60, D-80803 München
Tel: 089-284452
Fax: 089-283774
email: mm@maecenata-management.de
Internet: www.templegift.de
(2000) Nicht rechtsfähige Stiftung

Stiftung The Child and Tree Fund F*G*N*S
Die Stiftung bezweckt die wirtschaftliche, medizinische und psychotherapeutische Unterstützung von Kindern und Jugendlichen, die infolge ihres körperlichen, geistigen oder seelischen Zustandes auf Hilfe angewiesen sind. Ferner fördert die Stiftung Wissenschaft und Forschung im Bereich des Natur- und Umweltschutzes. (fördernd tätig)
Anträge: keine Antragsmöglichkeit
Anschrift: c/o Stefan Findel, Postfach 12 54, D-38282 Wolfenbüttel
(2002) Rechtsfähige Stiftung des bürgerlichen Rechts

Stiftung Theresienthal B*K
Förderung der beruflichen Aus- und Weiterbildung insbesondere im Bereich der Glasmacherei, Belebung der traditionellen örtlichen Kristall- und Glaskunst und somit die Unterstützung des Kunsthandwerks und der Wirtschaftskultur im Bayerischen Wald. Dazu beispielhaft die Ermunterung zu unternehmerischen Initiativen. (fördernd tätig)
Anschrift: c/o Eberhard von Kuenheim Stiftung, Dr. Christoph Glaser, Luitpoldblock Amiraplatz 3, D-80333 München
(2004) Rechtsfähige Stiftung des bürgerlichen Rechts

Stiftung Tierheim Tegernseer Tal N
Förderung des Tierschutzgedankens, insbesondere des Betriebs des Tierheims des Tierschutzvereins Tegernseer Tal e.V.
Anschrift: Herr Dr. jur. Anton Lentner, Nördliche Hauptstr. 18, D-83700 Rottach-Egern
(2003)

Stiftung Tierschutzverein Deggendorf N
Förderung des Tierschutzes
Anschrift: Herrn Herbert Hiller, Altenufer/Kapellenweg 3, D-94491 Hengersberg
(2003)

Stiftung Umgebindehaus K*V
Erhaltung gefährdeter Umgebindehäuser, Schrotholzhäuser und ähnlicher Bauwerke. Die Stiftung hilft beim Erwerb, der Sicherung, Teilinstandsetzung und Sanierung der Gebäude als Voraussetzung einer künftigen Weiternutzung. Sie führt Informationsveranstaltungen und wissenschaftliche Untersuchungen durch und fördert den internationalen Austausch von Erfahrungen mit Tschechien und Polen. (auch operativ tätig)
Anträge: schriftlich formlos-Begutachtung
Anschrift: c/o Landkreis Bautzen, Arnd Matthes, Bahnhofstraße 9, D-02625 Bautzen
Tel: 03591-325619
Fax: 03591-325605

email: stiftung.umgebindehaus@lra-bautzen.de
Internet: www.umgebindeland.de
(2004) Rechtsfähige Stiftung des bürgerlichen Rechts

Stiftung UNESCO-Bildung für Kinder in Not B*G*S

Förderung von Bildung, Erziehung, Ausbildung, des öffentlichen Gesundheitswesens / Krankenhäuser, Kinder-/Jugendhilfe, Waisen (fördernd tätig)
Anschrift: Dr. Dieter Berstecher, Dr. Stefan Rennicke, Grafenberger Allee 87, D-40237 Düsseldorf
Tel: 0211-61 11 33
Fax: 0211-61 11 32
email: kontakt@unesco-kinder.de
Internet: www.unesco-kinder.de
(2002)

Stiftung Universität Herdecke / Witten B*F*V

Förderung der Universität Witten / Herdecke. Förderung von Völkerverständigung, Stipendien / Hochschule / Erwachsenenbildung, Bildung, Erziehung, Ausbildung, Wissenschaft und Forschung
Anschrift: Alfred-Herrenhausen-Strasse 44, D-58455 Witten
Tel: 02302-926-936
Fax: 02302-926-457
Internet: www.uni-wh.de
(2002)

Stiftung Ute Michaels K

Förderung von Kunst und Kultur (fördernd tätig)
Anträge: keine Antragsmöglichkeit
Anschrift: Ute Michaels, Meistersingerstr. 13, D-81927 München
Tel: 089-3614752
Fax: 089-3614752
(2005) Öffentliche Stiftung des bürgerlichen Rechts (Bayern)

Stiftung Vera und Volker Doppelfeld für Ausbildung B*S

Förderung von Bildung und Erziehung
Anschrift: RA Dr. Klaus P. Arnold, Mühlbaurstraße 1, D-81677 München
(2002)

Stiftung Vielfalt der Kulturen F*P*S*V
Die Stiftung bezweckt die Förderung und Durchführung von Projekten zum Schutze und der Verwirklichung der Menschenrechte von ethnischen und religiösen Minderheiten, Nationalitäten und Volksgruppen, die in ihrer Sicherheit, in ihrem Recht auf Leben, Eigentum und Entwicklung, in ihrem Recht auf freie Religionsausübung und ihrer sprachlichen und kulturellen Identität bedroht sind, sowie die Förderung von Wissenschaft und Forschung auf diesem Gebiet. Der Stiftungszweck wird vor allem dadurch verwirklicht, dass entsprechende Projekte und Tätigkeiten anderer als gemeinnützig anerkannter Organisationen auf diesem Gebiet gefördert, eigene Projekte und Tätigkeiten - gegebenenfalls in Zusammenarbeit mit solchen anderen Organisationen - durchgeführt und Forschungsvorhaben, wissenschaftliche und an die Allgemeinheit gerichtete Veröffentlichungen auf diesem Gebiete unterstützt werden. Die Stiftung erfüllt ihren Zweck ferner dadurch, dass die Hilfswerke und Selbsthilfegruppen, die den vorgenannten Zwecken dienen, unterstützt oder selber betreibt. (auch operativ tätig)
Anträge: schriftlich formlos
Anschrift: Francoise Geiger, Mittelberg 21, D-37085 Göttingen
email: stiftung@vielfaltderkulturen.de
Internet: www.vielfaltderkulturen.de
(2000) Rechtsfähige Stiftung des bürgerlichen Rechts

Stiftung W. B*F*K*V
Förderung von Völkerverständigung, Kunst und Kultur, Bildung, Erziehung, Ausbildung, Wissenschaft und Forschung
Anschrift: c/o Informationsbüro Nicaragua, Cecil Arndt, Friedrich Ebert Str. 141 B, D-42117 Wuppertal
(2001)

Stiftung Wasser F*N
Förderung von Naturschutz, Umweltschutz sowie von Wissenschaft und Forschung
Anschrift: Gerhard Klaes, Postfach 230 210, D-45070 Essen
(2000)

Stiftung Wegwarte S
Unterstützung von Personen die infolge ihres körperlichen, geistigen oder seelischen Zustandes auf die Hilfe Anderer angewiesen oder wirtschaftlich bedürftig sind
Anschrift: Frau Ursula Kesel, Finkenweg 4, D-87439 Kempten
(2000) Rechtsfähige Stiftung des bürgerlichen Rechts

Stiftung Weltkulturerbe Bamberg K
Denkmalspflege und Kulturprojekte in Bamberg
Anschrift: Maximiliansplatz 3, D-96049 Bamberg
(2003)

Stiftung Weltkulturerbe Rammelsberg/Goslar und Kulturlandschaft Harz   B*F

Die Stiftung bezweckt, a) das UNESCO-Weltkulturerbe Erzbergwerk Rammelsberg in seinem Denkmalbestand über- und untertägig als einzigartiges Denkmal europäischer Montankultur authentisch zu erhalten und einer breiten Öffentlichkeit zu vermitteln. b) das Weltkulturerbe Rammelsberg als Museum und Besucherbergwerk zu betreiben und weiterzuentwickeln, als zentrale wissenschaftlich-kulturelle Einrichtung zu einem niedersächsischen Kompetenzzentrum für Montan - und Industriekultur aufzubauen und auf Anforderung fachliche Beratungen und wissenschaftliche Forschungen durchzuführen. Das Weltkulturerbe Rammelsberg soll eine lebendige Stätte der Forschung und kulturellen Bildung sein. c) den inhaltlichen und organisatorischen Zusammenhang zwischen den einzelnen Elementen des UNESCO-Weltkulturerbes und des niedersächsischen Teils der Kulturlandschaft Harz herzustellen. Sie kann die zur Erfüllung dieser Aufgaben notwendigen Einrichtungen betreiben. d) das UNESCO-Weltkulturerbe Erzbergwerk Rammelsberg um das technische Denkmal Oberharzer Wasserregal zu ergänzen, für dessen authentische Erhaltung einzutreten und die Bedeutung dieser Anlagen einer breiten Öffentlichkeit zu vermitteln. e) für die Erhaltung der Denkmale der Montankultur im niedersächsischen Teil des Harzes einzutreten und die Bedeutung dieser Denkmale einer breiten Öffentlichkeit zu vermitteln. f) die Attraktivität der Region im nationalen und internationalen Rahmen zu erhöhen und diese mit geschichtlich geprägtem, progressivem Image im Europa der Regionen zu präsentieren. Die Stiftung ist berechtigt, kulturelle Veranstaltungen durchzuführen und auf kulturellem und wissenschaftlichem Gebiet mit nationalen und internationalen Stellen zu kooperieren.

Anschrift: Bergtal 19, D-38640 Goslar
(2002) Rechtsfähige Stiftung des bürgerlichen Rechts

Stiftung Wienbeck für Medizinische Entwicklung   G

Entwicklung verbesserter medizinischer Versorgung bei medizinisch unterversorgten Personengruppen und in medizinisch unterversorgten Regionen der Erde.

Anschrift: Oberer Stadtweg 54, D-86391 Stadtbergen
(2001)

Stiftung Wilhelm-Lehmbruck-Museum - Zentrum Internationaler Skulptur   K

Zweck der Stiftung ist es, den von der Stadt Duisburg zu Eigentum übertragenen Kunstbesitz zu verwalten und durch Erwerbungen zu erweitern, ihn und die leihgaben nach museumskundlichen Grundsätzen zu pflegen und sie besonders mit dem Ziel der Bildung der Öffentlichekeit zugänglich machen. (operativ tätig)

Anträge: keine Antragsmöglichkeit
Ausgaben: 2.703.752 € , (2004)

Anschrift: Dr. Chrispoh Brockhaus, Düsseldorfer Strasse 51, D-47051 Duisburg
Tel: 0203-283-2630
Fax: 0203-283-3892
email: info@lehmbruckmuseum.de
Internet: www.lehmbruckmuseum.de
(2000) Rechtsfähige Stiftung des bürgerlichen Rechts

Stiftung Wings of Hope Deutschland S

Pädagogisch-therapeutische Arbeit im In-und Ausland mit Menschen, in erster Linie mit Kindern und Heranwachsenden, die durch Kriege oder Bürgerkriege, aber auch durch andere Formen von gewalt traumatisiert worden sind (fördernd tätig)
Anträge: keine Antragsmöglichkeit
Ausgaben: 300.000 €, (2004)
Anschrift: Diakon Peter Klentzan, Bergmannstr. 46, D-80339 München
Tel: 089-50 80 88 51
Fax: 089-50 80 88 55
email: info@wings-of-hope.de
Internet: www.wings-of-hope.de
(2003) Kirchliche Stiftung des privaten Rechts

Stiftung Wirtschaftsakademie Ost-Friesland B

Förderung der beruflichen Bildung, insbesondere durch die Beschaffung von Mitteln zur Förderung von Lehrangeboten der Berufsakademie Ost-Friesland sowie die Durchführung eigener Lehrveranstaltungen zur beruflichen Bildung. (operativ tätig)
Anträge: keine Antragsmöglichkeit
Anschrift: Dr. Helmer de Vries, Am Schloßpark 25, D-26789 Leer
Tel: 0491-979 11 66
Fax: 0491-979 11 67
email: de.vries@bao-leer.de
(2003) Rechtsfähige Stiftung des bürgerlichen Rechts

Stiftung Zeit-Stiften R*S

Zweck der Stiftung ist die Finanzierung diakonischer Projekte im Kirchenkreis Gifhorn, insbesondere a) nicht abrechenbarer kirchlich-diakonischer Leistungen der Diakoniestationen im Zusammenhang mit häuslicher Kranken- und Altenpflege und der Beratung pflegender Angehöriger durch Einrichtungen des Kirchenkreises Gifhorn (ergänzende Dienste die nicht anders abgerechnet werden können (z. Zt. z.B. Krankenbesuche, Betreuungsnachmittage, Seniorensitting, Einkaufshilfe, Besorgungen, Sterbebegleitung, Begleitung trauernder Angehöriger etc.).
b) die Mitfinanzierung sonstiger impulsgebender diakonischer Projekte im Kirchenkreis Gifhorn (z.B. eine Anschub- oder auch Dauerfinanzierung für neue in der jeweiligen Zeit erforderliche und angemessene kirchlich-diakonische Aufgaben, die zur Zeit der Errichtung der Stiftung noch

nicht näher benannt werden können also Projekte, die in der Zukunft orientiert sind). Der Stiftungszweck wird insbesondere verwirklicht durch die Erstattung von Personalkosten oder durch Beihilfen, Zuschüsse und Förderungen für die Umsetzung kirchlich-diakonischer Projekte.
Anschrift: c/o Kirchenkreisamt Gifhorn, Steinweg 19a, D-38518 Gifhorn
(2003) Rechtsfähige Stiftung des bürgerlichen Rechts

Stiftung Zentrum für Türkeistudien F*K
Förderung von Wissenschaft und Forschung, Kunst und Kultur
Anschrift: Prof. Dr. Enno Vocke, Altendorfer Strasse 3, D-45127 Essen
Internet: www.zft-online.de
(2001)

Stiftung Zentrum gegen Vertreibung V
Ziel ist es, Völkervertreibungen weltweit entgegenzuwirken, sie zu ächten und zu verhindern und dadurch der Völkerverständigung, der Versöhnung und der friedlichen Nachbarschaft der Völker zu dienen.
Anschrift: Friedrichstraße 35/V, D-65185 Wiesbaden
Tel: 0611-3601928
Fax: 0611 - 360 19 29
email: info@z-g-v.de
Internet: www.z-g-v.de
(2000) Rechtsfähige Stiftung des bürgerlichen Rechts

Stiftung Zukunft der Sparkasse Koblenz B*G*K*N
Der Stiftungszweck fördert Projekte und Maßnahmen, die die Innovations- und Zukunftsfähigkeit der Region und der Stadt stärken. Die Förderung umfasst im Einzelnen: 1) Förderung einer zukunftsorientierten Bildung. Dieser Zweck soll insbesondere erreicht werden durch:Förderung des Umgangs mit neuen Medien eranführung der Jugend an zukunftsorientierte, naturwissenschaftliche und medientechnische Themen Förderung der Wissenschaft und Lehre vorwiegend im Bereich technologie- und wirtschaftsrelevanter Fragestellungen 2) Förderung innovativer Leistungen im Geschäftsgebiet der Sparkasse Koblenz ansässiger kleinerer und mittlerer Betriebe und Unternehmen. Dieser Zweck soll insbesondere durch die Vergabe von Zuwendungen für Maßnahmen erreicht werden, die sich positiv auf Umwelt, allgemeine Gesundheit, Arbeits- und Ausbildungsplatzsicherung auswirken. Beispiele hierfür können sein: Entwicklung neuer Verfahren, die eine umweltfreundliche Entsorgung sicherstellen; Entwicklung neuer Arbeitsgeräte und -techniken, die Gefährdungen für die Gesundheit von Mitarbeitern oder Dritten einschränken. Bildung neuer Arbeitsfelder mit der Folge, dass zusätzliche Arbeits- bzw. Ausbildungsplätze geschaffen werden. 3) Nachhaltige Sicherung besonders wertvoller Kulturgüter im Geschäftsgebiet der Sparkasse Koblenz durch die Unterstützung von Bestrebungen zur Entwicklung des Bewusstseins für das kulturelle Erbe der Region sowie dessen Sicherung in der Zukunft. 4) Förderung des Künstlernachwuchses Gefördert werden junge Talente in den Berei-

chen Musik, Literatur, darstellende und bildende Kunst, um die kulturelle Entwicklung in der Region im Hinblick auf die Zukunft zu stärken. (fördernd tätig)
Anschrift: Ulricke Sterzel, Bahnhofstraße 11, D-56068 Koblenz
Tel: 0261 -393-1617
Fax: 0261 -393-2642
email: ulricke.sterzel@sparkasse-koblenz.de
Internet: www.s-zukunft.de
(2000)

Stiftung zum Erhalt der Kulturlandschaft und zur Förderung des Naturschutzes in Kleinenberg, Stadt Lichtenau N

Förderung von Naturschutz, Umweltschutz
Anschrift: c/o Biologische Stadtion Südkreis Paderborn, Franz Nolte, Leiberger Strasse 10, D-33181 Bad Wünnenberg
Internet: www.kleinenberg.de/Vereine/Stiftung/Gruendung.HTM
(2001)

Stiftung zur Erhaltung des Ensembles von Schloß Drachenburg (Drachenburg-Stiftung) K

Förderung der Denkmalpflege
Anschrift: Franz-Josef Kniola, Drachenfelsstrasse 118, D-53639 Königswinter
(2002)

Stiftung zur Förderung christlicher Lebens- und Arbeitsgemeinschaften R*S

Beschaffung und Bereitstellung von Fördermitteln für die Aufrechterhaltung, Erweiterung und Neuentstehung von christlichen Lebens- und Arbeitsgemeinschaften, die sich in ganzheitlicher Weise um Menschen in psychischer, körperlicher oder sozialer Not kümmern
Anschrift: Herr Helmut Wolf, Nymphenburger Straße 185, D-80634 München
(2003)

Stiftung zur Förderung der Aus- und Fortbildung des öffentlichen Dienstes im Regierungsbezirk Braunschweig (Prophete-Stiftung)   B

Die Stiftung bezweckt die Förderung der Aus- und Fortbildung der im öffentlichen Dienst Beschäftigten im Regierungsbezirk Braunschweig. Der Zweck wird verwirklicht durch die Auszeichnung von Absolventen der Verwaltungs- und Wirtschaftsakademie Braunschweig e.V. und des Niedersächsischen Studieninstituts für kommunale Verwaltung e.V., die in der ihre Aus- und Fortbildung abschließenden Prüfung hervorragende Leistungen nachgewiesen haben.

Anträge: keine Antragsmöglichkeit
Anschrift: c/o Niedersächsisches Studieninstitut für kommunale Verwaltung e.V., Ralf Grabowski, Wendenstraße 69, D-38100 Braunschweig
Tel: 0531-4809317
Fax: 0531-48093 60
email: r.grabowski@studieninstitut-braznschweig.de
(2000) Rechtsfähige Stiftung des bürgerlichen Rechts

Stiftung zur Förderung der Bucerius Law School   F

Förderung der Forschung und Lehre im Bereich der Rechtswissenschaft und den mit diesem Bereich verwandten Wissenschaften. Zu diesem Zweck unterstützt die Stiftung insbesondere Forschung und Lehre an der Bucerius Law School - Hochschule für Rechtswissenschaften - gGmbH in Hamburg.

Anschrift: RA Jürgen Büring, Jungiusstraße 6, D-20355 Hamburg
Tel: 040-30706-101
Fax: 040-30706-125
email: maike.luetkens@law-school.de
(2002)

Stiftung zur Förderung der Civil-Courage   B*N*P

Die Stiftung fördert die politische Bildung zur Entwicklung der persönlichen Urteilskraft und der politischen Handlungsfähigkeit. Ein besonderes Anliegen ist ihr die Verwirklichung von Civil-Courage als Gemeinschaftsaufgabe. Civil-Courage soll sich dabei nicht nur an den großen Vorbildern Mahatma Gandhi, Martin Luther King oder Nelson Mandela orientieren, sondern auch Ausdruck ständigen Alltagshandelns sein: der aufrechte Gang z.B. auf dem Schulhof oder in der Straßenbahn (wenn Außenseiter oder Angehörige von Minderheiten angegriffen werden) oder Civil-Courage in öffentlichen und privaten Einrichtungen, in denen Menschenrechte verletzt werden. Weitere Aufgaben der Stiftungsarbeit sind: die Weiterentwicklung der Demokratie in Staat und Gesellschaft hin zu mehr Beteiligung der Bürgerinnen und Bürger; die ökologische Umgestaltung aller Lebensbereiche, insbesondere der Wirtschaft; die Schaffung sozialer Ge-

rechtigkeit, die Förderung von Solidarität und Gemeinsinn; die Entwicklung globaler Verantwortlichkeit und die Übernahme persönlicher Verantwortung; die Förderung gewaltfreier Konfliktlösungen und Friedensfähigkeit.
Anschrift: Otto Herz, Ferdinand-Lassalle-Str., D-04109 Leipzig
email: otto.herz@gmx.de
(2000) Rechtsfähige Stiftung des bürgerlichen Rechts

Stiftung zur Förderung der Jüdischen Gemeinden R
Förderung von Religion, kirchlichen Zwecken
Anschrift: c/o Jüdische Gemeinde Aachen, Herrn Johnen, Synagogenplatz 23, D-52062 Aachen
(2002)

Stiftung zur Förderung der Sozialstruktur in Entwicklungsländern S
Zweck der Stiftung ist die Förderung von Entwicklungshilfe (auch operativ tätig)
Anschrift: Dr. Franz Tölle, Haus Herding 1-5, D-48165 Münster
(2001)

Stiftung zur Förderung des Archivs der Arbeiterjugendbewegung und der sozialistischen Kinder und Jugendarbeit B*S
Ausbildungsförderung und die Förderung von Mildtätigen Zwecken, Kinder-/Jugendhilfe, Waisen
Anschrift: Marten Jennerjahn, Kaiserstrasse 27, D-53113 Bonn
(2002)

Stiftung zur Förderung des Evangeliums-Rundfunk Deutschland e.V. (ERF Stiftung) R*S
Wohlfahrt und Mildtätigkeit, Religion; 1. Gemeinnützige und mildtätige Zwecke 2. Förderung des geistlichen und kulturellen Lebens sowie soziale und diakonische Belange durch Medienarbeit (siehe Satzung) (fördernd tätig)
Anträge: keine Antragsmöglichkeit
Ausgaben: 1.250.000 € , (2004)
Anschrift: Jens Krombach, Berliner Ring 62, D-35576 Wetzlar
Tel: 06441-957-210
Fax: 06441-957-120
email: info@erf.de

Internet: www.erf.de
(2001) Rechtsfähige Stiftung des bürgerlichen Rechts

Stiftung zur Förderung körperbehinderter Hochbegabter   B

Die Stiftung dient der Förderung körper- und sinnesbehinderter Personen, die eine hohe Begabung intellektueller oder anderer Art besitzen. (fördernd tätig)
Anschrift: c/o Maecenata Management, Sabine Walker, Herzogstr.60, D-80803 München
Tel: 089-284452
Fax: 089-283774
email: mm@maecenata-management.de
Internet: www.maecenata-management.de
(2004) Nicht rechtsfähige Stiftung

Stiftung zur Förderung naturheilkundlicher Diagnoseverfahren   G

Aufklärung und Weitergabe von Erfahrungen zur Förderung naturheilkundlicher Diagnoseverfahren in Praxis und Öffentlichkeit
Anschrift: Moser Säge 6, D-83674 Gaißach
(2004)

Stiftung zur Förderung von Bildung, Wissenschaft und Technologie im Kreis Soest   F

Förderung von Wissenschaft und Forschung (fördernd tätig)
Ausgaben: 80.000 € , (2004)
Anschrift: Volker Topp, Postfach 17 52, D-59491 Soest
Tel: 0292-302255
Fax: 0292-302585
email: stiftung-bwt@kries-soest.de
(2002) Rechtsfähige Stiftung des bürgerlichen Rechts

Stiftung zur Förderung von Kloster Bentlage   K

Zweck der Stiftung ist die Förderung der Wissenschaft, der Kunst und Kultur insbesondere des Denkmalschutzes durch die Förderung der historischen Anlage Kloster Bentlage und ihrer Kulturlandschaft mit ideellem und materiellem Einsatz für die Instandhaltung und Pflege sowie die Förderung der Nutzung bzw. die Nutzung der Anlage auf der grundlageihrer historischen Bedeutung zum Wohle der Allgemeinheit. Die Nutzung der Anlage als kulturelle Begegnungsstät-

teergibt sich aus der grundlegenden Nutzungskonzeption für das Kloster Bentlage, die der Rat der Stadt Rheine am 13. März, 12. Juni 1990 und am 13. September 1994 beschlossen hat- einschließlichder danach beschlossenen Modifikationen der Konzeption- und die das Land Nordrhein-Westfalen zur Grundlage der Bewilligung von öffentlichen Landesmitteln unter Auflage einer 25-jährigen Bindungsfrist gemacht hat. (auch operativ tätig)
Ausgaben: 14.000 € , (2004)
Anschrift: Alfred Mues, Ahseweg 1, D-48431 Rheine
Tel: 05971-51379
Fax: 05971-8995971
email: feldmues@versanet.de
(2000)

Stiftung zur Renaturierung des Asbachgrundes N

Landschaftsschutz im Stadtgebiet Oberasbach
Anschrift: Ottostraße 30, D-90522 Oberasbach
(2001)

Stiftung zur Unterstützung des Dokumentationszentrums Reichsparteitagsgelände B

Förderung von Bildung und Erziehung durch sinnvolle Ergänzung des Informationsangebotes der Dauerausstellung des Dokumentationszentrums Reichsparteitagsgelände. (fördernd tätig)
Hinweise: nur für Träger des Dokumentationszentrums
Anträge: keine Antragsmöglichkeit
Ausgaben: 15.000 € , (2005)
Anschrift: Sabine Schnell-Pleyer, Mozartstraße 8, D-90491 Nürnberg
Tel: 0911-2162314
Fax: 0911-2162725
email: sabine.schnell-pleyer@pressenetz.de
(2001)

Stiftung zur Unterstützung finanziell bedürftiger Kinder des Internats der Maristenbrüder fms in Mindelheim S

Unterstützung von bedürftigen Kindern bei der Erbringung ihrer Pensionsgebühren für das Internat der Maristenbrüder fms. Aufrechterhaltung des Internats unter der Leitung der Maristenbrüder fms in Mindelheim, sowie Unterstützung gemeinnütziger Einrichtungen
Anschrift: Chapagnatplatz 4, D-87719 Mindelheim
(2001)

Stiftung"Hochbegabte Kinder in der Schule"   B*S

Zweck der Stiftung ist die Förderung von Bildung, Erziehung, Ausbildung und von Kinder-/Jugendhilfe, Waisen.
Anschrift: Christoph Jürgens, Heidstrasse 7, D-42781 Haan
(2000)

Stiftung-Artland-Gymnasium   B*K

Unterstützung der Schule und der Lehrerschaft zum Erreichen der Bildungsziele der Schule, Anerkennung von Leistungsbereitschaft, Anerkennung von vorbildlichem Verhalten im schulischen Bereich, Förderung begabter und bedürftiger Schüler sowie Förderung von Einrichtungen im Umfeld des Artland-Gymnasiums in Quakenbrück, die der Bildung und Erziehung, aber auch von Kunst, Kultur und Wissenschaft dienen durch Sachleistungen (wie spezielle Ausrüstungen, Literatur, Software oder Musikinstrumente), durch die Förderung von Projekten von Lehrerschaft und Schülern (wie neue Arbeitsgemeinschaften, ausbildungsrelevante Exkursionen u.ä.), durch die Förderung und Anerkennung besonderer Leistungen oder Einsätze sowie durch die Vergabe von Stipendien und Beihilfen zur Förderung der Ausbildung junger Menschen (auch operativ tätig)
Anträge: schriftlich formlos
Anschrift: Dr. Ludger Figura, Große Hartlage 15, D-49610 Quakenbrück
Internet: www.stiftung-artland-gymnasium.de
(2004) Rechtsfähige Stiftung des bürgerlichen Rechts

Stifung METALL UNTERWESER   F*K

Beschaffung von Mitteln zur Förderung von Wissenschaft und Forschung, Kunst und Kultur sowie des Denkmalschutzes durch eine steuerbegünstigte Körperschaft oder durch eine Körperschaft. öffentlichen Rechts, insbs. - soferndiese Empfänger als gemeinnützing und steuerbegünstigt anerkannt sind- die Beschaffung von Mitteln für die International University Bremen GmbH oder einen Träger International University Bremen zur Verwirklichung von deren steuerbegünstigten Zwecken
Anschrift: c/o METALL UNTERWESER Verband der Metall- und Elektroindustrie e.V., Schillerstr. 10, D-28195 Bremen
Tel: 0421-3680231
(2000)

Stoffelsche Stiftung von Else Odorfer und Alfred Stoffel   X

Finanzielle Förderung gemeinnütziger Organisationen (fördernd tätig)
Anträge: keine Antragsmöglichkeit
Anschrift: Jägerstraße 10b, D-87435 Kempten
(2000)

Stronk - Ratibor - Stiftung B*K

Förderung kultureller Zwecke durch ausschließliche und unmittelbare Förderung der Kunst, der Pflege und Erhaltung von Kulturwerten sowie der Denkmalpflege, außerdem die Förderung der Erziehung, Volks- und Berufsbildung einschließlich der Studentenhilfe, der Jugendhilfe sowie der Heimatpflege und Heimatkunde, und zwar regional begrenzt auf die Stadt und den ehemaligen Landkreis Ratibor sowie auf die Provinz Oberschlesien

Hinweise: Ratibor und Provinz Oberschlesien
Anträge: schriftlich formlos
Anschrift: Paul Stronk, Attenastr. 9, D-26524 Hage-Berumbur
Tel: 04936-8515
Fax: 04936-916515
email: Paul-STRONK-Ratibor_Stiftung@t-online.de
(2001) Rechtsfähige Stiftung des bürgerlichen Rechts

Studienstiftung des deutschen Volkes e.V B*F

Die Studienstiftung fördert die Hochschulbildung junger Menschen, deren hohe wissenschaftliche oder künstlerische Begabung und deren Persönlichkeit besondere Leistungen im Dienst der Allgemeinheit erwarten lassen; sie ist bestrebt, zu einem über die Berufsausbildung hinausgehenden umfassenden Studium hinzuführen. Die Studienstiftung kann ergänzende Aufgaben übernehmen, die den Hauptzweck zu fördern geeignet sind. Zu diesem Zweck kann sie auch wissenschaftliche Forschungen betreiben. Politische, weltanschauliche und konfessionelle Rücksichten dürfen die Auswahl und die Förderung durch die Studienstiftung nicht beeinflussen (fördernd tätig)

Hinweise: besonders begabte Studierende; keine Selbstbewerbung möglich,
Anträge: keine Antragsmöglichkeit
Ausgaben: 36.441.050 € , (2004)
Anschrift: Cordula Avenarius, Ahrstr. 41, D-53175 Bonn
Tel: 0228-82096 0
Fax: 0228-82096 103
email: info@studienstiftung.de
Internet: www.studienstiftung.de
(1948) Stiftung in der Rechtsform eingetragener Verein (Stiftung e.V.)

Studienstiftung Sohr, Arget F

Förderung von bedürftigen und begabten Kindern aus der Gemeinde Sauerlach, vorrangig aus den Gemeindeteilen Arget, Lochhofen und Grafing (früher Gemeinde Arget) zum Zwecke eines naturwissenschaftlichen Studiums durch finanzielle Unterstützung

Anschrift: c/o Gemeinde Sauerlach, Bahnhofstraße 1, D-82054 Sauerlach
(2003)

Südmeyer-Stiftung für Nierenforschung   F
Förderung von Wissenschaft und Forschung
Anschrift: c/o Commerzbank ZPK/Erb- und Stiftungsangelegenheiten, Frau Nancy Wong, Kaiserstraße 16, D-60311 Frankfurt/M
(2001)

Südniedersachsen-Stiftung   B*K*S*W
Zweck der Stiftung ist die Förderung der Entwicklung und des Wachstums der Region Südniedersachsen in ihrer wirtschaftlichen, kulturellen und sozialen Gesamtheit. (auch operativ tätig)
Anträge: schriftlich formlos
Anschrift: Karsten Ley, Heinrich-von-Stephan-Straße 1-5, D-37073 Göttingen
Fax: 0551-4902493
email: info@suedniedersachsenstiftung.de
Internet: www.suedniedersachsenstiftung.de
(2004) Rechtsfähige Stiftung des bürgerlichen Rechts

Süd-Ost-Europa Stiftung   R*S
Förderung von Mildtätigen Zwecken, Religion, kirchliche Zwecke
Anschrift: Reinhard Klein-Nöh, Im Wiesental 48, D-57078 Siegen
(2001)

Sybille-Hahne-Stiftung   B*F*S
Förderung von Bildung, Erziehung, Ausbildung, Wissenschaft und Forschung, Altenhilfe (einschl. Altenheime)
Anschrift: Herr RA Wolfgang Wuthold, Postfach 10 01 62, D-45601 Recklinghausen
(2002)

Syrinx-Stiftung   K
Die Stiftung wurde im Jahre 2001 errichtet, um die Kunst- und Kulturszene von Bensheim zu unterstützen.Der Stiftungszweck, die finanzielle Förderung und Unterstützung von Kunst und Kultur, wird insbesondere verwirklicht durch die Beschaffung und Weitergabe von Mitteln an den "Verein der Kunstfreunde e.V." mit Sitz in Bensheim a. d. Bergstraße.
Anträge: keine Antragsmöglichkeit
Anschrift: Philanthropical Wealth, Mainzer Landstraße 178-190, D-60327 Frankfurt
Tel: 069-910-49279
Fax: 069-910-48761
(2001) Rechtsfähige Stiftung des bürgerlichen Rechts

te Peerdt Stiftung K
Zweck der Stiftung ist die Förderung von Kunst und Kultur.
Anschrift: Gisela Baumann-Hille, Magdalenenweg 12a, D-50374 Erftstadt
(2002)

Terstegen-Stiftung N*S
Förderung des Wohlfahrtswesens (Menschen in Not), der Entwicklungshilfe und des Tier- und Umweltschutzes (fördernd tätig)
Ausgaben: 20.000 €
Anschrift: Klaus Eisfeld, Wartberghöhe 15, D-83278 Traunstein
Tel: 08051-97144
Fax: 08051-97145
email: klaus.eisfeld@t-online.de
(2003) Rechtsfähige Stiftung des bürgerlichen Rechts

The Children`s Rights Stiftung B*S
Die Stiftung dient der Förderung der Jugendhilfe, der öffentlichen Gesundheitspflege, der Erziehung, der Volks- und Berufsbildung einschließlich der Studentenhilfe sowie der Entwicklungshilfe. (auch operativ tätig)
Anschrift: c/o Maecenata Management, Veronika Hofmann, Herzogstr.60, D-80803 München
Tel: 089-284452
Fax: 089-283774
email: mm@maecenata-management.de
Internet: www.maecenata-management.de
(2002) Nicht rechtsfähige Stiftung

Theaterstiftung Bielefeld K*N
Förderung der Denkmalpflege (operativ tätig)
Anträge: keine Antragsmöglichkeit
Anschrift: Günther Tiemann, Niederwall 23, D-33602 Bielefeld
Fax: 0521- 51 31 85
email: geunther.tiemann@bielefeld.de
Internet: www.theaterstiftung-bielefeld.de
(2001) Rechtsfähige Stiftung des bürgerlichen Rechts

Theo Münch Stiftung der Deutschen Sprache B*F
Förderung von Wissenschaft und Forschung, Bildung, Erziehung, Ausbildung
Anschrift: RA Dr. Bernd Fischer, Immermannstrasse 31, D-40210 Düsseldorf
(2001)

Theodor Strauf und Eberhard Pies Stiftung S

Förderung Mildtätiger Zwecke, Hilfe für Behinderte, Altenhilfe (einschl. Altenheime)
Anschrift: Theodor Strauf, Reuterweg 72, D-53332 Bornheim
(2000)

Theodor-Rogler-Stiftung K

Förderung von jungen Musikern zum Berufseinstieg (fördernd tätig)
Anträge: schriftlich formlos
Ausgaben: 40.000 €
Anschrift: Marcus Goebel, Postfach 2424, D-83426 Bad Reichenhall
Fax: 08651-64182
email: stiftung@rogler-stiftung.de
Internet: www.rogler-stiftung.de
(2002) Öffentliche Stiftung des bürgerlichen Rechts (Bayern)

Thera Stiftung B*F*K*P*R*S*V

Zweck der Stiftung ist die Förderung von Wissenschaft und Forschung, von Bildung, der Erziehung, der Kultur, der Religion, der Kriminalprävention, der Hilfe für politisch, rassistisch oder religiös Verfolgter, für Flüchtlinge, Vertriebene, Aussiedler, Spätaussiedler, Kriegsopfer, der Fürsorge von Strafgefangenen und ehemals Strafgefangenen, der internationalen Toleranz. (fördernd tätig)

Anträge: schriftlich formlos
Anschrift: c/o Stiftungshaus Bremen e.V., Bürgermeister-Smidt-Str. 78, D-28195 Bremen
Tel: 0421-1653550
Fax: 0421-1653196
(2004)

Thodo Schweighart Rosensee Stiftung S*W

Wirtschafltiche Unterstützung alter, in Not geratener Menschen, bevorzugt aus Grainau und Umgebung
Hinweise: bevorzugt aus Grainau und Umgebung; alte Menschen, die in Not geraten sind
Anschrift: Herrn Dr. Max-Theodor Schweighart, Maximilianstr. 56, D-80538 München
(2000) Öffentliche Stiftung des bürgerlichen Rechts (Bayern)

Thoma Stiftung S

Förderung mildtätiger Zwecke i.S.d.§ 53 Nr. 1 AO durch Unterstützung hilfsbedürftiger Personen und Personengruppen im In- und Ausland
Anschrift: Tradenweg 3, D-83700 Rottach-Egern

(2001)
Thomas Witt Stiftung F
Förderung von Wissenschaft und Forschung im Bereich der Zoologischen Systematik. (fördernd tätig)
Anschrift: Tengstr. 33, D-80796 München
Fax: 089-2730219
email: witt-thomas@t-online.de
(2000)
Thomas-Wimmer-Stiftung S
Förderung für Kinder, Jugendliche, Familien und alte Menschen, um Notlagen überwinden zu helfen sowie die Unterstützung bedürftiger Personen.
Anschrift: c/o Arbeiterwohlfahrt Kreisverband München Stadt e.V., Gravelottestr. 8, D-81667 München
(2000)
Tierschutz Stiftung im Kreis Düren N
Förderung von Tierschutz
Anschrift: Herrn RA Maurer, Postfach 10 14 48, D-52314 Düren
(2002)
Tierschutz-Stiftung Wolfgang Bösche B*N
a) Förderung eines besseren Verständnisses für die artgerechte Haltung und/oder artgerechten Transport von Tieren. Artgerechtheit soll sich dabei stets auf den jeweiligen Stand der Wissenschaft beziehen. Als Projekt zur Förderung eines besseren Verständnisses gerade bei Kindern und Jugendlichen kommt die Vergabe eines so genannten Tierhalterführerscheins durch die Stiftung in Betracht. b) Verbesserung der Ausstattung und/oder Betreuung von bzw. in Tierheimen. c) gezielte materielle Förderung von einzelnen Projekten, die dem Tierschutz dienen wie Vermeidung und/oder Einschränkung von Tierversuchen, Verbot der industriellen, tierquälerischen Intensiv- und Massentierhaltung,Verbot der Züchtung von so genannten Kampfhunden, Vermeidung von so genannten Überzüchtungen einzelner Tierrassen. d) die Veranstaltung von Symposien und/oder öffentlichen Informationsveranstaltungen zum Thema Tierschutz. Der Stiftungszweck kann auch dadurch verwirklicht werden, dass die Mittel der Stiftung teilweise einer anderen steuerbegünstigten Körperschaft oder einer Körperschaft des öffentlichen Rechts zur Verwendung für steuerbegünstigte Zwecke des Tierschutzes zugewendet werden. (auch operativ tätig)
Anträge: schriftlich formlos
Ausgaben: 3.650 € , (2004)
Anschrift: Wolfgang Bösche, Gebrüder-Grimm-Straße 46, D-38124 Braunschweig
Tel: 0531-342288
email: info@tierschutzstiftung-boesche.de

Internet: www.tierschutzstiftung-boesche.de
(2002) Rechtsfähige Stiftung des bürgerlichen Rechts

Tierstiftung Dr. med. Harry Schantin N

Förderung des Tierschutzes, vorrangig die Förderung der Ausbildung, Betreuung und Versorgung von Polizei-, Blinden- und Rettungshunden sowie die umfassende Unterstützung blinder Personen, die auf die Hilfe eines Blindenhundes angewiesen sind.
Anschrift: Alte Veste 1, D-90513 Zirndorf
(2000)

Tihon Stiftung B*K*R*S

Förderung von Bildung und Erziehung, Kunst und Kultur, Jugend- und Altenhilfe, Religion in der Tradition der Russisch-Orthodoxen Kirche sowie die selbstlose Unterstützung einzelner bedürftiger Personen
Anschrift: Priester Nikolai Zabelitch, Glyzinienstr. 38, D-80935 München
(2004)

Tony Scheid-Stiftung S

Förderung der Altenhilfe (einschl. Altenheime)
Anschrift: Notar Dr. Georg Wochner, Appellhofplatz 33, D-50667 Köln
(2001)

Top Ten Stiftung Financial Partners B*F*S

Förderung der Allgemeinheit auf materiellem, geistigem und sittlichem Gebiet. Dieser Zweck wird verwirklicht insbs. durch die Förderung der Erziehung, Volks- und berufsbildung einschließlich der Studentenhilfe, etwa durch die finanzielle Unterstützung von Schulen und Kindergärten oder die finanzielle Unterstützung von Aktionen zur Bekämpfung des Drogenmissbrauchs. Zudem durch die Förderung der Jugend- und Altenhilfe, etwa durch die finanzielle Unterstützung von Kinder-, Jugend- und Altenheimen. Außerdem durch die Förderung von theoretischen wie angewandten Forschungs- und Lehrtätigkeiten auf dem Gebiet der Geistes- und Naturwissenschaften. (fördernd tätig)
Anschrift: Birgit Willberger, Pirckheimer Straße 68, D-90408 Nürnberg
Tel: 0911- 180 1000
Fax: 0911- 180 1023
email: birgit.willberger@topten-ag.de
(2005)

Treuhandstiftung Geld für die Zukunft X

Förderung von ethische, umweltfreundliche, innovative Projekte und Initiativen die auf ein erfülltes Leben in Harmonie ausgerichtet sind (fördernd tätig)
Hinweise: Dachstiftung für ein Netzwerk von Stiftungsprojekten weiterer Initiatoren
Anträge: schriftlich formlos

Anschrift: Petra und Bernd Herrmann, Leopoldstr.10, D-06449 Aschersleben
Tel: 03473-807475
Fax: 03473-807476
email: info@gekdfuerdiezukunft.de
Internet: www.geldfuerdiezukunft.de
(2004) Nicht rechtsfähige Stiftung

Udo Keller Stiftung F*R

Förderung von Stiftungen und von steuerbegünstigten Körperschaften sowie natürliche Personen, die nach dem Zweck 1. der Förderung interreligiöser wissenschaftlicher Forschung zum Dialog der Religionen dienen 2. oder der Förderung interdisziplinärer wissenschaftlicher Forschung zum Dialog zwischen Geistes und Naturwissenschaften 3. oder der Förderung wissenschaftlicher Forschung über die Erkenntnisse, Grenzen und Widersprüche der modernen Naturwissenschaften dienen. (auch operativ tätig)
Anschrift: Dr. Cai Werntgen, Kleine Veerstr. 24, D-23816 Neversdorf
Tel: 04552-9946160
Fax: 04552-9946162
email: info@forum-humanum.org
Internet: www.forum-humanum.org
(2000) Rechtsfähige Stiftung des bürgerlichen Rechts

Udo Passavant Stiftung K

Kunst und Kultur; Förderung der kulturellen Einrichtungen der Gemeinde Aarbergen
Hinweise: Gemeinde Aarbergen
Anträge: keine Antragsmöglichkeit
Anschrift: Udo Passavant, Nerobergstr. 25, D-65193 Wiesbaden
Tel: 0611-526763
Fax: 0611-599618
(2001)

Union-Investment-Stiftung B*K

Bildung und Erziehung, Kunst und Kultur; Förderung von Bildung und Lehre insbes. im Genossenschafts- und Investmentbereich sowie Förderung von Kunst und Kultur
Anträge: keine Antragsmöglichkeit
Anschrift: Rainer Schabacker, Wiesenhüttenstr. 10, D-60329 Frankfurt a. Main
Tel: 069-2567-2412
Fax: 069-2567-2224
email: rschabacker@union-investment.de
(2000) Rechtsfähige Stiftung des bürgerlichen Rechts

Universitätsstiftung Die besten Köpfe für die Universität Regensburg   F

Stiftung zur Förderung von Exzellenz und Internationalität an der Universität Regensburg (fördernd tätig)
Anträge: keine Antragsmöglichkeit
Anschrift: Thomas Klingelhöfer, Im Gewerbepark C25, D-93059 Regensburg
Tel: 0941-4008101
Fax: 0941-4008197
email: t.klingelhöfer@viel.de
Internet: www.uni-regensburg.de/universitaet/stiftungen/stiftung/index.html
(2004) Nicht rechtsfähige Stiftung

Universitätsstiftung für Immobilienwirtschaft Hans Vielberth   F

Förderung der Wissenschaft der Immobilienwirtschaft an der Universität Regensburg (fördernd tätig)
Anträge: keine Antragsmöglichkeit
Anschrift: Thomas Klingelhöfer, Im Gewerbepark C25, D-93059 Regensburg
Tel: 0941-4008101
Fax: 0941-4008197
email: t.klingelhöfer@viel.de
Internet: www.uni-regensburg.de/universitaet/stiftungen/stiftung/index.html
(2003) Öffentliche Stiftung des bürgerlichen Rechts (Bayern)

Universitätsstiftung Helga und Erwin Hartl   F

Unterstützung innovativer interfakultärer Projekte in der Onkologie, Rheumatologie und Wissenschaftsethik (fördernd tätig)
Anträge: keine Antragsmöglichkeit
Anschrift: Thomas Klingelhöfer, Im Gewerbepark C25, D-93059 Regensburg
Tel: 0941-4008101
Fax: 0941-4008197
email: t.klingelhöfer@viel.de
Internet: www.uni-regensburg.de/universitaet/stiftungen/stiftung/index.html
(2004) Nicht rechtsfähige Stiftung

Universitätsstiftung Osnabrück   F

Förderung der Universität Osnabrück bei der Erfüllung ihrer Aufgaben entsprechend den hochschulrechtlichen Bestimmungen des NHG, insbesondere Unterstützung der ergänzenden Fi-

nanzierung von Forschungsvorhaben, der Qualifizierung des wissenschaftlichen Nachwuchses sowie die Bereitstellung von Mitteln zur Unterstützung überregionaler und internationaler Studien und Forschungsvorhaben (fördernd tätig)
Anträge: keine Antragsmöglichkeit
Anschrift: c/o Universität Osnabrück, Dr. Uwe Siekmann, Neuer Graben 29 (Schloß), D-49069 Osnabrück
Tel: 0541-969 4101
Fax: 0541-969 4888
email: vp.fn@uni-osnabrueck.de
(2001) Rechtsfähige Stiftung des bürgerlichen Rechts

Universitätsstiftung Lucia und Dr. Otfried Eberz F

Förderung fakultätsübergreifender Genderforschung mit geisteswissenschaftlichem und theologischem Schwerpunkt (fördernd tätig)
Anträge: keine Antragsmöglichkeit
Anschrift: Thomas Klingelhöfer, Im Gewerbepark C25, D-93059 Regensburg
Tel: 0941-4008101
Fax: 0941-4008197
email: t.klingelhöfer@viel.de
Internet: www.uni-regensburg.de/universitaet/stiftungen/stiftung/index.html
(2004) Nicht rechtsfähige Stiftung

unternehmen selbst!beteiligen - Studentenstiftung Dresden B

Förderung von Bildung und Wissenschaft im Sinne des § 52, Abs. 2 Nr. 1 der Abgabenordnung (AO) und der Studentenhilfe im Sinne der Ziff. 4 Anl.1 Abschn. A. zu § 48 Einkommenssteuerdurchführungsverordnung. Er wird in erster Linie verwirklicht durch Maßnahmen zur Verbesserung der Studienbedingungen für Studenten in Dresden, insbesondere an der Technischen Universität Dresden. (fördernd tätig)
Anträge: keine Antragsmöglichkeit
Anschrift: c/o Bürgerstiftung Dresden, Barteldesplatz 2, D-01309 Dresden
Tel: 0351- 463 359 66
email: info@studentenstiftung.de
(2005)

Ursula Hegemann Stiftung M*N

Zweck der Stiftung ist die Bildung und Erziehung, der Sport sowie der Tierschutz und die Tierzucht. Der Zweck wird insbesondere dadurch verwirklicht dass die Stiftung den Tanzsport fördert auch durch Unterstützung von Training und Turnieren förderungswürdiger Paare und/oder

Formationen. Außerdem dadurch, dass sie sonstige Begabte durch Stipendien und Preise unterstützt. Sowie dadurch, dass sie Tiere in ihrer artgerechten Haltung schützt.
Anschrift: c/o Detlef Hegemann GmbH & Co, Außer der Schleifmühle 39/43, D-28203 Bremen
Tel: 0421-3664301
(2004)

Ursula und Norbert G. Ring Stiftung B*F*S

Förderung von Entwicklungshilfe, Stipendien / Hochschule / Erwachsenenbildung, Ausbildungsförderung. Förderung der medizinischen Aus und Weiterbildung in afrikanischen Staaten (fördernd tätig)
Anträge: schriftlich formlos
Ausgaben: 16.000 € , (2004)
Anschrift: Norbert G. Ring, Am Wolfshof 5, D-45359 Essen
Tel: 0201-67 34 48
Fax: 0201-4385944
email: norbert.ring@t-online.de
(2002) Rechtsfähige Stiftung des bürgerlichen Rechts

Ursula und Wilhelm Lindemann Stiftung N

Förderung des Naturschutzes und der Landschaftspflege im Sinne des Bundesnaturschutzgesetzes und des Nieders. Naturschutzgesetzes und der Erhaltung und Wiederherstellung von Bau- und Bodendenkmälern durch finanzielle Unterstützung des Erwerbs, des Schutzes und der Pflege schutzwürdiger und eindrucksvoller Landschaftsflächen mit ihrer Pflanzen- und Tierwelt sowie der Erhaltung und Pflege von Bau- und Bodendenkmälern sowie Förderung der Kultur und des Heimatgedankens durch finanzielle Unterstützung von kulturellen und heimatverbundenen Veranstaltungen auch für ältere Menschen, insbesondere in der Stadt Wildeshausen und der Gemeinde Dötlingen.
Anschrift: Sprungweg 33, D-26209 Hatten
(2001)

Ursula-Wulfes-Stiftung B*G*K*S

Die Stiftung unterstützt durch finanzielle Zuwendungen gemeinnützige Organisationen und Projekte im Stadtgebiet Bremerhaven insbs. auf den Gebieten: 1)Unterstützung von sozial Benachteiligten, insbs. Kindern und Jugendlichen, alleinerziehenden Müttern, älteren Mitmenschen sowie durch die Unterstützung von Bildungseinrichtungen. 2) de Gesundheitswesens vor allem zur Behandlung und Bekämpfung von Krebserkrankung,; in Einzelfällen kann dies durch direkte Zuwendung an Einzelne geschehen. 3) Kunst und Kultur (auch operativ tätig)
Anträge: schriftlich formlos
Anschrift: c/o Bankhaus Neelmeyer AG Niederlassung Bremerhaven, Frau Schlehr, Am Alten Hafen 118, D-27568 Bremerhaven
Tel: 0471-4822230

Fax: 0471- 48 22 111
(2002) Rechtsfähige Stiftung des bürgerlichen Rechts

Ursulinen Offenbach Stiftung B*R
Religion, Bildung und Erziehung; Förderung der religiösen Erziehung u. d. Fortbildung der Lehrer mit dem Ziel einer harmonischen Zusammenschau zwischen Kultur und Glauben sowie zwischen Glauben und Leben
Anträge: keine Antragsmöglichkeit
Anschrift: Dr. W. Franke, Ahornstr. 33, D-63071 Offenbach am Main
Tel: 069-851081
Fax: 069-855088
email: verwaltung@marienschule-offenbach.de
Internet: www.marienschule-offenbach.de
(2000)

Ursulinen-Schulstiftung B
Förderung von Bildung, Unterricht und Erziehung vor allem junger Menschen.
Anschrift: Burggasse 9, D-94315 Straubing
(2000)

Ute Collischon Stiftung S
Unterstützung von bedürftigen Kindern sowie von Tieren (insbesondere von kranken und alten Tieren).
Anschrift: Ibsenstraße 2, D-90480 Nürnberg
(2000)

V.I.A. - Stiftung F
Förderung von Projekten der komplementären Medizin
Anschrift: Hochgratstr. 269, D-88179 Oberreute
(2003)

van Weelden Stiftung B*S
Förderung der Integration ausländischer Mitbürger durch Vermittlung von Sprach- und Kulturunterricht, unter anderem durch die Mittelbeschaffung für gemeinnützige Körperschaften oder juristische Personen des öffentlichen Rechts, die Unterricht für ausländische Mitbürger erteilen.
Anschrift: Frau Mike Bornfelder, Stettiner Straße 2, D-26419 Schortens
(2001)

VdK Stiftung Hamburg S
Förderung der Teilhabe von Schwerbehinderten und/oder alten Menschen sowie Hinterbliebenen von Kriegsopfern in der Gemeinschaft. Für die Erfüllung dieser Zielsetzung kann die Stiftung insbesondere Einrichtungen errichten und betreiben, finanzielle Hilfen sowie Beratungs- und Informationsleistungen erbringen.

Anschrift: Peter Broll, Hammerbrookstraße 93, D-20097 Hamburg
Tel: 040-401949-21
Fax: 040-401949-30
email: broll@vdk.de
Internet: www.vdk.de/hamburg
(2002)

Vegeterra - Stiftung vegetarisch leben G

Förderung von Vorhaben und Projekten zur Verbreitung des vegetarischen Lebensstils in unserer Gesellschaft (auch operativ tätig)
Anträge: Merkblatt-schriftlich formlos
Ausgaben: 6.000 € , (2005)
Anschrift: Thomas Schönberger, Blumenstraße 3, D-30159 Hannover
Fax: 0511-363 20 07
email: iinfo@vegeterra.de
Internet: www.vegeterra.de
(2004)

Viamedica Stiftung für eine gesunde Medizin B*F*G*S

Förderung wissenschaftlicher Studien, Vergabe von Stipendien an junge Wissenschaftler, finanzielle Förderung des Instituts für Umweltmedizin und Krankenhaushygiene, Finanzierung von Stiftungsprofessuren (operativ tätig)
Anträge: keine Antragsmöglichkeit
Anschrift: c/o Universitäts-Klinikum Freiburg, Prof. Dr. med. Franz Daschner, Hugstetter Straße 55, D-79106 Freiburg
Tel: 0761-2705469
Fax: 0761-270 54 85
email: daschner@viamedica-stiftung.de ; nhilgers@viamedica-stiftung.de
Internet: www.viamedica-stiftung.org
(2002) Rechtsfähige Stiftung des bürgerlichen Rechts

Viersener Sparkassenstiftung B*F*G*K*M*N*S

Förderung von Wissenschaft und Forschung, Denkmalpflege, Naturschutz, Umweltschutz, Sport, Bildung, Erziehung, Ausbildung, des öffentlichen Gesundheitswesens / Krankenhäuser, Kinder-/Jugendhilfe, Waisen, Altenhilfe (einschl. Altenheime), Brauchtum und Heimatgedanke/-geschichte, Literatur, Musik, Theater, Tanz, Kunst und Kultur
Anschrift: c/o Sparkasse Krefeld, Ludger Gooßens, Ostwall 155, D-47798 Krefeld
(2002)

Vierte Karl und Else Seifried Stiftung   G
Medizin und öffentliches Gesundheitswesen; Sammlung und Weiterleitung von Mitteln an die Clementine Kinderhospital Dr. Christsche Stiftung zur Unterstützung für Ausbau, Erweiterung und Modernisierung (operativ tätig)
Anträge: keine Antragsmöglichkeit
Anschrift: Petra Aldinger-Seifried, Grüneburgweg 118, D-60323 Frankfurt a. Main
Tel: 069-95932641
Fax: 069-95932675
(2000)

Viola Gräfin Bethusy-Huc Stiftung   S
Förderung von Altenhilfe (einschl. Altenheime), Sontigen Sozialen Zwecken
Anschrift: Josef Schomaker, Lerschmehr 60, D-48167 Münster
(2003)

Visions for Children Stiftung   S
Weltweite Unterstützung bedürftiger Kinder und Jugendlicher zur Verbesserung ihrer Zukunftschancen (fördernd tätig)
Anschrift: Christine Bäucker, Ulrichsplatz 6, D-86150 Augsburg
Tel: 0821-346 54 66
Fax: 0821-346 54 99
email: cb@joerg-loehr.com
Internet: www.joerg-loehr.com
(2004)

Vodafone-Stiftung Deutschland   B*K*S
Förderung von Projekte in den Bereichen Sozial- und Gesundheitswesen, Bildung, Kunst und Kultur, die primär Kindern und Jugendlichen zu Gute kommen. (fördernd tätig)
Hinweise: Stipendienprogramm wird vorerst noch nicht realisiert
Ausgaben: 30.000 €, (2004)
Anschrift: Maximilian Schöberl, Am Seestern 1, D-45247 Düsseldorf
Tel: 0211-533 5392
Fax: 0211-533 1898
email: andrea.zinnenlauf@vodafone.com
Internet: www.vodafone-stiftung.de
(2003)

Volksbank Hundem-Lenne - Stiftung   K*M*N*S
Förderung von Kinder-/Jugendhilfe, Waisen, Brauchtum und Heimatgedanke/-geschichte, Denkmalpflege, Sport, Naturschutz, Umweltschutz, Kunst und Kultur (fördernd tätig)
Anträge: schriftlich formlos

Ausgaben: 11.000 €
Anschrift: Peter Kaufmann, Hundemstraße 6 - 8, D-57368 Lennestadt
Tel: 02723-689200
Fax: 02723-689244
email: peter.kaufmann@voba-bigge-lenne.de
Internet: www.voba-bigge-lenne.de
(2000)

Volkswagen-Stiftung   F

Förderung von Wissenschaft und Technik in Forschung und Lehre (auch operativ tätig)
Hinweise: max. Förderdauer im Einzelfall bis zu 5 Jahren
Anträge: Merkblatt-schriftlich formlos-Begutachtung
Ausgaben: 91.200.000 € , (2004)
Anschrift: Herrn Dr. Krull , Kastanienallee 35, D-30519 Hannover
Tel: 0511-8381-0
Fax: 0511-8381344
email: info@volkswagenstiftung.de
Internet: www.volkswagen-stiftung.de
(1961) Rechtsfähige Stiftung des bürgerlichen Rechts

Volz Stiftung Bergfriede   R

Religion; Förderung d. religiösen Erziehung und Lebensweise
Anträge: keine Antragsmöglichkeit
Anschrift: Wolfgang Volz, Am Rottgarten 34, D-63571 Gelnhausen
Tel: 06051-920894
Fax: 06051-920895
(2000) Rechtsfähige Stiftung des bürgerlichen Rechts

von Heydensche Familienstiftung   K

Förderung von Kunst und Kultur, insbesondere durch Ankauf von Kunstgegenständen, die im Eigentum der Familie Heyden stehen, und Überlasung dieser Gegenstände an Museen und ähnliche Einrichtungen sowie an Kunstausstellungen etc., um sie der Öffentlichkeit zugänglich zu machen.
Anschrift: c/o Rechtsanwälte Göhmann, Wrede, Haas, Dr. Eberhard Haas, Postfach 10 52 80, D-28052 Bremen
(2000)

von Laer Stiftung   G*S

Förderung von Mildtätigen Zwecken, des öffentlichen Gesundheitswesens / Krankenhäuser, Kinder-/Jugendhilfe, Waisen
Anschrift: Wilfried Lütkemeier, Spindelstraße 5+7, D-33604 Bielefeld
Internet: www.von-laer-stiftung.de
(2002)

W + G - Wehrmann Stiftung S
Förderung von Altenhilfe (einschl. Altenheime)
Anschrift: Norbert Weihs, Haus-Endt-Str. 105, D-40593 Düsseldorf
(2000)

Wacker Hilfsfonds S
Zweck der Stiftung ist Förderung/Übernahme von Hilfsprojekten bei Katastrophen, Unfällen und sonstigen unvorhergesehenen Ereignissen.
Anschrift: Johannes - Hess - Str. 24, D-84489 Burghausen
(2005) Rechtsfähige Stiftung des bürgerlichen Rechts

Waisenhausstiftung der Stadt Rosenheim S
Unterhaltung bzw. Betrieb einer Jugendhilfe- und Kindereinrichtung für stationäre Betreuung von Kindern und Jugendlichen die einer Fremdunterbringung im Sinne des Sozialgesetzbuchs VIII bedürfen.
Anschrift: c/o Stadt Rosenheim Kämmerei/Dezernat II, Königstr. 24, D-83022 Rosenheim
(2000) Rechtsfähige Stiftung des bürgerlichen Rechts

Waldemar Koch-Stiftung G*K*S*V
Die Förderung kultureller und der Gesundheit der Bevölkerung dienender Zwecke, die Förderung der Pflege internationaler Beziehungen im Geiste der Völkerverständigung, die Unterstützung von Personen, die infolge ihrer körperlichen und geistigen Beschaffenheit oder ihrer wirtschaftlichen Lage solcher Hilfe bedürfen. Diese Zwecke werden insbs. dadurch verwirklicht, dass die Stiftung entweder direkt Personen unterstützt, die die Voraussetzungen des § 53 AO erfüllen oder ihre Mittel anderen steuerbegünstigten Körperschaften zur Verfügung stellt, die ihrerseits die in Absatz 2 genannten Zwecke verfolgen. Daneben können die genannten Zwecke unmittelbar selbst gefördert werden. Derartige Zuwendungen sind zweckgebunden zu gewähren (fördernd tätig)
Anträge: schriftlich formlos
Anschrift: Stresemannstraße 1 - 7, D-28207 Bremen
Fax: 0421-4495-303
(1963) Rechtsfähige Stiftung des bürgerlichen Rechts

Wälder für Morgen F*N
Betätigungsfeld der Stiftung ist im Bereich "Mensch und Natur," im wesentlichen aus den Bereichen Natur-, Umwelt- und Landschaftsschutz, Wissenschaft und Forschung sowie Bildung und Erziehung. Hauptzweck der Stiftung ist die Förderung, wissenschaftliche Erforschung u. praktische Erprobung einer naturverträgl., am Naturschutz orientierten nachhaltigen Waldbehandlung einschließlich der Sicherung von Waldflächen und sonstigen für den Naturschutz wertvollen Flächen durch Erwerb oder unentgeltliche Übernahme.

Anschrift: Herrn Dr. Schmitt-Beaucamp, Freiligrathstrasse 3, D-14482 Potsdam
(2001) Rechtsfähige Stiftung des bürgerlichen Rechts

Wali-Nawaz-Stiftung B*G
Öffentliches Gesundheitswesen, Bildung und Erziehung auf dem Gebiet der weltweiten humanitären Hilfe
Anschrift: Am Köllnischen Park 1, D-10179 Berlin
(2003)

Walter Brehm + Susanne Paul Stiftung S
Unterstützung von Personen, die infolge ihres körperlichen, geistigen oder seelischen Zustandes auf die Hilfe anderer angewiesen sind. Unterstützung von wirtschaftlich bedürftigen Arbeitnehmern oder ehemaligen Arbeitnehmern der Münchner Industrie- und Handelsverlag GmbH und deren Angehörigen
Anschrift: Flurstraße 5, D-82166 Gräfelfing
(2003)

Walter Eversheim Stiftung F
Förderung von Wissenschaft und Forschung (fördernd tätig)
Anschrift: c/o FIR e.V., Prof. Dr.-Ing. Dipl-Wirt.Ing. Günther Schuh, Pontdriesch 14-16, D-52062 Aachen
Tel: 0241- 477 05 0
Fax: 0241- 477 05 199
email: shu@fir.rwth-aachen.de
Internet: www.fir.rwth-aachen.de
(2002)

Walter Reschny Stiftung S
Jugendhilfe; Jugendförderung in Gladenbach und Umgebung
Hinweise: Gladenbach und Umgebung
Anträge: keine Antragsmöglichkeit
Anschrift: Karl-Georg Meyer, Am Hainpark 2, D-35075 Gladenbach
Tel: 06462-93850
(2002)

Walter Sedlmayer Paula Rott Stiftung S
zur Unterstützung Münchner Bürger
Förderung hilfsbedürftiger Personen in München (fördernd tätig)
Hinweise: München
Anschrift: c/o Landeshauptstadt München -Sozialreferat-, Orleansplatz 11, D-81667 München

Tel: 089-233 25646
Fax: 089-233 22610
email: stiftungsverwaltung.soz@muenchen.de
Internet: www.muenchen.de
(2000) Öffentliche Stiftung des bürgerlichen Rechts (Bayern)

Walter Tron Familienstiftung S
Im Einzelfall Förderung von Körperschaften und juristischen Personen des öffentlichen Rechts, die die Unterstützung notleidender und/oder hilfsbedürftiger Personen, insbesondere Kinder zum Ziel haben oder die Förderung der öffentlichen Gesundheitspflege, der Jugend- und Altenhilfe oder der amtlich anerkannten Wohlfahrtsverbände
Anschrift: Pilotystr. 4, D-80538 München
(2003) Rechtsfähige Stiftung des bürgerlichen Rechts

Walter und Elfriede Niehoff Stiftung K
Förderung des kulturellen Lebens in der Stadt Schwabach sowie die Erhaltung und Pflege von Kriegsgräbern
Anschrift: Rednitzhang 6, D-91124 Schwabach
Internet: www.niehoff.de
(2002)

Waltershausen Stiftung K
Förderung der Kunst durch Unterstützung musikalisch begabter Jugendlicher in der Kammermusikklasse und im Kammerorchester der Städtischen Sing- und Musikschule München.
Anschrift: Herrn Walter Fuchs, Dorfstr. 25, D-82237 Wörthsee
(2000) Rechtsfähige Stiftung des bürgerlichen Rechts

Waltraud-Christel-Stiftung G*S
Unterstützung von Bewohnern und Bewohnerinnen des Pflegeheimes Bloherfelde in Oldenburg mit Sach- oder Betreuungsleistungen, die nicht über den Pflegesatz finanziert werden können und nachrangig Unterstützung von Bewohnern und Bewohnerinnen des benachbarten Wohnheimes Bloherfelde. Außerdem einfache, aber ordnungsgemäße Pflege des Familiengrabes der Frau Christel auf dem Friedhof der Auferstehungskirche in Oldenburg. (fördernd tätig)
Anträge: schriftlich formlos
Ausgaben: 4.500 € , (2004)
Anschrift: c/o Bezirksverband Oldenburg (Stiftungsverwaltung), Karl-Heinz Meyer / Egon Saueressig, Postfach 1245, D-26002 Oldenburg
Tel: 0441-218950
Fax: 0441-281950
(2004) Rechtsfähige Stiftung des bürgerlichen Rechts

Waltraut und Wolfgang Flotho Stiftung B*S
Förderung von Bildung, Erziehung, Ausbildung und von Kinder-/Jugendhilfe, Waisen

Anschrift: c/o Städtische Ganztagsschule am Lönkert, Dr. Paolo Picciola, Schulstrasse 84, D-33647 Bielefeld
(2000)

WasserStiftung - Waterfoundation F

Förderung der privaten Entwicklungshilfe in den Ländern, in denen Trinkwassermangel die nachhaltige Entwicklung behindert sowie die Förderung von Wissenschaft und Forschung auf dem Gebiet der Bekämpfung des Trinkwassermangels.
Anschrift: Ernst Frost, Lechnerstr. 23, D-82067 Ebenhausen bei München
Tel: 08178-998418
email: wasserstiftung@t-online.de
Internet: www.wasserstiftung.de
(2000) Rechtsfähige Stiftung des bürgerlichen Rechts

wbg2000Stiftung B*F*G*K*M*N*S*X

Förderung von Wissenschaft und Forschung, Bildung und Erziehung, Kunst und Kultur, des Umwelt-, Landschafts- und Denkmalschutzes, der Jugend- und Altenhilfe, des Wohlfahrtswesens, des öffentlichen Gesundheitswesens und des Sports (fördernd tätig)
Anträge: schriftlich
Anschrift: Herr Barth, Postfach 51 01 53, D-90215 Nürnberg
Tel: 0911-8004139
Fax: 0911-8004201
email: barth@wbg.nuernbeg.de
Internet: www.wbg.nuernberg.de
(2000) Öffentliche Stiftung des bürgerlichen Rechts (Bayern)

Weiss-Druck-Stiftung K*S

Unterstützung Betriebsangehöriger und die Förderung von Kunst und Kultur. (auch operativ tätig)
Anträge: schriftlich formlos
Anschrift: Hans Georg Weiss, Industriestraße 7, D-52156 Monschau/Eifel
Tel: 02472-982982
Fax: 02472-982105
email: info@druckereimuseum
Internet: www.druckerreimuseum-weiss.de
(2000) Rechtsfähige Stiftung bürgerlichen Rechts

Wellhöfer-Stiftung F*G*N

Förderung der Forschung im Bereich der öffentlichen Gesundheitspflege und des Tierschutzes
Hinweise: Deutschland, Vertreibungsgebiete
Anschrift: Feldstr. 10, D-83370 Seeon
(2000) Öffentliche Stiftung des bürgerlichen Rechts (Bayern)

Wemhöner Stiftung   B*F*K

Förderung von mildtätigen Zwecken, Kunst und Kultur, Wissenschaft und Forschung, Bildung, Erziehung, Ausbildung
Anschrift: Heiner Wemhöner, Hasenbrink 8, D-32052 Herford
(2000)

Werner u. Ingeborg Mühlig-Stiftung   S*V

Förderung von Völkerverständigung, Kinder-/Jugendhilfe, Waisen, Altenhilfe (einschl. Altenheime)
Anschrift: Herrn Wolfram Knaak, Heidköttersweg 59, D-48159 Münster
(2001)

Werner und Margarete Töpler-Stiftung   G*S

Wohlfahrt und Mildtätigkeit, Jugendhilfe; Förderung und Unterstützung von Kindern und Jugendlichen, vornehmlich von krebskranken bzw. aidsinfizierten Kindern sowie von vollverwaisten Kindern, deren Eltern an einer der beiden vorgenannten Krankheiten verstorben sind
Anschrift: Philanthropical Wealth Management, Mainzer Landstraße 178-190, D-60327 Frankfurt
Tel: 069-910-49279
Fax: 069-910-48761
(2000) Rechtsfähige Stiftung des bürgerlichen Rechts

Werner-Egerland-Stiftung   F*K

Förderung der Kunst, Kultur und Wissenschaft in Europa. insbesondere durch die Förderung von Jugendlichen in diesen Bereichen und insbesondere durch Durchführung und Unterstützung von Projekten im Bereich der Kunst, Kultur, Wissenschaft, durch die Jugendliche in diesen Bereichen gefördert werden, durch Vergabe von Stipendien, Beihilfen o.ä. Zuwendungen zur Förderung der Fort- und Ausbildung von Jugendlichen im Bereich der Kunst, Kultur und Wissenschaft sowie durch Unterstützung von gemeinnützigen Veranstaltungen im Bereich der Kunst, Kultur und Wissenschaft, insbesondere für Jugendliche. Die Stiftung kann ihren Zweck auch dadurch erfüllen, daß sie anderen gemeinnützigen Organisationen, Vereinen und Gesellschaften, die im Rahmen des Stiftungszwecks gemeinnützig tätig sind, Mittel zur Verfügung stellt oder sich hieran beteiligt.
Anschrift: Natruperstraße 21, D-49084 Osnabrück
(2003) Rechtsfähige Stiftung des bürgerlichen Rechts

Westfälische Herzstiftung   F

Förderung von Wissenschaft und Forschung
Anschrift: Klaus Stechmann, Angelstrasse 25a, D-48167 Münster
(2000)

Wilhelm H. Pickartz-Stiftung B*X
Förderung von Denkmalpflege und Bildung, Erziehung, Ausbildung
Anschrift: Robert Schmitz, Volksgartenstraße 70, D-50677 Köln
(2000)

Wilhelm-Hartschen-Stiftung B*S
Förderung der Hilfe für Behinderte, Kindergarten / Schule
Anschrift: Gerd Schulz, Liebigstrasse 21 a, D-42719 Solingen
(2001)

Wilhelmine - Holzapfel - Stiftung F*S
Fördert die Unterstützung von herzkranken Personen in München und die Erforschung von Herzkrankheiten. (fördernd tätig)
Hinweise: München
Anschrift: Katharina Knäusl, Orleansplatz 11, D-8166 München
Tel: 089-23325646
Fax: 089-23322610
email: stiftungsverband.soz@muenchen.de
Internet: www.muenchen.de
(2000) Nicht rechtsfähige Stiftung

Wilhelm-Kempff-Kulturstiftung K
Förderung von Kunst und Kultur auf dem Gebiet der Musik (auch operativ tätig)
Anschrift: c/o Maecenata Management, Simone Paar, Herzogstraße 60, D-80803 München
Tel: 089-284452
Fax: 089-283774
email: sp@maecenata-management.de
Internet: www.maecenata-management.de
(2004) Öffentliche Stiftung des bürgerlichen Rechts (Bayern)

Wilhelm-Leuschner-Stiftung X
Erinnerung an Leben, Werk und Wirken des Widerstandskämpfers Wilhelm Leuschner. Pädagogische Arbeit in der Gedenkstätte. (auch operativ tätig)
Anträge: keine Antragsmöglichkeit
Ausgaben: 100.000 € , (2004)
Anschrift: Wolfgang Hasibether, Moritzhöfen 25, D-95447 Bayreuth
Tel: 0921-1507269
email: post@wilhelm-leuschner-stiftung.de
Internet: www.wilhelm-leuschner-stiftung.de
(2002) Öffentliche Stiftung des bürgerlichen Rechts (Bayern)

Willy-Hager-Stiftung   F*N
Förderung der Wissenschaft durch Forschung auf dem Gebiet des Umweltschutzes, insbesondere der Verfahrenstechnik der Wasserreinigung und -aufbereitung (fördernd tätig)
Anträge: schriftlich formlos-Begutachtung
Ausgaben: 400.000 € , (1996)
Anschrift: Herrn Rechtsanwalt Klaus-Peter Frühwald, Olgastraße 19, D-70182 Stuttgart
Tel: 0711-24 84 74 0
Fax: 0711-24 84 74 10
email: ra.fruehwald@raefruehwald.de
(1973) Rechtsfähige Stiftung des bürgerlichen Rechts

Winfried und Centa Böhm Stiftung Weilheim   K*S
Förderung gemeinnütziger, kultureller und sozialer Anliegen im Stadtbereich Weilheim i. OB.
Anschrift: Herr Hans Übelherr, Kerschensteinerstr. 20, D-82362 Weilheim
(2000)

Wissenschaftliche Ernst-Patzer-Stiftung   F
Wissenschaft und Forschung; Finanzielle Förderung und Unterstützung der Wissenschaft und Forschung, vornehmlich auf dem Gebiet der Astronomie. Der Stiftungszweck wird insbesondere verwirklicht durch die Beschaffung und Weitergabe von Mitteln an das Max-Planck-Institut für Astronomie in Heidelberg sowie die Vergabe von Preisen an Jungwissenschaftler
Anschrift: Philanthropical Wealth Management, Mainzer Landstraße 178-190, D-60327 Frankfurt
Tel: 069-910-49279
Fax: 069-910-48761
(2001) Rechtsfähige Stiftung des bürgerlichen Rechts

Wissenschaftsstiftung Deutsch-Tschechisches Institut   F
Unterstützung bei der Gründung und Förderung eines Deutsch-Tschechischen Institutes für wasserbauliche und unterirdische Konstruktionen an der Tschechischen Universität Brno (Aninstitut) und Universität Lüneburg; Förderung der Erforschung und Entwicklung von Techniken und Strategien für die Wasserwirtschaft, den Wasserbau, die Energiewirtschaft, den unterirdischen Bauraum und die Stadtentwicklung; Stellung von Forschungsanträgen z.B. EU; die Förderung der Aus- und Weiterbildung von Studenten bzw. im Beruf stehender Ingenieuren durch Fachvoträge, Seminare und Workshops; Förderung der Kooperation bei Aufgaben zur Umsetzung von Richtlinien, Regelwerken und Normen. Soweit die Stiftung hinreichende Fördermittel erlangt, können außerdem weitere in der Satzung bestimmte Zwecke gefördert werden. (auch operativ tätig)

Anträge: schriftlich formlos
Anschrift: Dipl.-Ing. Rolf Bielecki, St. Petersburger Straße 1, D-20355 Hamburg
Tel: 040-35692292
Fax: 040-35692343
email: gstt@cch.de
(2002) Rechtsfähige Stiftung des bürgerlichen Rechts

Wolfenbüttel-Stiftung B*S

Die Stiftung hat vorrangig den Zweck, Kinder unbemittelter Eltern zu unterstützen, um ihre Erziehung, die körperlich sowie geistige Ausbildung zu fördern und alte, hilfsbedürftige Personen aus den Stiftungseinkünften zu unterstützen. Des weiteren können Institutionen und Körperschaften im Stadtgebiet Wolfenbüttel gefördert werden, die Hilfsbedürftige oder Kinder- und Jugendarbeit unterstützen oder Frauenförderung betreiben.
Anschrift: c/o Stadt Wolfenbüttel, Stadtmarkt 6, D-38300 Wolfenbüttel
(2000) Rechtsfähige Stiftung des bürgerlichen Rechts

Wolfgang Fischer und Maria Fischer- K
Flach-Stiftung

Förderung der Ausbildung qualifiz. Studenten der Hochschule für Musik in Würzburg. Der Zweck wird insbes. verwirklicht durch Auszeichnung besond. künstlerischer Leistungen oder hervorrag. Promotionsarbeiten auf dem Gebiet der Musik durch die Vergabe des "Wolfgang und Maria Fischer-Flach-Preises" sowie durch Zuschüsse zur Teilnahme an Wettbewerben und Kursen, für die keine oder keine ausreichend. staatl. Mittel zu Verfügung stehen sowie Maßnahmen zur Förderung der Ausbildung.
Anschrift: c/o Staatl. Hochschule für Musik, Hofstallstraße 6-8, D-97070 Würzburg
(2002)

Wolfgang und Ellen Märker F*K*S
Sozialstiftung

Förderung begabter Lehrlinge der Märker Holding GmbH und deren Tochtergesellschaften sowie Studenten aus dem Lebensraum der Stifter, insbesondere des Regierungsbezirks Schwaben. Förderung von wissenschaftlichen Einrichtungen und Hochschulen, insbesondere in Bayern, ebenso von sozialen und kulturellen Einrichtungen, vor allem im Landkreis Donau-Ries und im Regierungsbezirk Schwaben.
Anschrift: Oskar-Märker-Str. 24, D-86655 Harburg
(2000)

Wolfgang und Gerda Mann Stiftung B*F*S
Medien für Kinder
Förderung von Bildung und Erziehung junger Menschen, vor allem von Kindern, auf der Grundlage eines christlichen Menschenbildes im Sinne der Grundwerte Gewaltfreiheit, Solidarität, Umweltverantwortung insbesondere im Bereich der Medien (Printmedien, Film, Funk, Fersehen, elektronische Medien aller Art) Förderung von Einrichtungen, die die vorgenannten gemeinnützigen Zwecke verfolgen (fördernd tätig)
Anträge: schriftlich formlos-Begutachtung
Anschrift: Gerda Mann, Röschbachstraße 8, D-69198 Schriesheim
Fax: 0 62 20-92 28 20
email: WMann@MannStiftung.De
Internet: www.MannStiftung.de
(2000) Rechtsfähige Stiftung des bürgerlichen Rechts

Wolfgang und Karla Köhler Stiftung G*S
Zweck der Stiftung ist die Unterstützung der Krebsbekämpfung im nationalen und internationalen Bereich durch Förderung der personellen und sachlichen Ausstattung auf den Gebieten der Krebsentstehung, -verhütung, -verbreitung, -erkennung, -behandlung und -nachsorge einschließlich klinisch orientierter, experimentell-theoretischer Forschung in der Onkologie.
Anträge: keine Antragsmöglichkeit
Anschrift: W. Köhler, Am Ackerbusch 14, D-65779 Kelkheim
Tel: 06198-9352
Fax: 06198-34351
email: wksesa@t-online.de
(2001)

Wulf-Alexander Strauer-Stiftung S
Förderung Sonstiger Sozialer Zwecke
Anschrift: Prof. Dr. med. Bodo E. Strauer, Elmenweide 9, D-40589 Düsseldorf
(2000)

Würde & Recht der Tiere Stiftung für N
den Tierschutz
Zweck der Stiftung ist die Förderung des Tierschutzes. (auch operativ tätig)
Anträge: schriftlich formlos
Anschrift: Rico Kadgien, Katharinenstr. 10, D-81479 München
Tel: 089-95424216
email: stiftung2@freenet.de
(2000)

ZEIT-Stiftung Ebelin und Gerd Bucerius   B*F*K*X

Förderung der Wissenschaft, Forschung und Kultur; Förderung der Erziehung und Ausbildung (auch operativ tätig)
Hinweise: Förderschwerpunkte : Innovationen im Hochschulbereich, Rechtswissenschaften. Forschungs- und Begabtenförderung, Dialog in der Gesellschaft, Presse- und Journalistenförderung, Literatur-, Kunst- und Museumsförderung, Musik- und Theaterförderung, Kulturerhalt
Anträge: Merkblatt-schriftlich formlos-Begutachtung
Ausgaben: 16.000.000 € , (2004)
Anschrift: Herr Dr.Göring, Feldbrunnenstraße 56, D-20148 Hamburg
Tel: 040-413366
Fax: 040-41336700
email: zeit-stiftung@zeit-stiftung.de
Internet: www.zeit-stiftung.de
(1971) Rechtsfähige Stiftung des bürgerlichen Rechts

Zimonja-Richter-Stiftung   B

Ideelle und materielle Unterstützung der Stadtbücherei Würzburg durch den Ankauf von Büchern und Maßnahmen zur Leseförderung. (auch operativ tätig)
Hinweise: Würzburg
Anträge: mündlich
Ausgaben: 2.000 €
Anschrift: Frau Marianne Erben, Friedrich-Ebert-Ring 20, D-97072 Würzburg
Tel: 0931-86017
Fax: 0931-86017
(2003) Öffentliche Stiftung des bürgerlichen Rechts (Bayern)

Zukunft Evangelisches Amalie Sieveking-Krankenhaus in den Walddörfern   G

Materielle und finanzielle Förderung zum Erhalt und zur Förderung des christlich geprägten hohen medizinischen Standards in Diagnostik und Therapie im Evangelischen Amalie Sieveking-Krankenhaus, insbesondere durch Ermöglichung der Beschaffung medizinischer Geräte zur Förderung neuzeitlicher wissenschaftlich gesicherter Methoden in Diagnostik und Therapie und deren Anwendung; Finanzierung der Mitarbeiterschulung des Krankenhauses für die sachgerechte Anwendung der beschafften Geräte; Finanzierung von patientenorientierten Seelsorgeprojekten des Krankenhauses im klinischen Alltag.
Ausgaben: 20.452 €
Anschrift: Pastor Manfred Krüger, Haselkamp 33, D-22359 Hamburg
Tel: 040-644 11 238

Fax: 040-644 11 500
email: stiftung@amalie.de
Internet: www.amalie.de
(2001)

Zukunft Kirche in Volksdorf B*K*R*S

Förderung der Arbeit der Evangelisch-Lutherischen Kirchengemeinde Volksdorf, insbesondere durch Förderung der Kirchenmusik, der Kinder- und Jugendarbeit und sozial-diakonischer Projekte.
Anschrift: Frau Ingrid Holz, Rockenhof 5, D-22359 Hamburg
Tel: 040-603 11 96
Fax: 040-603 155 42
email: kg-volksdorf@gmx.de
(2001)

Sachregister

Familienangehörige
Dr. Ingeborg Hennemann-Stiftung 114
Helmut-Ebbecke-Georgstiftung zu Braunschweig 186

Bildung und Erziehung
Adele-Pleines-Hilfe-Stiftung 35
Alexander-Lüderitz-Stiftung 38
Alfred Toepfer Stiftung F.V.S. 39
Alfred-Welter-Stiftung 40
Allianz Kulturstiftung 41
Amberger Bürgerstiftung 43
Anna Birkholz Stiftung 45
Anneliese und Dr. Wolfgang Schieren-Stiftung 46
Anneliese-Lehmann-Stiftung, Stiftung zur Förderung von Bildung und Gesundheit für Kinder in Not. 47
Anton Hörmann-Stiftung 48
Antonius-Holling-Stiftung 49
Anton-Loth-Stiftung. 49
ARCHE-Stiftung für Christliche Missions-, Medien- und Gemeindearbeit 50
Arnold-Liebster-Stiftung 51
Bad Harzburg-Stiftung 54
Bad Schwalbacher Kur-, Stadt- und Apothekenmuseum 54
Bankhaus Wölbern Stiftung 54
Barbara-Stiftung des Aachener Reviers 56
Bauer Stiftung 57
Berlin-Will-Stiftung 58
Bertelsmann Stiftung. 60
Bildungsstiftung Butzbach 62
Bildungsstiftung Schleswig Holstein 62
Blinden- und Sehbehindertenstiftung Bayern 63
Blumberg Stiftung 63
Bodo-Witte-Stiftung 63
Bremer Schuloffensive gemeinnützige Stiftung 64
Brigitte Berkenhoff Stiftung. 65
Brigitte und Friedrich Vollmann-Schulstiftung 65
Brot gegen Not. Die Heiner Kamps Stiftung 66
Bruno Kümmerle Stiftung 67
Bürgerstiftung Feldkirchen 67
Bundenthaler Stiftung 67
Bürgerstiftung Augsburg 69
Bürgerstiftung Augsburger Land 69

Bürgerstiftung Bad Aibling und Mangfalltal 69
Bürgerstiftung Berchtesgadener Land 70
Bürgerstiftung Bonn 70
Bürgerstiftung Bovenden 70
Bürgerstiftung Braunschweig 71
Bürgerstiftung Bremen 71
Bürgerstiftung Burghaun 72
Bürgerstiftung der Sparkasse Melle 72
Bürgerstiftung der Stadtsparkasse Porta Westfalica 73
Bürgerstiftung Dinkelsbühl 73
Bürgerstiftung Erftstadt 74
Bürgerstiftung Erlangen 74
Bürgerstiftung für die Region Aachen - Kultur, Kunst und Wissenschaft 74
Bürgerstiftung für die Kinder in Wuppertal 75
Bürgerstiftung Gaildorf 75
Bürgerstiftung Hellweg-Region 76
Bürgerstiftung Herzebrock-Clarholz 76
Bürgerstiftung im Landkreis Nienburg 77
Bürgerstiftung Ingolstadt 77
Bürgerstiftung Ludwigshafen am Rhein 77
Bürgerstiftung Mittelhessen 78
Bürgerstiftung Norden 78
Bürgerstiftung Norderney 79
Bürgerstiftung Nürnberg 79
Bürgerstiftung Osnabrück 79
Bürgerstiftung Ostfalen für die Landkreise Helmstedt, Ohrekreis und
Bördekreis 80
Bürgerstiftung Remagen 81
Bürgerstiftung Remscheid 82
Bürgerstiftung Salzgitter 82
Bürgerstiftung Siegen 83
Bürgerstiftung Unser Schwabach 84
Bürgerstiftung Vaihingen an der Enz 84
Bürgerstiftung Wallenhorst 84
Bürgerstiftung Wasserburg (Bodensee) 84
Carl Duisberg Stiftung für internationale Bildung und Zusammenarbeit . 86
Carl Friedrich von Weizsäcker Stiftung 87
Carl-Otto und Georg Riesenkampff-Stiftung 87
CELTIS-Stiftung 87
Christel und Manfred Gräf-Stiftung 89
Christian-Heinrich-Sandler Stiftung 90
Christliche Bildungsstiftung 90
Christliche Jugendstiftung Lauffen 90

Collegium Fridericianum Rosemarie und Wolfgang Simon Stiftung ... 92
Copernicus-Stiftung 92
Cross-Over Team Stiftung 93
Deutsche AIDS-Stiftung 95
Deutsche Bundesstiftung Umwelt 96
Deutsche Familienstiftung 97
Deutsche Gesellschaft für Gesundheit. 97
Deutsche Kinder- und Jugendstiftung gGmbH. 98
DFB-Stiftung Egidius Braun 101
Dietl Stiftung 103
Dietrich und Marion Fürst-Stiftung 103
Dietrich-Bonhoeffer-Stiftung 104
Diplom-Volkswirt Joseph Haas und Editha Haas-Stiftung 104
Dirk Nowitzki-Stiftung 104
Dorian Stiftung 106
Doris-Wuppermann-Stiftung - Junge Menschen für soziale Demokratie. 107
Dortmund-Stiftung 107
Dr. Dau-Stiftung 109
Dr. E. A. Langner-Stiftung 109
Dr. Ernst und Wilma Müller-Stiftung 111
Dr. Hans-Jürgen Schinzler Stiftung 112
Dr. Hans-Martin und Irene Christinneck-Stiftung. 113
Dr. Hartmut Kümmerlein Stiftung. 113
Dr. Josef und Brigitte Pauli- Stiftung 115
Dr. Kindel-Oldenburg-Stiftung 115
Dr. Otto und Luise Weisbrod Stiftung 117
Dr. Rolf und Hildegard und Günter Scheunert-Stiftung 118
Dr. Roman Burnhauser-Stiftung 118
Dr. Rudolf und Hildegard und Günter Scheunert-Stiftung 118
Dr. Sobhani-Stiftung 119
Dr. Werner Jackstädt-Stiftung 120
Dr.-Else-Maria-Siepe-Stiftung 120
Dr.-Franz-Josef-Kreuels-Stiftung. 121
Dr.-Ing.-Hans-Joachim-Lenz-Stiftung Stiftung zur Erneuerung geistiger Werte. 121
Dreyer Stiftung 122
Dühlmeier-Menens-Stiftung 122
E/D/E-Stiftung 123
Eberhard Schöck-Stiftung 124
Eberhard von Kuenheim Stiftung. 124
Ehlerding Stiftung 127
EJW-Stiftung Jugend - Bibel - Bildung 127
Elisabeth Gast Stiftung. 128

Elisabeth und Matthias Biebl Stiftung 129
Elisabeth-Meurer Stiftung 130
Elise und Annemarie Jacobi-Stiftung. 130
Else Kröner-Fresenius-Stiftung 131
Engel-Simon-Stiftung. 133
EQUA Stiftung 133
Erich Tönnissen Stiftung. 133
Erlin und Heinz Allekotte Stiftung zur Förderung der Ausbildung besonders begabter Kinder. 134
Erna Mößner-Stiftung 134
Ernst-Gerstner-Stiftung zur Förderung der Berufsbildung junger Menschen. 135
Eugen Biser-Stiftung. 137
Europäische Zen-Akademie für Führungskräfte des bürgerlichen Rechts 138
European Society for Paediatric Infectious Diseases (ESPID) Stiftung . 139
Evangelisches Studienwerk e.V. Villigst 139
EWE Stiftung. 140
Exvestment-Stiftung 140
Familie Posielek Stiftung für Straßenkinder 141
Famos Stiftung. 142
Felicitas-M.-Aumann-Stiftung 143
Fennel-Stiftung. 143
FILIA - Die Frauenstiftung 143
Förderstiftung Konservative Bildung und Forschung. 145
Franz und Gertrud Schubert-Stiftung 146
Franziskanische Bildung und Erziehung. 147
Freudenberg Stiftung GmbH 149
Friedhelm Oriwol-Stiftung 149
Friedl Gerbig-Stiftung für das Geistliche Zentrum Schwanberg 150
Friedrich Schleich Gedächtnis-Stiftung 150
Friedrich Schorling Stiftung - gemeinnützige Stiftung für neue Lebens-, Arbeits- und Wohnformen 150
Friedrich-Ebert-Stiftung e.V. 151
Friedrich-Naumann-Stiftung 151
Gauselmann-Stiftung. 154
Gemeinnützige Hertie-Stifung zur Förderung von Wissenschaft, Erziehung, Volks- und Berufsbildung 155
Gemeinnützige Stiftung der Familie Gude 155
Gemeinnützige Stiftung Volksbank Cappeln. 156
Gemeinnützige TTL Stiftung 156
Gemeinschaftsstiftung "Mein Augsburg". 156
Gemeinschaftsstiftung Bolivianisches Kinderhilfswek 156
Gemeinschaftsstiftung der Heilsarmee Deutschland. 157

Gemeinschaftsstiftung Kolpingwerk Deutschland	158
Gemeinwohl-Stiftung der Sparkasse Dortmund	158
Gen-ethische Stiftung	158
Gerckens - Stiftung	160
Gerda Tietjen Stiftung	162
Gertraud Klinge-Stiftung	163
Geschwister Heemsath Stiftung	164
Gontard & MetallBank-Stiftung	169
Gontermann-Peipers Stiftung	169
Günter Grass Stiftung Bremen Audiovisuelles Archiv und rezeptionsgeschichtliche Forschungsstelle	171
H.i.N. (Hilfe in Not)-Stiftung	173
Hagen Tschoeltsch Stiftung	173
Haniel-Stiftung	173
Hannelore Krempa Stiftung	175
Hanns-Seidel-Stiftung e.V	175
Hans Böckler Stiftung	175
Hans Mohr-Stiftung	176
Hanse Stiftung Jörg Wontorra gemeinnützige Stiftung	178
Hans-Wilhelm und Mathilde Heyken - Stiftung	180
Haqiqat Stiftung Charitable Foundation	180
Harald Neven DuMont Stiftung	180
Heinrich-Böll-Stiftung e.V	182
Heinrich-Kalkhoff-Stiftung	183
Heinz A. Bockmeyer Stiftung	183
Heinz Reckendrees-Stiftung	183
Heinz und Ilse Kramer Stiftung	184
Heinz und Ilse Schulze Stiftung	184
Heinz und Inge Tschech Stiftung	184
Heinz-Richard Heinemann Stiftung	184
Helene-Eichler-Stiftung	185
Hella-Langer-Stiftung	185
Helmut und Anneliese Weirich-Stiftung	186
Helmut und Gerlinde Schwarz-Stiftung	186
Hessenstiftung - Familie hat Zukunft	190
Hilfe für Menschen in Not	192
Hoffmann-von-Fallersleben-Stiftung	192
HuB-Begabten-Stiftung des Osnabrücker Handwerks	194
idea-Stiftung zur Förderung christlicher Publizistik	195
Ikea-Stiftung	196
Ingrid Werndl-Laue Stiftung	199
Ippen Stiftung	202
Irmgard Schreckenbach-Stiftung	202

Isa Lohmann-Siems Stiftung	203
Jakob-Mann-Stiftung	203
Jan-Groenewold-Foundation	203
Joachim Keller Stiftung	204
Jörg und Aenne Hinze Stiftung	206
Josef Heinrich Sommer-Stiftung	206
Jubiläumsstiftung der Sparkasse Velbert	208
Jugendstiftung des Landkreises Osnabrück	208
Jürgen-Echternach-Stiftung für Bildung und Demokratie	209
Karl-Doerth-Stiftung	211
Kinder der Welt-Stiftung	215
Kinderhilfe Hohenwestedt Hinrichsen-Spindelhirn-Stiftung	215
Kinder- und Jugendstiftung der Hiltruper Herz-Jesu	216
Kindness for Kids	216
Kisters Stiftung	217
Klara-Maria - Wilhelm Uhle Stiftung	217
Klaus Höchstetter-Stiftung	217
Klaus Luft Stiftung	218
Klaus Tschira Stiftung gGmbH (KTS)	218
Klimek-Kayser-Stiftung Mensch und Innovation	219
Kloppenburg-Stiftung	219
KNA-PROMEDIA-Stiftung	220
Kölner Gymnasial- und Stiftungsfonds	220
Konrad-Adenauer-Stiftung e.V.	221
Körber-Stiftung	222
Kultur- und Sozialstiftung der Provinzial Rheinland Versicherungen	224
Kulturschatz Bauernhof	224
Kulturstiftung des Bezirks Niederbayern	226
L + G Prahm Stiftung	230
Landesstiftung Baden-Württemberg gGmbH	230
Lingener Bürgerstiftung	233
Lions - Stiftung - Voreifel	234
Lübben Hollmann Stiftung	235
Margarete Ammon Stiftung	238
Margarethe und Alfred Schulz Stiftung	239
Marianne und Frank Kochmann Stiftung	241
Marianne-Dithmar Stiftung	241
Marie-Luise und Ernst Becker Stiftung	242
Martin Harbeck-Stiftung für Berufsausbildung	242
Matthäus 6,33 Stiftung	244
Max Huber Stiftung	245
Max und Edmund Weiß-Stiftung	245
Max Wieninger-Stiftung	245

Meltl-Stiftung	246
Mentor Stiftung Bremen	246
Messner Mountain Stiftung	247
Minerva-Stiftung	248
MitLeidenschaft - Stiftung für Innovation und Förderung in der diakonischen Arbeit	249
MTU Studien Stiftung	249
Münchener Rück Stiftung	250
Natur, Mensch, Kultur	253
Naturstiftung Leinetal	254
Naturwert-Stiftung	254
Odyssee-Stiftung	257
Operation Sneaker Trust	258
Oskar-Soldmann-Stiftung	258
Ossberger-Stiftung	259
Otto Diersch Stiftung	260
Otto Wolff-Stiftung	260
Pastor Bammel Stiftung der Diakonie Wolfsburg	262
Paul Nikolai Ehlers-Stiftung	262
Paul und Mia Herzog Stiftung	262
Pauline von Mallinckrodt Stiftung	263
Peter-Lancier-Stiftung zur Förderung der Herz- und Kreislaufforschung	265
Peter-Maffay Stiftung	265
Prof. Dr. Peter Wolf und Jytte - Stiftung für Epilepsie	269
Prof. Wolfgang-Sawallisch-Stiftung	269
Prof.-Dr.-Josef-und-Erika-Hesselbach-Stiftung	269
Professor Dr. Risto Bokonjic Stiftung	270
Professor Otto-Kühne-Stiftung zur Förderung begabter Schülerinnen und Schüler	270
Prym'sche Stiftung	270
Quelle Innovationsstiftung	271
Reiner-Josef-Burdak-Stiftung	272
Reinleins-Kreuzweg-Stiftung	272
Rheinmetall-Stiftung	274
Ria- Fresen-Stiftung	275
Richard Teutloff Stiftung zur Förderung der beruflichen Bildung	276
RIS-Fonds zur Förderung innovativer Geschäftsideen	277
Ritter von Traitteur Stiftung	277
Robert Bosch Stiftung GmbH	277
Robert Voigt Stiftung	278
Roeser-Stiftung	278
Rolf und Hannelore Kähler Stiftung	279
Rolf und Klara Schlobben-Stiftung	279

Rosa Luxemburg Stiftung Gesellschaftsanalyse und politische Bildung
e. V. 280
Rotary-Germering-Stiftung 281
Rudi Scharf Stiftung 282
Rudolf und Berta Mathes-Stiftung 282
Rupert Voß Stiftung 283
S. und W. Quaisser-Stiftung 283
Salz und Licht Hadenfeldt Stiftung für Familie, Bildung und Unternehmensnachfolge 284
Sandra-Schmidt-Stiftung 285
Sanipa Stiftung 285
Schachinger-Mößle-Stiftung 285
Schering Stiftung 286
Scheubeck-Jansen Stiftung 286
Schlierseer Bürgerstiftung 287
Schoof'sche Stiftung 287
Schulstiftung Seligenthal 287
Schwarz-Schilling-Stiftung 287
Siegfried und Marlene Weiß-Stiftung 290
Software AG Stiftung 291
Sozialwerk-Stiftung Stiftung Christus-Centrum-Ruhrgebiet 292
Sparda-Stiftung Nürnberg 292
Sparkassenstiftung für Mönchengladbach 293
Sparkassenstiftung Lindau (Bodensee) 294
Sparkassenstiftung Mindelheim 294
Sparkassenstiftung Untereichsfeld - Kultur- und Sozialstiftung der Sparkasse Duderstadt 295
St. Franziskus-Stiftung für Kinder und Jugendliche 296
St. Matthäus Stiftung zur Förderung von Glauben und Leben 296
Stadtstiftung Bad Lippspringe 297
STAHLGRUBER Gesellschafter-Stiftung 297
Stiftung "Dorf in der Stadt" 300
Stiftung "Dümmer Vogelschau" - Vogelkundliches Informations-Zentrum 301
Stiftung "JOVITA" 302
Stiftung "JusticeF" 303
Stiftung "Kinder - unsere Zukunft" 303
Stiftung "Kompetenz im Konflikt" 303
Stiftung "Leben ist mehr" 303
Stiftung Akademie Waldschlösschen 306
Stiftung Antenne Bayern 308
Stiftung Archiv der deutschen Frauenbewegung 309
Stiftung art 131 309
Stiftung Ausbildung und Beruf 310

Stiftung Authentisch Führen-Zen Akademie für Führungskräfte 310
Stiftung Bayerische Gedenkstätten 311
Stiftung Bayerischen Baugewerbes 311
Stiftung Berufsförderung Bayer. Baugewerbe 311
Stiftung Bildung & Kunst 311
Stiftung Bildung und Handwerk 312
Stiftung Bildung zur Förderung Hochbegabter 312
Stiftung Bildungspakt Bayern 312
Stiftung Braunschweiger Land 312
Stiftung Bürgerhilfe "Solidarität" 313
Stiftung Canisianum 314
Stiftung Carolinum 314
Stiftung Copierpresse 315
Stiftung der Bremerhavener Wirtschaft 315
Stiftung der deutschen Polizeigewerkschaft Bremen 316
Stiftung der Freimaurerloge Zu den Drey Balken in Münster 316
Stiftung der Kreissparkasse München Starnberg in München 317
Stiftung der Maria-Ward-Schule Bad Homburg v.d.H. 317
Stiftung der naturkundlichen Sammlungen Th. Thomas 318
Stiftung der Sparkasse Landsberg-Dießen 319
Stiftung der Sparkasse Münsterland Ost. 319
Stiftung der Sparkasse Paderborn für die Stadt Marsberg. 319
Stiftung der Stadt Ahaus 320
Stiftung der Vereinigte Sparkassen des Landkreises Pfaffenhofen a. d. Ilm 320
Stiftung des Fördervereins christlicher Schulen 322
Stiftung des Rotary-Club Wesel-Dinslaken 323
Stiftung Deutsches Marinemuseum 324
Stiftung Dr. Adelbert Frey, Westoverledingen 327
Stiftung Elternverein Ratsgymnasium Goslar e.V. 328
Stiftung Ettersberg zur vergleichenden Erforschung europäischer Diktaturen und ihrer Überwindung. 329
Stiftung Forum der Wirtschaft 331
Stiftung Friedehorst 331
Stiftung für Arbeit - Bildung - Familie der katholischen Arbeitnehmerbewegung Land Oldenburg. 332
Stiftung für das Bonn-Aachen International Center for Information Technologie-B-IT 333
Stiftung für den Evangelischen Verein Nord-Ost für Evangelisation und Gemeinschaftspflege zu Frankfurt am Main 333
Stiftung für Kunsttherapie BlickWinkel 336
Stiftung Gemeindienst Düsseldorf 336
Stiftung GEO - Zentrum an der KTB 336

Stiftung Joachimica 341
Stiftung Jugend fordert! - STEP 21. 342
Stiftung Käthe-Kollwitz-Gymnasium Wilhelmshaven. 342
Stiftung Katholische Schulen in Hamburg 343
Stiftung Kinderjahre 344
Stiftung Kunst, Bildung und Erziehung der Sparda-Bank Münster. . . . 348
Stiftung Leuchtfeuer - gemeinnützige Stiftung zur Förderung von Bildung, Ausbildung, Erziehung und Rehabilitation. 353
Stiftung Marianum Fulda. 354
Stiftung Mercator GmbH 355
Stiftung mercurial. 355
Stiftung Mondo, Esperanto Bürgerstiftung 356
Stiftung Msgr. Dr. theol. Rudolf Besouw 357
Stiftung Musische Bildung 357
Stiftung Natur, Mensch, Kultur 358
Stiftung Neukirchener Kinder- und Jugendhilfe 358
Stiftung Nord Süd Brücken. 359
Stiftung Pfefferwerk 361
Stiftung Phaeno 361
Stiftung PRAKTISCHES LERNEN der Schul- Jugendzeitschriften
FLOHKISTE/FLOH. 361
Stiftung Preußisches Kulturerbe 362
Stiftung Pro Ausbildung 362
Stiftung Realschule St. Maria 363
Stiftung Reepsholt für Naturschutz und umweltgerechte Ressourcennutzung 363
Stiftung sächsische Gedenkstätten - zur Erinnerung an die Opfer politischer Gewaltherrschaft. 364
Stiftung St. Laurentius 368
Stiftung Standortsicherung Kreis Lippe 369
Stiftung Temple Gift 369
Stiftung Theresienthal 370
Stiftung UNESCO-Bildung für Kinder in Not 371
Stiftung Universität Herdecke / Witten 371
Stiftung Vera und Volker Doppelfeld für Ausbildung 371
Stiftung W. 372
Stiftung Weltkulturerbe Rammelsberg/Goslar und Kulturlandschaft Harz 373
Stiftung Wirtschaftsakademie Ost-Friesland 374
Stiftung Zukunft der Sparkasse Koblenz 375
Stiftung zur Förderung der Aus- und Fortbildung des öffentlichen Dienstes im Regierungsbezirk Braunschweig (Prophete-Stiftung) 377
Stiftung zur Förderung der Civil-Courage 377

Stiftung zur Förderung des Archivs der Arbeiterjugendbewegung und
der sozialistischen Kinder und Jugendarbeit. 378
Stiftung zur Förderung körperbehinderter Hochbegabter 379
Stiftung zur Unterstützung des Dokumentationszentrums Reichspartei-
tagsgelände 380
Stiftung"Hochbegabte Kinder in der Schule". 381
Stiftung-Artland-Gymnasium 381
Stronk - Ratibor - Stiftung 382
Studienstiftung des deutschen Volkes e.V. 382
Südniedersachsen-Stiftung 383
Sybille-Hahne-Stiftung. 383
The Children`s Rights Stiftung 384
Theo Münch Stiftung der Deutschen Sprache 384
Thera Stiftung 385
Tierschutz-Stiftung Wolfgang Bösche 386
Tihon Stiftung 387
Top Ten Stiftung Financial Partners 387
Union-Investment-Stiftung 388
unternehmen selbst!beteiligen - Studentenstiftung Dresden. 390
Ursula und Norbert G. Ring Stiftung 391
Ursula-Wulfes-Stiftung. 391
Ursulinen Offenbach Stiftung. 392
Ursulinen-Schulstiftung. 392
van Weelden Stiftung 392
Viamedica Stiftung für eine gesunde Medizin 393
Viersener Sparkassenstiftung 393
Vodafone-Stiftung Deutschland 394
Wali-Nawaz-Stiftung. 397
Waltraut und Wolfgang Flotho Stiftung. 398
wbg2000Stiftung 399
Wemhöner Stiftung. 400
Wilhelm H. Pickartz-Stiftung 401
Wilhelm-Hartschen-Stiftung 401
Wolfenbüttel-Stiftung. 403
Wolfgang und Gerda Mann Stiftung Medien für Kinder 404
ZEIT-Stiftung Ebelin und Gerd Bucerius 405
Zimonja-Richter-Stiftung 405
Zukunft Kirche in Volksdorf. 406

Verbraucher

Alexandra Lang-Stiftung für Patientenrechte. 39
Anlagetest.de Stiftung der Vendura 44
Bürgerstiftung Ostfalen für die Landkreise Helmstedt, Ohrekreis und
Bördekreis 80

Ikea-Stiftung	196
Stiftung "Leben ist mehr"	303
Stiftung Bridge - Bürgerrechte in der digitalen Gesellschaft	313

Forschung und Wissenschaft

A.S. Création Tapeten-Stiftung	34
Adi Dassler Gedächtnis-Stiftung	36
ADUMED - Stiftung	36
Alexander Tutsek - Stiftung	38
Alexander von Humboldt-Stiftung AvH	38
Alexander-Karl-Stiftung	38
Alfred Kärcher-Förderstiftung	39
Alfred Toepfer Stiftung F.V.S.	39
Alfred und Justine Bauer Stiftung	40
Allianz Umweltstiftung	41
Altonaer Stiftung für philosophische Grundlagenforschung	43
Andrea von Braun Stiftung	43
Anneliese und Dr. Wolfgang Schieren-Stiftung	46
Annette und Wolfgang Haupt Stiftung	47
Anton-Loth-Stiftung	49
Auerbach Stiftung	51
Ausgleichsstiftung Landwirtschaft und Umwelt	52
Aventis Foundation	53
Bad Harzburg-Stiftung	54
Bankhaus Wölbern Stiftung	54
Barbara Wengeler Stiftung	56
Bauer Stiftung	57
Beatrice und Rochus Mummert-Stiftung	58
Berlin-Will-Stiftung	58
Bertelsmann Stiftung	60
Bethesda-Stiftung	61
Bildungsstiftung Butzbach	62
Bleib Gesund Stiftung	63
Bohne-Junius-Stiftung	64
Bramenkamp Stiftung	64
Brigitte und Wolfram Gedek-Stiftung	66
Bruno Kümmerle Stiftung	67
Bürgerstiftung Augsburger Land	69
Bürgerstiftung Berchtesgadener Land	70
Bürgerstiftung Bonn	70
Bürgerstiftung Braunschweig	71
Bürgerstiftung Bremen	71
Bürgerstiftung Büren	71
Bürgerstiftung der Sparkasse Südliche Weinstraße in Landau	73

Bürgerstiftung der Stadtsparkasse Porta Westfalica	73
Bürgerstiftung Dülmen	74
Bürgerstiftung für die Region Aachen - Kultur, Kunst und Wissenschaft	74
Bürgerstiftung Gaildorf	75
Bürgerstiftung Hellweg-Region	76
Bürgerstiftung Herzebrock-Clarholz	76
Bürgerstiftung Ingolstadt	77
Bürgerstiftung Ludwigshafen am Rhein	77
Bürgerstiftung Norden	78
Bürgerstiftung Norderney	79
Bürgerstiftung Remscheid	82
Bürgerstiftung Siegen	83
Bürgerstiftung Vaihingen an der Enz	84
Carl Ed. Meyer Stiftung	86
Carl Friedrich von Weizsäcker Stiftung	87
ChoC - Church history of Cologne - Stiftung	88
Christa und Albert Guhen Multiple Sklerose-Stiftung	88
Christian-Heinrich-Sandler Stiftung	90
Clara Wieland Stiftung	91
CluSa Dornier-Stiftung	91
Conrad Naber Stiftung	92
Copernicus-Stiftung	92
Cyliax Stiftung zur Förderung der Forschung zur Heilung von Krebs & MS	94
Detlef Hübner Stiftung	95
Deutsche AIDS-Stiftung	95
Deutsche Bundesstiftung Umwelt	96
Deutsche Familienstiftung	97
Deutsche José Carreras Leukämie-Stiftung e.V	97
Deutsche Snoezelen Stiftung	99
Deutsche Stiftung für Gesundheitsinformation	99
Deutsche Stiftung zur Erforschung von Arthrose, Arthritis und Osteoporose	100
Deutsche Telekom Stiftung	100
Deutsche Wildtier Stiftung	101
Dieter Fuchs Stiftung	103
DIVI-Stiftung	105
Dortmund-Stiftung	107
Dr. Baer Stiftung Hope	108
Dr. Eberhard und Hilde Rüdiger Stiftung	110
Dr. Eckart und Mariette KNAUL-STIFTUNG	110
Dr. Erika Siegel Stiftung für Schmerzforschung und Prävention chronischer Schmerzkrankheiten	110

Dr. Ernst und Wilma Müller-Stiftung 111
Dr. Friedrich Wilhelm und Dr. Isolde Dingebauer-Stiftung 111
Dr. Heinz Dirkes-Stiftung. 113
Dr. Leopold und Carmen Ellinger-Stiftung 116
Dr. Mildred Scheel Stiftung für Krebsforschung 117
Dr. Robert und Helga Düker-Stiftung. 117
Dr. Salk-Gedächtnis-Stiftung für Behinderte 118
Dr. Theodor und Ursula Mayer-Stiftung 120
Dr. Werner Jackstädt-Stiftung 120
Dr. Zita u. T.V. Steger-Stiftung zur Förderung der Psychoanalyse . . . 120
Draeger Stiftung 121
Eberhard Schöck-Stiftung 124
Eberhard von Kuenheim Stiftung. 124
Eberhard-Herter-Stiftung 125
Eckhard-Dähn-Stiftung 125
Edda Schlieper-Stiftung 125
Elise und Annemarie Jacobi-Stiftung. 130
Else Cremer Stiftung 131
Else Kröner-Fresenius-Stiftung 131
energiewerk Stiftung 132
EQUA Stiftung 133
Ernst-Wilhelm-Sachs-Stiftung 135
Erwin + Irmgard Egner Stiftung 136
Eugen Biser-Stiftung 137
Europäische Stiftung für Allergieforschung - European Centre for Allergy
Research Foundation 138
Europäische Zen-Akademie für Führungskräfte des bürgerlichen Rechts 138
European Nephrology and Dialysis Institute 138
European Society for Paediatric Infectious Diseases (ESPID) Stiftung . 139
Evangelisches Studienwerk e.V. Villigst 139
EWE Stiftung 140
Falk F. Strascheg-Stiftung 141
Familie-Hüwel-Stiftung 141
Familienstiftung Heiling 142
Fennel-Stiftung 143
Fliedner-Kulturstiftung Kaiserswerth 143
Floyd und Lili Biava - Stiftung 144
Fonds für Umweltstudien 144
Förderstiftung Konservative Bildung und Forschung 145
Forschungsstiftung bayerische Geschichte 146
Franz und Gertrud Schubert-Stiftung 146
Freifrau-von-Nauendorf-Stiftung 148
Freudenberg Stiftung GmbH 149

Friedrich-Ebert-Stiftung e.V.	151
Fritz Thyssen Stiftung	152
Fritz und Helga Exner-Stiftung	153
Garg-Stiftung, zu Ehren von Basant Kumari Devi, Chakkhanlal Garg und Helmut Zahn	154
Gemeinnützige Fürst zu Oettingen-Wallerstein Kulturstiftung	154
Gemeinnützige Hertie-Stiftung zur Förderung von Wissenschaft, Erziehung, Volks- und Berufsbildung	155
Gemeinnützige Stiftung der Familie Gude	155
Georg und Karin Kalos - Stiftung	159
Gerda Henkel Stiftung	161
Gerhard Müggenburg Stiftung	162
Geriatrie-Stiftung Elisabeth Lanzinger	163
Gertraud Klinge-Stiftung	163
Gertrud und Erwin Ruppert Stiftung	163
Geschwister-Plan-Stiftung	165
Gesundheitszentrum Bad Laer Stiftung zur Förderung des Gesundheitswesens	165
Gisela Nicolai-Stiftung	166
Gisela Remus-Stiftung	167
Gisela und Hermann Stegemann-Stiftung	167
Goedecke-Stammler-Stiftung	168
Gontermann-Peipers Stiftung	169
Grains of Faith - Korn des Glaubens	169
Griepentrog Innovations-Stiftung	169
Grove-Moldovan Art Foundation	169
Gustav Adolf und Erika Dornhecker-Stiftung	172
Hagen Tschoeltsch Stiftung	173
Hamburger Stiftung für Internationale Forschungs- und Studienvorhaben	173
Haniel-Stiftung	173
Hannelore Krempa Stiftung	175
Hanns-Seidel-Stiftung e.V	175
Hans Böckler Stiftung	175
Hans und Anny Kulzer Stiftung	177
Hans und Emmi Siering-Stiftung	177
Hans und Ilse Breuer-Stiftung	178
Hansen-Stiftung	178
Hans-Hermann-Franzke-Stiftung	178
Hans-Max und Franziska Fischer-Stiftung	179
Hans-Otto Kromberg Stiftung	179
Hans-Tauber-Stiftung	179
Harald Jahrl Stiftung	180

Hedwig Linnhuber - Dr. Hans Saar-Stiftung	181
Heinrich Warner-Stiftung	182
Heinrich-Böll-Stiftung e.V	182
Heinrich-Kalkhoff-Stiftung	183
Hella-Langer-Stiftung	185
Helmut Ludewig Stiftung für Gerontologie und Tierschutz	186
Helmut und Gerlinde Schwarz-Stiftung	186
Helmut-Ebbecke-Georgstiftung zu Braunschweig	186
Herbert und Inge Lampe Stiftung	187
Hermann Hauser Guitar Foundation	188
Hermann und Anna Jäckering-Stiftung	188
Hermes-Johannes-Burges-Stiftung	189
Herz für Herz Stiftung für Leben	190
Hildegard u. Karl-Heinrich Heitfeld-Stiftung	191
Hoffmann-von-Fallersleben-Stiftung	192
Horst Müggenhof Stiftung	193
Horst-Jürgen-Lühl-Stiftung	193
Hubertus Altgelt-Stiftung	195
Ikea-Stiftung	196
Immler Großfamilienstiftung	197
Inge Badenhoop-Stiftung	198
Ingrid und Reinhard Balzer Stiftung	199
Ingrid Werndl-Laue Stiftung	199
Institut für Mikroelektronik Stuttgart	200
Insulinde Stiftung	200
Isa Lohmann-Siems Stiftung	203
Jan-Groenewold-Foundation	203
Josef Hannappel Stiftung	206
Josef-Berg-Stiftung	207
Josef-Freitag-Stiftung	207
Jugendstiftung des Landkreises Osnabrück	208
Kalamkari-Stiftung	210
Karl Heinz Beckurts-Stiftung	210
Karl-Landsteiner-Stiftung zur Förderung der Transfusionsmedizin	212
KASTELL-Stiftung	213
Kellmann-Stiftung Humanismus und Aufklärung	213
Kieserling Stiftung	214
KINDER BRAUCHEN MUSIK Stiftung für eine aktive musikalische Kindheit	214
Kindness for Kids	216
Klaus Höchstetter-Stiftung	217
Klaus Luft Stiftung	218
Klaus Tschira Stiftung gGmbH (KTS)	218

Klaus-Peter Jung und Marianne Jung - Stiftung	218
Kleio-Stiftung zur Erhaltung von Kulturwerten	219
Klimek-Kayser-Stiftung Mensch und Innovation	219
Kloster-Langwaden-Stiftung	220
KMW Stiftung	220
Kölner Gymnasial- und Stiftungsfonds	220
Konrad Redeker-Stiftung	221
Konrad-Adenauer-Stiftung e.V.	221
Körber-Stiftung	222
Krogmann-Stiftung	223
Kromberg & Schubert Stiftung	223
Kröner-Stiftung	223
Kulturschatz Bauernhof	224
Kulturstiftung Klosterkirche Nordshausen	228
Kurt und Felicitas Viermetz Stiftung	229
L & S Fonds	229
Landesstiftung Baden-Württemberg gGmbH	230
Leipziger Stiftung für Innovation und Technologietransfer	232
Leonhard und Katharina Deininger-Stiftung	232
LICHTBURG-Stiftung	233
Life Science-Stiftung zur Förderung von Wissenschaft und Forschung	233
Lindenthal-Stiftung	233
Lingener Bürgerstiftung	233
maecenia Frankfurter Stiftung für Frauen in Wissenschaft und Kunst	236
Margarete Ammon Stiftung	238
Margarete Schnellecke-Stiftung	238
Mariann Steegmann Stiftung zur Förderung vonFrauen in Kunst und Musik	240
Marie-Luise und Ernst Becker Stiftung	242
Matthäus-Stiftung	244
Mauss-Daeschler Stiftung	244
Max Falter Stiftung	245
Max Schaldach Stiftung	245
Max Wieninger-Stiftung	245
Maximiliana Kocher M.A. Stiftung	246
Meltl-Stiftung	246
Meyer-Palm-Stiftung	247
Michael-Sartorius-Stiftung	248
Minerva-Stiftung	248
MJK-Stiftung	249
MUCOS Stiftung	250
Münchener Rück Stiftung	250
Nagelschneider-Stiftung	252

National Contest for Life 253
Naturwert-Stiftung 254
NoMaNi -Stiftung-Dr.Norbert und Maria Nix 255
Nündel Stiftung. 256
Ödön-von-Horvath-Stiftung der Vereinigten Sparkassen 257
Ökumenische Stiftung Jerusalem für das Studium von Religion, Kultur und Geschichte im Nahen Osten. 257
Ossberger-Stiftung. 259
Ostdeutsche Sparkassenstiftung für die Länder Brandenburg, Mecklenburg-Vorpommern, den Freistaat Sachsen und das Land Sachsen-Anhalt 259
Otto Wolff-Stiftung 260
Otto-Brenner-Stiftung 261
Parmenides Stiftung 261
Passauer Bürgerstiftung der Volksbank 261
Paul und Therese Sauer Stiftung 263
Pesl-Alzheimer-Stiftung 264
Peter Franz Neelmeyer Stiftung 264
Peter Tamm Sen. Stiftung 265
Peter-Lancier-Stiftung zur Förderung der Herz- und Kreislaufforschung 265
Peter-Michael Engel-Stiftung. 266
Pro Leben Stiftung 268
pro RWTH - Stiftung der Freunde und Förderer der RWTH Aachen. . . 268
Prof. Dr. Peter Wolf und Jytte - Stiftung für Epilepsie 269
Prof.Dr.Dieter Platt-Stiftung 269
Prof.-Dr.-Josef-und-Erika-Hesselbach-Stiftung 269
Professor Wolfgang Maria Fischer Stiftung 270
Prym'sche Stiftung 270
Quelle Innovationsstiftung 271
R + W Stiftung 271
Reimar Lüst Stiftung 272
Richard Stury Stiftung 275
Richard Teutloff Stiftung zur Förderung der beruflichen Bildung. 276
Rinecker Proton Therapy Stiftung 276
RIS-Fonds zur Förderung innovativer Geschäftsideen 277
Robert Bosch Stiftung GmbH 277
Rolf und Hannelore Kähler Stiftung 279
Rosa Luxemburg Stiftung Gesellschaftsanalyse und politische Bildung e. V. 280
Rosa-Laura und Hartmut Wekerle-Stiftung 280
Rotary-Germering-Stiftung 281
Rudi Scharf Stiftung 282
Rüdiger Colditz Stiftung 282

Rudolf Ackermann Stiftung- Stiftung für klinische Infektiologie 282
Rudolf-Bartling-Stiftung 283
Ruth-Bleckwenn-Stiftung. 283
SALUBRITAS-Stiftung 284
Sammlung Dr. Bir 284
Sandra-Schmidt-Stiftung. 285
Sanipa Stiftung. 285
SCHAEFER Stiftung 286
Scharnow Stiftung Tier hilft Mensch 286
Schering Stiftung. 286
Scheubeck-Jansen Stiftung 286
Schoof'sche Stiftung 287
Schwarz-Schilling-Stiftung. 287
Siegfried und Marlene Weiß-Stiftung. 290
Siegfried Wilsing Stiftung zur Förderung der Behandlung und der Erforschung von Lungenkrankheiten bei Kindern und Jugendlichen 290
Skrodolies Stiftung. 290
Software AG Stiftung. 291
Sonthofer Förderstiftung. 291
Sophia und Fritz Heinemann-Stiftung 291
Sparda-Stiftung Nürnberg 292
Sparkassenstiftung Lindau (Bodensee) 294
Sparkassenstiftung Mindelheim 294
Stadtstiftung Bad Lippspringe 297
Stiftung "Aktion Gemeinsinn". 299
Stiftung "Deutsches Venture Capital Institut" (DVCI). 300
Stiftung "Dorf in der Stadt" 300
Stiftung "Dümmer Vogelschau" - Vogelkundliches Informations-Zentrum 301
Stiftung "LEBENDIGE STADT". 304
Stiftung Aham 305
Stiftung Akademie für Reformatorische Theologie. 306
Stiftung Akademie Waldschlösschen 306
Stiftung Aktion Knochenmarkspende Bayern 306
Stiftung Akupunktur 307
Stiftung Archiv der deutschen Frauenbewegung. 309
Stiftung Artenschutz 309
Stiftung Bayerischen Baugewerbes 311
Stiftung Bildung & Kunst 311
Stiftung Bildung und Handwerk 312
Stiftung CAMPANULA 314
Stiftung der Sparkasse Landsberg-Dießen 319
Stiftung der Sparkasse Münsterland Ost. 319
Stiftung der Sparkasse Paderborn für die Stadt Marsberg. ... 319

Stiftung der Vereinigte Sparkassen des Landkreises Pfaffenhofen a. d.
Ilm 320
Stiftung Dermatologikum-Hamburg 322
Stiftung des Deutschen Tierschutzbundes. 322
Stiftung Deutsche Geisteswissenschaftliche Institute im Ausland 323
Stiftung Dokumentation der Jugendbewegung. 326
Stiftung Ettersberg zur vergleichenden Erforschung europäischer Diktaturen und ihrer Überwindung. 329
Stiftung Förderung praxisorientierter Arbeiten von Kunststoffverarbeitung und Recycling - Dr. Berger 330
Stiftung FreiRäume. 331
Stiftung für Arbeitsbeziehungen und Arbeitsrecht (StAR) 332
Stiftung für das Bonn-Aachen International Center for Information Technologie-B-IT 333
Stiftung für Fotografie und Kunstwissenschaft Ann und Jürgen Wilde. . 334
Stiftung GEO - Zentrum an der KTB 336
Stiftung Haus des Handwerks 337
Stiftung Haus Mährisch-Schönberg 338
Stiftung Human Tissue and Cell Research (HTCR) 340
Stiftung Isergebirgs-Museum. 341
Stiftung Keramion - Zentrum für moderne + historische Keramik Frechen 343
Stiftung Kinder brauchen Musik 344
Stiftung Lebensqualität und Hilfe. 351
Stiftung Leder- und Gerbermuseum der Stadt Mülheim an der Ruhr . . 352
Stiftung Leuchtfeuer - gemeinnützige Stiftung zur Förderung von Bildung, Ausbildung, Erziehung und Rehabilitation. 353
Stiftung Max Ernst 354
Stiftung mercurial. 355
Stiftung Mittelsten Scheid 356
Stiftung Mondo, Esperanto Bürgerstiftung 356
Stiftung Nachwachsende Rohstoffe 357
Stiftung oberfränkische Geschichte 359
Stiftung Patients Tumorbank of Hope - die Patienteneigene Tumorgewebebank der Hoffnung (PA.T.H.) 360
Stiftung Reepsholt für Naturschutz und umweltgerechte Ressourcennutzung 363
Stiftung Sammlung Dieter Scharf zur Erinnerung an Otto Gerstenberg . 365
Stiftung Sammlung Vollmer 365
Stiftung seeklar. 367
Stiftung Standortsicherung Kreis Lippe 369
Stiftung The Child and Tree Fund 370
Stiftung Universität Herdecke / Witten 371

Stiftung Vielfalt der Kulturen 372
Stiftung W. 372
Stiftung Wasser 372
Stiftung Weltkulturerbe Rammelsberg/Goslar und Kulturlandschaft Harz 373
Stiftung Zentrum für Türkeistudien. 375
Stiftung zur Förderung der Bucerius Law School 377
Stiftung zur Förderung von Bildung, Wissenschaft und Technologie im Kreis Soest. 379
Stifung METALL UNTERWESER 381
Studienstiftung des deutschen Volkes e.V. 382
Studienstiftung Sohr, Arget. 382
Südmeyer-Stiftung für Nierenforschung 383
Sybille-Hahne-Stiftung 383
Theo Münch Stiftung der Deutschen Sprache 384
Thera Stiftung 385
Thomas Witt Stiftung. 386
Top Ten Stiftung Financial Partners 387
Udo Keller Stiftung. 388
Universitätsstiftung Die besten Köpfe für die Universität Regensburg. . 389
Universitätsstiftung für Immobilienwirtschaft Hans Vielberth. 389
Universitätsstiftung Helga und Erwin Hartl. 389
Universitätsstiftung Osnabrück. 389
Universitätsstiftung Lucia und Dr. Otfried Eberz 390
Ursula und Norbert G. Ring Stiftung 391
V.I.A. - Stiftung. 392
Viamedica Stiftung für eine gesunde Medizin 393
Viersener Sparkassenstiftung 393
Volkswagen-Stiftung 395
Wälder für Morgen 396
Walter Eversheim Stiftung 397
WasserStiftung - Waterfoundation 399
wbg2000Stiftung 399
Wellhöfer-Stiftung 399
Wemhöner Stiftung. 400
Werner-Egerland-Stiftung 400
Westfälische Herzstiftung 400
Wilhelmine - Holzapfel - Stiftung 401
Willy-Hager-Stiftung 402
Wissenschaftliche Ernst-Patzer-Stiftung 402
Wissenschaftsstiftung Deutsch-Tschechisches Institut 402
Wolfgang und Ellen Märker Sozialstiftung 403
Wolfgang und Gerda Mann Stiftung Medien für Kinder 404
ZEIT-Stiftung Ebelin und Gerd Bucerius 405

Gesundheit

action medeor-Stiftung	35
Aktion Niere Stiftung des Dialysepatienten Deutschlands e. V.	36
Albertinen-Stiftung	37
Anna Elise Stiftung	45
Anna Zschenderlein Stiftung	45
Annegret und Theo Lechtenböhmer-Grawe-Stiftung	46
Anneliese-Lehmann-Stiftung, Stiftung zur Förderung von Bildung und Gesundheit für Kinder in Not	47
Anton-Loth-Stiftung	49
ARCHE-Stiftung für Christliche Missions-, Medien- und Gemeindearbeit	50
Aucotras Stiftung	51
August Kürten-Stiftung	52
AWD-Stiftung Kinderhilfe	53
Bernd Artin Wessels Krebsstiftung	59
Bertelsmann Stiftung	60
Bethesda-Stiftung	61
Bleib Gesund Stiftung	63
Bohne-Junius-Stiftung	64
Breast Health Institute Deutschland Stiftung	64
Brot gegen Not. Die Heiner Kamps Stiftung	66
Bundenthaler Stiftung	67
Bürgerstiftung Aichacher Jahrtausendweg	69
Bürgerstiftung Augsburger Land	69
Bürgerstiftung Bad Aibling und Mangfalltal	69
Bürgerstiftung Bonn	70
Bürgerstiftung Braunschweig	71
Bürgerstiftung Bremen	71
Bürgerstiftung Büren	71
Bürgerstiftung der Sparkasse Melle	72
Bürgerstiftung Dinkelsbühl	73
Bürgerstiftung Erftstadt	74
Bürgerstiftung Erlangen	74
Bürgerstiftung Herzebrock-Clarholz	76
Bürgerstiftung Ingolstadt	77
Bürgerstiftung Norden	78
Bürgerstiftung Norderney	79
Bürgerstiftung Nürnberg	79
Bürgerstiftung Osnabrück	79
Bürgerstiftung Palliativstation OMEGA am Evangelischen Krankenhaus Bad Dürkheim	80
Bürgerstiftung ProSozial Konstanz	81
Bürgerstiftung Unser Schwabach	84

Bürgerstiftung Wallenhorst	84
Bürgerstiftung Wasserburg (Bodensee)	84
Christa und Albert Guhen Multiple Sklerose-Stiftung	88
Claudia-Ebert-Stiftung	91
Cyliax Stiftung zur Förderung der Forschung zur Heilung von Krebs & MS	94
Deutsche AIDS-Stiftung	95
Deutsche Bundesstiftung Umwelt	96
Deutsche Familienstiftung	97
Deutsche Gesellschaft für Gesundheit	97
Deutsche José Carreras Leukämie-Stiftung e.V	97
Deutsche Multiple Sklerose Stiftung (DMSS-NRW)	98
Deutsche Snoezelen Stiftung	99
Deutsche Stiftung für Gesundheitsinformation	99
Dharma-Tor Ammersee Stiftung	102
Dieter Ernstmeier Stiftung	103
DIVI-Stiftung	105
Dr. Akbar und Sima Ayas - Nothilfe für afghanische Kinder	107
Dr. Josef H. Wennemann-Stiftung	115
Dr. Josef und Brigitte Pauli- Stiftung	115
Dr. Lay - Stiftung	116
Dr. Mildred Scheel Stiftung für Krebsforschung	117
Dr. Robert und Helga Düker-Stiftung	117
Dr. Werner Jackstädt-Stiftung	120
Dr.-Theo-Ott-Stiftung	121
Eckhard-Dähn-Stiftung	125
Ellen und Peter Czygan Stiftung - Medical Care	130
Else Cremer Stiftung	131
Else Kröner-Fresenius-Stiftung	131
Erika Müller Stiftung	134
Erna Mößner-Stiftung	134
Erwin + Irmgard Egner Stiftung	136
Europäische Stiftung für Allergieforschung - European Centre for Allergy Research Foundation	138
Europäische Zen-Akademie für Führungskräfte des bürgerlichen Rechts	138
European Nephrology and Dialysis Institute	138
Franziskus-Hospiz Stiftung - Wiesnewski-Hardtke	147
Freifrau-von-Nauendorf-Stiftung	148
Friedrich-Freidank-Stiftung	151
Fritz Hollweg Stiftung	152
Gauselmann-Stiftung	154
Gemeinnützige Hertie-Stiftung zur Förderung von Wissenschaft, Erziehung, Volks- und Berufsbildung	155

Gemeinnützige Stiftung der Familie Gude 155
Gemeinnützige Stiftung Volksbank Cappeln 156
Georg Dechentreiter Wohlfahrts-Stiftung 159
Georg und Karin Kalos - Stiftung. 159
Gerckens - Stiftung. 160
Gerd und Ulrike Seuwen Stiftung 161
Gerhard Müggenburg Stiftung 162
Geriatrie-Stiftung Elisabeth Lanzinger 163
Gertraud und Heinz Rose-Stiftung 163
Gertrud und Erwin Ruppert Stiftung 163
Geschwister Alfred und Hildegard Mändler-Stiftung 164
Gesundheitszentrum Bad Laer Stiftung zur Förderung des Gesundheitswesens. 165
Grove-Moldovan Art Foundation 169
H. und G. Wessel Stiftung 173
Hans Mohr-Stiftung. 176
Hans Reinhardt Stiftung 177
Hans und Anny Kulzer Stiftung. 177
Hans und Ilse Breuer-Stiftung 178
Hans-Joachim-Schultz-Stiftung 179
Hans-Otto Kromberg Stiftung 179
Hans-Tauber-Stiftung 179
Haqiqat Stiftung Charitable Foundation 180
Heinrich Warner-Stiftung. 182
Herbert und Inge Lampe Stiftung 187
Herbert und Margarete Schaub-Stiftung 187
Hermann und Anna Jäckering-Stiftung. 188
Hermann und Hilde Walter-Stiftung Hattenhofen 188
Hermes-Johannes-Burges-Stiftung 189
Herz für Herz Stiftung für Leben 190
Hilde und Hermann Walter-Stiftung Plüderhausen. 190
Hilfe für die Psyche - Stiftung Nikolaus und Sabine Kappen. 191
Horst Müggenhof Stiftung 193
Horst-Jürgen-Lühl-Stiftung 193
Hospiz Stiftung Krefeld 193
Hospizstiftung Kassel 193
Ikea-Stiftung 196
Inga Köthe Stiftung 198
Ingrid Werndl-Laue Stiftung 199
Inka Krumme - Hospiz-Stiftung. 199
Invitare - Eingeladen zum Leben - Stiftung für Mutter und Kind 201
Josef Keutken Stiftung. 206
Josef und Margareta Weiß-Stiftung 207

Josef-Berg-Stiftung	207
Josef-Freitag-Stiftung	207
Julia Maschinsky-Stiftung	208
Julius Axenfeld Stiftung	209
Karl Heinz Brill Stiftung - Stiftung für benachteiligte Kinder und Jugendliche	210
Karl-Landsteiner-Stiftung zur Förderung der Transfusionsmedizin	212
Kerscher'sche Stiftung	214
Kids Care	214
Kinder- und Jugendstiftung der Hiltruper Herz-Jesu	216
Kindness for Kids	216
Kisters Stiftung	217
Klaus Tschira Stiftung gGmbH (KTS)	218
Konrad Mayer Stiftung	221
Kromberg & Schubert Stiftung	223
Landesstiftung Baden-Württemberg gGmbH	230
Lebenshilfe Bremen Stiftung	231
Lebenshilfe-Stiftung Braunschweig	231
Leonhard und Katharina Deininger-Stiftung	232
Lilli Korb Stiftung für Kinderdialyse	233
Lions - Stiftung - Voreifel	234
Ludwig und Paula Strunz Stiftung	235
Margarethe und Alfred Schulz Stiftung	239
Marie-Luise und Ernst Becker Stiftung	242
Martin und Anneliese Molitor-Stiftung	243
Matthäus 6,33 Stiftung	244
Matthias-Brock-Stiftung	244
Max Falter Stiftung	245
Messner Mountain Stiftung	247
Meyer-Palm-Stiftung	247
Multiple Sklerose Stiftung Margrit Gräfin von Schweinitz	250
Münchener Rück Stiftung	250
Münchner Wiesn-Stiftung	251
Münstersche Aids-Stiftung c/o AidsHilfe Münster e. V.	252
Namaste-Stiftung	253
National Contest for Life	253
Nechyba-Hartmann-Stiftung	254
Osthessische Stiftung für Ausgestoßene	259
Paul Nikolai Ehlers-Stiftung	262
Peter-Lancier-Stiftung zur Förderung der Herz- und Kreislaufforschung	265
Peter-Maffay Stiftung	265
Pro Leben Stiftung	268
Püschel-Stiftung	271

Raiffeisen - Bürgerstiftung Ostfriesland 271
René Baumgart-Stiftung 273
Rettungsdienst Stiftung Björn Steiger e.V 274
Robert Bosch Stiftung GmbH 277
Rüdiger Colditz Stiftung 282
Rudolf-Bartling-Stiftung 283
SALUBRITAS-Stiftung 284
Siegfried Wilsing Stiftung zur Förderung der Behandlung und der Erforschung von Lungenkrankheiten bei Kindern und Jugendlichen 290
Skrodolies Stiftung 290
Sozialwerk-Stiftung Stiftung Christus-Centrum-Ruhrgebiet 292
Sparkassenstiftung Lindau (Bodensee) 294
Sparkassenstiftung Mindelheim 294
St. Martinus-Stiftung 296
Stadtstiftung Bad Lippspringe 297
Stark fürs Leben - Förderung von Suizidprävention und Krisenintervention. 298
Stark Stiftung 298
Stiftergemeinschaft zur Förderung des Klinikums Augsburg 298
Stiftung - Thomas Ellwein 299
Stiftung "Dorf in der Stadt" 300
Stiftung "JOVITA" 302
Stiftung "Leben ist mehr" 303
Stiftung "Partner für Gesundheit weltweit" 304
Stiftung Aham 305
Stiftung Aktion Knochenmarkspende Bayern 306
Stiftung Aktion Sonnenschein - Hilfe für das mehrfach behinderte Kind . 307
Stiftung Akupunktur 307
Stiftung Antenne Bayern 308
Stiftung CAMPANULA 314
Stiftung der Raiffeisenbank Flachsmeer 318
Stiftung der Sparkasse Münsterland Ost. 319
Stiftung der Sparkasse Paderborn für die Stadt Marsberg. 319
Stiftung der Vereinigte Sparkassen des Landkreises Pfaffenhofen a. d. Ilm 320
Stiftung Deutsches Rotes Kreuz Duisburg 325
Stiftung Deutsches Rotes Kreuz für das Land Bremen 325
Stiftung für Gemeindebau und Sozialarbeit 334
Stiftung für krebskranke Kinder Coburg 335
Stiftung für Kunsttherapie BlickWinkel 336
Stiftung Hospiz Schwerte 339
Stiftung Hospizarbeit in Münster 339
Stiftung Johannes-Hospiz Münster. 342

Stiftung Kind Duisburg 343
Stiftung Kinderzentrum Ruhrgebiet 345
Stiftung Krankenhaus Fürstenhagen 346
Stiftung Krebsforschung G.K.A. 347
Stiftung Lebenshilfe Giessen 350
Stiftung Lebensqualität und Hilfe 351
Stiftung Lebenstraum 352
Stiftung Patients Tumorbank of Hope - die Patienteneigene Tumorgewebebank der Hoffnung (PA.T.H.) 360
Stiftung Pfefferwerk 361
Stiftung pro mente Oldenburg 362
Stiftung Raiffeisenbank Garrel 363
Stiftung Rotes Kreuz Neuss 364
Stiftung The Child and Tree Fund 370
Stiftung UNESCO-Bildung für Kinder in Not 371
Stiftung Wienbeck für Medizinische Entwicklung 373
Stiftung Zukunft der Sparkasse Koblenz 375
Stiftung zur Förderung naturheilkundlicher Diagnoseverfahren .. 379
Ursula-Wulfes-Stiftung 391
Vegeterra - Stiftung vegetarisch leben 393
Viamedica Stiftung für eine gesunde Medizin 393
Viersener Sparkassenstiftung 393
Vierte Karl und Else Seifried Stiftung 394
von Laer Stiftung 395
Waldemar Koch-Stiftung 396
Wali-Nawaz-Stiftung 397
Waltraud-Christel-Stiftung 398
wbg2000Stiftung 399
Wellhöfer-Stiftung 399
Werner und Margarete Töpler-Stiftung 400
Wolfgang und Karla Köhler Stiftung 404
Zukunft Evangelisches Amalie Sieveking-Krankenhaus in den Walddörfern 405

Kunst und Kultur

A.S. Création Tapeten-Stiftung 34
Achim-Brandes-Stiftung 34
Adele-Pleines-Hilfe-Stiftung 35
Adolf und Erna Angrüner Stiftung 36
Albert-Eckstein-Stiftung 37
Alexander Glasunow-Stiftung 37
Alexander Tutsek - Stiftung 38
Alfred Toepfer Stiftung F.V.S. 39
Allianz Kulturstiftung 41

Alma-Ihnen-Stiftung	41
Amandi Stiftung Musik hilft Kindern	43
Amberger Bürgerstiftung	43
Andrea von Braun Stiftung	43
Andreas Felger Kulturstiftung	44
Anna und Konrad Schäfer Stiftung	45
Anne-Fischer-Stiftung	46
Anne-Liese Dohrmann Stiftung	46
Anneliese Speith-Stiftung	46
Anneliese und Dr. Wolfgang Schieren-Stiftung	46
Annette und Wolfgang Haupt Stiftung	47
Antonia Berning-Stiftung zur Förderung der Kunst	48
Anton-Loth-Stiftung	49
Appel-Seitz-Stiftung	49
Auerbach Stiftung	51
August Harms Stiftung	51
Aventis Foundation	53
Bad Harzburg-Stiftung	54
Bankhaus Wölbern Stiftung	54
Barbara und Rudi Müller Stiftung	55
Bauer Stiftung	57
Bernhard Riepl Stiftung	60
Berta und Bruno Selwat-Stiftung	60
Bertelsmann Stiftung	60
Bramenkamp Stiftung	64
Brennscheidt-Stiftung zur Förderung von Kunst und Kultur	65
Briloner Eisenberg und Gewerke - Stadtmuseum Brilon	66
Bürgerstiftung Feldkirchen	67
Bürger- und Unternehmensstiftung Hünfeld	68
Bürgermeister Gillich Stiftung zur Förderung von Tradition, Kultur und Brauchtum	68
Bürgerstiftung Augsburg	69
Bürgerstiftung Augsburger Land	69
Bürgerstiftung Bad Aibling und Mangfalltal	69
Bürgerstiftung Berchtesgadener Land	70
Bürgerstiftung Bonn	70
Bürgerstiftung Bovenden	70
Bürgerstiftung Braunschweig	71
Bürgerstiftung Bremen	71
Bürgerstiftung Büren	71
Bürgerstiftung Burghaun	72
Bürgerstiftung der Sparkasse Dinslaken-Voerde-Hünxe	72
Bürgerstiftung der Sparkasse Melle	72

Bürgerstiftung der Sparkasse Südliche Weinstraße in Landau	73
Bürgerstiftung der Stadtsparkasse Porta Westfalica	73
Bürgerstiftung Dinkelsbühl	73
Bürgerstiftung Dülmen	74
Bürgerstiftung Ellerstadt	74
Bürgerstiftung für die Region Aachen - Kultur, Kunst und Wissenschaft	74
Bürgerstiftung Gaildorf	75
Bürgerstiftung Herzebrock-Clarholz	76
Bürgerstiftung Ingolstadt	77
Bürgerstiftung Ludwigshafen am Rhein	77
Bürgerstiftung Mittelhessen	78
Bürgerstiftung Norden	78
Bürgerstiftung Norderney	79
Bürgerstiftung Nürnberg	79
Bürgerstiftung Osnabrück	79
Bürgerstiftung Ostfalen für die Landkreise Helmstedt, Ohrekreis und Bördekreis	80
Bürgerstiftung Remagen	81
Bürgerstiftung Remscheid	82
Bürgerstiftung Rohrmeisterei Schwerte	82
Bürgerstiftung Salzgitter	82
Bürgerstiftung Schlösschen im Park	83
Bürgerstiftung Siegen	83
Bürgerstiftung Unser Schwabach	84
Bürgerstiftung Vaihingen an der Enz	84
Bürgerstiftung Wallenhorst	84
Bürgerstiftung Wasserburg (Bodensee)	84
Carl Friedrich Eckart-Stiftung	86
Christa-und-Werner-Strohmayr-Stiftung	88
Christiane und Dirk Reichow-Stiftung zur Förderung der bildenden Kunst	89
Christian-Heinrich-Sandler Stiftung	90
Christoph Heilmann Stiftung	90
Christoph Schwede-Stiftung	91
Clara Wieland Stiftung	91
Cohaerere-Stiftung	92
Collegium Fridericianum Rosemarie und Wolfgang Simon Stiftung	92
Conrad Naber Stiftung	92
Copernicus-Stiftung	92
Curt Mast Jägermeister Stiftung	93
Deutsche AIDS-Stiftung	95
Deutsche Bundesstiftung Umwelt	96
Deutsche Stiftung Denkmalschutz	99

Deutsche Stiftung Welterbe	100
Die Nürnberger Plakatsammlung - eine Stiftung der GfK und der NAA	103
Dieter Ernstmeier Stiftung	103
Dietl Stiftung	103
Dipl. Hdl. Oswald und Lieselotte Russ-Stiftung	104
doArte-Stiftung	105
Dombaustiftung zu Braunschweig	105
Domino Stiftung	106
Donsbach-Stiftung	106
Dorian Stiftung	106
Dortmund-Stiftung	107
Dr. Arnold Kulturstiftung Stuttgart (DAKS)	108
Dr. Dazert-Stiftung	109
Dr. E. A. Langner-Stiftung	109
Dr. Eberhard und Ingeborg Juch Kulturstiftung	110
Dr. Eugen Liedl Stiftung	111
Dr. Franz und Astrid Ritter-Stiftung	111
Dr. h.c. Gerhard-Weiser-Stiftung	112
Dr. Hans-Jürgen Schinzler Stiftung	112
Dr. Hermann Bullinger M.A. und Inge Bullinger-Pittler- Stiftung	113
Dr. Josef und Brigitte Pauli- Stiftung	115
Dr. Otto und Luise Weisbrod Stiftung	117
Dr. Roman Burnhauser-Stiftung	118
Dr. Siegfried Prieber-Stiftung	119
Dr. Theodor und Ursula Mayer-Stiftung	120
Dr. Werner Jackstädt-Stiftung	120
Draeger Stiftung	121
Eberhard Schöck-Stiftung	124
Eckard Wegner-Stiftung	125
Edgar-Michael-Wenz-Stiftung	126
Eisenbahnstiftung Joachim Schmidt	127
Elisabeth Gast Stiftung	128
Else-Lasker-Schüler - Zentrum für verbrannte und verbannte Dichter-/Künstler-innen	131
ERES-Stiftung	133
Erich Tönnissen Stiftung	133
Ernst und Erika Rauch Stiftung	135
Europäische Kulturstiftung EUROPAMUSICALE	137
Europäische Kulturtage Ottobeuren	137
Europäisches Haus - Konzerthaus Passau	138
EWE Stiftung	140
Familie-Hüwel-Stiftung	141
Familienstiftung Heiling	142

Felix Nussbaum Foundation	143
Fennel-Stiftung	143
Fliedner-Kulturstiftung Kaiserswerth	143
Förderstiftung Museum Kurhaus Kleve	146
Förderstiftung Neues Museum in Nürnberg	146
Fred und Irmgard Rauch Stiftung	148
Freudenberg Stiftung GmbH	149
Freunde von Bayreuth	149
Friedhelm Oriwol-Stiftung	149
Friedrich Schleich Gedächtnis-Stiftung	150
Friedrich Stiftung	151
Friedrich-Ebert-Stiftung e.V.	151
Friedrich-Naumann-Stiftung	151
Gemeinnützige Stiftung der Familie Gude	155
Gemeinnützige Stiftung Volksbank Cappeln	156
Gemeinschaftsstiftung "Mein Augsburg"	156
Georg Brückl-Stiftung	158
Georg und Karin Kalos - Stiftung	159
Gerd Schmidt Stiftung	160
Gerd und Ulrike Seuwen Stiftung	161
Gertraud Klinge-Stiftung	163
Geschwister Heemsath Stiftung	164
Gisela und Hermann Limberg-Stiftung	167
Gontard & MetallBank-Stiftung	169
Griepentrog Innovations-Stiftung	169
Grove-Moldovan Art Foundation	169
Gudrun LADEK Siftung	170
Gunsenheimer-Vogt-Stiftung	170
Günter Grass Stiftung Bremen Audiovisuelles Archiv und rezeptionsgeschichtliche Forschungsstelle	171
Günter und Rosemarie Tolls Stiftung	171
Gunter und Waltraud Greffenius Stiftung	171
Hanne Darboven Stiftung	174
Hanns-Seidel-Stiftung e.V	175
Hans Reinert Stiftung	176
Harald Jahrl Stiftung	180
Heinrich-Böll-Stiftung e.V	182
Heinz A. Bockmeyer Stiftung	183
Heinz Reckendrees-Stiftung	183
Helga und Erich Kellerhals Kulturstiftung	185
Herbert Schuchardt-Stiftung	187
Herbert, Käte und Helga Reinfeld-Stiftung	188
Hermann Hauser Guitar Foundation	188

Hermann J. Abs-Stiftung 188
Hermann und Hilde Walter-Stiftung Hattenhofen 188
Hermann-Voith-Stiftung 189
Hilde und Hermann Walter-Stiftung Plüderhausen. 190
Hoffmann-von-Fallersleben-Stiftung 192
Horst Brandstätter Kulturstiftung 192
Hubertus Altgelt-Stiftung 195
Hugo und Johanna Körver Stiftung 195
HVB Stiftung Geldscheinsammlung 195
Hypo-Kulturstiftung. 195
Ikea-Stiftung 196
Imhoff-Stiftung 197
Ingeborg von Schlenk-Barnsdorf-Stiftung 198
Ingrid Werndl-Laue Stiftung 199
Insulinde Stiftung. 200
Internationale Musikschulakademie - Kulturzentrum Schloss Kapfenburg 201
Ippen Stiftung 202
Irmgard Schreckenbach-Stiftung. 202
Isa Lohmann-Siems Stiftung 203
Jan-Groenewold-Foundation 203
Joachim Keller Stiftung. 204
Joachim und Gudrun Falk-Stiftung. 204
Johann Lütter Stiftung 205
Johannes Rau Stiftung. 205
Jörg und Aenne Hinze Stiftung. 206
Josef und Karolina Bengel Stiftung 207
Josef-Dilger-Stiftung 207
Jubiläumsstiftung der Sparkasse Velbert 208
Jutta und Rolfroderich Nemitz - Stiftung 210
Kalamkari-Stiftung 210
Karlsteiner Kulturstiftung 212
KASTELL-Stiftung 213
KINDER BRAUCHEN MUSIK Stiftung für eine aktive musikalische Kindheit 214
Kingdon-Grünwald-Stiftung 216
Kisters Stiftung. 217
Klaus Luft Stiftung 218
Klaus Tschira Stiftung gGmbH (KTS) 218
Klaus-Peter Jung und Marianne Jung - Stiftung 218
Kleio-Stiftung zur Erhaltung von Kulturwerten 219
Kloppenburg-Stiftung. 219
Kloster-Langwaden-Stiftung 220
KMW Stiftung. 220

Konrad Mayer Stiftung	221
Konrad-Adenauer-Stiftung e.V.	221
Körber-Stiftung	222
Korff-Stiftung	222
Kuhlmann-Stiftung	223
Kultur im Königswinkel	223
Kultur- und Sozialstiftung der Provinzial Rheinland Versicherungen	224
Kultur- und Umweltstiftung Wetteskind	224
Kultur-,Sport-und Sozialstiftung der Kreissparkasse Köln in der Stadt Leichlingen	224
Kulturschatz Bauernhof	224
Kulturstiftung der Länder	225
Kulturstiftung der Sparkasse Miltenberg-Obernburg	225
Kulturstiftung der Stadtsparkasse Rheine	225
Kulturstiftung des Bezirks Niederbayern	226
Kulturstiftung des Bundes	226
Kulturstiftung des Landkreises Holzminden	226
Kulturstiftung Festspielhaus Baden-Baden	226
Kulturstiftung Friedrichsdorf	227
Kulturstiftung Guttenberg	227
Kulturstiftung Heinrich Kampmann	227
Kulturstiftung Klosterkirche Nordshausen	228
Kulturstiftung Schongauer Land	228
Kunst- und Kulturstiftung Stadtsparkasse Düsseldorf	228
Kunststiftung Dr. Hans-Joachim und Elisabeth Bönsch	228
Kurt Sieder-Stiftung	229
Kurt und Felicitas Viermetz Stiftung	229
L & S Fonds	229
L + G Prahm Stiftung	230
Landesstiftung Baden-Württemberg gGmbH	230
Leupold Stiftung für geistliche Musik	233
LICHTBURG-Stiftung	233
Lingener Bürgerstiftung	233
Lions - Stiftung - Voreifel	234
Lothar und Christel Fischer Stiftung	234
Lotti und Hans Heins-Stiftung	234
Luise Rinser-Stiftung	235
Luzie-Uptmoor-Stiftung Lohne	235
maecenia Frankfurter Stiftung für Frauen in Wissenschaft und Kunst	236
Mainfränkische Theaterstiftung	236
Manfred-Vetter-Stiftung für Kunst und Kultur	237
Margarete Ammon Stiftung	238
Margarete Schnellecke-Stiftung	238

Mariann Steegmann Stiftung zur Förderung vonFrauen in Kunst und
Musik 240
Marienkapellenstiftung Geschwister Obermayer. 242
Maßwerk Stiftung zur Erhaltung und Ergänzung kirchlicher Bauten und
Kunstwerke der christlichen Kirchen in Berlin und Brandenburg. 243
Mauss-Daeschler Stiftung 244
Max Wieninger-Stiftung 245
Meitinger-Stiftung 246
Michael und Barbara Grobien Stiftung 247
Michael-Sartorius-Stiftung 248
Minerva-Stiftung 248
Moshack-Bach Stiftung Art Connexio Catalunya Alemanya 249
MUCOS Stiftung 250
Münchner Künstlerhaus-Stiftung. 251
Musica Sacra Stiftung 252
Naturwert-Stiftung 254
Nottbohm-Stiftung 256
Ödön-von-Horvath-Stiftung der Vereinigten Sparkassen 257
Oleg Kagan Stiftung Tegernseer Tal. 257
Oskar Koller-Stiftung. 258
Ossberger-Stiftung. 259
Ostdeutsche Sparkassenstiftung für die Länder Brandenburg, Mecklenburg-Vorpommern, den Freistaat Sachsen und das Land Sachsen-Anhalt. 259
Oswald Malura Kunststiftung. 260
Otto Wolff-Stiftung 260
OVB Medienhaus-Stiftung. 261
Passauer Bürgerstiftung der Volksbank 261
Peitinger Sozial- und Bürger-Stiftung 264
Peter Blancke-Stiftung 264
Peter Tamm Sen. Stiftung 265
Peter-Michael Engel-Stiftung. 266
Petra und Joachim Schaffer Stiftung. 266
Petritz-Stiftung 266
Pfarrer Otmar Fischer Stiftung -Stiftung Friedelsheim 267
Philharmonie-Stiftung der Sparkasse Essen. 267
Philipp Otto Runge Stiftung 267
PotsdamStiftung Kremer. 267
Prof. Wolfgang-Sawallisch-Stiftung 269
Prof.-Dr.-Josef-und-Erika-Hesselbach-Stiftung 269
Prof.Dr.Klaus Dettmann Stiftung 270
Raiffeisen - Bürgerstiftung Ostfriesland 271
Reinhard Reichnow Stiftung 272

Reinleins-Kreuzweg-Stiftung 272
Renate Strascheg Stiftung 273
Rheinisches Schützen-Museum-Neuss mit Josef Lange Schützen-Archiv 274
Rhomberg-Stiftung 274
Ria- Fresen-Stiftung 275
Richard Anders Kultur- und Denkmalstiftung 275
Richard Stury Stiftung 275
Robert Bosch Stiftung GmbH 277
Robert F. E. Weigand-Kulturstiftung Schloß Eggersberg 278
Rohrwild Kulturstiftung 278
Röperhof Stiftung. 280
Rosa Luxemburg Stiftung Gesellschaftsanalyse und politische Bildung e. V. 280
Rotary Stiftung Donauwörth 281
Rotary-Germering-Stiftung 281
Rudi Scharf Stiftung 282
Sammlung Dr. Bir 284
Sanipa Stiftung 285
SCHAEFER Stiftung 286
Scharnow Stiftung Tier hilft Mensch 286
Schering Stiftung 286
Schlierseer Bürgerstiftung 287
Schoof'sche Stiftung 287
Schwarz-Schilling-Stiftung 287
Siegfried Lowitz Stiftung für Theater und Schauspielkunst 289
Sonthofer Förderstiftung 291
Sparda-Stiftung Nürnberg 292
Sparkassenstiftung für Mönchengladbach 293
Sparkassenstiftung Gelsenkirchen 293
Sparkassenstiftung Lindau (Bodensee) 294
Sparkassenstiftung Mindelheim 294
Sparkassenstiftung Sparkasse Haltern 294
Sparkassenstiftung Starkenburg 294
Sparkassenstiftung Untereichsfeld - Kultur- und Sozialstiftung der Sparkasse Duderstadt 295
St. Alexandri Stiftung Einbeck 295
Stadtstiftung Fürstenfeldbruck 297
Stahlberg-Stiftung 297
Steyler Bank-Stiftung. 298
Stiftung - Maria Friedenskönigin 299
Stiftung "Dorf in der Stadt" 300
Stiftung "Leben ist mehr" 303

Stiftung "LEBENDIGE STADT" 304
Stiftung art 131 309
Stiftung Baumann 310
Stiftung Bayerische Akademie der Schönen Künste 310
Stiftung Bayerischen Baugewerbes 311
Stiftung Bildung & Kunst 311
Stiftung Braunschweiger Land 312
Stiftung CAMPANULA 314
Stiftung Classen 315
Stiftung der Bremerhavener Wirtschaft 315
Stiftung der Freunde des Mariinsky Theaters 317
Stiftung der Kreissparkasse München Starnberg in München 317
Stiftung der Raiffeisenbank Flachsmeer 318
Stiftung der Sparkasse Beckum-Wadersloh 319
Stiftung der Sparkasse Landsberg-Dießen 319
Stiftung der Sparkasse Münsterland Ost 319
Stiftung der Sparkasse Paderborn für die Stadt Marsberg 319
Stiftung der Stadt Ahaus 320
Stiftung der Stadt Borken 320
Stiftung der Vereinigte Sparkassen des Landkreises Pfaffenhofen a. d. Ilm 320
Stiftung der Volksbank Alzey eG 321
Stiftung der Volksbank Enger-Spenge 321
Stiftung des Böhmerwaldheimatkreises Prachatitz 322
Stiftung des Rotary-Club Wesel-Dinkslaken 323
Stiftung Deutsches Kindermuseum Duisburg 324
Stiftung Deutsches Marinemuseum 324
Stiftung Deutsches Rotes Kreuz Duisburg 325
Stiftung Dokumentation der Jugendbewegung 326
Stiftung Eickesches Haus 327
Stiftung Federkiel für zeitgenössische Kunst und Kultur 330
Stiftung Fliegende Bauten 330
Stiftung FreiRäume 331
Stiftung für Fotografie und Kunstwissenschaft Ann und Jürgen Wilde . . 334
Stiftung für Kirchengebäude in der Ev.- Luth. Kirche in Oldenburg - Kirchbaustiftung 335
Stiftung für Kunsttherapie BlickWinkel 336
Stiftung Gemeindienst Düsseldorf 336
Stiftung Hahnenklee 337
Stiftung Hamburg Maritim 337
Stiftung Haus des Handwerks 337
Stiftung Heiligengrabe 338
Stiftung Hermann und Alide Borggreve 338

Stiftung Hofer. 339
Stiftung Internationale Händel-Festspiele Göttingen. 340
Stiftung Isergebirgs-Museum. 341
Stiftung Joachimica 341
Stiftung Käthe-Kollwitz-Gymnasium Wilhelmshaven. 342
Stiftung Keramion - Zentrum für moderne + historische Keramik Frechen 343
Stiftung Kinder brauchen Musik 344
Stiftung Kirchenmusik an St Sixti in Northeim 345
Stiftung Klostermühle Thierhaupten 346
Stiftung Koralle-Bürgerhaus der Walddörfer. 346
Stiftung Kunst und Kultur der Sparkasse Dachau 347
Stiftung Kunst und Kultur Münsterland. 347
Stiftung Kunst, Bildung und Erziehung der Sparda-Bank Münster. . . . 348
Stiftung Kunstakademie München 348
Stiftung Kunstfonds zur Förderung der zeitgenössischen bildenden Kunst. 348
Stiftung Kunstverein in Bremen 348
Stiftung Leder- und Gerbermuseum der Stadt Mülheim an der Ruhr . . 352
Stiftung Lyrik Kabinett 353
Stiftung Max Ernst 354
Stiftung mercurial. 355
Stiftung Mittelsten Scheid 356
Stiftung Mondo, Esperanto Bürgerstiftung 356
Stiftung Museum mechanischer Musikinstrumente Königslutter am Elm 357
Stiftung Musikhalle im Kulturforum Westfalen zu Münster. 357
Stiftung Musische Bildung 357
Stiftung Nachwachsende Rohstoffe 357
Stiftung Oldenburger Kunstverein 359
Stiftung Opelvillen 359
Stiftung Pfefferwerk 361
Stiftung Preußisches Kulturerbe 362
Stiftung Raiffeisenbank Garrel 363
Stiftung Redernswalde 363
Stiftung Sammlung Dieter Scharf zur Erinnerung an Otto Gerstenberg . 365
Stiftung Sammlung Vollmer 365
Stiftung Sanatorium Dr. Barner in der Deutschen Stiftung Denkmalschutz 365
Stiftung Schloss Friedenstein Gotha. 366
Stiftung Schloss Neuhardenberg GmbH 366
Stiftung Schloss und Park Benrath. 366
Stiftung St. Michaelis. 368
Stiftung Standortsicherung Kreis Lippe 369

Stiftung Temple Gift 369
Stiftung Theresienthal 370
Stiftung Umgebindehaus. 370
Stiftung Ute Michaels. 371
Stiftung W. 372
Stiftung Weltkulturerbe Bamberg. 372
Stiftung Wilhelm-Lehmbruck-Museum - Zentrum Internationaler Skulptur 373
Stiftung Zentrum für Türkeistudien. 375
Stiftung Zukunft der Sparkasse Koblenz. 375
Stiftung zur Erhaltung des Ensembles von Schloß Drachenburg (Drachenburg-Stiftung) 376
Stiftung zur Förderung von Kloster Bentlage. 379
Stiftung-Artland-Gymnasium 381
Stifung METALL UNTERWESER 381
Stronk - Ratibor - Stiftung 382
Südniedersachsen-Stiftung 383
Syrinx-Stiftung 383
te Peerdt Stiftung. 384
Theaterstiftung Bielefeld 384
Theodor-Rogler-Stiftung 385
Thera Stiftung 385
Tihon Stiftung 387
Udo Passavant Stiftung 388
Union-Investment-Stiftung 388
Ursula-Wulfes-Stiftung 391
Viersener Sparkassenstiftung 393
Vodafone-Stiftung Deutschland 394
Volksbank Hundem-Lenne - Stiftung. 394
von Heydensche Familienstiftung 395
Waldemar Koch-Stiftung 396
Walter und Elfriede Niehoff Stiftung 398
Waltershausen Stiftung 398
wbg2000Stiftung 399
Weiss-Druck-Stiftung. 399
Wemhöner Stiftung. 400
Werner-Egerland-Stiftung 400
Wilhelm-Kempff-Kulturstiftung 401
Winfried und Centa Böhm Stiftung Weilheim 402
Wolfgang Fischer und Maria Fischer-Flach-Stiftung 403
Wolfgang und Ellen Märker Sozialstiftung 403
ZEIT-Stiftung Ebelin und Gerd Bucerius 405
Zukunft Kirche in Volksdorf. 406

Sport

Adolf und Erna Angrüner Stiftung	36
Amberger Bürgerstiftung	43
Anton-Loth-Stiftung	49
Arnim-Züsedom Stiftung	50
Aucotras Stiftung	51
Bad Harzburg-Stiftung	54
Bau AG-Stiftung	56
Bürgerstiftung Feldkirchen	67
Bundenthaler Stiftung	67
Bürger- und Unternehmensstiftung Hünfeld	68
Bürgerstiftung Augsburg	69
Bürgerstiftung Augsburger Land	69
Bürgerstiftung Bad Aibling und Mangfalltal	69
Bürgerstiftung Berchtesgadener Land	70
Bürgerstiftung Bonn	70
Bürgerstiftung Bovenden	70
Bürgerstiftung Braunschweig	71
Bürgerstiftung Bremen	71
Bürgerstiftung der Sparkasse Dinslaken-Voerde-Hünxe	72
Bürgerstiftung der Sparkasse Melle	72
Bürgerstiftung der Sparkasse Südliche Weinstraße in Landau	73
Bürgerstiftung der Stadtsparkasse Porta Westfalica	73
Bürgerstiftung Dinkelsbühl	73
Bürgerstiftung Erftstadt	74
Bürgerstiftung Gaildorf	75
Bürgerstiftung Herzebrock-Clarholz	76
Bürgerstiftung Mittelhessen	78
Bürgerstiftung Norden	78
Bürgerstiftung Norderney	79
Bürgerstiftung Ostfalen für die Landkreise Helmstedt, Ohrekreis und Bördekreis	80
Bürgerstiftung Remagen	81
Bürgerstiftung Salzgitter	82
Bürgerstiftung Unser Schwabach	84
Bürgerstiftung Vaihingen an der Enz	84
Bürgerstiftung Wallenhorst	84
Bürgerstiftung Wasserburg (Bodensee)	84
Christian-Heinrich-Sandler Stiftung	90
DFB-Stiftung Egidius Braun	101
Dietl Stiftung	103
Dietrich und Marion Fürst-Stiftung	103
Dirk Nowitzki-Stiftung	104

Dr. Roman Burnhauser-Stiftung	118
Dr. Siegfried Prieber-Stiftung	119
EJW-Stiftung Jugend - Bibel - Bildung	127
Elisabeth und Matthias Biebl Stiftung	129
Erich Kühnhackl-Stiftung	133
Erich Tönnissen Stiftung	133
Ernst und Erika Rauch Stiftung	135
Fraundienst Stiftung	148
Friedrich Schleich Gedächtnis-Stiftung	150
Fritz Hollweg Stiftung	152
Gemeinnützige Stiftung der Familie Gude	155
Gemeinnützige Stiftung Volksbank Cappeln	156
Gerald Schreckenhöfer-Stiftung	160
Gontard & MetallBank-Stiftung	169
Grains of Faith - Korn des Glaubens	169
Günter Husmann Stiftung	171
Heinz Fuchs Jugendhilfe Stiftung	183
Heinz und Ilse Schulze Stiftung	184
Hilde-Fuest-Stiftung	190
Jens Jeremies Stiftung	204
Josef und Karolina Bengel Stiftung	207
Karl-Hesse-Stiftung	212
Kisters Stiftung	217
Klaus Tschira Stiftung gGmbH (KTS)	218
Kultur-,Sport-und Sozialstiftung der Kreissparkasse Köln in der Stadt Leichlingen	224
Landesstiftung Baden-Württemberg gGmbH	230
Lingener Bürgerstiftung	233
Max Falter Stiftung	245
Max Wieninger-Stiftung	245
Nordrhein-Westfälische Stiftung zur Nachwuchsförderung im Leistungssport - Sportstiftung NRW"	255
Operation Sneaker Trust	258
Oskar-Soldmann-Stiftung	258
Otto Diersch Stiftung	260
OVB Medienhaus-Stiftung	261
Petra und Joachim Schaffer Stiftung	266
Raiffeisen - Bürgerstiftung Ostfriesland	271
Reinleins-Kreuzweg-Stiftung	272
Ria- Fresen-Stiftung	275
Ruder-Club Deutschland - Stiftung Rudern	281
Rudi Scharf Stiftung	282
Schlierseer Bürgerstiftung	287

Sonthofer Förderstiftung 291
Sparkassenstiftung für Mönchengladbach 293
Sparkassenstiftung Jugend und Sport 293
Sparkassenstiftung Starkenburg 294
Sparkassenstiftung Untereichsfeld - Kultur- und Sozialstiftung der Sparkasse Duderstadt. 295
Sportstiftung der Kreissparkasse Rhein-Pfalz 295
Sportstiftung der Sparkasse Essen 295
Stadtstiftung Bad Lippspringe 297
Stiftung "Germaringer Sport und Altenhilfe" 302
Stiftung Braunschweiger Land 312
Stiftung der Bremerhavener Wirtschaft 315
Stiftung der Raiffeisenbank Flachsmeer 318
Stiftung der Sparkasse Beckum-Wadersloh 319
Stiftung der Sparkasse Landsberg-Dießen 319
Stiftung der Sparkasse Münsterland Ost 319
Stiftung der Sparkasse Paderborn für die Stadt Marsberg 319
Stiftung der Stadt Ahaus 320
Stiftung der Vereinigte Sparkassen des Landkreises Pfaffenhofen a. d. Ilm 320
Stiftung der Volksbank Enger-Spenge 321
Stiftung Deutsche Sporthilfe 324
Stiftung Jugendfußball 342
Stiftung Käthe-Kollwitz-Gymnasium Wilhelmshaven 342
Stiftung Lebensqualität und Hilfe 351
Stiftung Leistungssport Hamburg 352
Stiftung Nationale Anti-Doping-Agentur Deutschland 358
Stiftung Raiffeisenbank Garrel 363
Stiftung Schützenjugend Oberland 366
Stiftung Sport 367
Stiftung Sporthilfe Hessen 367
Ursula Hegemann Stiftung 390
Viersener Sparkassenstiftung 393
Volksbank Hundem-Lenne - Stiftung 394
wbg2000Stiftung 399

Umwelt und Natur

A.S. Création Tapeten-Stiftung 34
Allianz Umweltstiftung 41
Amberger Bürgerstiftung 43
Andreas M. Hofweber-Stiftung 44
Anne-Liese Dohrmann Stiftung 46
Anton-Loth-Stiftung 49
Ausgleichsstiftung Landwirtschaft und Umwelt 52

Bad Harzburg-Stiftung	54
Banss Stiftung	55
Bauer Stiftung	57
Beatrice Nolte Stiftung für Natur- und Umweltschutz	57
Bernd-Stephan-Tierschutz-Stiftung	59
Berta und Bruno Selwat-Stiftung	60
Bruno Kümmerle Stiftung	67
BUND NRW Naturschutzstiftung	67
Bundenthaler Stiftung	67
Bürgerstiftung Augsburg	69
Bürgerstiftung Augsburger Land	69
Bürgerstiftung Bad Aibling und Mangfalltal	69
Bürgerstiftung Berchtesgadener Land	70
Bürgerstiftung Bonn	70
Bürgerstiftung Bovenden	70
Bürgerstiftung Braunschweig	71
Bürgerstiftung Bremen	71
Bürgerstiftung Büren	71
Bürgerstiftung Burghaun	72
Bürgerstiftung der Sparkasse Dinslaken-Voerde-Hünxe	72
Bürgerstiftung der Sparkasse Melle	72
Bürgerstiftung der Sparkasse Südliche Weinstraße in Landau	73
Bürgerstiftung der Stadtsparkasse Porta Westfalica	73
Bürgerstiftung Dinkelsbühl	73
Bürgerstiftung Ellerstadt	74
Bürgerstiftung Erftstadt	74
Bürgerstiftung Erlangen	74
Bürgerstiftung Gaildorf	75
Bürgerstiftung Hellweg-Region	76
Bürgerstiftung Ingolstadt	77
Bürgerstiftung Mittelhessen	78
Bürgerstiftung Norden	78
Bürgerstiftung Norderney	79
Bürgerstiftung Osnabrück	79
Bürgerstiftung Ostfalen für die Landkreise Helmstedt, Ohrekreis und Bördekreis	80
Bürgerstiftung Remagen	81
Bürgerstiftung Remscheid	82
Bürgerstiftung Salzgitter	82
Bürgerstiftung Siegen	83
Bürgerstiftung Unser Schwabach	84
Bürgerstiftung Wasserburg (Bodensee)	84
Bürgerstiftung Zukunftsfähiges München	85

Carl-und-Lieselotte-Düvel-Stiftung	87
Charlotte Franke - Hilfe für die bedrohte Tierwelt	88
Christian-Heinrich-Sandler Stiftung	90
Deutsche Bundesstiftung Umwelt	96
Deutsche Otter Stiftung	98
Deutsche Wildtier Stiftung	101
Dr. Astrid Luther-Stiftung für den Tierschutz	108
Dr. E. A. Langner-Stiftung	109
Dr. Hans Lettner Stiftung	112
Dr. Hans-Jürgen Schinzler Stiftung	112
Dr. Hans-Martin und Irene Christinneck-Stiftung	113
Dr. Hermann J. Marx - Stiftung für Tiere	114
Dr. Johannes und Dr. Gunhild Cassens - Stiftung	115
Dr. Roman Burnhauser-Stiftung	118
Draeger Stiftung	121
Edgar und Ursula Heinemann Stiftung	126
Edgar-Michael-Wenz-Stiftung	126
Ehlerding Stiftung	127
Eleonore-Beck-Stiftung	128
Elfi Müller-Hilgert-Stiftung	128
energiewerk Stiftung	132
Exvestment-Stiftung	140
Fanny Unterforsthuber-Stiftung	142
Fonds für Umweltstudien	144
Fred und Irmgard Rauch Stiftung	148
Friedrich Schleich Gedächtnis-Stiftung	150
Gemeinnützige Stiftung der Familie Gude	155
Gemeinschaftsstiftung "Mein Augsburg"	156
Georg und Karin Kalos - Stiftung	159
Georg und Margarethe Huber-Stiftung	159
Gerd Schmidt Stiftung	160
Gerd und Ulrike Seuwen Stiftung	161
Gerhard und Monika Senghaas Stiftung	163
Gisela Mayr-Stiftung	166
Global Contract Foundation	168
Gnadenhof-Stiftung Zuflucht für Tiere	168
Gräfin Emma Stiftung zur Erhaltung des Bremer Bürgerparks	169
Gudrun Petermann-Stiftung	170
Hans Lechermann Stiftung	176
Hans Reinert Stiftung	176
Hans und Emmi Siering-Stiftung	177
Hans-Joachim-Selzer-Stiftung	179
Heide und Christian Schnicke-Stiftung	182

Heinrich-Böll-Stiftung e.V 182
Heinz Reckendrees-Stiftung 183
Heinz und Inge Hornung Stiftung 184
Helmut Ludewig Stiftung für Gerontologie und Tierschutz 186
Hermann und Hilde Walter-Stiftung Hattenhofen 188
Hilde und Hermann Walter-Stiftung Plüderhausen 190
Hildegard und Toby Rizzo-Stiftung 191
Hilfe für die bedrohte Tierwelt: Förderstiftung der Zoologischen Gesellschaft Frankfurt von 1858 e. V. 191
Hubertus Altgelt-Stiftung 195
Ikea-Stiftung 196
Ilg-Stiftung 196
Ingrid und Wilfried Hoppe - Stiftung Naturschutz 199
Innovationsstiftung Schleswig-Holstein 199
International Environmental Foundation of the Kommunale Umwelt-AktioN U.A.N. 201
Irene Thiermann Stiftung 202
Johann Heinrich Poppe Stiftung 205
Josef und Karolina Bengel Stiftung 207
Jubiläumsstiftung der Sparkasse Velbert 208
Karl Heinz Bestaendig Stiftung 210
Karla Bauer-Stiftung 211
Kerscher Umweltstiftung 214
Kirsten & Axel Ziemek-Stiftung "Pro Kreatur" 217
Kisters Stiftung 217
Klaus Tschira Stiftung gGmbH (KTS) 218
Kultur- und Umweltstiftung Wetteskind 224
Kultur-,Sport-und Sozialstiftung der Kreissparkasse Köln in der Stadt Leichlingen 224
Kulturstiftung Guttenberg 227
Kurt Binner-Stiftung 229
Landesstiftung Baden-Württemberg gGmbH 230
Lingener Bürgerstiftung 233
Lu Scheins Stiftung zur Unterstützung hilfsbedürftiger Kinder und zur Erhaltung des Aachener Doms 235
Ludwig und Paula Strunz Stiftung 235
Manfred Hermsen Stiftung 236
Margarete Ammon Stiftung 238
Marlies Henrich-Stiftung 242
Martina und Jürgen Bolz-Stiftung 243
Mauss-Daeschler Stiftung 244
Max Falter Stiftung 245
Max und Edmund Weiß-Stiftung 245

Max Wieninger-Stiftung	245
Messner Mountain Stiftung	247
Meta Kraus Stiftung	247
Minerva-Stiftung	248
MUCOS Stiftung	250
Münchener Rück Stiftung	250
Natur- und Umweltschutz in der Stadt Ansbach und Landkreis Ansbach	253
Natur, Mensch, Kultur	253
Naturschutzstiftung Ammerland	254
Naturstiftung Leinetal	254
Naturwert-Stiftung	254
Nordrhein-Westfälische Stiftung für Umwelt und Entwicklung	255
NZO-Naturschutzzentrum Odenwald-Stiftung Georg Raitz	256
Otto Wolff-Stiftung	260
Petra und Joachim Schaffer Stiftung	266
Prym'sche Stiftung	270
Raiffeisen - Bürgerstiftung Ostfriesland	271
Richard Nierich-Stiftung	275
Rieser Naturstiftung	276
Rolf P.C. und Edith Maria Manteufel Stiftung	278
Rolf und Hannelore Kähler Stiftung	279
Rotary-Germering-Stiftung	281
Scharnow Stiftung Tier hilft Mensch	286
Schlierseer Bürgerstiftung	287
Selbach Umwelt Stiftung	288
Software AG Stiftung	291
Sparda-Stiftung Nürnberg	292
Sparkassenstiftung für Mönchengladbach	293
Sparkassenstiftung Lindau (Bodensee)	294
Sparkassenstiftung Mindelheim	294
Stadtstiftung Bad Lippspringe	297
Steyler Bank-Stiftung	298
Stiftung "Dorf in der Stadt"	300
Stiftung "Dümmer Vogelschau" - Vogelkundliches Informations-Zentrum	301
Stiftung "Leben ist mehr"	303
Stiftung Artenschutz	309
Stiftung Bayerisches Naturerbe	311
Stiftung Büngernsche/Dingdener Heide	313
Stiftung CAMPANULA	314
Stiftung der naturkundlichen Sammlungen Th. Thomas	318
Stiftung der Raiffeisenbank Flachsmeer	318
Stiftung der Sparkasse Landsberg-Dießen	319
Stiftung der Sparkasse Münsterland Ost	319

Stiftung der Sparkasse Paderborn für die Stadt Marsberg. 319
Stiftung der Vereinigte Sparkassen des Landkreises Pfaffenhofen a. d.
Ilm 320
Stiftung des Deutschen Tierschutzbundes. 322
Stiftung Deutsche Landschaften 324
Stiftung Deutsches Rotes Kreuz Duisburg 325
Stiftung Eine Welt - eine Zukunft 327
Stiftung FreiRäume 331
Stiftung für Besinnungswälder Deutschland 332
Stiftung Hof Hasemann 339
Stiftung Kind Duisburg 343
Stiftung KulturLandschaft Günztal 347
Stiftung mittelfränkischer Tierschutz 356
Stiftung Mondo, Esperanto Bürgerstiftung 356
Stiftung Nachwachsende Rohstoffe 357
Stiftung Natur, Mensch, Kultur 358
Stiftung Niederdeutscher Gräftenhof 358
Stiftung Pfefferwerk 361
Stiftung PRO CREATURA 362
Stiftung Pro Natura 363
Stiftung Raiffeisenbank Garrel 363
Stiftung Redernswalde 363
Stiftung Reepsholt für Naturschutz und umweltgerechte Ressourcennut-
zung 363
Stiftung Schorfheide-Chorin 366
Stiftung The Child and Tree Fund 370
Stiftung Tierheim Tegernseer Tal 370
Stiftung Tierschutzverein Deggendorf 370
Stiftung Wasser 372
Stiftung Zukunft der Sparkasse Koblenz 375
Stiftung zum Erhalt der Kulturlandschaft und zur Förderung des Natur-
schutzes in Kleinenberg, Stadt Lichtenau 376
Stiftung zur Förderung der Civil-Courage 377
Stiftung zur Renaturierung des Asbachgrundes 380
Tersteegen-Stiftung 384
Theaterstiftung Bielefeld 384
Tierschutz Stiftung im Kreis Düren 386
Tierschutz-Stiftung Wolfgang Bösche 386
Tierstiftung Dr. med. Harry Schantin 387
Ursula Hegemann Stiftung 390
Ursula und Wilhelm Lindemann Stiftung 391
Viersener Sparkassenstiftung 393
Volksbank Hundem-Lenne - Stiftung 394

Wälder für Morgen	396
wbg2000Stiftung	399
Wellhöfer-Stiftung	399
Willy-Hager-Stiftung	402
Würde & Recht der Tiere Stiftung für den Tierschutz	404

Politik

Alfred Toepfer Stiftung F.V.S.	39
Anti-Gewalt-Stiftung	48
Aventis Foundation	53
Bertelsmann Stiftung	60
Doris-Wuppermann-Stiftung - Junge Menschen für soziale Demokratie.	107
FILIA - Die Frauenstiftung	143
Friedrich-Naumann-Stiftung	151
Fritz Thyssen Stiftung	152
Hanns-Seidel-Stiftung e.V	175
Hans Böckler Stiftung	175
Heinrich-Böll-Stiftung e.V	182
Jürgen-Echternach-Stiftung für Bildung und Demokratie	209
Konrad-Adenauer-Stiftung e.V.	221
Manfred und Brigitta Wardenbach-Stiftung	236
Otto-Brenner-Stiftung	261
Rosa Luxemburg Stiftung Gesellschaftsanalyse und politische Bildung e. V.	280
Stiftung "Aktion Gemeinsinn".	299
Stiftung Bridge - Bürgerrechte in der digitalen Gesellschaft	313
Stiftung der Eisenbahnbauverein Harburg eG zur Förderung von soz. Einr. u. kult. Integration.	316
Stiftung Vielfalt der Kulturen	372
Stiftung zur Förderung der Civil-Courage	377
Thera Stiftung	385

Religion

Abba-Stiftung.	34
Albert und Maria Malthaner Stiftung	37
Alexander Glasunow-Stiftung	37
Antonius-Holling-Stiftung.	49
API-Schönblick Gemeinschafts- und Treuhand-Stiftung	49
ARCHE-Stiftung für Christliche Missions-, Medien- und Gemeindearbeit	50
Arno Pagel-Stiftung	50
Bauer Stiftung	57
Bernhard Langer-Stiftung	59
Bernhard Riepl Stiftung	60
Bischof-Reinkens-Stiftung	62

Bodo-Witte-Stiftung	63
Calvary-Chapel-Stiftung	85
CaritasStiftung im Erzbistum Köln	86
CiW-Förderstiftung	88
Charlotte Franke - Hilfe für die bedrohte Tierwelt	88
Christliche Bildungsstiftung	90
Christliche Jugendstiftung Lauffen	90
CVJM Jugendstiftung im CVJM Augsburg	93
CVJM Pfalz-Stiftung	94
CVJM-Jugendstiftung Rhein-Lahn	94
CVJM-Jugendstiftung Würzburg	94
Dharma-Tor Ammersee Stiftung	102
Dr. Hartmut Kümmerlein Stiftung	113
Dr. Roman Burnhauser-Stiftung	118
Dr. Sobhani-Stiftung	119
Dr. Wilhelm und Maria Ebert Stiftung	120
dzm-Jakob-Vetter-Stiftung	123
Eberhard Ossig-Stiftung	123
Eduard Bay Stiftung	126
Elisabeth und Matthias Biebl Stiftung	129
Emmaus - Exerzitien- und Begegnungshaus	132
Erich Tönnissen Stiftung	133
Ernst und Hertha Nett Stiftung	135
Eugen Biser-Stiftung	137
Evangelische Diakoniestiftung des Dekanates Rothenburg ob der Tauber	139
Evangelische Familienstiftung Wilhelmshaven-Stiftung für Leben und Lernen in Familien	139
Evangelisches Studienwerk e.V. Villigst	139
Familie-Wilhelm-Grube-Stiftung	142
Fliedner-Kulturstiftung Kaiserswerth	143
Förderstiftung Heilsarmee Göppingen	145
Franz und Maria Vetter Altenstiftung	146
Friedl Gerbig-Stiftung für das Geistliche Zentrum Schwanberg	150
FRIENDS - Stiftung, Stiftung für missionarische und soziale Arbeit	152
Gemeinnützige Stiftung Volksbank Cappeln	156
Gemeinschaftsstiftung Kolpingwerk Deutschland	158
Georges-Anawati-Stiftung	159
Gertrud von Helfta-Stiftung	164
Gertrud Wimmel Stiftung	164
Geschwister-Plan-Stiftung	165
GIRA IMANA Stiftung Joseph Kustner	166
Gut und wirkungsvoll	172

Hans Mohr-Stiftung	176
Hans-Joachim-Selzer-Stiftung	179
Haus-Greve-Stiftung	181
Hildegard-Sojka-Lockmann Stiftung	191
Hilfe für Menschen in Not	192
idea-Stiftung zur Förderung christlicher Publizistik	195
Institut zur Förderung der Glaubenslehre	200
Internationale Martin-Buber-Stiftung	201
IRMA-Stiftung	202
Jacques-Fesh-Stiftung	203
Joachim und Elisabeth Godziwitz-Stiftung	204
Johannes-vom-Kreuz-Stiftung	206
Jordan-Stiftung	206
Jürgen-Echternach-Stiftung für Bildung und Demokratie	209
Karmapa-Stiftung	212
KASTELL-Stiftung	213
Kinder- und Jugendstiftung der Hiltruper Herz-Jesu	216
Kirche im Dorf	216
Klara-Maria - Wilhelm Uhle Stiftung	217
Kloster-Langwaden-Stiftung	220
Kulturstiftung Guttenberg	227
Kulturstiftung Interreligiöse Bildung und Begegnung	227
L & S Fonds	229
LICHTBURG-Stiftung	233
Marcel-Callo-Stiftung für Arbeitnehmer/-Familien der kath. Arbeitnehmer-Bewegung Diözesanverband Eichstätt	237
Matthäus 6,33 Stiftung	244
Matthäus-Stiftung	244
Mauss-Daeschler Stiftung	244
Max Wieninger-Stiftung	245
Mentor Stiftung Bremen	246
Missions-Stiftung Lindern	248
NoMaNi -Stiftung-Dr.Norbert und Maria Nix	255
Ökumenische Stiftung Jerusalem für das Studium von Religion, Kultur und Geschichte im Nahen Osten	257
Pastor Wilhelm Busch-Gedächtnisstiftung	262
Paul-Cremer-Stiftung pro Misereor	263
Paulus-Stiftung in Lohne	263
Prämonstratenserstiftung Roggenburg	268
Reinleins-Kreuzweg-Stiftung	272
Renovabis-Stiftung	274
Roeser-Stiftung	278
Rotary-Germering-Stiftung	281

SMD-Stiftung 290
Sparkassen Bürgerstiftung Berchtesgadener Land 292
Sparkassenstiftung Kloster Roggenburg. 293
St. Alexandri Stiftung Einbeck 295
St. Matthäus Stiftung zur Förderung von Glauben und Leben. 296
Stahlberg-Stiftung 297
Stark Stiftung. 298
Steierer-Stiftung für Menschen in Not 298
Stiftung - Maria Friedenskönigin 299
Stiftung "Evangelisch in Regensburg" 301
Stiftung "Jugend mit Zukunft" 303
Stiftung Agathon 305
Stiftung Aham 305
Stiftung Akademie für Reformatorische Theologie. 306
Stiftung Altöttinger Marienwerk. 308
Stiftung Christlicher Arbeitskreis für Kinder-, Jugend- und Studentenarbeit 314
Stiftung Christus-Gemeinde Wuppertal 315
Stiftung der Augustiner in Deutschland 315
Stiftung der Israelitischen Kultusgemeinde Straubing 317
Stiftung der Partnerhilfe in kleinen Schritten - Abtei Münsterschwarzach 318
Stiftung der Sparkasse Landsberg-Dießen 319
Stiftung des Fördervereins christlicher Schulen 322
Stiftung Diakonie im Landkreis Leer 325
Stiftung Dissen 326
Stiftung ecclesia mundi Eine Stiftung der Missio München 327
Stiftung Evangelischer Hospizdienst Oldenburg. 329
Stiftung Evangelisches Gethsemanekloster 329
Stiftung Friedehorst 331
Stiftung für das Lukaszentrum 333
Stiftung für den Evangelischen Verein Nord-Ost für Evangelisation und Gemeinschaftspflege zu Frankfurt am Main 333
Stiftung für Gemeindebau und Sozialarbeit 334
Stiftung ganzheitliche Kinder- und Jugendhilfe 336
Stiftung Hahnenklee 337
Stiftung Katholische Schulen in Hamburg 343
Stiftung Kloster Bursfelde 346
Stiftung Marburger Medien. 353
Stiftung Maria Magdalenen. 354
Stiftung Marianum Fulda 354
Stiftung Mondo, Esperanto Bürgerstiftung 356
Stiftung Msgr. Dr. theol. Rudolf Besouw 357
Stiftung Preußisches Kulturerbe 362

Stiftung Reinhard Bonnke Foundation 364
Stiftung St. Antonius 368
Stiftung St. Laurentius 368
Stiftung St. Sebastianus 369
Stiftung Zeit-Stiften 374
Stiftung zur Förderung christlicher Lebens- und Arbeitsgemeinschaften 376
Stiftung zur Förderung der Jüdischen Gemeinden 378
Stiftung zur Förderung des Evangeliums-Rundfunk Deutschland e.V.
(ERF Stiftung) 378
Süd-Ost-Europa Stiftung 383
Thera Stiftung 385
Tihon Stiftung 387
Udo Keller Stiftung 388
Ursulinen Offenbach Stiftung 392
Volz Stiftung Bergfriede 395
Zukunft Kirche in Volksdorf 406

Soziales

A.S. Création Tapeten-Stiftung 34
Abba-Stiftung 34
action medeor-Stiftung 35
Adele-Pleines-Hilfe-Stiftung 35
Adolphi-Stiftung der Evangelischen Kirche 36
Agnes Poll-Stiftung 36
Aktion Niere Stiftung des Dialysepatienten Deutschlands e. V. ... 36
Albert und Maria Malthaner Stiftung 37
Albert-Hintzen-Stiftung 37
Albertinen-Stiftung 37
Alexander Tutsek - Stiftung 38
Alfred und Barbara Demmler-Wohltätigkeitsstiftung 40
Allgemeine Blinden- und Sehbehindertenstiftung 40
Aloisa Schmid-Stiftung 42
Alt und Jung im Dialog - Wohnen - Begegnen - Betreuen - Pflegen ... 42
Altern in Würde - Stiftung Altenhilfe des Kurhessischen Diakonissen-
hauses Kassel 42
Altonaer Kaviar Import Haus Stiftung 42
Alwin und Martha Heinz Stiftung 43
Amberger Bürgerstiftung 43
Andreas Tippner Stiftung 44
animus-Stiftung für Kinder und Jugendliche 44
Anna Birkholz Stiftung 45
Anna Elise Stiftung 45
Anna-Einhauser-Stiftung 45
Anna-Maria und Bruno Döllner-Stiftung 45

457

Annegret und Theo Lechtenböhmer-Grawe-Stiftung	46
Anneliese und Hans Imhof Stiftung	47
Annemarie Dose-Stiftung	47
Annette und Wolfgang Haupt Stiftung	47
Anni Iftner Stiftung	47
Anti-Gewalt-Stiftung	48
Anton Hörmann-Stiftung	48
Anton Neumann Stiftung	48
Anton Schrobenhauser Stiftung Kids to Life	48
Antonius-Holling-Stiftung	49
Appel-Seitz-Stiftung	49
ARCHE-Stiftung für Christliche Missions-, Medien- und Gemeindearbeit	50
Arnim-Züsedom Stiftung	50
Arno Pagel-Stiftung	50
Aucotras Stiftung	51
Auerbach Stiftung	51
August Harms Stiftung	51
Auguste Steinfelder Stiftung	52
AWD-Stiftung Kinderhilfe	53
AWO-Duisburg-Stiftung	53
AWO-Stiftung Soziales Engagement in Fürth	53
Bad Harzburg-Stiftung	54
Ball-Stiftung	54
Barbara Rauck Stiftung Comeback Querschnittgelähmter	55
Barbara-Stiftung des Aachener Reviers	56
Bärenherz Stiftung	56
Bau AG-Stiftung	56
Bauer Stiftung	57
Bayerisches Rotes Kreuz - Passauer Rot-Kreuz-Stiftung	57
Behinderten-Hilfe vorrangig für Kinder	58
Belegschaftshilfe DATEV-Stiftung	58
Berlin-Will-Stiftung	58
Bernhard Ehl-Stiftung	59
Bernhard Gehrken Stiftung	59
Bernhard Langer-Stiftung	59
Bethesda-Stiftung	61
Betreuer-Stiftung Jever	61
Bischof-Michael-Wittmann-Stiftung	62
Bischof-Reinkens-Stiftung	62
Blinden- und Sehbehindertenstiftung Bayern	63
Blumberg Stiftung	63
Bohne-Junius-Stiftung	64
Brauchtums-Stiftung Freilassing	64

Bremische Kinder und Jugend Stiftung ... 65
Bremische Volksbank eG Stiftung ... 65
Brigitte Berkenhoff Stiftung ... 65
Brodmerkel-Stiftung Utting ... 66
Brot gegen Not. Die Heiner Kamps Stiftung ... 66
Bruno Zach Stiftung ... 67
Bürgerstiftung Feldkirchen ... 67
Bundenthaler Stiftung ... 67
Bürgermeister-Schmutzer-Sozialstiftung ... 68
Bürgerstiftung Aichacher Jahrtausendweg ... 69
Bürgerstiftung Augsburg ... 69
Bürgerstiftung Augsburger Land ... 69
Bürgerstiftung Bad Aibling und Mangfalltal ... 69
Bürgerstiftung Berchtesgadener Land ... 70
Bürgerstiftung Bonn ... 70
Bürgerstiftung Bovenden ... 70
Bürgerstiftung Braunschweig ... 71
Bürgerstiftung Bremen ... 71
Bürgerstiftung Büren ... 71
Bürgerstiftung Burghaun ... 72
Bürgerstiftung der Sparkasse Dinslaken-Voerde-Hünxe ... 72
Bürgerstiftung der Sparkasse Lüdenscheid ... 72
Bürgerstiftung der Sparkasse Melle ... 72
Bürgerstiftung der Sparkasse Südliche Weinstraße in Landau ... 73
Bürgerstiftung der Stadtsparkasse Porta Westfalica ... 73
Bürgerstiftung Dinkelsbühl ... 73
Bürgerstiftung Dülmen ... 74
Bürgerstiftung Erftstadt ... 74
Bürgerstiftung Erlangen ... 74
Bürgerstiftung für die Region Aachen - Kultur, Kunst und Wissenschaft ... 74
Bürgerstiftung für die Kinder in Wuppertal ... 75
Bürgerstiftung Gaildorf ... 75
Bürgerstiftung Göppingen ... 75
Bürgerstiftung Grafenau ... 76
Bürgerstiftung Hellweg-Region ... 76
Bürgerstiftung Herzebrock-Clarholz ... 76
Bürgerstiftung Hochdorf ... 76
Bürgerstiftung im Landkreis Nienburg ... 77
Bürgerstiftung Ingolstadt ... 77
Bürgerstiftung Ludwigshafen am Rhein ... 77
Bürgerstiftung Mittelhessen ... 78
Bürgerstiftung Norden ... 78
Bürgerstiftung Norderney ... 79

Bürgerstiftung Nürnberg 79
Bürgerstiftung Osnabrück 79
Bürgerstiftung Ostfalen für die Landkreise Helmstedt, Ohrekreis und
Bördekreis 80
Bürgerstiftung ProSozial Konstanz. 81
Bürgerstiftung Remagen. 81
Bürgerstiftung Remscheid 82
Bürgerstiftung Rohrmeisterei Schwerte 82
Bürgerstiftung Salzgitter 82
Bürgerstiftung Seniorenzentrum Poing. 83
Bürgerstiftung Siegen 83
Bürgerstiftung Tecklenburger Land 83
Bürgerstiftung Unser Schwabach 84
Bürgerstiftung Vaihingen an der Enz. 84
Bürgerstiftung Wallenhorst. 84
Bürgerstiftung Wasserburg (Bodensee) 84
Bürgerstiftung Zukunftsfähiges München 85
Caritas-Bürgerstiftung im Landkreis Kelheim 85
Caritas-Stiftung Fürth 86
CaritasStiftung im Erzbistum Köln 86
Centa Huber Stiftung. 87
Christel Beslmeisl-Stiftung für Soziales Engagement in Fürth 89
Christel und Manfred Gräf-Stiftung. 89
Christian und Renate Feddersen Stiftung 89
Christiane und Dirk Reichow-Stiftung zur Förderung der bildenden
Kunst. 89
Christian-Heinrich-Sandler Stiftung 90
Christliche Jugendstiftung Lauffen 90
Claudius Bayerl Stiftung 91
Collegium Fridericianum Rosemarie und Wolfgang Simon Stiftung . . . 92
Communio Christi-Stiftung 92
Copernicus-Stiftung 92
cornelius-Stiftung. 93
CVJM Jugendstiftung im CVJM Augsburg 93
CVJM Pfalz-Stiftung 94
CVJM-Jugendstiftung Rhein-Lahn 94
CVJM-Jugendstiftung Würzburg 94
Dehner Hilfsfonds für Menschen in Not 95
Der Sonne entgegen 95
Deutsche AIDS-Stiftung 95
Deutsche BP-Stiftung 96
Deutsche Kindersuchthilfe 98
Deutsche Multiple Sklerose Stiftung (DMSS-NRW) 98

DGzRS Stiftung	101
Dharma-Tor Ammersee Stiftung	102
Diakonie in Edermünde	102
Diakoniestiftung Wilhelm Müsken	102
Diakonische Altenhilfestiftung Wilhelm Frisch	102
Diakonissenstiftung kreuznacher diakonie in Würde leben - In Würde sterben	102
Dieter Ernstmeier Stiftung	103
Dietrich und Marion Fürst-Stiftung	103
Dipl. Hdl. Oswald und Lieselotte Russ-Stiftung	104
Dirk Nowitzki-Stiftung	104
DONUM VITAE - Stiftung deutscher Katholiken zum Schutz des menschlichen Lebens	106
Doris-Wuppermann-Stiftung - Junge Menschen für soziale Demokratie	107
Dr. med. Georg Oeckler Stiftung	107
Dr. Albrecht Gräfer-Stiftung	108
Dr. Andrea Winkler-Wilfurth-Stiftung	108
Dr. Birgit Kleinknecht Stiftung	108
Dr. Dau-Stiftung	109
Dr. Dirk Baier-Stiftung	109
Dr. E. A. Langner-Stiftung	109
Dr. Emil Artus Gedächtnis-Stiftung	110
Dr. Gerhard-Boß-Stiftung	112
Dr. Hans-Jürgen Schinzler Stiftung	112
Dr. Hans-Martin und Irene Christinneck-Stiftung	113
Dr. Hartmut Kümmerlein Stiftung	113
Dr. Heinz Kreß Stiftung zur Förderung von Kindern	113
Dr. Ingeborg Hennemann-Stiftung	114
Dr. J. und A. Kratzer Stiftung	114
Dr. Johannes und Dr. Gunhild Cassens - Stiftung	115
Dr. Josef H. Wennemann-Stiftung	115
Dr. Josef und Brigitte Pauli- Stiftung	115
Dr. Kindel-Oldenburg-Stiftung	115
Dr. Marianne Zink-Stiftung	116
Dr. med. Georg Oeckler-Stiftung	116
Dr. med. Karl-Heinz und Lore Barrakling Stiftung	116
Dr. med. Ruth Derlam-Stiftung	116
Dr. Otto und Luise Weisbrod Stiftung	117
Dr. Robert und Helga Düker-Stiftung	117
Dr. Rolf und Hildegard und Günter Scheunert-Stiftung	118
Dr. Roman Burnhauser-Stiftung	118
Dr. Rudolf und Hildegard und Günter Scheunert-Stiftung	118
Dr. Salk-Gedächtnis-Stiftung für Behinderte	118

Dr. Siegfried Prieber-Stiftung	119
Dr. Sobhani-Stiftung	119
Dr. Stauber Stiftung	119
Dr. Steinhauer Stiftung	119
Dr. Wilhelm und Maria Ebert Stiftung	120
Dr. Ziechnaus-Stiftung	120
Dr. Zita u. T.V. Steger-Stiftung zur Förderung der Psychoanalyse	120
Dr.-Else-Maria-Siepe-Stiftung	120
Dr.-Theo-Ott-Stiftung	121
Draeger Stiftung	121
Dreyer Stiftung	122
Droste-Haus Stiftung	122
Dühlmeier-Menens-Stiftung	122
DV-RATIO Stiftung	123
DWMS - Stiftung	123
Edda Schlieper-Stiftung	125
Editha Backs Stiftung	126
Eduard Bay Stiftung	126
Eheleute Horn Stiftung	126
Elfriede Breitsameter-Stiftung in Eching	128
Elfriede Spitz Stiftung	128
Elisabeth Dittel Stiftung	128
Elisabeth Grümer Hospiz-Stiftung	129
Elisabeth und Matthias Biebl Stiftung	129
Elisabeth und Ottmar Mühlherr-Stiftung	129
Elisabeth-Kleber-Stiftung der Baugenossenschaft freier Gewerkschafter eG	129
Elsa-Krauschitz-Stiftung	130
Elsano-Mutter-Stiftung	130
Elvira-Efferz-Stiftung-Weihnachtslicht	131
Emma Heilmaier-Stiftung	132
Emmy Franz-Stiftung	132
Enzo und Stefanie Fidanzini-Stiftung	133
Erich Tönnissen Stiftung	133
Erika Müller Stiftung	134
Erika und Kurt Meyer Stiftung	134
Erlin und Heinz Allekotte Stiftung zur Förderung der Ausbildung besonders begabter Kinder	134
Erna Mößner-Stiftung	134
Ernst und Erika Rauch Stiftung	135
Ernst und Ursula Friedrich Stiftung	135
Ernst-Wilhelm-Sachs-Stiftung	135
EthEcon - Stiftung Ethik und Ökonomie	136

Evangelische Diakoniestiftung des Dekanates Rothenburg ob der Tauber	139
Evangelische Familienstiftung Wilhelmshaven-Stiftung für Leben und Lernen in Familien	139
Evangelisches Studienwerk e.V. Villigst	139
Exvestment-Stiftung	140
F. + G. Robering Stiftung	140
Fairness-Stiftung gemeinnützige GmbH	141
fairNetzen	141
Familie Posielek Stiftung für Straßenkinder	141
Familienstiftung Psychiatrie	142
Familie-Wilhelm-Grube-Stiftung	142
Fanny Unterforsthuber-Stiftung	142
Fennel-Stiftung	143
FILIA - Die Frauenstiftung	143
Flori hilft Stiftung	144
Förderstiftung des Diakonischen Werkes im Kirchenkreis Vlotho	144
Förderstiftung des Diakonischen Werkes Traunstein	144
Förderstiftung Heilsarmee Göppingen	145
Förderstiftung Herzogsägmühle	145
Förderstiftung Innere Mission München	145
Franz und Maria Vetter Altenstiftung	146
Franz und Thea Dupré - Stiftung	146
Franz von de Berg-Stiftung	147
Frauen Sinnstiftung	147
Fraundienst Stiftung	148
Fred und Irmgard Rauch Stiftung	148
Fred und Maria Riedel-Stiftung	148
Freudenberg Stiftung GmbH	149
FRIEDENSDORF Gemeinschaftsstiftung	149
Friedhelm Wilmes-Stiftung	149
Friedl Gerbig-Stiftung für das Geistliche Zentrum Schwanberg	150
Friedl-Kugler-Sozialstiftung	150
Friedrich Schorling Stiftung - gemeinnützige Stiftung für neue Lebens-, Arbeits- und Wohnformen	150
Friedrich Stiftung	151
Friedrich-Freidank-Stiftung	151
Fritz Hollweg Stiftung	152
Fuldaer Integrations-Stiftung	153
Für Kinder und Jugendliche in unserer Region - Stiftung der Sparkasse Langen-Seligenstadt	153
G. und H. Randlkofer-Stiftung	154
Gabi und Dr. Erhart Stägmeyr-Stiftung	154

Gauselmann-Stiftung. 154
Gemeinnützige Hertie-Stifung zur Förderung von Wissenschaft, Erziehung, Volks- und Berufsbildung 155
Gemeinnützige Stiftung der Familie Gude 155
Gemeinnützige Stiftung Hilfe für Nepal 155
Gemeinnützige Stiftung Volksbank Cappeln. 156
Gemeinnützige TTL Stiftung 156
Gemeinschaftsstiftung Bolivianisches Kinderhilfswek 156
Gemeinschaftsstiftung der Arbeiterwohlfahrt Kreisverband Kempten e.V. "Offenes Herz". 157
Gemeinschaftsstiftung der Arbeiterwohlfahrt Kreisverband Lindau e.V. "Lucie Kozak". 157
Gemeinschaftsstiftung der Heilsarmee Deutschland. 157
Gemeinschaftsstiftung Hausenhof 157
Gemeinschaftsstiftung Kolpingwerk Deutschland 158
Gemeinwohl-Stiftung der Sparkasse Dortmund 158
Georg-Leffers-Stiftung 160
Gerckens - Stiftung. 160
Gerd F. Müller und Kerstin Müller-Eckart-Stiftung 160
Gerd Schmidt Stiftung 160
Gerd und Annemarie Thomas-Stiftung. 160
Gerd und Margot Fahron-Stiftung 161
Gerd und Ulrike Seuwen Stiftung 161
Gerhard Grill - Frisch Auf Jugend Stiftung 162
Germeringer Sozialstiftung. 163
Gertraud Klinge-Stiftung 163
Geschwister Alfred und Hildegard Mändler-Stiftung 164
Geschwister-Jess-Stiftung. 164
Geschwister-Mörtlbauer-Stiftung. 164
GesundbrunnenStiftung 165
GIRA IMANA Stiftung Joseph Kustner. 166
Gisela Mayr-Stiftung 166
Gisela Nicolai-Stiftung 166
Gisela Pitzer-Stiftung. 166
Gisela Remus-Stiftung 167
Gontard & MetallBank-Stiftung. 169
Grains of Faith - Korn des Glaubens. 169
Gunter und Waltraud Greffenius Stiftung 171
Günter-Lindemeier-Stiftung 171
Günther-und-Johanna-Hoffmann-Stiftung 172
Gustav und Marliese Boesche Stiftung 172
H. und G. Wessel Stiftung 173
H.i.N. (Hilfe in Not)-Stiftung 173

Hagen Tschoeltsch Stiftung	173
Hannelore Krempa Stiftung	175
Hans Lechermann Stiftung	176
Hans Messer Stiftung	176
Hans Mohr-Stiftung	176
Hans Reinhardt Stiftung	177
Hans und Emmi Siering-Stiftung	177
Hans und Grete Cordts-Stiftung	177
Hans und Ilse Breuer-Stiftung	178
Hans und Maria Müser Stiftung	178
Hanse Stiftung Jörg Wontorra gemeinnützige Stiftung	178
Hans-Joachim-Schultz-Stiftung	179
Hans-Joachim-Selzer-Stiftung	179
Hans-Wilhelm und Mathilde Heyken - Stiftung	180
Haqiqat Stiftung Charitable Foundation	180
Harald Neven DuMont Stiftung	180
Harald und Katharina von Manteuffel-Stiftung	180
Heide und Christian Schnicke-Stiftung	182
Heiner Buttenberg Stiftung	182
Heinrich Sauer Stiftung	182
Heinz A. Bockmeyer Stiftung	183
Heinz Fuchs Jugendhilfe Stiftung	183
Heinz und Ilse Schulze Stiftung	184
Heinz und Inge Hornung Stiftung	184
Helder Camara Stiftung - Stiftung des Bischöflichen Hilfswerks Misereor	184
Helene-Eichler-Stiftung	185
Helga Leibiger geb. Gerber und Walter Leibiger Stiftung	185
Helga und Bruno Schnell Stiftung	185
Helmut Maier Stiftung	186
Helmut und Anneliese Weirich-Stiftung	186
Helmut und Gerlinde Schwarz-Stiftung	186
Helmut-Ebbecke-Georgstiftung zu Braunschweig	186
Herbert und Inge Lampe Stiftung	187
Herbert und Margarete Schaub-Stiftung	187
Herbert, Käte und Helga Reinfeld-Stiftung	188
Hermann Brackmann Stiftung	188
Hermann und Hilde Walter-Stiftung Hattenhofen	188
Hermann-Gmeiner-Stiftung	189
Hermann-Massink-Stiftung	189
Hermine-Kölschtzky-Stiftung	189
Hessenstiftung - Familie hat Zukunft	190
Hilde und Hermann Walter-Stiftung Plüderhausen	190
Hilde-Fuest-Stiftung	190

Hildegard und Toby Rizzo-Stiftung. 191
Hilfe für die Psyche - Stiftung Nikolaus und Sabine Kappen. 191
Hospiz Stiftung Grafschaft Bentheim. 193
Hospizstiftung Kassel 193
Hospizstiftung Region Einbeck-Northeim-Uslar 194
Hospizverein Wiesbaden Auxilium - Stiftung Marianne Kahn 194
Hubertus Altgelt-Stiftung. 195
Hugo und Johanna Körver Stiftung 195
idea-Stiftung zur Förderung christlicher Publizistik. 195
Ilg-Stiftung 196
Ilse und Franz Tacke Stiftung 196
Ilse-Marie-Atzinger-Stiftung 196
Imhoff-Stiftung 197
Immler Großfamilienstiftung 197
Indienhilfe Channo Devi Stiftung, gemeinnützige Stiftung des Jori Singh 197
Ingeborg von Schlenk-Barnsdorf-Stiftung 198
Ingeborg-Lekos-Stiftung 198
Invitare - Eingeladen zum Leben - Stiftung für Mutter und Kind 201
Irene Thiermann Stiftung. 202
Irmgard und Gunnar Rasch-Stiftung 202
IshuChandi Stiftung 203
Jacques-Fesh-Stiftung 203
Jakob-Mann-Stiftung 203
Jan-Groenewold-Foundation 203
Jens Jeremies Stiftung 204
Joachim und Elisabeth Godziwitz-Stiftung 204
Johann Heinrich Poppe Stiftung 205
Johannes Beese Stiftung. 205
Johannes Rau Stiftung. 205
Johannes und Elsbeth Gottwald-Stiftung 205
Jordan-Stiftung. 206
Josef Hannappel Stiftung 206
Josef Keutken Stiftung. 206
Josef und Karolina Bengel Stiftung 207
Joseph-Cardijn-Stiftung 207
Jubiläumsstiftung der Sparkasse Velbert 208
Jugendstiftung des Landkreises Osnabrück 208
Julia Maschinsky-Stiftung 208
Julius Axenfeld Stiftung 209
Jurek Stiftung. 209
Jürgen Frömbling Stiftung 209
Justin-Hüppe-Raumtrennsysteme-Stiftung. 209
Karl Heinz Bestaendig Stiftung. 210

Karl Heinz Brill Stiftung - Stiftung für benachteiligte Kinder und Jugendliche	210
Karl Hugo Ammer Stiftung	210
Karl Wilhelm Tang Stiftung	211
Karl, Alfred und Emma Ostermaier-Stiftung	211
Karla Bauer-Stiftung	211
Karl-Heinz Baumann-Stiftung	211
Karolina Bernstetter-Stiftung	213
Karoline Schürmann Stiftung	213
KASTELL-Stiftung	213
Käthe-Flöck-Stiftung	213
Kids Care	214
Kinder der Welt-Stiftung	215
Kinderhilfe Hohenwestedt Hinrichsen-Spindelhirn-Stiftung	215
Kindness for Kids	216
Kirill Georgieff Stiftung	216
Kisters Stiftung	217
Klara-Maria - Wilhelm Uhle Stiftung	217
Klaus Höchstetter-Stiftung	217
Klaus und Ursula Bergmann Stiftung	218
Klaus-Peter Jung und Marianne Jung - Stiftung	218
Klimek-Kayser-Stiftung Mensch und Innovation	219
Kloppenburg-Stiftung	219
KMW Stiftung	220
Kommunikation Alt und Jung	221
Konrad Mayer Stiftung	221
Konrad-Adenauer-Stiftung e.V.	221
Körber-Stiftung	222
Korff-Stiftung	222
Kreisstiftung Ehrenamt	222
Kress-Stiftung	222
Kröner-Stiftung	223
Krüger-Stiftung	223
Kuhlmann-Stiftung	223
Kultur- und Sozialstiftung der Provinzial Rheinland Versicherungen	224
Kultur-,Sport-und Sozialstiftung der Kreissparkasse Köln in der Stadt Leichlingen	224
Kurt und Irene Krüger-Stiftung	229
Landesstiftung Baden-Württemberg gGmbH	230
Langner'sche Stiftung	230
Lasser Kinder-und Jugend-Stiftung	231
Lebenshilfe Bremen Stiftung	231

LEBENSHILFE für Menschen mit geistiger Behinderung OV Köln
STIFTUNG 231
Lebenshilfe Stiftung Frankfurt am Main 231
Lebenshilfe-Stiftung Braunschweig 231
Leo und Trude Denecke Stiftung............................ 232
Leonhard und Katharina Deininger-Stiftung 232
Leopold Rössel - Stiftung 232
Liesa Simon-Stiftung...................................... 233
Lingener Bürgerstiftung 233
Lions - Stiftung - Voreifel............................... 234
Lu Scheins Stiftung zur Unterstützung hilfsbedürftiger Kinder und zur
Erhaltung des Aachener Doms............................... 235
Lübben Hollmann Stiftung 235
Luise Rinser-Stiftung..................................... 235
Manfred und Monika Wolfel-Stiftung........................ 237
Marcel-Callo-Stiftung für Arbeitnehmer/-Familien der kath. Arbeitneh-
mer-Bewegung Diözesanverband Eichstätt 237
Marco Sturm Stiftung...................................... 237
Marco-Stiftung 237
Margarete Riemenschneider-Stiftung 238
Margarete Schnellecke-Stiftung 238
Margarete Schulte-Henschen Stiftung....................... 238
Margarethe und Alfred Schulz Stiftung..................... 239
Margrit Bauer Stiftung 239
Maria Brand-Stiftung...................................... 239
Maria Gschwendtner-Stiftung 239
Maria und Hermann Linnemann Stiftung...................... 239
Maria-Derks-Stiftung Kronach 240
Mariam-Ein Dach für eine Kinder-Stiftung 240
Marianne Beck-Stiftung 240
Marianne Maas-Stiftung 240
Marianne und Frank Kochmann Stiftung...................... 241
Marianne und Gerhard Rohne Stiftung....................... 241
Marianne-Dithmar Stiftung................................. 241
Marie-Theres Kröger-Stiftung 242
Marthashofen-Stiftung 242
Martin Müller Stiftung.................................... 243
Martin und Anneliese Molitor-Stiftung 243
Mathilde-Hurter-Stiftung.................................. 244
Matthäus 6,33 Stiftung.................................... 244
Matthäus-Stiftung 244
Matthias-Brock-Stiftung 244
Mauss-Daeschler Stiftung 244

Max Falter Stiftung 245
Max und Edmund Weiß-Stiftung 245
Mayweg-Stiftung 246
Meltl-Stiftung 246
Menschen-Helfen-Stiftung für die Behindertenarbeit in Rumänien . . . 246
Mentor Stiftung Bremen 246
Michael Berger-Stiftung 247
Michael und Barbara Grobien Stiftung 247
Michael Wagner Stiftung "Kinderlachen". 247
Michael-Sartorius-Stiftung 248
Minerva-Stiftung 248
Miteinander-Stiftung Nürnberg 248
MitLeidenschaft - Stiftung für Innovation und Förderung in der diakonischen Arbeit 249
MUCOS Stiftung 250
Multiple Sklerose Stiftung Margrit Gräfin von Schweinitz 250
Münchner Kinder- und Jugend-Stiftung 250
Münchner-Sozialstiftung 251
Münchner Waisenkinder-Stiftung 251
Münchner Wiesn-Stiftung 251
Münchner-Kindl-Stiftung für Münchner Kinder 252
Namaste-Stiftung. 253
Nechyba-Hartmann-Stiftung 254
Niehues-Stiftung 255
NOVALIS Stiftung von 2001 256
Nur für Kinder-Stiftung 256
Odyssee-Stiftung. 257
Olga Oberhummer-Stiftung 258
Operation Sneaker Trust 258
Oskar-Soldmann-Stiftung 258
Osthessische Stiftung für Ausgestoßene 259
Otto Wolff-Stiftung 260
OVB Medienhaus-Stiftung 261
Passauer Bürgerstiftung der Volksbank 261
Pastor Bammel Stiftung der Diakonie Wolfsburg 262
Paul und Mia Herzog Stiftung 262
Paul und Susi Hoffmann-Stiftung 263
Paul Voßschulte-Stiftung. 263
Paul-Cremer-Stiftung pro Misereor. 263
Paulus-Stiftung in Lohne 263
Peitinger Sozial- und Bürger-Stiftung 264
Peter Blancke-Stiftung 264
Peter und Dietlinde Bischoff-Stiftung. 265

Peter-Maffay Stiftung	265
PFAD FÜR KINDER Stiftung zur Förderung von Pflege- und Adoptivkindern und deren Familien	266
Pfarrer Otmar Fischer Stiftung -Stiftung Friedelsheim	267
PI Förderstiftung	267
Preuschhof Stiftung zur Unterstützung von benachteiligten Kindern und Jugendlichen	268
Pröbsting Stiftung für das Hospiz Lebenshaus in Münster	269
Professor Otto-Kühne-Stiftung zur Förderung begabter Schülerinnen und Schüler	270
Quelle Innovationsstiftung	271
R + W Stiftung	271
Rädisch-Stiftung	271
Raiffeisen - Bürgerstiftung Ostfriesland	271
Reinhard Reichnow Stiftung	272
Reinhard und Marianne Athenstaedt Stiftung	272
Reinleins-Kreuzweg-Stiftung	272
Renate Jordan Stiftung humanitäre Lebenshilfe	273
Renate-Striebeck-Stiftung	273
René Baumgart-Stiftung	273
Renovabis-Stiftung	274
Rettungsdienst Stiftung Björn Steiger e.V	274
Richard Nierich-Stiftung	275
Richard-Donderer-Stiftung	276
Robert Bosch Stiftung GmbH	277
Robert Decker Stiftung	277
Robert Voigt Stiftung	278
Roeser-Stiftung	278
Rolf und Hannelore Kähler Stiftung	279
Rolf und Helene Grillmeir-Stiftung	279
Rolf und Klara Schlobben-Stiftung	279
Roman-Hartfil-Stiftung	279
Romero-Stiftung	280
Rosi-Gollmann-Andheri-Stiftung	280
Rotary Stiftung Donauwörth	281
Rotary-Germering-Stiftung	281
Rotkreuz-Stiftung Zukunft für Menschlichkeit	281
Rudi und Barbara Hierl-Stiftung	282
Rüdiger Colditz Stiftung	282
Rüdiger Fromm Stiftung	282
Rudolf Volland Stiftung	283
Rupert Voß Stiftung	283
S. und W. Quaisser-Stiftung	283

SALUBRITAS-Stiftung	284
Salz und Licht Hadenfeldt Stiftung für Familie, Bildung und Unternehmensnachfolge	284
Sandra-Schmidt-Stiftung	285
Saving An Angel	285
Scharnow Stiftung Tier hilft Mensch	286
Schering Stiftung	286
Schlierseer Bürgerstiftung	287
Schoof'sche Stiftung	287
Schweiger-Stiftung	288
Schwester-Ina-Stiftung	288
Sebastian Bauer Stiftung	288
Sebastian Wolff Stiftung für internationalen Jugendhockeyaustausch	288
Sebastian-Ebner-Stiftung	288
Senior Experten Service Stiftung der Deutschen Wirtschaft für internationale Zusammenarbeit	289
Senioren- und Behindertensport Korschenbroich	289
Skrodolies Stiftung	290
Software AG Stiftung	291
Sonthofer Förderstiftung	291
Sophia und Fritz Heinemann-Stiftung	291
SOS-Kinderdorf-Stiftung	291
Sozial- und Bürgerstiftung der Arbeiterwohlfahrt Penzberg	292
Sozialstiftung Bamberg	292
Sozialwerk-Stiftung Stiftung Christus-Centrum-Ruhrgebiet	292
Sparkassen Bürgerstiftung Berchtesgadener Land	292
Sparkassenstiftung für Mönchengladbach	293
Sparkassenstiftung Jugend und Sport	293
Sparkassenstiftung Lindau (Bodensee)	294
Sparkassenstiftung Mindelheim	294
Sparkassenstiftung Starkenburg	294
St. Franziskus-Stiftung für Kinder und Jugendliche	296
St. Martinus-Stiftung	296
Stadtstiftung Bad Lippspringe	297
Stark fürs Leben - Förderung von Suizidprävention und Krisenintervention	298
Stark Stiftung	298
Steierer-Stiftung für Menschen in Not	298
Steyler Bank-Stiftung	298
Stifterverbund zur Förderung Sozialen Lernens	299
Stiftung - Thomas Ellwein	299
Stiftung - Verbundenheit mit den Deutschen im Ausland	299
Stiftung "Brücken in die Welt"	300

Stiftung "Dorf in der Stadt" 300
Stiftung "Ein bisschen mehr Wir und ein bisschen weniger Ich" 301
Stiftung "Freunde des Raphaelshauses" 301
Stiftung "Germaringer Sport und Altenhilfe" 302
Stiftung "Hilfe für Adoleszente aus Suchtfamilien und Hilfe bei depressiven Störungen von Adoleszenten" 302
Stiftung "JOVITA" 302
Stiftung "Jugend mit Zukunft" 303
Stiftung "JusticeF" 303
Stiftung "Kinder - unsere Zukunft" 303
Stiftung "Leben ist mehr" 303
Stiftung "Projekt Omnibus" 304
Stiftung Akademie Waldschlösschen 306
Stiftung Aktion pro Humanität 307
Stiftung Aktion Sonnenschein - Hilfe für das mehrfach behinderte Kind . 307
Stiftung Albert-Schweitzer Familienwerke und Kinderdörfer 307
Stiftung Altenzentrum Northeim 308
Stiftung Angehörige psychisch Kranker 308
Stiftung Antenne Bayern 308
Stiftung Bayerischen Baugewerbes 311
Stiftung Bündnis für Kinder - gegen Gewalt 313
Stiftung Bürgerhilfe "Solidarität" 313
Stiftung CAMPANULA 314
Stiftung der Augustiner in Deutschland 315
Stiftung der deutschen Polizeigewerkschaft Bremen 316
Stiftung der Eisenbahnbauverein Harburg eG zur Förderung von soz. Einr. u. kult. Integration. 316
Stiftung der Freimaurerloge Zu den Drey Balken in Münster 316
Stiftung der Kreissparkasse München Starnberg in München 317
Stiftung der Maria-Ward-Schule Bad Homburg v.d.H. 317
Stiftung der Partnerhilfe in kleinen Schritten - Abtei Münsterschwarzach 318
Stiftung der Raiffeisenbank Flachsmeer 318
Stiftung der Sparkasse Beckum-Wadersloh 319
Stiftung der Sparkasse Landsberg-Dießen 319
Stiftung der Sparkasse Münsterland Ost 319
Stiftung der Sparkasse Paderborn für die Stadt Marsberg 319
Stiftung der Stadt Ahaus 320
Stiftung der Stadtsparkasse Neuburg a.d.Donau 320
Stiftung der Stadtsparkasse Rain am Lech 320
Stiftung der THW-Helfervereinigung OV Gunzenhausen e.V. 320
Stiftung der Vereinigte Sparkassen des Landkreises Pfaffenhofen a. d. Ilm 320
Stiftung der Volksbank Enger-Spenge 321

Stiftung der Wohnungsgenossenschaft von 1904 - Nachbarn helfen Nachbarn.... 321
Stiftung des Böhmerwaldheimatkreises Prachatitz ... 322
Stiftung des Freundeskreises der Rollstuhlfahrer-Freising.... 323
Stiftung des Rotary-Club Wesel-Dinkslaken ... 323
Stiftung Deutsche Blindenstudienanstalt.... 323
Stiftung Deutsche Sporthilfe ... 324
Stiftung Deutsches Rotes Kreuz Duisburg.... 325
Stiftung Deutsches Rotes Kreuz für das Land Bremen ... 325
Stiftung Diakonie im Landkreis Leer ... 325
Stiftung Diakonie Rosenheim Förderstiftung des Diakonischen Werkes Rosenheim.... 325
Stiftung 'Die im Dunklen sieht man nicht' ... 326
Stiftung Dissen.... 326
Stiftung Erinnerung, Verantwortung und Zukunft ... 328
Stiftung Evangelischer Hospizdienst Oldenburg.... 329
Stiftung Friedehorst ... 331
Stiftung für die individuelle Unterstützung hilfsbedürftiger Münchener Senioren ... 334
Stiftung für Gemeindebau und Sozialarbeit ... 334
Stiftung für Kinder und Jugendliche in der Diakonie Neuendettelsau .. 334
Stiftung für Körperbehinderte Allgäu.... 335
Stiftung für Kunsttherapie BlickWinkel ... 336
Stiftung ganzheitliche Kinder- und Jugendhilfe ... 336
Stiftung Gottfried Hain für Senioren ... 336
Stiftung Gute-Tat.de.... 337
Stiftung Haus des Handwerks.... 337
Stiftung Heiligengrabe.... 338
Stiftung Helfende Hände.... 338
Stiftung Helfende Hände.... 338
Stiftung Hermann und Alide Borggreve ... 338
Stiftung Hilfe für Mitmenschen.... 339
Stiftung Hilfe zum Leben.... 339
Stiftung Hospiz Schwerte.... 339
Stiftung Hospizarbeit in Münster.... 339
Stiftung Johannes-Hospiz Münster.... 342
Stiftung Jugend fordert! - STEP 21.... 342
Stiftung Katholische Schulen in Hamburg ... 343
Stiftung Kind Duisburg ... 343
Stiftung Kinderheim Hermann Hildebrand Haus ... 344
Stiftung Kinderhilfe Fürstenfeldbruck.... 344
Stiftung Kinderjahre ... 344
Stiftung Kinderzentrum Ruhrgebiet ... 345

Stiftung kleiner Bär 345
Stiftung Krankenhaus Fürstenhagen 346
Stiftung Lebensfarben 348
Stiftung Lebenshilfe Bielefeld 349
Stiftung Lebenshilfe Delmenhorst und Umgebung 349
Stiftung Lebenshilfe Erlangen-Höchstadt (West) 349
Stiftung Lebenshilfe Freising 349
Stiftung Lebenshilfe Giessen 350
Stiftung Lebenshilfe im rechtsrheinischen Rhein-Sieg-Kreis 350
Stiftung Lebenshilfe Kreis Neuss 350
Stiftung Lebenshilfe Lippstadt 350
Stiftung Lebenshilfe Lübbecke 350
Stiftung Lebenshilfe Memmingen / Unterallgäu 351
Stiftung Lebenshilfe Neustadt a.d. Aisch-Bad Windsheim 351
Stiftung Lebenshilfe Nürnberg 351
Stiftung Lebenshilfe Traunstein "Hans-Georg Lohr" 351
Stiftung Lebensqualität und Hilfe 351
Stiftung Lebensraum 352
Stiftung Lebensschutz für die Kleinen und Kleinsten 352
Stiftung Lebenstraum 352
Stiftung Leuchtfeuer - gemeinnützige Stiftung zur Förderung von Bildung, Ausbildung, Erziehung und Rehabilitation 353
Stiftung Maria Magdalenen 354
Stiftung Menschen für Menschen - Karlheinz Böhms Äthiopienhilfe . . . 355
Stiftung Mercator GmbH 355
Stiftung Misericordia 356
Stiftung Mondo, Esperanto Bürgerstiftung 356
Stiftung Msgr. Dr. theol. Rudolf Besouw 357
Stiftung Neukirchener Kinder- und Jugendhilfe 358
Stiftung Noah 358
Stiftung Nord Süd Brücken 359
Stiftung Pfefferwerk 361
Stiftung Praunheimer Werkstätten 361
Stiftung pro mente Oldenburg 362
Stiftung Pro Natura 363
Stiftung Raiffeisenbank Garrel 363
Stiftung Realschule St. Maria 363
Stiftung Rotes Kreuz Neuss 364
Stiftung sächsische Gedenkstätten - zur Erinnerung an die Opfer politischer Gewaltherrschaft 364
Stiftung Sag ja zum Kind Darmstadt 364
Stiftung Saving an Angel 365
Stiftung Sozialwerk St. Georg 367

Stiftung St. Antonius 368
Stiftung St. Laurentius 368
Stiftung St. Martin 368
Stiftung St. Michaelis 368
Stiftung St. Remberti-Gemeindepflege zu Bremen 369
Stiftung St. Sebastianus 369
Stiftung The Child and Tree Fund 370
Stiftung UNESCO-Bildung für Kinder in Not 371
Stiftung Vera und Volker Doppelfeld für Ausbildung 371
Stiftung Vielfalt der Kulturen 372
Stiftung Wegwarte 372
Stiftung Wings of Hope Deutschland 374
Stiftung Zeit-Stiften 374
Stiftung zur Förderung christlicher Lebens- und Arbeitsgemeinschaften 376
Stiftung zur Förderung der Sozialstruktur in Entwicklungsländern 378
Stiftung zur Förderung des Archivs der Arbeiterjugendbewegung und
der sozialistischen Kinder und Jugendarbeit 378
Stiftung zur Förderung des Evangeliums-Rundfunk Deutschland e.V.
(ERF Stiftung) 378
Stiftung zur Unterstützung finanziell bedürftiger Kinder des Internats der
Maristenbrüder fms in Mindelheim 380
Stiftung"Hochbegabte Kinder in der Schule" 381
Südniedersachsen-Stiftung 383
Süd-Ost-Europa Stiftung 383
Sybille-Hahne-Stiftung 383
Terstegen-Stiftung 384
The Children`s Rights Stiftung 384
Theodor Strauf und Eberhard Pies Stiftung 385
Thera Stiftung 385
Thodo Schweighart Rosensee Stiftung 385
Thoma Stiftung 385
Thomas-Wimmer-Stiftung 386
Tihon Stiftung 387
Tony Scheid-Stiftung 387
Top Ten Stiftung Financial Partners 387
Ursula und Norbert G. Ring Stiftung 391
Ursula-Wulfes-Stiftung 391
Ute Collischon Stiftung 392
van Weelden Stiftung 392
VdK Stiftung Hamburg 392
Viamedica Stiftung für eine gesunde Medizin 393
Viersener Sparkassenstiftung 393
Viola Gräfin Bethusy-Huc Stiftung 394

Visions for Children Stiftung 394
Vodafone-Stiftung Deutschland 394
Volksbank Hundem-Lenne - Stiftung. 394
von Laer Stiftung 395
W + G - Wehrmann Stiftung 396
Wacker Hilfsfonds 396
Waisenhausstiftung der Stadt Rosenheim 396
Waldemar Koch-Stiftung 396
Walter Brehm + Susanne Paul Stiftung 397
Walter Reschny Stiftung 397
Walter Sedlmayer Paula Rott Stiftung zur Unterstützung Münchner Bürger 397
Walter Tron Familienstiftung 398
Waltraud-Christel-Stiftung 398
Waltraut und Wolfgang Flotho Stiftung. 398
wbg2000Stiftung 399
Weiss-Druck-Stiftung. 399
Werner u. Ingeborg Mühlig-Stiftung 400
Werner und Margarete Töpler-Stiftung. 400
Wilhelm-Hartschen-Stiftung 401
Wilhelmine - Holzapfel - Stiftung 401
Winfried und Centa Böhm Stiftung Weilheim 402
Wolfenbüttel-Stiftung. 403
Wolfgang und Ellen Märker Sozialstiftung 403
Wolfgang und Gerda Mann Stiftung Medien für Kinder 404
Wolfgang und Karla Köhler Stiftung 404
Wulf-Alexander Strauer-Stiftung 404
Zukunft Kirche in Volksdorf. 406

Wohnungswesen
Alt und Jung im Dialog - Wohnen - Begegnen - Betreuen - Pflegen . . . 42
Anton Neumann Stiftung 48
Hermine-Kölschtzky-Stiftung 189

Betriebsangehörige
Belegschaftshilfe DATEV-Stiftung 58
Justin-Hüppe-Raumtrennsysteme-Stiftung. 209
Kromberg & Schubert Stiftung 223
Sanipa Stiftung. 285
SCA Packaging Deutschland Stiftung 285

Völkerverständigung
Alfred Toepfer Stiftung F.V.S. 39
Allianz Kulturstiftung 41

Amberger Bürgerstiftung	43
ARCHE-Stiftung für Christliche Missions-, Medien- und Gemeindearbeit	50
Bertelsmann Stiftung	60
Blumberg Stiftung	63
Bundenthaler Stiftung	67
Bürgerstiftung Augsburg	69
Bürgerstiftung Bad Aibling und Mangfalltal	69
Bürgerstiftung Bonn	70
Bürgerstiftung Braunschweig	71
Bürgerstiftung Bremen	71
Bürgerstiftung Büren	71
Bürgerstiftung Burghaun	72
Bürgerstiftung Dülmen	74
Bürgerstiftung Erftstadt	74
Bürgerstiftung Erlangen	74
Bürgerstiftung Mittelhessen	78
Bürgerstiftung Osnabrück	79
Bürgerstiftung Ostfalen für die Landkreise Helmstedt, Ohrekreis und Bördekreis	80
Bürgerstiftung Remscheid	82
Bürgerstiftung Unser Schwabach	84
Bürgerstiftung Vaihingen an der Enz	84
Carl Duisberg Stiftung für internationale Bildung und Zusammenarbeit	86
Collegium Fridericianum Rosemarie und Wolfgang Simon Stiftung	92
Deutsche Telekom Stiftung	100
DFB-Stiftung Egidius Braun	101
Dr. E. A. Langner-Stiftung	109
Dr. Hans-Jürgen Schinzler Stiftung	112
Dr.-Franz-Josef-Kreuels-Stiftung	121
Draeger Stiftung	121
Dreyer Stiftung	122
Eberhard Schöck-Stiftung	124
Europäische Kulturtage Ottobeuren	137
Europäisches Haus - Konzerthaus Passau	138
FILIA - Die Frauenstiftung	143
Friedrich Stiftung	151
Friedrich-Ebert-Stiftung e.V.	151
Friedrich-Naumann-Stiftung	151
Gemeinnützige Hertie-Stifung zur Förderung von Wissenschaft, Erziehung, Volks- und Berufsbildung	155
Gemeinnützige Stiftung der Familie Gude	155
Gemeinschaftsstiftung Bolivianisches Kinderhilfswek	156
Gemeinschaftsstiftung Kolpingwerk Deutschland	158

Georges-Anawati-Stiftung	159
Global Contract Foundation	168
Haniel-Stiftung	173
Hanns-Seidel-Stiftung e.V	175
Hans und Hanna Velthuysen Stiftung	177
Hausner Stiftung	181
Heinrich-Böll-Stiftung e.V	182
Helder Camara Stiftung - Stiftung des Bischöflichen Hilfswerks Misereor	184
Hirschaid-Stiftung zur Förderung internationaler Begegnung	192
Indien-Stiftung der DIG	197
Johannes Rau Stiftung	205
Kisters Stiftung	217
Klaus Höchstetter-Stiftung	217
Klaus Tschira Stiftung gGmbH (KTS)	218
Konrad-Adenauer-Stiftung e.V	221
Körber-Stiftung	222
Kurt und Felicitas Viermetz Stiftung	229
Landesstiftung Baden-Württemberg gGmbH	230
LICHTBURG-Stiftung	233
Luise Rinser-Stiftung	235
Manfred und Brigitta Wardenbach-Stiftung	236
Mentor Stiftung Bremen	246
Messner Mountain Stiftung	247
Operation Sneaker Trust	258
Ossberger-Stiftung	259
Otto Diersch Stiftung	260
Otto-Brenner-Stiftung	261
Prof. Wolfgang-Sawallisch-Stiftung	269
Robert Bosch Stiftung GmbH	277
Rosa Luxemburg Stiftung Gesellschaftsanalyse und politische Bildung e. V.	280
Rotary-Germering-Stiftung	281
Rotkreuz-Stiftung Zukunft für Menschlichkeit	281
Sammlung Dr. Bir	284
Schering Stiftung	286
Schwarz-Schilling-Stiftung	287
Senior Experten Service Stiftung der Deutschen Wirtschaft für internationale Zusammenarbeit	289
Stadtstiftung Bad Lippspringe	297
Stiftung "Kompetenz im Konflikt"	303
Stiftung "Scheuklappen"	305
Stiftung Artenschutz	309
Stiftung Bürgerhilfe "Solidarität"	313

Stiftung CAMPANULA 314
Stiftung der Eisenbahnbauverein Harburg eG zur Förderung von soz.
Einr. u. kult. Integration. 316
Stiftung der Freimaurerloge Zu den Drey Balken in Münster 316
Stiftung der Kreissparkasse München Starnberg in München 317
Stiftung der Sparkasse Münsterland Ost. 319
Stiftung der Sparkasse Paderborn für die Stadt Marsberg. 319
Stiftung der Stadt Ahaus 320
Stiftung der Vereinigte Sparkassen des Landkreises Pfaffenhofen a. d.
Ilm 320
Stiftung der Wohnungsgenossenschaft von 1904 - Nachbarn helfen
Nachbarn. 321
Stiftung des Böhmerwaldheimatkreises Prachatitz 322
Stiftung Deutsches Rotes Kreuz Duisburg. 325
Stiftung Erinnerung, Verantwortung und Zukunft 328
Stiftung FreiRäume. 331
Stiftung Frieden lernen - Frieden schaffen 331
Stiftung Gemeindienst Düsseldorf 336
Stiftung Haus Mährisch-Schönberg 338
Stiftung Interkultur 340
Stiftung Käthe-Kollwitz-Gymnasium Wilhelmshaven. 342
Stiftung Menschen für Menschen - Karlheinz Böhms Äthiopienhilfe. . . 355
Stiftung Mondo, Esperanto Bürgerstiftung 356
Stiftung Nord Süd Brücken 359
Stiftung Pfefferwerk 361
Stiftung Temple Gift 369
Stiftung Umgebindehaus. 370
Stiftung Universität Herdecke / Witten 371
Stiftung Vielfalt der Kulturen 372
Stiftung W. 372
Stiftung Zentrum gegen Vertreibung 375
Thera Stiftung 385
Waldemar Koch-Stiftung 396
Werner u. Ingeborg Mühlig-Stiftung 400

Wirtschaft

Aventis Foundation. 53
Bankhaus Wölbern Stiftung 54
Bertelsmann Stiftung. 60
Bürgerstiftung Zukunftsfähiges München 85
Deutsche Bundesstiftung Umwelt 96
Eberhard Schöck-Stiftung 124
Friedrich-Naumann-Stiftung 151
Fritz Thyssen Stiftung 152

Hans Böckler Stiftung 175
Innovationsstiftung Schleswig-Holstein 199
Kromberg & Schubert Stiftung 223
Lübben Hollmann Stiftung 235
Münchner Wiesn-Stiftung 251
Otto-Brenner-Stiftung 261
Richard Teutloff Stiftung zur Förderung der beruflichen Bildung. 276
RIS-Fonds zur Förderung innovativer Geschäftsideen 277
Senior Experten Service Stiftung der Deutschen Wirtschaft für internationale Zusammenarbeit 289
Stiftung der Bremerhavener Wirtschaft 315
Stiftung Elektro-Altgeräte Register 327
Südniedersachsen-Stiftung 383
Thodo Schweighart Rosensee Stiftung 385

Sonstiges

Adalbert-Bob-Stiftung: Schwäbischwerder Kindertag 35
Anna und Konrad Schäfer Stiftung. 45
Arnim-Züsedom Stiftung 50
Behrendt-Stiftung. 58
Bernd-Stephan-Tierschutz-Stiftung 59
Bertelsmann Stiftung. 60
Bewegungsstiftung - Anstöße für soziale Bewegungen 61
Bürgerstiftung Bremen 71
Bürgerstiftung Harlingerland 76
Bürgerstiftung Rohrmeisterei Schwerte 82
Bürgerstiftung Vaihingen an der Enz. 84
Deutsche Alzheimer Stiftung 96
Deutsche Familienstiftung 97
DFB-Stiftung Egidius Braun 101
Dr. Heinrich Lüdeke Stiftung 113
Gemeinnützige Hertie-Stifung zur Förderung von Wissenschaft, Erziehung, Volks- und Berufsbildung 155
Gudrun Petermann-Stiftung 170
Hanns-Seidel-Stiftung e.V 175
Hans-Max und Franziska Fischer-Stiftung 179
Hedwig Linnhuber - Dr. Hans Saar-Stiftung 181
Ikea-Stiftung 196
Institut für anwendungsorientierte kommunale Software (IfakS) 200
Maria Huber Stiftung 239
Marlies Henrich-Stiftung 242
Otto-Brenner-Stiftung 261
Sanipa Stiftung 285
Stiftung "Dorf in der Stadt" 300

Stiftung der THW-Helfervereinigung OV Gunzenhausen e.V. 320
Stiftung Diakonie Rosenheim Förderstiftung des Diakonischen Werkes
Rosenheim. 325
Stiftung Haus Mährisch-Schönberg 338
Stiftung Marienberg 354
Stiftung Nord Süd Brücken. 359
Stoffelsche Stiftung von Else Odorfer und Alfred Stoffel. 381
Treuhandstiftung Geld für die Zukunft 387
wbg2000Stiftung 399
Wilhelm H. Pickartz-Stiftung 401
Wilhelm-Leuschner-Stiftung 401
ZEIT-Stiftung Ebelin und Gerd Bucerius 405

Maecenata Datenbanken

In der Maecenata Datenbank deutscher Stiftungen sind Angaben zu rund 12000 deutschen Stiftungen gespeichert (Stand: 1.Oktober 2005). Jahresberichte und Publikationen der Stiftungen, wissenschaftliche Arbeiten, in- und ausländische Stiftungsverzeichnisse, amtliche Mitteilungen von Stiftungsaufsichtsbehörden, Presseveröffentlichungen, an die Stiftungen versandte Fragebögen usw. werden systematisch ausgewertet.

Die Datenbank steht der interessierten Öffentlichkeit zur Verfügung. Ausgewählte Angaben zu jeder in der Datenbank erfassten Stiftung können über die Homepage des Instituts (www.maecenata.de) abgerufen werden.

Das Institut nimmt Rechercheaufträge entgegen. Private Aufträge werden gegen Gebühr bearbeitet.

Das Institut ist zur Vervollständigung und Fortschreibung der Einträge in der Datenbank auf die freiwillige Mitarbeit der Stiftungen angewiesen. Anders als z.B. in den USA sind die Stiftungen in Deutschland zur Herausgabe von Informationen nicht verpflichtet. Dennoch ist die Mitarbeit der Stiftungen und Stiftungsverwaltungen erfreulich hoch. Seit 1989 wurden siebenmal Fragebögen in größerer Zahl an Stiftungen versandt (1990, 1991, 1993, 1994, 1998, 2000, 2005).

Die Zahl der Stiftungen, die keine oder nur eingeschränkte Angaben über ihre Tätigkeit machen, ist in dieser Zeit stark zurückgegangen. Dennoch scheuen sich nach wie vor manche Stiftungen vor der Publizität, beantworten nur einen Teil der Fragen oder gestatten die Verwendung von Angaben lediglich zu statistischen Zwecken. Auflagen dieser Art werden selbstverständlich streng beachtet.

Aus diesem Grund und da einheitliche Bilanzierungsrichtlinien fehlen, sind statistische Angaben über die finanziellen Verhältnisse der Stiftungen nach wie vor nur sehr eingeschränkt möglich. Aber auch in dieser Hinsicht wächst die Einsicht der Stiftungen in die Notwendigkeit von Publizität und Transparenz ständig an.

Kontakt: Thomas Ebermann, Albrechtstr.22, 10117 Berlin, Tel: 030-28387909, Fax: 030-28387910, e-Mail: te@maecenata.de

Maecenata Institut für Philanthropie und Zivilgesellschaft an der Humboldt-Universität zu Berlin

Das Institut gründet seine Arbeit auf der Erkenntnis, dass die Zivilgesellschaft neben Staat und Markt zu den entscheidenden Akteuren im öffentlichen Raum gehört. Von einer gestärkten Zivilgesellschaft gehen entscheidende Impulse für unsere Gesellschaft aus. Der Beitrag selbstermächtigter Bürger und ihrer durch Engagement und Freiwilligkeit bestimmten Organisationen hat eine lange Tradition und ein großes Potenzial. Dies öffentlich bewusst zu machen und zu der notwendigen, bisher vernachlässigten Grundlagenarbeit beizutragen, ist die Aufgabe des Instituts.

Das Institut vertritt nicht die Eigeninteressen der zivilgesellschaftlichen Akteure, sondern setzt sich wissenschaftlich-kritisch mit diesen auseinander. Es versucht, den öffentlichen Diskurs zu befördern und eine stärkere Durchdringung von Forschung, Lehre, Politik und Praxis mit dieser Thematik in Gang zu setzen.

Als privat finanzierte, als Institut an der Humboldt-Universität zu Berlin akademisch akzeptierte und eingebundene Forschungs-, Lehr-, Informations- und Politikberatungseinrichtung ist das Institut ein Modell eines innovativen Wissenschaftsbetriebs. Mit der auf Individual-Beratungen und Dienstleistungen für den gemeinnützigen Sektor spezialisierten (gewerblichen) Maecenata Management, des auf internationalen Spendenaustausch spezialisierten Vereins Maecenata International und dem Maecenata Verlag bildet es ein Kompetenzzentrum. Das Institut ist eine nicht rechtsfähige Einrichtung der Maecenata Institut für Philanthropie und Zivilgesellschaft gemeinnützigen GmbH, München. Der Arbeitsort des Instituts ist satzungsgemäß Berlin. Gesellschafter der Trägergesellschaft sind die Stiftung für europäische und internationale Philanthropie, Vaduz und die Karl Konrad und Ria Groeben Stiftung, Weinheim.

Das Maecenata Institut widmet sich der Forschung und Lehre zu Themen der Zivilgesellschaft, es vermittelt relevante Forschungsergebnisse in die Öffentlichkeit und in die Politik. Das Institut versteht sich als unabhängiger, sozialwissenschaftlicher und dabei interdisziplinär orientierter Think Tank. Die Arbeitsschwerpunkte des Instituts sind :

– Bürgerschaftliches Engagement
– Zivilgesellschaft / Dritter Sektor
– Philanthropie / Stiftungswesen
– Das Verhältnis der Zivilgesellschaft zu Staat und Wirtschaft

Das Institut arbeitet mit zahlreichen Instituten der Humboldt-Universität sowie anderen Hochschulen und Einrichtungen, Wissenschaftlern und Praktikern im In- und Ausland zusammen.

In der Reflexion über ausländische Erfahrungen, als Partner in transnationalen komparativen Projekten und im Rahmen des internationalen Austauschs haben Mitarbeiter des Instituts auf der Basis eigener Forschungsarbeit und Sprachfertigkeiten insbesondere zu folgenden Ländern und Regionen Kompetenz erworben: Deutschland; Europäische Union, v.a. Frankreich, Großbritannien, Italien, Österreich, Polen, Ungarn, Tschechische Republik; Schweiz und Liechtenstein; Russland; USA; China.

Das Institut veröffentlicht 6x jährlich (jeweils zum 15.Feb., Apr., Jun., Aug., Okt. und Dez.) das Journal Maecenata Actuell, das kostenlos per E-Mail bezogen oder von der Homepage heruntergeladen werden kann.

Weitere Informationen zum Institut und aktuelle Projektberichte sind auf der Homepage www.maecenata.de zu finden.

MAECENATA
MANAGEMENT GMBH

Partner im Netzwerk von EU-CONSULT

MAECENATA MANAGEMENT
ist eine unabhängige Beratungs- und Dienstleistungsgesellschaft für Philanthropie und den Dritten Sektor.

MAECENATA MANAGEMENT
unterstützt Persönlichkeiten und Unternehmen, Organisationen und Körperschaften bei der Gestaltung und Durchführung ihres bürgerschaftlichen Engagements.

MAECENATA MANAGEMENT
entwickelt Konzepte und Strukturen, richtet Stiftungen und Vereine ein und übernimmt Projektmanagement und Verwaltung.

Maecenata Management
Herzogstraße 60
D-80803 München
Tel: +49-89-284452 Fax: +49-89-283774
e-Mail: mm@maecenata-management.de
www.maecenata-management.de

MAECENATA
INTERNATIONAL E.V.

Partner im Netzwerk
TRANSNATIONAL GIVING EUROPE

MAECENATA INTERNATIONAL e.V.
ermöglicht das Spenden an ausländische Projekte und Organisationen.

MAECENATA INTERNATIONAL e.V.
führt Spenden aus Deutschland dem gewünschten ausländischen Zweck zu und stellt dem Spender dafür eine Zuwendungsbestätigung aus.

MAECENATA INTERNATIONAL e.V.
leitet zweckgebundene ausländische Spenden an deutsche Nonprofit-Organisationen weiter.

MAECENATA INTERNATIONAL e.V.
kümmert sich um die vollständige Abwicklung des Spendentransfers

MAECENATA INTERNATIONAL e.V.
ist ein gemeinnütziger Verein. Das Verfahren des Spendentransfers ist mit dem Finanzamt abgestimmt.

Maecenata International e.V.
c/o Maecenata Management
Herzogstraße 60
D-80803 München
Tel: +49-89-284452 Fax: +49-89-283774
e-Mail: mint@maecenata-management.de

MAECENATA VERLAG

Fachverlag für den gemeinnützigen Sektor seit 1994. Forschungsergebnisse des Maecenata Instituts, Fachschriften, Nachschlagewerke und Auftragspublikationen werden verlegt. Veröffentlichungen können unter www.maecenata-verlag.de online bestellt werden.

Aktuelle Veröffentlichungen:

Zivilgesellschaft in Deutschland
Sabine Reimer

Corporate Citizenship. Diskussionsbeiträge
Sabine Reimer/Rupert Graf Strachwitz (Hrsg.)
Arbeitsheft 16 des Maecenata Instituts

Vision and Roles of Foundations in Europe. The German Report
Frank Adloff/Philipp Schwertmann/Rainer Sprengel/Rupert Graf Strachwitz
Arbeitsheft 15 des Maecenata Instituts

Maecenata Jahrbuch 2004
Susanne Rindt/Rainer Sprengel/Rupert Graf Strachwitz (Hrsg.)

Muslimische Philanthropie und Bürgerschaftliches Engagement
Peter Heine/Aslam Syed (Hrsg)

Heritage and the Building of Europe
Sneška Quadevlieg-Mihailović/Rupert Graf Strachwitz (Hrsg.)

Reformbedarf im Gemeinnützigkeits- und Spendenrecht
Sabine Mock

Maecenata Verlag
Albrechtstraße 22
D-10117 Berlin
Tel: 030-28387909 Fax: 030-28387910
e-mail: verlag@maecenata.de
www.maecenata-verlag.de